中国年鉴资源全文数据库核心年鉴

COSCO 2010 Container Lines Almanac

中远集装箱运输有限公司年鉴

《中远集装箱运输有限公司年鉴》编纂委员会　编

主　　编　孙家康

副 主 编　吴树雄　房迪坤

执行编辑　宋　辉

上海人民出版社

2009年2月23日，中远集团总裁魏家福到公司调研

2009年3月30日，中远集团党组书记张富生到公司调研

2009 年 8 月 10 日，天津电视台采访公司总经理孙家康

2009 年 3 月 27 日，上海电视台采访公司党委书记吴树雄

中远集装箱运输有限公司领导成员

孙家康
总经理、党委副书记

吴树雄
党委书记、副总经理

史美思
副总经理

周琥
副总经理

韩成敏
副总经理

陈翔
副总经理

邓黄君
总会计师

蔡张德
党委副书记

徐政军
纪委书记

房迪坤
工会主席

2009年1月6日，公司“晋河”、“哈尼河”轮在规定地点加入中国海军亚丁湾护航编队，这是中国海军护航舰艇编队抵达亚丁湾、索马里预定海域后组织实施的首次护航

2009年，公司船舶共6
艘次为护航海军舰队运
送物资和慰问品

2009 年 1 月 10 日，中远集运七届二次职工代表大会、2009 年系统工作会议、2009 年思想政治工作会议在上海召开

2009 年 2 月 13 日，公司召开"我为科学发展、同业领先做贡献"中远集运干部大会

2009年2月27日，公司召开中远集运2009年纪检监察审计工作暨“垂直监督体制”试点工作推进会

2009年3月11日，公司在上海会场参加中远集团开展深入学习实践科学发展观活动动员大会

2009年3月18日，2009年度中远内贸集装箱运输工作会议在上海召开

2009 年 6 月 26 日，公司召开深入学习实践科学发展观活动总结大会

2009 年 7 月 15 日，公司召开中远集运系统 2009 年年中工作（电视电话）会议，主会场设在上海远洋大厦

2009年11月9～10日，中远集运系统2010年航运主业工作研讨会在苏州召开

2009年12月1日，共青团中远集装箱运输有限公司第九次代表大会在上海远洋大厦召开

2009年12月15日中远集运2009年思想政治工作研究会年会暨2010年党群工作研讨会在上海召开

2009年12月4日，由公司承办的中远集团2010年集装箱班轮工作会议在厦门召开

2009年12月28～29日，中远集运2010年全球销售工作会议在上海召开

2009年1月5日，共青团上海市委副书记、市青联主席李跃旗（左四）一行在上海外高桥码头上“中远天津”、“锡伯河”轮慰问青年船员

2009年1月19日，中远集团党组书记张富生、副总裁许立荣在上海张华浜码头上“松子”、“竹子”轮慰问船员

2009年1月19日，青岛港集团董事局主席常德传一行来公司访问

2009年1月21日，中远集团党组书记张富生（前左四），副总裁、工会主席许立荣（前左五）参加“2009年上远公司船员迎春团拜会”

2009年1月24日，总经理孙家康（右一）、党委书记吴树雄（左一）上船慰问船员

2009年1月26日，中国驻迪拜总领事高有祯（左二）、商务参赞谢秦生（左一）一行在迪拜杰布拉里集装箱码头上“海后”轮慰问船员

2009年2月12日，公司与上海海关举行第十六届精神文明建设同创共建联谊活动

2009年2月18日，总经理孙家康会见来访的韩进海运总裁兼首席执行官金永敏（左二）一行

2009年2月17～23日，中远集团副总裁许立荣到公司调研

2009年2月21日，西亚分部在也门亚丁港为中国海军综合补给舰“微山湖”号进行首次综合补给

2009年3月3日，公司在华南公司本部与富士康高科技企业集团签订合作协议

2009年3月14日，总经理孙家康会见来访的高雄港务局局长谢明辉（左）一行

2009年3月16日，中远集运与中远物流在上海远洋大厦签署《业务合作协议》

2009年3月27日，上海航运交易所总裁张页一行来公司访问

2009年4月17日，福建省交通运输集团副董事长、总经理李兴湖一行来公司访问

2009年4月23日，上海海事局党组书记李青一行到公司专题调研

2009年4月23日，中远集运HSH航线（湛江—新加坡/胡志明市）首航仪式在湛江举行

2009年4月25日，党委书记吴树雄会见来访的意大利铁路公司总裁Mauro Moretti（左）一行

2009年4月27日，公司召开中远集运纪念五四运动90周年大会

2009年4月28日，大连海事大学MBA（中远集运）班开班典礼在上海远洋大厦举行

2009年5月10日，"珍河"轮抵达美国乔治亚港务局的花园城市码头，COSCO船舶正式挂靠美国乔治亚州萨瓦纳港

2009年5月14日，广州港集团有限公司总经理周小溪一行来公司访问

2009年5月22日，公司在乌鲁木齐与中粮新疆屯河股份有限公司签署战略合作协议

2009年5月22日，中远集团党组书记张富生陪同中央企业深入学习科学发展观活动第四指导检查组组长车书剑（左二）、副组长李荣芝在天津港上“腾河”轮调研指导工作

2009年6月2日，副总经理周琥会见来访的美国Payless公司执行副总裁Darrel J. Pavelka（左）一行

2009年6月7日，工会主席房迪坤率公司部分党、团员代表，向对口帮扶的上海市崇明县三星镇北桥村捐助图书和电脑设备

2009年6月15日，中远集团总裁魏家福到中远集运视察调研工作

2009年6月16日，总经理孙家康会见来访的比利时安特卫普市副市长、安特卫普港务局主席 Marc van Peel（左）一行

2009年6月18日，公司举行2009年船舶危险品泄漏事故船岸应急联合演练

2009年6月19日，宁波港—中远集运年中业务交流会在宁波港召开

2009年6月19日，公司与中国烟草云南进出口公司在上海远洋大厦签署货运协议

2009年7月6日，上海海事局局长徐国毅一行来公司访问

2009年7月10日，公司举办中远集运网点经理“廉洁诚信、依法经营”警示教育培训

2009年7月28日，中远集团学习实践活动领导小组到公司指导检查工作

2009年8月17日，由中远集团承运的援台救灾物资运输任务中的首批14个集装箱起吊运往台湾

2009年8月21日，上海市副市长沈骏率市发展改革委、市建设交通委等11个市委办局的负责人，到公司视察调研工作

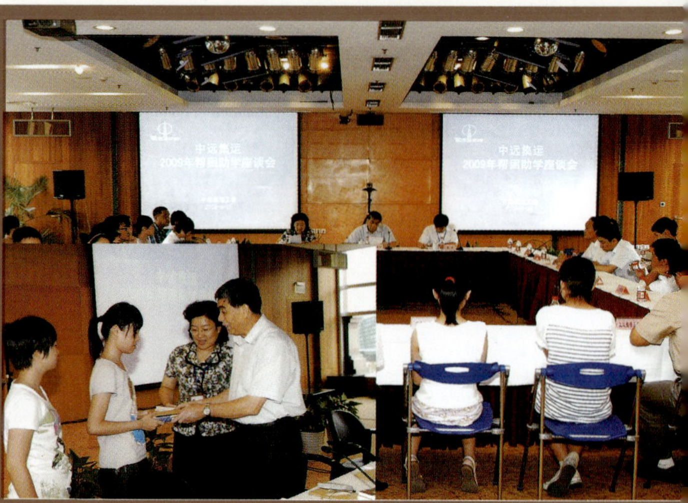

2009年8月25日，公司召开2009年帮困助学座谈会

2009年8月28日，公司党委举行党委中心组（扩大）学习

2009年9月4日，中远集团总裁魏家福、党组书记张富生一行到中远集运检查指导工作

2009年9月8日，“中远路”命名仪式在辽宁省锦州市举行

2009年9月9～10日，中远集团总会计师孙月英、中国远洋财务总监何家乐一行，到公司进行预算管理工作调研

2009年9月10日，中远集团团委通过视频会议系统，举办中远青年学习吴大观同志演讲比赛决赛，中远集运在上海会场参赛

2009年9月18日，中国远洋监事会到公司进行实地检查并听取工作汇报

2009年9月18日，公司召开中远集运垂直监督体制试点工作汇报会

2009年9月23日，共青团上海市委书记潘敏（左二）、副书记李跃旗（右一）来公司访问

2009年9月25日，公司举办中远集运驻外员工家属中秋慰问晚宴

2009年9月28日，由包括公司团委在内的21家上海航运青年网格化团建成员单位，共同主办的首届上海航运青年文化节开幕式暨“聚焦北外滩，发展航运业”上海航运青年发展论坛，在外滩茂悦大酒店举行

2009年10月1日，公司党委书记吴树雄在上海军工路码头上“辽河”轮慰问船员

2009年10月13日，海信集团高层到公司访问，向公司赠送一台103英寸等离子彩电

2009年11月3日，中远集团总裁魏家福到公司视察工作

2009年11月14日，总经理孙家康在福州拜访战略合作伙伴福耀集团董事长曹德旺（左）

2009年12月18日，中远集运——三星电子合作谅解备忘录签署仪式在上海远洋大厦举行

2009年12月23日，中国航海家、全国劳模、曾任公司指导船长和船舶高级工程师的贝汉廷船长纪念像揭幕仪式在上海举行

中远集运举办迎春联欢会

计算机中心举办运动会

美洲分部中外员工迎接中国新年

华南公司等四家中国远洋驻粤单位联合在广州举办迎接新中国成立60周年“红歌演唱会”

中远货柜员工在香港参加国庆60周年大巡游活动

上远公司举办庆国庆文艺演出

上远公司团委为船员青年举行海陆一线牵活动

“松子”轮放漂世博漂流瓶

上海分部举办迎新春联欢会

天津分部足球队开展友谊比赛

厦门分部举办迎春晚会

2009 年 2 月 26 日，“中远太仓”轮命名庆典仪式在南通中远川崎船舶工程有限公司举行

2009 年 9 月 8 日，公司订造的一组 5100TEU 首制船舶“天宝河”轮命名仪式，在江南长兴重工船厂举行

2009年11月18日，“天运河”轮命名仪式在江南长兴重工船厂举行

2009年12月8日，“天兴河”轮命名仪式在江南长兴重工船厂举行

10020TEU“中远太仓”轮

5089TEU“天宝河”轮

中远集装箱运输有限公司主要航线网络图

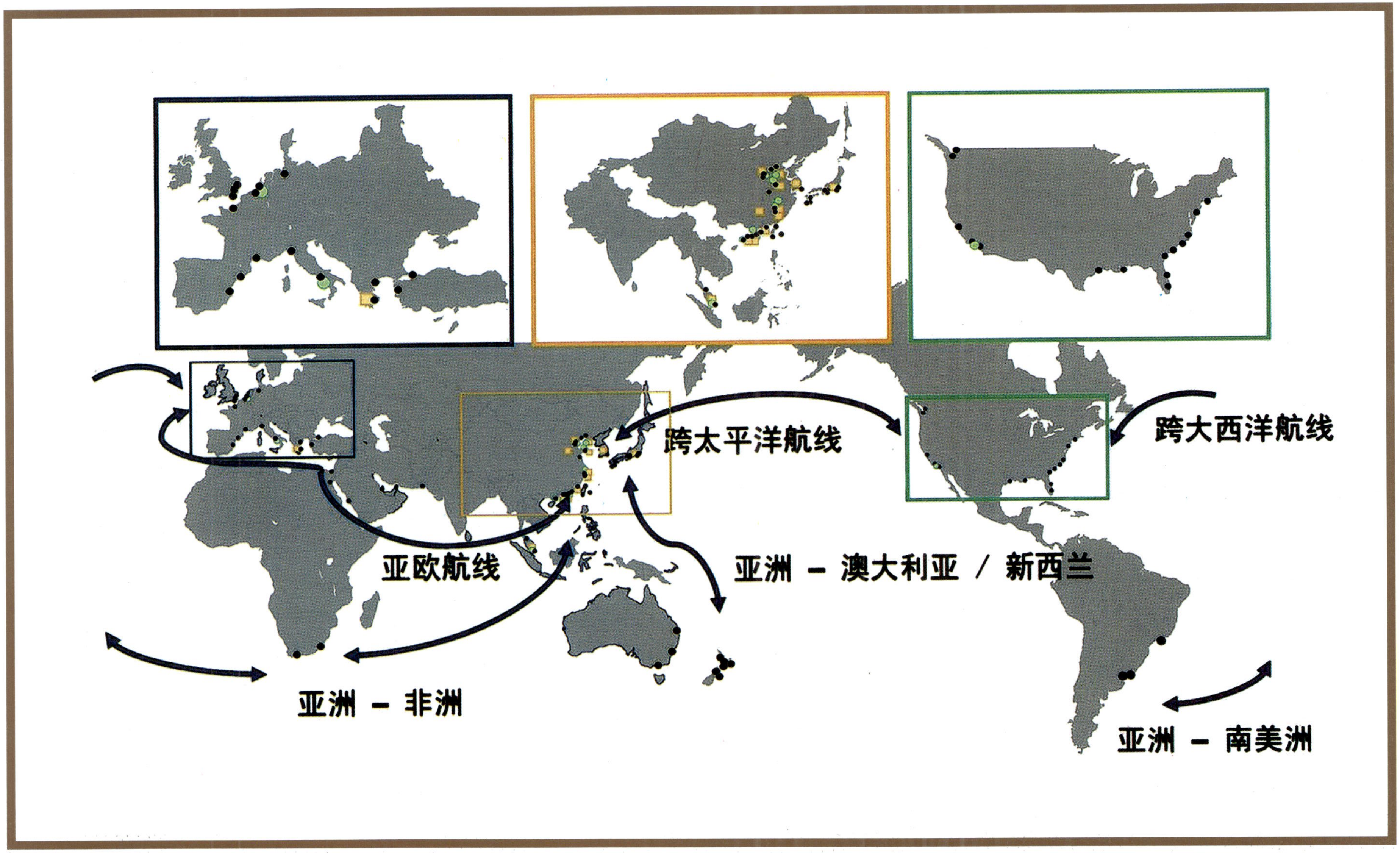

COSCON

《2010 中远集装箱运输有限公司年鉴》
编纂委员会

《2010版中远集装箱运输有限公司年鉴》编辑人员名单

主　编：孙家康

副主编：吴树雄　房迪坤

编　辑：宋　辉（执行）　朱生林　曹建东　丁建东

摄　影：陆　涛　李　劼　宋　辉（等）

编 辑 说 明

一、《中远集装箱运输有限公司年鉴》是一部按年编纂、连续出版的全面、准确、系统地反映公司各方面工作的资料性工具书，是年度内公司各方面信息资料的总汇。本年鉴是公司年鉴编纂委员会主持编纂、自1998年以来连续出版的第13本年鉴，由机关各部门、泛亚公司、上远公司、计算机中心、单证公司、海内外各区域部组织人员撰写条目稿，经各单位领导审阅后汇总，公司年鉴编辑部负责编纂工作。内容真实可靠，系统实用。

二、本年鉴以邓小平理论、“三个代表”重要思想为指导，贯彻和落实科学发展观，坚持实事求是、与时俱进的原则，为企业发展留下记录，为领导决策和部门工作提供信息和依据，为公司经营管理提供服务。

三、本年鉴所记为2009年度内公司所发生的事情，少数信息涉及2008年及以前的情况，以作比较参考之用。有些机构条目中对其历史作简要回顾，旨在方便读者查检资料和保持内容的完整。

四、本年鉴在卷首设特载、专文、大事记、概况，之后按各部门、单位设置栏目、分目、子目、条目四级结构层次。条目为主要信息载体和基本撰稿形式。卷末设有附录。

五、为便于阅读，将年鉴中有关单位简称说明如下：

“中国远洋运输（集团）总公司”简称“中远集团”；

“中国远洋控股股份有限公司”简称“中国远洋”；

“中远集装箱运输有限公司”简称“中远集运”；

“上海远洋运输有限公司”简称“上远公司”。

六、本年鉴编纂过程中得到各级领导和有关人员的关心和支持，在此表示衷心感谢。由于编辑部人员水平有限，资料收集不尽齐全，难免有错漏之处，欢迎读者多提改进意见，编辑部全体人员愿为编成一流的年鉴而不懈努力。

目录

CONTENTS

一 特载

Reports

COSCO Container Lines Almanac 2010

握紧拳头　快速应变
全力打赢航运低谷中的效益攻坚战*

——中远集装箱运输有限公司七届二次职工代表大会总经理工作报告

（2009 年 1 月 10 日）

孙家康

第一部分　2008 年工作回顾

2008 年是中远集装箱运输事业发展进程中极不平凡、必将永载史册的一年。

这一年，我们国家喜迎改革开放 30 周年，奥运会成功举办和神舟七号飞船的成功发射，极大地振奋了民族自信心。这一年，我们也迎来了中远集装箱运输事业 30 年华诞。但在经济领域，我们却经受了一个又一个巨大考验，一年间，我们不但经历了全球通胀和中国大陆相继发生严重自然灾害对经营成本和出口货源构成的严峻挑战，更经历了金融危机席卷全球、班轮业经营环境急转直下的酷冬严寒。一年之中，国际原油价格从每桶 80 美元飞涨至 147 美元高位，又急跌至 40 美元以下；BDI 指数从 5 月份最高位 11793 点急跌至近期的 666 点；集装箱市场运价急速下跌，如华南地区亚欧航线西行起步价，由年初平均 1200 美元/TEU，急跌至最低的市场报价 90 美元/TEU。

* 全文略有删节。

面对历史罕见的经济环境巨变，公司领导班子带领全系统员工，认真贯彻落实集团和中国远洋工作会议精神，确定2008年为深化改革、拼搏效益年，并以实施差异化竞争战略和低成本战略为突破口，以快速应变、全面协同、深化改革为工作主线，积极落实各项应对措施。在全系统员工的奋力拼搏下，2008年前三季度，公司取得了优于多数同行的经营业绩。

前三季度，中远集运重箱量同比增幅7%，平均单箱收入增幅6.7%，营业收入增幅3.5%。

进入第四季度，随着全球经济更加恶化，国际集装箱班轮业呈现全行业巨额亏损的严峻局面，公司经营效益也难以避免地急速下滑。

全年，公司共完成箱运量779万TEU，同比上年增长1.64%；其中重箱量579万TEU，同比增长1.47%；主营业务收入同比下降4.31%。

回顾一年来的重点工作，主要体现在以下七个方面。

一、解放思想、激励斗志，深化体制机制改革

面对空前严峻的经营形势，公司领导班子带头加强学习、解放思想。从率队到兄弟公司学习取经，到深入海内外生产一线调研，班子成员始终与大家一道分析形势、研究对策，并动员全系统要敢于破除思想观念上的一切束缚，胆子再大一点，思想再解放一点，发展的步子再快一点，激发了全系统干部员工不畏艰难、奋力拼搏的斗志和勇气。一年间，领导班子六次召开改革发展专题会，汇集梳理了总部与海内外各分部百余项体制机制改革和风险防范的建议、意见，并逐项落实，对企业在复杂形势下增强快速应变能力，起到了非常重要的促进作用。

二、实施差异化经营战略，把握创收主动权

针对航运市场的急剧变化，大力强化各业务板块间的密切协同，并突出"早（早动手）、快（快速决策、快速实施）、实（真抓实干、不尚空谈）"，实施了一系列应对措施。

运力布局锁定关键利润区。适度缩减美国传统市场运力，重点加强美东及加勒比市场开发，积极拓展中美洲支线网络。美国航线6月份起贡献值扭亏，单箱运费收入同比上年提高200美元以上，美线签约量完成指标112%，总签约量比上年增长3%。欧洲、地中海、亚太地区（南非南美线、波湾红海线、澳新线），通过上半年及时充实运力、抢抓效益，前三季度运费收入同比上年分别增长23.5%、24.4%、16.6%。抓住人民币汇率变化及内贸市场繁荣契机，及时加大内贸线运力投入，前三季度提单箱量增幅35%，贡献值增幅58%。

积极推进差异化市场竞争策略。大力推介鲁珀特王子港低成本中转路径，降低直接经营成本5000余万美元，服务广受好评。差异化竞争策略在中美洲航线经营中的推广运用，同样取得良好成效。

果断实施运价授权。及时推进运价管理体制改革，将零售客户运价权和相应贡献值责任下放中国部各地区分部，进一步增强了市场营销快速反应能力。中国部系统顶住市场压力，广泛动员、顽强拼搏，展开强大营销攻势，营销潜能进一步释放。前三季度中国地区出口箱量同比增长10.6%，运费收入同比增长9.2%。上海分部、华南公司提前实现出口箱量超百万TEU。华南公司、宁波口岸市场份额由上年同为第六，分别上升为第四和第五。苏州、营口、湖南中货，以及中日、国际轮渡公司集装箱货运业务板块，积极应对市场变化，灵活运用运价策略，着力创新服务手段，牢牢锁定高端货源，形成了量、价、质齐升的竞争优势。

大力强化回程营销。前10个月，美东、西北欧、美西北、美西南和中日航线平均回程舱位利用率分别达到51.2%、46.8%、46.3%、44.8%和42.9%，同比上年都提高10个百分点以上。

深化推进大客户战略,加大高贡献值中小客户群开发力度。全年公司非 GKA 客户交易箱量 369 万 TEU,同比增长 11.6%,销售贡献值同比提高 28%。

此外,进一步密切与中国远洋各兄弟单位之间的业务协同,与中远物流共同完成年度空客 A320 项目重大运输任务,创造了集装箱班轮运输史上"船运飞机"的第一次,相关配载新技术还申请了专利。

三、快速应变、精益经营,全面推行成本问责制

针对上半年飞涨的燃油价格,全系统迅速成立各级节能减排领导小组,坚持经营节能、管理节能、技术节能三管齐下,扎实落实燃油成本控制措施。全年共在 17 条航线上实施了加船减速或虚拟加船减速,并通过船岸间密切协同、全力压缩船舶在港作业时间、强化油耗实时监控、推广节能新技术应用等措施,取得显著成效。在平均运力增幅 6.2% 的情况下,全年油耗同比减少 12 万吨,年度累计节油 46.8 万吨(扣除船舶停航因素),按全年平均燃油采购单价 520 美元/吨计算,节支 2.43 亿美元。此外,灵活运用燃油套期保值工具,冲抵燃油成本 6000 万美元;积极收取燃油附加费,冲抵燃油成本达 79 亿元人民币。

针对上半年全球性物价飞涨所导致的供应商费率急剧抬升,及时出台成本问责制,重点突出**目标管理、岗位协同、过程跟踪、预警通报与动态改进**,并配套采用"红黄牌"奖惩办法,使成本控制绩效与各级领导人员薪酬、职务挂钩,进一步增强了全系统成本控制的责任意识。全年累计港口费支出同比降幅 4.43%;货物费支出降幅 12%;中转费支出降幅 20%;北美地区集装箱盘存量控制在 6 万 TEU 的相对较低水平,全年退租集装箱底盘车 2165 台;全年累计集装箱固定费用(租金、滞期费冲抵合计)降幅 38.65%;累计集装箱租金降幅 8%;累计集装箱滞期费收入 8.53 亿元,同比增幅 66.3%。

各海外分部在全力抓好回程营销的同时,积极配合总部严控成本支出,如美洲公司协助总部全力做好铁路供应商费率谈判,取得显著成效;欧洲部全面加强各港口费率洽商;澳洲、日本、南非、东南亚等分部及香港地区争取到可观的供应商费用减免,回扣款项均及时、足额上缴总部。

此外,公司高度重视业务流程优化、计算机信息系统应用和全球单证审核工作,为强化经营过程监控、加强成本控制,发挥了积极促进作用。

四、密切关注市场波动,全面强化风险防控

密切跟踪全球经贸形势变化,分业务单元进行 SWOT 分析,动态评估既定措施,及时制定新的应变策略。

针对第三季度末航运市场需求急剧萎缩、运力相对过剩的态势,及时倡导成立 CKYH Task Force 应对小组,果断调整运力部署,通过合并航线、提前退租、安排修船、淡季停航、封存运力等多种手段,使航线运力快速收缩,有效规避了经营风险。

严控资金风险,全面强化资金链管理。年初以来美元快速贬值,公司及时扩大收取人民币等强势货币运费,实施美元与人民币双币种列示发票,锁定汇率;全面收取币值附加费,进一步加大运费催收力度。全年累计收取人民币运费 2.44 亿元,同比上年增长 100%;全系统 12 个月滚动运费回收率达 98.42%,同比上年提高 0.76 个百分点;超信用期客户欠费余额较上年末下降 5.82 亿元人民币。

此外,年内对欧洲、澳洲、韩国、美国、加拿大等地区,重点开展了海外资金管理内控检查,进一步降低资金管理风险。

坚持"三重一大"集体决策,并充分发挥法律评估在企业重大经营管理活动中的作用,进一步严格规范合同管理,法律风险管理水平不断提高。

五、强化安全责任意识，提高安全生产控制力

深入开展“安全规章制度落实年”、“安全生产百日督查专项行动”活动，严格落实“一岗双责”和“铁腕治安全”的工作要求，把提高各级领导及安全从业人员的责任意识、强化规章制度的执行力和加大隐患排查作为工作重点，进一步强化了安全生产控制力。全年跟踪指导船舶537艘次；成功防抗台风22个，成功率100%；全年PSC迎检船舶151艘次，无缺陷通过率79%。积极配合奥运会、残奥会安保反恐工作部署，确保万无一失。此外，船岸联手，在配合运力快速调整、安全保班和防范抗击索马里海盗活动等方面，也做了大量细致深入的工作。全年，公司未发生重大安全责任事故，安全生产形势总体保持良好局面。

六、围绕发展战略，强化组织保障和人才支持

坚持以人为本理念，及时制定《中远集运2008－2012年人力资源五年发展规划》。高度重视各级领导班子建设，不断探索“四好领导班子”创建活动的新形式。坚持干部考核体系不断完善，对各级干部的考核、管理和调整力度持续加大，全年累计调整中层以上领导人员67人。坚持人才培养与员工职业生涯设计有效结合，进一步加大各类培训力度，全年共计2332人次参加各类培训。注重企业文化建设，围绕实施差异化竞争和低成本战略，公司在快速应变、全面协同、激励创新、强化执行、注重细节等务实、协调企业文化理念培育方面，迈出了新的可喜步伐。

此外，立足保护企业经营成果和人力资源，进一步加大内部监督力度。及时提出“八个不准”，有效规范领导人员经营行为。大力推进审计监督、效能监察，强化商业贿赂治理，经营纪律检查覆盖面和检查的力度不断加大。积极推进垂直监督试点，努力探索适应新的竞争形势的内控监督体制。全年内部审计公司130家，审计离任领导人员24人次，提出整改意见628项，挽回经济损失及促进增收节支606万元。

七、践行责任意识，创建和谐企业

为调动一切积极因素，顽强战胜困难，各级党政工团组织以创建“四好班子”、开展“节能减排、拼搏效益”主题活动、“中远集运首届十大杰出青年”推选学习活动等为载体，凝聚人心、鼓舞士气，为攻坚克难发挥了有力的保障作用。全系统员工立足岗位，自觉践行责任意识，展示了“不畏艰难、奋勇拼搏”的可贵精神面貌。先进典型不断涌现：郁国华船长荣获“全国五一劳动奖章”；公司陈翔副总经理当选“全国三八红旗手”；上海泛亚航运有限公司荣获“上海市五一劳动奖状”。

一年来，公司始终坚持全心全意依靠职工办企业，企务公开、民主管理的各项工作要求得到有效落实。严格执行新《劳动合同法》，员工合法权益进一步得到保障；带薪休假等涉及员工切身利益的规章制度进一步健全。坚持开展送温暖活动，主动为困难员工家庭和灾区员工排忧解难。全年共慰问帮困职工3775人次，发放慰问金211.39万元，其中行政拨款100.93万元。

责任意识、和谐氛围不仅在企业内部得到充分体现，也在国家重大事件中更得到了充分展示。面对南方雨雪冰冻灾害、汶川特大地震等严重自然灾害，中远集运人义无反顾、踊跃投入救灾活动。其中，全系统员工为四川灾区捐款共计661.75万元人民币、4.6万美元、10.97万港元，同时，公司慈善捐助、免费承运救灾物资、支援唐家山堰塞湖抢险和灾区邮局集装箱等合计捐款超过3000万元。在奥运火炬接力、奥运志愿者中，同样活跃着中远集运海内外员工的身影。海峡两岸“大三通”终成现实之际，“中远大洋洲”、“远河”轮代表中远船舶，为两岸海运直航首航成功破冰。所有这一切，都充分体现了中远集运人始终与人民同呼吸，始终将国家利益放在首位的高度社会责任感！

一年来，公司也喜获多项荣誉：入选中国企业信息化500强，位列第21位，并获得IT治理奖；连续第三次荣获美国长滩港环保绿旗奖（Green Flag）；第七次蝉联加拿大国际货运代理协会（CIFFA）授予的“远东/加东航线”年度最佳承运人称号；在第六届中国货运业大奖评选活动中，中远集运、泛亚公司、中国部一举夺得多项第一；荣获中国交通管理协会授予的“全国交通企业文化建设优秀单位”称号；公司研发的船舶全球动态监控系统（COSCON-VGMS），喜获中远历史上首个“中国航海学会科学技术一等奖”。

各位代表、同志们！回首一年来走过的不平凡路程，我们深感成绩来之不易。这些成绩，离不开上海市委市政府和市建委、市总工会的关心和支持，离不开中远（集团）总公司、中国远洋的正确领导，同样离不开全体中远集运人的负重拼搏与无私奉献！在此，我代表公司领导班子，向上级领导和有关部门，向各位代表和全系统干部员工，尤其要向海内外各网点的一线员工，向全体船员和船员家属，致以衷心的感谢！向为中远集装箱运输事业发展作出过积极贡献、一如既往关心支持我们工作的老领导、离退休老同志，致以崇高的敬意！

在肯定成绩的同时，我们更要清醒地看到自身工作中所存在的问题，更多地看到我们的工作水平与上级要求还有差距。主要体现在：

第一，与新的竞争形势、新的运力规模相适应的管理体制、机制改革，仍须进一步加快探索步伐。

第二，更加险恶的市场环境，凸显我们在竞争要素的优化与配置（如干支线协同、舱位共用、延伸海运段服务的联运网络布局与竞争力提升等）上，还大有潜力可挖，差异化竞争实践还有待更深入地探索。

第三，追求海运段竞争力，向追求运输服务链整体竞争力的转变，已成为班轮公司未来发展趋势，如何进一步解放思想、创新观念，以全新的视野来审视和增强中远集运的竞争力，还需要我们更深入地思考，并不断探索和实践。

第四，面对更加激烈的货源争夺，在运价授权新的管理体制下，如何进一步增强总部与分部的营销协同．如何进一步破除瓶颈，提升差异化营销理念和素质．也都需要我们付出更大努力。

第五，在激烈的市场竞争中，能够基业常青的企业必定是成本领先，并全员发动，从每一个细节、每一个流程入手，不放弃每一个铜板的企业。相对而言，我们在成本控制观念的转变、业务流程的持续优化等方面还是弱项。

第二部分　应对当前危机的思考

权威专家普遍认为，全球金融危机来势凶猛，对实体经济的冲击效应还会放大。各国际研究机构已纷纷调低了对2009年世界经济增长的预期。IMF预测，2009年全球经济增长率将放缓至2.2%，其中发达经济体将出现0.3%的负增长，发展中国家经济增速也将放缓至5.5%。受此影响，2009年国际贸易增速可能出现零增长。中国外贸面临的环境也将更加严峻，预计2009年中国外贸进出口增速将减缓至15%以内。

业界预测，2009年全球集装箱运力增幅虽同比2008年有所回落，但增幅预计仍将达到12.7%，显示出集装箱运输市场供需失衡将更加严重，全球班轮业正面临极度艰难的生存环境。去年第四季度以来，面对货量、运价、运费收入的急剧下滑，实力较强的全球班轮业同行，或裁员，或放弃收购计划以求自保，而一些中小船公司已纷纷倒闭。预计，2009 年、2010 年将是全球班轮业最艰难的日子，对此，全系统干部员工必须有深刻的认识和充分的思想准备。

首先，要充分估计到未来两年我们将面临前所未有的困难，场场都是硬仗，不经过浴血奋战，我们将很难从低谷中突围！

其次，危机中更要树立信心，**信心比黄金更重要！** 这种信心，来自于国际社会通力合作“救市”的积极举措；来自于我国政府强大的宏观调控能力和巨大的潜在市场；来自于我国经济运行良好的基本面和相对健康的金融体系；来自于中远多年发展积淀的雄厚实力、底气和抗风险能力；来自于我们这支队伍，以及党建思想政治工作传统优势激发出的强大动力！

在树立信心的同时，我们还必须冷静思考：**当前我们面临的最主要威胁是什么？战胜这些威胁的办法有哪些？**

我们认为，这场危机对中远集运最致命的威胁体现在以下三个方面：

货源的威胁——需求急剧萎缩，导致运力相对过剩，这是当前全球经济危机对集装箱班轮业的首要威胁，也是最核心的威胁。这就要求我们，必须在快速调整运力的同时，积极思考如何有效保持市场营销攻势。

成本的威胁——集装箱运输链的庞大体系，决定了成本环节相对复杂，在危机面前，如不能做到快速应变、协同控制，势必导致成本控制迟缓乏力，使经营雪上加霜。

现金流的威胁——在低收入和高成本的压力下，班轮公司的现金流将经受严峻考验。同时，随着经济危机效应的持续释放，结算风险也日益凸显。这些都要求我们，必须进一步强化资金链管理，规避一切可能的风险。

要战胜当前危机、有效规避风险，核心是要应对并最终战胜上述三大威胁。

竞争战略之父迈克尔·波特曾经指出：“**完美的竞争战略是创造出企业的独特性——让它在这一行业内无法被复制。**”这一论述，揭示了只有在行业中具有更强的营销竞争力，具有相对成本优势、获利能力高于行业平均水平的班轮公司，才能真正在危机中成功脱险！因此，当前我们必须牢牢把握以下关键要素：

其一，快速应变、调整运力。

要握紧拳头，抱团取暖，快速调整运力，积极防控风险。

其二，坚持服务产品差异化。

要进一步加快由传统偏重海运段竞争力，向运输链整体竞争力提升转变。

在海运段服务日益同质化、海运费收入日益微薄、基本港货源争夺已全面白热化的竞争环境下，除了力争在海运段降低各项成本、努力增强竞争力外，还必须把视野向海运段两端延伸，高度重视非海运段多式联运网络建设，以及仓储、包装、配送等增值服务能力建设，以运输链全过程优质服务来争夺货源，以全面差异化的营销手段来增强创收能力。中远集运利益最大化，并非单纯是指海运段利益最大化，而是要实现运输链全过程利益最大化。

其三，推动销售理念差异化。

要加快形成总部、分部的全面销售协同。目前，队伍中仍存在“总部是船东、分部是代理”的传统惯性思维，营销合力尚未充分发挥出来。这就要求我们，必须推动与新的竞争形势、新的运力规模相适应的营销理念和管理体制机制改革创新，更充分地调动一切积极因素，使总部、分部、船岸之间的高效协同和创造力得到更有力保障。

要加快销售队伍从传统货代市场“拼运价、拼销售折让、拼信用期”的同质化营销模式，向具备差异化理念和技能的更高层次营销模式转变。

其四,坚持成本控制差异化。

面对2009年更加险恶的市场环境,我们必须在打造成本控制的差异化优势方面,拿出更有力的措施,即要**由偏重成本控制,向成本控制和成本优化并重转变。**

各位代表、同志们!"危"与"机"从来就是相伴共生的。能够"危"中求"机"、化风险为机遇、化危机为契机的企业,必将迎来发展的新优势,把握发展的主动权。

这样的企业,能够在危机中更加清醒地审视自身存在的差距和不足,更加自觉、坚定地深入挖潜、精益管理、苦练内功。

这样的企业,能够在危机中寻找整合资源、调整结构的新机遇,在行业重新洗牌过程中胜出,为新一轮发展奠定竞争优势。

这样的企业,能够在危机中勇于自我否定、实现自我超越,成为引领新发展的"系统集成者"。

我们中远集运,一定要有信心、有决心、有雄心成为这样的企业!

第三部分　2009年重点工作

基于以上分析,结合学习贯彻中远集团、中国远洋2009年工作会精神,我们提出:

2009年工作总体指导思想是:**认真学习贯彻党的十七大和十七届三中全会、中央经济工作会议精神,以科学发展观为统领,围绕一个核心目标,做到三个坚定不移,抓好五个着力点。**

一个核心目标是:**力争经营业绩同业领先。**

三个坚定不移是:**坚定发展的观念不动摇;坚定差异化竞争战略不动摇;坚定打造低成本领先优势不动摇。**

五个着力点是:**快速应变;全面协同;深化改革;精益管理;风险防控。**

同时确定,2009年为中远集运"拼搏效益、风险防控年"。

要实现上述目标和任务,关键是要抓好以下八个方面的重点工作。

一、强化作风建设,合力共克时艰

各位代表、同志们!2009年前3个月、上半年的经营成果,对全年经营形势利害攸关,这就要求我们全系统干部员工,必须从开年之初就以前所未有的紧迫感,迅速行动起来。市场不容许我们有丝毫的迟缓与懈怠!

我们提出,在危机面前必须握紧拳头、抱团取暖,首要强调的是各级领导干部的精神状态、意志力和顽强作风。越是关键时刻、危难关头,越是对各级领导班子思想作风、工作作风和战斗力的最直接考验!越是关键时刻、危难关头,各级领导干部越是要豁得出来、冲得上去,身先士卒、靠前指挥,真正成为广大员工的主心骨!在空前严峻的市场形势面前,各级领导班子务必通过深入实践科学发展观,以**更加团结、更加扎实、更加勤勉、更加艰苦朴素**的作风,投身经营第一线的拼搏当中。要把思想、目标、行动高度统一到总部的决策部署上来,快速反应,加强执行能力。要把全部心思集中到强化营销、拼搏效益上来,要以模范表率作用激励员工、凝聚人心。

广大干部员工也要更充分地发挥聪明才智,心系全局、立足岗位,以更大的主观能动性和创造力，从每一个细节、每一个环节入手，出色完成岗位所赋予的职责。要通过船岸紧密携手，克服一切艰难险阻，坚决打胜创收、降本、防控风险的各场硬仗。

二、快速调整运力，精益航线经营

要顺应市场变化，迅速采取行动，控制经营风险。公司已经明确并实施了消化2009年新增运力的多种方式。2009年，公司将新增9艘船舶、6万TEU运力，通过合作、出租舱位、退租、退役、替换修船、推迟新船交付等多项措施，可将年度实际运营运力增幅从12%缩减至1%。年初淡季，欧洲线运力已经缩减58%，地中海线缩减32%，太平洋线缩减16%。此外，要会同CKYH联盟各方，加紧研究欧线船舶轮流停航、美东线重组方案，并视情推广到其他东西干线及亚太区域、南北航线，将经营风险降到最低。

要握紧拳头，强化重点航线的运力投放。在总体运力不增加的同时，放眼全球市场，内贸线、红海线、中澳线等前景仍相对看好，因此，将保持和进一步加大运力投入，力争以较低的单箱成本进入上述市场，壮大实力、提升效益。

要以"快速有力、细中更细、精益求精"为原则，进一步细化航线经营。以航线效益为根本，统筹兼顾航线服务，是我们困难时期应对市场的重中之重。细化经营是系统工程，一定要做足功课。具体操作中，要细致研究燃油价格、船舶配置与航线效益之间的变动关系，勤观察、勤思考，不懈怠、不僵化。要进一步深化经济活动分析，从年初开始就要建立航线效益每周评估机制，形成监控——持续改进的良性循环，为运力进入与退出的快速反应奠定基础。

要充分利用大船单箱成本相对较低的优势，加强与同行沟通协调，促进危机中的双赢。如亚欧航线1300TEU舱位出租PIL和万海，在缩减航线运力的同时，年度可望锁定超过4亿元的收入。

要加快全球支线网络建设，打造差异化竞争格局。要抓住市场低谷阶段中小航运企业重新洗牌的有利契机，配合干线运力调整，全力加强支线网络建设。在巩固和加强现有亚洲区域(包括东南亚地区)内支线网络的同时，尽快建立完善北欧区域内(芬兰、俄罗斯、波兰、瑞典、挪威)和地中海区域内(西非、地东、北非、黑海)支线，以及加勒比海、中美洲、美湾间支线网络，力争以差异化、相对低成本的服务优势，增强航线营销的竞争力。此外，今年第一季度，必须完成支线经营定位及考核体系的进一步完善，使支线对干线的支撑、保障作用得到更充分发挥，为强化营销进一步创造有利条件。

三、深化营销协同，强化营销攻势

创收始终是企业的第一命题。2009年营销这一仗能否打得好、打得赢，对经营全局事关重大！

(一)全力开拓货源，严防客户流失。各单位要充分认清当前的严峻形势，采取一切有效措施，强化营销攻势，努力提升各主要航线和主要地区的市场份额，确保我公司货量不低于市场平均装载率水平。

要充分发挥全球营销网络和品牌优势，一方面"重点进攻"，加大对各地区重点货源的二次开发，通过有效渠道，锁定规模较大的目标客户，并指定专人负责直销，以超限思维争夺重点货源；另一方面要"全面撒网"，在零星货源市场上，稳定和扩大现有份额，不断扩大客户覆盖面，努力争取更多的增量货源。

要严防客户流失，各单位要指定专人跟踪、分析客户流失原因，加大客户走访力度，尽最大努力挽回和避免流失客户，努力保持货源基础的稳定。各贸易区、泛亚公司、中国部各地区分部行政主要领导，要亲自负责维护所属区域的前十大客户。这将作为对上述领导人员年度考核的重点内容之一。

（二）提升营销能力，强化营销队伍建设。针对本土出口和海外回程两个关键营销战场，要进一步加快营销素质的整体提升。中国本土在巩固先发优势的基础上，要进一步加快营销模式转变，提升差异化营销能力。要始终把工作重心放在强化市场开发上，把提升营销能力作为营销队伍建设的首要目标。营销人员占员工队伍比例要有严格要求，中国部总部要对各地区分部下达明确指标；要确保营销人员70%以上的工作时间和精力用于实际营销工作。

海外分部要进一步深化体制机制改革，更充分发挥区域部管理职能，包括强化所辖区域营销人员培训机制建设、促进团队营销协同和加强市场营销策划等。

（三）强化GKA、FOB客户开发，锁定基础货源。要进一步深化推进大客户战略，密切关注投标客户和GKA大客户动态，加强现有客户维护和战略性客户开发，锁定基础货源。要进一步细化落实与大客户的战略合作协议，抓好大客户服务合同的执行。2009年投标箱量要力争在2008年基础上再增长12%。

要高度重视并努力提高FOB货源比例。海内外各分部都要建立专门的FOB货源营销队伍，各贸易区要有专门团队负责FOB营销。2009年，进口FOB货量要在2008年基础上力争增长10%；出口FOB货量，在美国航线上要力争增长10%，其他航线力争增幅不低于5%。

需要指出的是，综合各方面态势分析，2009年市场极有可能出现前低后高的走势，尽管由低到高的增长幅度难以把握，但这一走势是基本可以判定的。为此，各级营销指挥人员要精心把握市场节奏，加强策略研究，做到合同签约长、短配合，既要规避货量不足的风险，也要防止失去空间、错失机遇。从年初开始，要小步快跑，紧盯市场走势，灵活调整营销策略。

（四）加强高值货源开发，提升海外回程货量。要认真学习贯彻中央经济工作会议精神，深刻领会中央政府4万亿元内需拉动的主攻方向，密切关注中西部承接东部产业转移的发展趋势，增强营销敏感性，**重点加大内贸、中西部等内陆地区货源，以及高附加值的冷箱、特种箱货源开发。**在当前淡季市场情况下，各航线舱位、箱源相对宽松，各单位要集中目标，大力加强对特种箱、冷箱等高值货源的揽取，在填补舱位的同时，提高单箱收入水平。

此外，要抓住国家进一步加大国外先进设备和技术引进的契机，全力抓好回程货源揽取工作。2009年，海外回程货量力争在2008年基础上再增长10%。各单位要根据公司关于加强回程货揽取的总体要求，结合不同航线的市场特点，确定各条航线的进口揽货目标，细化不同区域不同客户的运价策略，在增加回程运费收入的同时，改善进出口箱体平衡，节省空箱调运成本。

（五）强化延伸增值服务，提升差异化创收能力。要配合营销布局，做大做强延伸服务，强化电子订舱等增值特色服务，提升运输链整体竞争能力。要积极拓展包括铁路在内的海内外联运通道建设，以多种手段进一步加快中国本土及海外枢纽地区的增值服务资源配套，努力打造更多元化的增值服务能力。在这一过程中，要持续加强与中国远洋兄弟公司间的工作协同。

（六）完善运价管理改革，全力促进总部、分部营销协同。总部要更多地强化市场研究，强化营销战略的研究，贸易区要有驾驭整体市场的能力；而分部要实实在在地落实具体的营销战术。不同的港口、不同的航线，总部要有不同的战略，分部要有不同的战术，通过紧密协同来获取超过平均利润率的业绩。

要进一步完善运价管理改革，并于6月30日前全面推广到海外分部。同时，总部与海内外各分部之间要进一步加强沟通协调，统一营销和运价策略，共同协调好不同类别客户之间的运价和舱位管理问题。

基于运价管理体制改革后总部与分部间新的职能定位，2009年，公司将在考核和激励机制上进行配套改革。其中，要进一步简化对海内外分部的考核指标，重点突出贡献值考核。要积极实施各贸易区、泛亚公司、各分部的捆绑式考核，形成目标一致、利益共享、风险共担的绩效共创机制。此外，进一步加大营销激励，2009年，公司将设立总额2000万元的营销贡献值奖励基金。

各贸易区、泛亚公司要本着对航线效益负总责的原则，做好对海内外各分部运价管理执行情况的总体监控，在合法合规的前提下，积极协调各方，努力保持运价稳定，提升整体收入和贡献值水平。

四、深化精益管理，实现成本管控新突破

为应对2009年更加严峻的形势，要以降低供应商费率为突破，以成本问责制为抓手，拧紧毛巾，力争成本控制再上新台阶。

（一）全面梳理供应商费率。由公司贸易保障部总牵头，海内外各分部领导作为第一责任人，封闭地区以贸易区负责人为主要责任人，全面重新洽商供应商合同费率。对如卡车、驳船、堆场等可替代型供应商，要探索引入竞标机制，适当压缩供应商数量，提高规模议价能力，进一步降低费率。总的要求是：平均单箱装卸费力争下降3%；重箱堆存费下降10%，单箱中转费下降5%—10%。

要加快建立完善供应商管理体系，在本次供应商重新谈判的基础上，要全面梳理成本项目和对应的供应商合同，建立健全成本管理职能，消除盲点；要建立健全与成本项目和供应商管理相对应的成本控制流程，特别是抓好跨部门、跨单位间相互衔接的工作流程评估与优化，向精益管理要效益。

（二）深化成本问责制。2009年第一季度，要总结近一年来成本问责的经验与不足，对责任人实施问责，出示红、黄牌并实施奖惩。要对2009年成本问责考核指标进行完善、优化，强化对各责任单位成本数据跟踪和分析能力的评估与问责，通过强化日常成本分析和监控活动，加强对成本的掌控能力。要成立以贸易区、贸易保障部门为主的专门工作小组，以主干航线、主要成本发生地和主要成本发生项目为突破口，通过全面推广应用ADR系统、设置标准成本项目和港口标准成本模版、优化成本采集及审核流程等工作，逐项梳理成本控制的关键薄弱点并制定改进措施，进一步提高各单位成本控制的主动性和责任意识。

（三）深挖集装箱管理成本控制潜力。2009年，集装箱保有量要力争在2008年年底基数上再下降3%。集装箱空箱堆存费力争下降20%。加快滞期费、修箱费信息系统全面上线，力争2009上半年前完成80%口岸的推进工作。进一步严控滞期费减免，与2008年相比，要求2009年不扩大滞期费减免率，实收率提高5%；修箱费降低1%—2%，底盘车费用降低1%—2%。2009年，箱管总成本要力争再下降3%、约1.6亿元。

（四）继续加大燃油成本控制力度。2009年，尽管燃油采购单价有望较大幅度下降，但公司运费收入下降已成定局，完成全年节能减排任务与万元收入综合节能指标的压力有增无减。因此，要密切关注国际原油市场动向，更加积极地借助燃油套期保值手段锁定成本；继续抓好经营节能、管理节能、技术节能三管齐下的节能减排工作；要根据油价变动趋势，采取灵活的船舶加油策略；继续加强船舶油耗每日跟踪和航线月度油耗分析，更加广泛地使用节能新技术，挖掘节能新空间。

（五）严格控制管理费成本开支。要大力弘扬“勤俭节约办企业”的精神，全系统管理费用要在去年下降5%的基础上，力争再下降10%。

除以上成本控制项目外，2009 年要进一步强化船舶设备的日常维修保养，积极扩大自修，加强修船管理，在保障安全的前提下，努力节约机务费用开支。要进一步加强计算机信息系统推广应用，加强全球单证审核，为全面精益管理和深化成本控制，发挥更积极的促进作用。

五、增强危机意识，强化风险管理

2009 年是中远集团风险管理年。我们要按照集团总公司的统一部署，进一步加强全面风险管理体系建设，为效益攻坚提供可靠保障。

(一)强化资金风险管理。资金流是企业的血液。2009 年财务工作的重中之重是确保资金链安全！

要全面严格控制投资行为，除已批准项目外，新增投资项目一律不予审批。积极调整资金汇付途径，保证境外运使费资金安全；加快海外代理资金汇付频率，压缩资金占用时间；加快资金回收速度，规避汇率风险。拓展融资渠道，全力寻求资金支持。

要继续采取从紧的运费管理措施，从严客户信用评估，防范和化解"运费次贷"风险。2009 年，客户信用期管理要本着"保障资金链安全、服务营销一线"的原则，总体上力争压缩到 35 天。要进一步完善运费催收考核机制，将贸易区与分部一起，作为运费催收的责任主体。要认真梳理所有贷款合同中的限制性条款，努力规避提前还款风险。加强对经济危机重灾区预判，扩大海内外资金集中管理，加快建立区域结算中心。

要在合法合规的前提下积极落实好税务筹划，年内力争实施部分航线经营注册地向低税率地区转移。要密切关注美元、人民币币值变化趋势，快速反应、精心操作，规避汇率风险。

(二)强化经营风险管理。要密切关注全球经贸走势和航运市场变化，进一步加强前瞻性研究，精心做好航线、运力布局调整，妥善处理好船队结构优化，全力防范经营风险。要进一步加强合同管理和法律评审工作，坚持"三重一大"集体决策，努力规避日常经营活动中的潜在风险。

(三)强化信息系统风险管理。经过近 10 年的建设，中远集运信息系统已成为遍及全球 42 个国家和地区、150 多家企业，涵盖几乎所有业务岗位的超大型集中化的信息系统。因此，确保信息系统安全稳定运行，是公司风险管理的重要内容之一。2009 年要通过强化实时监控、技术保障等有效措施，认真落实信息系统安全保障。

(四)强化内部控制风险管理。要按照集团总公司统一部署，认真落实好"垂直监督"试点工作，整合监督资源，缩短监督链条，不断探索适应新形势的有效监督管理体制。要进一步强化内部控制审计工作，将企业经营管理活动中的关键风险点列为重点审计项目。要进一步加强经营纪律检查，加强廉洁文化建设，突出抓好廉洁文化"六进一拓展"(进班子、进岗位、进基层、进船舶、进家庭、进项目并拓展到海外)活动。

六、夯实安全管理基础，落实"铁腕治安全"

要打赢 2009 年效益攻坚战，必须依靠稳定的安全生产环境。越是经营压力大，越是要时刻紧绷安全这根弦。全系统都要时刻谨记：安全是班轮公司的永恒主题，安全大过天！

2009 年安全工作目标是：确保全年不发生重大安全和人员伤亡事故；各类安全事故明显下降；船舶水上交通事故得到有效遏制，安全面保持在 98% 以上；船舶港口国检查无缺陷批注通过率高于 80%，滞留率控制在检查艘次的 1% 以内，力争无船舶滞留。

为实现上述目标，2009 年要坚持推动安全管理手段、机制和技术的不断创新，进一步健全安全文化体系，积极实践以人为本的安全管理新思路。坚持落实安全生产"一把手负责制”、“一岗双责”和“一票否决制”等安全管理长效机制，不断优化安全监督管理流程。要继续坚持在全系统大力开展隐患排查和安全规章执行力大检查活动，克服麻痹大意和厌战情绪，进一步强化船舶设备工况维护，强化特殊航区、特殊气象条件下的航行安全监控。进一步完善危险化学品运输和防恐怖、防海盗安全部署，确保陆上行车安全和陆地设施安全。

七、深化改革、精心实施，按时完成 F5 项目

为做强中远集装箱运输服务链，实现上远公司的可持续发展，经过大量的前期工作，F5 项目已正式获得上级批准。下一步，要严格按照集团总公司批准的既定方案，抓紧完成相关企业改制、股权划转收购、工商产权变更、房产及债权债务处置等工作，确保按重要时间节点完成相关推进工作。

F5 项目充分体现了集团总公司、中远集运对上远公司长远发展的全力支持，以及对广大船岸职工的关心。总部项目推进小组要努力工作，确保项目推进质量；上远公司要全力做好配合，确保项目推进过程中人员思想稳定，生产有条不紊，安全万无一失。

八、坚持以人为本，加强队伍建设

要打赢 2009 年效益攻坚战，离不开强有力的组织保障和人力资源支持。

要进一步加强各级领导班子建设，要结合新的竞争形势要求，严格考核、调整配备好各级领导班子。要通过扎实开展学习实践科学发展观活动，进一步强化各级领导班子驾驭复杂局面、应对危机挑战的领导能力、执行能力和凝聚人心的能力。

要进一步加快高级专业人才培养，加强船员和货运营销人员两支队伍建设。要结合市场新的竞争格局，继续加大总部与基层、国内与海外、船岸之间的员工岗位交流。要进一步完善教育培训体系，全面提高员工队伍的综合素质和能力，要致力于成为员工职业化成长的伙伴。

要充分发挥中远集运思想政治工作的传统优势，团结、带领、感染、激发员工，为实现同业领先的目标不断增添正向力。要着力宣传新中国成立 60 年来伟大祖国取得的辉煌成就，激发广大员工的信心与斗志。要认真落实中国远洋企业文化推进会精神，在企业面临巨大困难的环境下，更加积极地在全体员工中倡导“求实创新、图强报国”的企业精神和“务实、协调”的文化理念，大力推进企业文化建设，进一步增强中远集运的软实力。各级工会、共青团及青年组织，要围绕“聚人心、出对策、渡难关”来开展各项活动，充分挖掘广大员工的聪明才智，群策群力促进发展。各单位、各级行政领导都要全力支持党、工、团组织开展工作，高度重视、倍加关心，充分发挥党组织、工会、共青团在激励士气、攻坚克难中的巨大作用。

要进一步维护好职工合法权益。进一步推进企务公开、民主管理，切实解决员工集中关心的热点问题，满足员工合理需求，积极构建和谐劳动关系。要一如既往地关心离退休员工、困难员工的生活，坚持开展好送温暖活动。

各位代表、同志们！**艰难困苦，玉汝于成！**回首中远集装箱运输事业 30 年发展历程，我们的事业之所以历经市场风雨洗礼、经受一次次航运低谷考验，仍保持着强劲的发展活力，正是因为危机和困难，更加激发了我们为国争光的壮志情怀、决不服输的拼搏精神、勇攀高峰的顽强毅力，这是我们全体中远集运人弥足珍贵的精神财富！

前进的道路不会永远一马平川，事业的发展不会总是一帆风顺。面对危机和困难，唯有志存高远、脚踏实地，精于思考、沉着应对，抱定必胜信心的队伍，才会是真正的王者之师、胜利之师！让我们更加紧密地团结起来，握紧拳头，快速应变，以争创一流的志气、百折不挠的勇气、奋力开拓的锐气，全力打赢航运低谷中的效益攻坚战，迎接新一轮发展的明媚春天！

坚定信心　凝聚力量
为实现同业领先提供坚实保障

——中远集装箱运输有限公司2009年党委工作报告

（2009年1月10日）

蔡张德

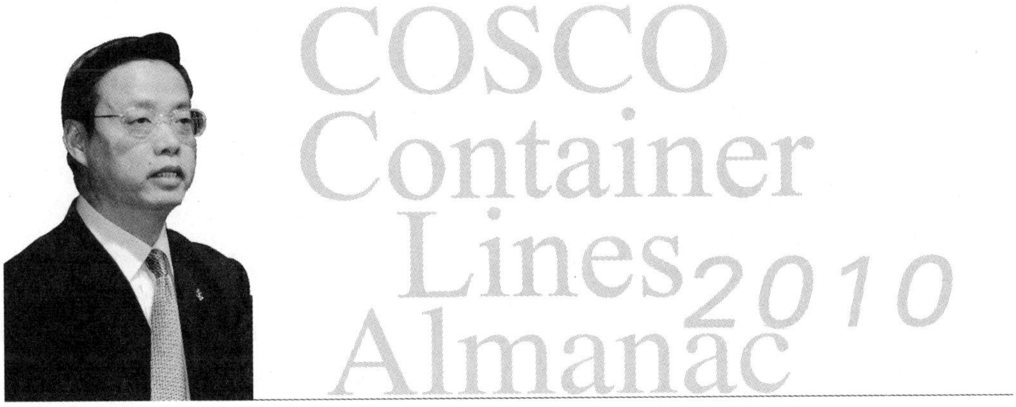

第一部分　2008年主要工作回顾

2008年，是很不寻常、很不平凡的一年，全球金融危机，国内冰雪地震等自然灾害，给航运企业带来了严峻的考验。公司党委在集团党组、中国远洋党委和上海市建设交通党委的正确领导下，带领全系统船岸职工，深入学习十七大精神，全面贯彻科学发展观，着力加强党的建设，积极推进企业文化和精神文明建设，沉着应对挑战，全力拼搏效益，为实现同业领先，保持安全稳定，提供了坚实的保障。

一、以科学发展观统领大局，积极应对挑战，促进企业稳定发展

面对严峻的挑战，公司各级党组织以科学发展观为指导，坚持抓大事，谋全局，积极研究解决企业面临的重大问题。

应对危机影响，开展专题研究。公司领导班子对金融危机造成的经营压力，快速反应、积极应对，先后召开6次专题会议，共商应对策略；并从创新体制机制，改善经营管理入手，最大限度地防控风险。

加强统筹协调，解决突出问题。公司党委和各级领导围绕经营和成本管理中的重大事项，加强协调，并深入一线积极解决突出问题。总部各部门、海内外各单位和广大船舶也加强了相互协调，提升了工作效率。

坚持"以人为本"，维护安全稳定。针对奥运前后的形势特点，公司党委多次召开党组织负责人会议，全面部署安保反恐工作。各级党组织认真排摸不稳定因素，妥善处置历史遗留问题，及时化解矛盾。针对亚丁湾索马里海域海盗猖獗的情况，公司高度关注船员的安全，认真落实防范措施。"中远纽约"轮等船舶，成功挫败了海盗登轮劫船的企图。

二、以十七大精神指导实践，把握形势任务，发挥思想政治优势

公司党委以学习十七大精神为引领，在应对挑战、促进经营、拼搏效益的实践中努力发挥思想政治工作的优势。

开展学习活动，坚持思想引领。公司党委认真组织领导人员的学习，邀请知名专家为公司两级中心组成员作辅导讲座；组成学习督导组对16家单位进行了督导，1162名党员参加了网上知识竞赛，公司代表队在上海市职工学习十七大知识竞赛中荣获三等奖，189名党员撰写了体会文章。上远公司运用刊物和船岸信息系统交流学习情况，发表党员学习体会48篇。

应对危机挑战，强化宣传激励。公司通过调度会、效益分析会、成本控制专题会等宣传形势任务，组织开展了淡季揽货、节能减排、降本增效等主题活动，《中远集运》杂志和《一周要闻》跟踪报道，发挥了舆论宣传的引导作用。中国部各口岸结合业绩考核，加大宣传力度，有效调动了一线员工的积极性。

展示发展成就，坚定发展信心。公司结合中远集装箱运输事业发展30周年庆典活动，总结提炼并大力宣传30年来的突出成就和成功经验；开展了公司30年"风云人物"、中国海运60年青史人物的推荐评选活动；编制画册、光盘，组织征文活动和撰写纪实文章、编印《璀璨三十年》纪念文集，其中《搏浪击水三十载》一文被《中国远洋报》等报刊全文转载、《人民日报》等众多媒体摘录，上海电视台4次报道中远集运，扩大了公司的社会影响。

三、以能力素质建设为核心，持续开展创建活动，切实加强领导班子和干部队伍建设

以"四好"班子创建活动为载体，领导班子和干部队伍建设得到进一步加强。

着眼于思想作风和能力建设，创建活动进一步深入细化。公司采取派员参加党校学习与自行组织培训等方式，不断促进领导人员的思想建设；组织中层干部与公司领导共商改革发展大计，深化了对科学发展的认识；贯彻"务实协调"理念，加强协调机制建设，促进了团队协同效应的发挥；强化纪律检查和个人重大事项申报，增强了领导人员的自律意识；定期召开员工座谈会、利用网络与员工交流、慰问走访基层一线和员工家庭，密切了领导与员工的联系；通过对部分领导班子的调整，优化了班子结构，并在实践检验中得到了群众的认可。

着力于干部人才队伍建设，考核培训机制进一步规范完善。以"选人、用人、育人、留人"为主线，制订了公司《人力资源五年发展规划》，完善了干部考核体系，加大了对干部的考核、管理和调整力度，全年调整中层管理人员67人；举办了投资管理、成本管理等32期培训班，培训人员2332人次；加强内部师资队伍建设，安排总部62人次为14个培训项目授课，节约了培训成本，锻炼了中层干部。

四、以改革创新精神为动力，加强和改进党的建设，不断增强基层党组织活力

公司党委从加强船舶、网点党建工作入手，扎实推进系统党的建设。

创新工作模式，加强基层党建。大力开展争创"两优一先"活动，评选表彰了公司优秀共产党员、优秀党务工作者和先进基层党组织；加强新党员的培养发展工作，全年共发展预备党员 110 名。上远公司党委重视"抓基础、抓规范、抓重点",完善了船舶政委后备人员的选拔机制,选拔了 17 名船舶新政委。中国部党委加强货运网点支部建设,基本做到党的组织、党的工作、党员作用"三个全覆盖"。计算机中心党委将党员教育与企业文化建设有机结合,活跃了党员组织生活。

开展主题活动,规范党员行为。在领导人员中,坚持开展述廉议廉活动;在组织人事系统,深入开展了"讲党性、重品行、作表率"的主题活动;在党员中广泛开展了党性分析、民主评议活动,党员的先锋模范作用得到进一步发挥。

贴近经营一线,开展党建调研。公司在年中和年底,先后召开政研会常务理事会和年会,提出了加强网点支部建设,加紧培养船舶政委队伍、加快发展新党员的意见;公司各级党组织、有关职能部门和一线党务工作者,广泛开展了调研工作,形成了一批有分量的调研成果,其中 6 篇论文得到集团嘉奖。

五、以先进文化为导向,加强精神文明建设,不断改善发展软环境

公司党委通过完善机制、深入开展企业文化和精神文明创建活动,不断改善企业发展的软环境。

讲求务实协调,积极推进企业文化建设。积极参与中国远洋企业文化交流活动,促进了共融共生;针对中国远洋在企业文化调研中对公司提出的改进意见,制定了 9 条落实措施;在中国远洋企业文化建设工作会上,中远集运有关企业文化建设的报告,得到集团和中国远洋领导的充分肯定。

坚持弘扬先进,深入开展文明创建活动。对各类先进进行了梳理归并,并运用现代元素,创新评先创优活动的方法和手段,吸引了广大员工的踊跃参与。一批先进集体和个人分别获得"全国五一劳动奖章"、"上海市五一劳动奖状"、"全国三八红旗手"等荣誉称号。编印了《公司优秀员工、卓越团队风采录》,广泛宣传了先进集体和个人的事迹。

激发爱国热情,积极参与"抗震救灾"。公司各级党组织积极开展支援灾区、"献爱心捐款"的活动,全系统共捐款 661 万元,募集御寒衣被 4593 件,购置救灾帐篷 200 顶,缴纳特殊党费 1819993 元、特殊团费 93845 元,支援灾区。各级工会及时做好员工家庭的灾情排摸工作,组成 4 个慰问组对灾区员工和 67 户船员家庭进行了慰问。武汉分部和四川中货在抗震救灾中,领导靠前指挥,党员干部冒着余震危险,把 COSCO 集装箱运送到了灾区最需要的地方,受到上级嘉奖。

六、以惩防体系建设为基础,探索垂直监督体制,强化内控管理力度

公司扎实推进反腐倡廉建设,有力地保障和促进了企业的健康发展。

推进惩防体系建设扎实有效。公司按照上级有关要求,加强惩防体系建设,企业内控制度不断健全、内部监督逐步到位。坚持领导干部关联交易信息内部披露制度,937 人按要求进行了关联交易信息内部披露。

廉洁文化建设不断深化。组织开展了"廉洁诚信,依法经营"主题教育系列活动,收到征文 74 篇,廉洁短语 67 条,网络动漫 7 个,编发警示教育案例 11 个。

严肃查处违纪违规案件。2008 年,公司纪检监察部门完成党纪初核件 15 件、立案 6 件,有 6 名党员受到党纪处分。

经营纪律检查持续深入开展。组织开展经营纪律自查和督查工作,全年共开展监督检查 27 项,效能监察立项共 22 项;检查单位 52 家(次),查出各类问题 129 个,提出整改建议 148 项。开展了以资金安全为重点的海外单位资金安全大检查,发现问题 47 个,提出整改建议 62 项。

审计工作的监督和风险防控作用有了新提升。公司审计系统共完成审计项目131项，提出审计建议628条，已被采纳整改的审计建议611条，挽回经济损失金额600多万元。完成船舶修理审计52艘次。积极推动审计工作向现代审计转轨，提升了风险防控能力。

积极筹划垂直监督体制改革试点工作。在深入调研论证的基础上，制定了"垂直监督"体制改革试点方案，并得到集团党组的批准。

七、以稳定发展为中心，营造和谐氛围，凝聚各方力量

公司工会和团委积极融入中心开展工作，在构建和谐企业中发挥了重要作用。

围绕中心，形成有效推动力。围绕节能减排和安全管理，工会积极开展征集"金点子"活动，收到"金点子"230条；会同上远公司举办劳动保护监检员培训；与管理部组成联合检查组到部分基层单位和船舶，对危险品运输、安全管理、消防救生设备以及集装箱堆场、仓储、食堂、车队等部位和环节进行了专项检查。

贴近员工，深入开展送温暖活动。慰问离退休老同志和困难员工3775人次、困难企业15个、船舶187艘次。对24名助学对象进行了帮扶，与贫困村的结对帮扶工作有序进行。在沪6944名员工参加了"一日捐"活动，共计捐款572768元。

履行职能，切实做好"两个维护"。针对国家实施《劳动合同法》等新法规，认真了解各地、各单位实施新法的情况，形成了较全面的情况报告；进一步规范劳动合同管理，在总部实施了新的《劳动合同》文本。

彰显活力，团的工作有了新起色。公司团委以评选"十大杰出青年"为契机，加强典型的培育；以创建青年文明号和组织青年志愿者活动为载体，搭建青年成长成才的舞台。北京奥运会期间，有7名青年参与志愿服务工作，1人被评为"优秀志愿者"，公司荣获"北京奥运会、残奥会上海地区优秀志愿者组织奖"。有10个青年集体、16位青年员工分别受到团中央等上级团组织的表彰；王新波同志作为青年企业家代表入选中日青年友好代表团访问日本；张为、韩飞同志分别当选上海青联委员和团市委委员。

2008年，在严峻的形势面前，我们虽然步履艰难，但依然有新的成绩和提高：

一是驾驭复杂局面的能力进一步提高。面对急剧变化的市场形势，公司领导班子冷静分析、沉着应对，多次集中研究，组织各方面骨干献计献策，作出了战略和策略上的重大调整，增强了企业防抗风险的能力。

二是差异化低成本的优势进一步显现。为破解同质化和有效控制成本，公司提出差异化低成本经营策略，推出低成本中转路径，实施船舶减速航行、压缩在港作业时间，实行成本问责制，为控成本、保效益奠定了良好基础。

三是协同效应进一步增强。公司领导带头协调解决职责交叉的跨部门、跨区域问题；各部门、海内外各单位和广大船舶主动加强协调和协作，提高了整体效率。

四是防控风险的工作力度进一步加大。公司加强对风险的评估，加紧应收账款的催收，强化资金管理、信用期管理和效能监察，持之以恒地抓好安全管理和维稳工作，有效地控制了风险。

五是品牌价值和社会形象进一步提升。公司获得了"中国航海学会科技进步一等奖"，"全国交通企业文化建设优秀单位"，"国际班轮运输资质信誉优良企业"等称号，在第六届中国货运业大奖评选中，夺得了多个"第一"。

上述成绩的取得，是上级正确领导和全系统员工奋力拼搏的结果。在此，我代表公司党委向长期以来一直关心、支持中远集运工作的上级领导，公司老领导，以及为公司拼搏创效和改革发展稳定作出贡献的广大干部员工表示衷心的感谢和崇高的敬意！

回顾2008年的工作，我们还必须清醒地看到存在的问题和不足，主要表现在：

一是面对全球金融危机对集装箱运输的严重影响，如何应对挑战，渡过难关，我们还需要研究更有效的对策举措，并进一步加强管理，抓紧抓实各项工作。

二是少数同志精神状态欠佳、安于现状，缺乏创新精神和创业激情，缺乏应变的思路和长远的目标，尤其对市场的变化关注不够，应对不力。

三是个别领导班子工作不默契，有的干部缺乏拒腐防变的意志和能力，发生违规、违纪、违法的问题，这也反映了我们对干部的教育监管不够到位。

四是基层党组织作用发挥不平衡，少数党组织缺乏解决实际问题的思路与办法，个别党组织的凝聚力和党员的主体地位缺失。

上述问题需要我们高度重视并切实加以解决。

第二部分　2009年的主要工作任务

2009年，国际集装箱航运市场将面临前所未有的困难。我们要紧盯全球市场的变化，认真研究新情况，解决新问题，不断创新党建思想政治工作和企业文化建设，组织动员全系统员工为企业求生存、渡难关、图发展，积极应对挑战，在促进企业健康持续发展中提供思想和组织保障。

2009年党委工作的指导思想

在中远集团党组、中国远洋党委和上海市建设交通党委的领导下，以学习实践科学发展观为统领，进一步贯彻党的十七大精神、中央经济工作会议精神以及胡锦涛总书记在纪念改革开放30周年大会上的讲话精神，解放思想、深化改革，团结带领全系统船岸员工为实现“同业领先”的战略目标，树信心，创效益，保稳定，促发展。

2009年党委工作的总体目标

统一思想，坚定信心，全力完成上级下达的指标任务，确保安全稳定；如期开展学习实践科学发展观的活动，达到“党员干部受教育、科学发展上水平、职工群众得实惠”的要求；按时推进F5项目，进一步增强企业的凝聚力和发展后劲；加强基层党组织建设的投入，进一步增强基层党建工作活力；按集团要求推进垂直监督体制的试点工作，进一步增强企业内部的监控能力；加强人才队伍建设，安排部分干部交流挂职，新提直管人员培训率达到100%，完成对入选集团“三个三百”的1/3人员的集中培训；加强企业文化建设，营造文明健康廉洁和谐的人文环境，不断提升员工对企业的满意度。

2009年党委工作的主要任务

一、深入学习实践科学发展观，不断增强掌控市场驾驭发展的应变力

按照上级的统一部署，精心组织，有序推进学习实践科学发展观的活动。

要认真组织广大党员特别是各级领导干部的学习，切实把握科学发展观的丰富内涵和精神实质，不断增强学习实践科学发展观的自觉性和坚定性，切实使“党员干部受教育”。

要以“破解公司发展的难题，提高驾驭市场、创新创效的能力”为学习实践活动的载体，认真查找工作中不适应、不符合科学发展的观念和做法，认真解决影响和制约科学发展的突出问题，努力形成发展新思路，切实使企业“科学发展上水平”。

要将学习实践活动与改进领导作风和改进管理方式紧密结合，认真查找、分析、纠正和解决党员干部中的党风党纪问题，不断增进职工群众的信任感；要坚持以人为本，按照实现好、维护好、发展好最广大职工群众利益的原则，带领职工拼效益、促发展，切实使“职工群众得实惠”。

二、围绕效益和安全稳定加强思想引导，不断增强团队整体应对困难挑战的战斗力

围绕企业经营效益和安全稳定，进一步加强和改进思想政治工作，引导广大职工全身心为企业的生存发展而奋力拼搏。

突出对形势任务的教育。要用党中央对形势的科学判断和保增长、促发展的要求，统一干部员工的思想；要围绕“在严峻的市场形势下我们怎么办”展开大讨论、大谈心活动；要围绕“树信心、创效益、保稳定、促发展”大力开展宣传思想工作，形成凝心聚力的强大声势，引导全体员工以时不我待的紧迫感，群策群力、团结拼搏；要确保中远集团、中国远洋、中远集运应对形势的战略举措和各项指令的贯彻落实，进一步提高各级干部员工的执行力。

突出对改革发展成果的宣传。要以纪念新中国成立60周年为契机，大力宣传新中国成立60年以来各行业，特别是改革开放以来中远集运事业取得的巨大成就，激发员工爱国奉献的热情和逆境中奋起的勇气，增强全体员工战胜困难、共克时艰的信心和决心；要注重发现、推荐、激励生产经营和安全管理中的先进典型，发挥典型的示范引导作用，营造奋发向上的良好氛围；要适时开展对F5项目的宣传，进一步增强全体员工对公司的归宿感。

突出对思想政治工作难点的研究。要深入了解，认真分析困难形势下职工思想的新变化，适时开展职工思想状况调查，有针对性地做好思想政治工作；要及时发现并化解群众中的热点问题，对突发性群体事件，领导人员一定要靠前指挥，妥善疏导，及时化解矛盾；要充分发挥党组织、工会和团组织在思想政治工作中的作用，各级领导人员都要善于做群众工作，看好自己的门，管好自己的人，履行确保一方平安的责任；要将思想引导与行政管理、文化建树和制度建设有机结合，形成协调有序的工作环境；要积极开展政研会工作，通过对最新理论动态和国家法规政策的把握，通过对一线情况的调研和对存在问题的分析，提出加强和改进思想政治工作的意见和建议，使政研会切实发挥信息库、参谋部、智囊团的作用。

三、加强领导班子和人才队伍建设，不断增强人力资源对企业发展的驱动力

要以领导班子和干部队伍建设为重点，在应对困难挑战中充分发挥人力资源管理的驱动力和创造力。

以“学习实践”活动为契机，加强领导班子建设。要将开展“学习实践”活动的效果作为考评领导班子的重要依据；要围绕“四好”标准深化争创活动，通过对标业内先进单位，找出差距，制定和实施赶超先进的对策；各级领导班子要坚持抓大事、管方向，深入研究并切实解决影响企业改革创效和安全稳定的重大问题；要认真落实“三重一大”集体决策制度，党政一把手，要带头执行制度，做到决策重大问题严格按程序操作，重要事项及时向领导班子通报；各单位党委都要健全党代会制度，开展基层民主直选党支部书记试点工作，不断推进党内民主建设。

以满足发展需求为前提，加强干部人才队伍建设。要加强干部人才的交流，逐步打破区域、部门和岗位限制，推进经营管理部门与党群部门之间、总部与一线之间人才的合理流动。要高度关注在运力增长和业务流程调整的情况下，对货运人才的素质要求，研究运价管理改革后有关工作机构的完善和货运人才队伍的建设；要高度关注在运力持续发展的形势下，船员队伍结构的调整和工种的平衡，特别要重视大型船舶船员班子的建设，以此带动整体船员队伍的建设。

以强化执行力为重点，加强干部队伍作风建设。各级领导人员是企业战胜困难的中流砥柱，在企业面临困难的时候，更需要以昂扬的精神、超前的思维、优良的作风、过人的心智凝聚广大员工的力量。要以总部为重点，以率先垂范、带头贯彻公司指示指令为基本要求，加强检查，从严考核，定期通报，切实发挥总部执行力对基层单位的示范作用。各级领导人员都要在战胜困难、应对危机中经受考验，讲党性、重品行、作表率，顾大局、守纪律、树形象，用艰苦奋斗、勤俭节约、谦虚谨慎、勤政廉洁的良好风范感染员工，发扬“困难面前、舍我其谁”的英雄气概，以改革创新的精神和坚韧不拔的毅力，带领员工共克时艰。

四、持续推进反腐倡廉建设，不断增强促进企业健康发展的防控力

2009年公司党风廉政建设的总体目标是：推进垂直监督新体制；确保公司中层以上领导干部不发生重大违法违纪案件；确保公司健康有序发展。

认真贯彻落实《实施办法》。以贯彻落实中共中央《建立健全惩治和预防腐败体系2008—2012年工作规划》及集团《实施办法》为主线，以健全符合中远集运实际的惩防体系为目标、解决公司党风建设和经营管理中存在的突出问题为任务，重点推进惩治和预防腐败两方面的工作，切实提高公司反腐倡廉实效。

突破现有监督体制，试行垂直监督。要积极稳妥地推进垂直监督体制改革的试点工作，对原有大监督工作格局进行深化，缩短监督链条，整合监督资源，对公司重要监督内容实行“垂直监督”。这项改革试点任务是集团党组纪检组的决定，也是公司的要求，是中远集运监督管理体制的重大创新，对于构建完善公司惩防体系乃至集团的惩防体系建设都具有重要意义。各单位、各部门都要高度重视、大力支持，纪委要全力以赴，按集团和公司的要求，稳步推进、逐步实施，保证“垂直监督体制”改革的顺利推进和圆满成功。

深入开展廉洁文化建设。努力探索廉洁文化建设新的途径和方法，突出抓好廉洁文化“六进一拓展”(廉洁文化进班子、进岗位、进基层、进船舶、进家庭、进项目并拓展到海外)活动，扩大廉洁文化覆盖面，提高有效性。要进一步加强对一线干部员工廉洁从业的教育。

围绕服务公司中心工作，不断加大案件查处力度。公司各级纪检监察部门既要严查损害公司利益的违纪违规案件，也要注重维护党员干部的合法权益，维护好广大干部渡难关、图发展的工作积极性。

强化审计监督工作。要把公司重要风险点作为审计项目的重点。要继续提高计算机审计应用水平。积极推动审计工作从传统审计向现代审计转轨，强化审计监督在企业反腐倡廉建设、风险控制方面的先导作用。

五、充分发挥工会共青团作用，不断增强促进企业和谐发展的推动力

各级党组织要进一步重视工会、共青团工作，切实发挥工会、共青团的重要作用，努力形成组织动员全体职工共建共享和谐企业的强大推动力。

各级工会要注重培育职工的主人翁精神，以“聚人心、出对策、渡难关”为主题，继续开展节能减排劳动竞赛和征集“金点子”活动，进一步激发员工参与企业民主管理的积极性；要着眼于发展大局了解职工关注的热点问题，有针对性地做好释疑解惑、排忧解难和心理疏导工作；要更新维权理念，加强对《劳动合同法》实施过程中新情况新问题的调研，认真对待职工的合理诉求，努力构建和谐的劳动关系；要关注特殊环境中的困难群体，坚持做好帮困扶贫工作，为广大职工群众办好事、办实事。

各级团组织要围绕生产经营广泛开展立功竞赛活动，在服务企业中体现青年作为、促进青年成才；要通过开展“五四青年风尚节”，参与世博志愿服务，举办青年素质拓展训练等活动，弘扬青年精神，建设青年文化；要努力满足青年多样化需求，在交友、文体、公益活动方面为青年搭建平台，提供服务；要以推进船舶、网点团建为重点，推进“百团优化”团建项目，全面加强团的组织建设。

六、大力推进企业文化建设，不断增强公司可持续发展的软实力

各级党组织、各单位要以“求实创新、图强报国”和“务实协调”为指导，进一步推进企业文化建设。

丰富文化内涵、彰显文化价值。要将海内外各条战线的价值观统一到“求实创新、图强报国”上来，将全系统员工的职业道德观统一到打造“责任企业、责任员工”上来，将各个业务板块的行为准则，规范到“务实协调”上来；要大力推进“差异化、低成本”的营销文化建设；大力推进思想引导与严格责任制为一体的安全文化建设；大力推进教育制度监督检查为一体的廉洁文化建设；大力推进“严管善待”的人本管理文化建设。

完善工作机制，推进文化改善。要健全和完善企业文化建设领导机构，修订企业文化建设纲要和企业文化建设手册；要通过有效的活动，将企业文化理念融入到公司的经营管理和员工的思想行为之中，使文化的价值在企业实践中得到生动的体现；要围绕员工管理、员工发展，以及查找、解决制约员工积极性发挥的工作制度、工作流程以及领导作风上的问题，多视角、多层面地开展企业文化改善活动，使之成为改善企业与员工关系，提升员工对企业满意度，促进员工与企业共同发展的重要平台。

同志们，2008 年我们在逆境中拼搏，成功与收获使我们倍感珍惜；困难与艰辛使我们更加坚定。在全球金融危机影响下，2009 年，我们将面临更加严峻的考验，但是，我们坚信：中远集运具有 30 年来在改革发展中形成的富有活力的体制机制，具有长期以来形成的思想政治优势和深厚的企业文化底蕴，只要我们坚持以科学发展观为引领，坚持解放思想、深化改革，坚持传承与创新，我们就一定能无往而不胜。

让我们紧密团结起来，在中远集团党组、中国远洋党委和上海市建设交通党委的正确领导下，以发展中远集运事业的强烈责任感和使命感，坚持“不动摇、不懈怠、不折腾”，团结和带领全系统船岸职工坚定信心，抱团取暖，应对挑战，共渡难关，为实现“同业领先”的战略目标而努力奋斗。

Essays 二
专文

COSCO Container Lines Almanac 2010

解放思想　实事求是
沉着应对　迎战危机
促进中远集运事业又好又快发展

孙家康

COSCO Container Lines Almanac 2010

在深入学习实践科学发展观的过程中，中远集运紧密结合当前正在全力应对的全球金融、经济危机和异常繁重的经营管理任务，坚持边学习、边解放思想，边学习、边分析市场，边学习、边化解难题，确保了学习实践活动与经营管理两不误、两促进。

一、进一步结合实际，增强学习实践科学发展观的自觉性和责任感

科学发展观，是指导我国经济社会发展的重要指导方针，是全党全国必须坚持和贯彻的重大战略思想。全系统各级党组织及广大党员干部，一定要站在战略和全局高度，充分认识贯彻落实科学发展观的重大意义，结合当前面临的全球集装箱运输市场的严峻形势，切实增强责任感、危机感、紧迫感和自觉性、坚定性，积极投身学习实践活动，取得丰硕成果。

开展学习实践活动，重在认真学习、深刻理解、全面把握其科学内涵、精神实质和根本要求；重在用科学发展观武装头脑、指导实践、推动工作。全系统各级党组织及广大党员干部，一定要加快转变不适应、不符合科学发展观的思想观念，真正解决影响和制约中远集运事业科学发展的突出问题，更新理念、把握规律、改进方式，切实把科学发展观贯彻落实到集装箱

运输链的各个环节，为公司降本增效增加动能。

开展学习实践活动，重在积极应对全球金融、经济危机对集装箱运输经营管理的冲击，全力以赴打好2009年效益攻坚战。全系统各级党组织及广大党员干部，一定要深刻认识到，引发全球金融、经济危机的核心国家，恰恰是因为犯了经济社会发展失调、失控等一系列重大错误，导致违反经济发展规律的不良后果的集中体现，这是违背科学发展的必然结果。当前，这场危机还在蔓延、仍未见底，对我们的生产经营带来了巨大的压力和挑战。而科学发展观为我们提供了应对危机的理论武器、实战方略和根本方法，将促进我们用科学发展观来辩证地看待"危"中带来的"机"，变压力为动力，化挑战为机遇，进一步加快从传统发展模式向科学发展模式的转变，在"严冬"中把内功练好。

开展学习实践活动，重在进一步提高各级领导班子的能力，重在进一步转变各级党员领导干部的工作作风。全系统各级党组织及广大党员干部，一定要清醒地看到，在实际工作中，个别领导班子、个别党员领导干部作风不扎实、认识不到位、能力不适应、行动不坚定等问题，还不同程度地存在。各级班子是员工队伍的主心骨，广大党员领导干部是推动企业科学发展、和谐发展的中坚力量。只有班子和党员领导干部学有所获、干有所成，企业才能有坚强的组织保证来战胜危机，来解决好生产经营中的突出矛盾和问题。

开展学习实践活动，重在解决实际问题。各级党组织、各部门、各单位一定要通过学习实践活动，以更加开阔的视野、更加扎实的作风、更加有力的措施，真正解决公司层面及本单位影响和制约科学发展的突出问题，解决事关企业改革发展的最直接的重大现实问题。只要每个单位真正做到解放思想、实事求是，解决好本单位一两个最关键的实际问题，中远集运层面的大问题就能够解决得更好、更快、更彻底，我们走出经营困境的过程就会更短。今后，全系统要形成这样一个理念，即：解决实际问题的能力是衡量一个干部工作能力的一条重要标准。

二、进一步提高认识，认清危机对公司效益的巨大负面影响，知难而上、勇于拼搏

当前的这场危机，已经演变成全球性的经济衰退。WTO在其最新发布的世界贸易年度评估报告中指出，2009年全球贸易将下降9%，这是自"二战"以来的最大降幅，甚至可以称之为"百年一遇"。相比1929年至1933年那场危机，由于经济全球化的趋势日趋明显，危机中所出现的两个相互关联的恶性循环，正在向更深的层次发展。为此，我们要作好打一场持久战的准备。

对于这场危机对公司效益的巨大负面影响，我们要从以下几个层面来加以认识：

第一，经济衰退所造成的贸易萎缩，对中国实体经济的负面影响是巨大的。从全球范围看，集装箱运输的适箱货物，主要是远东出口到欧美的产品；欧美地区购买力的急剧下降，首先受到冲击的就是集装箱运输业务。这是中国在全球经济运行当中的角色与地位决定了的，也是公司主要业务范畴决定了的。尽管这一客观原因起了主要的、决定性的作用，但是我们要看到，市场对整个同业各家公司的影响是均等的，谁能最先走出危机，就看谁的主观能动性最强，所作出的努力、拿出的招数最对路、最有效。

第二，进入2009年以来，中远集团航运主业中的集装箱、散货运输板块，均面临着极端

严峻的市场形势，生产经营状况非常紧迫。中远集运指挥着中远集团旗下规模最大的全球集装箱运输资产的生产经营，所承担的效益责任重于泰山。中远集团是中国大陆19家进入世界500强行列的中央骨干企业之一，而我们中远集运的收入情况、效益情况，直接关系到中远集团在国际上的声誉和地位。

第三，中国远洋上市公司公布2008年业绩年报和2009年第一季度季报在即。我们在2009年第一季度遇到的困难，将会对中国远洋的市场表现和声誉产生负面影响。2005年以来，中国远洋的品牌在海内外已享有盛誉，中远集运作为上市公司重要成员单位，一定要深刻体会到上市公司所承载的巨大压力，尽最大努力来缓解资本市场对上市公司效益的担忧。各级班子、各级领导干部对此同样要有深刻的认识和充分的准备。

第四，尽管我们已经早作好准备，提前安排了银行的授信额度，但潜在风险依然存在。

第五，我们全系统拥有2万多名员工，背后则是2万多个员工家庭、10万多家庭成员。可以说，我们员工个人的职业生涯、家庭和谐，与我们企业的生存状态是休戚相关的。

我们全系统绝大多数干部员工，在危机与困难面前没有低头，大家众志成城、顽强拼搏，体现了我们这支队伍排除万难、矢志拼搏的决心和信心！这说明，上级领导近期的各项重要指示、公司党政工团的各项要求和倡议已经深入人心，广大员工对快速扭转当前效益状况愿望十分迫切，这是非常难能可贵的！希望大家尽快把这一股强烈的忧患意识、责任意识，转化为进一步做好各项工作的强大动力，全力拼搏，来创造最好的经营效果。

三、进一步聚焦目标，把解放思想放到更突出的位置来落实特殊时期的工作措施

解放思想，强化执行力，全面贯彻落实集团各项指示精神。要应对好当前的危机，全系统干部员工都必须立足岗位，全力抓好经营管理。特殊时期，我们要特别强调责任的传递，特别强调执行力。公司领导班子作出的决定、指令、要求，全系统都要坚决地贯彻执行。各级班子作出的决定、指令、要求，都要不折不扣地传递到每个岗位、每个员工。此外，要客观地看待当前的严峻形势，既要正视形势带来的困难，更要把握危机带来的机遇。困难时期，正是公司上下苦练内功的最佳时机。面对这些“危”中之“机”，各级班子、各级领导干部都要进一步解放思想，强化管理、勇挑重担、聚精会神，着力解决好制约企业长期发展的重大问题。

进一步加强纵向与横向的对标工作，正视差距、查找不足、及时改进。加强纵向与横向的对标，是集团领导对中远集运的一贯要求，我们在任何时候都必须一以贯之。纵向对标，就是与公司以往的经营指标比较，认真总结以往经营管理实践的正反两方面的经验，好经验、好做法要不断发扬光大，一些不完善的地方要持续改进。横向对标，就是要放下身段、摆正位置，虚心向同行学习、向后起之秀学习。“他山之石，可以攻玉”。各级领导、业务骨干要进一步解放思想、实事求是，运用科学方法，分类别、有针对性地组织好对标工作。只有“跳出集运看集运”，才能找出我们当前不利于参与市场竞争的薄弱环节，研究制定应对措施，努力提升企业竞争力。

迎难而上、全力以赴，推动运价恢复工作。欧美航线市场份额、运价水平是体现船公司综合竞争能力的重要指标，对树立企业形象、鼓舞员工士气意义重大。在扭转被动局面的关

键时期，要着力做好美线签约和欧美航线运价恢复两项关键性工作。此外，在增收方面，要求各贸易区、泛亚公司拓展思路，对全球各航线的附加费项目进行全面梳理，在有条件的航线实施费率调升；同时，要结合美国政府近期救市措施可能造成的美元贬值趋势，尽快研究加收币值附件费的可行性。总之，要不遗余力、不放弃任何机会来全力推动运价恢复，多创收、多创效。

精心布局，进一步高度重视并实施航线规划和优化工作。航线规划设计是公司经营的核心之一，是减少当前公司运营亏损的主要前提和最关键因素。成本大进大出，主要还是在航线布局上，因此必须进一步高度重视。下一步，公司将结合市场走势，尽快对航线布局及进一步优化措施进行全面梳理，其从源头上消化掉一部分航线运营有关的变动成本。

坚决按照集团、中国远洋要求，积极推进公司运力缩减计划。要按照集团领导的指示和集团《指导意见》要求，尽最大努力实施新造、新租运力项目的缩减安排，根据市场实际变化情况，规避企业未来的经营风险。要根据最新的全球经济运行情况，按照"抱团取暖、共渡危机"的总体理念，积极与合作方磋商，尽一切可能实现缩减计划。

深入挖潜，继续高度重视箱管成本的控制工作。箱管节支工作是公司确定的2009年成本管控工作的重点之一。要根据新的市场变化情况，进一步开动脑筋，继续深挖退租箱潜力，进一步把集装箱保有量降下来，进一步把内陆空箱调运成本控制好。在其他成本项目控制方面，我们也要加大挖潜力度。

继续全力做好资金链风险防范和税务筹划工作。公司做到现在这个规模的时候，我们领导时刻都在关注着这个船队的运营和它带来的现金流情况。危急关头，全系统各单位必须牢固树立一盘棋意识，坚决服从总部高度统一的财务及现金流管理手段，以便总部能够全面梳理、通盘考虑，从而共渡难关。在税务筹划方面，要求全系统结合国际国内各类税收法规的变更与修订，继续加强税务研究，完善系统内税务架构的搭建，着力降低税务成本、规避税务风险，促进企业顺利渡过难关，提高市场竞争力。要特别加强研究国家关于建设上海国际航运中心的最新政策，为公司税务筹划工作提供准确的决策参考依据。

全力抓好安全生产和维护稳定工作。经营上越是困难，安全生产越是要保持稳定局面。希望全系统从事安全工作的同志们，认真抓好安全生产隐患排查和船员队伍管理，确保全年安全生产形势总体稳定，不给生产经营添乱、不给集团添乱。此外，工会、共青团组织要继续全力抓好各项主题活动，激励全系统干部员工团结一致、群策群力、共克时艰。要进一步抓好信访和矛盾排查工作，切实维护稳定大局。

进一步调动全体员工，特别是各级领导干部的工作积极性。下一步，公司领导班子成员还将结合学习实践科学发展观活动，逐一同各自分管的业务部门、对口单位的中层干部进行谈心，一方面是进一步听取各方面的意见，了解中层干部的思想动态；另一方面是把集团、中国远洋近期针对中远集运的各项重要要求传达、布置下去，进一步激发士气、鼓舞斗志。

务必保持高昂的斗志和良好的精神面貌，对工作中出现的问题要进一步主动沟通，多协调。公司已经改进了大调度会、调度会的召开方式、汇报形式。从执行的情况看，大家基本都能做到不回避矛盾，勇于暴露问题，使生产调度会真正开出了效果，提高了总部协调力度、增强了决策效果。今后，希望各部门、各单位也能举一反三，加强上下沟通、海内外的沟通，使上级领导尽可能多地了解本单位的工作动态，给予更及时的指导和更大的支持，使总部与分部、海内与海外充分交流意见，进一步深挖增收降本的潜力。希望全系统各单位都能牢固树立大局观，发挥好协同效应，为提高公司的决策质量和效率多作贡献！

温家宝总理曾经在一次记者招待会上讲过这样一句话："**解放思想和改革开放将永不**

停止，一直到中国现代化的成功，到了那时，也还需要解放思想。”我们身处的这场危机是历史上前所未有的，没有任何一套前人发明的应对招数可以供我们继承。实践是检验真理的唯一标准，我们学习实践科学发展观，就是要大胆探索、大胆实践、大胆创新。从另一个角度看，应对极端困难的局面，正是促进领导干部解放思想的一次绝好机会。在前人没有走过的路上，我们中远集运人要主动培养独立思考的能力、批判思维的能力和创造能力。惟其如此，我们的整个事业才会不断前进。

以改革创新精神谋求企业党建工作的自我完善与发展

吴树雄

党的十七大报告指出，“党要站在时代前列带领人民不断开创事业发展的新局面，必须以改革创新精神加强自身建设，始终成为中国特色的社会主义事业的坚强核心”。我们认识到，以改革创新精神，谋求企业党建工作的自我完善与发展，是我们企业党组织在新形势下必须认真加以研究的一个重要课题。

一、党建工作在企业改革发展中担当着重大责任发挥着政治核心作用

长期以来，中远集团党组始终重视企业基层的党建工作，把企业党建同巩固党的执政地位和打造百年中远紧密地联系在一起，经常性地研究如何创新企业基层党的建设，努力担当起促进企业发展的重大责任，积极发挥了企业党建工作的功能与作用。

1. 在领导班子和干部队伍建设中发挥党组织的领导作用

中远集运党委将领导班子建设作为党建工作的首要任务，以创“四好”为载体，每年根据工作规划制订创“四好”的措施并安排活动，对各单位的创建活动进行了深入的督导活动，制订《直管干部管理办法》，对干部管理的制度进行了深入研究，对干部的培养选拔任用

激励和监督工作作出了一系列新的规定，促进了公司各级领导班子的建设。各级领导班子的经营创效和领导科学发展的能力得到了明显提升，作风有了显著转变。

2. 在企业创效发展中发挥党组织的推动作用

中远集运党委和所属各级党组织以科学发展观为指导，坚持解放思想，深化改革，推动发展。公司各级党组织在决策企业重大问题和推动企业创效发展上，能够做到"把得准方向，出得了主意，使得上劲头，稳得住人心"。2009 年，公司党委和领导班子先后召开 6 次专题会，就企业改革发展的重大问题进行深入研究，仅在 5 月 5 日召开的由公司领导班子和总部部门长参加的专题会上，就对改革发展和经营管理问题提出了 85 条重要建议。

3. 在防范风险中发挥党组织的监督作用

中远集运党委、纪委注重纪检监督工作机制的建设，形成了惩防制度体系，试行了审计监督工作垂直管理制度，实行了审计力量统一调度使用和交叉审计等监督管理办法，将纪律检查和审计监督工作深入到经营网点，延伸到海外分部。积极参加上海市党风建设"六比"活动，组织全系统中层以上管理人员开展八小时以外的读书活动，根据各级干部撰写的文章，编辑出版了《点亮企业领导心灵的人生感悟——"领导干部八小时以外"读后感》，显著地增强了各级领导人员自律意识，也提高了企业的风险防范能力。

4. 在维稳工作中发挥党组织的"第一责任人"作用

中远集运系统各级党组织按照上级要求，担当起维稳工作"第一责任人"的责任，建立了维稳和应急工作机制。在各个特殊阶段的重要时间节点，公司党委都要召开各单位党组织负责人会议，讲解形势，提出要求，布置维稳工作；每项改革举措的推进，维稳工作都提前介入，排查各种不稳定因素，做深做实维稳工作，确保了大局稳定和各项重大改革的顺利推进。

5. 在构建和谐企业中发挥党组织的凝聚作用

中远集运系统各级党组织带领工会和共青团组织，坚持以人为本，注重维护党员和职工的主体地位，坚持以职代会为基本形式的民主管理制度，就改进管理、控制成本、增收效益等问题广泛收集意见，定期向党员和职工代表通报企业改革发展的大事，主动深入一线，听取反映，疏导情绪，落实帮困扶贫工作，营造和谐氛围，以职工看得见的举措维护好、实现好、发展好职工的切身利益，不断增强了企业的凝聚力。

二、深刻认识党建工作与企业发展不相适应的问题和矛盾

中远集运的党建工作无论是在管理机制，还是工作模式和运作方式上，都还与船队快速扩张、企业快速发展、打造百年中远、创建世界一流集装箱班轮公司的发展要求存在着不相适应的问题和矛盾。

1. 简单化的工作模式与企业快速发展的要求不相适应

近年来，中远集运事业发展迅速，公司运力在 1997 年的 19 万箱的基础上实现的 3 倍以上的增长，到 2012 年，公司的运力规模将达到 1997 年的 4 倍。在运力规模的快速发展的同时，公司管理体制和机制也实现了海内外集装箱运输一体化。随着管理幅度不断扩大，各板块业务和人员的情况差异明显，相互之间的工作又缺乏可比性，这就要求我们的党建工作也

必须通过改革创新来适应新形势、新情况、新变化。

2. 现有的组织架构难以满足不同业务板块的差异化管理要求

在公司现有组织架构下，如果我们完全按照分层管理的理念，将上远公司、中货系统等重点板块以与其他单位相同的权重来考虑机构设置、干部配备以及管理权限，势必造成事实上的不合理、不协调。作为上市公司，公司党委和领导班子要落实“股东回报最大化”的经营理念，围绕发展这“第一要务”做工作。与此同时，维护安全与稳定这个“第一责任”也不能偏废。如果不履行好“第一责任”，就会影响“第一要务”，唯有突出重点、统筹兼顾，才能确保企业安全稳定和全面协调可持续发展。

3. 统一教育管理的方式难以适应多元劳动关系并存的新情况

中远集运系统员工的劳动关系处于多元结构的状态，既有与公司建立劳动关系的“自有员工”，也有与劳务基地签订劳动合同的劳务工。目前，公司劳务船员超过3600名，加上社会船员，占船员总数的一半以上。劳务船员和社会船员岗位分散，休假居住地不确定，归属感不明确，如果按照传统的教育管理方式，对不同劳动关系的员工以统一方式、开展同一内容的教育活动和实行统一的管理模式，就难以面对多元劳动关系形成的思想观念、情感需求和利益矛盾。

4. 常规的培养方法难以满足企业发展对党务干部的数量、素质和能力的要求

从年龄和数量结构来看，中远集运直管的党群干部年龄结构总体比较合理，但船舶政委的平均年龄偏大，数量偏紧。在现有的168名船舶政委中，56周岁以上93名，占总数的55%。从素质和能力结构来看，公司部分党群干部综合素质依然跟不上新形势下岗位工作发展变化的需要，其工作状态和精神面貌，与企业竞争发展的要求存在着不相适应的问题。面对企业快速度、高层次、现代化发展的局面，对党群干部数量、素质和能力的要求也必然成正比例增长，如果按照自然生存、常规培养的方法，无论是在数量上还是在质量上都是难以适应的。

5. 传统的组织发展工作难以扭转党员人数逐年下降的态势

根据统计分析，近10年来公司在上海地区党员比例和党员发展数量呈逐年下降的趋势。党员数量逐年下降的主要原因是党员比例较高的大批老职工退休，而包括劳务工、劳务船员在内的各种不同身份的新进员工中党员比例较低，非党职工要求入党的也较少。党员数量下降的现象在船队尤为明显，随着外聘劳务船员和社会船员的不断增加，如今船员党员比10年前绝对数减少了近乎一半，这在一定程度上表明党组织的基础力量有所弱化，而党员数量偏少的现象已经影响到了船队、外派班子和货运网点支部的组建，这不能不引起我们对传统的组织发展工作的深度思考。

三、以改革创新的精神推进党建工作的完善与发展

胡锦涛总书记在全国组织工作会议上强调指出：“要坚持以改革创新精神全面推进党的建设新的伟大工程，使党的建设工作更富有时代气息、更富有实际成效。”在这里，“时代气息”和“实际成效”统一于“改革创新”的思想理论之中，使我们清晰地认识到：企业党建的改革创新一方面要站在时代的前沿，感受时代的气息，求新、求变、求发展；另一方面要贴近

企业的实际，把握员工的需求，求真、求实、求提高。必须坚持改革创新与求真务实的统一、继承优良传统与把握时代精神的统一，根据发展变化的情况，针对存在的问题和矛盾，在实践中走出新路，谋求新的突破和发展。

1. 坚持“党要管党、从严治党”，形成党的工作有效推进的新模式

要紧紧围绕企业改革发展充分发挥党组织的政治核心和思想导向作用，抓住效益指标、安全稳定、风险防范、队伍建设等重要环节，发挥稳定鼓劲和监督保障作用，必须本着“党要管党、从严治党”精神，建立更科学、更完善、更有效的党的工作机制。

（1）坚持党建工作的科学发展，谋求党务工作与理论研究的总体推进。我们要实现党建工作的科学发展，必须将理论学习与开展工作有机结合起来，不断提高党建理论研究的水平和实际工作的成效。公司党委要把加强党组织的自身建设作为重大课题列入议事日程，要建设和运用好公司政研会平台，整合党建工作资源，围绕党建工作中的突出问题，组织深入调研，为党委决策提供依据。要进一步完善党建工作目标责任制，进一步明确党的建设、队伍建设、反腐倡廉、思想政治工作、精神文明建设、综治、维稳等工作的目标要求和党组织负责人的领导责任，切实加大在利益分配和干部使用上激励和制约的力度。

（2）强化党建工作的管理，实施属地管理与垂直领导的有机结合。根据公司经营战线长、网点分布广、各单位地区差异、业务差异大造成的指挥环节多、信息反馈慢、管理效率滞后的问题，要在加强对基层党建工作的管理上作出相应的制度安排，坚持分层管理但不拘泥于层面界限，在尊重地方属地管理的同时，进一步加强总部对下属单位的领导，加强对一线网点和船舶的指导和督察。要以“总体布置、专项要求、重点调研、实地考察”的方式，根据各地各单位的不同情况，实施差异化的管理，形成上传下达的快速通道，对两个任务书的实施情况和党群工作情况进行有效督导，进一步强化各单位领导干部的执行力，确保上级各项指令的贯彻落实。

（3）注重组织资源的科学配置，发挥合理放权和有效掌控的最佳效能。根据直属单位资产规模，员工队伍不同情况、不同重点和难点，确定不同的管理目标和考核指标，同时合理地安排组织资源、管理资源和人力资源，切实发挥合理放权和有效掌控的最佳效能。比如，赋予上远公司党委对其所属中层及以下干部任免聘用权和奖惩权，以此强化上远公司党委在管理中的权威。又比如，对中货系统，将各口岸分部的党政主要干部的任免聘用权集中到中远集运直接管理，而对口岸班子的其他成员由中远集运和中国部共同管理。公司党委在加强经常性指导督查工作的同时，进一步界定公司总部与一线的职责界限，将原先由总部掌管的一些操作性管理权下放给下属单位，使经营一线在有效资源的运用中进一步增强对市场变化灵活应对的能力，提高经营管理的总体效率。

2. 坚持“融入经营、融入管理”，形成基层党组织有效建树的新局面

基层党组织作为企业全部工作和战斗力的基础，始终是企业党建工作的重中之重。充分发挥基层党组织的战斗堡垒作用，关键是要用科学发展观武装头脑、指导实践、推动工作，在推动企业科学发展的大局中谋划党的工作，按照党建思想政治工作与企业生产经营统筹兼顾、协调发展的要求，使基层党组织在实践中坚持改革创新与求真务实的统一，在把握大局谋发展、引领风尚聚人心、融入管理抓协调、服务群众促和谐上有所建树，发挥作用。

要进一步完善基层党建有效运行的工作机制：一是要从尊重党员主体地位出发，认真落实党章赋予党员的知情权、参与权、选举权、被选举权和监督权，引导党员积极参与党内和企业的民主管理，让党员在党内生活和企业管理中真正发挥主体作用。二是要丰富党的生活，改进和创新党内活动的载体与内容，增强党内生活的时代感、使命感和吸引力。三是要充分发挥工团组织在丰富员工精神生活、营造企业和谐氛围中的积极作用。四是要将培养发展新党员作为基层党组织的重要任务。针对党员数量呈下降趋势的状况,公司党委今年把培养发展新党员作为一项重要任务提出,要求层层抓落实。要把培养发展船员新党员的工作摆在船舶党建的突出位置;要强化机关的服务功能,做好流动人员中入党积极分子的培训、考察材料的接转和入党手续的履行,避免积极分子在流动中流失。五是要不断创新思想政治工作,对不同劳动关系的员工进行有差异的教育管理。

3. 坚持"德才兼备、以德为先",形成党务干部有效培养的新机制

党务政工干部和其他人才一样,都是企业发展中不可或缺的重要力量。我们要适应发展新要求,加快党务政工干部队伍的建设,在全面建立党务干部选拔培养使用的新机制上下工夫。

(1) 以素质建设为基础,确立新标准。要把"德才兼备、以德为先"作为党务政工干部的用人导向和根本标准,贯穿于党务政工干部选拔培养任用的全过程。在坚持这一标准的基础上,根据党建和思想政治工作的要求,确立党务政工干部的素质标准,实施党务政工干部队伍的素质再造,努力建设一支具有较高素质,能围绕中心有效开展党建思想政治工作的党务政工干部队伍。为此,我们将进 步加强对基层党务干部的轮训;进一步加大干部的岗位交流力度,对部分新提拔的业务骨干交流充实到党群工作岗位;每年组织15名左右的年轻骨干到一线、船舶或特定的环境挂职。通过岗位交流、挂职锻炼,进一步增强干部的综合能力,从中也更全面地考察干部,选拔优秀人员到更重要的领导岗位包括党务政工岗位。

(2) 以船舶政委队伍建设为重点,适应新发展。适应现代化船队快速发展的要求,公司党委会同上远公司党委就船舶政委紧缺的问题进行深入调研和专题研究,形成了加快船舶政委队伍建设的新办法。按照"两个重要来源,一个有效补充"的总体思路,今年,将通过机关和陆地单位干部转岗、船员队伍中选拔、军转干部选聘等途径,储备30名以上的政委后备干部。同时,明确把船舶政委队伍建设作为一项系统工程,根据船舶政委人选的特质,细化、明确并公开船舶政委后备干部的基本条件、任职资格、选拔程序、聘用评定等事项,实施系统工程的总体推进。

(3) 以体制机制为保障,融入新理念。在党建思想政治工作的体制机制建设上,要坚持"四个体现":一要体现"有位有为",要根据各单位和各级组织的不同情况,明确党务政工机构设置、岗位编制,从体制上确立党建思想政治工作的地位,使企业党建思想政治工作在"有位"的前提下有所作为。二要体现"培养成就",建立和完善以"素质养成"为核心的党务政工干部培养选拔机制,在注重选拔具备一定的政治素质、文化素质和年龄条件的政工人员的基础上,采取定向培养与定性培养相结合、专业素质培训与综合素质培训相结合、集中培训与实践锻炼相结合的办法,规范培训方式、培训内容和培训考核,加快建设高素质政工干部队伍的步伐。三要体现群众认可和实践考察的原则,以工作实践中把握大局、协调各方、维护稳定、引领发展、群众认可的实绩作为党务政工干部任用、奖惩的根本依据,体现"能者上、平者让、庸者下"的法则。四要体现"主体尊重",党建思想政治工作是企业创造性劳动的重要组成部分,也是人力资源的开发和创造,党务政工干部作为开展党建思想政治工作的主体,要从体制和机制上进一步明确他们在政治上、经济上所享有的权利和在工作中必须履行的职责,在尊重其主体地位和主体意识的前提下,充分调动他们创造性工作的积极性。

我们要不断加强对党的十七大精神的学习和理解,在中远集团党组和中国远洋党委的正确领导下,努力在实践中走出适应中远集运战略发展要求的企业党建思想政治工作改革创新发展之路。

三

大事记 Chronicle of Events

COSCO Container Lines Almanac 2010

1 月

4日 史美思会见来访的张家港市副市长卞东方一行。

5日 共青团上海市委副书记、市青联主席李跃旗一行在外高桥码头上“中远天津”、“锡伯河”轮慰问青年船员。

6日 “晋河”、“哈尼河”轮接公司指令，在规定地点加入中国海军亚丁湾水域护航编队。这是中国海军护航舰艇编队抵达亚丁湾、索马里海域预定海区后组织实施的首次护航。

同日 公司召开贯彻落实中远集团2009年安全工作会议精神布置会暨中远集运安委会2009年第一季度（扩大）例会。孙家康、吴树雄作讲话，韩成敏作工作报告。

同日 孙家康会见来访的中国基建港口有限公司主席周光晖一行。

同日 史美思会见来访的DP WORLD行政委员会特别顾问Roger Roels一行。

9日 共青团上海市委全会表彰一批加强基层团组织建设和基层工作重点团建项目。上远公司团委、上远劳务公司团委探索开展的“船员劳务基地团建共建共管项目”，荣获第七届上海市共青团工作“首创奖”。由单证公司团总支开展的“成立新型社团，构建团组织服务青年的供给体系项目”荣获2008年上海市共青团100个“优秀基层团建工作项目”称号。上远劳务公司团委荣获2008年“上海市五四特色团委”称号。

同日 周琥会见来访的理文纸业董事副总经理李经纬一行。

10日 中远集装箱运输有限公司七届二次职工代表大会、2009年系统工作会议、2009年思想政治工作会议在上海召开，来自中远集装箱运输系统的187名代表和特邀代表出席会议。会议听取并审议了孙家康所作的《总经理工作报告》，听取了蔡张德代表公司党委所作的《党委工作报告》，审议通过了职代会职权范围内的有关事项。吴树雄作大会总结讲话。吴树雄、孙家康先后主持会议。会议宣读了2008年度获得公司“优秀员工”、“卓越团队”、“华铜海式船舶”、“四好领导班子”及上级表彰的各类先进集体和个人名单，并举行了授奖仪式。会议下达了《2009年度经营业绩目标责任书》、《2009年精神文明建设建设任务书》和《安全管理目标任务书》。

12日 韩成敏会见来访的上海江南长兴重工有限责任公司董事长南大庆一行。

13日 中国航务周刊、中国航贸网主办，界上传媒集团承办，上海市北外滩航运服务集聚区发展办公室协办的“2009中国航运企业年会”在上海市虹口区上海大厦举行。陈翔代表公司参会，发表《2009年国际集装箱运输市场形势及班轮公司应对策略》的主题演讲，参加“新经济形势下中国航运业的危机与商机”的多方对话讨论，并代表中远集运领取“轮值主席”牌匾。

15日 中远集团副总裁李建红到中国部青岛分部慰问员工。

16日 中远集团总法律顾问刘国元在厦门远洋运输公司总经理王鲁军的陪同下，到中国部厦门分部慰问员工。

19日 中远集团党组书记张富生，副总裁、工会主席许立荣一行在张华浜码头上“松子”、“竹子”轮慰问员工。

同日 中远集团党组纪检组组长李云鹏一行到中国部总部慰问员工。

同日 孙家康会见来访的青岛港集团董事局主席常德传一行。

同日 孙家康会见来访的苏州市副市长、江苏太仓港口管理委员会主任梅正荣一行。

20日 中远集团党组书记张富生，副总裁、工会主席许立荣一行到宁波中货慰问员工，并参加该公司的春节联欢晚会。房迪坤等陪同。

同日 史美思会见来访的烟台港集团有限公司总裁纪少波一行。

同日 史美思会见来访的湛江港(集团)股份有限公司总裁张翼一行。

同日 韩成敏会见来访的中船上海船舶研究设计院院长胡劲涛一行。

21日 “2009年上远公司船员迎春团拜会”举行。中远集团党组书记张富生,副总裁、工会主席许立荣,中远集运领导孙家康、吴树雄、韩成敏、房迪坤等出席。张富生致辞。

同日 中远集团副总裁陈洪生到中国部大连分部慰问员工。

23日 全国文明委公布全国第二批文明城市(区)、文明村镇、文明单位表彰名单。中远集运继2005年来第二次荣获全国文明单位称号。

同日 孙家康、吴树雄会见来访的上海海事局局长陈爱平一行。

同日 周琥会见来访的中远集运重要客户美国中南有限公司高级副总裁张琇波女士一行。

26日 中远集团党组书记张富生、纪检组组长李云鹏、总会计师孙月英一行在中远集运总经理孙家康,中远散运总经理许遵武、党委书记魏卿的陪同下,到中国部天津分部慰问节日加班员工。

同日 “皖河”轮按计划抵达亚丁湾指定位置,并将中远控股(新加坡)有限公司代表中远集团采购的2000公斤新鲜蔬菜转交中国人民解放军海军护航舰队。

同日 中国驻迪拜总领事高有祯、商务参赞谢秦生一行在迪拜杰布拉里集装箱码头上“海后”轮慰问船员。

30日 中远(香港)集团总裁王富田一行在香港八号货柜码头上“中远非洲”轮慰问船员。

是月 中远集装箱运输有限公司完成工商注册登记变更手续。公司法定代表人:许立荣;公司注册地址:上海市浦东新区栖山路1805号。

是月 “中远大洋洲”、“梅子”轮荣获2008年全国水运系统“安全优秀船舶”称号。深圳中船代、南通中货荣获2008年全国水运系统“安全优秀班组”称号。

是月 厦门分部工会主席张子艺荣获厦门市总工会、厦门市安全生产监督管理局授予的厦门市“安康杯”竞赛先进个人称号。

2 月

2日 中国驻西班牙巴塞罗那总领馆总领事王士雄在巴塞罗那港上“COSCO SHANGHAI”轮视察工作、慰问船员。

3日 孙家康会见来访的太平船务董事总经理张松声一行。

同日 周琥会见来访的美国南卡罗莱纳州港务局副总裁Fred N. Stribling一行。

5日 中远集团在上海召开2009年纪检监察审计工作会暨“垂直监督体制”试点工作推进会。根据中远集团党组纪检组要求,吴树雄在会上介绍了公司实施垂直监督体制的设想和下一步主要工作打算。

9日 公司党政印发《关于开展“我为科学发展 同业领先做贡献”主题活动的通知》。《通知》要求,将本主题活动与深入学习实践科学发展观活动紧密结合,全面贯彻落实中远集团、中国远洋工作会和公司2009年“三会”精神,精于思考、沉着应对,握紧拳头、快速应变,全力打赢航运低谷中的效益攻坚战,迎接集装箱航运事业的新一轮发展。

同日 周琥会见来访的上海国际港务集团总裁助理严峻一行。

同日 韩成敏会见来访的丹麦MAN Diesel公司副总裁Thomas S. Knudsen一行。

同日 韩成敏会见来访的日本吉田号株式会社会长吉田三郎一行。

10日 孙家康、吴树雄、韩成敏、房迪坤一行到福建厦门拜访福耀玻璃工业集团股份有限公司,与该公司总裁曹晖、财务总监陈向明、副总裁蒋立群等一行会晤。会后，双方签署了战略合作协议。

12日 公司与上海海关以“应对危机 共谋发展”为主题，举行第十六届精神文明建设同创共建联谊活动。上海海关关长孙毅彪、中远集运总经理孙家康分别致辞。

13日 公司召开“我为科学发展 同业领先做贡献”干部大会。吴树雄、史美思、韩成敏、邓黄君、徐政军、房迪坤、季海生、马杰麟出席。吴树雄作讲话。徐政军宣读主题活动文件。史美思主持。公司团委发出倡议，组织开展“实现同业领先青年立功竞赛活动”。

17—23日 中远集团副总裁、中远集运董事长许立荣一行到公司调研，围绕当前严峻形势下如何进一步做好中远集装箱运输生产经营各项工作这一主题，分别与各级负责人座谈。

17日 史美思会见来访的大连港集装箱股份有限公司总经理徐颂一行。

18日 中远集团运输部召开中远集团/中国远洋2009年运输生产会议——集装箱运输生产专题（电视电话）会。中远集团总裁、中国远洋董事长魏家福，中远集团副总裁、中国远洋总经理陈洪生，中远集团总会计师孙月英等在北京会场出席会议。中远集团副总裁、中远集运董事长许立荣，中国远洋财务总监何家乐等在上海会场出席会议。魏家福、陈洪生、许立荣分别作讲话。孙家康向上级领导汇报工作。

同日 孙家康、史美思会见来访的天津港（集团）有限公司董事长于汝民一行。

同日 孙家康、史美思会见来访的韩进海运总裁兼首席执行官金永敏一行。

19日 中远集团副总裁、中远集运董事长许立荣，中国远洋财务总监何家乐一行在蔡张德的陪同下，到中国部上海分部调研。

21日 西亚分部在也门亚丁港为中国海军舰艇“微山湖”号首次进行综合补给。

26日 南通中远川崎船舶工程有限公司为中远集运建造的第4艘万箱集装箱船“中远太仓”轮命名庆典仪式举行。江苏省委书记梁保华，省政协主席张连珍，省委常委、苏州市委书记王荣，江苏省副省长史和平，以及南通市委书记罗一民、市长丁大卫，中远集团总裁魏家福、副总裁李建红，川崎重工副社长寺崎正俊，中远集运总经理孙家康等出席。仪式由南通中远川崎船舶工程公司总经理徐凯主持。梁保华为新船命名。

同日 天津市纪检委案件室主任王向卓一行，按照天津市“保增长、渡难关、上水平”活动安排，代表天津市委市政府及保税区政府，到天津分部现场调研。

27日 公司召开2009年纪检监察审计工作暨“垂直监督体制”试点工作推进（电视电话）会议。中远集团党组纪检组副组长、监督部总经理李宗豪到会指导并讲话。孙家康主持会议，并代表公司党委、行政宣读《关于开展“垂直监督体制”试点工作的通知》。吴树雄发表讲话。徐政军作纪检监察审计工作报告。

同日 吴树雄会见来访的烟台市委常委、副市长郝德军率领的烟台港集团代表团一行。

是月 中远集运荣获国务院国资委授予的2008年度“中央企业思想政治工作先进单位”称号，公司党委书记吴树雄荣获2008年度“中央企业优秀思想政治工作者”称号。

是月 公司由领导带队，派出6个营销工作组（后增加到8个）赴中国部地区分部（口岸）一线，指导营销工作，进行现场办公，以进一步促进总部与分部的营销协同、配合实施航线及运力恢复计划、全面提升货量和舱位利用率。

是月 “新鉴真”轮荣获“2008年度全国学习型先进班组”称号，中国部上海分部员工林益松荣获“2008年度全国知识型职工先进个人”称号。

是月 上海国际轮渡有限公司“3S服务”系列，正式获得国家工商行政管理总局商标局的申请受理。

3 月

1 日 孙家康、史美思、周琥会见来访的大连港务集团总经理孙宏一行。

3 日 中远集团总裁魏家福一行到中国部总部调研视察工作，并发表讲话。

同日 中远集运与台资企业富士康高科技企业集团在华南公司本部签订合作协议。孙家康出席并见证签约。

4 日 韩成敏会见来访的日本无线株式会社（JRC）社长诹访赖久、日本吉田号株式会社社长吉田三郎一行。

5 日 交通运输部发文表彰 2008 年度全国海水上搜救先进单位和先进个人。中远集运荣获“2008 年度全国海水上搜救先进单位”称号。

同日 韩成敏会见来访的 Seaspan Corporation 首席执行官 Gerry Wang 一行。

同日 中国部武汉分部荣获“武汉市 2008 年度安全生产先进单位”称号。

6 日 2008 年度一汽大众供应商大会在长春召开。会上，中远集运荣获一汽大众颁发的 2008 年度“最佳供应商”称号。

同日 韩成敏会见来访的青岛远洋船员学院副院长周明顺一行。

同日 陈翔会见来访的南非 Transnet 码头公司首席执行官 Tau Morwe 一行。

9 日 公司党委印发中远集运党委开展深入学习实践科学发展观活动实施方案。方案明确了公司开展学习实践科学发展观活动的参加单位及总体时间安排，部署了总结和测评工作。

10 日 史美思会见来访的马士基码头首席商务官 Richard Mitchell 一行。

11 日 史美思会见来访的美国重要客户 EI 公司副总裁 Dan Wall 一行。

13 日 第十届上海市杰出青年岗位能手评审结果揭晓。公司计算机中心主任王新波光荣当选。

14 日 孙家康会见来访的高雄港务局局长谢明辉一行。

16 日 中远集团副总裁许立荣在上海远洋大厦召集中远集运和中远物流的公司领导和有关业务负责人，专题研究中远集运和中远物流充分发挥协同优势，深化两大营销单元团队合作并形成叠加优势，进一步强化对货源掌控能力的有关问题。会后，中远集运、中远物流领导签署了《业务合作协议》。

18 日 2009 年度中远内贸集装箱工作会议在上海召开。孙家康、周琥、陈翔到会并讲话。

同日 韩成敏会见来访的上海港引航管理站站长陈正华一行。

19 日 韩成敏会见来访的伊藤忠商事株式会社海洋船舶部部长西室喜永一行。

20 日 陈翔会见来访的大客户 Canadian Tire 公司执行副总裁 Patrick R. Sinnott 一行。

27 日 上海市举行 2009 年上海市精神文明建设大会。中远集运获得 2007 至 2008 年度“上海市文明单位”荣誉称号，这是公司第 10 次获此荣誉。

同日 公司印发《中远集运开展深入学习实践科学发展观活动指导检查组工作安排》，对中远集运学习实践活动指导检查组有关工作，作了 3 个阶段、10 个方面的部署。

同日 陈翔会见来访的上海航运交易所总裁张页一行。宾主双方就目前金融危机对航运业的影响、码头操作费问题和运价报备等进行了交流和探讨。

29 日 广州港务局代表广州市人民政府首次重奖包括中远集运在内的 4 家对南沙港区集装箱业务有突出贡献的航运企业。

29—31 日 中远集团党组书记张富生一行在上海地区调研。在沪期间，张富生在上远公司先后召集了船员座谈会、上远公司领导班子座谈会、船舶管理部负责人座谈会、各公司船舶船员工作负责人座谈会。吴树雄、韩成敏分别参加。3 月 30 日，张富生一行到学习实践科学发展观活动联系点中远集运指导工作，围绕“应对金融危机、搞好集装箱生产经营”议题，与中远集运领导班子及中层管理人员座谈，并发表讲话。孙家康、吴树雄及领导班子成员出席会议，并汇报了近期公司生产经营等情况。

是月 中国部上海分部工会女职工委员会荣获“上海市先进基层工会女职工组织”称号。镇江中货总经理华庆星荣获上海市妇联授予的2007－2008年度“上海市三八红旗手”称号。泛亚公司财务总监王盈荣获中华全国总工会授予的“全国女职工建功立业标兵”称号。上远公司财务部、中国部华南公司营销中心深圳市场部荣获中远集团工会授予的“中远集团巾帼文明岗”称号。公司人力资源部劳动保险统筹部副经理田华荣获中远集团工会授予的“中远集团巾帼建功标兵”称号。

是月 市厂务公开领导小组召开2009年上海市厂务公开民主管理工作会议暨先进表彰会议。中国部上海分部、上远公司海事培训中心荣获“上海市厂务公开民主管理工作先进单位”称号；中国部上海分部党委书记张连官荣获“上海市推进厂务公开民主管理工作先进工作者”称号。

是月 公司团委荣获“2008年度上海青工系统先进团组织”称号。上远公司技术部船岸一体化项目组荣获“上海市优秀青年突击队”称号。美洲贸易区、“中远亚洲”轮、宁波中货欧地营销部荣获“上海市青年文明号”称号。“苏州号”轮客运部客房组、“新鉴真”轮客运部餐务组、“松子”轮、中国部上海分部接单组继续认定为“上海市青年文明号”。

4　月

6日 孙家康会见来访的格力集团副总裁王刚一行。

7日 孙家康、陈翔会见来访的DP World商务总监Mana Al Mana一行。

9日 公司在福州新港国际集装箱码头举行中远福州—美西航线首航仪式。此次SEA航线挂靠福州新港，是中远外贸航线第一次以班轮形式挂靠福州新港码头。福州口岸货源通过该航线，可在香港中转至美东、加拿大、地中海、新西兰等地区，从而降低了运输成本，提升了航线市场竞争力。

10日 中远集团副总裁张良到韩国分部视察工作，并与韩国地区各公司中方人员座谈。

11日 公司召开党委中心组（扩大）交流会。公司领导班子成员根据学习实践活动中开展学习、调研的情况，交流学习体会和调研成果。吴树雄、孙家康、蔡张德、徐政军、房迪坤、史美思、韩成敏、陈翔、邓黄君参加会议，吴树雄主持会议并通报情况。

同日 公司召开解放思想大讨论视频交流会。孙家康、吴树雄、史美思、韩成敏、陈翔、邓黄君、蔡张德、徐政军、房迪坤出席，蔡张德主持。会上，孙家康作学习报告，吴树雄上党课，蔡张德就推进公司学习实践活动深入开展提出要求。

13日 陈翔会见来访的加拿大太平洋铁路公司国际部总经理Claudio Minello一行。

15日 中远集团党组纪检组组长李云鹏一行到公司审计监督部北京分部视察调研工作。

同日 史美思会见来访的万海航运资深协理黄健育一行。

同日 韩成敏出席在上海扬子江万丽大酒店举行的日本船级社（中国）有限公司成立招待酒会，并作为船东代表致贺辞。

17日 公司举办专题学习讲座，邀请上海市交通港口局调研员、上海市港口协会副秘书长茅伯科作“上海国际航运中心建设方案”讲座。吴树雄主持，邓黄君等出席。

同日 孙家康、史美思会见来访的福建省交通运输集团副董事长、总经理李兴湖一行，会见来访的东方海外董事总经理定正伦一行。

同日 孙家康、周琥会见来访的福耀玻璃工业集团股份有限公司总裁曹晖一行。

20日 周琥会见来访的美国波特兰港海运部总经理 Greg Borossay 一行。

21日 陈翔会见来访的毛里求斯投资局制作和农商部部长 Seewraj Nundlall 一行。

22日 天津市人大常委会主任刘胜玉率天津市人大代表一行,到中国部天津分部调研指导工作。中远散运党委书记魏卿等陪同。

同日 CARGONEWS ASIA 主办的一年一度的"亚洲货运及供应链大奖"颁奖典礼在香港洲际酒店举行。凭借在泛太平洋航线上的优质服务,中远集运荣获 AFSCA 2009"泛太平洋最佳船公司"大奖。

23日 上海海事局党组书记李青一行到公司专题调研。吴树雄、韩成敏等出席调研座谈会,并与海事局领导进行工作交流。

同日 中远集运 HSH 航线(湛江—新加坡/胡志明)首航湛江仪式在湛江港举行,"艳河"轮成为首航船舶。此举标志着湛江港结束了没有海上国际集装箱运输直航航线服务的历史。湛江市副市长赵平出席仪式并致辞,并向中远集运颁发了航线扶持资金。

24日 吴树雄、韩成敏赴东海救助局拜会局长、党组副书记孙富民,副局长晨晓光等,并进行了工作交流。

同日 公司通过伊藤忠商事株式会社租入的5艘4500TEU系列集装箱船的第4艘(HN1701:COSCO FUKUYAMA)命名及交船仪式在韩国三星重工船厂举行。

25日 吴树雄会见来访的意大利铁路公司总裁 Mauro Moretti 一行。

27日 上海市五一劳动奖状、奖章表彰大会在上海展览中心举行。会上,上海泛亚航运有限公司荣获"全国五一劳动奖状",上海远洋船舶供应公司荣获"上海市五一劳动奖状",中国部上海分部苏州分公司荣获"全国工人先锋号"称号,"中远大洋洲"轮荣获"上海市工人先锋号"称号。

同日 韩成敏会见来访的大宇造船及海洋工程公司执行副总裁 Tae-Ik Cho 一行。

28日 大连海事大学 MBA(中远集运)班开班典礼在上海远洋大厦举行。这是公司与大连海事大学2007年底签订的"校企战略合作协议"的重要成果之一。公司总经理孙家康、党委书记吴树雄,大连海事大学校长王祖温、专业学位教育学院院长刘巍、MBA中心主任何剑彤等出席,公司党委副书记蔡张德主持。

同日 孙家康会见来访的 DP World 高级副总裁、欧洲及俄罗斯执行董事 Flemming Dalgaard 一行。

同日 在武汉市庆祝五一国际劳动节暨第十四届劳模颁奖大会上,中国部武汉分部总经理王善和荣获武汉市第十四届劳动模范称号。

同日 中远物流副总经理曹栋拜访中国部青岛分部,与分部领导就业务合作进行了会谈。

29日 周琥会见来访的宁波港股份有限公司总经济师童孟达一行。

同日 上海市爱卫会和健康促进委员会、虹口区爱卫办一行来公司指导工作,并向公司颁发"2006—2008年度上海市建设健康城市健康单位示范"铭牌和证书。房迪坤出席颁牌仪式。

同日 中国部厦门分部资讯发展部经理王志松荣获2009年"厦门市五一劳动奖章"。

30日 公司召开党员领导干部专题民主生活会,中远集团党组书记张富生等应邀出席,公司领导班子全体成员出席会议,吴树雄主持。此次专题民主生活会的主题是"深入学习实践科学发展观,认真落实中远集团《2009年集装箱运输经营管理指导意见》,促进中远集运科学发展、同业领先"。会上,张富生作讲话。公司党委组织部通报了上次民主生活会整改措施的落实情况,以及近期在学习实践活动中征求到的干部职工的意见建议。会议还报告了班子党风建设和领导成员廉洁自律的情况。

是月 上远公司在2008年上海市开展的以“提高安全健康整体素质,实现安全健康科学发展”为主题的百万职工“安康杯”竞赛活动中,荣获上海赛区“安康杯”竞赛优秀组织单位称号,“中远汉堡”、“苏州号”、“新鉴真”、“中远樱花”轮荣获上海赛区“安康杯”竞赛优秀班组称号。

是月 公司企业资讯发展部、上海泛亚航运有限公司企业发展部、“鲁河”轮、“中远汉堡”轮、上海中远资讯科技有限公司数据库管理项目组、中国部上海分部泛亚营销部、中国部上海分部无锡分公司荣获上海市总工会、上海市精神文明建设委员会办公室命名的“上海市文明班组”称号。

5 月

4 日 公司计算机中心总经理王新波、公司团委书记韩飞,在上海展览中心友谊会堂,受到中共中央政治局委员、上海市委书记俞正声,市委副书记、市长韩正,市人大常委会主任刘云耕,市政协主席冯国勤等市领导的接见,并与市领导合影留念。

5 日 韩成敏会见来访的吉田号株式会社社长吉田三郎一行。

6 日 中国部召开2009年度党员领导干部专题民主生活会。中远集团党组纪检组长李云鹏等到会指导。

同日 厦门市总工会副主席陈永东、厦门市交通建设工会主任罗建农一行,到中国部厦门分部颁发奖牌和奖状,祝贺该分部工会当选福建省“模范职工之家”。

14 日 孙家康会见来访的广州港集团有限公司总经理周小溪一行,会见来访的现代商船(中国)有限公司董事长孙泳日一行。

同日 青岛市国资委副主任潘海清一行到中国部青岛分部检查指导工作。

15 日 中国远洋财务总监何家乐一行到中国部厦门分部现场调研并督导检查工作。

同日 韩成敏会见来访的Seaspan首席执行官Gerry Wang一行。

17 日 加拿大货代协会(CIFFA)主办的货运大奖颁奖典礼在蒙特利尔举行。公司连续第8次荣获“远东航线最佳海运承运人”奖。

18 日 上海市财税七分局局长范佶瑞一行,在公司总会计师邓黄君的陪同下,在宁波北仑港上“中远太仓”轮视察指导工作。

同日 孙家康会见来访的和记黄埔码头集团执行董事叶承智、中远国际货柜码头(香港)有限公司总经理英子文一行。

20 日 孙家康会见来访的界上传媒总裁、中国航务周刊杂志社社长倪玮一行,会见来访的UK P&I保赔协会主席Luke Readman一行。

22 日 中央企业深入学习实践科学发展观活动第四指导检查组一行,在组长车书剑、副组长李荣芝带领下,由中远集团党组书记张富生,中远散运总经理许遵武、党委书记魏卿等陪同,在天津港上“腾河”轮调研指导工作。车书剑、张富生等作指示。

同日 中远集团副总裁、公司董事长许立荣,中国远洋财务总监何家乐一行,到华南公司现场调研并指导营销生产工作。

同日 孙家康在乌鲁木齐与中粮新疆屯河股份有限公司总经理覃业龙出席双方战略合作协议签字仪式。

27 日 在第三届上海职工科技节闭幕式暨上海职工节能减排活动推进大会上,中远集运周玉山提出的“负荷节能曲线调整、主机节油”的合理化建议、张燃提出的“3800TEU船舶主机在低负荷时增压器的优化”的合理化建议,分别荣获“2008年度上海市职工节能减排优秀合理化建议”一、二等奖。

31 日 公司召开学习实践活动职工群

众评议会,就《中远集运领导班子深入学习实践科学发展观活动分析检查报告(征求意见稿)》征求意见,并进行职工群众评议。公司学习实践活动领导小组组长、党委书记吴树雄主持并讲话。

是月 上海泛亚航运有限公司荣获"中央企业先进集体"称号,丁经国荣获"中央企业劳动模范"称号。

6 月

1日 陈翔会见来访的 DP World 高级副总裁、亚太区执行董事黄冠华一行。

2日 周琥会见来访的美国 Payless 公司执行副总裁 Darrel J. Pavelka 一行。

2—3日 孙家康在云南分别拜会中国烟草云南进出口公司、云天化国际贸易公司高层领导。

7日 孙家康在辽宁锦州拜会锦州市委副书记张庆民、常务副市长刘伟、锦州港务集团总裁刘军等。

同日 房迪坤率公司部分党员团员代表,向上海市崇明县三星镇北桥村捐助800余本图书和一部分电脑设备。2007年,经上海市建设党委统一安排,公司对口帮扶北桥村。2年多来,公司共向该村资助了人民币50多万元,帮助该村改建危桥5座,修建水泥路10公里、沙石路10公里、水渠8公里,圆满完成任务。

9日 孙家康、史美思会见来访的广州市交通委员会主任冼伟雄一行。

11日 公司召开中层以上干部会议。会议传达了中远集团领导对中远集运工作的指示,分析了当前和下半年经营形势,部署了近期重点工作。孙家康发表讲话,吴树雄主持会议并讲话。

同日 孙家康会见来访的美国 Global Business Advocates 公司总裁 Gustav Tristan Hein 一行。

12日 中远集团副总裁、公司董事长许立荣,中国远洋财务总监何家乐等出席公司月度经营效益分析会并分别发表讲话。

13日 孙家康会见来访的宜春市市委书记谢亦森一行。

15日 中远集团总裁、中国远洋董事长魏家福到中远集运视察调研工作,并在中远集运工作汇报会上发表讲话。

同日 陈翔会见来访的荷兰 Quintiq 公司首席执行官 Victor Allis 一行。

16日 中远集团党组书记张富生,中远集团副总裁、工会主席许立荣一行,在房迪坤等陪同下,到中国部厦门分部视察指导工作并慰问员工。

同日 孙家康会见来访的比利时安特卫普市副市长、安特卫普港务局主席 Marc van Peel 一行。

19日 公司与中国烟草云南进出口公司在上海远洋大厦签署货运协议。孙家康等出席仪式。周琥代表公司与中国烟草云南进出口公司副总经理杨学伟在协议上签字。

同日 史美思在浙江宁波出席宁波港—中远集运年中业务交流会,与宁波港务集团副总裁蔡申康等,就进一步加大合作力度、携手应对金融风暴和经济危机冲击等议题,展开交流与探讨。

22日 史美思会见来访的烟台东龙国际集装箱码头有限公司总经理周波一行。

23日 孙家康会见来访的营口港务集团有限公司总裁高宝玉一行。

26日 公司召开深入学习实践科学发展观活动总结(视频)会。吴树雄作学习实践活动总结报告,徐政军主持会议并提出工作要求。韩成敏、邓黄君、房迪坤等出席。

29日 中国部青岛分部党委荣获青岛市国资委党委授予的2008年度"先进基层党组织"称号,该分部综合业务部总经理傅玲荣获中共青岛市委、青岛市国资委党委授予的"优秀共产党员"称号。

是月 接美国长滩港务当局通知:鉴于2008年度公司所有挂靠长滩码头的船舶,在执行长滩港 GREEN FLAG(绿旗)计划中，模范遵守相关规定，23 艘船舶全年执行率均达 100%，超过港方执行率 90% 的要求，港方特予嘉奖。

7　月

1 日　史美思会见来访的阳明海运高级副总裁 Keny Chou 一行。

6 日　孙家康、韩成敏会见来访的上海海事局局长徐国毅一行。

7 日　中远集团党组纪检组组长李云鹏一行到中国部厦门分部视察工作并慰问员工。

同日　孙家康会见来访的阿拉伯联合国家航运公司（UASC）主席 Ali Jassim Al-Thani 一行。

同日　韩成敏会见来访的 Seaspan 首席执行官 Gerry Wang 一行。

9 日　史美思会见来访的 HPH 公司欧洲区常务董事 Clemence Cheung 一行，会见来访的菲律宾国际集装箱码头服务有限公司高级副总裁卢宝鎏一行。

10 日　中远集运惠州—蛇口—南沙内贸航线正式开辟，并在惠州港举行首航仪式。

15 日　公司召开中远集运系统 2009 年年中工作（电视电话）会议，主会场设在上海远洋大厦，在全球各地设立 18 个分会场。中远集团副总裁、中远集运董事长许立荣，中国远洋财务总监何家乐到会并讲话。孙家康作年中工作报告，吴树雄讲话，史美思主持会议，周琥宣读公司对第二季度欧美主干航线营销业绩突出单位的表彰奖励决定。

同日　在上海市交通港口局第一届专家委员会成立会议上，孙家康受聘担任专家委员会委员。

17 日　“中远深圳”轮在阿拉伯联合酋长国杰布拉里港靠泊，这是中东快航航线（MEX 线）首航迪拜。

24 日　孙家康会见来访的 Carrier Transicold 大中华区总经理史贵煌一行。

同日　公司工会召开 2009 年工会年中工作会议暨三届四次全委（扩大）会。房迪坤主持并讲话。

25 日　中国国际货运代理协会、国际商报社联合组织的“2008 年度中国国际货代物流百强企业排名”活动在苏州揭榜。中远国际货运有限公司（中国部）荣获“2008 年度中国国际货代物流百强”第二名、“2008 年度中国国际货代物流海运五十强”第二名、“2008 年度中国国际货代物流陆运二十强”第二名。

28 日　孙家康会见来访的中远在沙特的代理合作方 Oriental Commercial and Shipping 首席执行官 M. Bokhari 一行。

同日　史美思会见来访的宁波港股份有限公司副总裁蔡申康一行。

29 日　公司在河南焦作与风神轮胎股份有限公司签署《战略合作协议》和《2009—2010 年度全球运输合作协议》。风神轮胎总经理王锋出席并致辞。周琥代表中远集运签字。

同日　广州市副市长陈明德一行到华南公司本部，与包括华南公司在内的多家船公司进行工作交流。

30 日　由武汉中货九江分公司代理的巴拿马籍国际直航船舶“静阳通荣”轮靠泊九江港外贸码头，拉开了江铃 A4 项目国际物流运输的序幕。该项目由 4 艘外籍直航船舶从日本京泽港直接运输货物至九江，系九江港开放 30 年来，单票进口量最大、单票业务进口代理载重吨最大、单月集中抵港外籍轮最多的一次。

8　月

4 日　孙家康会见来访的牙买加驻华大使 E. Courtenay Rattray 一行。

5 日　孙家康会见来访的国际知名航运媒体 Seatrade 亚洲区总编 Sam Chambers。

8 日　台风“莫拉克”袭击我国台湾地

区并造成严重灾害。8 月 14 日至 31 日,公司按照国台办、交通运输部及中远(集团)总公司指示,积极实施援台救灾物资运输工作,共分 4 批组织运输 246 个 40 英尺集装箱的货物至高雄,圆满完成援台 1000 套活动板房的紧急运输任务。

11 日 韩成敏会见来访的日本吉田号株式会社社长吉田三郎一行。

14 日 公司召开深入学习实践科学发展观活动群众满意度测评会。吴树雄出席并讲话。

19 日 韩成敏会见来访的德国 GL 中国有限公司副总裁 Werner Enning 一行。

21 日 上海市副市长沈骏率领市发展改革委、市建设交通委等 11 个市委办局的负责人,到中远集运视察调研工作。公司领导孙家康、吴树雄、史美思、陈翔、邓黄君等参加调研座谈会。孙家康向市领导一行介绍了当前全球集装箱运输市场情况、公司经营状况等,并汇报了公司希望市政府给予支持、帮助的具体问题及建议。

28 日 公司党委举行党委中心组(扩大)学习,邀请上海市纪委常委、市纪委秘书长赵增辉作"贯彻中央'三项法规',深入开展反腐倡廉"辅导讲座。吴树雄主持讲座。

是月 中国部武汉分部荣获武汉市委、市政府授予的"武汉市文明单位"称号,这是该部第三次获此殊荣。

9 月

2 日 孙家康、史美思会见来访的广州港集团有限公司总经理周小溪一行。

同日 周琥会见来访的风神轮胎股份有限公司副总经理申洪亮一行。

4 日 中远集团总裁、中国远洋董事长魏家福,中远集团党组书记、中国远洋副董事长张富生一行,到中远集运检查指导工作并亲切看望员工。在中远集运汇报会上,魏家福、张富生分别发表讲话,号召中远集运全系统统一思想、坚定信心、团结奋斗,实现减亏增效目标。孙家康代表公司班子汇报工作,吴树雄主持会议。

同日 史美思会见来访的蛇口集装箱码头公司董事总经理周健一行。

7 日 史美思会见来访的湛江港(集团)股份有限公司常务副总裁刘恩怀一行。

8 日 锦州市"中远路"命名仪式在锦州港区笔架山脚下举行。中远集团党组书记张富生、锦州市市长王文权出席仪式,并共同为"中远路"路名石揭幕。锦州市委常委、常务副市长刘伟,中远集运董事总经理孙家康先后致辞。锦州市副市长张晓光主持仪式。锦州市"中远路"于 2009 年 6 月获锦州市委、市政府批准而命名。该路位于国家环渤海经济圈规划中的"五点一线"锦州境内的一段,全长 6.7 公里,为东西走向,其中葫芦岛至锦州跨海大桥长 1.2 公里,桥端至笔架山环转盘 5.5 公里。

同日 中远集团党组书记张富生在公司总经理孙家康陪同下,到中国部大连分部锦州分公司视察工作并看望员工。

同日 公司订造的一组 5100TEU 首制船舶"天宝河"轮命名仪式,在江南长兴重工有限责任公司举行。吴树雄出席仪式并致辞、命名。韩成敏等出席。

同日 周琥会见来访的美国西雅图港务局首席执行官 Tay Yoshitani 一行。

9—10 日 中远集团总会计师孙月英、中国远洋财务总监何家乐一行,到中远集运进行预算管理工作调研。吴树雄、邓黄君等汇报了有关工作。

10 日 中远(集团)总公司团委通过视频会议系统,举办"中远情、报国心、强企志——中远青年学习吴大观同志演讲比赛"决赛。中远集运 3 名青年员工获良好成绩:上远公司船舶大副李文龙、中国部天津分部员工王江荣、中国部上海分部宁波分公司员工董文杰分获一、二、三等奖。

同日 史美思会见来访的江苏省句容市副市长周春芳一行。

同日 周琥会见来访的 DHL 公司高级副总裁 Luc Jacobs 一行。

上旬 中远集团总裁魏家福、副总裁张良一行，在公司总经理孙家康陪同下，先后到中国部上海分部绍兴、杭州、无锡等分公司视察工作并看望员工。

14 日 中远集团副总裁、中远集运董事长许立荣一行到中国部青岛分部调研指导工作。

15 日 中远集团党组纪检组组长李云鹏一行到西安中货调研指导工作。

17 日 史美思会见来访的韩国集装箱码头公团新任社长 Lee Sang Jo 一行。

18 日 中国远洋监事会到中远集运进行实地检查并听取工作汇报。中国远洋监事会主席李云鹏出席汇报会并作讲话。中国远洋监事会成员骆九连、马建华出席并讲话。吴树雄、韩成敏、邓黄君、徐政军等出席。吴树雄、邓黄君代表中远集运就公司生产经营、财务状况、推进垂直监督等情况作了汇报。

同日 公司召开中远集运垂直监督体制试点工作汇报会。中远集团党组纪检组组长李云鹏到会并发表讲话。徐政军出席并讲话。

21 日 集团总公司运输部来信，代表中远(集团)总公司，对中远集运圆满完成援台 1000 套活动板房运输任务进行表扬。

23 日 孙家康、徐政军会见来访的共青团上海市委书记潘敏、副书记李跃旗一行。

同日 孙家康会见来访的新加坡港口集团东南亚及新加坡码头首席执行官柯文伟一行，来访的青岛港集团董事局主席、总裁常德传一行。

同日 孙家康接受英国 Containerisation International(CI)杂志的专访。

24 日 史美思会见来访的 HHLA 集团首席执行官 Klaus-Dieter Peters 一行。

28 日 由包括公司团委在内的 21 家上海航运青年网格化团建成员单位，共同主办的首届上海航运青年文化节开幕式暨“聚焦北外滩，发展航运业”上海航运青年发展论坛，在外滩茂悦大酒店隆重举行。徐政军代表公司出席。

同日 周琥会见来访的美国长滩港副行政总裁兼首席营运官 J. Christopher Lytle 一行，来访的上海东方威球国际货运代理有限公司中国区总经理罗炳荣、新加坡公司总经理 Christine Ng 女士一行。

同日 韩成敏会见来访的日本吉田号株式会社社长吉田三郎一行。

同日 西雅图港举行“泊位净油活动”(At-Berth Clean fuel Program)。港务当局授予中远集运“绿色通道旗”，并签发首张金额为 31500 美元的奖励支票。中远集运船舶在靠泊西雅图港区后，使用“干净燃油”(0.5%硫含量的柴油)，有效减少了船舶废气排放，达到该港提出的为实现“美西北空气净化战略”而设定的排放标准。

29 日 陈翔会见来访的 APMT 首席商务官 Richard Mcnab Mitchell 一行。

是月 公司船舶政委竺瑞跃荣获“2007 至 2009 年度全国交通运输系统优秀思想政治工作者”称号。

10 月

13 日 海信集团高层到访，向中远集运赠送一台 103 英寸等离子彩电。海信集团副总裁林澜、海信集团国际营销公司副总经理梁乐平，中远集运总经理孙家康、副总经理史美思等出席赠送仪式。

14 日 史美思会见来访的宁波港股份有限公司董事副总裁蔡申康一行。

15 日 陈翔会见来访的美国波特兰港港务局长 Bill Wyatt 一行。

16 日 史美思会见来访的 Eurogate 公司总裁 Em anuel Schiffer 一行。

19 日 周琥会见来访的万海航运股份有限公司董事陈力一行。

20 日 史美思会见来访的 The Swedish

Club 总经理 Lars Rhodin 一行。

21 日 孙家康在青岛出席海信集团 40 周年庆典活动,并作为特邀贵宾致辞。

22 日 周琥会见来访的大连港集装箱股份有限公司总经理徐颂一行,来访的美国 BNSF 铁路公司集团副总裁 Stephen G. Branscum 一行。

27 日 孙家康会见来访的东京都港湾局局长日比留英人一行。

同日 周琥会见来访的美国北卡罗来纳州港务局副总裁 Glenn A. Carlson 一行,来访的南卡罗来纳州港务局高级副总裁 Paul G. McClintock 一行,来访的美国著名咨询公司 booz&co. 顾问团一行并接受其采访。

29 日 史美思会见来访的欧洲码头营运商 ECT 公司副总裁 Wando P. G. H. Boeve 一行。

30 日 孙家康在香港出席由汇丰银行主办的年度航运论坛,发表演讲,并回答了与会嘉宾的提问。

同日 史美思会见来访的新加坡海事及港务管理局局长蓝一洋一行。

11 月

3 日 中远集团总裁、中国远洋董事长魏家福一行到中远集运视察工作并发表讲话,激励中远集运全系统围绕"精策划、推运价、降成本、减亏损"十二字方针,确保实现 2009 年目标任务,并把 2010 年后金融危机时期经营策略研究工作做扎实。孙家康、吴树雄等向总裁一行汇报了工作。

5 日 公司党委举行二级中心组学习,邀请上海市委党校副校长王国平教授讲解党的十七届四中全会《关于加强和改进新形势下党的建设若干重大问题的决定》。吴树雄主持并讲话。

9—10 日 公司在苏州召开中远集运系统 2010 年工作研讨会。中远集团党组书记、中国远洋副董事长张富生,中远集团副总裁、中国远洋总经理陈洪生,中远集团副总裁、中远集运董事长许立荣等莅临指导并分别发表讲话。孙家康作总结讲话,吴树雄、史美思分别主持会议。会议还表彰了系统内 2009 年度供应商费率谈判工作中的先进单位。

11 日 史美思会见来访的比利时安特卫普港首席执行官 Bruyninckx 一行。

14 日 孙家康在福州拜会福耀集团董事长曹德旺等高层领导。

18 日 "天运河"轮命名仪式在长兴江南船厂举行。孙家康、吴树雄、韩成敏等出席,孙家康为船舶命名。

19 日 在南京举行的"第五届中国国际物流节"上,中远集团总裁、中国远洋董事长魏家福,中远集团副总裁、中远集运董事长许立荣及公司总经理孙家康,均高票当选"新中国 60 年航运杰出人物"。此外,公司的"汽车'立体'运输链服务项目解决方案"获得 2009 中国物流业大奖——经典物流解决方案奖。在物流节期间举办的"2009 全球物流论坛"上,孙家康发表了题为"创新发展赢在未来"的演讲。

23 日 中远集团党组纪检组组长李云鹏到中国部青岛分部济南分公司检查指导工作并看望员工。

23—24 日 陈翔带队在广东珠海与东方海外货柜航运有限公司副总经理 Steve Siu 一行交流业务。

27 日 周琥会见来访的台北港货柜码头股份有限公司董事长陈浩基一行。

30 日 陈翔会见来访的法国勒阿弗尔港代表团一行。

是月 公司荣获中国设备管理协会授予的"第八届全国设备管理优秀单位"称号。

是月 公司荣获上海市统计局授予的"2009 年上海市交通运输和邮政业统计工作综合评比一等奖"、"2009 年上海市能源统计综合评比一等奖"。

是月 公司美洲贸易区荣获美国著名

零售商“BON-TON”公司颁授的2009年度“杰出合作伙伴奖”。

是月 山东省菏泽市副市长李法洪一行到访中国部青岛分部。

12 月

1日 共青团中远集装箱运输有限公司第九次代表大会召开。共青团上海市委副书记陈凯、中远集团团委副书记刘海涛到会祝贺并致辞。吴树雄、房迪坤、韩成敏出席。吴树雄发表讲话，房迪坤代表公司党、政、工致贺辞。开幕式上，韩飞代表第八届公司团委作《科学发展争先锋、拼搏效益建新功，凝聚引领广大团员青年为建设中远集运美好未来奉献青春》的工作报告。会议审议通过了公司团委工作报告、团费审查报告和大会决议。大会以无记名投票方式，差额选举产生了由韩飞、吴迪（女）、郭启政、陈怀海、徐莉（女）、姚琦雄、于雪莲（女）、龚昭华（女）、徐芳琼（女）等9人组成的共青团中远集装箱运输有限公司第九届委员会。在大会闭幕后召开的九届一次团委会上，韩飞当选第九届公司团委书记。

4日 公司在厦门承办中远集团2010年集装箱班轮工作会议。交通运输部水运局国航处处长李宏印，中远集团副总裁、中远集运董事长许立荣到会指导。许立荣、孙家康分别讲话，史美思主持会议。

7日 国务院驻中远集团监事会主席李东序一行，在中远集团总会计师孙月英等陪同下，到中远集运检查指导工作，并发表讲话。孙家康、吴树雄代表公司领导班子汇报工作。

8日 公司在江南长兴重工船厂建造的第3艘5100TEU集装箱船舶“天兴河”轮命名交付仪式在船厂举行。中远集运副总经理韩成敏、江南长兴重工船厂党委书记徐平出席。韩成敏为船舶命名并剪彩。

10日 公司船舶水手长卢丰荣获“2008至2009年度上海市突出贡献技师”荣誉称号，并获得上海市政府特殊贡献奖励。

10—11日 公司工会2010年工作研讨会暨三届五次全委（扩大）会在杭州召开，房迪坤到会并讲话。

12日 中国驻埃及大使武春华一行在埃及塞得港上“中远太仓”轮看望船员。

14日 韩成敏会见来访的Seaspan首席执行官Gerry Wang一行。

15日 公司在上海召开2009年思想政治工作研究会年会暨2010年党群工作研讨会。吴树雄、孙家康到会并发表讲话，房迪坤主持会议，韩成敏宣读2009年度公司政研会获奖论文名单。

同日 孙家康、周琥会见来访的韩国釜山港港务局总裁Roh Ki Tae一行。

18日 中远集运—三星电子合作谅解备忘录签署仪式在上海远洋大厦举行。中远集运副总经理周琥、三星电子副总裁兼首席物流官Kim Hyung Tae共同出席。

21日 上海市总工会召开2009年上海市工会组织工作交流暨建家活动表彰大会。上远公司工会荣获2009年度上海市“模范职工之家”称号，中远集运机关工会、“飞云河”轮工会荣获2009年度上海市“模范职工小家”称号。

22日 周琥在云南昆明拜会中国烟草云南进出口有限公司副总经理杨学伟等。

同日 中国报关协会在北京召开二届四次理事会暨全国优秀报关企业、全国优秀报关员授牌大会。青岛中远报关有限公司、上海分部嘉兴分公司荣获“全国优秀报关企业”称号，厦门中远报关公司员工周素华、武汉中远报关公司员工李春和荣获“全国优秀报关员”称号。

23日 中国著名航海家、全国劳模、曾任公司指导船长和船舶高级工程师的贝汉廷船长纪念像揭幕仪式在上海举行。

24日 连云港港口集团副总裁张子阳一行到访中国部青岛分部。

28—29日 中远集运2010年全球销

售工作会议在上海召开。孙家康、史美思、周琥到会讲话。

29日 吴树雄在天津拜会中远散运总经理许遵武、党委书记魏卿等高层领导。

31日 孙家康、吴树雄向海内外全体同事致新年贺词,号召全系统在中远集团、中国远洋的正确领导下,以精策划、推运价、降成本、减亏损为工作主线,把握趋势、因势求变,全力打好后金融危机时期减亏增效攻坚战。

是月 中共上海市委组织部、上海市人力资源和社会保障局经研究决定,将公司总经理、党委副书记孙家康列入2009年上海领军人才"地方队"培养计划名单。

四 概况 Survey

COSCO Container Lines Almanac 2010

（一）中远集装箱运输有限公司

2009年是全球经济最为艰难的一年。在国际金融危机肆虐下，世界各主要经济体无不陷入严重衰退。集装箱班轮业更是遭受到史无前例的严重打击，危机波及范围之广、影响程度之深，远远超过其他行业！一年间，随着贸易需求急剧萎缩，集装箱运力严重过剩，运价急速跳水，经营空前惨烈。全行业巨额亏损，无一幸免。年底全球已有10余家同业公司倒闭。

在这轮严重的危机中，中远集运也难以避免地遭遇了空前的巨大困难。一年间，集团总公司、中国远洋领导给予了中远集运极大的关怀和强有力的支持。中远集团总裁魏家福、党组书记张富生等集团总公司、中国远洋领导先后八次亲临指导，对中远集运应对危机、减亏增效作出了一系列指示；董事长许立荣率工作小组，先后十余次到中远集运现场指导，并深入口岸一线调研，帮助中远集运及时制定、完善各方面应对策略。集团总公司《2009年中远集装箱运输经营指导意见》，对中远集运迎战危机、减亏增效，起到了至关重要的指导作用。

2009年，公司领导班子带领全系统员工，以“冷静思考、沉着应对，握紧拳头、快速应变”为总体指导思想，紧紧围绕“量价齐升增收入、拧紧毛巾控成本、未雨绸缪防风险、铁腕落实保安全”的工作主线，全力以赴拼市场、拼货源、拼精神，为最大程度实现减亏目标拼尽了全力，遏制了效益急剧下滑的势头。全年，公司完成总箱量523万TEU，同比下降9.6%，全年效益总体上处于同业中游水平。其中，第二、第三季度分别较前一季度减亏9.4%、18%；第三季度效益情况好于国内同行。

2009年，中远集运一是超限思维，快速应变，运力得到有效控制，航线不断优化和调整。坚决落实集团缩减集装箱运力规划两次专题会精神，着眼于快速应变、规避风险，从现有运力和未来运力两条线入手，积极实施运力收缩计划，在最困难的时候“收紧拳头”，保存实力。通过推迟新船交付、实施联盟船舶互租、退租及部分提前退租、加快老旧船舶退役等各种措施，2009年底较上年同期，公司自运营力规模缩减2.5%。2009年、2010年两年运力，较原计划少增长7.8万TEU。2009年底，公司总运力达56.1万TEU，居亚洲第一、世界第四。

2008年第四季度，市场急剧下挫，公司及时收缩航线运力，停航运力最多时占公司总运力四分之一。2009年春节过后，随着市场复苏，公司及时恢复航线，力保市场份额不丢。至12月底时，公司停航运力占总运力6.9%，好于市场平均水平。

全面加强CKYH联盟合作，控制运力、优化成本、抱团取暖。CKYH联盟率先实施Vessel Pool计划，通过统一排船、优化港序、促进支线及内陆联运资源共享等措施，扩大航线服务覆盖面，有效改善了航线经营效益。

二是引领同行，全力托市，为市场理性恢复做出积极贡献。公司各层面通过行业会议、航线运价稳定组织等平台，积极推动运价恢复计划。带头坚决执行交通运输部实施的中国市场出口运价报备制度。积极征收各类附加费，严控低价、特价批复，自7月份起，每周对各航线、各口岸低运价进行监控、分析、通报。上述措施，有力推动了各航线运价恢复，第52周比第27周平均单箱运价增长47.2%。

三是拼市场、拼货源、拼精神，营销能力得到进一步提升。春节刚过，公司领导班子成员率八个营销小组深入口岸一线，指导营销、拜访客户、协调解决实际困难。5月底时，欧美主干航线出口舱位利用率已基本达到或超过80%。10月中旬起，公司SEA线、CEN线、中澳线、中东印巴快航、南美东航线、华北—台湾线均已爆舱或接近满载。

以欧、美主干航线为重点，强化大客户、直接客户、FOB客户开发，努力改善货源结构。以欧美主干航线每周专题会机制为抓手，积极实施目标管理，取得显著工作成效。

在弱市中把握机遇，积极开发新兴市场。密切跟踪我国政府经济刺激政策，针对产业梯度转移的主要承接地——中西部地区，以长江流域市场开发为着力点，积极实施"长江战略"，建立月度长江流域营销工作专题会机制，明确目标、提升合力，长江流域出口箱量逐月攀升。

设立总额2000万元的专项营销奖励基金，逐季调整重点，逐季表彰兑现。一年来，中国部系统积极开展"直面危机齐亮剑"营销攻势活动，为强化货源保障，作出了突出贡献。至第51周，中国部系统销售箱量已全面超额完成预算目标，销售贡献值逐步回升。上海分部提前一个月实现出口装船箱量突破百万TEU。宁波中货在宁波港集装箱吞吐量同比下降情况下，全年出口重箱量比上年增长10.7%。长春、江西、烟台、秦皇岛、泉州、广西中货等一线网点，销售箱量、销售贡献均完成了全年预算指标。

积极强化回程营销。11月份，北美、欧洲、澳洲回程货量分别比年初增长了48%、30%、30%，舱位利用率分别比年初增长了15、25、4个百分点。

强化营销队伍建设，增强服务竞争优势。印发《关于进一步加强营销队伍建设的指导意见》、《中远集运营销人员荣誉基金计划》，积极促进营销潜能的进一步释放。大力拓展延伸增值服务，加快4IN1整车运输支架等创新性服务手段的推广应用，持续打造差异化服务竞争优势。年度公司客户满意指数（CSI）创历史新高。

四是拧紧"毛巾"、精益管理，成本控制取得积极成果。设立总额1000万元的成本控制奖励基金，专项激励全系统为降本增效作出突出贡献的集体与个人。锁定关键成本项，依靠成本问责制、每周专题分析会两大抓手，推动成本控制不断向事中和事前控制转变。

通过强化航线调度人员与预配船长职责、全面推广应用船舶燃油监控系统、实施船舶设备改造等手段，在上年节油基数上，2009年进一步节约燃油18.2万吨（已剔除船舶停航因素），节约成本开支4.74亿元。

全力压缩箱队规模，在2008年底89万TEU基数上，进一步压缩了5.62%。强化设备周转率跟踪监控，竭力降低租箱费率（平均费率降低5.4%）。全年箱管总成本较上年减少13%。

早动手、早部署，及时启动全球供应商费率谈判。全年港口码头类、港外堆场及修箱类、内陆运输类供应商成本，共节约支出11.11亿元人民币。

及时调整代理费率，确保全系统压力共担、目标一致。关注细节，解剖"麻雀"，不断完善成本管理流程，年内对吨税、改港费、拖轮引水费、运河费、集装箱同城调运成本等，进一步完善了控制流程，取得了可喜成效。进一步强化计算机信息系统应用和全球单证审核工作，为强化经营过程监控、加强成本控制，发挥了积极促进作用。遵循国际通行做法，积极实施海外裁员，全年裁撤海外冗员193人。大力倡导"勤俭办企业"，全年管理费节支5.4%。

五是深化改革，推动创新，管理素质得到进一步提升。改革完善贸易区管理体制机制，进一步增强市场快速反应能力，激发创富因子。及时调整亚太贸易区管理体制，进一步强化营销工作中的相互制约与内部监督。组建特种箱贸易区,高贡献值货源开发取得初步成效。

在集团总公司、中国远洋的全力支持下,中远集运收购上海远洋运输有限公司100%股权的F5项目于10月28日圆满完成,为中远集运及上远公司未来发展,创造了新的有利条件。

圆满完成垂直监督体制改革,内控体系得到进一步强化,为迎战危机、减亏增效提供了有力保障。全年通过效能监察、审计监督、查办违法违纪案件,共挽回经济损失及促进增收节支4182万元。

六是未雨绸缪,早做筹划,资金风险得到有效管控。严控投资,冻结全系统所有非生产急需的投资项目。实施从紧的运费管理措施,加大应收账款回收力度,从严客户信用评估,防范和化解呆坏账风险,全年运费回收率达到97.43%的历史较高水平。充分利用年初银根较松的有利条件,多渠道筹措资金,资金链安全得到有效保障。加强政策研究,公司注册地由浦东新区及时变更到洋山保税港区,进一步优化了税负结构。充分把握各国各地区扶植政策,积极争取了优惠补贴。实施全球税务筹划,节省税负近1.1亿元。积极实施资金运作,实现财务费用净盈利。一年来,中国远洋母公司先后对中远集运增资、拨付流动资金,帮助中远集运有效改善了财务状况。

七是强化责任意识,安全、稳定局面得到进一步巩固。一年来,全系统以开展"三项行动"(安全生产执法行动、安全生产治理行动、安全生产宣传教育行动)、"三项建设"(安全生产法制体制机制建设、安全生产保障能力建设、安全监管监察队伍建设)、"安全生产年"活动为主线,进一步增强全员安全意识与安全责任感,提高了安全工作控制力。全年成功防抗台风22个,成功率100%;PSC迎检船舶173艘次,无缺陷通过率76%。高度重视国庆60周年和党的十七届四中全会等重要敏感时期的安全稳定工作,细致排查、有效处置,确保了万无一失。在抢抓班期、防控甲流、危险化学品运输、陆上交通安全、信息安全等方面,也做了大量细致深入的工作。全年,公司未发生重大安全责任事故。针对亚丁湾水域日益猖獗的海盗活动,公司专项工作小组认真贯彻落实集团总公司《关于切实加强全球范围内防海盗工作的紧急通电》精神,强化指导、周密调度,健全船位适时监控、定时报告制度。由于准备充分、措施到位,全年未发生海盗劫船事件。

八是强化队伍建设,全员迎战危机能力显著提升。为调动一切积极因素,全力迎战危机,公司党政工团以强化各级领导班子建设为重点,以作风建设为突破口,以创建"四好班子"、开展"我为科学发展、同业领先作贡献"活动、纪念新中国成立60周年系列活动、学习吴大观同志、"降本增效、同业领先"金点子活动、"实现同业领先青年立功竞赛"主题活动等为载体,凝人心、鼓士气,为减亏增效发挥了强有力的保障作用。全系统干部员工心系全局,以更加团结、更加扎实、更加勤勉、更加艰苦朴素的作风和更加昂扬的斗志,积极投身到减亏增效攻坚活动中,为拼搏效益作出了极大的牺牲,展现了可贵的精神风貌!

一年来,公司坚持全心全意依靠职工办企业,企务公开、民主管理各项工作要求进一步得到落实,全系统企务公开推行率达100%。严格执行新《劳动合同法》,《中远集运劳动合同管理办法》等涉及员工切身利益的规章制度进一步健全。坚持开展送温暖活动,全年慰问帮困职工3144人次,支出慰问救助金443.71万元。

一年来,公司也喜获多项荣誉:荣膺AFSCA 2009"泛太平洋最佳船公司"大奖、"远东航线最佳海运承运人"、《进出口经理人》杂志"2009中国最受青睐的外贸服务商"称号。蝉联"全国文明单位"称号。荣获"中央企业思想政治工作先进单位"、"2008年度全国海上搜救先进单位"、"第八届全国设备管理优秀单位"等称号。

（二）公司领导干部情况一览表

姓 名	出生年月	政治面貌	文化程度	职 称	职 务	任命机关	任职时间
孙家康	1960.03	中共党员	博士	高级工程师	总经理、党委副书记	中远集团	1月—12月
吴树雄	1954.10	中共党员	大专	高级工程师	党委书记、副总经理	中远集团	1月—12月
史美思	1949.12	中共党员	大普	高级工程师	副总经理	中远集团	1月—12月
周 琥	1955.08	中共党员	硕研	经济师	副总经理	中远集团	11月—12月
韩成敏	1959.10	中共党员	硕研	高级工程师	副总经理	中远集团	1月—12月
陈 翔	1964.03	中共党员	硕研	高级经济师	副总经理	中远集团	1月—12月
邓黄君	1961.12	中共党员	硕研	高级会计师	总会计师	中远集团	1月—12月
蔡张德	1954.07	中共党员	大学	高级政工师	党委副书记	中远集团	1月—12月
徐政军	1955.09	中共党员	硕研	政工师	纪委书记	中远集团	1月—12月
房迪坤	1951.10	中共党员	硕研	高级政工师	工会主席	中远集团	1月—12月
季海生	1952.09	中共党员	大学	高级经济师	巡视员	中远集团	12月份

（陈思宇）

(三)公司机构设置图

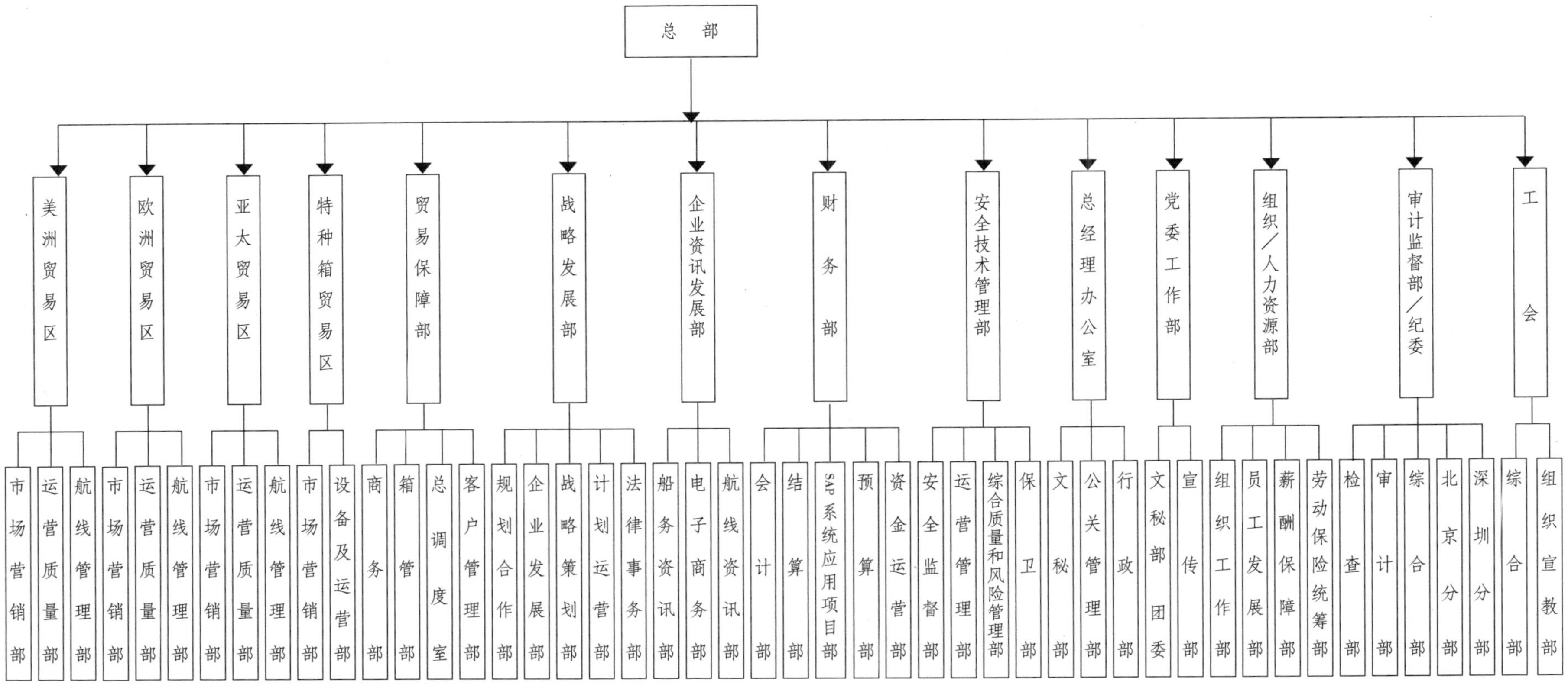
总部
美洲贸易区
市场营销部
运营质量部
航线管理部
欧洲贸易区
市场营销部
运营质量部
航线管理部
亚太贸易区
市场营销部
运营质量部
航线管理部
特种箱贸易区
市场营销部
设备及运营部
贸易保障部
商务部
箱管部
总调度室
客户管理部
战略发展部
规划合作部
企业发展部
战略策划部
计划运营部
法律事务部
企业资讯发展部
船务资讯部
电子商务部
航线资讯部
财务部
会计部
结算部
SAP系统应用项目部
预算部
资金运营部
安全技术管理部
安全监督部
运营管理部
综合质量和风险管理部
保卫部
总经理办公室
文秘部
公关管理部
行政部
党委工作部
文秘部 团委
宣传部
组织／人力资源部
组织工作部
员工发展部
薪酬保障部
劳动保险统筹部
审计监督部／纪委
检查部
审计部
综合部
北京分部
深圳分部
工会
综合部
组织宣教部

（王　坚）

（四）公司机关部（处）室领导干部情况一览表

所在单位	姓　名	职　　务	所在单位	姓　名	职　　务
美洲贸易区	张　为	常务副总经理	贸易保障部	田　东	副总经理
美洲贸易区	李　刚	副总经理	贸易保障部	胡建伟	总调度室经理
美洲贸易区	周　炜	市场营销部经理	贸易保障部	徐遐勇	总调度室副经理
美洲贸易区	李　量	市场营销部副经理	贸易保障部	唐　欢	箱管部经理
美洲贸易区	郭晨耀	航线管理部经理	贸易保障部	吴　翊	箱管部副经理
美洲贸易区	俞沄湘	航线管理部副经理	贸易保障部	张　斌	商务部经理
美洲贸易区	刘　青	航线管理部副经理	贸易保障部	张　勇	商务部副经理
欧洲贸易区	梁　波	总经理	贸易保障部	刘光辉	客户管理部经理
欧洲贸易区	胡　华	副总经理	贸易保障部	陈　宁	客户管理部副经理
欧洲贸易区	胡　可	市场营销部经理	战略发展部	王海民	总经理
欧洲贸易区	郭　铮	市场营销部副经理	战略发展部	沈学超	副总经理
欧洲贸易区	傅希强	航线管理部经理	战略发展部	张鸿雁	副总经理
欧洲贸易区	陈　宇	航线管理部副经理	战略发展部	周士雁	规划合作部经理
欧洲贸易区	周晓敏	运营质量部副经理	战略发展部	夏永健	企业发展部经理
亚太贸易区	杨志坚	总经理	战略发展部	黄　竞	战略策划部经理
亚太贸易区	陈向东	副总经理	战略发展部	康晓彧	战略策划部副经理
亚太贸易区	檀卓群	市场营销部经理	战略发展部	吴　宇	计划运营部经理
亚太贸易区	汪　涵	市场营销部副经理	战略发展部	蒋时飞	计划运营部副经理
亚太贸易区	唐　昀	航线管理部经理	财务部	田宏启	总经理
亚太贸易区	汪　峰	航线管理部副经理	财务部	郑　琦	副总经理
亚太贸易区	虞　航	运营质量部经理	财务部	潘志刚	会计部副经理(主持)
特种箱贸易区	谭　兵	总经理	财务部	顾　浩	会计部副经理
特种箱贸易区	胡媛媛	市场营销部经理	财务部	陈　旭	结算部经理
特种箱贸易区	田　桦	市场营销部副经理	财务部	张安铭	结算部副经理
特种箱贸易区	施国强	设备及运营部副经理	财务部	王　勇	SAP 系统应用项目部副经理(主持)
贸易保障部	吴金平	总经理			
贸易保障部	徐宏基	副总经理	财务部	江　平	资金运营部经理

（续表）

所在单位	姓　名	职　　务	所在单位	姓　名	职　　务
财务部	杨胜东	资金运营部副经理	组织/人力资源部	刘家琰	员工发展部经理
财务部	姚财妃	预算部经理	组织/人力资源部	倪沈建	员工发展部副经理
企业资讯发展部	叶晴园	副总经理	组织/人力资源部	丁乾坤	薪酬保障部副经理（主持）
企业资讯发展部	苏旭东	副总经理	劳动保险统筹部/劳动保险统筹中心	田　华	副经理/副主任
企业资讯发展部	周　兰	航线资讯部经理	党委工作部	周培军	文秘部主任
企业资讯发展部	王　勇	航线资讯部副经理	党委工作部	韩　飞	公司团委书记
企业资讯发展部	汪　雷	船务资讯部副经理	党委工作部	陆　坚	宣传部副主任(主持)
企业资讯发展部	张惠斌	电子商务部经理	审计监督部/纪委	李平文	总经理/副书记
安全技术管理部	蔡德清	总经理	审计监督部/纪委	周卫东	副总经理
安全技术管理部	麦昌年	副总经理	审计监督部/纪委	王国进	检查部主任
安全技术管理部	张　燃	运营管理部副经理（主持）	审计监督部/纪委	帅洪明	检查部副主任
安全技术管理部	徐文宇	运营管理部副经理	审计监督部/纪委	王春豪	综合部副主任（主持）
安全技术管理部	顾伟华	综合质量和风险管理部经理	审计监督部/纪委	马家骅	审计部主任
安全技术管理部	姜郁凌	保卫部经理	审计监督部/纪委	李　莉	审计部副主任
总经办	姚晓鸿	主任	审计监督部/纪委	刘雪松	北京分部主任
总经办	徐文军	副主任	审计监督部/纪委	杨文哲	北京分部副主任
总经办	张晓岚	副主任	审计监督部/纪委	王慎安	深圳分部副主任（主持）
总经办	郭　伟	文秘部经理	审计监督部/纪委	卓立才	深圳分部副主任
总经办	陈晓峰	行政部副经理（主持）	公司工会	李显恩	副主席
组织/人力资源部	倪集禾	部长/总经理	公司工会	宋亚为	组织宣教部主任
组织/人力资源部	陈　祥	副部长/副总经理	公司工会	袁　立	综合部主任

＊按 2009 年 12 月 31 日在册干部统计

（陈思宇）

（五）公司陆地员工基本情况

至2009年底，公司陆地员工总数8400人，其中女性2874人（本年度统计包含上远公司）

公司陆地员工政治情况一览表

政治面貌	人　数（人）	占员工总数比例（%）
共产党员	2909	34.63
共青团员	1481	17.63
民主党派	4	0.05
群　众	4006	47.69

（王　坚）

公司陆地员工学历情况一览表

文化程度	人　数（人）	占员工总数比例（%）
研究生	382	4.55
大学本科	2920	34.76
大学专科	2620	31.19
中等专业	825	9.82
高中及以下	1653	19.68

（王　坚）

公司陆地员工年龄结构一览表

年龄（岁）	30及以下	31—35	36—40	41—45	46—50	51—54	55及以上
人数（人）	2685	1464	1133	771	735	900	712
占总数（%）	31.96	17.43	13.49	9.18	8.75	10.71	8.48

（王　坚）

公司陆地员工专业技术资格及职业资格情况一览表

职　称	高级职称	中级职称	初级职称	高级技师	技师	无职称
人数（人）	208	1191	1930	1	1	5069
占总数（%）	2.48	14.18	22.98	0.01	0.01	60.35

（王　坚）

（六）公司员工分类及人员变动情况

至2009年底公司员工分类情况（含中国部和上远公司）

类　别	人数	类　别	人数	备　注
从业人员	12230	其他从业人员	300	指聘用离退休人员等
其中女性	2874	离岗职工	1126	指内部退养及长病假
在岗职工	11930			
其中专业技术人员	4477	职工总数	13056	在岗职工加离岗职工

（潘晓燕）

2009年公司从业人员变动情况（含中国部和上远公司）

增加人数		减少人数	
类　别	人　数	类　别	人　数
录用复转军人	6	离退休、退职人员	390
录用大学毕业生	253	开除、除名、辞退人员	12
调入人员	209	终止、解除合同人员	388
从城镇招收人员	83	离开本单位仍保留关系	242
		调出人员	88
其他	233	其他	912
合计	784	合计	2032

（潘晓燕）

（七）2009年公司经营船舶主要技术规范一览表

2009年12月31日

序号	代码	船名	英文名	建造厂家 出厂年月	IMO编号	呼号	船籍港	载重吨 T	总吨 g/t	净吨 n/t	载箱量 TEU	冷箱插座	总长 m	型宽 m	型深 m	吃水 m	设计航速	实际航速	主机功率 kw	油耗 吨/天	所属部室
1	0446	新会河	XIN HUI HE	日本金指 1996.07.10	9141182	3FJI6	PANAMA	15923	12122	5598	836	100	144.7	25.0	12.8	8.6	19.1	15.0	7987	31.7	四
2	0447	肇庆河	ZHAO QING HE	日本金指 1996.09.19	9146687	3FOD6	PANAMA	15923	12122	5598	836	100	144.7	25.0	12.8	8.6	19.1	15.0	7987	31.7	四
3	0452	汉中河	HAN ZHONG HE	日本旭阳 1984.12.30	8321838	BOYM	上海	9433	8282	3586	422	24	126.0	21.4	10.2	7.7	17.0	12.0	4928	20.5	一
4	0458	盛河	SHENG HE	广州 文冲 1994.05.05	9058402	BOLU	上海	13290	9951	5033	725	54	148.3	22.5	11.0	8.1	18.0	16.3	10440	36.4	一
5	0459	隆河	LONG HE	广州 文冲 1994.10.25	9058397	BOLV	上海	13317	9951	5033	725	54	148.3	22.5	11.0	8.1	18.9	16.8	10440	36.4	三
6	0463	磐河	PAN HE	广州 文冲 1995.09.22	9118109	BOLY	上海	13100	9951	5033	725	94	148.3	22.5	11.0	8.1	18.9	16.8	10440	36.4	三
7	0464	艳河	YAN HE	广州 文冲 1996.06.27	9118111	BOLZ	上海	13327	9951	5033	725	96	148.3	22.5	11.0	8.1	18.9	16.8	10440	36.4	三
8	0467	银河	YIN HE	HDW 德国 1984.12.01	8318037	BOLR	上海	25925	19237	8922	1328	54	172.0	28.4	15.5	10.7	16.5	15.0	9794	39.5	三

（续表）

序号	代码	船名	英文名	建造厂家 出厂年月	IMO编号	呼号	船籍港	载重吨 T	总吨 g/t	净吨 n/t	载箱量 TEU	冷箱插座	总长 m	型宽 m	型深 m	吃水 m	设计航速	实际航速	主机功率 kw	油耗 吨/天	所属部室
9	0470	星河	XING HE	HDW 德国 1985.02.15	8318049	BOLO	上海	25925	19237	8922	1328	54	172.0	28.4	15.5	10.7	16.5	15.0	10800	39.5	三
10	0491	天后	EMPRESS HEAVEN	CSBC 中国台湾 1993.10.22	9041227	3FIA3	PANAMA	47994	46734	21391	3494	193	275.7	32.2	21.2	12.0	24.9	21.8	30960	110.7	四
11	0492	海后	EMPRESS SEA	CSBC 中国台湾 1994.01.05	9041239	3FPB3	PANAMA	47969	46734	21391	3494	193	275.7	32.2	21.2	12.0	24.9	21.0	30960	110.7	四
12	0493	龙后	EMPRESS DRAGON	CSBC 中国台湾 1994.02.25	9046112	3FOZ3	PANAMA	47994	46734	21391	3494	193	275.7	32.2	21.2	12.0	24.9	21.0	30960	110.7	四
13	0494	凤后	EMPRESS PHOENIX	CSBC 中国台湾 1994.4.26	9046124	3FPA3	PANAMA	47258	46734	21391	3494	193	275.7	32.2	21.2	12.0	24.9	21.0	30960	110.7	四
14	0495	珍河	ZHEN HE	日立有明船厂 1994.01.07	9043627	BOAQ	上海	51950	49375	29710	4204	240	275.0	32.2	21.4	12.5	25.3	22.5	34422	130.7	一
15	0496	大河	DA HE	日立有明船厂 1994.03.30	9043639	BOAY	上海	51950	49375	29710	4204	240	275.0	32.2	21.4	12.5	25.3	22.0	34422	130.7	一
16	0497	山河	SHAN HE	日立有明船厂 1994.06.24	9043641	BOAZ	上海	52014	49375	29710	4204	240	275.0	32.2	21.4	12.5	25.3	21.8	30979	130.7	一
17	0498	俊河	RIVER ELEGANCE	川崎重工日本 1994.09.16	9072147	3FMS4	PANAMA	49954	48161	26722	3802	360	276.5	32.2	21.2	12.5	25.0	21.5	34325	127	四

（续表）

序号	代码	船名	英文名	建造厂家 出厂年月	IMO 编号	呼号	船籍港	载重吨 T	总吨 g/t	净吨 n/t	载箱量 TEU	冷箱插座	总长 m	型宽 m	型深 m	吃水 m	设计航速	实际航速	主机功率 kw	油耗 吨/天	所属部室
18	1505	洛河	LUO HE	西贝克 德国 1983.01.13	8108793	BOBT	上海	26025	19915	9263	1234	60	170.0	28.24	15.5	10.7	18.3	15.0	11555	44.2	三
19	1510	沙河	SHA HE	西贝克 德国 1983.06.21	8108808	BOBU	上海	26025	19915	9263	1234	60	170.0	28.4	15.5	10.7	18.3	15.0	11539	44.2	三
20	1511	辽河	LIAO HE	西贝克 德国 1983.10.18	8108810	BOBV	上海	26025	19915	9263	1234	60	170.0	28.4	15.5	10.7	18.3	15.0	11550	44.2	三
21	1515	春河	CHUN HE	西贝克 德国 1984.11.13	8321709	BOTP	上海	25808	19835	9455	1322	54	170.0	28.4	15.5	10.7	16.8	16.0	10147	39	一
22	1516	潮河	CHAO HE	西贝克 德国 1985.02.28	8321711	BOTZ	上海	25955	19835	9455	1322	54	170.0	28.4	15.5	10.7	16.8	16.0	10143	39	三
23	1517	庄河	ZHUANG HE	西贝克 德国 1985.07.09	8321723	BOZD	上海	33240	24438	12138	1668	54	199.2	28.4	15.5	10.7	16.8	15.5	10809	40	三
24	1518	松河	SONG HE	西贝克 德国 1986.06.26	8514590	BOZC	上海	33265	24438	12159	1699	54	199.2	28.4	15.5	10.7	16.8	15.5	10808	40	三
25	1521	秋河	QIU HE	弗伦斯堡德国 1984.12.05	8318001	BOPD	上海	25808	19732	8377	1318	54	171.0	28.4	15.6	10.9	16.8	15.5	10060	39	三
26	1522	香河	XIANG HE	弗伦斯堡德国 1985.04.03	8318013	BOPE	上海	30940	24043	9868	1686	54	200.5	28.4	15.6	10.4	16.8	14.5	10800	40	三

（续表）

序号	代码	船名	英文名	建造厂家 出厂年月	IMO编号	呼号	船籍港	载重吨 T	总吨 g/t	净吨 n/t	载箱量 TEU	冷箱插座	总长 m	型宽 m	型深 m	吃水 m	设计航速	实际航速	主机功率 kw	油耗吨/天	所属部室
27	1523	玉河	YU HE	弗伦斯堡德国 1986.01.14	8318025	BOPF	上海	30940	24043	9868	1686	54	200.5	28.4	15.6	10.4	16.8	14.5	10800	40	三
28	1529	冰河	BING HE	HDW 德国 1985.05.24	8318051	BOTC	上海	33370	23542	11489	1696	54	201.2	28.4	15.5	10.7	16.8	14.5	10800	38	三
29	1536	松云河	SONGYUN HE	IMABARI 日本 1998.09.29	9160700	3FRF8	PANAMA	24237	16737	9236	1432	130	182.9	27.6	14.0	10.1	19.1	19.0	11760	42.8	一
30	1537	峰云河	FENGYUN HE	IMABARI 日本 1998.11.20	9160712	3FXG8	PANAMA	24251	16737	9236	1432	130	182.9	27.6	14.0	10.1	19.1	19.0	11760	42.8	一
31	1538	松子	MATSUKO	KYOKUYO 日本 1999.01.20	9184196	3FAB9	PANAMA	9509	8957	4132	564	222	138.0	22.4	11.3	7.8	20.7	17.5	7208	29.4	三
32	1539	竹子	TAKEKO	KYOKUYO 日本 1999.04.08	9184201	3FFH9	PANAMA	9509	8957	4132	564	222	138.0	22.4	11.3	7.8	20.7	17.5	7208	29.4	三
33	1540	梅子	UMEKO	KYOKUYO 日本 1999.05.27	9184213	3FJP9	PANAMA	9509	8957	4132	564	222	138.0	22.4	11.3	7.8	20.7	17.5	7208	29.4	三
34	1541	锦云河	JINYUN HE	IMABARI 日本 2000.06.27	9228746	H3GB	PANAMA	24244	16737	9236	1432	130	182.9	27.6	14.0	10.1	19.1	19.0	11760	42.8	一
35	1542	彩云河	CAIYUN HE	IMABARI 日本 2000.9.14	9228758	H3MN	PANAMA	24259	16738	9236	1432	130	182.9	27.6	14.0	10.1	19.1	19.0	11768	42.8	一

（续表）

序号	代码	船名	英文名	建造厂家 出厂年月	IMO编号	呼号	船籍港	载重吨 T	总吨 g/t	净吨 n/t	载箱量 TEU	冷箱插座	总长 m	型宽 m	型深 m	吃水 m	设计航速	实际航速	主机功率 kw	油耗 吨/天	所属部室
36	1543	奇云河	QIYUNHE	IMABARI 日本 2001.01.18	9228760	H3TP	PANAMA	24261	16738	9236	1432	130	182.9	27.6	14.0	10.1	19.1	19.0	11760	42.8	一
37	1544	密云河	MIYUNHE	IMABARI 日本 2001.03.28	9228772	H3YW	PANAMA	23853	16738	9236	1432	130	182.9	27.6	14.0	10.1	19.1	19.0	11760	42.8	一
38	1546	中远兰花	COSCO RAN	日本 旭阳 2001.11.28	9247869	H9QG	PANAMA	9290	8917	3960	542	400	138.0	22.0	11.3	7.8	18.0	18.0	7860	31.1	三
39	1547	中远菊花	COSCO KIKU	日本 旭阳 2002.01.31	9247871	H9WB	PANAMA	9294	8917	3960	542	400	138.0	22.0	11.3	7.8	18.0	18.0	7860	31.1	三
40	1548	中远樱花	COSCO SAKURA	日本 旭阳 2001.08.31	9247857	H9KL	PANAMA	9287	8917	3960	542	400	138.0	22.0	11.3	7.8	18.0	18.0	7860	31.1	三
41	1558	青云河	QING YUN HE	大连造船厂 2000.05.29	9214513	BOMW	上海	25679	20624	9470	1702	200	179.7	27.6	15.9	10.7	20.3	20.3	16980	69.6	二
42	1562	腾云河	TENG YUN HE	上海造船厂 2000.04.24	9223758	BOTV	上海	25723	20569	9379	1702	200	179.7	27.6	15.9	10.7	20.3	20.3	16980	69.6	二
43	1563	飞云河	FEI YUN HE	上海造船厂 2000.07.12	9223760	BOTU	上海	25723	20569	9379	1702	200	179.7	27.6	15.9	10.7	20.3	20.3	16980	69.6	二
44	1564	凌云河	LING YUN HE	上海造船厂 2000.09.02	9223772	BOTT	上海	25723	20569	9379	1702	200	179.7	27.6	15.9	10.7	20.3	20.3	16980	69.6	二

（续表）

序号	代码	船名	英文名	建造厂家 出厂年月	IMO 编号	呼号	船籍港	载重吨 T	总吨 g/t	净吨 n/t	载箱量 TEU	冷箱插座	总长 m	型宽 m	型深 m	吃水 m	设计航速	实际航速	主机功率 kw	油耗 吨/天	所属部室
45	1571	泰河	TAI HE	GOVAN 英国 1989.09.05	8705230	BOAB	上海	45987	35963	22238	2716	176	236.1	32.2	18.6	12.0	19.0	17.5	16747	59/60.5	四
46	1572	普河	PU HE	GOVAN 英国 1990.03.07	8705242	BOAC	上海	45987	35963	22238	2716	176	236.1	32.2	18.6	12.0	19.0	17.5	16747	59/60.5	四
47	1573	民河	MIN HE	HDW 德国 1989.10.13	8806096	BOAD	上海	47625	37143	16740	2761	176	236.0	32.2	18.8	12.0	19.0	17.3	16670	57.5/59	四
48	1574	东河	DONG HE	HDW 德国 1990.01.12	8806101	BOAE	上海	47625	37143	16740	2761	176	236.0	32.2	18.8	12.0	19.0	17.5	16670	57.5/59	四
49	1575	高河	GAO HE	HDW 德国 1990.11.15	8818740	BOAF	上海	47625	37143	16740	2761	176	236.0	32.2	18.8	12.0	19.0	17.5	16670	57.5/59	四
50	1576	中河	ZHONG HE	VULKAN 德国 1994.01.14	9067556	BOAG	上海	51280	48311	16601	4215	240	275.1	32.2	21.5	12.5	24.0	22.0	34380	129.6	一
51	1577	远河	YUAN HE	VULKAN 德国 1994.04.08	9067568	BOAH	上海	51280	48311	16601	4215	240	275.1	32.2	21.5	12.5	24.0	22.0	34380	129.6	一
52	1578	腾河	TENG HE	VULKAN 德国 1994.07.20	9067570	BOAI	上海	51280	48311	16601	4215	240	275.1	32.2	21.5	12.5	24.0	21.5	34380	129.6	一
53	1579	飞河	FEI HE	HDW 德国 1994.04.22	9060182	BOAJ	上海	51280	48311	16601	4215	240	275.1	32.2	21.5	12.5	24.0	21.5	34380	129.6	一

（续表）

序号	代码	船名	英文名	建造厂家 出厂年月	IMO编号	呼号	船籍港	载重吨 T	总吨 g/t	净吨 n/t	载箱量 TEU	冷箱插座	总长 m	型宽 m	型深 m	吃水 m	设计航速	实际航速	主机功率 kw	油耗 吨/天	所属部室
54	1580	聪河	RIVER WISDOM	川崎重工日本 1994.03.25	9072135	3FAL4	PANAMA	49954	48161	26772	3802	360	276.5	32.2	21.2	12.5	24.0	22.5	34300	127	四
55	1581	潮汕河	CHAO SHAN HE	日本金指 1996.11.20	9146699	3FRY6	PANAMA	15923	12122	5598	836	100	144.7	25.0	12.8	8.6	19.1	16.0	7987	31.7	四
56	1582	阳江河	YANG JIANG HE	日本金指 1997.01.20	9146704	3FXA6	PANAMA	15923	12122	5598	836	100	144.7	25.0	12.8	8.6	19.1	15.0	7987	31.7	四
57	1583	鲁河	LUHE	日本川崎 1997.01.18	9120748	3FVZ6	PANAMA	69285	65140	36668	5446	1002	280.0	39.8	23.6	14.0	24.5	23.0	43100	147/154	—
58	1584	粤河	YUEHE	日本川崎 1997.02.28	9120750	3FAT7	PANAMA	69285	65140	36668	5446	1002	280.0	39.8	23.6	14.0	24.5	23.0	43100	147/154	—
59	1586	皖河	WANHE	日本川崎 1997.07.18	9120774	3FJH7	PANAMA	69285	65140	36668	5446	1002	280.0	39.8	23.6	14.0	24.5	22.5	43100	147/154	—
60	1587	晋河	JINHE	日本川崎 1997.09.18	9120786	3FQX7	PANAMA	69285	65140	36668	5446	1002	280.0	39.8	23.6	14.0	24.5	22.5	43100	147/154	—
61	1588	川河	CHUAN HE	日本川崎 1997.11.21	9120798	3FTE7	PANAMA	69285	65140	36668	5446	1002	280.0	39.8	23.6	14.0	24.5	22.5	43100	147/154	—
62	1589	中远青岛	COSCO QINGDAO	日本川崎 1997.03.28	9120762	3FEF7	PANAMA	69285	65140	36668	5446	1002	280.0	39.8	23.6	14.0	24.5	22.5	43100	147	—

（续表）

序号	代码	船名	英文名	建造厂家 出厂年月	IMO 编号	呼号	船籍港	载重 吨 T	总吨 g/t	净吨 n/t	载箱量 TEU	冷箱 插座	总长 m	型宽 m	型深 m	吃水 m	设计 航速	实际 航速	主机功 率 kw	油耗 吨/天	所属 部室
63	1590	纳西河	NAXIHE	韩国三星 1997.09.26	9139024	3FSF7	PANAMA	44912	36772	21268	3400	300	242.9	32.2	19.0	12.0	21.0	20.0	20600	79.2	二
64	1591	景颇河	JINGPOHE	韩国三星 1997.09.25	9139036	3FSO7	PANAMA	44912	36772	21268	3400	300	242.9	32.2	19.0	2.0	21.0	20.0	20600	79.2	二
65	1592	锡伯河	XIBOHE	韩国三星 1997.12.15	9139048	3FYG7	PANAMA	44912	36772	21268	3400	300	242.9	32.2	19.0	12.0	21.0	20.0	20600	79.2	二
66	1593	裕固河	YUGUHE	韩国三星 1997.12.30	9139050	3FAA8	PANAMA	44912	36772	21268	3400	300	242.9	32.2	19.0	12.0	21.0	20.0	20600	79.2	二
67	1594	珞巴河	LUOBAHE	韩国三星 1998.02.26	9139062	3FDO8	PANAMA	44912	36772	21268	3400	300	242.9	32.2	19.0	12.0	21.0	20.0	20600	79.2	二
68	1801	中远上海	COSCO SHANGHAI	川崎重工日本 2001.07.25	9221097	VRXF4	香港	69098	65531	35453	5446	600	280.0	39.8	23.6	14.0	24.5	24.1	43100	154	二
69	1802	中远安特卫普	COSCO ANTWERP	中远南通川崎 2001.09.27	9246396	VRXH3	香港	68910	65531	35453	5446	600	280.0	39.8	23.6	14.0	24.5	24.5	43100	154	二
70	1803	中远香港	COSCO HONGKONG	川崎重工日本 2002.04.17	9227778	C6SF9	Nassau	69098	65531	35453	5446	600	280.0	39.8	23.6	14.0	24.5	24.5	43100	154	二
71	1804	中远新加坡	COSCO SINGAPORE	川崎重工日本 2001.12.12	9221102	VRXJ9	香港	69098	65531	35453	5446	600	280.0	39.8	23.6	14.0	24.5	24.5	43100	154	二

（续表）

序号	代码	船名	英文名	建造厂家 出厂年月	IMO编号	呼号	船籍港	载重吨 T	总吨 g/t	净吨 n/t	载箱量 TEU	冷箱插座	总长 m	型宽 m	型深 m	吃水 m	设计航速	实际航速	主机功率 kw	油耗 吨/天	所属部室
72	1805	中远鹿特丹	COSCO ROTTERDAM	川崎重工日本 2002.02.13	9221073	C6SF7	Nassau	69098	65531	35453	5446	600	280.0	39.8	23.6	14.0	24.5	24.5	43100	154	二
73	1806	中远汉堡	COSCO HAMBURG	川崎重工日本 2001.10.10	9221085	VRXI3	香港	69098	65531	35453	5446	600	280.0	39.8	23.6	14.0	24.5	24.5	43100	154	二
74	1807	中远费利克斯托	COSCO FELIXSTOWE	中远南通川崎 2002.04.24	9246401	C6SF8	Nassau	69107	65531	35453	5446	600	280.0	39.8	23.6	14.0	24.5	24.5	43100	154	一
75	2315	秀河	XIU HE	HALLA 韩国 1993.01.26	9043005	BOBZ	上海	33639	22746	11964	1932	115	187.6	28.4	15.6	11.1	20.5	18.0	15720	59	四
76	2316	雅河	YA HE	HALLA 韩国 1993.04.16	9043017	BOBY	上海	33610	22746	11964	1932	115	187.6	28.4	15.6	11.1	20.5	17.2	15720	59	四
77	2319	大清河	DAQING HE	日本旭洋 1996.03.15	9122617	3FYQ5	PANAMA	12668	9475	5188	764	60	144.8	22.4	11.0	8.2	19.2	17.0	7980	30.7	二
78	2320	子牙河	ZIYA HE	日本旭洋 1996.06.03	9122629	3FFA6	PANAMA	12668	9471	5188	764	60	144.8	22.4	11.0	8.2	19.2	17.0	7980	30.7	二
79	2321	永定河	YONGDING HE	日本旭洋 1996.11.27	9122631	3FTI6	PANAMA	12668	9471	5188	764	60	144.8	22.4	11.0	8.2	19.2	17.0	7980	30.7	二
80	2322	滹沱河	HUTUOHE	日本旭洋 1997.02.05	9122643	3FZE6	PANAMA	12668	9471	5188	764	60	144.8	22.4	11.0	8.2	19.2	17.0	7980	30.7	二

（续表）

序号	代码	船名	英文名	建造厂家 出厂年月	IMO编号	呼号	船籍港	载重吨 T	总吨 g/t	净吨 n/t	载箱量 TEU	冷箱插座	总长 m	型宽 m	型深 m	吃水 m	设计航速	实际航速	主机功率 kw	油耗 吨/天	所属部室
81	2323	布依河	BUYIHE	韩国三星 1997.06.26	9139000	3FLP7	PANAMA	44912	36772	21268	3400	300	242.9	32.2	19.0	12.0	21.0	20.0	20600	79.2	二
82	2324	哈尼河	HANIHE	韩国三星 1997.07.10	9139012	3FLZ7	PANAMA	44912	36772	21268	3400	300	242.9	32.2	19.0	12.0	21.0	20.0	20600	79.2	二
83	1817	中远厦门	COSCO XIAMEN	幸阳船渠株式会社 2005.02.28	9300300	H9QK	PANAMA	67209	66380	26235	5816	500	278.9	40.0	24.0	14.0	25.6	24.0	57200	207.4	四
84	CBU	中远大连	COSCO DALIAN	幸阳船渠株式会社 2005.03.31	9300312	3EAH9	PANAMA	67209	66380	26235	5816	500	278.9	40.0	24.0	14.0	25.6	24.0	57200	207.4	四
85	CBT	中远天津	COSCO TIANJIN	幸阳船渠株式会社 2005.06.06	9300324	3EBC8	PANAMA	67209	66380	26235	5816	500	278.9	40.0	24.0	14.0	25.6	24.0	57200	207.4	四
86	CBV	中远波斯顿	COSCO BOSTON	韩进重工 2007.07.27	9335173	3ELF2	PANAMA	68240.5	54778	31736	5089	388	294.1	32.2	21.6	13.5	24.3	23.5	41130	168.8	二
87	CBZ	中远亚洲	COSCO ASIA	现代重工 2007.08.06	9345403	3ELQ8	PANAMA	109968	114394	54951	10062	800	337.2	45.6	22.9	14.5	25.8	24.9	68640	253.53	一
88	CBW	中远纽约	COSCO NEW YORK	韩进重工 2007.09.20	9335185	3ELZ8	PANAMA	68234.6	54778	31736	5089	388	294.1	32.2	21.6	13.5	24.3	23.5	41130	168.8	一
89	CCE	中远欧洲	COSCO EUROPE	现代重工 2008.01.01	9345415	3EOC5	PANAMA	109968	114394	54951	10062	800	337.2	45.6	22.9	14.5	25.8	24.9	68640	253.53	一

（续表）

序号	代码	船名	英文名	建造厂家 出厂年月	IMO 编号	呼号	船籍港	载重吨 T	总吨 g/t	净吨 n/t	载箱量 TEU	冷箱插座	总长 m	型宽 m	型深 m	吃水 m	设计航速	实际航速	主机功率 kw	油耗 吨/天	所属部室
90	CCF	中远美洲	COSCO AMERICA	现代重工 2008.03.13	9345427	3EPH4	PANAMA	109968	114394	54951	10062	800	337.2	45.6	22.9	14.5	25.8	24.9	68640	253.53	一
91	CCG	中远大洋洲	COSCO OCEANIA	南通中远川崎 2008.04.03	9334923	VRDQ5	香港	109920	115776	54911	10992	800	332.8	45.6	22.9	14.5	25.8	24.9	68640	253.2	四
92	CCI	中远太平洋	COSCO PACIFIC	南通中远川崎 2008.07.09	9355551	VREC4	香港	109920	115776	54911	10020	800	348.5	45.6	27.2	13.0	25.8	24.9	68640	253.2	四
93	CCH	中远非洲	COSCO AFRICA	现代重工 2008.07.14	9345439	3ERX3	PANAMA	109968	114394	54951	10062	800	337.2	45.6	22.9	14.5	25.8	24.9	68640	253.53	一
94	CCJ	中远印度洋	COSCO INDIAN OCEAN	南通中远川崎 2008.10.16	9355563	VREM3	香港	111315	115776	54911	10020	801	348.5	45.6	27.2	13.0	25.8	24.9	68640	253.2	四
95	CCK	中远太仓	COSCO TAICANG	南通中远川崎 2009.03.03	9355575	VREV9	香港	111499	115933	54911	10020	800	348.5	45.6	27.2	14.5	25.8	24.9	68640	253.2	四
96	CAA	天宝河	TIAN BAO HE	江南长兴重工 2009.10.31	9390616	BQBG	上海	62997.1	54005	32333	5089	385	294.0	32.2	21.8	13.5	25.2	24.3	45760	169.02	一
97	CAB	天运河	TIAN YUN HE	江南长兴重工 2009.11.18	9400514	BQBJ	上海	62997.1	54005	32333	5089	385	294.0	32.2	21.8	13.5	25.2	24.3	45760	169.02	二
98	CAC	天兴河	TIAN XING HE	江南长兴重工 2009.12.8	9400526	BQBI	上海	63000.6	54005	32333	5089	385	294.0	32.2	21.8	13.5	25.2	24.3	45760	169.02	四

（卢华盛）

（八）2009年公司船舶主要通导设备一览表

中　高　频　组　合　电　台					
型　　号	生产国家	数量（台）	型　　号	生产国家	数量（台）
JSS-710	日　本	44	HC4500HF	丹　麦	3
JSS-720	日　本	10	FS-5000	日　本	7
JSS-800	日　本	9	JSS-296	日　本	4
FS-1570	日　本	1	FS-2570	日　本	14
FS-5070	日　本	2	RC-1800	日　本	3
合计：97					

甚高频无线电话（包括编码器和值守机）					
型　　号	生产国家	数量（台）	型　　号	生产国家	数量（台）
JHS-31A	日　本	17	IC-M304	日　本	21
JHS-32A	日　本	104	TRP-3000	丹　麦	2
JHS-32B	日　本	2	ICOM-59G	日　本	19
FM-8500	日　本	17	FM-8800S	日　本	32
FM-8700	日　本	6	RT-5022	丹　麦	4
IC-M45	日　本	2	RT-2048	丹　麦	4
NTE-63	日　本	19	PM2042	丹　麦	4
FAB-151D	日　本	1			
合计：254					

卫星紧急无线电示位标					
型　　号	生产国家	数量（台）	型　　号	生产国家	数量（台）
JQE-3A	日　本	18	E3	英　国	13
KANNAD-406FH	法　国	1	TRON-40S	挪　威	5
KANNAD-406WH	法　国	10	KANNAD-406-PRO	法　国	3
TRON-30S	挪　威	2	KANNAD-406-AUTO	法　国	35
EB-10	英　国	1	E-5	英　国	9
合计：97					

航行警告接收机

型　号	生产国家	数量(台)	型　号	生产国家	数量(台)
NX-500	日　本	12	NX-700B	日　本	5
NCR-300A	日　本	25	NX-700A	日　本	18
NCR-330	日　本	4	NCR-333	日　本	37
合计：101					

双向甚高频无线电话

型　号	生产国家	数量(台)	型　号	生产国家	数量(台)
JHS-7	日　本	126	FM-8	日　本	10
AXIS-150	英　国	138	RU207A	日　本	3
AXIS-250	英　国	16	TC-5638	英　国	10
TRON-TR20	挪　威	18	R1	日　本	3
合计：324					

卫通A站（或B或F站）

型　号	生产国家	数量(台)	型　号	生产国家	数量(台)
SAILOR F77 +	丹　麦	2	RSS-402B	日　本	1
FELCOM-82A	日　本	5	FELCOM 500	日　本	3
FELCOM-82B	日　本	2	SAILOR/FLEET-77	丹　麦	38
JUE-300	日　本	4	SAILOR/FLEET-33	丹　麦	11
JUE-310	日　本	9	FELCOM-70	日　本	12
JUE-300B	日　本	5	NERA/FLEET-33	挪　威	1
JUE-310B	日　本	14	NERA/FLEET-77	挪　威	20
SAILOR FBB 500	丹　麦	18			
合计：145					

卫通C站（包括EGC接收）

型　号	生产国家	数量(台)	型　号	生产国家	数量(台)
FELCOM-12	日　本	9	JUE-75C	日　本	45
H2095B	丹　麦	6	FELCOM-15	日　本	17
JUE-75A	日　本	18	SCANSAT-CG	英　国	4
合计：99					

气象传真机					
型　号	生产国家	数量(台)	型　号	生产国家	数量(台)
FAX-207	日　本	6	JAX-9	日　本	5
FAX-208	日　本	2	JAX-9A	日　本	8
FAX-208 MK-II	日　本	3	JAX-39	日　本	5
FAX-210	日　本	1	JAX-90	日　本	17
TF787	日　本	1	FAX- 410	日　本	8
FAX-30	日　本	15	TF-708	日　本	1
FAX- 408	日　本	21	JAX-9B	日　本	4
合计：97					

全球定位系统(GPS)					
型　号	生产国家	数量(台)	型　号	生产国家	数量(台)
GP-32	日　本	1	KGP-911	日　本	4
GP-80	日　本	35	KGP-912	日　本	2
GP-90	日　本	12	KGP-930	日　本	3
MX420/2	日　本	1	MX-200	美　国	8
JLR-6800	日　本	5	MX- 400	美　国	10
JLR-7700	日　本	22	TRACKER-1250	新西兰	1
JLR-7700 MK-II	日　本	67	GP-150	日　本	33
合计：204					

雷达应答器					
型　号	生产国家	数量(台)	型　号	生产国家	数量(台)
JQX-10A	日　本	4	RESCUER	法　国	21
JQX-20A	日　本	16	TBR-600	日　本	6
JQX-30A	日　本	25	TRON-SART	挪　威	24
S4	英　国	3			
合计：99					

雷达					
型号	生产国家	数量(台)	型号	生产国家	数量(台)
ATLAS-1100 系列	德国	12	FAR-2000 系列	日本	146
ATLAS-9000 系列	德国	24	JMA-9000 系列	日本	26
BR-3400 系列	日本	4	NUCLEUS-6000A 系列	英国	2

合计：214

电罗经					
型号	生产国家	数量(台)	型号	生产国家	数量(台)
ANS-4	德国	2	MK-37D	美国	6
ANS-14	德国	5	TG-5000	日本	9
ANS-22	德国	14	TG-8000	日本	38
CMZ-500	日本	26	TG-6000	日本	8
CMZ-700	日本	15	MK-37E	美国	4

合计：127

测深仪					
型号	生产国家	数量(台)	型号	生产国家	数量(台)
ATLAS-9205T	德国	14	JFE-570	日本	26
ATLAS-481	德国	7	LAZ-50	德国	3
NJA-193S	日本	1	LAZ-51	德国	8
FE-851	日本	5	MG-70	日本	4
FE-680T	日本	6	JFE-582	日本	3
FE-700	日本	15	ED-162	日本	1
FE-880	日本	4			

合计：97

计 程 仪					
型 号	生产国家	数量(台)	型 号	生产国家	数量(台)
DCR-40	日 本	1	JLN-202	日 本	8
DOLOG-23	德 国	17	DS-30	日 本	7
DS-80	日 本	37	JLN-205	日 本	2
DS-50	日 本	3	SRD-301	美 国	2
EML-201	日 本	5	TD-501	日 本	10
EML-500	日 本	4	JLN-550	日 本	1
合计：97					

VDR					
型 号	生产国家	数量(台)	型 号	生产国家	数量(台)
JCY-1700	日 本	2	VR-3000	日 本	3
HIVDR	韩 国	3	VR-5000	日 本	3
合计：11					

组 合 导 航 仪					
型 号	生产国家	数量(台)	型 号	生产国家	数量(台)
NACOS 25-2	德 国	4	NAV COS 55-3	德 国	7
NACOS XX-5	德 国	2	FAP-2000	日 本	4
NACOS 55-2	德 国	10	SNA-90	日 本	11
合计：38					

船 令 广 播					
型 号	生产国家	数量(台)	型 号	生产国家	数量(台)
OHE-3166	日 本	2	NAV-1700 MK-II	日 本	2
OHE-3177	日 本	4	NRD-1210A	日 本	2
OHE-3151A	日 本	2	PA-2100	日 本	8
NAV-1810 MK-IIB	日 本	5	AP-10TK	日 本	3
NAV-1810 MK-IIA	日 本	23			
合计：51					

AIS(船舶自动识别系统)

型　　号	生产国家	数量(台)	型　　号	生产国家	数量(台)
FA-100	日　本	47	FA-150	日　本	11
JHS-180	日　本	41	JHS-182	日　本	3
合计：102					

SVDR

型　　号	生产国家	数量(台)	型　　号	生产国家	数量(台)
JCY-1850	日　本	27	HMT-100	中　国	6
HLD-S2	中　国	7	HLD-S	中　国	8
VR-3000S	日　本	27			
合计：75					

(顾延军)

（九）2009年公司新增船舶主要技术规范一览表

2009年12月31日

序号	代码	船名	英文名	建造厂家 出厂年月	IMO编号	呼号	船籍港	载重吨 T	总吨 g/t	净吨 n/t
1	CCK	中远太仓	COSCO TAICANG	南通中远川崎 2009.03.03	9355575	VREV9	香港	111499	115933	54911
2	CAA	天宝河	TIAN BAO HE	江南长兴重工 2009.10.31	9390616	BQBG	上海	62997.1	54005	32333
3	CAB	天运河	TIAN YUN HE	江南长兴重工 2009.11.18	9400514	BQBJ	上海	62997.1	54005	32333
4	CAC	天兴河	TIAN XING HE	江南长兴重工 2009.12.8	9400526	BQBI	上海	63000.6	54005	32333

序号	载箱量 TEU	冷箱插座	总长 m	型宽 m	型深 m	吃水 m	设计航速	实际航速	主机功率 kw	油耗 吨/天	所属部室
1	10020	800	348.5	45.6	27.2	14.5	25.8	24.9	68640	253.2	四
2	5089	385	294.0	32.2	21.8	13.5	25.2	24.3	45760	169.02	一
3	5089	385	294.0	32.2	21.8	13.5	25.2	24.3	45760	169.02	二
4	5089	385	294.0	32.2	21.8	13.5	25.2	24.3	45760	169.02	四

（卢华盛）

（十）2009 年公司退役船舶主要技术规范一览表

序号	代码	船名	英文名	建造厂家 出厂年月	载重吨 T	总吨 g/t	净吨 n/t	载箱量 TEU	冷箱插座	总长 m	型宽 m	型深 m	吃水 m	设计航速	实际航速
1	1436	松　城	SONG CHENG	大连造船厂 1987.10.15	13003	9683	4637	724	40	147.5	22.2	10.9	8.02	15.5	14
2	1551	汉江河	HAN JIANG HE	日本下关旭阳 1984.09.27	9510	8282	3586	422	′24	126.00	21.4	10.2	7.66	17.5	13.5
3	1435	滨　城	BIN CHENG	大连造船厂 1985.12.27	13003	9683	4637	724	40	147.5	22.2	10.9	8.02	15.5	13.5
4	1553	汉涛河	HAN TAO HE	日本下关旭阳 1985.06.28	9485	8282	3586	422	24	126.00	21.4	10.2	7.66	17.35	13.5
5	1552	汉水河	HAN SHUI HE	日本下关旭阳 1985.03.18	9465	8282	3586	422	24	126.00	21.4	10.2	7.66	17.5	13.5

序号	主机型号	主机功率 kw	辅机 1 型号	辅机 1 功率 kw	辅机 2 型号	辅机 2 功率 kw	呼号	IMO 编号	船籍港	船级 CLASS	油耗 吨/天	所属部室
1	B&W 5L55GB	5498.0	YANMAR S185L-ST	443	—	—	BOZL	8306785	上海	CCS	27	三
2	MAN 12V40/54	4925.0	DAIHATSU 6PSHTC-26H	625	6PSHT-26H	441	BOBI	8321826	上海	CCS	20.5	三
3	B&W 5L55GB	5500.0	YANMAR S185L-ST	443	—	—	BOZK	8306773	上海	CCS	27	三
4	MAN 12V40/54	4920.0	DAIHATSU 6PSHTC-26H	625	6PSHT-26H	441	BOBL	8321852	上海	CCS	20.5	三
5	MAN 12V40/54	4925.0	DAIHATSU 6PSHTC-26H	625	6PSHT-26H	441	BOBK	8321840	上海	CCS	20.5	三

1. “松城”轮于 2009 年 8 月 21 日 20:18 在广东江门完成实体交船。
2. “汉江河”轮出售，于 2009 年 9 月 2 日 18:18 在上海中远船务码头完成实体交船。
3. “滨城”轮出售，于 2009 年 10 月 10 日 18:30 在天津锚地完成实体交船。
4. “汉涛河”轮出售，于 2009 年 12 月 1 日 15:18 在宁波完成实体交船。
5. “汉水河”轮出售，2009 年 12 月 10 日 12:58 在舟山沥港船厂完成实体交船。

（卢华盛）

（十一）2009年公司船舶坞修情况一览表

序号	代码	船名	英文名	所属部室	修理类别	修理厂商	坞修厂商	修理港口	实际修理时间	实修天数	航线
1	0494	凤后	EMPRESS PHOENIX	四部	坞修	舟山中远船务	舟山中远船务	舟山	2008.12.15~2009.1.5	21	亚太贸易区—CPG1
2	1540	梅子	UMEKO	三部	坞修	西霞口船业	西霞口船业	山东威海	2008.12.28~2009.1.8	11	泛亚公司—CJ6
3	1517	庄河	ZHUANG HE	三部	坞修	广州文冲	广州文冲	广州	2008.12.30~2009.1.13	14	泛亚公司—IC19
4	0497	山河	SHAN HE	一部	坞修	舟山南洋	舟山南洋	舟山	2009.01.02~2009.01.13	11	美洲贸易区—AWE2
5	1544	密云河	MIYUNHE	一部	坞修	舟山册子	舟山册子	舟山	2009.01.18~2009.01.28	10	出租,1月11日退租
6	0492	汉江河	HAN JIANG HE	三部	坞修	上海中远船务	上海中远船务	上海	2009.01.21~2009.02.08	18	泛亚公司—IC8
7	1571	泰河	TAI HE	四部	坞修	广州中远船务	广州中远船务	广州	2009.01.24~2009.02.12	19	泛亚公司—IC9
8	0459	隆河	LONG HE	三部	坞修	舟山中远船务	舟山中远船务	舟山	2009.02.01~2009.02.21	20	泛亚公司—CJ29
9	1802	中远安特卫普	COSCO ANTWERP	二部	坞修	舟山鑫亚	舟山鑫亚	舟山	2009.02.01~2009.02.13	12	美洲贸易区—PNW
10	0496	大河	DA HE	一部	坞修	舟山南洋	舟山南洋	舟山	2009.02.01~2009.02.13	12	亚太贸易区—SAS中澳线

（续表）

序号	代码	船　名	英文名	所属部室	修理类别	修理厂商	坞修厂商	修理港口	实际修理时间	实修天数	航　线
11	0446	新会河	XIN HUI HE	四部	坞修	崇明上海船厂	崇明上海船厂	上海	2009.02.02～2009.02.12	10	出租京汉
12	2320	子牙河	ZIYAHE	二部	坞修	马尾船厂	马尾船厂	厦门	2009.02.06～2009.02.17	11	泛亚公司—CJ7
13	0498	俊河	RIVER ELEGANCE	四部	坞修	舟山中远船务	舟山中远船务	舟山	2009.02.10～2009.03.07	25	美洲贸易区—AWE2
14	1581	潮汕河	CHAO SHAN HE	四部	坞修	舟山册子	舟山册子	舟山	2009.02.10～2009.02.18	8	亚太贸易区—CTW1 台湾线
15	1582	阳江河	YANG JIANG HE	四部	坞修	蛇口友联	蛇口友联	深圳	2009.02.11～2009.02.22	11	亚太贸易区—HSS 东南亚支线
16	1577	远河	YUAN HE	一部	坞修	广州文冲	广州文冲	广州	2009.02.15～2009.03.03	16	泛亚公司—IC10 内贸线
17	1804	中远新加坡	COSCO SINGAPORE	二部	坞修	舟山鑫亚	舟山鑫亚	舟山	2009.02.19～2009.02.27	8	欧洲贸易区—AMX
18	1801	中远上海	COSCO SHANGHAI	二部	坞修	舟山鑫亚	舟山鑫亚	舟山	2009.02.27～2009.03.12	14	欧洲贸易区—AMX
19	1580	聪河	RIVER WISDOM	四部	坞修	舟山中远船务	舟山中远船务	舟山	2009.02.28～2009.03.21	22	美洲贸易区—AWE2
20	1521	秋河	QIU HE	三部	坞修	广州文冲龙穴厂	广州文冲龙穴厂	广州	2009.03.01～2009.03.20	19	泛亚公司—IC11
21	1573	民河	MIN HE	四部	坞修	广州文冲龙穴厂	广州文冲龙穴厂	广州	2009.03.12～2009.03.25	13	泛亚公司—IC9 内贸线
22	1806	中远汉堡	COSCO HAMBURG	二部	坞修	舟山鑫亚	舟山鑫亚	舟山	2009.03.15～2009.03.28	13	欧洲贸易区—AMX

（续表）

序号	代码	船　名	英文名	所属部室	修理类别	修理厂商	坞修厂商	修理港口	实际修理时间	实修天数	航　线
23	1803	中远香港	COSCO HONG KONG	二部	坞修	广州文冲龙穴厂	广州文冲龙穴厂	大连	2009.03.22～2009.04.17	26	美洲贸易区—SEA
24	1529	冰河	BING HE	三部	坞修	中海长兴	中海长兴	上海	2009.04.22～2009.05.31	39	泛亚公司—IC2
25	1548	中远樱花	COSCO SAKURA	三部	坞修	西霞口船业	西霞口船业	山东威海	2009.05.08～2009.05.14	6	泛亚公司—CJ3
26	2321	永定河	YONG DINGHE	二部	坞修	闵南船厂	闵南船厂	上海	2009.05.09～2009.05.21	12	泛亚公司—CJ21
27	1516	潮河	CHAO HE	三部	坞修	广州文冲老厂	广州文冲老厂	广州	2009.06.08～2009.06.29	21	泛亚公司—IC6
28	0467	银河	YIN HE	三部	坞修	蛇口友联	蛇口友联	深圳	2009.06.15～2009.07.01	16	泛亚公司—IC18
29	1563	飞云河	FEI YUN HE	二部	坞修	广州中远船务	广州中远船务	广州	2009.07.11～2009.07.27	16	出租
30	1590	纳西河	NAXIHE	二部	水下检验			新加坡	2009.07.19～2009.07.19	0	亚太贸易区—FAX
31	1591	景颇河	JINGPOHE	二部	水下检验			新加坡	2009.07.31～2009.07.31	0	亚太贸易区区—ESA
32	1592	锡伯河	XIBOHE	二部	水下检验			新加坡	2009.08.07～2009.08.07	0	亚太贸易区—FRX
33	2323	布依河	BUYIHE	二部	水下检验			新加坡	2009.09.03～2009.09.03	0	亚太贸易区—FRX
34	2322	滹沱河	HUTUOHE	二部	坞修	广州中远船务	广州中远船务	广州	2009.09.28～2009.10.17	19	亚太贸易区—TIX

（续表）

序号	代码	船名	英文名	所属部室	修理类别	修理厂商	坞修厂商	修理港口	实际修理时间	实修天数	航线
35	1546	中远兰花	COSCO RAN	三部	坞修	华海船务	华海船务	青岛	2009.10.01～2009.10.08	7	泛亚公司—CJ3/33
36	1587	晋河	JINHE	一部	水下检验			新加坡	2009.10.05～2009.10.05	0	欧洲贸易区—AMX
37	1547	中远菊花	COSCO KIKU	三部	坞修	上海中远船务	上海中远船务	上海	2009.10.09～2009.10.19	10	泛亚公司—CJ22
38	1586	皖河	WANHE	一部	水下检验			新加坡	2009.10.15～2009.10.15	0	欧洲贸易区—AMX
39	1558	青云河	QING YUN HE	二部	特检	舟山鑫亚	舟山鑫亚	舟山	2009.11.01～2009.11.15	14	亚太贸易区—SAS
40	1805	中远鹿特丹	COSCO ROTTERDAM	二部	坞修	舟山鑫亚	舟山鑫亚	舟山	2009.11.05～2009.11.15	10	欧洲贸易区—AMX
41	1574	东河	DONG HE	四部	坞修	中船远航船务	中船远航船务	广州	2009.11.03～2009.11.17	14	泛亚公司—IC9
42	1588	川河	CHUANHE	一部	水下检验			新加坡	2009.11.23～2009.11.23	0	地中海线
43	1564	凌云河	LING YUN HE	二部	坞修/特检	南通中远船务	南通中远船务	南通	2009.12.16～2009.12.31	15	泛亚公司—CF3
44	1584	粤河	YUEHE	一部	水下检验			ALGECIRAS	2009.12.28～2009.12.28	0	出租马士基
45	1589	中远青岛	COSCO QINGDAO	一部	坞修	大连中远船务	大连中远船务	大连	2009.12.28～2010.01.07	10	美洲贸易区—CEN
46	1583	鲁河	LUHE	一部	坞修	舟山中远船务	舟山中远船务	舟山	2009.12.14～2010.01.14	31	AMX 下线停航

（卢华盛）

（十二）2009 年公司船舶船东、船籍、船级、主辅机型号一览表

序号	代码	船名（中文）	船名（ENG.）	出厂日期	船东公司	国籍	船籍港	船级 Class	国籍登记号 Registration No.	船级社登记号 Class No.	主机型号	额定功率（kw）	辅机1型号	功率（kw）	辅机1台数	辅机2型号	辅机2台数	辅机功率（kw）
1	0446	新会河	XIN HUI HE	1996 年 7 月	XinHuiHe Maritime INC.	PANAMA	PANAMA	ABS	23170-96-CH	9633522	MAN-B&W 6L50MC	7987	WARTSILA 4L20	620	3	—	—	—
2	0447	肇庆河	ZHAO QING HE	1996 年 9 月	ZhaoQingHe Maritime INC.	PANAMA	PANAMA	ABS	23275-96-D	9633524	MAN-B&W 6L50MC	7980	WARTSILA 4L20	620	3	—	—	—
3	0452	汉中河	HAN ZHONG HE	1984 年 12 月	中远集装箱运输有限公司	中国	上海	CCS	010002000338	84C0606	MAN 12V40/54	4928	DAIHATSU 6PSHTC-26H	625	2	6PSHT-26H	1	441
4	0458	盛河	SHENG HE	1994 年 5 月	中远集装箱运输有限公司	中国	上海	CCS	010002000334	94X2009	MAN-B&W 6L60MC	10440	WARTSILA 4R22/26	540	3	—	—	—
5	0459	隆河	LONG HE	1994 年 10 月	上海泛亚航运有限公司	中国	上海	CCS	010004000151	94Y4011	MAN-B&W 6L60MC	10440	WARTSILA 4R22/26	540	3	—	—	—
6	0463	磐河	PAN HE	1995 年 9 月	上海泛亚航运有限公司	中国	上海	CCS	010006000234	95C3030	MAN-B&W 6L60MC	10440	WARTSILA 4R22/26	540	3	—	—	—
7	0464	艳河	YAN HE	1996 年 6 月	上海泛亚航运有限公司	中国	上海	CCS	010004000152	96R2013	MAN-B&W 6L60MC	10440	WARTSILA 4R22/26	540	3	—	—	—
8	0467	银河	YIN HE	1984 年 12 月	上海泛亚航运有限公司	中国	上海	CCS	010002000188	84N0616	MAN B&W 6L70MCE	9796	MAK 6M332	960	2	MAK 6M281	1	400
9	0470	星河	XING HE	1985 年 2 月	上海泛亚航运有限公司	中国	上海	CCS	010002000187	85B0012	MAN B&W 6L70MCE	9796	MAK 6M332	960	2	MAK 6M281	1	400

（续表）

序号	代码	船名（中文）	船名（ENG.）	出厂日期	船东公司	国籍	船籍港	船级 Class	国籍登记号 Registration No.	船级社登记号 Class No.	主机型号	额定功率（kw）	辅机1型号	功率（kw）	辅机1台数	辅机2型号	辅机2台数	辅机功率（kw）
10	0491	天后	EMPRESS HEAVEN	1993年10月	Tianhou Maritime INC.	PANAMA	PANAMA	ABS	21237-94-D	9303926	MAN B&W 10L80	30960	MAK 8M 332C	1380	3	—	—	—
11	0492	海后	EMPRESS SEA	1994年1月	Haihou Maritime INC.	PANAMA	PANAMA	ABS	21341-94-CH	9400087	MAN B&W 10L80	30960	MAK 8M 332C	1380	3	—	—	—
12	0493	龙后	EMPRESS DRAGON	1994年2月	Longhou Maritime INC.	PANAMA	PANAMA	ABS	21329-94-CH	9400376	MAN B&W 10L80	30960	MAK 8M 332C	1380	3	—	—	—
13	0494	凤后	EMPRESS PHOENIX	1994年4月	Fenghou Maritime INC.	PANAMA	PANAMA	ABS	21378-94-D	9485076	MAN B&W 10L80	30960	MAK 8M 332C	1380	3	—	—	—
14	0495	珍河	ZHEN HE	1994年1月	中远集装箱运输有限公司	中国	上海	CCS	010002000355	94D1002	NSD 9RTA84C	34400	WARTSILA 4R32D	1480	3	—	—	—
15	0496	大河	DA HE	1994年3月	中远集装箱运输有限公司	中国	上海	CCS	010002000357	94M1010	NSD 9RTA84C	34400	WARTSILA 4R32D	1480	3	—	—	—
16	0497	山河	SHAN HE	1994年6月	中远集装箱运输有限公司	中国	上海	CCS	010002000356	94S2027	NSD 9RTA84C	34400	WARTSILA 4R32D	1480	3	—	—	—
17	0498	俊河	RIVER ELEGANCE	1994年9月	Golden Shore Corporation	PANAMA	PANAMA	LR	21647-94-D	9072147	MAN B&W 10L70MCE	34324	MAN B&W 8L28/32H	1722	3	—	—	—
18	1505	洛河	LUO HE	1983年1月	上海泛亚航运有限公司	中国	上海	CCS	010002000333	83A0001	MAN K7SZ70/150CL	11550	YANMAR 6GL-UT	690	3	—	—	—
19	1510	沙河	SHA HE	1983年6月	上海泛亚航运有限公司	中国	上海	CCS	010002000321	83M0012	MAN K7SZ70/150CL	11550	YANMAR 6GL-UT	690	3	—	—	—
20	1511	辽河	LIAO HE	1983年10月	上海泛亚航运有限公司	中国	上海	CCS	010002000336	83H0008	MAN K7SZ70/150CL	11550	YANMAR 6GL-UT	690	3	—	—	—

（续表）

序号	代码	船名（中文）	船名（ENG.）	出厂日期	船东公司	国籍	船籍港	船级 Class	国籍登记号 Registration No.	船级社登记号 Class No.	主机型号	额定功率（kw）	辅机1型号	功率（kw）	辅机1台数	辅机2型号	辅机2台数	辅机功率（kw）
21	1515	春河	CHUN HE	1984年11月	上海泛亚航运有限公司	中国	上海	CCS	010008000057	84G0058	MAN B&W 6L70MCE	10147	DAIHATSU 8PSHTC-26H	882.35	2	6PSHT-26H	1	485
22	1516	潮河	CHAO HE	1985年2月	上海泛亚航运有限公司	中国	上海	CCS	010002000185	85P0024	MAN B&W 6L70MCE	10800	DAIHATSU 8PSHTC-26H	882.35	2	6PSHT-26H	1	485
23	1517	庄河	ZHUANG HE	1985年7月	上海泛亚航运有限公司	中国	上海	CCS	010002000189	85U0029	MAN B&W 6L70MCE	14700	DAIHATSU 8PSHTC-26H	882.35	2	6PSHT-26H	1	485
24	1518	松河	SONG HE	1986年6月	上海泛亚航运有限公司	中国	上海	CCS	010002000190	86V2036	MAN B&W 6L70MCE	10810	DAIHATSU 8PSHTC-26H	882.35	2	6PSHT-26H	1	485
25	1521	秋河	QIU HE	1984年12月	上海泛亚航运有限公司	中国	上海	CCS	010002000192	84F0057	MAN B&W 6L70MCE	10060	WARTSILA 824TS	880	2	WARTSILA 424TS	1	394
26	1522	香河	XIANG HE	1985年4月	上海泛亚航运有限公司	中国	上海	CCS	010002000191	85C0013	MAN B&W 6L70MCE	14700	WARTSILA 824TS	880	2	WARTSILA 424TS	1	394
27	1523	玉河	YU HE	1986年1月	上海泛亚航运有限公司	中国	上海	CCS	010002000183	86W1002	MAN B&W 6L70MCE	14700	WARTSILA 824TS	880	2	WARTSILA 424TS	1	394
28	1529	冰河	BING HE	1985年5月	上海泛亚航运有限公司	中国	上海	CCS	010002000184	85E0015	MAN B&W 6L70MCE	10800	MAK 6M332	960	2	MAK 6M281	1	400
29	1536	松云河	SONGYUN HE	1998年9月	COSCO LINE NEW YORK, INC	PANAMA	PANAMA	ABS	25853-98-B	9835630	MAN-B&W 6S60MC(Ⅵ)	11768	WARTSILA 4L20	620	3	—	—	—
30	1537	峰云河	FENGYUN HE	1998年11月	COSCO LINE New Jersey, INC	PANAMA	PANAMA	ABS	26009-99-A	9835631	MAN-B&W 6S60MC(Ⅵ)	11768	WARTSILA 4L20	620	3	—	—	—
31	1538	松子	MATSUKO	1999年1月	NORTH STAR SHIPHOLDING LTD. S. A.	PANAMA	PANAMA	NK	26202-99	990312	MAN B&W 6S46MC-C	7208	DAIHATSU 6DK-20	770	3	—	—	—

（续表）

序号	代码	船名（中文）	船名（ENG.）	出厂日期	船东公司	国籍	船籍港	船级 Class	国籍登记号 Registration No.	船级社登记号 Class No.	主机型号	额定功率（kw）	辅机1型号	功率（kw）	辅机1台数	辅机2型号	辅机2台数	辅机功率（kw）
32	1539	竹子	TAKEKO	1999年4月	NORTH STAR SHIPHOLDING LTD. S. A.	PANAMA	PANAMA	NK	26366-99-C	991117	MAN B&W 6S46MC-C	7208	DAIHATSU 6DK-20	770	3	—	—	—
33	1540	梅子	UMEKO	1999年5月	NORTH STAR SHIPHOLDING LTD. S. A.	PANAMA	PANAMA	NK	26364-99-C	991320	MAN B&W 6S46MC-C	7208	DAIHATSU 6DK-20	770	3	—	—	—
34	1541	锦云河	JINYUNHE	2000年6月	JINYUNHE Maritime INC.	PANAMA	PANAMA	ABS	27198-00	0038866	MAN-B&W 6S60MC(Ⅵ)	11768	WARTSILA 4L20	620	3	—	—	—
35	1542	彩云河	CAIYUNHE	2000年9月	CAIYUNHE Maritime INC.	PANAMA	PANAMA	ABS	27310-00-B	0038867	MAN-B&W 6S60MC(Ⅵ)	11760	WARTSILA 4L20	620	3	—	—	—
36	1543	奇云河	QIYUNHE	2001年1月	QIYUNHE Maritime INC.	PANAMA	PANAMA	ABS	27746-01-B	0038868	MAN-B&W 6S60MC(Ⅵ)	11760	WARTSILA 4L20	620	3	—	—	—
37	1544	密云河	MIYUNHE	2001年3月	MiYunHe Maritime INC.	PANAMA	PANAMA	ABS	27829-01-A	138870	MAN-B&W 6S60MC(Ⅵ)	11760	WARTSILA 4L20	620	3	—	—	—
38	1546	中远兰花	COSCO RAN	2001年11月	River Nereid Maritime INC.	PANAMA	PANAMA	NK	28203-02	12997	MAN B&W 6S46MC-C	7860	YANMAR 6N260L-UV	1103	2	YANMAR 6N260L-UV	1	1618
39	1547	中远菊花	COSCO KIKU	2002年1月	River Azure Maritime INC.	PANAMA	PANAMA	NK	28300-02	20350	MAN B&W 6S46MC-C	7860	YANMAR 6N260L-UV	1103	2	YANMAR 6N260L-UV	1	1618
40	1548	中远樱花	COSCO SAKURA	2001年8月	River Aquamarine Maritime INC.	PANAMA	PANAMA	NK	28046-01-A	12166	MAN B&W 6S46MC-C	7860	YANMAR 6N260L-UV	1103	2	YANMAR 6N260L-UV	1	1618
41	1558	青云河	QING YUN HE	2000年5月	中远集装箱运输有限公司	中国	上海	CCS	10002000349	00S1005	MAN-B&W 6L70MC (NK6)	16980	WARTSILA 6L20C	1020	3	—	—	—
42	1562	腾云河	TENG YUN HE	2000年4月	中远集装箱运输有限公司	中国	上海	CCS	010002000345	00B2002	MAN-B&W 6L70MC (NK6)	16980	WARTSILA 6L20C	1020	3	—	—	—

（续表）

序号	代码	船名（中文）	船名（ENG.）	出厂日期	船东公司	国籍	船籍港	船级 Class	国籍登记号 Registration No.	船级社登记号 Class No.	主机型号	额定功率（kw）	辅机1型号	功率（kw）	辅机1台数	辅机2型号	辅机2台数	辅机功率（kw）
43	1563	飞云河	FEI YUN HE	2000年7月	中远集装箱运输有限公司	中国	上海	CCS	010002000361	00G2007	MAN-B&W 6L70MC（NK6）	16980	WARTSILA 6L20C	1020	3	—	—	—
44	1564	凌云河	LING YUN HE	2000年9月	中远集装箱运输有限公司	中国	上海	CCS	010002000348	00T3007	MAN-B&W 6L70MC（NK6）	16980	WARTSILA 6L20C	1020	3	—	—	—
45	1571	泰河	TAI HE	1989年9月	上海泛亚航运有限公司	中国	上海	CCS	010008000060	89E3002	MAN B&W 6L80MC	16747	MAN B&W 8L 23/32	1040	3	—	—	—
46	1572	普河	PU HE	1990年3月	上海远洋运输公司	中国	上海	CCS	010006000229	90K1011	MAN B&W 6L80MC	16747	MAN B&W 8L 23/32	1040	3	—	—	—
47	1573	民河	MIN HE	1989年10月	上海远洋运输公司	中国	上海	CCS	010006000228	89Q4001	MAN B&W 6L80MC	16670	MAK 6M332	1100	3	—	—	—
48	1574	东河	DONG HE	1990年1月	上海泛亚航运有限公司	中国	上海	CCS	010008000058	90Y1001	MAN B&W 6L80MC	16670	MAK 6M332	1100	3	—	—	—
49	1575	高河	GAO HE	1990年11月	上海泛亚航运有限公司	中国	上海	CCS	010008000059	90M4003	MAN B&W 6L80MC	16670	MAK 6M332	1100	3	—	—	—
50	1576	中河	ZHONG HE	1994年1月	中远集装箱运输有限公司	中国	上海	CCS	010002000324	93C4009	NSD 9RTA84C	34380	WARTSILA 4R32D	1480	3	—	—	—
51	1577	远河	YUAN HE	1994年4月	中远集装箱运输有限公司	中国	上海	CCS	010002000322	94P2001	NSD 9RTA84C	34380	WARTSILA 4R32D	1480	3	—	—	—
52	1578	腾河	TENG HE	1994年7月	中远集装箱运输有限公司	中国	上海	CCS	010002000320	94B3001	NSD 9RTA84C	34380	WARTSILA 4R32D	1480	3	—	—	—
53	1579	飞河	FEI HE	1994年4月	中远集装箱运输有限公司	中国	上海	CCS	010002000323	94Q2002	NSD 9RTA84C	34380	WARTSILA 4R32D	1480	3	—	—	—

（续表）

序号	代码	船名（中文）	船名（ENG.）	出厂日期	船东公司	国籍	船籍港	船级 Class	国籍登记号 Registration No.	船级社登记号 Class No.	主机型号	额定功率（kw）	辅机1型号	功率（kw）	辅机1台数	辅机2型号	辅机2台数	辅机功率（kw）
54	1580	聪河	RIVER WISDOM	1994年3月	Golden Cascade Corporation	PANAMA	PANAMA	LR	21369-94-CH	9072135	MAN B&W 10L70MCE	34300	MAN B&W 8L28/32H	1722	3	—	—	—
55	1581	潮汕河	CHAO SHAN HE	1996年11月	ChaoShanHe Maritime INC.	PANAMA	PANAMA	ABS	23464-97-C	9633528	MAN-B&W 6L50MC	7987	WARTSILA 4L20	620	3	—	—	—
56	1582	阳江河	YANG JIANG HE	1997年1月	YangJingHe Maritime INC.	PANAMA	PANAMA	ABS	23618-97-C	9733530	MAN-B&W 6L50MC	7987	WARTSILA 4L20	620	3	—	—	—
57	1583	鲁河	LUHE	1997年1月	LuHe Shipping INC.	PANAMA	PANAMA	LR	23441-97-C	9120748	MAN-B&W 10L90MC	43106	WARTSILA 6R32E	2430	4	—	—	—
58	1584	粤河	YUEHE	1997年2月	YueHe Shipping INC.	PANAMA	PANAMA	LR	23648-97-C	9120750	MAN-B&W 10L90MC	43106	WARTSILA 6R32E	2430	4	—	—	—
59	1586	皖河	WANHE	1997年7月	WanHe Shipping INC.	PANAMA	PANAMA	LR	24002-97-C	9120774	MAN-B&W 10L90MC	43106	WARTSILA 6R32E	2430	4	—	—	—
60	1587	晋河	JINHE	1997年9月	NingHe Shipping INC.	PANAMA	PANAMA	LR	24054-97-C	9120786	MAN-B&W 10L90MC	43106	WARTSILA 6R32E	2430	4	—	—	—
61	1588	川河	CHUANHE	1997年11月	ChuanHe Shipping INC	PANAMA	PANAMA	LR	25116-98-C	9120798	MAN-B&W 10L90MC	43106	WARTSILA 6R32E	2430	4	—	—	—
62	1589	中远青岛	COSCO QINGDAO	1997年3月	YunHe Shipping INC.	PANAMA	PANAMA	LR	23653-97-CH	9120762	MAN-B&W 10L90MC	43106	WARTSILA 6R32E	2430	4	—	—	—
63	1590	纳西河	NAXIHE	1997年9月	NaXiHe Shipping INC.	PANAMA	PANAMA	LR	25025-97-C	9139024	MAN-B&W 6L80MC	20600	WARTSILA 4R32E	1560	3	—	—	—
64	1591	景颇河	JINGPOHE	1997年9月	JingPoHe Shipping INC.	PANAMA	PANAMA	LR	25057-97-CH	9139036	MAN-B&W 6L80MC	20600	WARTSILA 4R32E	1620	3	—	—	—

（续表）

序号	代码	船名（中文）	船名（ENG.）	出厂日期	船东公司	国籍	船籍港	船级 Class	国籍登记号 Registration No.	船级社登记号 Class No.	主机型号	额定功率（kw）	辅机1型号	功率（kw）	辅机1台数	辅机2型号	辅机2台数	辅机功率（kw）
65	1592	锡伯河	XIBOHE	1997年12月	XiBoHe Shipping INC.	PANAMA	PANAMA	LR	25208-98-B	9139048	MAN-B&W 6L80MC	20600	WARTSILA 4R32E	1620	3	—	—	—
66	1593	裕固河	YUGUHE	1997年12月	YuGuHe Shipping INC.	PANAMA	PANAMA	CCS	25194-98-C	97F4009	MAN-B&W 6L80MC	20600	WARTSILA 4R32E	1620	3	—	—	—
67	1594	珞巴河	LUOBAHE	1998年2月	LuoBaHe Shipping INC.	PANAMA	PANAMA	CCS	25391-98-B	98L1006	MAN-B&W 6L80MC	20600	WARTSILA 4R32E	1620	3	—	—	—
68	1801	中远上海	COSCO SHANGHAI	2001年7月	COSLUCK SHIPPING LIMITED	中国香港	香港	ABS	HK-0735	12166	MAN-B&W 10L90MC	43100	MAN B&W 6L 27/38	1600	2	MAN B&W 8L27/38	2	2350
69	1802	中远卫普特安	COSCO ANTWERP	2001年9月	COSTAR SHIPPING LIMITED	中国香港	香港	ABS	HK-0750	K023144-X	MAN-B&W 10L90MC	43100	MAN B&W 6L 27/38	1600	2	MAN B&W 8L27/39	2	2350
70	1803	中远香港	COSCO HONGKONG	2002年4月	COSWIN SHIPPING LIMITED	BAHAMAS	Nassau	ABS	8000419	0240323	MAN-B&W 10L90MC	43100	MAN B&W 6L 27/38	1600	2	MAN B&W 8L27/40	2	2350
71	1804	中远新加坡	COSCO SINGAPORE	2001年12月	COSEVER SHIPPING LIMITED	中国香港	香港	ABS	HK-0773	0140320	MAN-B&W 10L90MC	43100	MAN B&W 6L 27/38	1600	2	MAN B&W 8L27/41	2	2350
72	1805	中远鹿特丹	COSCO ROTTERDAM	2002年2月	COSFORCE SHIPPING LIMITED	BAHAMAS	Nassau	ABS	8000417	0240322	MAN-B&W 10L90MC	43100	MAN B&W 6L 27/38	1600	2	MAN B&W 8L27/42	2	2350
73	1806	中远汉堡	COSCO HAMBURG	2001年10月	COSFAIR SHIPPING LIMITED	中国香港	香港	ABS	HK-0757	K023320-X	MAN-B&W 10L90MC	43100	MAN B&W 6L 27/38	1600	2	MAN B&W 8L27/43	2	2350
74	1807	中远费利克斯托	COSCO FELIXSTOWE	2002年4月	COSBRIGHT SHIPPING LIMITED	BAHAMAS	Nassau	ABS	8000418	SQ7136-X	MAN-B&W 10L90MC	43100	MAN B&W 6L 27/38	1600	2	MAN B&W 8L27/44	2	2350

（续表）

序号	代码	船名（中文）	船名（ENG.）	出厂日期	船东公司	国籍	船籍港	船级 Class	国籍登记号 Registration No.	船级社登记号 Class No.	主机型号	额定功率（kw）	辅机1型号	功率（kw）	辅机1台数	辅机2型号	辅机2台数	辅机功率（kw）
75	1817	中远厦门	COSCO XIAMEN	2005年2月	South China Shipping Inc.	PANAMA	PANAMA	BV	30639-05	04532D	MITSUI-MAN B&W 10K98MC（MARK6）	57200	YANMAR 6N330L-EV	2354	4	—	—	—
76	2315	秀河	XIU HE	1993年1月	中远集装箱运输有限公司	中国	上海	CCS	990108000010	93K1049	MAN B&W 6L70MC	15720	SULZER 8S20H2CWF	954.5	3	—	—	—
77	2316	雅河	YA HE	1993年4月	中远集装箱运输有限公司	中国	上海	CCS	990108000011	93D2032	MAN B&W 6L70MC	15720	NEW SULZER8S20	954.5	3	—	—	—
78	2319	大清河	DAQINGHE	1996年3月	DaQingHe Shipping INC.	PANAMA	PANAMA	NK	23009-96-C	960860	MAN-B&W 6L50MC	7980	YANMAR M200L-UN	397	3	—	—	—
79	2320	子牙河	ZIYAHE	1996年6月	ZiYaHe Shipping INC.	PANAMA	PANAMA	NK	23110-96-A	961805	MAN-B&W 6L50MC	7960	YANMAR M200L-UN	397	3	—	—	—
80	2321	永定河	YONGDING HE	1996年11月	YongDingHe Shipping INC.	PANAMA	PANAMA	NK	23487-97-C	963900	MAN-B&W 6L50MC	7980	YANMAR M200L-UN	397	3	—	—	—
81	2322	滹沱河	HUTUOHE	1997年2月	HuTuoHe Shipping INC.	PANAMA	PANAMA	NK	23719-97-C	970584	MAN-B&W 6L50MC	7980	YANMAR M200L-UN	397	3	—	—	—
82	2323	布依河	BUYIHE	1997年6月	BuYiHe Shipping INC.	PANAMA	PANAMA	LR	23928-97-D	9139000	MAN-B&W 6L80MC	20600	WARTSILA 4R32E	1620	3	—	—	—
83	2324	哈尼河	HANIHE	1997年7月	HaNiHe Shipping INC.	PANAMA	PANAMA	LR	23932-97-C	9139012	MAN-B&W 6L80MC	20600	WARTSILA 4R32E	1620	3	—	—	—
84	CBT	中远天津	COSCO TIANJIN	2005年6月	South New Shipping Inc.	PANAMA	PANAMA	BV	30806-05	04534F	MITSUI-MAN B&W 10K98MC（MARK6）	57200	YANMAR 6N330L-EV	2354	4	—	—	—

（续表）

序号	代码	船名（中文）	船名（ENG.）	出厂日期	船东公司	国籍	船籍港	船级 Class	国籍登记号 Registration No.	船级社登记号 Class No.	主机型号	额定功率（kw）	辅机1型号	功率（kw）	辅机1台数	辅机2型号	辅机2台数	辅机功率（kw）
85	CBU	中远大连	COSCO DALIAN	2005年3月	South Great Shipping Inc.	PANAMA	PANAMA	BV	30668-05	04533E	MITSUI-MAN B&W 10K98MC（MARK6）	57200	YANMAR 6N330L-EV	2354	4	—	—	—
86	CBV	中远波斯顿	COSCO BOSTON	2007年7月	SNC Charlotte	PANAMA	PANAMA	GL	33188-07	130286	HYUNDAI MAN B&W 9K90MC-C	41130	HYUNDAI MAN B&W 8L28/32H	1680	4	—	—	—
87	CBZ	中远亚洲	COSCO ASIA	2007年8月	Cosco Asia Maritime Inc.	PANAMA	PANAMA	LR	35915-PEXT-1	9345403	MAN B&W 12K98ME	68640	HYUNDAI MAN B&W 7L32/40	3500	4	—	—	—
88	CBW	中远纽约	COSCO NEW YORK	2007年9月	SNC JULIETTE	PANAMA	PANAMA	GL	33356-07-A	130287	HYUNDAI MAN B&W 9K90MC-C	41130	HYUNDAI MAN B&W 8L28/32H	1680	4	—	—	—
89	CCE	中远欧洲	COSCO EUROPE	2008年1月	Cosco Europe Maritime Inc.	PANAMA	PANAMA	LR	36496-PEXT	9345415	MAN B&W 12K98ME	68640	HYUNDAI MAN B&W 7L32/40	3500	4	—	—	—
90	CCF	中远美洲	COSCO AMERICA	2008年3月	Cosco America Maritime Inc.	PANAMA	PANAMA	LR	36785-PEXT	9345427	MAN B&W 12K98ME	68640	HYUNDAI MAN B&W 7L32/40	3500	4	—	—	—
91	CCG	中远大洋洲	COSCO OCEANIA	2008年4月	COSCO OCEANIA SHIPPING LIMITED	中国香港	香港	ABS	HK-2075	YY-164245	MAN B&W 12K98MC MKVI	68640	YANMAR 8N330L-GC	3457	4	—	—	—
92	CCI	中远太平洋	COSCO PACIFIC	2008年7月	COSCO PACIFIC SHIPPING LIMITED	中国香港	香港	ABS	HK-2170	YY-164246	MAN B&W 12K98MC MKVI	68640	YANMAR 8N330L-GC	3457	4	—	—	—

（续表）

序号	代码	船名（中文）	船名（ENG.）	出厂日期	船东公司	国籍	船籍港	船级 Class	国籍登记号 Registration No.	船级社登记号 Class No.	主机型号	额定功率（kw）	辅机1型号	功率（kw）	辅机1台数	辅机2型号	辅机2台数	辅机功率（kw）
93	CCH	中远非洲	COSCO AFRICA	2008 年 7 月	COSCO Africa Maritime Inc.	Panama	Panama	LR	37415-PEXT	9345439	MAN B&W 12K98ME	68640	HYUNDAI MAN B&W 7L32/40	3500	4	—	—	—
94	CCJ	中远印度洋	COSCO INDIAN OCEAN	2008 年 10 月	COSCO INDIAN OCEAN SHIPPING LIMITED	中国香港	香港	ABS	HK-2249	YY-164247	MAN B&W 12K98MC MKVI	68640	YANMAR 8N330L-GC	3475	4	—	—	—
95	1862	中远太仓	COSCO Taicang	2009 年 3 月	COSCO ATLANTIC SHIPPING LIMITED	中国香港	香港	ABS	HK-2326	YY-164248	MAN B&W 12K98MC MKVI	68640	YANMAR 8N330L-GC	3475	4	—	—	—
96	1863	天宝河	TIAN BAO HE	2009 年 10 月	中远集装箱运输有限公司	中国	上海	GL CCS	010009000162	09A0160	MAN B&W 8K98MC	45760	YANMAR 6EY26L	1900	4	—	—	—
97	1864	天运河	TIAN YUN HE	2009 年 11 月	中远集装箱运输有限公司	中国	上海	GL CCS	010009000168	09Y0159	MAN B&W 8K98MC	45760	YANMAR 6EY26L	1900	4	—	—	—
98	1865	天兴河	TIAN XING HE	2009 年 12 月	中远集装箱运输有限公司	中国	上海	CCS	010009000178	09Y0262	MAN B&W 8K98MC	45760	YANMAR 6EY26L	1900	4	—	—	—

（卢华盛）

（十三）2009年公司箱型、箱量统计分析一览表

（至2009年12月31日）

	分项	干箱	冷箱	框架箱	开顶箱	挂衣箱及其他	总计
自有箱	20’	19	1	4	1	1	26
	40’	8	0	3	2	0	13
	HQ	7	0	0	0	0	7
	合计	34	1	7	3	1	46
	TEU	49	1	10	5	1	66
惠航箱	20’	127916	3699	8	730	343	132696
	40’	70560	0	204	310	847	71921
	HQ	98945	6064	0	0	0	105009
	合计	297421	9763	212	1040	1190	309626
	TEU	466926	15827	416	1350	2037	486556
其他租箱	20’	109851	283	360	1297	19	111810
	40’	33179	0	1458	833	37	35507
	HQ	81065	2847	0	0	0	83912
	45HQ	1798	0	0	0	0	1798
	合计	225893	3130	1818	2130	56	233027
	TEU	341935	5977	3276	2963	93	354244
总量	20’	237786	3983	372	2028	363	244532
	40’	103747	0	1665	1145	884	107441
	HQ	180017	8911	0	0	0	188928
	45HQ	1798	0	0	0	0	1798
	合计	523348	12894	2037	3173	1247	542699
	TEU	808910	21805	3702	4318	2131	840866

（唐　绳）

（十四）2009年公司运输生产效率指标完成情况一览表

指　　标	计算单位	2009年	2008年	增　　减
箱运量	TEU	6899927	7789817	-889890
重箱运量	TEU	5234292	5792593	-558301
运量	万吨	7265.7	7676.1	-410.4
周转量	亿吨海里	2835.9	3343.7	-507.8
营运率	%	98.9	99.3	-0.4
航行率	%	68.4	74.9	-6.5
平均航速	海里/天	437	450	-13
平均运距	海里	3903	4356	-453
箱位利用率	%	73.6	78.5	-4.9
重箱利用率	%	56.1	57.7	-1.6
载重量利用率	%	49.2	51.7	-2.5
船舶总吨天	千吨天	1955216	1909678	45538
营运吨天	千吨天	1931774	1895973	35801
航运吨天	千吨天	1320675	1419633	-98958
船舶吨位海里	千吨海里	577164645	638495054	-61330409
换算周转量	千吨海里	283671443	334369829	-50698386
箱海里	千箱海里	30326283	37589871	-7263588
箱位海里	千箱海里	41228366	47864667	-6636301
每千吨海里耗油	千克	8.4	8.1	0.3
燃柴油消耗量	吨	2410921	2740646	-329725

*重箱运量数据根据中国远洋2009年年报

（董桂森）

（十五）2009 年公司经营主要班轮航线一览表

（根据中远集运 2009 年船期表）

航　　线	班次	配置船舶	沿途挂靠主要港口
华南—美西南航线（SEA）	周班	5 艘（COSCO HONGKONG 等）	福州、南沙、香港、盐田、厦门、长滩、奥克兰、福州
华北—美西南航线（CEN）	周班	5 艘（COSCO QINGDAO 等）	大连、新港、青岛、上海、鲁珀特王子港、长滩、奥克兰、横滨、大连
上海—韩国—美西南航线（PSX）	周班	5 艘（HANJIN DALLAS 等）	盐田、高雄、上海、光阳、釜山、长滩、奥克兰、西雅图、釜山、盐田
东南亚—美西南航线（SJX）	周班	6 艘（HANJIN NEWPORT 等）	巴生、新加坡、盖梅、盐田、大阪、东京、长滩、奥克兰、东京、大阪、香港、巴生
上海、韩国、日本—美西航线（CAX）	周班	4 艘（HANJIN PHOENIX 等）	上海、光阳、釜山、长滩、昂塞纳达、釜山、上海
台湾—美西南周班航线（YPSW）	周班	5 艘（YM ANTWERP 等）	香港、盐田、高雄、基隆、洛杉矶、奥克兰、基隆、高雄、香港
日本—美西周班航线（KPSW）	周班	5 艘（RIALTO BRIDGE 等）	上海、神户、四日市、名古屋、东京、长滩、奥克兰、东京、名古屋、上海
华东—美西南航线（PSW—4）	周班	5 艘（YM WEALTH 等）	上海、宁波、釜山、塔科马、洛杉矶、奥克兰、釜山、光阳、上海
华南—美西北航线（S—PNW）	周班	9 艘（COSCO DALIAN 等）	香港、盐田、横滨、鲁珀特王子港、温哥华、西雅图、横滨、上海、釜山
华北—华东—美西北航线（N—PNW）	周班	9 艘（COSCO ANTWERP 等）	上海、釜山、西雅图、波特兰、温哥华、光阳、香港、盐田
厦门—美西北航线（KPNW）	周班	6 艘（ALVSBORG BRIDGE 等）	高雄、厦门、香港、盐田、上海、名古屋、东京、塔科马、温哥华、神户、东京、名古屋、高雄
远东—美东一线（AWE1）	周班	11 艘（HANJIN OSAKA 等）	青岛、宁波、上海、釜山、巴拿马、纽约、威明顿、萨瓦那、巴拿马、釜山、平泽、青岛
远东—美东二线（AWE2）	周班	9 艘（COSCO BOSTON 等）	青岛、上海、宁波、横滨、拉萨罗、巴拿马、克里斯托瓦尔、萨瓦那、纽约、波士顿、巴拿马、青岛

（续表）

航　　线	班次	配置船舶	沿途挂靠主要港口
远东—美东三线（AWE3）	周班	8 艘（YM BUSAN 等）	高雄、香港、盐田、釜山、巴拿马、萨瓦那、查尔斯顿、威明顿、巴拿马、高雄
远东—美东四线（AWE4）	周班	8 艘（VIRGINIA BRIDGE 等）	新加坡、胡志明、蛇口、香港、盐田、巴拿马、诺福克、纽约、哈利法克斯、新加坡
远东—美东五线（AWE5）	周班	8 艘（YM TAICHUNG 等）	高雄、盐田、上海、釜山、巴拿马、纽约、诺福克、萨瓦那、巴拿马、高雄
远东—西北欧一线（NE1）	周班	8 艘（COSCO EUROPE 等）	宁波、上海、香港、南沙、苏伊士、鹿特丹、汉堡、费利克斯托、安特卫普、苏伊士、新加坡、宁波
远东—西北欧二线（NE2）	周班	8 艘（YM UTOPIA 等）	厦门、高雄、盐田、新加坡、苏伊士、鹿特丹、费利克斯托、汉堡、安特卫普、苏伊士、吉达、香港、盐田、厦门
远东—西北欧三线（NE3）	周班	9 艘（COSCO BEIJING 等）	新港、大连、青岛、宁波、盐田、新加坡、苏伊士、塞得、鹿特丹、汉堡、费利克斯托、苏伊士、新加坡、新港
远东—西北欧四线（NE4）	周班	8 艘（COSCO GERMANY 等）	光阳、釜山、宁波、上海、新加坡、苏伊士、汉堡、鹿特丹、勒哈佛尔、塞得、苏伊士、新加坡、香港、光阳
地中海快航 1 线（MD1）	周班	8 艘（COSCO SHANGHAI 等）	釜山、上海、宁波、盐田、香港、新加坡、苏伊士、塞得、阿什杜德、马耳他、那波里、热那亚、利伏诺、福斯、苏伊士、新加坡、釜山
地中海快航 2 线（MD2）	周班	8 艘（HANJIN XIAMEN 等）	上海、宁波、厦门、高雄、蛇口、新加坡、苏伊士、塞得、比雷埃夫斯、热那亚、拉斯佩齐亚、巴塞罗那、瓦伦西亚、塞得、苏伊士、新加坡、上海
地东黑海快航（ABX）	周班	8 艘（NORMANDIE BRIDGE 等）	上海、宁波、蛇口、新加坡、巴生、苏伊士、达米埃塔、伊斯坦布尔、康斯坦萨、伊利彻斯特、达米埃塔、苏伊士、上海
地中海西非支线（MAF）		2 艘（SAMARIA 等）	那不勒斯、热那亚、塔拉戈纳、拉各斯、特马、塔科拉迪、阿比让、那不勒斯
地中海支线（MSX）		1 艘（JIN YUN HE）	塞得、萨洛尼卡、伊斯坦布尔、塞得

（续表）

航　　线	班次	配置船舶	沿途挂靠主要港口
中远集运亚得里海支线（AFS）		2 艘（NORTH HAPPINESS 等）	加亚陶罗、那不勒斯、里耶卡、科佩尔、威尼斯、安科纳、加亚陶罗
中国—澳大利亚集装箱定期周班航线（SAS）	周班	5 艘（DA HE 等）	上海、宁波、厦门、南沙、蛇口、香港、悉尼、墨尔本、布里斯班、上海
日—韩—澳周班航线（NAE）	周班	5 艘（KAGA 等）	横滨、名古屋、大阪、釜山、上海、蛇口、香港、墨尔本、悉尼、布里斯班、横滨
日—韩—香—新周班航线（JKN）	周班	6 艘（COSCO FUZHOU 等）	东京、神户、釜山、上海、盐田、香港、布里斯班、奥克兰、内皮尔、纳尔逊、惠灵顿、利特尔顿、内皮尔、陶兰加、东京
东南亚—澳大利亚周班快航（AUSE—AAA1）	周班	4 艘（KOTA PEMIMPIN 等）	新加坡、布里斯班、悉尼、贝尔贝、弗里曼特尔、新加坡
东南亚—澳大利亚周班快航（AUSE—AAA2）	周班	4 艘（KOTA LAGU 等）	巴生、新加坡、弗里曼特尔、墨尔本、阿德莱德、弗里曼特尔、巴生
中东快航（MEX）		5 艘（COSCO SEATTLE 等）	上海、宁波、香港、蛇口、新加坡、杰布阿里、达曼、新加坡、香港、上海
远东—红海快航航线（FRX）	周班	7 艘（BUYIHE 等）	上海、宁波、厦门、盐田、新加坡、亚丁、吉达、亚喀巴、索卡纳、新加坡、上海
远东—南美东周班航线（ESA）	周班	13 艘（HANIHE 等）	上海、宁波、盐田、香港、帕拉帕斯、新加坡、德班、开普敦、蒙特维的亚、布宜诺斯艾利斯、桑托斯、德班、新加坡、香港、上海
中国印巴快航（CPX）	周班	5 艘（HEIKEP 等）	上海、宁波、蛇口、新加坡、卡拉奇、蒙德拉、孟买新港、滨城、巴生、新加坡、香港、上海
中国—东南亚航线（CSE）	周班	4 艘（COSCO KARACHI 等）	上海、大连、新港、青岛、宁波、马尼拉、雅加达、新加坡、帕拉帕斯、巴生、上海
红海支线航线（RSF）	周班	1 艘（CAI YUN HE）	吉达、苏丹、荷太达、吉达
香港—海防—防城周班航线（HHP）	周班	1 艘（HANZHONGHE）	香港、海防、防城、香港
马尼拉—香港周班航线（HPH）	周班	1 艘（SONGYUNHE）	厦门、香港、马尼拉（MNL02）、马尼拉（MNL01）、厦门

（续表）

航　　线	班次	配置船舶	沿途挂靠主要港口
胡志明—新加坡航线（SGN1）	周班	1 艘（STELLAR PACIFIC）	胡志明、新加坡
曼谷—林查班—泗水—雅加达—新加坡周班航线（TIX）	周班	2 艘（HU TUO HE 等）	泗水、雅加达、新加坡、曼谷、林查班、新加坡、泗水
泰国—帕西古当—新加坡—雅加达航线（BSJ）	周班	2 艘（WESTERHEVER 等）	曼谷、林查班、帕西古当、新加坡、雅加达、新加坡、林查班、曼谷
宁波—青岛—天津—大连—台湾周班航线（CTW—1）	周班	2 艘（潮汕河等）	宁波、青岛、天津、大连、连云港、高雄、台中、基隆、宁波
上海—台湾周班航线（CTW—2）	周班	1 艘（大清河）	宁波、上海、高雄、台中、基隆、宁波
上海—台湾周班航线（CTW—3）	周班	1 艘（夏锦）	上海、基隆、台中、高雄、上海
釜山—新港—大连—釜山周班航线（AK3）	周班	1 艘（奇云河）	釜山、新港、大连、釜山
釜山—烟台—青岛—釜山周班航线（AK5）	周班	1 艘（肇庆河）	釜山、烟台、青岛、釜山
釜山—上海—釜山航线（AK6）	周班	1 艘（新会河）	釜山、宁波、上海、釜山
釜山—上海—釜山航线（AK7）	周班	1 艘（达通鸭绿江）	釜山、上海、釜山
华北关东航线（CJ1）	周班	2 艘（磐河等）	营口、新港、大连、东京、横滨、名古屋、营口
青岛绿快Ⅱ线（CJ6）	周班	1 艘（梅子）	青岛、东京、横滨、青岛
华北关西Ⅱ线（CJ5）	周班	3 艘（中外运宁波等）	新港、大连、神户、大阪、新港、大连
青岛绿色快航关西线（CJ3）	周班	2 艘（中远樱花等）	连云港、青岛、大阪、神户、连云港、烟台
青岛绿色快航关东线（CJ33）	周班	2 艘（中远兰花等）	连云港、烟台、东京、横滨、连云港、青岛
上海绿快关东航线（CJ9）	周班	1 艘（竹子）	上海、东京、横滨、上海
青岛名古屋航线（CJ27）	周班	2 艘（中外运京都）	青岛、宁波、青岛
电器快航（CJ7）	周班	1 艘（子牙河）	上海、东京、横滨、上海

（续表）

航　　线	班次	配置船舶	沿途挂靠主要港口
霓裳快航关东航线（CJ22）	周班	1艘（中远菊花）	上海、名古屋、神户、上海
上海绿快关西航线（CJ18）	周班	1艘（松子）	上海、大阪、名古屋、上海
霓裳快航关西航线（CJ21）	周班	1艘（永定河）	上海、大阪、德山、门司、上海
宁波关西航线（CJ10）	周班	2艘（CAPE CAMPBELL等）	大阪、神户、宁波、大阪、神户
宁波关西航线Ⅱ（CJ35）	周班	3艘（明州56等）	宁波、神户、大阪、宁波
宁波关东航线（CJ29）	周班	1艘（隆河）	宁波、东京、横滨、宁波
宁波关东航线Ⅱ（CJ36）	周班	3艘（明州22等）	宁波、东京、名古屋、宁波
华南关西线（CJ28）	周班	3艘（EVER PEACE等）	香港、蛇口、厦门、大阪、神户
泰国—华南—关东航线（CJ12）	周班	2艘（飞云河等）	香港、南沙、厦门、横滨、东京、名古屋、门司、香港
上海—新港—大连周班航线（CF3）	周班	1艘（凌云河）	上海外五、上海洋山、新港、大连、上海外五
上海—青岛—上海周班航线（CF4）	周班	1艘（洛河）	上海、青岛、连云港、上海
青岛—威海周四班航线（CF8）		2艘（新槎山等）	威海、青岛、威海、青岛
上海—温州—宁波周班航线（CF9）	周班	2艘（浙新航79等）	温州、宁波、温州
大连—秦皇岛周双班航线（CF11）		1艘（渤海湾）	大连、秦皇岛、大连、秦皇岛
			大连、秦皇岛
大连—烟台—威海—龙口周班航线（CF12）	周班	1艘（建功8）	大连、烟台、威海、大连、龙口
大连—锦州—营口周班航线（CF13）	周班	1艘（建功588）	大连、锦州、营口、大连、营口
青岛—日照周三班航线（CF15）		1艘（远顺1）	青岛、日照
上海—福州—厦门周班航线（CF16）	周班	1艘（集海宝山）	上海、福州
		1艘（集海洋山）	上海、厦门

（续表）

航　　线	班次	配置船舶	沿途挂靠主要港口
青岛—烟台周双班航线（CF17）		1 艘（远胜）	青岛、烟台
上海外五—温州—厦门—福清—泉州航线（CF20）	周班	1 艘（汉水河）	温州、厦门、上海外五、温州
		1 艘（汉涛河）	福清、泉州、上海外五、福清
厦门—漳州—泉州—新港—秦皇岛(锦州)—营口航线（IC2）		4 艘（香河等）	厦门、漳州、泉州、新港、营口
蛇口—黄埔—上海（宁波）航线（IC6）		3 艘（潮河等）	蛇口、黄埔、上海、宁波
上海—营口航线（IC8）	周班	2 艘（秋河等）	上海、天津、营口
优粮快航（IC9）		5 艘（普河等）	蛇口、南沙、大连、锦州、营口
津广快线（IC10）		4 艘（珍河等）	南沙、唐山、秦皇岛、新港
蛇口—黄埔—汕头—日照—青岛—连云港航线（IC11）	周班	2 艘（秀河等）	蛇口、黄埔、日照、青岛、连云港
福清—汕头—营口—新港航线（IC18）		3 艘（春河等）	福州、汕头、营口、天津

（朱生林）

Business Operation and Management

五 经营管理

COSCO Container Lines Almanac 2010

（一）美洲贸易

【美洲贸易区】 美洲贸易区直接承担中远集运太平洋航线经营管理，并对该航线效益负责。主要职责：运价政策制定，运价管理，市场营销，效益测算，舱位分配，供应商管理，船舶调度和现场操作，客户服务，集装箱管理，内陆运输服务，运使费结算，相关航线的航运市场研究、质量及安全管理体系维护等。下设4个部门：市场营销部、运营质量部、航线管理部、综合财务部，2个分部：美国分部、加拿大分部。美洲贸易区在美国分部设总经理1人、副总经理2人；在上海总部设常务副总经理1人、副总经理2人；编制暂定上海总部42人，美国分部88人（不计入总部编制）。美洲贸易区（上海）现有人员40人，包括硕士研究生学历9人，在读研究生3人，本科学历26人；其中高级职称3人，中级职称9人。

现任总经理万敏，常务副总经理张为，副总经理朱建东、李刚（原副总经理朱涛2009年11月离任）。 （黄春辉）

【概况】 2009年，金融危机对太平洋航线的负面影响愈加显现，美洲航线整体市场进一步恶化。美洲贸易区克服市场不利因素，圆满完成2009—2010年度美线签约工作，签订合同箱量共计115万TEU，合同总数超过1073份，完成签约指标101%；围绕公司2009年“拼搏效益，风险防控”的主题，推动运价上涨，控制和降低成本支出；成功推进浮动燃油附加费剥离工作，较好完成Floating BUC计划；陆续推出CRP、PSS、BAF等涨价计划，合计实现涨幅约USD500/TEU；继续加大对经加拿大Prince Rupert港及CN铁路中转的低成本路径推广力度；在爆舱航线上制定详细的舱位管理办法，有计划增加高贡献值货物比例；加强太平洋航线西行销售力量，提高西行舱位利用率；在与北美铁路、码头等供应商谈判中取得显著成效，获得公司两次嘉奖；响应公司节能减排号召，落实AWE2实施“8改9”和CEN“5改6”加船减速改造，减少能耗排放，降低燃油成本支出；进一步开发福建地区市场，4月份起SEA线加靠福州新港；5月起CEN线陆续安排5500TEU船替代7500TEU船，有效降低航线运营成本；免费运输援台湾物资，配合在台风“莫拉克”后台湾救灾工作；跟踪统计东行货流比例结构，动态反映远东各区域出货规模变化，完善运营指标月度监控体系；监控中转港超期中转重箱比例；建立美线东行单箱收入的周报跟踪制度，及时了解和掌握收入变化趋势，反映涨价效果；周报预测航线效益快报，更及时反映效益晴雨变化；严格执行美西各港绿旗计划，取得社会、经济效益双赢；加强运使费审核工作力度，有效实现增收节支目标；跟踪监控非正常费用，规范口岸工作流程；编制订舱路径使用指导原则，规范标准路径定舱；与美国铁路公司谈判，取得费率降本显著成效。

（黄春辉）

1. 市场营销

【市场营销部】 下设东行运价管理、西行运价管理、运价本及合同管理、市场研究及航运交流。主要职责：制定年度美加航线东行签约指导原则；美加航线西行货物底价限定并监督执行情况；服务合同商谈、签订；大客户维护、接待、会谈、解决问题、反馈结果；运价本的登记、变更、维护、管理工作；各种报表编制和汇报；制定、更新美洲贸易区销售管理办法；制定、更新合同维护、登记管理办法；参加泛太平洋航线运价稳定协议（TSA）、太平洋航线西行运价稳定协议（WTSA）范围内多种级别会议；推进互动销售，编制工作计划；落实全年各阶段紧急揽货任务；分配揽货指标，监督指标完成情况；协助安全质量经理维护综合管理体系，确保本部门管理符合要求。现有人员15人，包括硕士研究生学历3人，本科学历12人；其中中级职称4人。

现任经理周炜，副经理李量。

（袁　菲）

【概况】 2009年，全球金融危机对航运市场的影响不断延深。上半年，中国出口货运量明显下降，旺季不明显；另一方面年初一度下降的油价，在受到资本投资者的追捧后反弹回升，燃油成本继续上涨。市场营销部克服市场诸多不利因素，按计划顺利完成跨太平洋航线签约工作。虽然受燃油成本和美国次贷危机影响以及全球经济增速放缓等较强不利因素的存在，但仍然稳定了一定幅度的运价恢复，并继续成功推进浮动燃油附加费剥离工作，较好完成了Floating BUC计划。贸易区制定2009年签约指导运价，并在经过市场检验过程中不断调整，确保指导运价的合理性和竞争性。通过建立每周一次的北美—上海电话会议制度，及时沟通市场动态和签约信息，把握整体进程。针对客户拖延、市场不明朗等不利条件，克服困难，最大程度地完成运价稳定工作。充分利用中货、物流公司等中远系统的网络优势，集中销售力量，重点揽取基本港货、高价货、多箱点货，努力改善美加航线进出口箱体不平衡。（袁　菲）

【完成2008—2009年度签约工作】 美洲贸易区圆满完成2008—2009年度美线签约工作，签订合同箱量共计115万TEU，合同总数超过1073份，完成签约指标的101%，BCO与NVOCC签约比例为36%比64%，实现既定目标。在签约过程中，美洲贸易区组织人力编制太平洋航线签约原则及服务手册，发放各地区公司和广大客户，每周召开上海、北美、香港、深圳等多方电话会议交流市场信息，派遣营销人员赴北美、日本、韩国、中国香港及内地各大口岸单位，通过专题会议、组织培训、频繁拜访客户等各种形式指导并开展签约工作，取得了显著成效。

（袁　菲）

【加大优势服务推广】 2009年，利用签约契机继续加大对经加拿大Prince Rupert港及CN铁路中转的低成本路径推广力度，将传统路径货源转移经优势路径中转，既保证质优价低客户服务，又维持了大客户货量支持。同时针对上半年经优化调整后各美东航线，突出宣传美东2线华东、华北直达服务，合作航线华南、台湾等地区全面覆盖，将揽货重点，效益目标转移到美东航线。

（袁　菲）

【推动运价上涨】 2009年下半年，低迷市场开始复苏，货量出现一定程度的恢复，市场营销部抓住时机，通过与TSA船公司沟通协调涨价；加强与客户的拜访和谈判，向客户做好宣传力争提升运价等举措，成功在美国航线、加拿大航线和中美洲航线分别实施分阶段、分航线的涨价措施。其中主要是8月10日和9月15日在美国航线上实施金额为美元400/20'、500/40'的CRP和320/20'、400/40'的PSS（EPC）涨价，航线运价获得一定程度恢复。（袁　菲）

【提高太平洋航线西行舱位利用率】 2009年，西行市场受美元汇率、BDI指数、国际原油价格、运力及设备等诸多因素波动及调整的影响，航线舱位利用率和市场运价先抑后扬。市场营销部西行销售小组与CCLA通力合作，针对市场情况变化，灵活主动调整销售方向和运价策略，优化航线和货源结构，在短期内使西行舱位利用率稳步提升，直至大部分主干航线爆舱。同时，西行销售小组与CCLA把握住各种市场利好信息带来的契机，在泛太平洋西行运价稳定组织（WTSA）各项会议中审慎、稳健支持运价和

Floating BUC 上涨计划的推行。三、四季度多次运价恢复计划(GRI)成功实施,使西行运费收入稳步提升。（张　裕）

2. 运营质量

【运营质量部】 下设预算管理及效益分析、运使费审核、流程与供应商管理三大业务板块。主要负责贸易区所属航线预算管理,效益预测、评估,跟踪并及时反映航线实际综合经营成果;负责对各主项运营指标的日常监控,协同相关部门改善经营薄弱环节;负责严格运使费审核,杜绝不合理支出;指导单证公司、口岸公司和各代理的运使费单证质量提高、协调处理相关账单争议事宜,确保各项审核工作质量;负责核对美洲贸易区每月的收入快报,保证各航线收入完整性和准确性;负责航线东西行订舱路径管理;负责分析美洲贸易区北美地区运输类供应商营运数据,协助 CCLA 管理北美地区运输类供应商,制作美国内陆成本运价本格式;建立和完善效益分析、预算管理、运营监控、运使费审核制度、供应商管理及评估制度,促进路径优化和合理规范内部管理流程,最大限度降低经营成本,提高经营效益。现有人员 8 人,包括硕士研究生学历 1 人,在读研究生 2 人,本科学历 3 人;其中中级职称 5 人。

现任经理郭晨耀。（朱　华）

【概况】 2009 年,面对国际金融危机对太平洋航线所造成的巨大冲击,运营质量部围绕公司“拼搏效益,风险防控”主题,按照年度总体工作任务分解和具体要求,做好营运效益测算、分析、预算管理、成本问责、运营指标及业务监控、相关供应商洽谈等各项工作,同时,加强与公司相关部门、口岸公司沟通和协调,提高成本控制、运营监控等方面系统合力,努力确保实现贸易区所属航线经营综合效益最大化。主要工作包括:牵头和协调营销、调度各相关部室,做好年度预算及对标、季度滚动预算调整;继续加强系统报表运用,以加强运营成本历史数据收集、整理为基础,做好航线月度和周效益预测、加班航次可行性效益预测,根据公司战略要求,测定各航线不同层次的运价保本点参考等各类专题测算;不断完善和扩大运营指标日常监控体系的内涵和外延,跟紧货物、中转、港口费等主要成本项 BPM 对标,形成贸易区月度成本问责报告提交相关部门;做好运使费审核业务及各项基础工作,严格审查 EOV 后的运费更改申请,加强对舱单运费以及使费支出抽审力度,对货物运输中发生的非正常额外费用重点审核。据台账统计,全年为中远集运增收节支约计 97.2 万美元,折合人民币约 665 万元;继续做好每周货物运输路径常规监控,根据航线和运输成本变化调整路径,保证路径最优,在原有内部流程基础上,10 月底对各口岸发布了美洲贸易区订舱路径使用指导原则,更加规范路径管理;运输类供应商洽谈方面,贸易区海内外通力合作,深入推进与 BN、UP 等铁路公司、北美卡车供应商等谈判进程,取得费率大幅降低和争取更多优惠条款成果;积极参与公司“金点子”献计献策活动,提交节能降本合理化方案,获得 1 个鼓励奖 1 个参与奖。（朱　华）

【增开 CUE 远东/中美洲航线加班航次测算】 2009 年,根据市场营销、货量情况,完成 CUE 加班船可行性效益预测,提供决策参考。9 月上旬,经安排正在停航的“COSCO SYDNEY”轮上 CUE 加班一个往返航次,取得较好降本增收成效。加班航次为:挂靠上海/横滨/墨西哥 Lazaro/巴拿马 Balboa 港/上海,东行航次重箱满载出运,西行回程空重舱位利用满载,以最大限度保障和加快巴拿马多箱点空箱向远东缺箱点的集结。（朱　华）

【监控中转港超期中转重箱比例】 根据公司成本问责单项指标考核要求,进一步加强对重箱超期堆存费源头指标中转港超期重箱中转比例进行细化跟踪,尤其对中转量大及超期堆存费率相对较高的香港、上海、南沙、巴拿马等港口进行重点监控,包括从装港源头限制超期重箱出现积压较多,比例呈上升趋势相应流向货物的接载,与上海等码头商谈增加中转箱超期堆存免费期,适当安排公共支线加快疏运等。提供调度部及其他相关部门及时掌握各港的中转超期状况,以便采取有效措施。全年美线货物在各中转港重箱超期中转比例较上年下降50%,远好于考核指标。 (朱　华)

【细化美线单箱收入周跟踪】 加强系统报表的运用,充分考虑和评估航线各港口的EOV进度,在上年试运行基础上,2009年建立美线东行单箱收入跟踪快报制度,并按周发布快报。主要通过下载MIS舱单,进行加工和统计,汇编成细分美东、美西、加拿大以及经加拿大中转到美国等各货流段的单箱收入变化趋势,在贸易区内部定期发布,提供给营销及相关部门,以便及时了解和掌握收入变化趋势,反映涨价效果。

(李　杨)

【定期推出航线开航口径贡献值测算快报】 从2009年第1周起,贸易区依据战略发展部统一指定的货流核算口径及报表,结合航线网络成本基于历史加权数据的测算,定期推出航线开航口径贡献值测算快报,并在周报中反映,及时提供领导了解和掌握效益的变化和预算完成的进度。 (朱　华)

【执行美西各港绿旗计划】 公司美西线所有挂靠长滩港的船舶,执行美西各港绿旗计划和标准已持续多年达标,根据该港方奖励计划,2009年度长滩码头靠泊费DOCKAGE可享受25%折扣,同时,PNW航线4艘船舶参加1月1日由西雅图港开展的船舶靠泊期间“泊位净油”活动,使用“干净燃油”(0.5%硫含量柴油)停靠西雅图港,同样达标,每艘船舶可获得西雅图港务局颁发的“净油证书”和授予“绿色通道旗”,每停靠一次可获得1500美元奖励。通过严格执行美西各港绿旗计划,降低了船舶港口费支出和燃油成本。 (朱　华)

【运使费审核出成果】 2009年,运使费审核工作显著,具体表现为:严格审查EOV后的运费更改申请;进一步加强对舱单运费以及使费支出抽审力度,不断规范口岸代理的操作,提高系统数据精确度,努力减少公司风险;对单证公司反馈争议账单和口岸选用非最优先级路径问题进行协调处理;加强对货物运输中发生非正常额外费用的审核和监控。据台账统计,全年为公司增收节支约97.2万美元,折合人民币约665万元。

(俞科苗)

【专项审核创效益】 随着大部分基础工作从贸易区转移单证公司,运使费审核工作重点纳入专项审核,并取得显著成效。其中,在对大客户舱单专项审核中,发现上年10月部分中南纸业舱单遗漏了单箱200美元的燃油附加费,涉及76票1793箱,共追回运费358600美元;在对超重箱的专项审核中,在补收部分应收而未收的超重费或超重罚金共计16200美元的同时,纠正部分口岸对接运超重箱的错误理解,并修改完善部分服务合同的超重条款。 (俞科苗)

【非正常费用监控】 在船公司承运货物整个运输链中,经常会产生一些非正常的额外费用,主要是由于货主、货物原因或代理操作失误所致,产生费用项目繁多,有时金额较大。结合在审核中发现的一些未能向相关责任方收回额外费用的具体案例,2月运使费审核科会同航线管理部成立非正常费用监控专题项目小组,对各种非正常费用产生原因、代理的通常做法等进行梳理和分析,找出业务中漏洞,制定内部业务标准操作流程,并在实际工作中不断予以优化。通过该项目实施,业务部门对此类业务处理有了一个标准操作流程作为依据,改变了原先只取得代理确认而无人跟踪费用收取的做法,基本实现对非正常费用事前控制和事后的监督和跟踪,同时纠正、规范代理一些错误做法,使各口岸的相关工作流程规范质量提高。截至2009年底,仅异地付费一项审核,追回额外费用共计83739美元。

(俞科苗)

【美国铁路公司谈判取得显著成果】 2009年，美洲贸易区与北美铁路公司(简称NS)进行谈判，取得显著成果。年初，NS同意今年将燃油附加费在现有基础上降低4%，免除上年、今年因中远货量不足产生的现金流损失罚款，全年可节约美国内陆运输成本支出约360万美元。11月，NS同意免除本年度合同费率上涨。上半年，与BNSF铁路谈判，4月15日起，所有基础费率降低10%，取消东西行不平衡罚款，以及合同中规定的因货量不足而产生的现金流罚款。9月与BNSF谈判，BNSF同意将年度合同涨幅延迟4个月生效(原计划9月1日涨价，现推迟到2010年2月1日涨价)，预计可节省内陆中转成本约计250万美元。

(金国裕)

3. 航线管理

【航线管理部】 下设航线调度和货运管理2部室，主要负责美洲航线船舶班期管理，大件、危险品货运管理；预配管理，客户服务、北美集装箱平衡跟踪管理，以及美国、加拿大、巴拿马海关货物预申报管理。管辖航线共16条，自营船舶26艘。现有人员15人，包括硕士研究生3人，在读研究生1人，本科学历11人；其中高级职称3人。

现任经理郭晨耀(原经理康传亚2009年8月离任)，副经理刘青(原副经理刘隽2009年8月离任)。 (吴士山)

【概况】 2009年，美洲贸易其航线设置和调整为：4月初，与CKYH共同改造美东航线。AWE2线调整为：青岛—上海—宁波—横滨—拉萨罗—克里斯托瓦尔—萨瓦纳—纽约—波士顿—青岛。同时为贯彻节能减排要求，实施“8改9”加船减速改造，东行航次航速、交货期基本维持不变，西行航次延长6天多。为开发福建地区市场，4月份开始，SEA线加靠福州新港，同时港序改为：福州—南沙—香港—盐田—厦门—长滩—奥克兰。为有效降低航线运营成本，5月开始，CEN线陆续安排5500TEU船替代7500TEU船。12月初开始，CEN线实施“5改6”加船减速改造，东行航次增加1天，西行航次增加6天。11月开始，“天宝河”、“天运河”、“天兴河”轮等5100TEU类型船舶陆续从上海船厂出厂，SEA线陆续安排由5100TEU类型船替代5500TEU船。

(吴士山)

【实施节能减排措施】 2009年，为贯彻落实节能减排要求，4月开始在AWE2线实施“8改9”加船减速；12月开始CEN线实施“5改6”加船减速。通过实施加船减速有效达到了节能减排的目的。12月，AWE2线船舶和美西航线租入船使用WNI(气象导航公司)提供的OSR最佳航线、最佳航速的节油服务。全年船舶上下线较多，美洲贸易区联系协调有关港口码头，成功安排20多艘船舶在上海、宁波、青岛、大连、南沙等港进行整船换装作业，节省燃油约4000吨。7月开始，美国加州实施低硫油规定，船舶离海岸24海里内必须使用轻油。美洲贸易区安排所有船舶进出长滩不走Santa Barbara Channel水道，改走South Rosa Island南面水道，每航次可节省燃油成本约2万美元。 (吴士山)

【完成与NT供应商工作转移和谈判】 2009初，贸易保障部将供应商协议管理工作移交各相关贸易区负责管理。其中，美洲贸易区负责管理北美、中美洲地区27家非运输类供应商(码头、港口、拖轮)33个协议，其中美西13家17个协议，美东12家14个协议，中美州2家供应商2个协议。多年来北美地区航线的操作成本由于受北美劳工协会每年强制性涨价的影响一直呈上升趋势，即使在全球金融危机大环境下，仍未有任何改变。美洲贸易区(上海)会同CCLA、中远巴拿马公司等供应商管理团队和成员，与有关供应商经过谈判，多数供应商放弃或降低涨价。年内，完成7家供应商8个协议的谈判，取得了下降费率成果，节省成本共计34万美元。 (姚 俊)

【完成 10 +2 RULE 信息申报】 美国海关于1月26日开始实施10+2 RULE规定，是作为对原美国24小时舱单申报信息规定的进一步补充，并于2010年1月26日该规定进入强制执行期。根据10+2 RULE规定要求，船公司需负责向美国海关申报船图，集装箱动态信息及ROB、IE和T&E货物需申报ISF5信息。为做好美国海关10+2RULE实施准备工作及完成ISF5信息申报需求，航线管理部要求所有相关单位从12月15日起对相关订舱（包括FROB、IE和T&E货物）向客户索取Commodity Harmonized Code及ISF5申报所需的其他信息，并从2010年1月1日起正式开始向美国海关及时并正确申报ISF5、船图及集装箱动态信息。（张 嬿）

【运送援台救灾物资】 8月，台风"莫拉克"给台湾造成严重灾难，根据国台办紧急援台救灾有关要求，中远集运先后承运4个航次援台救灾物资，其中美洲贸易区通过YPNW合作航线先后安排船舶"YM VANCOUVER"轮15E航次（8月17日离盐田）、"YM SOUTH"轮13E航次（8月23日离盐田）和"YM EAST"轮16E航次（8月30日离盐田）共3个航次承运，完成免费承运196×40箱救灾物资由盐田港运送至台湾高雄港。（吴士山）

【维护集装箱平衡】 2009年，美洲贸易区的集装箱管理、航线双向平衡成效显著。通过逐周跟踪、合理调运，查找原因，提出具体改进措施，提升北美集装箱管理水平，完成年度集装箱总体指标。2009年，北美集装箱总盘存量平均58687TEU，比上年减少17%；中美洲集装箱总盘存量平均10732TEU，比上年减少4%。美洲贸易区航线平均每周东行箱量13270TEU，西行箱量13354TEU（含空箱6109TEU），西行略大于东行，基本达到双向平衡。北美集装箱在岸周转天31天，比上年减少1天；中美洲集装箱在岸周转天100天。（程晓朦）

(二)欧洲贸易

【欧洲贸易区】 下设市场营销部、航线管理部、运营质量部。主要职责:搜集并分析研究贸易区主管航线市场信息,制定并实施航线宏观运价策略和管理办法,实施航线运价制定、公布、调整和管理;负责市场营销政策和策略的研究制定及营销队伍建设,实施基础货源组织开发,做好有关服务合同的签订、执行、管理和客户档案的建立及管理,定期拜访重要客户,解决客户要求,指导、协调并考核各相关代理公司的客户服务。编制、维护、公告主管航线船期表;对航线舱位进行分配及监督管理,对货物中转路径进行管理监督。按规定对主管航线船舶集装箱运输的装载、预配协调和跟踪管理;做好船舶动态跟踪和班期管理,参与应急行动,了解所辖航线港口情况,保持与港口、船舶、航线合作方联系与沟通。与港务局、集装箱公司、相关航线合作方保持良好合作关系。建立并保持与船舶、代理等各业务方面紧密配合。保持船岸之间联系,保持与合作方的沟通合作。指导督促各港代理完善运费舱单(包括 EDI 舱单)的单证制作,指导收集并掌握所辖港口费规定和各项协议,指导收集并掌握合作舱位租金结算协议;完成航线运使费审核工作。进行航线预算和绩效管理,对指标进行测算和综合成本评估,对内部工作流程进行合理优化与整合,确保各经营部的运营符合公司综合管理体系的标准。现有人员 40 人,包括研究生学历 11 人,大学学历 21 人;其中高级职称 3 人,中级职称 13 人。

现任总经理梁波,副总经理胡华。(原副总经理翁林 2009 年 6 月离任,原副总经理谭兵 2009 年 9 月调任特种箱贸易区总经理。) (刘万军)

【概况】 2009 年,在全球金融危机的重压下,欧地航线市场货量持续下滑和走低,运力过剩的状况不断加剧。各船公司都为提高舱位利用率而不计成本,欧洲航线的市场运价水平跌至历史最低谷。上半年,利用市场货量阶段性反弹而采取的涨价措施,均因货量的不支持和船公司间的互相猜忌,以失败告终。在上半年市场没有发生根本性“反转”的情况下,欧洲贸易区紧紧围绕“量价齐升增收入、拧紧毛巾控成本”的工作目标,认真梳理经营与管理中的各环节,查找在成本控制与管理工作上存在的不顺之处,并逐一破解,分步解决,一定程度上遏止了亏损面的进一步扩大。下半年,各船公司巨额亏损、甚至破产或濒临破产的消息屡屡见报。各船公司不断扩大的亏损面和效益压力,使各自都有提升运价的强烈愿望。10 月上旬,公司再次采取“止损”策略,对地中海线和西北欧航线运力进行战略性收缩调整,有效制止了航线经营损失的进一步扩大。公司运力收缩计划,得到诸多船公司的纷纷效仿。运力供给的减少,促使市场货量一定程度的恢复,自 7 月开始,欧洲贸易区积极推动运价上涨,使运价进入上升通道,每半个月上调一次西行出口运价,涨价频度之高,创历史之最。增收的同时,在燃油、供应商费率等成本控制方面取得显著成效。通过上述两方面的努力,下半年有效实现了航线扭亏止损的目标。全年东西行总运力约 1498440TEU,完成重箱量 1047804TEU。 (刘万军)

1. 市场营销

【市场营销部】 下设中国区域 CIF 市场营

销及运价管理,西行 FOB、投标、东行营销及运价管理,非中国区域、NVOCC 客户开发和维护、特种箱、危险品营销及运价管理等 3 个业务单元。负责所有亚洲、欧洲和地中海航线市场营销。主要职责:制定欧洲地中海航线运价策略管理办法;负责指导欧洲地中海航线运价、转运费、附加费及条款制定、公布、调整和管理;指导口岸欧洲地中海航线运价底价制定;对货物贡献值进行分析;负责按运价管理权限对低于运价的特价审批;通过 IRIS－2系统对所辖国内外口岸运价实施监督检查和审批;负责欧洲地中海航线营销政策研究和营销队伍建设,指导并实施货源组织开发;与货主洽谈协议货量、运价、条款,监督协议客户货量及运价执行情况;负责大件货物及危险品货物单独报价,督促和指导危险品货物运输管理和安全操作,提供特种货物的安全运输咨询。现有人员 17 人,包括研究生学历 7 人,大学学历 9 人;其中中级职称 4 人。

现任经理胡可(原经理胡华 2009 年 8 月离任),副经理郭铮。 (刘万军)

【概况】 2009 年,市场营销部从 7 月开始,利用内外部因素变化,把欧地航线推入"量价齐升"良性轨道,通过小步快跑运作,不断提升运价水平上新高。顺利实施 RR、GRI、PSS、EBS 等涨价计划。虽然在实际执行中,由于市场货量的不支持及其他船公司的掣肘,与公布费率有一定差异,但每次涨价计划均推动了运价有不同幅度的实际涨幅。通过增收,有效制止航线亏损的扩大。

(刘万军)

【营销策略】 2009 年,面对全球经济危机的影响,市场营销部采取超常规营销手段,进行超限竞争,以顺渡危机。抓住恶劣市场情况下出现的瞬间商机,推进运价上涨。在市场总体趋势仍然向下的情况下,对于短暂出现的货量反弹,不失时机推进运价阶段性上涨;把追求"舱位利用率目标"与实现"货源结构优化"有机结合。锁定目标客户群,对特种箱、冷箱等高货值货源进行专项营销,把追求货量和货源结构优化有机地结合起来;抓批量货开发,助推舱位利用率有效提升。加强批量货源的开发,既使货量得到提升,也降低了竞争对手对公司运价的关注度,最大限度减弱了对市场运价稳定的冲击。针对批量货源积极采取特殊的营销政策;大胆出击,从竞争者手中掘取增量货源。由于现有客户群体自身出货的减少,市场营销部扩大客户规模和数量,努力寻求新增货源。在稳定、巩固与老客户合作关系的同时,大胆到市场上去拼、抢,使原来相对固定的客户规模得到有效放大;抓住货量增长点,全力开发新兴货源。市场营销部加大利比亚、北非、西非、叙利亚、黎巴嫩等新兴市场的货源揽取力度,把加强这些地区货源的揽取作为营销重点;加强长江货源的开发和组织。深入贯彻落实长江揽货协调会精神,做好欧地航线长江上游及下游揽货指标落实工作,不遗余力地提高了直接客户比例。 (刘万军)

【货源结构优化】 2009 年,针对爆舱航线,结合腹地内欧、地航线货源的特点,对自身货源结构进行分析,在追求货量的同时,牢固树立"贡献值营销理念",利用航线爆舱,货源较足的机会有效调整并优化口岸货源结构,多揽货,揽好货。加强轻抛货的揽取,做好航线货源的合理安排提升舱位利用率;以优先安排高价货源为原则,利用贡献值分析方式,多揽贡献值高的货和基本港货。

(刘万军)

【低价客户舱位管理】 2009 年,在稳定舱位利用率前提下,严格控制低价货舱位。认真梳理各口岸低价客户的货量及舱位情况,特别是低运价合约的出货情况。根据客户淡季货量支持情况、客户运价水平和 PSS、EBS 等附加费收取情况,结合公司客户战略发展计划,对于有舱位保障协议的低价客户进行一定的舱位保证,而对于运价偏低、淡季无货量支持的客户严格控制其在旺季时的舱位,以满足高价客户对于舱位的需求,最终实现运费收入和贡献值的整体上涨。

(刘万军)

【附加费征收】 2009年,在整体市场运价低迷情况下,为尽最大可能完成增收目标,市场营销部完成各项附加费的征收工作。为应对燃油成本大幅上升,从6月15日开始征收欧地航线紧急燃油附加费EBS。并从10月1日开始,在欧地航线东西行宣布恢复征收BAF。公司为第一家率先推出EBS和宣布EBS的船公司,并得到诸多船公司积极跟进,有效规避了国际油价上涨、成本增加的风险。由于亚丁湾区域海盗猖獗,船舶保险成本以及通过该水域的燃油消耗均大幅上升,为降低该成本费用,从1月1日起征收亚丁湾附加费AGS。公司为最早宣布实施AGS的船公司之一。在充分对市场调研的基础上,3月1日开始上调欧洲各港THC/D;5月份,上调国内各口岸THC/D;同月,上调以色列冷箱THC/D;6月份,上调欧洲各基本港冷箱THC/D。 (刘万军)

【溢价货客户开发】 在下半年爆舱期间,市场营销部指导口岸,深度挖潜,把10%—15%舱位用于高价货和溢价货。即要求各口岸在不断推动运价整体提升的大前提下,预先从已分配舱位中拿出10%—15%舱位用于高价货和溢价货,从而保证了每个舱位价值最大化。 (刘万军)

2. 运营质量

【运营质量部】 下设预算与绩效管理、运使费审核两个科。主要职责:负责牵头并开展所管航线年度运输生产(预算)计划编制、报送和协调工作,制定各航线月度、年度生产指标,并对部分所属区域公司和口岸代理经营管理指标进行测算;统计汇总所管航线运输生产情况,收集航线有关营运数据和信息,对航线经营绩效进行测算、分析和评估,并对有关航线经营问题提出改进建议;负责欧洲地区内陆和支线供应商的费率管理,包括参与供应商费率的谈判,对供应商费率的变化作及时反应,确保供应商费率录入的准确性和及时性,争取最低的供应商费率,对供应商进行综合评估,评估内容包括供应商的服务水平、发生在供应商的成本支出以及未来与供应商的合作潜力、战略关系等;总体上负责欧洲贸易区所属航线订舱路径的管理,包括全程路径的综合成本评估,优化中转路径等;负责贸易区工作周报、月报等材料的整理、汇总和上报;负责每周成本控制会报告的编制和汇报工作;负责每月将涉及欧洲地中海地区的各条航线箱量整理、汇总、录入ELAA数据系统,并根据ELAA系统反馈各船公司集合数据,整理后向领导及时汇报;参与公司SMART-CM项目,负责与项目方和有关口岸进行沟通和协调,做好设备测试工作;负责审核所属航线运费舱单和运费更正单,做好更正单的分类、归档工作,保证运费舱单的完整性和运费准确性;负责贸易区各合作航线舱位租金的审核和结算工作;负责所分管航线的每月收入统计工作,保证每月收入快报的准确性;收集、整理、归档所分管区域涉及的港口、码头费规和各项费收协议,制作《港口使费费率一览表》,审核使费账单附件的完整性和使费支出的合理性,避免不合理费用的发生,做好各项拒付书面记录。现有人员7人(原为9人,年内2人调离),包括研究生学历2人,大学学历3人;其中高级职称1人,中级职称2人。

现任副经理周晓敏(原经理胡可2009年9月调任市场营销部经理)。 (孔 舒)

【概况】 2009年,运营质量部在完善贸易区和部内各种规章制度、职责分工、管理程序等基础文件的同时,进一步加强贸易区各航线运营数据的分析、审核等日常工作。紧扣公司各项活动主题,积极参与,加强对IRIS-2、MIS和预算系统的推广和应用,密切联系市场营销和航线管理的日常操作,细化对日常运营数据的分析,有针对性做好专题研究并拟定切实可行的改进方案,为领导提供决策参考。加强路径优化和供应商协议的集中管理工作,有效控制转运成本。加强运使费审核工作,会同财务部、BPS和单证公司抽查舱单、清理老旧账、补充历史均值、完善VTM和

JOB ORDER 数据质量。（孔　舒）

【预算编制工作】　比照全年预算，根据每季度的实际完成情况和下一季度市场情况的预测，编制并完成各季度滚动预算。从 11 月开始启动 2010 年全年预算编制工作。预算系统不以具体航线为基础，而是以港群的概念作为各种营运数据的载体，箱量和收入分到具体客户（主要是实名客户和散户）所对应的港群中，并区分箱型尺寸，而其他各项指标特别是成本部分又分别由不同部门分工负责。比以前需要更多协调工作，更为细致周到的统筹安排和细节考量。同时，为更好与生产实际作比较，找出各航线的差异，在预算系统中预算数据的基础上，分航线、航向等手工做了一版预算，以便更直观了解各航线的具体情况与预算的差距。欧洲贸易区 2010 年预算工作准时完成。（孔　舒）

【降低中转成本　提高航线效益】　2009 年初，随着国际经济形势的不断恶化，亚欧贸易量锐减，航运业受到的负面影响甚大，出现全行业巨额亏损的局面。在这种情况下，降低中转成本对于改善航线效益变得尤为关键。根据公司统一部署，协调欧洲公司和各口岸代理，迅速安排与供应商展开谈判，要求大幅度降低中转费率，推出一揽子措施，主要包括：敦促供应商降低中转运输基本费率和附加费；推动和扩大 CKYH 支线合作模式；坚持推行招标方式。优化路径：改变部分支线的中转港，改变部分内陆点运输方式；主动引入供应商间的竞争，向供应商施加压力。通过以上有效措施，欧洲地区的中转成本下降明显，2009 年欧洲地区中转单箱成本比上年平均下降 21.2%，以 2009 年实际中转箱量计算，全年节省中转成本约 2480 万美元。在公司成本控制工作年终评比中，欧洲贸易区获得一等奖。（孔　舒）

【运使费审核】　2009 年，根据公司“严控成本支出”有关要求，按照公司对运使费审核程序，把好严控成本支出关。运费审核：仍以杜绝零运费为工作目标，配合销售部门做好西行航次货物运价分级统计，查找贡献值负值和运价较低的货物，为销售部门进一步优化营销政策提供决策依据，同时，对一些贸易区公布的上调运费进行专项核查，防止收入流失；做好“空客飞机大部件”等项目的舱单制作跟踪，年内完成 15 架次（第 5 架次至第 19 架次）；做好每月收入快报审核工作，保证各航线收入的完整性和准确性；对发现口岸制单不规范现象，及时指出并提出纠正意见，对漏收费用向口岸代理进行追讨；做好中货系统的箱扣和华南公司代理佣金审核工作；做好舱位租金的预估和结算工作，年内，共向合作方发送舱位租金结算对账单 90 多份，减少支出共计 1.5 万美元，并向公司有关职能部门提供 70 多份，1000 多个航次的舱位预估统计。使费审核：落实公司成本控制会议提出的各项工作要求，收集、整理欧洲地区港口、码头费规和各项费收协议；按照《公司重箱堆存费控制流程》，严格把好重箱堆存费的审核关，查明费用发生情况，避免不合理费用入账；对欧洲区域公司的 ESDS 推进以及数据质量工作进行业务评估；做好德国 HHLA 码头的预付使费金额确认，共计 53 份；对个别海外公司报来的跨年度老旧账单进行业务审核；通过对修船费用的审核，发现舟山外代内部有两种不同代理费率和 4 个修船航次账单问题，为公司减少支出共计 6000 元人民币；指导和规范国内口岸使费审核人员使费审核操作程序，每周赴单证公司抽查使费审核质量，及时处理存在的使费问题。

（李江峰）

3. 航线管理

【航线管理部】　负责西北欧、地中海航线管理工作。主要职责：航线运营监督、节能减排、班期管理、航线调整、航线班期表编制、维护和发布及挂港、港序等临时调整、欧洲地区码头和供应商协议；舱位分配及对分配舱位进行管理、监督，中转路径管理、监督；集装箱进出平衡计划建议，落实空箱调运计划；航线港口使费、货物费、燃油费等生产成本监控工作;负责组织落实欧洲贸易区所属航线超期重箱清查,做好所辖范围内的客户服务方面相关工作,以及 IRIS－2 和 ADR 等系统相关数据维护工作。现有人员 14 人,包括研究生学历 1 人,大学学历 9 人;其中高级职称 2 人,中级职称 6 人。

现任经理傅希强,副经理陈宇。

(瞿健斌)

【概况】 受全球金融危机影响,自年初开始,为提高航线舱位利用率,降低航次成本,公司对西北欧航线 AES 线和 AEN 线实施并班服务,并班后新航线为 CNEU,投入 10 艘 9469—10000TEU 型船舶经营。2 月中旬淡季后,远东—西北欧市场的货量开始逐渐恢复,公司与韩进合作经营一条西北欧航线 AES 线,调整公司原 CNEU 线为 AEN 线。10 月初,积极推进 CKYH 联盟内部实施 Vessel Pool 项目(联盟运力调整计划),利用共同资源,优化航线配置,共同收缩运力,以应对航运淡季的恶劣市场环境,达到航线效益减亏目标。CKYH 四方以航线基本需求作为配置运力的依据来设计航线,实现运力的最有效利用。西北欧航线撤出 1 组 6500TEU 船舶投入地中海航线,保留 4 组 8500TEU 以上航线;地中海航线保留 1 组 6500TEU 和 1 组 5500TEU 航线。公司西北欧航线周舱位缩减幅度约 20%;地中海航线公司周舱位缩减幅度约 37.5%。欧地合计公司周舱位缩减幅度为 25%。西北欧线形成 NE1,NE2,NE3 和 NE4 航线,地中海形成 MD1,MD2 航线。1 月 1 日开始,大西洋线授权欧洲部经营。贯彻落实公司成本控制会精神,航线节能减排卓有成效,加强供应商谈判相关工作,规范二程联订等操作程序和实际执行情况的监督,欧洲地区异地还箱业务的梳理、控制和管理以及对重点地区的重点费用监控,取得了显著效果。积极推进和落实航线 VESSEL POOL 项目、空客 A320 项目运输,配合相关部门做好集装箱平衡工作,欧洲地区空箱盘存量控制在合理的范围内。 (瞿健斌)

【西北欧航线】 3 月底开始,西北欧航线从原 CNEU 航线拆分为 AES 和 AEN 两条航线。AES 线:上海—宁波—香港—盐田—巴生—汉堡—鹿特丹—费利克斯托—勒哈弗—巴生—香港—上海(与韩进合作,共投入 8 艘万箱船,各自经营 4 艘船,韩进从公司租入 4 艘船);AEN 线:大连—天津—青岛—宁波—南沙—新加坡—鹿特丹—汉堡—安特卫普—新加坡—南沙—大连(公司独立经营 8 艘 8200－10000TEU 船舶＋1 艘 5600TEU 船舶)。10 月初开始,公司与 CKYH联盟在欧、地航线实施 VESSEL POOL 计划;远东/欧洲线:NE1 线:宁波—上海—香港—南沙—鹿特丹—汉堡—费利克斯托—安特卫普—新加坡—宁波(公司投入 4 艘万箱船);NE2 线:厦门—高雄—盐田—新加坡—鹿特丹—费利克斯托—汉堡—安特卫普—吉达—香港—盐田—厦门(YML/KL 各投入 4 艘 8200TEU 船);NE3 线:天津—大连—青岛—宁波—盐田—新加坡—塞得—鹿特丹—汉堡—费利克斯托—新加坡—天津(公司投入 6 艘 8200－9469TEU 船,其他三合作方各 1 艘 8200TEUS 型船);NE4 线:光阳—釜山—宁波—上海—新加坡—汉堡—鹿特丹—勒哈佛尔—塞得—新加坡—香港—光阳(韩进投入 6 艘 8200TEU 船,KY 各 1 艘 8200TEU 型船)。

(瞿健斌)

【地中海欧航线】 2009 年,公司地中海 AMX 航线:上海—宁波—香港—蛇口—新加坡—塞得—那波里—热那亚—巴塞罗那—瓦伦西亚—塞得—新加坡—香港—上海(公司投入 8 艘 5250TEU 船运营);MSX(地东支线):塞得—阿什杜德—伊斯坦布尔—塞得(投入"华云河"轮运营);AFS:(亚德里亚海支线):加亚淘罗—那波里—里耶卡—科佩尔—威尼斯—安科纳—加亚淘罗(投入 1 艘租船合作经营);同时合作航线(互换舱位)有 ABX 远东/黑海航线。10 月中,CKYH 实施 Vessel pool 后,公司远东/地中海线 MD1:釜山—上海—宁波—盐田—香港—新加坡—塞得—阿什杜德—马耳他—那波里—热那亚—利瓦诺—福斯—新加坡—釜山(公司投入3艘5250TEU船,其他5艘船舶由KYH投入);MD2线:上海—宁波—厦门—高雄—蛇口—新加坡—塞得—比雷埃夫斯—热那亚—拉兹佩齐亚—巴塞罗那—瓦伦西亚—塞得—新加坡—上海(公司投入2艘从韩进租入的6500TEU船)。 (瞿健斌)

【节能减排】 2009年,根据公司航线节能减排的总体要求,在日常营运中航线调度作为减速节油的第一责任人,各调度人员紧盯船舶日油耗,把燃油费用控制在额定范围之内,并对航次油耗进一步细化分解到航段油耗,设定航段油耗标准,作为过程监控的手段。在日常的班期管理中,将提前与码头沟通,进一步压缩船舶在港作业时间,留给海上用作减速节油。并在航线调整、临时班期调整的过程中,始终将减速节油放在一项首要任务。全年欧地航线共节油6.3万吨,占公司节油总量35%,共节约燃油费1.37亿元人民币。 (瞿健斌)

【空客运输】 2009年,公司欧地航线调整频繁,通过与中远集运、中远欧洲公司和中远物流空客小组成员紧密配合,以及多方协调和努力配合下,顺利完成从汉堡港运至天津新港19架空客A320飞机原件的运输任务。 (瞿健斌)

【年度修船】 2009年,在地中海航线营运的"中远上海"、"中远汉堡"、"中远新加坡"和"中远鹿特丹"轮4艘船舶完成年度坞修;"鲁河"、"皖河"和"晋河"轮完成水下检验。 (瞿健斌)

(三)亚太贸易

【亚太贸易区】 承担中远集运澳大利亚、新西兰航线,南非、南美航线,波斯湾、红海航线,东南亚航线、台湾航线、韩国航线的经营管理,并对航线效益负责。主要职责:市场营销,运价管理,运价政策制订,船舶调度和现场操作,舱位分配,客户服务,集装箱管理,内陆运输服务,效益评估测算,供应商管理,运使费审核结算,相关航线的航运市场研究、质量及安全管理体系维护等。下设市场营销部、航线管理部、运营质量部。现有人员 38 人,包括硕士研究生学历 9 人,大学学历 29 人;其中高级职称 3 人,中级职称 13 人。

现任总经理杨志坚,副总经理苗光锋、陈向东。 (郭武斌)

【概况】 2009 年,受全球金融危机和严峻的航运形势影响,亚太贸易区航线经营异常艰难。亚太贸易区针对市场变化加强应变能力,提升市场反应速度,及时调整优化航线运力设置;加大营销力度,积极推进运价上涨,不断提高单箱收入,提高市场营销竞争能力;加强成本控制,实施节能减排责任制,大力开展节能减排工作,提高航线成本竞争力;在加强经营手段同时,不断深化运营质量分析与研究,细化预算和效益分析,注重审核,做精流程与供应商管理。全年共完成提单箱运量 680843TEU,完成指标的 97.7%。自 8 月下旬亚太贸易区单箱收入和效益逐月提高,澳新、南非南美航线率先实现盈利,较上半年经营效益提升约 54%,圆满完成公司下达分阶段及总生产经营任务目标。因经营管理的需要,6 月 29 日,公司对亚太贸易区进行了机构整合重组,在保持亚太贸易区总体职能不变前提下,重组为市场营销部、航线管理部和运营质量部三个部门。经机构调整,亚太贸易区工作效率明显提高,下半年在经营效益、精益管理等方面成效显著。 (郭武斌)

"密云河"轮首航漳州港

1. 市场营销

【市场营销部】 7 月成立市场营销部,下设澳新线营销、南非南美线营销、波斯湾红海印巴线营销、近洋线营销、市场营销策划 5 个业务单元。主要职责:制定亚太各航线进出口执行运价及授权底价;监督并统计分析亚太各航线运价执行情况;组织并负责与大货主、大货代洽谈协议货量、运价、条款,并评审和签订(合同)协议;监管协议客户货量完成情况,检查运价执行情况;分析亚太各航线所涉及的国家和地区间进出口货源情况,市场运价变化情况,定期提供市场分析报告供公司领导决策参考,建立和完善上述航线进出口客户档案、协议档案;指导和监督亚太各航线进出口货物的免费用箱审批和滞期费减免申请;负责亚太贸易区所辖航线危险品货物的进出口报价工作等。现有人员 14 人,包括硕士研究生学历 3 人,大学学历 10 人;其中高级职称 2 人,中级职称 2 人。

现任经理檀卓群,副经理汪涵。

(潘 君)

【概况】 2009年,市场营销部克服市场不利因素,不断强化营销功能,下半年抓住市场机会,多次恢复主要航线运价,取得明显成效;推进大客户战略,加强客户营销,优化客户结构,通过加强对澳线直客的开发,构建较合理的投标客户、FOB直客占三分之一,NVO和中小型直客占三分之一,其他客户占三分之一的客户结构;全面落实航线增收计划,不断提高单箱收入,各主要航线单箱收入均明显提升,其中南非南美航线单箱收入达到历史最高水平;利用各种平台,参加各航线船东组织,引领并推动运价恢复,取得明显成效;加强与口岸交流,推进统一营销机制,根据市场变化及时调整营销策略。 (汪 涵)

【澳新航线率先实现航线持续盈利】 2009上半年,受世界金融危机影响,集装箱运输市场受到严重冲击,市场急转直下,运价大幅下滑,各航线亏损严重。7月份开始,由于中国经济企稳回升,澳大利亚和新西兰经济也逐渐从危机中走出来,澳新航线开始走出一波持续回暖行情,运价持续上涨,货量也大幅回升,箱量由上半年的50398TEU增长至下半年的83710TEU,收入则由上半年的USD43653759增长至下半年的USD109738534,实现了航线的量价齐升,且在第34周率先实现航线盈利后持续保持盈利状态。(崔 鹏)

【南非南美缩减运力】 上半年,受金融危机影响,市场急转直下,运价下滑严重,利用率低位徘徊。从7月份开始调整南非南美航线缩减运力,减少运力规模,减少亏损。随航运市场运力的减少,抓住8月至10月旺季,积极提升运价水平,该航线从9月底开始盈利,到10月底运价达到上年高位水平。 (杨红雷)

【提升中东航线市场份额和单箱收入】 2009年,根据中远集运整体运力收缩情况,经对波斯湾红海线进行扩张,每周可用舱位提高到4800TEU,波斯湾红海航线在逆市情况下取得了较好的经营成效:全年完成提单箱量196497TEU,较上年145253TEU提高35%;红海航线市场份额占有率较上年10%提高18%;波斯湾航线市场份额较上年3%提高12%;印巴航线市场份额较上年5%提高10%。单箱收入较开线初期有大幅提高,其中红海线单箱收入由2009年开线初期USD574/TEU提高到年底USD1015/TEU。

(张 旸)

【提供并完善东南亚支线服务功能】 按照公司发展自有航线网络建设战略方针,截至年底东南亚支线网络历经近7年的发展,已形成以新加坡、香港2个主要中转港为接点,8个支线港(雅加达、泗水、巴生、曼谷、林查班、胡志明、海防、马尼拉)为主体及若干偏港为补充,以7条自有及合作支线为主,若干条公共支线为辅的支线衔接相对完善的支线网络。 (康 洁)

【进一步完善台湾航线格局】 随着两岸直航带来的有利契机,中远集运及时完善了大陆/台湾航线。年内,公司共设置3条大陆到台湾周班服务航线,总运力达1000TEU/周,航线覆盖宁波到大连的6个主要国内港口以及台湾所有口岸。 (康 洁)

2. 运营质量

【运营质量部】 2009年7月,亚太贸易区机构调整,成立运营质量部。下设预算绩效管理、成本控制与管理2个业务单元。主要职责:负责对亚太贸易区所辖航线的效益评估,做好周、月、年度效益评估等报告;负责对所辖航线港口使费和货物费等成本监控;负责所辖封闭区域供应商谈判管理;实施对所辖封闭区域集装箱动态监控。现有人员6人,包括硕士研究生1人,大学学历4人,大专学历1人;其中中级职称1人。

现任经理虞航。 (秦志远)

【概况】 2009年7月,运营质量部成立。根据工作职责,深化成本控制理念,完善工作流程,提升工作效率,顺利完成所辖航线的效益评估并对改善效益提出建议;指导单证公司成本审核,规范各口岸成本报账程序,使其系统化、规范化;强化所辖封闭区域可谈判供应商管理,对口岸谈判予以明确的指导,全年所辖可谈判供应商无一家上涨费率,完成贸易区下达的成本控制指标。

(秦志远)

【加快箱体周转　严控滞期费减免】 2009年,加强对集装箱跟踪管理,严格要求压缩所辖海外区域内的箱体周转时间。亚太贸易区所辖海外区域内箱体周转天较上年总体下降4天,成效显著。此外,从控制周转天入手,加强所辖海外区域内超期空重箱的清查工作,推进海内外代理自查超期箱机制,加快重箱拆空、空箱回空的速度,降低成本风险;积极配合相关部门做好滞期费系统的基础数据维护,配合完成南非、南美4家代理的滞期费系统上线;严格把关滞期费减免额度的审批流程,加强滞期费管理工作。

(陈　瑶)

【加大与供应商谈判力度】 2009年,加大与供应商谈判力度,所辖封闭区域内港口装卸费率无一上涨,部分港口装卸费率出现大幅下降。蒙得维的亚港口2010年装卸费率比2009年下降11%,雅加达港口2010年装卸费率比2009年下降15%。

(秦志远)

3. 航线管理

【航线管理部】 成立于2009年7月,下设澳新航线、南非南美航线、波斯湾红海航线、近洋航线4个调度业务单元,以及特种货运输与预配管理业务单元。主要职责:负责亚太航线船舶调度、舱位管理与协调、空箱调运、客户服务、船舶预配、航线规划、危险品运输管理以及TR类运输协议管理等。主要经营航线覆盖南非南美地区、波斯湾红海地区、印巴地区、澳新地区以及东南亚地区,共设24条航线,自营船舶27艘。现有人员16人,包括硕士研究生学历2人,在读研究生1人,大学学历12人;其中中级职称7人。

现任经理唐昀,副经理汪峰。

(汪　峰)

【概况】 2009年,亚太贸易区自营航线1条,合作航线17条,东南亚支线及红海支线6条。自营主干航线为FRX线,投入6艘3400TEU船舶运营。主要合作航线有SAS线、JKN线、ESA线、MEX线及CSE线。SAS线挂靠:上海—宁波—厦门—南沙—蛇口—香港—悉尼—墨尔本—布里斯班—上海,共投入5艘3500TEU船舶(中远4艘,太平1艘);JKN线挂靠:东京—神户—釜山—上海—盐田—香港—布里斯班—奥克兰—新普利茅斯—惠灵顿—里特尔顿—内皮尔—陶兰加—东京,共投入6艘3500TEU船舶(中远2艘,汉堡南方2艘,NYK 1艘,MOL 1艘);ESA线挂靠:上海—宁波—盐田—TPT—新加坡—德班—开普敦—蒙得维的亚—布艾利斯—桑托斯—德班—新加坡—香港—上海,共投入10艘3500TEU船舶(中远4艘,长荣6艘);MEX线挂靠:上海—宁波—香港—蛇口—新加坡—杰布阿里—达曼—新加坡—香港—上海,共投入5艘7500TEU船舶(中远2艘,东方海外2艘,TSK 1艘);CSE线挂靠:上海—大连—新港—青岛—宁波—马尼拉—雅加达—新加坡—巴生—上海,共投入4艘2700TEU船舶(中远3艘,长荣1艘)。公司通过互换舱位方式,在AAA1、AAA2、NAE、CPX线上拥有舱位。东南亚支线和红海支线包括TIX、HPH、HHP、SGN、BSJ、RSF线等6条支线组成的支线网络,为干线提供转运服务。截至2009年底,公司在亚太航线上共投入运力89434TEU(其中支线运力2993TEU),每周可提供干线舱位12686TEU,支线舱位1700TEU。

(汪　峰)

【红海航线运力调整及实施"6虚拟7"班期优化改造】 2009年,受全球金融危机影响,根据红海线经营情况,为尽快减少航线亏损,从1月初开始,对红海线进行改造,原公司FRS线和SRS线与长荣终止合作,公司新投入6艘3400TEU船舶独立经营新红海线 FRX,同时,根据 SEN 撤线、AEN/AES 合并后,北方港口出口路径短缺问题以及支线网络服务的需要等情况,将新红海线延伸直达服务到华北新港,提供北方港口到东南亚的短程舱位,挂靠港序:(天津—青岛)—上海—宁波—盐田—新加坡—亚丁—吉达—亚喀巴—索卡纳—新加坡—天津。随着第二季度欧洲 AEN 航线、亚太 CSE 航线新开,以及下半年油价逐月走高,红海各港口拥挤情况,从 7 月开始,对 FRX 航线进行节能减排改造,取消挂靠天津、青岛港,实施"6 虚拟 7"班期调整。通过调整,每往返航次燃油较调整前节约 15%—23%。

(郭武斌)

【恢复华北—东南亚航线】 为进一步满足客户需求以及开拓东南亚市场需要,7 月 26 日公司与长荣共同开通中国—东南亚航线(CSE),恢复中远集运东南亚直航服务。CSE 线双方总共投入 4 艘 2800TEU 船舶,其中公司投入 3 艘,长荣投入 1 艘,公司舱位 1575TEU/22050 吨。CSE 线挂港顺序:上海—大连—新港—青岛—宁波—马尼拉南港—雅加达—新加坡—丹戎帕拉帕斯—巴生—上海。10 月 28 日,CSE 线加挂靠南沙港,进一步完善华南地区出口路径。中国—东南亚航线的恢复,有效解决中国地区出口东南亚货物舱位需求,同时能提供华北三港到宁波中转舱位约 600TEU,满足了华北地区波湾、红海、澳新、南非南美等干线货物在宁波中转的近程舱位需求。

(张　弛)

【开展节能减排工作】 2009 年,根据公司节能减排总体布置,结合贸易区特点,优化节能减排各个环节,增强节能减排流程控制,把责任落实到每一条航线的管理人员,推出具体节能措施为:以贸易区管理结构调整为契机,指定航线管理部和航线调度(调度和预配船长)为节能减排第一责任部门和责任人,对各航线船舶尤其是期租船舶的油耗进行跟踪监督,完善节能减排每周例会制度,总结每周船舶运营和燃油消耗情况,各航线之间交流有关节能减排方面的经验和教训,研究解决节能减排工作中出现的问题;制订并落实 MEX、FRX 等航线的降速减耗计划,对其他航线实施缩短船舶在港停泊时间争取航行时间进行减速节油,通过对 FAX 航线和 ESA 航线淡季并班方法,减少运力供给以达到节能目的。以上一系列措施的实施,实现年度节约燃油 3.64 万吨目标,节约燃油成本约计 1360 万美元。

(舒国仪)

【航线再造,MEX 提升服务质量】 2009 年,受全球金融危机影响,根据波斯湾航线的经营情况,为尽快减少航线亏损,从 1 月 5 日开始,对波斯湾航线进行改造:减少该航线运力投入,实施"4 + 2"经营,CPG1 与 CPG2 线合并为 1 条航线,公司 CPG1 线暂停经营,投入 2 艘 3500TEU 船舶到长荣 CPG2 线,长荣在 CPG2 线撤出 2 艘船舶。新 CPG2 航线投 6 艘 3500TEU 船舶,其中,公司投入 2 艘,长荣投入 4 艘,挂港:青岛—上海—宁波—香港—盐田—新加坡—PTP—孟买新港—杰布阿里—达曼—新加坡—青岛。调整后,较原 CPG1&2 线,减少阿巴斯、卡拉奇的直达服务(通过公共支线在杰布阿里中转),降低了波斯湾航线的经营成本,达到了减亏目的。从 5 月份开始,对原有波斯湾航线进行升级改造,终止与长荣在 CPG2 航线服务,改为由 COSCON/OOCL/TSK 三方合作,投入 5 艘 7500TEU 船舶共同经营,其中,公司投入 2 艘,OOCL/TSK 投入 3 艘(从公司租入)。新航线命名为 MEX,挂港:上海—宁波—香港—蛇口—新加坡—杰布阿里—达曼—新加坡—香港—上海。5 月 17 日,MEX 线第一班船挂靠上海港开始运作,MEX 和原 CPG2 经营相比,航次网络成本取得大幅减少。MEX 线调整后燃油/港口使费节省约 6.3 万美金/RV(来回航次)。根据 MEX 线首航运行情况,为确保班期、提升服务并节约燃油,从 12 月 11 日开始,MEX 线加入第 6 艘船舶实施加船减速,并增挂伊朗阿巴斯港。MEX 线"5

改6”投入运营后,每往返航次节约燃油较改造前降低10%—15%,有效降低了燃油成本;航线降速运营,增加了船舶速度储备,可灵活运用船速抓班期,提高了班期准班率,提升了航线服务质量;MEX线增挂伊朗阿巴斯港,开拓了中国到伊朗的直航服务。

(郭武斌)

【做好TR类协议洽商工作】 2009年,加大东南亚、波斯湾和红海地区支线费率谈判力度。通过与多家供应商接洽沟通,结合市场形势,定期进行支线费率协商,争取优惠费率,有效降低支线成本。据统计,东南亚、波斯湾、红海支线营运成本较上年明显下降,其中东南亚公共支线平均单箱舱位费较上年下降22%,全年共节约公共支线成本约110万美元,波湾、红海支线节约成本约60万美元。 (郭武斌 张 弛)

（四）特种箱贸易

【特种箱贸易区】 为加强对公司特种箱运输的管理，提升冷藏箱运输量及冷藏箱货量比例，提高公司冷藏箱设备周转效率，降低管理成本，提升公司高贡献值货源比例，2009年7月31日公司印发《关于成立公司特种箱运输经营部筹建小组的通知》（中远集运人〔2009〕133号），决定成立特种箱运输经营部筹建小组（包括领导小组、工作小组、筹备组三个部分），整合公司美洲、欧洲、亚太贸易区冷藏箱的营销、运营管理、监控、平衡等职能，统一冷藏箱运输管理，明晰发展方向，开展特种箱运输经营部门的机构设置、人员编制、工作职责等筹备工作。8月底，各项既定工作目标基本实现，初步具备开展特种箱贸易工作的条件。9月2日，公司印发《关于成立公司特种箱贸易区的通知》（中远集运〔2009〕149号），决定正式成立特种箱贸易区（Special Cargo Trade Division，简称STD）。公司明确特种箱贸易区的主要工作目标为：强化公司在特种箱市场的营销和综合开发能力，强化特种箱成本控制，提高特种箱业务对公司效益的贡献度。特种箱贸易区下设市场营销部、设备及运营部。特种箱贸易区成立初期，将冷藏箱运输业务作为一个特定细分行业予以关注，主要负责航线冷藏箱的相关销售及管理等工作。主要职责：负责冷藏箱市场研究，确立冷藏箱发展战略，研究市场开发目标和策略；就合作方进行冷藏箱舱位互换等的谈判提供意见；制定冷藏箱预算和考核指标；负责公司冷藏箱市场开发、运价、附加费、客户管理；协调并建立全球冷藏箱营销网络；负责冷藏箱干用销售；负责跨太平洋、跨大西洋航线冷藏箱相关运价本管理和合同管理，指导美洲公司、单证公司开展相关FMC登记；负责与其他贸易区商定冷藏箱的舱位和舱位费率，针对冷藏箱的舱位进行需求管理；负责与航线协调冷插、甲板发电机的使用；负责与冷藏箱业务相关的客户服务及其他货运管理工作；负责冷藏箱的保有量确定、空箱盘存、调运和超期箱清理等空箱日常管理；参与冷藏箱涉及的成本项目协议谈判和供应商管理；负责冷藏箱成本的审核，冷藏箱运营和贡献值分析，指导和评价各口岸的冷藏箱业务开展状况。特种箱贸易区自成立之日起，随即按照上述职责与公司各贸易区、贸易保障部等进行工作移交，自9月21日起，特种箱贸易区按照确定的工作职责全面开展各项工作。11月4日，特种箱贸易区党支部组建完成，谭兵任党支部书记。特种箱贸易区现有人员12人，包括研究生学历5人，大学学历6人；其中级职称7人。

现任总经理谭兵。 （施国强）

【概况】 自9月2日特种箱贸易区成立，特种箱贸易区顺利完成美洲、欧洲及亚太贸易区的冷藏箱销售业务的移交，实现了公司冷藏箱设备调运及管理业务职能的转移。至9月末，特种箱贸易区各项工作进入全面、正式运行。10月起，随着特种箱贸易区人员的不断充实、逐步到位，在维持冷藏箱正常业务运作的同时，特种箱贸易区推出多项专题工作，包括：运价审批、滞期费减免等内部业务流程的规范；特种箱贸易区质量管理体系文件的撰写、完善；公司冷藏箱资源的全面排摸、统计；公司冷藏箱设备配置的优化；公司前期冷藏箱营运中存在主要问题的梳理等。提高成本控制的能力及效果，会同单证公司拟定冷藏箱成本审核工作流程，并就公司2010年供应商协议谈判向贸易保障部及各贸易区提出谈判重点及谈判目标建议。根据公司统一部署,泛亚公司中日及内贸航线的冷藏箱营销业务将在2010年起纳入特种箱贸易区统一管理,特种箱贸易区与泛亚公司共同拟定业务交接方案,确定2010年元月起实施泛亚公司中日及内贸航线冷藏箱业务的移交。特种箱贸易区围绕"提高冷藏箱销售箱量、提升冷藏箱销售贡献值、提高冷藏箱设备周转效率"三个目标开展了四方面的工作,主要包括:通过贡献值分析、比对,将公司有限的设备资源优先用于高贡献值的航线、口岸及客户;充分利用各种平台稳定、推涨冷藏箱运价(如协调各家船公司创新征收冷箱特有的附加费RCS);不断强化对冷藏箱运营成本监控,通过降低成本提高冷藏箱销售贡献;通过超期箱清理、到期箱退租专项清理等加快冷藏箱在岸周转速度。（施国强）

1. 市场营销

【市场营销部】 下设美加航线营销、欧地航线营销、亚太航线营销三个业务单元(根据公司战略部署,2010年1月1日泛亚冷箱营销业务也将划入)。主要职责:负责美加、欧地和亚太航线的市场调研,制定冷箱执行运价、授权底价,指导美线合同、运价及附加费的FMC登记,并参与附加费的系统维护和管理;负责实施日常低于授权底价的运价咨询工作和逐票确认的特价申请;负责监督并统计分析公司所辖航线冷箱运价执行情况;负责实施冷箱货运协议及合同的保管、分类、更改等管理,负责或协助区域或口岸公司与冷箱大客户洽谈协议;监督协议客户货量完成情况,协助检查运价执行情况,协助财务部催收运费;负责收集、分析公司所辖航线涉及的国家和地区之间进出口冷箱货源情况,市场运价变化情况;负责美加、欧洲、亚太地区及日本地区内陆和支线费率的收集、整理和系统管理;指导和监督口岸的冷箱免费用箱审批和滞期费减免申请。现有人员6人,包括研究生学历2人,大学学历4人;其中中级职称4人。

现任经理胡媛媛,副经理田桦。

（龚颖哲）

【概况】 9月2日特种箱贸易区成立,市场营销部全面、顺利接手美洲、欧洲贸易区和亚太贸易区的冷藏箱营销业务。在受全球金融危机影响时期,特种箱贸易区市场营销部按照公司"拼市场、拼货源、拼精神"的营销策略,通过对美加、欧地和亚太航线冷箱业务特点以及海内外各区域冷箱市场的分析与研究,结合各航线冷箱贡献值情况,制定相应的冷箱营销策略,确定冷箱重点航线和重点区域,将有限的冷箱设备尽可能用于高贡献值航线。利用公司网络优势,积极挖掘各口岸冷箱营销的潜力,逐步拓展冷箱营销业务。在加大各航线冷藏箱货源揽取的同时,结合航线优势和市场的淡旺季,努力推升运价。综合考虑各地多缺箱情况,力求通过改善设备平衡,提升航线效益。利用船东协会平台,推涨或稳定运价,协调各家船公司创新征收冷箱特有的附加费RCS。同时,致力于开发冷藏箱直接客户,力争在客户直销过程中体现中远集运的冷藏箱服务品牌,实现差异化、专业化的经营模式。

（龚颖哲）

【梳理各航线贡献值】 2009年,根据公司减亏增效的要求,特种箱贸易区结合自身冷箱设备资源情况,梳理各航线的冷箱贡献值,并推出相应的冷箱营销策略,将地东—西北欧航线,东南亚航线,内贸航线,中日航线,美西航线,地中海航线和西北欧航线定为重点航线;将地东,地西,中国,西北欧,北美,澳大利亚和新西兰定为冷藏箱重点销售区域,并以"将有限冷箱设备尽可能用于高贡献值航线"为原则,促进冷藏箱市场的进一步开发。（金　珏）

【创新征收冷箱特有的附加费】 自特种箱贸易区成立以来,市场营销部保持与各运价稳定组织的密切联系与沟通,了解同业竞争者在冷箱经营方面的特点和优、劣势，取其精华。10月，在IADA成员会上经与其他几家船公司商榷，共同提出征收冷箱特有的附加费RCS。该附加费的成功征收，起到了稳定运价和推升运费作用。年内，该附加费征收已逐步在其他航线上推行。

（金　珏）

【构建直接客户销售平台】 冷藏箱归属特种箱贸易区统一经营管理，是公司“破解同质化、实现差异化”经营的重要举措。自从特种箱贸易区成立以来，市场营销部将“开发直接客户，构建总部层面、分部层面直接客户销售”平台作为一项重要工作来实施，年内共有总部层面客户52家，分部层面客户369家，力争在客户直销过程中体现公司冷箱服务品牌，实现差异化、专业化的经营模式。（金　珏）

2. 设备运营管理

【设备及运营部】 下设设备管理与运营管理两个业务单元。主要职责：负责公司冷藏箱设备配置总量及箱型配比的评估、测算，与贸易保障部共同拟定冷藏箱增配方案；负责按需提用冷藏箱新箱，协助贸易保障部开展到期冷藏箱的退租；负责冷藏箱设备的平衡及空箱调运管理，指导分部及口岸代理开展包括超期冷藏箱清查在内的现场管理工作；负责与其他贸易区协调冷藏箱运营所需舱位，针对冷藏箱的舱位进行需求管理，并对航线调整提出建议；负责与航线协调冷插、甲板发电机的使用及在船冷箱延长线申请的核定，统计、跟踪航线冷插数量变化情况；参与冷箱涉及的成本项目协议谈判和供应商管理，对供应商费率的变化做出及时反应；收集、整理、归档全球冷箱成本项目的计费政策及费率；负责冷箱营运路径的成本评估及中转路径的优化，监控待中转冷箱的状况并协调及时转运，降低冷箱营运成本；负责各航线冷箱销售箱量及贡献值的统计、分析，编制特种箱贸易区生产经营月报；负责冷箱滞期费减免的录入及归档工作，协调贸易保障部进行冷藏箱免费用箱天及超期使用费费率的调整；负责指导单证公司开展冷箱成本的审核，指导和评价各口岸的冷箱业务开展状况。现有人员5人，包括研究生学历2人，大学学历2人；其中中级职称2人。

现任副经理施国强。（施国强）

【概况】 自特种箱贸易区成立至年末，设备及运营部基本完成冷箱调运及管理业务移交、冷箱营运资源及成本项目统计、成本审核及冷箱运营分析机制建立、内部基础管理流程及程序确定等方面工作，初步具备按照规定职责全面开展各项业务及管理能力。立足冷箱营运成本控制，年内对冷箱主要营运路径作了评估、优化与完善，并就2010年各区域供应商协议谈判中冷箱相关项目的谈判重点及目标，向其他各贸易区及贸易保障部提出工作建议。开展对长期应收未收冷箱滞期费的专项清理工作，取得明显成效。年内，公司冷箱配备总量为21805TEU（3983×20RF，8911×40RQ），较上年总量22699TEU（4189×20RF，9255×40RQ）下降894TEU，降幅3.94%，公司冷箱配置总量已处2005年以来的最低水平。冷箱设备配置总量持续下降，导致主要口岸冷箱出口用箱长期紧张，用箱矛盾突出，并在一定程度上削弱了公司冷箱运输竞争力。特种箱贸易区成立后，经全面评估和调整冷箱设备配置计划、策略，冷箱设备总量开始止跌回升。

2009年公司冷藏箱起租、退租统计如下（单位：Units）

箱　型	起　租	退　租
20RF	496	702
40RQ	1963	2307
合计	2459	3009

（施国强）

【设备管理】 特种箱贸易区成立以来，设备管理业务单元在排摸公司冷箱营运相关资源条件的基础上，立足以加快冷箱设备周转效率,降低冷箱营运成本等为目标,开展用箱保障及设备平衡工作。排摸资源方面,就公司冷箱盘存、箱型及箱龄结构分布、冷藏箱租金水平、各航线实际运力及冷插数量、全球主要口岸与冷箱相关的成本费率等进行了梳理、汇总。在摸清资源的前提下,会同贸易保障部箱管部利用年末冷箱租箱市场淡、设备租金低及租箱条款较优等有利契机,实施冷箱结构及成本的优化,取得了明显成效,公司冷箱平均箱龄及平均单箱租金明显下降。为加快冷箱设备周转效率,自9月14日特种箱贸易区承担全球冷藏箱平衡调运职能起,设备管理业务单元以对在岸滞留空箱清查及多箱区域设备调运两项工作为抓手,提高需箱区域及重点需箱口岸的设备保障能力。至12月初,通过近2个月的努力,公司在海外区域的冷箱存量已降至近2008年以来最低水平,并极大提升了自12月下旬起中国地区的内贸季节性冷箱集中用箱保障能力。年内,各地冷藏箱出口用箱均得到有效保障,未发生因供箱不足而致甩货的现象。2009年,公司冷箱单箱重箱周转次数较上年明显提高,其中40RQ的周转效率为2006年以来的最高水平。在满足公司冷箱出口用箱需求的同时,设备管理业务单元配合贸易保障部,为京汉公司、厦门远洋等冷箱用箱提供了必要支持。为降低冷箱营运成本,提高冷藏箱营运竞争力,设备管理业务单元就各航线的班期、挂靠调整情况,动态调整标准路径,并着重通过对中转冷箱成本评估进行中转路径的优化,对主要中转港的冷箱中转业务进行重点监控、协调。通过与其他各贸易区、泛亚公司、贸易保障部及主要冷箱营运口岸的沟通,在冷箱插电费费率、免费堆存、冷箱支线费率等方面,争取到了一定优惠政策,并就公司2010年供应商谈判中的冷箱相关业务,提出了谈判重点及谈判目标建议。 (殷炯文)

【运营管理】 运营管理业务单元围绕建立、完善特种箱贸易区绩效监控及分析、运营成本审核、滞期费管理等工作体系,创新工作机制,在较短时间内具备了全面、有效进行业务监控、分析、评价及指导的工作能力。在建立和完善特种箱贸易区绩效监控及分析体系方面,充分利用IRIS-2、MIS、货流系统资源,结合特种箱贸易区运营特点,设计、协调开发了一系列冷箱运营业务新报表;根据2010年公司的考核要求,整合各项指标,逐步建立具有箱量、收入、贡献值、盘存、在岸周转天、内陆中转费/调运成本、插拔电/监管费、PTI费用等主要运营指标的监控体系平台,并充分发挥其监控与指导作用。运营成本审核方面,经与单证公司协调,建立业务协作关系,充分发挥单证公司专业审核能力,突出精益管理的理念及要求,以健全审核流程管理为抓手,强化对审核内容的业务核查、整改为要素,提高对冷箱运营成本的掌控能力。为确保对成本项的合理追溯,建立了内部成本控制备忘录制度。冷箱滞期费管理方面,根据公司滞期费管理规定,制定并严格推行冷箱滞期费减免申请及管理规定;强化对口岸滞期费收取工作的监控、督促及指导。根据公司的统一部署,对公司2007—2008年长期应收未收冷箱滞期费进行专项清理,并取得了显著成效。截至2009年底,清理、核销比例已达67%。 (曹海宁)

（五）贸易保障

【贸易保障部】 下设总调度室、箱管部、商务部、客户管理部。总调度室负责特资和危险品货物运输宏观管理，船舶动态日常管理，船舶紧急状态报告、跟踪、协调和处置；负责公司船舶班期表的收集、汇总和编制发布；负责各项运输生产数据的统计和汇总，并对 IRIS－2 系统中相关模块进行维护和管理。箱管部负责集装箱动态跟踪管理，集装箱租赁，新造箱计划制定及实施，灭失箱处置，冷箱、特种箱管理，集装箱技术状态、集装箱修理控制等业务管理；负责集装箱区域用箱需求审核、全球平衡计划和空箱调运计划制定及安排实施；负责全球集装箱堆场选择、协议谈判签订及执行；负责公司集装箱各项费用预算、分配、执行、控制和管理；负责集装箱周转天、内陆集装箱管理标准及费用支出标准制定及其他与集装箱管理有关工作。商务部负责牵头对代理协议、装卸协议和港口（码头）协议的签订、履行及跟踪管理；负责船舶、货物等保险理赔；负责燃（滑）油采购、日常操作及提单管理等。客户管理部负责跨贸易区集装箱运输合同投标，包括制定标书、竞标、中标后的维护和协调；汽车项目营销、家电/IT 营销、GKA 营销、冷箱营销、新项目开发和老项目维护；负责集装箱多式联运项目开发和国内多式联运成本结算费率制定等业务。现有人员 66 人，包括硕士研究生学历 12 人，大学学历 46 人，大专学历 6 人；其中高级职称 10 人，中级职称 23 人。

现任总经理吴金平（2009 年 7 月 30 日任职），副总经理徐宏基、田东。

（徐逞勇）

【概况】 2009 年，贸易保障部按照公司精益管理的要求，组织落实公司 IRIS－2 系统的业务流程应用，规范操作程序，深化精益管理，完成公司下达年度工作指标。主要工作包括：加强危险货物运输安全管理，确保公司生产经营安全稳定；通过总量控制，提升集装箱成本管控能力；抓好到期箱退租和租金成本控制工作；持续细化成本控制，强调和提升过程控制；加强对供应商管理和修理成本控制；继续加大滞期费收取力度，实现增收节支；继续推进系统应用，加强基础管理工作；加强投标工作和供应商管理，进一步挖掘市场潜力。在贯彻落实及完成部门责任目标任务中，始终紧盯成本控制的目标，时刻关注生产经营的各种变化信息，研究分析市场走势，在箱管费用、空箱调运、燃油价格、协议谈判、期货操作等十分敏感业务流程中，及时发现问题，及时调整策略，及时采取措施，使其敏感指数主动掌控在权限内，成本控制取得实效。2009 年开放地区的码头费用，较上年同口径箱量共节支 13352.24 万元人民币；通过降低船舶保额、要求协会减免追加保费等方式将船壳险、保赔险等保险费同比预算减少支出 478 万美元；堆存费用节支 5949 万元人民币，修理费用节支 450 万元人民币，集装箱租金折扣金额 930 万美元（其中包括佛罗伦 330 万美元），底盘车租赁成本降低 100 万美元。各项指标达到同业领先，为公司实现连年经营效益增长作出了贡献，并得到公司多次嘉奖。

（徐逞勇）

1. 总 调 度

【总调度室】 下设值班调度室、综合统计两个业务单元。主要负责船舶动态跟踪和管理,掌握船舶动态,做好准班运行统计,对当天离开各区域港口船舶箱运量进行快速统计;做好有关船舶生产运输量统计(周报、月报、年报)及运输生产报表;及时编制班轮船期表并做好维护;协助有关业务部门做好危险化学品货物、特种货物安全运输监督管理工作。现有人员12人,包括硕士研究生学历1人,大学学历4人,大专学历4人;其中高级职称1人,中级职称2人。

现任经理胡建伟,副经理徐遐勇。

(徐遐勇)

【概况】 2009年,按照公司"精益管理"的要求,随时了解和掌握安全生产情况和准班运行进度,从跟踪船舶动态和生产动态入手,协调各方关系,及时处理船舶营运业务中各种矛盾,确保运输生产安全和有序。根据航线调整情况,加强船舶运输生产监督,对船队运行动态逐日逐船逐港实行全天候跟踪,确保船舶运行安全、准班。按照公司"应急预案"各项规定,协调处置船舶各类突发事故。加强与各贸易区、海内外各区域公司、上远公司及各管理部、港航各单位的业务联系,及时收集汇总船舶航次报告表和燃油消耗报告表,将船舶营运生产动态和生产数据准确输入新"调度、统计系统"。按照中远集团有关调度程序规定,每日上报中远集运"动态"、"运力"、"生产"日报表,编制船舶月度运输生产量各类报表,根据公司领导层及相关部门需要提供各类统计口径数据表。及时收集各航线船期表,更新船舶营运班期,按时出版班轮船期表。协助计算机中心开发、完善新"调度、统计系统",制订危险化学品、特种货物安全运输监督管理有关规定,举办危险化学品、特种货物接运人员专业知识培训,对危险品、特种货物运输实行监督,确保船舶安全生产。根据上级领导指示,通过加强协调、现场指导、全程监控等有效措施,圆满完成了援助台湾抗击台风灾害等运送物资任务,受到了上级领导的表扬。 (徐遐勇)

【班轮准班运行统计】 2009年,受全球经济危机影响,公司班轮总挂港次数有所下降,同比下降11.10%。全年公司总挂港11655班次,综合准班率97.37%。其中准班到港11361班次,准班到港率97.48%;准班离港11337班次,准班离港率97.27%。

(徐遐勇)

【运输生产统计工作】 2009年,公司生产运输统计工作稳定有序运行。年内完成主要工作:按时完成公司生产运输统计工作,以及年度、月度基础生产数据汇总上报工作;充分利用IRIS-2系统资源,加强对基础生产数据输入的维护和监控,保证中远集运总部基础生产信息及整体口径一致;严格按照工作流程及报送渠道提供统计数据和材料;改进统计报表,并按照中远集团要求完成各类统计工作。 (唐 滔)

【危险品货物安全运输监督管理】 2009年,继续实施危险化学品类货物运输宏观、操作、现场管理于一体的三级管理模式,即公司总调度室行使危险化学品运输宏观管理职能,各贸易区负责操作管理,各地区分部(口岸)和船舶负责现场管理的模式。促进公司危险化学品货物运输安全管理工作上新台阶:结合实际情况修订、完善相关规章制度;健全监督机制、完善"中远集运危险化学品运输安全管理网络",规范危险化学品运输经营操作,确保安全管理有序开展;分层面组织公司总部及口岸从业人员进行有针对性专题培训,增强相关人员安全责任意识和提高专业业务水平;加强沟通协调,保持与主管部门和专业检测机构的良好互动,为危险品货物的识别、鉴定及运输提供政策和技术支持;通过信息交流平台每月发布《中远集运危险品管理要求》,提供最新的法律、法规、港口政策变化情况,传授危险货物运输业务知识,剖析典型案例。通过强化对危险货物运输安全管理,使公司危险化学品货物运输安全有序、操作规范、风险可控,整体处于相对平稳状态。全年,公司承运危险化学品货物集装箱共计

44840TEU/713426 吨。受全球金融危机影响,危险货物箱量和危险货物重量较上年分别下降 14.6% 和 14.3%。年内,共发生 8 起危险货物运输隐患和事故,其中货物自燃事故 2 起,货物泄漏事故 1 起,人员伤害事故 1 起。另 4 起安全隐患是因托运人瞒报危险货物品名和性质以及港方操作不当导致违反积载隔离要求所引起,均在公司各级管理部门协同处置和主管部门监管指导下,及时进行了有效处置,消除隐患,避免了事故发生。上述 8 起事故和隐患共造成公司直接经济损失折合人民币 2398397 元,其中 7 起事故(涉及金额 2394934 元)为合作方及相关责任方所致,部分已追偿。 (吴 臻)

2. 箱管工作

【箱管部】 箱管部下设信息管理、计划管理、技术管理、商务管理、综合管理五个业务单元。信息管理负责公司在全球各地集装箱日常动态跟踪和管理,集装箱信息系统维护,监控各分部及代理集装箱动态信息质量,对各种集装箱动态数据进行统计分析;计划管理负责公司在全球各地集装箱盘存、进出口平衡情况监控、发布,安排空箱平衡调运,根据各贸易区(包括泛亚公司)及各口岸实际用箱需求制定全球空箱调运计划并交相关口岸和贸易区(包括泛亚公司)共同实施,负责跟踪和监督空箱调运计划的执行;技术管理负责制定、完善公司装箱技术标准和规范,负责协议堆场和修理厂的选定及协议谈判、签署,安排集装箱修理和检验,确保公司集装箱箱况完好、符合装货要求;商务管理负责落实公司集装箱起租和退租计划,负责集装箱租赁合同谈判及合同管理、维护,负责单程用箱(ONE WAY USE)洽谈、使用和跟踪,负责集装箱租金账单审核;综合管理负责监控、统计、分析公司集装箱成本(包括固定成本和变动成本)费用以及分项目、分地区集装箱成本情况,全球集装箱超期使用费费率制定、调整与发布及各地区集装箱超期使用费收取的管理与统计工作。现有人员 19 人,包括硕士研究生学历 1 人,大学学历 16 人。其中高级职称 2 人,中级职称 8 人。

现任经理唐欢、副经理吴翊。

(吴 翊)

【概况】 2009 年,受宏观经济和航运市场大幅下滑影响,集装箱设备大量闲置,空箱堆存量急剧增加,大量集装箱固定成本难以跟随业务量减少而减少,集装箱管理成本控制面临空前压力。按照公司总体要求,推进和落实各项集装箱管理措施,箱管成本控制工作取得成效:控总量、保平衡,从源头上控制成本,加大压缩公司全球集装箱规模,严格控制集装箱起租,合理安排到期集装箱退租,全年净减少集装箱 4.48 万 TEU,实现年内集装箱总量降低到 84 万 TEU 目标,较年初下降 5.1%;推进供应商优惠费率谈判,重点围绕集装箱租赁、堆场及修理和底盘车租赁三个方面展开工作,租箱从多家公司取得约 10% 的优惠,堆场由国内大部分地区首先取得堆存费全免,底盘车租赁在北美取得大的突破,该三项累计实现效益约 1300 多万美元;扩大集装箱信息系统应用,夯实基础管理工作,着重推进 IDDS 上线工作,利用面授或电话会议等多种形式先后对南美、中美洲、南非、西班牙等多个地区进行了业务培训和交流,完成该地区 IDDS 上线工作。在新箱管平台上开发了新统计逻辑下的动态不匹配报表,对 IEIS 系统集装箱动态数据的修改权限加以限制,在国内地区率先进行试点,效果明显;加大各方协作,理顺沟通渠道。先后召开各分部箱管人员电话会议 20 多次,为各分部交流箱管工作经验,研究问题和解决问题提供高效平台,尤其在系统上线、空箱平衡调运、退租安排、底盘车管理等方面发挥了积极作用;克服不利因素,坚持增收节支。2009 年金融危机给滞期费管理带来困难,经努力,克服了减免增加及应收下降等不利因素,全年公司滞期费实收仍达 4.95 亿元人民币,上线地区实收率较上年提高 8.6%。坚持对全球费率进行评估和调整工作,把握时机,先后对中美洲、欧洲、西亚等 10 个国家的费率进行调整。积极发挥口岸和堆场积极性,尝试堆场辅助索赔办法,通过以一定比例的佣金政策,刺激、强化对第三方索赔的覆盖范围,减少公司修理费用支出;大胆尝试,多渠道拓展降本途径。在战略发展部及有关贸易区的配合、协作下,尝试安排停航船舶空箱留船,节约成本约计人民币 50 万元。与京汉公司、厦门远洋等在集装箱管理方面开展合作,有效降低了公司总计费箱量。2009 年,箱管部全面完成公司下达箱管成本控制年度指标,箱管总成本(未扣减滞期费收入)为 6.2 亿美元,较上年减少 19.3%,其中空箱停留成本 6485.7 万美元,较上年减少 17.42%;空箱内陆调运成本 1.03 亿美元,较上年下降 36.79%;空箱海运调运成本 1.57 亿美元,较上年下降 21.69%;集装箱修理费 3179.2 万美元,较上年减少 7.2%;集装箱租金 2.2 亿美元,较上年下降 8.67%。 (吴 翊)

【全球集装箱整体平衡状况】 2009 年,受全球金融危机影响,公司用箱保障及集装箱平衡工作明显不同于往年,用箱保障总体呈现先抑后扬的态势,每个阶段又存在较大的起伏和复杂的形势使工作难度进一步加剧。把握提高公司设备利用率、加快周转这一工作根本,以设备平衡调运为工作重心,不断探索创新工作思路及方法,较好实现了设备总量控制和保障用箱目标,设备总量从年初 88.48 万 TEU 下降至年底 84.1 万 TEU,下降幅度 5.1%。在满足各口岸用箱保障的同时,努力均衡设备在不同口岸间的分配,提高长期用箱保障效率。 (王天航)

【退租管理】 2009 年,航运业处于历史低谷,全球主要经济体进出口货量下降导致用箱需求大幅度减少,国内外各港口和地区均出现不同程度压箱情况。为降低集装箱管理成本,根据公司总箱量控制目标,通过各种有效措施和途径,加大各类到期箱尤其佛罗伦以外各租箱公司到期箱退租力度,全年共计退租 70309TEU。按区域划分:美洲地区退租 11028TEU,欧洲地区退租 8146TEU,中国内地及香港地区退租 44378TEU,亚太其他地区 6757TEU。各箱型数量如下表:

2009 年退租箱数量一览表

箱型	20DC	40DC	40HQ	45HQ	20RF	20OT
数量	13109	9177	15274	255	825	181
箱型	40OT	20FR	40FR	40RH	Unit	TEU
数量	201	56	256	2906	42240	70309

(周荣华)

【新租箱安排及起租工作】 2009 年,租造箱市场受航运业不景气的影响,出现供大于求的局面,市场租金费率基本处于较低水平。为此,箱管部围绕保障用箱、控制新租箱租金成本的目标,研究分析市场上新造箱价格以及租金变动趋势,及时落实新租箱订单或计划共 18106TEU,其中包括 2200TEU 超低费率的次新箱;在新造箱租金有所回升之前,积极与佛罗伦公司进行谈判协商,成功将部分往年预定未提的新租箱(3400 × 20'DC)费率降至低于当时市场平均水平。全年共计提用新租箱(包括次新箱)17893TEU。各箱型/尺寸具体数量如下表:

2009 年新租箱数量一览表

箱型	20GP	40GP	40HQ	20RF
单程用箱	377	71	127	
外租箱	5136		2950	
惠航租箱	1500			490
总计	7013	71	3077	490
箱型	40RH	40OT	40FL	TEU
单程用箱			33	839
外租箱	1500	3	16	14074
惠航租箱	450		45	2980
总计	1950	3	94	17893

(周荣华)

【单程用箱及集装箱零成本调运管理】 2009年,公司从第三方提用单程箱共计608自然箱,839TEU,在一定程度上减少了长期租箱的提用及公司租金成本支出;通过零成本调运方式,以较低成本将箱子从境内主要口岸调运至内陆需箱点或将内陆多箱点的箱子调至主要口岸。全年从境内沿海各口岸调至四川地区1624TEU,华南调至武汉1324TEU,华南调至重庆1960TEU,张家港调至重庆60TEU,华南调至银川351TEU,上海调至银川55TEU,华南调至西安28TEU,华南调至南昌32TEU,南昌调至香港584TEU(40GP和40HQ),郑州调至华南42TEU,郑州调至西安20TEU,青岛调至连云港120TEU,哈尔滨调至境内主要口岸72TEU,合计6272TEU。 (周荣华)

【集装箱运行维护成本控制】 2009年,受全球金融危机影响,集装箱大量积压,为控制成本,通盘考虑全球用箱需求,果断要求各地严格控制修理,按需修箱;为控制总箱量,配合集装箱集中退租,尽管退租修理费同比上升了81.69%,但通过合理的调控,加强检验和现场审查,调整退租箱检验标准和安排低费率供应商先修等手段,遏制了费用更大地上涨。加强第三方索赔,全年实际索赔款208万美元,较上年减少46万美元;加强集装箱修理系统建设,改进项目30项,使各项费用统计更科学和完善。

(陈　俭)

【冷藏箱新技术运用】 5月,随着首批1500台带有数据调制解调器的冷藏箱在公司陆续投入使用,中远集运冷藏箱新技术的运用已步入世界先进行列。该批冷箱与船舶系统相配套成功实现了全天候冷藏箱远程监控,有利于降低人员管理的劳动强度和危险性,并极大提高冷藏箱货物运输的安全性。此项新技术的运用成为公司新租冷箱的标准化配置,将大大提升冷藏箱的科技含量。 (陈　俭)

【集装箱超期使用费管理】 2009年,按照计划,在巴西、阿根廷、乌拉圭、希腊、以色列、埃及、土耳其、波兰、瑞士、奥地利、捷克、西班牙、南非、巴拿马、墨西哥、委内瑞拉等国家实施IDDS系统的推广与上线,继续扩大超期使用费管理信息系统的覆盖面;根据当地市场情况,调整西班牙、葡萄牙、泰国等国家的超期使用费费率,以促进集装箱的周转。截至年底,集装箱超期使用费收取金额合计人民币4.9亿元,完成指标的82.4%,较上年同比下降41.6%;单箱滞期费收入由上年USD 25.23/TEU下降至2009年USD 16.56/TEU;当年发生的超期使用费回收率达58.5%。 (沈晨燕)

【集装箱信息管理】 2009年,根据不同区域、用户级别设定各级IEIS用户修改动态的权限,年底完成中国地区(包括香港)IEIS用户动态维护权限设置工作的推进、实施;会同战略发展部、企业资讯发展部、计算机中心完善新报表平台中动态遗漏/不匹配报表统计逻辑,完成中国地区报表使用的培训工作,督促用户及时提取、修改、补入遗漏/不匹配动态,提高IEIS系统动态的完整性;针对南沙、日照地区存在动态与实际不符情况,派员赴现场进行核查,对由违规维护动态造成其他模块数据错误问题,要求相关分部、代理及时改正动态并规范相关操作流程,杜绝恶意修改动态、维护虚假动态等情况再次发生;10月会同计算机中心建立贸易保障部箱管部门户网站,为全球箱管人员的日常管理提供翔实、便捷的数据及资讯平台;协同企业资讯发展部完成IEIS系统内动态批量删除、修改功能的开发、测试、上线工作,提高动态处理效率;针对IEIS盘存数据中以incoming标示离境集装箱问题,要求企业资讯发展部、计算机中心进行更正,并要求将处于devanning动态下集装箱箱量更正到在岸空箱箱量,确保IEIS系统提供正确盘存数据。年内,全球集装箱装卸船动态平均延迟0.66天,进出场动态平均延迟1.35天,内陆空箱调运(EP)号不匹配率0.16%,重箱动态不匹配率1.45%,上述各项指标均达到公司要求的目标。

（唐　绳）

【超期重箱清查】 2009年，不断完善超期重箱清查处理办法，修改、完善超期重箱止损机制，对启动止损机制集装箱所涉及的成本归集、系统维护等提出建议，同时建议优化相关考核指标，以正确反映超期重箱清查处理工作，并进一步提升超期清查处理速度。协助意大利公司处理那不勒斯地区涉及被当地海关扣押超期重箱，及时启动止损机制，终止支付40UNITS超期重箱租金。年内，严重超期重箱（超期200天以上）由年初1357UNITS上升到年底1892UNITS（数据来源：MIS系统），上升幅度为39%。

（唐　绳）

3. 商 务 工 作

【商务部】 下设保险理赔、协议管理、燃油管理三个业务单元。保险理赔科负责安排船舶船壳保险、保赔险等保险投保，负责处理与货物纠纷和船舶突发事件的相关保险理赔和追踪；燃油科负责公司船舶燃、滑油的采购和供应；协议科负责全球代理协议、开放地区港口协议的洽谈和管理，负责开放地区的港口码头作业的成本控制。现有人员17人，包括硕士研究生学历4人，本科学历13人；其中高级职称5人，中级职称5人。

现任经理张斌，副经理张勇。

（江　芸）

【概况】 2009年，商务部顺利完成全年船舶保险和保赔保险，确保船舶为保险公司和保赔协会所承保，及时投保、续保和退保；处理船舶单独海损、机损案件，与保险人沟通，及时处理扣船、船舶碰撞等各种突发事件并根据保险市场变化及运行情况分析研究市场；成功规避风险，在保障船舶燃油、滑油、添加剂供应的同时大幅度节省燃油成本，并参与润滑油供应商务谈判及合同的签订；跟踪国际原油，燃油市场变化趋势，在发生突发事件和重大变化时，及时提供分析报告，处理有关争议，解决船舶补油工作中出现的各种问题；完成全球代理协议和开放地区港口协议的洽商和签订，有效控制、降低使费及成本开支；负责公司IRIS－2系统VTM模块中码头/港口类供应商编码、供应商费率的审核和确认。圆满完成公司下达各项年度指标和任务。　（江　芸）

【港口协议工作】 2009年，在开放地区港口协议管理中，以“同业领先”为目标，通过多渠道开展供应商费率对标工作、加强与供应商沟通和洽谈力度等措施，确保公司港口码头作业费率优于业内其他船公司。结合开放地区港口码头的实际作业情况，逐一分析并制定有针对性的谈判方案：天津、盐田、高雄等港口，争取到供应商直接降低作业费率；上海、青岛、横滨、香港、新加坡等港口，争取到箱量回扣或者部分作业项目的费率降低；大连、厦门等港口，争取到冻结长期协议中业已约定的2009年费率涨幅。在开放地区港口码头协议的洽商和管理中，按照公司全面降低供应商费率的要求，为公司减少港口码头作业成本约计2.2亿元人民币。

（姜建伟）

【代理协议工作】 2009年，根据公司预算制要求，对美国、加拿大的代理协议进行了调整；为配合公司加强新兴市场的开发政策，完成阿尔及利亚、突尼斯、摩纳哥、马其顿等分代理的选择和代理协议的洽商、签署工作；完成与中国部的代理协议调整工作。

（姜建伟）

【燃油成本控制】 2009年，坚持贯彻燃油成本控制主动管理工作思路，进一步规范公司燃油成本控制操作程序：与中燃新加坡、公司业务部门及船舶沟通，并事先对每条航线，每艘船舶的加油制定整体计划；每天关注市场，通过各种渠道了解原油价格，各港燃油价格，燃油市场信息以及期货报价等资料；要求中燃新加坡每天向公司及时通报燃油期货市场行情，每周报备燃油期货操作和燃油现货批量采购清单。结合现货实际采购情况,安排船舶加油计划,促进现货批量采购体现效益最大化;根据各船航线,船舶耗油指标,船舶航次油耗报告,各港燃油价格等因素主动审核安排每艘船舶的加油数量和港口;年内,通过与供应商直接洽谈等方式降低采购成本节支共计135万美元(折合921万元人民币);降低燃油管理成本共计4828万元人民币。年内,公司共操作期货4万吨,赢利93万美元(折合634万元人民币),较上年同期燃油平均单价下降137.3美元/吨,燃油费用下降4.9亿美元(折合33.63亿元人民币)。年初,及时启动2009年度滑油价格谈判预案。经过1—3月两轮谈判,确定从6月1日开始,各润滑油供应商的滑油价格全部降低到2007年1月1日的水平。而中石油等公司已降低到2006年初的水平。下半年以来,由于油价持续在70美元高位,比年初上涨了一倍,各供应商要求11月份起涨价10%。通过谈判,各供应商同意涨价时间推迟到2010年。因此2009年节省滑油共计4200万元人民币,完成公司年度润滑油预算指标。

(张　迈)

【处理保赔案件】 2009年,共处理各类案件526起。其中,船舶机损、海损案件38件,涉案金额约1010万美元,已结案的有:"海后"轮海损案(索赔金额22万美元)、"龙后"轮海损案(索赔金额22万美元)、"风后"轮海损案(索赔金额19万美元);未结案的有:"中远香港"轮触碰暗礁案、"冰河"轮舵效失灵案、"中远汉堡"轮触碰桥吊案、"松城"轮搁浅案,"中河"轮碰撞案。收到保赔险案件398起,涉案索赔金额约1025万美元,结案82起,结案金额40万美元。处理人身伤病亡案件共20起,死亡2人,结案7起,共赔付船员12万美元。处理超期重箱、危险品、假货及走私等向第三方追偿案件60起,结案12起,共追偿19万美元。处理无单放货或错误交货案件共计11起,涉案金额74万美元,结案3起,结案金额4万美元。　(彭　超)

4. 客户管理

【客户管理部】 下设汽车项目营销、家电/IT营销、GKA营销事务、联运开发等四个业务单元。主要负责整车厂家及其配套供应厂商业务开发、合同签定、客户维护工作;负责家电/IT行业客户和GKA管理小组指定的其他重要客户业务开发和管理工作;负责GKA管理事务机构日常业务管理工作;负责中国地区多式联运结算费率管理,新的联运线路开发、费率结算。现有人员16人,包括硕士研究生学历2人,大学学历14人;其中高级职称1人,中级职称7人。

现任经理刘光辉,副经理陈宁。

(孙晓菲)

【概况】 2009年,针对航运市场低迷和困难形势,客户管理部贯彻公司整体经营策略,充分利用投标和项目客户货量及运价相对稳定特点与优势,在上半年市场最惨淡的时候,保证了公司基础货源和收入。下半年,配合公司各航线运价恢复计划,逐步将运价恢复至合理水平。全年中标率超过75%,中标箱量31.2万TEU,为稳定公司基础货源作出了贡献。其中,汽车项目营销部维护开发"上海通用"、"武汉神龙"、"上海大众"、"一汽大众"等重点项目屡获殊荣;家电/IT营销部通过细分客户群、推行个性化营销,重点开发一批新500强企业;联运开发部根据公司总体战略规划,负责内陆地区拖车及火车的成本控制、费率公布等业务,圆满完成公司指标要求。

(孙晓菲)

【全球投标业务确保公司整体效益最大化】 年初市场形势极为严峻,家电/IT营销做好客户开发和维护工作,在竞争日益激烈的环境下,确保核心客户持续中标,同时新开发了一批全球500强客户,在确保全球客户基础货源稳定的同时为公司拓展新的货源增长点。下半年主要航线市场需求回升,全球投标业务按照公司要求,全力推动运价上涨。为提升公司效益，在投标时针对客户整体要求和市场情况，根据不同客户的个性和航线实际，全力协调，全年全球客户中标运价、货量和履约率较上年均有大幅提升，为确保公司整体效益最大化作出了应有贡献。（张月仲）

【中远集运与富士康科技集团签署全球合作协议】 3月3日，中远集运与全球500强鸿海集团下属富士康科技集团于深圳签署全球合作协议。公司总经理孙家康参加了签约仪式，贸易保障部副总经理田东和富士康集团中央物流总处杨维新协理分别在协议上签字。富士康科技集团作为全球最大的电子产品生产商，连续9年入选美国《商业周刊》发布的全球领先信息技术公司，连续4年稳居中国内地企业出口200强第一名。其在中国大陆、台湾以及美洲、欧洲和日本等地拥有数十家子公司，并在国内华南、华东、华北等地创建了8大科技工业园区，出口业务遍布全球。协议双方将本着互惠互利、相互支持的原则，致力于长期合作，携手共赢。（张月仲）

【中远集运与PANTOS/LG续签全球合作协议】 3月11日，中远集运与韩国PANTOS/LG于韩国首尔续签全球合作协议，中远韩国公司总经理龚上理代表中远集运与PANTOS高级副总裁KOO JUNG MO在合作协议上签字。LG是中远集运多年的全球战略客户，双方高层自2005年签定全球合作协议以来，LG在各主要航线上给予公司很大支持。（张月仲）

【与风神轮胎签署战略合作协议】 7月29日，公司与风神轮胎股份有限公司在河南省焦作市风神公司会议室签署战略合作协议。公司副总经理周琥和风神轮胎副总经理申洪亮分别代表双方在协议书上签字。双方承诺将通过发挥各自优势，实现信息共享，建立长期的远洋运输合作业务，并成立相关工作小组定期沟通，共谋发展。

（宋元元）

【天津空客项目稳步发展】 2009年，天津空客A320总装线项目进入稳步发展阶段，截至年底，该项目共运输23架次，110件飞机大部件，在航运低谷形势下为公司提供了基础货源。期间，欧洲航线大幅调整，协调相关部门制定有效的应急预案，保证了项目的安全运作。同时积极推行平板箱3改2积载方案，减少专用平板箱的使用数量，降低了成本。（袁　晋）

【中广核电项目开发】 2009年下半年，在中远集团统一协调下，与中远物流配合完成中广核电集团台山核电、宁德核电及阳江核电的项目招标工作。其中，作为列入国家《核电中长期发展规划(2005—2020)》和国家及广东省“十一五”规划重点工程的台山核电站，是中国第一个在建的EPR1000三代技术的核电站，也是全球发展三代核电技术的标志性工程。该项目自2009年开始运作，需持续至2014年，主要货流为欧洲、东南亚回程。（孙晓菲）

【与三星中国扩大合作】 2009年，三星电子与公司在欧洲、地中海、美国、加拿大和亚太航线上均有良好合作，全年由公司承运总货量超过22000TEU。合作其间，通过不定期拜访，加强与工厂的沟通和联系，取得客户充分信赖和肯定，在延续上一年度全球核心承运人地位的同时，进一步扩大了合作，并在实际履约中争取到了最大的份额。12月18日，双方在远洋大厦成功签署中远集运—三星电子合作谅解备忘录，以推进长期、双赢的合作。公司依照“便捷、诚信、和谐、卓越”的宗旨服务客户，被三星电子授予“2009 Best Partner”荣誉称号。

（周晓燕）

【与云南烟草签署战略合作协议】 6月，中国烟草云南进出口有限公司总经理杨学伟一行来访中远集运总部，公司总经理孙家康、副总经理周琥接待了客户并就双方合作展开探讨。本着强强联合、互利合作精神双方签署了战略合作协议。双方承诺建立长期的远洋运输合作业务，实现共同发展。周

琥和杨学伟分别代表双方在协议书上签字。（范雪峰）

【与巴斯福公司（BASF）签署全球物流合同】 BASF是公司欧洲线回程货源重要客户之一。公司克服多方面困难，为客户提供空箱与舱位支持。凭借良好合作基础和公司运输的优势，最终与BASF签署了2009年度全球物流合同，成功中标16410TEU。为公司的欧线回程业务提供了基础货源保障。（范雪峰）

【与法国巴黎春天集团公司进一步加强合作】 法国巴黎春天集团为法国大型百货集团，是公司欧州线稳定基础客户之一。受经济危机影响，巴黎春天集团货量缩减20%，但凭借公司稳定快速的服务和双方良好的合作经验，公司最终中标10000TEU，成为该集团核心承运人之一。（范雪峰）

【成功中标松下公司】 2009年，面对全球金融危机、国际贸易货量不断萎缩的不利形势，凭借优质服务和良好客户关系，4月20日公司成功中标日本松下公司运输合同，中标箱量14000TEU（同上年基本持平），主要货流为中日航线，其他远东出口欧洲、地中海、澳大利亚、新西兰及东南亚也中标部分货量，为公司基础货源的稳定发挥了作用。（黄　海）

【继续与利乐集团合作】 利乐集团（TETRA PAK）是中远集运重要客户之一，出货稳定且多为欧美航线回程货源。虽然经济危机对于该客户的国内厂家有一定的影响，但在航运低谷时期TETRA PAK仍给予公司很大支持。2009年，公司与TETRA PAK再次签署年度合同，本着长期合作的战略需要，公司协调各部门保证客户的回程舱位，得到了客户好评。（关　莹）

【与美的集团展开合作】 美的集团（MIDEA）已实现整合，将小天鹅，荣事达等知名品牌纳入旗下统一招标。2009年，公司抓住这个机遇，参与投标，并取得成效，与MIDEA开始跨地区跨航线的合作。

（关　莹）

【进一步深化与瑞士雀巢公司合作】 具有140多年历史的瑞士雀巢公司对海运合同条款和全球承运人的选择有着不同寻常的严格要求，自2007年合作以来，雀巢公司十分重视发展和中远的全面合作，双方合作的航线范围和签约箱量呈逐年扩大之势。2009年，公司又在欧洲东西行航线上成功中标，签约货量较上年增加25%。

（刘跃海）

（六）战略发展

【战略发展部】 主要职责：总体运力的规划和调整；航线开辟和调整方案的制定和实施；公司体制改革、机构调整和法人治理结构建设与完善；公司企业管理、投资管理等相关制度的建立、完善、实施和监督，以及年度投资计划的编制、实施和监控；协助中国远洋投资者关系管理相关工作；公司外部环境、航运形势、政策法规的分析和研究，负责公司中长期发展规划的调研和编制工作，以及制定公司营销战略规划和客户战略规划；协助公司预算委员会，制定公司预算编制计划和流程，并协调公司各部门进行年度业务预算编制和季度滚动预测编制；协助公司预算委员会，制定各级经营管理目标责任书，设置、完善各级平衡计分卡，并负责跟踪评估；设计、维护货流模型系统，发布每月货流效益核算结果；根据业务发展和经营管理要求，针对关键业务问题进行运营分析，提交相关分析报告；负责公司法律事务工作。下设规划合作部、企业发展部、战略策划部、计划运营部和法律事务部。现有人员 50 人，包括硕士研究生学历 15 人，本科学历 32 人，大专学历 2 人；其中具有高级职称 9 人，中级职称 18 人。

现任总经理王海民，副总经理沈学超、张鸿雁。 （韩惠民）

【概况】 2009 年，面对全球经济严重衰退形势，战略发展部为公司有序经营提供了建议和有力的策略支持。规划合作方面，通过超限思维、大胆创新合作方式，结合航线合作和船舶租赁，实现运力谨慎恢复，通过互换船舶满足航线需求，避免大型船舶停航；在 CKYH 联盟内推行 Vessel Pool 项目，充分利用联盟力量实现航线最优配置及提供最具竞争力的服务；在 CKYH 联盟中倡导和推行加船减速，缓解运力过剩以及节省燃油成本。运力管理方面，通过推迟运力交付和及早安排到期租入船舶退租，控制公司船队总体规模；积极与船东协商，通过调整租金水平得到降本增效目的；配合公司整体安排，积极协调船东尝试减速航行；积极安排船舶出租、转租，减轻公司运力安置压力，并增加公司现金收入。战略策划方面，认真研究国际国内经济和外贸形势，缜密验算国际船舶市场运力和运量情况，定期为公司领导提供月报、季报、半年报、年报等，并积极参与各种社会团体的活动，呼吁并切实推动运价上涨；在对外信息交流方面，坚持做好向上海航运交易所的信息报备工作，每周按时报备国内主要口岸的箱量、收入及每月货运量完成情况。同时协助做好与上海航运交易所、中国船东协会、上海船东协会、上海港航信息网的日常联络及有关报送。并在公司网站宣传涨价计划，协助中远集团、中国远洋及公司各部门进行相关项目和活动的宣传及相关公告的发布。企业发展方面，为减少内部交叉持股现象，对所属境内 80 家公司实施股权结构优化工作；分解下达 2009 年度投资和储备计划，每月跟踪、统计、上报各项目投资计划完成情况，每季向中国远洋报备公司自行决策权限范围内审批的投资项目；研究制定并下发 2010 年度投资指导原则及重点方向，研究编制并上报 2010 年度投资建议计划、储备计划及资产处置计划；对近 3 年新成立公司 2008 年度经营情况进行跟踪分析；协助中国远洋完成 2008 年年报、2009 年季报、中报的发布工作；根据中远集团总体部署，协助推进、实施并完成F5项目等工作。计划运营方面：完成2009年季度滚动预测和年中预算调整工作，以及2010年公司业务预算的编制工作；加强对开航销售贡献的测算数据和逻辑的优化，并完成开航效益测算周报在MIS系统的上线工作；根据业务部门需求，加强对MIS的持续建设，开发和优化相关支持报表，加强对报表操作和使用的指导，提高业务部门对报表的利用率，提高工作效率；开展新报表平台的建设和结构优化，加强现有MIS报表的移植工作，完成多份报表在新报表平台的上线等工作。法律事务方面，继续推广合同管理系统，要求各部门以公司名义签订的合同须经OA中的合同管理流程进行审批。编发各类法律专题报告，合同审核等工作。　　（韩惠民）

1. 规 划 合 作

【规划合作部】　下设航线规划合作和运力管理，主要负责公司总体运力规划和调整，包括买造船、租船计划制定，公司联营航线的开辟、调整、谈判和实施，船舶租赁合同的洽谈、订立和履行跟踪等。现有人员14人，包括硕士研究生学历2人，大学学历11人，大专学历1人；其中高级职称3人，中级职称6人。

现任经理周士雁。　　（施凉城）

【概况】　2009年，运力规划和调整方面，在线经营的船舶从年初141艘增加到年底146艘，总运力从496317TEU增加到561038TEU，运力增幅为13%。规划合作方面，通过超限思维、大胆创新合作方式，结合航线合作和船舶租赁，实现运力谨慎恢复，通过互换船舶满足航线需求，避免大型船舶停航；在CKYH联盟内推行Vessel Pool项目，充分利用联盟的力量实现航线最优配置及提供最具竞争力的服务；在CKYH联盟中倡导和推行加船减速，缓解运力过剩以及节省燃油成本。运力管理方面，通过推迟运力交付和及早安排到期租入船舶退租，控制公司船队总体规模；积极与船东协商，通过调整租金水平达到降本增效目的；配合公司整体安排，积极协调船东尝试减速航行；积极安排船舶出租、转租，减轻公司运力安置压力，并增加公司现金收入。

（施凉城）

【AES线运力谨慎恢复】　4月初，公司和韩进合作投入8艘10000TEU船舶，以“4+4”的形式合作AES线，同时互租4艘船舶（公司出租4艘10000TEU船舶给韩进，同时向韩进租入4艘5500TEU船舶）。该方案下，公司成功启用所有大船资源，实现1组半欧线的经营，实现了欧线稳妥的运力恢复，避免了大型船舶停航。同时，互租4艘5500TEU船舶运力满足SEA线运力恢复需求以及AEN线8改9增船的需求。

（施凉城）

【CKYH联盟共同重组美东航线】　为实现最少投入，同时提供最广覆盖面和最快捷的交货期，4月KYH联盟开始执行C美东航线重组计划。通过优化调整，在与上年同期运力投入相同前提下，实现了更广航线覆盖面，达到节省燃油成本和缩减交货期的目的。CKYH美东全水路航线增加东南亚/美东、日本/美东、远东/哈利法克斯、青岛和宁波/波斯顿等服务，航线覆盖面得到进一步扩大；优化调整后，各航线航程大大缩短。公司AWE2线改造后，在航次节油的同时，上海到纽约的交货期从30天缩短到26天。

（施凉城）

【优化配置MEX线和CEN线】　为大幅降低波斯湾航线舱位成本，提升服务竞争力，同时缓解CEN线经营压力，5月中旬开始，公司和OOCL/NYK合作投入5艘（公司2艘，合作方3艘）7500TEU船舶经营波斯湾线MEX线，同时双方以租船方式互换船舶。波斯湾合作航线MEX线中5艘7500TEU船舶来自CEN线，而CEN线正好换上5500TEU型互租船舶。CEN线设置从5艘7500TEU船舶调整到5艘5500TEU船舶，周舱位缩减2000TEU，大大缓解CEN线经营压力。该方案下,和原计划 CPG 线 5 艘 2800TEU 船舶、CEN 线 5 艘 7500TEU 船舶独立经营相比,在满足舱位需求的前提下,大幅减少航次网络成本。 (施凉城)

【CKYH 联盟内推行 Vessel Pool 项目】 2009 年,为进一步加强 CKYH 联盟船队运力的优化,CKYH 联盟四方抱团取暖,在航线合作上尝试推行 Vessel Pool 项目,建立 CKYH 联盟船舶资源库,以便统一调配,共同设计航线,实现各航线最优的运力配置。航线设计尽量以最少的成本提供最优质的服务,尽量减少重复挂港,开辟精品航线,体现快捷优势,同时节省港口费和燃油费。四方根据欧地航线淡季期间各方的需求,设置淡季航线,优先使用大船。通过 Vessel Pool 项目,10 月—12 月底,CKYH 联盟四方欧线由 5 组缩减到 4 组,全部投入 8000TEU 型以上大船,实现规模效益。地中海线 3 组缩减到 2 组,周舱位从 53500TEU 缩减到 43550TEU,舱位缩减 19%。共撤出 17 艘 5500TEU 船舶。调整后,公司欧地周舱位 12807TEU,舱位缩减 25%,撤出 6 艘 5500TEU 船舶。 (施凉城)

【新西兰线实现优化改造】 在新西兰航线上,公司原投入 3 艘 2800TEU 船舶,经营 1 条双周班新西兰线(JKN 线)。从 6 月 24 日开始,COSCON/HamburgSud/NYK/MOL 四家公司将经营的 3 条新西兰航线合并为 1 条航线,总共投入 6 艘 3500TEU 船舶,公司投入 2 艘,HamburgSud 投入 2 艘,NYK/MOL 各投入 1 艘。改造后单箱成本降低 12.3%,有助于进一步提升航线竞争力。同时,调整后,东北亚直航舱位减少 35%,有效扭转市场供需失衡状况。(施凉城)

【改造南美 ESA 线与南非 FAX 线,开辟 CSE 线】 受全球金融危机的影响,公司与长荣公司合作经营的南美 ESA 线与南非 FAX 线舱位利用率不理想,且运价持续下滑,航线亏损巨大。为控制经营风险,公司与长荣协商南非线和南美线合并计划,7 月上旬新航线投入 11 艘 3500TEU 船舶,公司 4 艘,长荣 7 艘。调整后,公司舱位从 2087TEU 缩减到 1090TEU,缩减幅度 47.7%,有利于实现减亏。考虑到东南亚区域货量的增加,以及欧地 Vessel Pool 项目实施后面临华北短程舱位紧缺的情况,从 7 月下旬开始,公司与长荣投入 4 艘 2800TEU(公司 3 艘)经营中国—东南亚航线 CES,为华北货物经宁波中转提供短程支持,以及为未来进一步开发东南亚市场打下良好的基础。同时,为红海线 FRX 线下一步改造,用大船升级改造创造了条件。

(施凉城)

【新租船舶】 2009 年,公司新增租入船舶 12 艘,共 66027TEU;续租船舶 2 艘,共 698TEU。 (施凉城)

【退租船舶】 2009 年,公司总部(不含下属泛亚、京汉租入船舶)已退租 9 艘船舶,共计 23479TEU。 (施凉城)

【出租船舶】 2009 年,出租船舶方面,上半年公司累计 21 艘次船舶对外出租(不含出租"京汉 5"轮,部分船舶多次出租),共计 112813TEU。年内,新出租船舶 16 艘次,共计 94055TEU,其中航线合作项目下出租合作方的船舶 8 艘次,共计 70775TEU;续租船舶 1 艘,1432TEU。 (施凉城)

【安排租入船舶到期退租】 为减少公司闲置运力,控制固定费用,安排年内租约到期的租船在最早时间退租还船。年内,共计安排到期还船 10 艘,共计 25188TEU。

(施凉城)

【安排船舶出租、转租】 随着调整航线以应对不利市场,公司部分船舶下线。为妥善安置这些富裕运力,年内,公司先后安排 8 艘次船舶出租、转租(非合作项目),涉及运力 23280TEU。 (施凉城)

2. 战略策划

【战略策划部】 下设市场及航运研究、营销策略两个业务单元。主要职责:负责公司总体经营发展战略研究,国际经济、贸易、金融、航运以及相关市场的调研分析，为公司领导和相关部门提供决策依据；负责企业外部环境信息研究、动态跟踪分析，预测市场集装箱运输发展趋势；研究班轮公司竞争特点与经营战略，并结合公司现状提出相应战略对策；围绕公司生产经营实际，开展软科学课题研究；负责市场信息搜集、发布和全球月度、季度、年度市场报告编写等；公司网站的维护与管理；营销战略规划和客户战略规划等。定期编发《研究动态》、《竞争对手分析》、《客户分析报告》、《营销专报》等刊物。现有人员 9 人，包括硕士研究生学历 5 人，大学学历 4 人；其中高级职称 4 人，中级职称 2 人。

现任经理黄竞，副经理康晓彧。

（韩惠民）

【概况】 战略策划部开展的宏观研究与基础研究工作主要是通过专题形式发布，专题研究通过 6 份刊物，即《研究动态》、《竞争对手分析》、《航运专报》、《特别报告》、《客户分析报告》、《营销专报》体现。在基础信息搜集、整理、发布及营销策划指导方面，每周按时向中远集运总部领导及海内外各分部经营管理人员提供《航运快讯》、向营销人员每月提供《客户服务月报》和《CSOCON CUSTOMER EXPRESS》，每年提供《营销指南》。在对外信息交流方面，坚持做好向上海航运交易所的信息报备工作，每周按时报备国内主要口岸的箱量、收入及每月货运量完成情况。同时协助做好与上海航运交易所、中国船东协会、上海船东协会、上海港航信息网的日常联络及有关报送。维护公司网站主页的更新，全年中远集运网站共发布中英文新闻 212 条。同时更新公司全球机构、航线、船舶、证书等信息，回复网站询问，为今后业务发展新注册域名。协助中远集团、中国远洋及公司各部门进行相关项目和活动的宣传及相关公告的发布。

（韩惠民）

【全年出版 103 期《航运快讯》】 《航运快讯》每周 2 期。服务对象是中远集运海内外员工，主要内容包括世界政治、经济、贸易、金融、物流、集装箱运输、船公司动态、航线、运价、造船、租船及相关市场的信息。全年共编辑出版《航运快讯》103 期。

（韩惠民）

【增编新版中英文月报】 为使广大客户更及时准确获知公司航线服务调整情况，4 月起，战略策划部新增编制一份面向客户的中英文月刊——《客户服务月报》和英文版《COSCON Customer Express》，每月定期向公司全球营销人员代表发送。新版月报除报道最新航线动态和航线费率调整情况，还重点加入体现公司服务优势的品牌营销内容。全年共发送 9 期中英文月报。

（陈　蓉）

【全年编辑《研究动态》11 期】 《研究动态》主要根据国际国内经贸、金融、企业经营发展战略、航运政策法规和集装箱班轮运输市场、船舶市场、物流市场等方面的一些热点问题进行研究分析。主要服务对象为公司领导及经营部门负责人。2009 年共编辑 11 期《研究动态》。（韩惠民）

【《竞争对手分析》全年编发 2 期相关专题】 《竞争对手分析》主要服务对象为公司领导及经营部门负责人。主要根据同行业竞争者的动态，战略投资，不同港口和区域的市场份额作分析，或者通过在同一个市场上，不同竞争对手采取的措施进行分析。同时还分析竞争对手的运力变化，买、造船策略，市场份额与区域市场发展，经营业绩等。全年编发相关专题共 2 期。（韩惠民）

【《航运专报》编发 8 期专题分析】 主要服务对象为公司领导及经营部门负责人。主要内容涉及重点航线的预测展望分析，对一些热点并购案例进行分析，对港口供应商进行分析，对租、造船市场分析等，2009 年共编发相关专题分析报告 8 期。

（韩惠民）

【全年编发 8 篇《特别报告》】 《特别报告》主要服务对象为公司领导及经营部门负责人。结合年度经营实际，2009 年重点对外

部重要政策法规变化可能带来的影响，以及资本市场业绩分析等进行分析研究。全年共编发相关专题报告8篇。（韩惠民）

【《客户分析报告》全年编发9期】 主要服务对象为公司领导及经营部门负责人。2009年结合营销策划职能，继续深入开展对内外部客户的分析，内部对公司现有客户的贡献值、分布、结构等按季度、年度进行系统分析，外部对全球、中国主要的贸易客户及货代、物流企业进行研究分析。此外，营销策划部开展对公司客户需求和满意度分析，分析中远集运在同行业中的地位以及客户对公司服务质量和服务水平的潜在需求。全年共编发相关专题9期。（陈　蓉）

【《营销专报》全年编发9期】 主要服务对象为公司领导及经营部门负责人。为有效发挥营销策划指导功能，2009年战略策划部继续发布《营销专报》，重点针对航线营销特点，分别对太平洋航线西行冷藏箱运输市场、公司FOB客户比例、中国海铁联运市场、全球货代市场、中国出口政策等领域开展分析研究。全年共编发专题报告9期。

（陈　蓉）

【全年编发12期《月度市场报告》】 为便于公司经营发展，2009年战略策划部编发关于市场动态和公司海内外经营状况的分析研究报告，每月定期总结形成《中远集运月度市场报告》，提供给公司领导和有关部门生产经营决策参考，全年共编辑《中远集运月度市场报告》12期。（韩惠民）

【季度评析和年报】 由战略策划部负责编辑《国际集装箱运输市场评析》季刊，其主要内容是根据当季国际国内经贸发展状况、集装箱班轮运输市场、船舶市场、物流市场以及船公司等方面的竞争动态进行分析与预测。年内，共编辑出版4期《国际集装箱运输市场评析》和《2009年集装箱运输市场年报》。（韩惠民）

【编制客户服务指南和营销指南】 9月，战略策划部收集相关资料，结合航运企业和公司实际情况，对客户服务理念和技巧进行归纳整理，编写《优质服务和客户满意度提升（中远集运客户服务指南）》。12月，编制公司《2010年度营销指南》，并分发海内外各网点销售人员。指南在市场方面详细分析介绍2010年集装箱航运市场供需形势和未来发展趋势；营销方面分析介绍主要航线的市场形势判断、公司整体营销政策和各航线市场营销策略重点。（陈　蓉）

【开展专项市场营销分析】 2009年，战略发展部对冷藏箱市场、进口市场、FOB市场、货代市场、海铁联运、出口退税等热点问题进行专题分析和梳理，并提出相应营销建议和措施。对全球范围内营销人员进行问卷调查，共回收1551份有效问卷，并结合调查情况，分析中远集运营销队伍现状，提出了完善营销管理工作相关建议。

（李大伟）

【参与公司深化运价改革管理工作】 2009年，为深化公司运价改革管理工作，进一步推进中国地区运价改革各项工作，战略发展部搜集运价改革问题与建议，形成《中远集运深化运价管理改革中国地区出口运价管理办法（修订版）》。同时根据中远集团《经营指导意见》，参与推进中国地区营销体制完善工作，配合中国部完成《关于进一步加强营销队伍建设的指导意见》。

（李大伟）

【做好交通运输部运价备案工作】 2009年，配合交通部实施的运价报备制度，战略发展部牵头组织、协调各部门做好公司报备工作，按照规定要求如期完成中远集运公布运价、协议运价的报备工作。同时，每周收集各航线市场运价信息和网上备案低价船公司信息，并将有关情况上报中远集团运输部。（李大伟）

【上海航交所即期运价报送工作】 2009年，配合上海航交所中国出口集装箱运价指数改革工作，战略发展部组织、协调各相关单位，每周及时向上海航交所报送即期运价，全年共报送50期。（李大伟）

【公司网站管理维护】 2009年，根据中国远洋印发《中国远洋控股股份有限公司网站信息发布管理办法》,对原有《中远集运网站管理办法》作了修订,以进一步规范网站管理工作。为积极配合推进市场运价提升,公司网站自6月起,对外发布公司各航线运价调整信息。为进一步改善公司网站在客户中的使用状况,继续通过 Google Adwords 网络广告、经海内外各下属机构向客户发送网站宣传材料等多种方式,对公司网站进行多方面的推广。年内,公司网站页面浏览量达1054万次,较上年增长57%。截至12月31日,公司网站全年共发布中英文新闻212条。同时更新公司全球机构、航线、船舶、证书等信息,回复网站询问,为今后业务发展新注册域名。并协助中远集团、中国远洋及公司各部门进行相关项目和活动的宣传及相关公告的发布。根据公司全球契约的推进,在公司网站发布《2008年中远集运可持续发展报告》以及《中远集运2008环境报告》。 (范晓捷)

3. 企业发展

【企业发展部】 主要职责:负责公司治理结构建设及完善;公司有关投资管理规章制度的建立、健全和实施,规范投资管理工作操作流程;编制和上报公司年度投资建议计划、调整计划,并对年度投资计划的实施进行监督、考核;基本建设、更新改造和股权投资等项目可行性研究、分析及相关报告的编制和审核,做好投资项目实施过程中的指导、监督,协助进行后评估;根据中国远洋要求,协助开展投资者关系管理工作;受理客户投诉,并对投诉案调查、取证、分析、研究、处理、答复、存档;负责公司注册登记管理有关工作。现有人员7人,包括硕士研究生学历2人,大学学历4人,大专学历1人;其中高级职称1人,中级职称2人。

现任经理夏永健。 (夏永健)

【概况】 2009年,为减少内部交叉持股现象,在上年梳理、准备及报批等工作的基础上,对所属境内80家公司实施了股权结构优化工作;分解下达2009年度投资和储备计划,每月跟踪、统计、上报各项目投资计划完成情况,每季向中国远洋报备公司自行决策权限范围内审批的投资项目;研究制定并下发2010年度投资指导原则及重点方向,研究编制并上报2010年度投资建议计划、储备计划及资产处置计划;根据公司运力调整规划,组织并完成"汉中河"、"汉水河"、"汉江河"、"汉涛河"、"滨城"、"松城"、"洛河"、"辽河"、"沙河"、"远江城"轮等10艘船舶的资产评估机构选聘、评估备案等工作;对近3年新成立公司上年度经营情况进行跟踪分析;协调中国部、中远美洲公司推进中货公司收购中国海贸股权工作;协助中国远洋完成2008年年报、2009年季报、中报的发布工作;根据中国远洋要求协助接待来访投资者和分析师;编发《每日证券市场信息》、《月度信息采集表》;根据中远集团总体部署,协助推进、实施并完成F5项目;完成中远集运公司注册登记地址变更、工商企业年检以及直属境外企业联合年检、对外直接投资统计等工作;联系、协调相关部门和单位,按照PWC2008年度管理建议书要求,完成各建议项改进和落实下一步整改计划。 (夏永健)

【中远集运注册登记地址变更】 3月25日,国务院审议并原则通过了上海市上报的《关于率先形成服务经济为主的产业结构,加快推进上海国际金融中心和国际航运中心建设的意见》。随后,国务院发布了《关于推进上海加快发展现代服务业和先进制造业建设国际金融中心和国际航运中心的意见》(国发〔2009〕19号),上海市政府继之印发了实施意见(沪府发〔2009〕25号),提出上海将实施洋山保税港区营业税优惠政策,对注册在洋山保税港区内的航运企业从事国际航运业务取得的收入和仓储、物流等服务企业从事货物运输、仓储、装卸搬运业务取得的收入,免征营业税。根据中远集运将注册登记地址迁入洋山保税港区内的决定，经与各相关单位联系、协商，6 月 17 日，取得新的企业组织机构代码证，完成中远集运注册登记地址变更的全部法律手续。

（夏永健）

【所属企业股权结构优化工作】 2009 年，为进一步理顺公司所属境内企业的法律、资产和业务架构，简化各公司产权关系，增强公司对所属企业的掌控能力，提高日常经营管理的效率和决策质量，推进扁平化管理，加快企业对市场变化的反应速度，为全系统财务决算带来更大便利，在上年认真梳理和充分准备的基础上，对公司所属境内 78 家单位实施了股权结构优化工作，并完成了工商注册登记变更手续。（项怡雯）

【清理无价值企业】 2009 年，根据公司“拧紧毛巾控成本”有关要求，经组织各单位梳理和研究，并报上级公司批准同意，对下属企业中经营状况不佳且扭亏无望、不具有存续意义的 11 家单位（昆士兰冷箱公司、新西兰大洋洲冷箱公司、宾士菲利天津代表处、上海中货东区分公司、青岛中货泰安即墨分公司，MERCURY 所属 5 家单船公司 HONOR RIVER SHIPPING INC. / STARRY SHIPPING INC. / SKY MANNA MARITIME INC. / COSCO CHARLESTON MARITIME INC. / COSCO NORFOLK MARITIME INC.）实施关闭清算。这一举措进一步降低了公司运营成本，简化了所属单位组织架构。

（项怡雯）

【年度投资计划制定及执行】 2009 年，依照中国远洋对 2009 年度投资管理工作要求，及时完成年度投资计划及下半年投资计划调整的审核、上报和分解下达等相关工作，并定期跟踪、监督、上报各项投资落实情况。全年，中远集运总部及下属境内外单位投资计划总体完成情况良好。

（章　静）

【项目审核与报批】 2009 年，为减轻公司经营和资金压力，公司加大审核力度，全年新审批的投资类项目共 7 项；获准减资、股权变更及关闭清算类项目 10 项。新审批项目个数及项目投资规模，均较往年有明显减少。（章　静）

【上海临港堆场完工并投入试运营】 中远集运投资 4.53 亿元建设的上海临港堆场位于上海临港新城西侧的临港自营物流园区内，占地约 23.2 万平方米，是公司在华东地区设施先进的多功能现代化集装箱和货物集散中心。该项目于 2007 年 10 月 27 日开工，2009 年 7 月完成全部工程建设，并通过监理组织的工程预验收。11 月，通过上海工程安全质量监督站的验收，并开始试运行。（席艳敏）

【临港项目获得物流业振兴专项扶持资金】 根据国家有关《物流业调整和振兴专项投资管理办法》的精神，4 月，公司就上海临港项目向国家发改委申请项目扶持资金。在中远集团指导下，经国家发改委审核通过，上海临港项目成功获得补贴资助 500 万元。

（席艳敏）

【退役船舶资产评估】 2009 年，根据公司运力调整规划，按照中远集团有关规定，组织并完成“汉中河”、“汉水河”、“汉江河”、“汉涛河”、“滨城”、“松城”、“洛河”、“辽河”、“沙河”、“远江城”轮等 10 艘船舶退役资产评估机构选聘、评估备案等工作，为后续处置上述船舶退役提供价格参考。

（席艳敏）

【接待参加投资者大会来访机构和投资者】 根据中国远洋安排，接待投资者和有关机构的来访，参加投资者大会。2009 年先后接待大和证券、美国 IMPALA、美林证券、Fidelity、高盛、瑞士私人银行 UBP、平安证券、易方达基金、博时基金、丹麦机构、Impala Asset Management（HK）、申银万国、嘉实基金、长江证券、KKR 私募基金、Danske Markets、Industriens Pension、SEB Asset Management、ATP、Nordea Investment Management 等机构的 67 位分析师的来访；配合参加第九届瑞银大中华研讨会，参加中信证券等举行的视频会议，并提供相关保障服务。

（秦永娟　张　越）

【客户投诉受理】 2009年,共受理业务类投诉2起。在不损害公司利益的原则下,给予客户较为满意的处理结果,获得客户谅解,维护并保持了公司优质服务的良好市场形象。 (王海先)

【完成F5项目】 为贯彻落实国务院对中远集团"整体上市,分步实施"的批示,以及中远集团领导在中远集运系统2008年航运主业工作研讨会上的指示,确保集装箱船队的运营安全,降低上市公司经营风险,减少上市公司关联交易,有效控制公司船舶营运成本,理顺管理关系与资产关系,提高工作效率,确保中远集团内部和谐稳定,实现上远公司的可持续发展,2008年6月30日,F5项目正式启动。2009年10月28日办妥中远集运收购上远公司100%股权企业注册登记变更工作,顺利完成F5项目。

(夏永健)

4. 计划运营

【计划运营部】 下设预算与支持、成本与流程、业绩与分析三个业务单元。主要职责:根据公司预算委员会要求,制定和发布每年公司生产预算的编制计划和流程,协助制定、下达年度生产预算假设和目标,组织协调公司各部门进行年度业务预算编制和季度滚动预测,以及对生产预算执行情况的跟踪分析;负责根据每月公司经营情况变化,进行成本核算参数的核对和调整,以及按照货流模型系统测算航线效益核算结果的发布,同时加强对货流核算以及货流系统的监控和维护,不断优化成本核算方法和逻辑,优化数据质量;负责协助公司业绩委员会,制订经营管理业绩责任书,包括指标的定义和计算方法、指标目标值的确定、权重的设定等,发布季度、年度经营业绩评估结果,提交业绩评估报告;针对各个区域部进行成本考核工作的沟通、协调和反馈;对运营中的重点项目、公司管理层关注的热点问题等,进行专题的分析和研究,编制专题报告供公司领导参阅和决策,同时反馈相关业务单元,使其重视问题、解决问题,并辅助其管理工作的完善和提高;加强与IT部门的沟通,不断优化预算、货流、绩效管理系统,提高公司MIS(管理信息系统)的效率,提高数据质量,更好地为运营跟踪与分析服务。现有人员15人,包括硕士研究生学历1人,本科学历13人,专科学历1人;其中中级职称8人。

现任经理吴宇,副经理蒋时飞。

(张雪琴)

【概况】 2009年,组织并完成2009年季度滚动预测和年中预算调整工作,以及2010年公司业务预算的编制工作;加强对开航销售贡献测算数据和逻辑的优化,并完成开航效益测算周报在MIS系统的上线工作;按时按质完成每月货流盈亏快报的发布;制定经营业绩考核指标,下达《经营管理业绩责任书》,完成对各责任中心的经营业绩考核、指导和反馈;进一步优化成本问责考核指标体系,加强对各责任单元成本数据跟踪和分析能力的评估;根据业务部门需求,加强对MIS的持续建设,开发和优化相关支持报表,加强对报表操作和使用的指导,提高业务部门对报表的利用率,提高工作效率;开展新报表平台建设和结构优化,加强现有MIS报表的移植工作,完成多份报表在新报表平台的上线;每月在提供计划运营月报和例行分析报告的同时,不断深入对公司经营情况的分析,不断拓展和丰富专题报告的内容,以提交高质量的分析报告,形成更为完善的分析体系。 (张雪琴)

【组织、编制2010年公司经营业务预算】 2009年,在整体航运业效益不佳的情况下,根据中远集团有关要求,比往年提前一个月,于9月起开展对2010年公司效益预测工作。在全年公司效益尚未完全明朗的前提下,克服时间紧迫的困难,对2010年公司效益情况进行谨慎把握和大胆预测,12月底顺利完成公司2010年度预算工作。

(臧宣伟)

【加强公司2009年季度滚动预测,实现预算的动态管理】 2009年,全球经济危机蔓延,航运市场形势波动加剧,各航运、金融专业咨询机构都在不断调整对国际金融市场和航运市场的预测。从年初开始,落实每一次的滚动预测工作,每次滚动预测均在1个月左右时间,对各阶段的业务情况进行更新和预判,实现对年度预算的调整和修正,使公司管理层能在第一时间得到最新的预测数据,为公司经营决策提供支持。

(臧宣伟)

【预算系统建设】 2009年,航运形势发生剧烈变化,对公司预算系统提出了更高的要求。年初,预算系统完成增加预算录入期间的改动,开放为13个月,从而保证年度预算至1月中旬完成航次效益数据的准确性;同时针对口岸的需求,完成对武汉口岸数据的拆分,按照货物实际进出口路径,将武汉口岸数据从上海港口群中拆分出来;增加相关成本数据保存粒度,逐步满足预算实际比对需要,对港口费、中转费等成本在年中预算调整后,对预算系统逻辑进行了相应修改和优化,新增相关数据的保存粒度,使预算实际比对口径逐步统一及可操作。

(吴 彬)

【推进开航效益测算周报项目】 2009年继续优化每周开航口径销售贡献测算,包括:明确航次最后一个装港的逻辑,并正式开发上线,对于统计开航效益和计算各航次远程舱位利用率有积极的作用。为快速、准确反映实际业务情况,对各项成本的历史均值进行相应的调整。其主要内容为细分DOOR段中转费和箱管成本均值的粒度;修改长江驳船的中转费与货物费;西北欧地区驳船中转费率;按照接货地和到达地计算香港的装卸费率等。上半年,完成对各贸易区、泛亚业务人员有关开航效益测算主要逻辑的培训,介绍成本均值补充及调整的方法和流程。截至年底,完成在MIS系统中开航效益测算周报的定时生成,方便用户随时查询。 (曹 蕾)

【MIS系统持续建设】 经过2009年的持续建设,MIS系统能够更全面服务于业务统计和管理分析。全年完成新增报表和查询修改103份,其中包括涉及船舶营运(承运箱量/船舶准班等)、设备营运(集装箱周转/集装箱平衡/集装箱成本/滞期费等)、货物营运(港口的出口进口中转/内陆货物/延伸服务等)、销售管理(箱量收入/运价结构等)、客户管理(客户贡献值等)、财务管理(应收账款/运费回收/运费更改等)、单证和数据质量管理,以及营运成本报表;为帮助用户更好了解和使用MIS系统,对用户反馈MIS系统运行、使用方面的问题或疑问等提供即时支持;对用户通过Service Call、email或电话反馈的问题,都能在第一时间进行回应。 (季慧聆)

【新MIS报表平台的移植和建设】 2009年,通过对公司MIS报表新平台的移植和建设,可在新报表平台上使用的报表有:每周运费收入周报、中国部以及下属分部每周运费收入周报、月度开航完航销售箱量收入报表、海外各区域运费收入周报(北美)、2009年美国航线履约率报表、每日中转跟踪报、超期空箱停留跟踪报、美国内陆货比例跟踪周报、空箱堆存费周报/月报、重箱堆存费周报/月报、空箱同城调运跟踪月报等。

(陈雪琼)

【货流系统建设及完善】 2009年,货流系统定期完成每月初货流盈亏快报的发布工作。进一步利用通过成本问责建立起来的沟通平台,分析货物费、港口费、内陆中转费、空箱变动成本的驱动因素,以及口岸与供应商的结算流程,调整部分口岸装卸费的成本预估方法,增加中转费的冲销方式,加速成本完整性确认,有效促进成本报账的及时性与完整性,促进系统发布的历史均值以及成本预估的准确性;紧跟航线交换、VESSEL POOL计划的实施,调整货流核算逻辑,将业务的变化情况及时反馈;针对金融危机下航线收入大幅缩水的情况,调整航线效益情况的跟踪方法,将收入依次与货物变动成本、航次变动成本、固定成本、管理财务费用进行比较，以切实反映各航线的经营情况；针对金融危机形势下的汇率波动情况，将汇率波动纳入货流调整。（马晓栋）

【《2009 年度经营管理业绩责任书》编制下达】 2009 年度各责任单元《经营管理业绩责任书》考核指标体系，对指标项目作了大幅度的精简（经营部门的指标项目精简超过一半），突出贡献值考核，强化对业务的引导作用；并将责任书考核、运价管理考核、成本问责考核有机结合。同时，根据公司 2009 年度总体预算和分解目标、具体经营管理目标，以及上级单位下达的 2009 年经营管理指标，确定 2009 年《责任书》各项指标的目标值。年初，2009 年度《经营管理业绩责任书》下达各责任单元执行。公司《责任书》的责任单元为：美洲贸易区（含美洲公司）、欧洲贸易区、亚太贸易区、贸易保障部、战略发展部、财务部、企业资讯发展部、安全技术管理部、总经理办公室、组织/人力资源部、党委工作部、审计监督部/纪委、公司工会、泛亚公司、上远公司、计算机中心和单证公司等 17 个总部部门（单位），以及中国部、华南公司、欧洲部、澳洲分部、东南亚分部、日本分部、韩国分部、西亚分部、南非分部、南美分部、德利公司（中国台湾地区）等 11 个海内外公司（分部）。

（武　成）

【2009 年度经营业绩考核工作】 2009 年 12 月年底，公司经营业绩考核工作小组编制了《2009 年度目标责任年终考核工作方案》。《方案》确定考核工作的原则、依据、程序和数据口径等。根据《方案》，工作小组按照《经营管理业绩责任书》各项指标及考核标准，依据业绩管理（BPM）等相关系统生成的数据、各职能部门的统计数据，参照各责任单元自查及相关职能部门核实情况，统筹考虑“备忘录”事项后，对各责任单元 2009 年度《责任书》完成情况进行了初步考核评价，并将考核结果向总部各责任单元进行了通报。根据各部门、单位反馈意见和公司领导指示，工作小组对有关责任单元的得分进行了调整后，将考核结果汇总整理形成专题报告呈报公司，为年终绩效挂钩提供了量化依据。（武　成）

【2009 年成本问责制实施情况】 2009 年，根据公司要求，全面贯彻落实成本问责制。成本问责考核指标作为各责任单位年度《经营管理业绩责任书》考核指标的一部分下发执行，并于下半年根据成本控制工作重点，对指标作了调整。每季度对各责任单位成本问责指标的执行情况进行评估，并对上半年执行情况优秀的单位进行奖励。年内，在总结上年经验基础上，进一步优化了成本问责考核指标体系，强化对各责任单位成本数据跟踪和分析能力的评估与问责，并通过强化日常成本分析和监控活动，加强对成本的掌控能力。（武　成）

5. 法 律 事 务

【法律事务部】 负责研究国家及地方法律、法规、公司证券和投资，跟踪国际、国内航运法规的立法动态，撰写各种法律专题报告，为公司决策机构提供法律意见。参与公司的分立、合并、破产、解散、投资、担保、租赁、产权转让、招投标及改制、重组和处理公司上市有关法律事务。加强公司合同综合管理，防范合同签订过程中可能出现的风险，强化公司合同签章、登记和归档工作。管理公司授权委托、公证、认证、见证及知识产权保护等法律事务。负责关联交易的识别、认定以及监控。负责与法律顾问保持定期、制度化的联系，协助法律顾问处理本公司涉法事务。负责公司法律信息系统的建设和维护，定期、系统培训员工，提高员工法律素养和法制观念，编发《中远集运法律通讯》。负责处理公司海事海商以外的法律纠纷及公司诉讼案件的管理工作，包括重大诉讼案件的报备工作。现有人员 2 人，包括硕士研究生学历 2 人。

原经理孙家迪于2009年6月离任。

（程立雪）

【概况】 2009年，继续推广合同管理系统，要求各部门以公司名义签订的合同须经OA局域网合同管理流程进行审批。全年通过OA网审批合同共78份，另对81份合同作了电子归档，有效控制合同法律风险。规范公司合同管理流程和授权委托流程，降低合同管理风险以及因授权委托产生的法律风险。全年共编发法律专题报告5篇、《中远集运法律通讯》13期，完成合同审核120余份。协助人力资源部举办《鹿特丹规则》培训班，组织公司系统在线法律知识竞赛和上市公司相关知识培训。发布《中远集运关联交易监控规程(2010年修订版)》，全年对公司关联交易进行监控。

（程立雪）

【普法宣传突出针对性】 2009年，普法工作主要涵盖法律基础、公司证券、海商海事等方面内容。年内，法律事务部共编发《中远集运法律通讯》13期，对当月新颁布的与公司业务、职工生活密切关联的法律、法规进行介绍。（程立雪）

【法律风险控制卓有成效】 2009年，继续推广公司合同管理系统，将各部门以公司名义签订的合同须经OA局域网合同管理流程进行审批。年内，通过OA审批合同共78份，除贸易区外基本规范其他以公司名义签订的合同均通过系统进行审批。另对81份合同作了电子归档，有效控制合同法律风险。年内，共审核合同123份，未因合同审核而引发合同纠纷。（程立雪）

【法规培训形式多样】 7月14日，参加中国远洋2009年关联交易培训研讨会。10月23日，组织上远公司举办上市公司关联交易及信息披露培训班。10月30日，举办《鹿特丹规则》专题知识讲座。12月1日，参加上市公司信息披露及投资者关系讲座。年内，向公司干部员工发放《社会主义法治理念读本》“五五”普法教育辅助材料40份。（程立雪）

【法律研究注重主题】 2009年，继续加强对欧盟反垄断法、美国RULE B海事扣押令、中国合同法、反垄断法等法律的研究工作，撰写《关于公司是否继续作为ELAA成员的报告》、《关于上远船管RULE B对公司以及集团其他公司的法律风险评估》、《关于融资物流与储运的风险提示》、《〈鹿特丹规则〉内容简介及相关影响分析》等法律研究材料，提供公司领导及各相关部门参考。此外，针对Kuhne Holding AG收购Hapag-Lloyd AG并购事件，从反垄断法角度出具了《关于Kuhne Holding AG收购Hapag-Lloyd AG案的意见》。（程立雪）

【关联交易未突破限额】 2009年，中国远洋重新调整各项关联交易上限，中远集运实际发生关联交易金额占总上限56%，各总协议项下的关联交易均未突破上限。对新造船、产权交易等一次性关联交易密切跟踪和监控，关联交易的各项监控得以平稳有序进行。根据相关法律法规，对《中远集运关联交易监管规程》进行修订，进一步明确和细化联系人制度以及关联交易识别、审批制度，更新有关关联交易的联系人名单，密切配合审计公司，严格遵守香港、上海两地证券交易所对关联交易的规定。

（程立雪）

（七）财务管理

【财务部】 下设会计部、资金运营部、结算部、预算部和SAP系统应用项目部。主要职责：运费和港口使费结算；船舶固定费用（机务、润料、保险、租赁等）及燃油费用审核结算和支付；财务报告编制及财务信息上报与披露；固定资产管理；税务筹划与管理；经济效益测算和分析；财务收支和更新改造计划编制与管理；各项基金计提及专控项目管理；资金计划与调度、存贷款和外汇收支管理、银行与现金出纳及账本管理；对下属单位财务监督管理；为公司财务人员继续教育培训、办理会计证及年审；SAP财务系统在总部及海内外各区域公司推进和应用管理。现有人员72人，包括硕士研究生学历7人、本科学历47人、专科学历18人；其中高级职称5人、中级职称26人。

现任总经理田宏启、副总经理郑琦。

（罗红玮）

【概况】 2009年，全球金融海啸和经济危机对航运业特别是集装箱班轮运输业造成了致命打击，危机重重、举步艰难。财务部以“降本增效、同业领先”为目标，认真筹划、开展各项工作，为公司顺利渡过难关夯实基础：通过研究准确判断国际、国内金融市场走向，采取果断措施，利用上半年国家实行宽松货币政策的有利时机，提前启动2009—2010年融资计划，为保障公司生产经营实现资金战略储备。同时，通过采取多种手段，合理规避汇率风险，使公司货币性资产得到保值和增值。在公司出现巨额亏损严峻形势下，不仅确保了公司现金流，实现财务费用净赢利，报表财务状况得到改善，而且积攒了近百亿现金，为明年奠定较好基础。进一步推进结算流程制度化建设，加强信用管理和运费管理工作，全面和提前完成中远集运全部运费回收考核指标。加强税务筹划研究，规避税务风险、降低税收成本，积极争取获得洋山保税港区航运收入营业税免征政策。加强成本费用审核和控制，全面压缩管理费用开支。面对急剧变化的市场环境和航运形势，加强对生产经营及财务状况预测、经营效益完成情况分析，为公司管理层及时了解经营预期、经营效益，适时调整经营决策提供参考依据。在财务系统建设方面，以提高核算质量和财务管理水平为工作重心，通过推进系统实施、改进系统功能、挖掘系统潜力，为财务管理工作提供强有力系统支持。按时保质完成2008年决算和2009年各期报表的编制和审计工作，信息披露质量大幅提高。

（罗红玮）

1. 会　计

【会计部】 下设会计业务、船舶财务业务、投资管理业务、海外财务管理业务。主要职责：协调与财政、税务部门及上级公司财务部门工作关系，监督会计核算的合法合规性，及财务规章制度、财经纪律执行情况；负责起草、修订有关财务规章制度、政策、办法；负责编制会计报表、进行年终（中）以及季度决算、财务与经营活动分析；中远集运系统税务筹划与安排，以及对下属境内及海外公司的财务指导和管理；负责船舶固定费用、集装箱固定费用、燃油成本、管理费用等核算、分析与控制；固定资产及专控项目的核算与管理，以及工资及工资性费用的核算与分析。现有人员15人，包括硕士研究生学历1人,本科学历13人,专科学历1人;其中高级会计师2人、中级职称7人。

现任经理潘志刚,副经理顾浩。

(顾　浩)

【概况】 2009年,全球金融危机对集装箱班轮运输业造成严重打击,中远集运在此次经济危机中遇到了前所未有的困难,公司财务状况发生了很大的变化,财务工作千头万绪。面对困难,积极开展公司减亏增效工作,群策群力,努力推进各项工作:加强税务筹划研究、规避税务风险、降低税收成本;加强成本费用的预算、审核和控制,尽可能压缩管理费用开支;改进核算流程、提高核算和管理水平,为协助公司渡过难关不懈努力。同时,保质、高效按时完成2008年度决算及2009年季报、中报、快报的编制、审计及相关信息披露工作;合并范围内单位间往来未抵消差异进一步减少,账销案存的销案率大幅提升,一些历史遗留问题得到较为妥善的解决,充分体现高质量会计报表信息披露。(顾　浩)

【财务决算质量评比】 中远集运2008年度决算合并范围内各单位报表的编制质量,较往年整体上有较大提高,获得上级领导及审计事务所的认可。为客观评价公司合并范围各直属单位2008年决算年报完成情况,本着实事求是、客观公正原则,从报表上报的及时性、内容完整性、数据准确性,以及工作态度、政策执行力度、文字说明清晰度、审计沟通效果、报表编制工作量大小和难易程度等方面,对下属单位进行了综合打分评比。6月3日,公司下发中远集运财函〔2009〕21号文,对被评为优胜单位的澳洲五星航运代理有限公司、华南中远国际货运有限公司、中远集运美洲公司、中远集装箱船务代理有限公司予以表扬。

(陈益群)

【管理费用压缩】 年初,按照中远集团总体经营要求,为完成公司提出的管理费用比上年压缩10%的目标任务,会计部通过反复测算比较,与下属公司充分沟通,确定出台中远集运系统2009年管理费用控制具体标准。为按进度落实目标任务,要求各直属单位从3月起上报管理费用分月分项目统计表和月度管理费用分析报告,对管理费用各个项目,特别是超支项目逐一进行比对、分析和监控。通过日常的密切跟踪管理,截至年底,各单位管理费用控制情况良好,全年累计费用全部控制在目标进度之内。从成本项目来看,全年可控费用比上年同期下降12.6%,比制订目标预算减少5.1%。特别在办公费、差旅费、业务招待费、会议费等重点项目上,各单位均采取了各种有效措施,节支效果非常明显。(陈益群)

【营业税金减免】 国务院[2009]91号文件《关于推进上海航运中心建设指导性意见》规定,对注册在洋山保税港区的航运企业从事国际航运业务取得收入实行暂免征营业税的优惠政策。据此,会计部迅速开展税务筹划研究,测算可能享受的节税效益,并积极参与公司注册地变更到洋山保税港的各项落实工作。6月19日前,顺利完成了税务登记证企业注册地信息变更,并积极向上海市税务七分局申请免税,从7月开始,对公司取得的航运收入提前进行零申报,顺利获得免税批复。据统计,从6月19日到30日取得营业收入退税715万元。通过此项工作,可节约税费约1.27亿元人民币。(罗红玮)

【抵御税务风险】 年初,针对境内中转业务开具发票存在税务风险情况,4月2日印发《关于规范中转业务发票开具的通知》,在综合各代理意见和建议后,制订出台《中远集装箱运输有限公司内陆、内河等中转运输供应商发票处理规定》,于6月30日推行实施。该规定规范了各级代理公司在办理船东中转业务过程中取得、审核、传递中转运输供应商发票以及资金结算等行为,有效遏制了营业税金纳税抵扣风险。4月6日,上海市税务七分局稽查所依据《税收征收管理法》,对公司本部已入账的外来发票进行了检查,通过随机抽取200份记账凭证进行调查核实,结论为公司所接收的发票基本符合相关规定,没有发现虚假凭证或不合法的票据情况,基本肯定公司发票管理制度和流程。6月,根据中远集团关于开展税务自查的通知精神,牵头组织落实中远集运系统的税务自查,要求各公司仔细梳理各项涉税风险点,认真研究税务法规和政策,以此力求全面提高税务管理水平。努力克服时间紧迫,涉及范围广、内容多等各种困难,在规定时间内保质保量完成了本次自查工作。通过外部税务检查及内部税务自查工作的开展,增强财务人员对公司经营各环节涉税风险点的认识与防范意识,同时促进了公司会计核算质量的提高。（顾　浩）

【SAP 系统改造】 2009 年,对 SAP 核算系统主控的营业税金计税系统、管理费用和船舶固定费用分别进行了更新和改造。年初,对 SAP 营业税金计税系统进行了改造,在符合合理合法纳税的同时,维护公司的最大利益。6 月,在顺利通过国家级税务大检查的过程中,该计税系统经受住检验并发挥重要作用。针对船舶停航期间损益影响程度的同时,发现在 SAP 系统中的船舶固定费用、管理费用两个核算模块需要大量的手工操作,而且在实际费用发生数中还掺杂预算数据等问题。经过深入研究、改进核算方法和流程,提出了船舶固定费用、管理费用核算及预估系统改造的需求,核算逻辑由原"实际加预算"改造为"实际加合理预估",4 月开始上线运行。新核算系统特点为预估数据与业务系统接口、数据整体上载、凭证自动生成、错误及时警示,使财务数据能够及时反映当期业务的实际发生情况,提高核算质量,节省了大量人力。（顾　浩）

【中远集运及所属境内公司产权登记情况】 2009 年 4 月,公司财务部牵头,集中对公司范围内涉及产权变动事项的境内下属公司,向中远集团财务部提出申请,要求办理产权占有、变更、注销等登记工作。该项工作共涉及 97 家单位,其中 9 家单位办理产权占有登记、84 家单位办理产权变更登记、4 家单位办理产权注销登记。最终,除有 3 家单位存在变更瑕疵未获通过外,其余 94 家单位均已办理成功。（余　莉）

【中远集运所属公司架构变动情况】 2009 年,在中远集团、中国远洋的全力支持下,10 月 28 日成功收购了上海远洋运输公司 100% 股权,年终决算纳入中远集运合并范围,成为中远集运一级子公司。截至年底,中远集运合并报表范围一级子公司为 20 家(境内 8 家,境外 12 家)。中远集运海外二级及以下子公司发生了股权架构变动:2009 年关闭两级子公司、三级子公司各 1 家公司。三级子公司大洋洲冷箱服务有限公司,关闭时点为 8 月 31 日,由其母公司中远新西兰代理有限公司吸收合并;两级子公司昆士兰冷箱服务有限公司,关闭时点为 12 月 31 日,由其母公司五星航运代理有限公司吸收合并。一级子公司 COSCO(CAYMANY)MERCURY CO.,LTD 下属的单船公司由年初 78 家,减至年末 73 家。

（陈建华）

2. 资金运营

【资金运营部】 下设资金管理业务、资本运营业务。主要职责:负责资金运营日常业务和资金管理;组织实施对中远集运资金监控;制定资金计划、合理调度资金、妥善安排资金存量,对外审核付款;对公司长、短期借款以及其他资本规划、运作和账务管理;对公司财务费用监控和账务管理;以降低公司资金成本为目的,开展相关资本运作方面的研究、分析;负责公司对主要基础货币汇率跟踪,研究避免汇率风险控制措施;负责公司对融资项目利率跟踪、研究和管理,研究避免利率风险控制措施;行使对公司以及所属公司日常资金管理、融资管理,包括投资、内部借款资金往来管理;负责与中国远洋资金往来账的跟踪、管理,及时向中国远洋汇报、沟通,确保公司海外资金及时回融;负责公司及其所属公司的资金管理、融资关系建立和维护、外汇管理部门沟通、公司企业资信等级评估等各项工作。现有人员10人。其中硕士研究生3人,本科学历2人,专科学历5人;其中中级职称5人。

现任经理江平,副经理杨胜东。

(马　达)

【概况】 2009年金融危机对实体经济造成重大冲击,特别对国际航运业带来负面影响尤其严重。在集装箱行业整体大幅亏损的形势下,保证中远集运现金流不断链事关公司的生存和发展。资金运营部以应对现金流危机为第一要务,积极跟踪国内、外金融市场,采取有效措施,利用上半年国家实行宽松货币政策有利时机,提前启动2009—2010年融资计划。全年按计划实现资金战略储备,并完成债务结构由短期向长期的调整,规避公司短期偿债风险。同时,继续推进国内、外资金管理,资金平台建设上新台阶。指导各下属公司为应对现金流采取各种措施,加大对下属公司资金运作监管力度。通过对公司全系统资金的统一严格监管,为公司渡过危机奠定了坚实的资金基础。采取多种手段,合理规避汇率风险,使公司货币性资产获得保值和增值。在实施大规模举债储备资金的战略条件下,充分利用强大议价能力,紧紧抓住美元贷款利率与人民币存款利率基本持平或倒挂的有利形势,通过合理资金运作,使财务费用节支效果显著。(马　达)

【开展融资工作 实现资金储备】 2009年,在公司严重亏损自身造血功能严重不足不利形势下,为应对现金流危机,根据公司经营情况预期,提早做出多种预案,经与多家中资金融机构紧密合作,多家金融机构承诺向公司提供锁定融资成本上限美元贷款额度。公司在此框架内,根据经营情况,逐步提取长期美元贷款,实现了资金储备战略目标。由于人民币升值,公司债务采用美元贷款方式,在Libor(伦敦银行同业拆进率)走低情况下,公司财务费用节支效果显著。

(马　达)

【推进资金平台建设】 2009年,日常资金管理工作重点是继续推进海内外资金平台建设。年内,在大连口岸对其所属部分内陆网点,通过网银实现了资金集中支付;在青岛口岸配合中远集团资金中心,启动了连云港、潍坊等地区网点资金归集工作。在获得中国远洋批复基础上,全面实施华南中货船东账户结算模式变更为口岸模式并按SAP系统三期模版纳入公司资金集中平台相关工作。通过不断完善,国内资金平台建设已不断深化并日趋成熟。同时,为应对全球金融危机可能带来的境外资金管理风险,根据中远集团要求,在海外区域公司的支持和帮助下,积极指导和协助部分所属境外公司完成在当地中资银行的开户、账户转换准备与老账户清理等工作。(许　磊)

【合理规避汇率风险增加收益】 2009年,由于金融危机向各个经济体扩散,各国汇率剧烈波动。针对这种情况,公司有预见性动态分析现有十多种货币性资产的汇率走势,利用资金结构多币种有利条件,在满足实际资金需求的基础上,对货币资金的结构进行合理配置,及时调剂币种,规避汇率风险,积极增加获取收益。(马　达)

【开展船舶融资】 2009年,根据公司运力总体规划和船舶投资进度,资金运营部积极开展船舶融资。尽管在境外融资市场资金紧张,且传统船舶融资机构对航运业持谨慎态度的不利形势下,公司仍完成了1艘10000TEU船舶的融资工作。融资成本大大低于当时市场水平,且融资比例很高。取得10年长期船舶融资款项,为公司的支付其他船舶建造进度款提供了保障。

(马　达)

3. 结　算

【结算部】 负责中远集运全球运使费结算,运费回收和催收,公司月度航线盈亏的核算。结算业务划分为中日区结算业务、美洲区结算业务、欧洲区结算业务、亚太区结算业务以及综合业务。现有人员35人,包括本科学历25人,专科学历10人;其中高级职称1人,中级职称10人。

现任经理陈旭,副经理张安铭。

(张安铭)

【概况】 2009年,面对严峻的市场形势和对财务结算核算的更高要求,结算部起草印发4个公司文件,推进了制度化建设;全面和提前完成中远集团下达中远集运的全部运费回收考核指标;做好信用管理和运费管理工作;稳步提高核算水平。组织举办业务培训,提高员工业务水平;推进系统建设,包括BW项目和代理费商务结算平台相应工作。 (张安铭)

【理顺美洲地区结算流程】 2009年,通过理顺接口对应关系,将SAP系统上线之初应收、应付中远美洲公司账户的数据归口对应到中远集运美洲公司,不仅使账户与实际相符,同时解决了往来账代码重复问题;12月完成理顺北美地区COSCON CPA(CNA Check Print Application)系统的单币种问题,在拉直结算基础上,在CPA系统上实现美元(USD)和加币(CAD)双币种报账;12月底完成处理加拿大公司账面因单币种挂账所形成的使费备用金往来问题,同时关闭4个老使费银行账户,对沉淀的资金进行清理;规范巴西公司按美元单一币种报账操作程序,按拉直结算的要求,实现巴西公司按实际收付原币(BRL)报账。(杜力萍)

【进一步规范佣金制度的管理】 2009年,按照公司增收节支总体要求,由欧洲结算科牵头,1月组织专项佣金核查小组,对欧洲所有代理上年至今年6月份的佣金报账程序、计算逻辑和报账结果进行了全面检查。检查人员总结检查过程中所发现的问题,会同贸易保障部协议科就协议规定中容易引起双方在计算佣金过程中产生歧义的部分作了解释,并于8月20日出台中远集运[2009]147号文件《关于对中远集运代理协议中有关佣金问题补充说明的意见的通知》。通过专项检查和制度建设,进一步规范代理与总部佣金结算操作程序,提高实际佣金结算工作效率和质量。(刘富强)

【建设欧洲资金平台】 为符合中远集运资金拉直结算要求,减少欧洲部分代理与公司在运使费资金结算中间环节,经与中远集运欧洲公司协商并征得部分代理同意,自4月1日起,结算部欧洲科与资金部配合,对希腊、土耳其、奥地利、波兰、俄罗斯和VASCO 6家代理的运使费由原来向中远集运欧洲公司的报账变更为直接向中远集运总部报账。同时,为在特殊情况下规避海外资金风险,制定印发《海外代理运费资金回划操作流程》应急措施,为保障海外资金的安全运作提供了依据。 (刘富强)

【推行国内供应商90天信用期付费结算】 2009年,为提高资金运用效率及节约资金使用成本,财务部对国内供应商的付款期实施统一管理,将供应商按性质分类后分别制定相应的付款期,对普通供应商实施90天付费的规定,并广泛推广使用银行汇票。

(骆洁芳)

【明确东马支线的结算渠道】 2009年6月,向富华货运有限公司明确东马支线的结算渠道,并成功追回其1—3月向公司总部多报的支线成本金额合计48237美元。

(牛晓云)

【处理东南亚航线在泰国DOC归属的争议】 2009年11月,在亚太贸易区和远泰公司共同协助下,处理了东南亚航线在泰国DOC归属的争议,清理了自2008年10月至2009年10月远泰公司账户上未到达DOC金额共计204055元。 (牛晓云)

【进一步加强运费管理】 2009年,针对全球经济金融危机对航运企业的影响,中远集运信用管理委员会修改了信用管理工作的总体政策,缩短给予客户的信用期限,加快运费资金的回收速度。通过加大运费管理力度,防范运费资金风险等措施,全年公司运费回收率97.43%,运费回收率及超期运费比例指标均达到考核标准。

(骆洁芳)

【建立破产客户全球通报制度】 2009年，在世界金融危机的影响下，世界各地实体经济贸易受到巨大冲击，频繁发生港口弃货、倒闭等事件，3月中远集运信用管理委员会建立破产客户的全球通报制度，尽量规避减少因同一家客户破产对全球各代理造成的影响和损失。 （骆洁芳）

【完善航线盈亏核算】 2009年公司采取灵活考评，对盈亏核算工作提出了新的要求，为能更加准确反应各航线、各贸易区的效益情况，对盈亏核算工作进行了完善：对于整船出租舱位换入业务，改变租金收入记账方式，将收支合理计入相应航次中，解决了以往收支不匹配问题；在欧洲公司接管大西洋航线后，内部考核发生了变化，对盈亏采用单独列示方式，将大西洋航线进行单列，单独进行考评；盈亏核算工作跟随公司经营方式的转变及时进行调整，以提供更为及时准确的信息。 （朱乐明）

4. SAP系统应用

【SAP系统应用项目部】 主要职责：负责对SAP系统进行日常运行的维护管理，确保系统管理规章制度的正确执行；负责SAP系统在中远集运全球体系的推广应用；完善并维护SAP系统与IRIS-2系统运使费接口；根据中远集运系统应用需求，对SAP系统其他功能进行开发实施应用。现有人员6人，包括本科学历5人，专科学历1人；其中中级职称1人。

现任经理王勇。 （杨　桦）

【概况】 2009年，SAP系统应用项目部以提高中远集运财务管理及核算质量为工作重心，通过推进SAP系统实施、改进系统功能、挖掘系统潜力，为财务管理工作提供最有力的系统支持。全年共提交IT需求42个，已全部完成上线；发送service call 752个，接受service call 167个，处理率100%。

（杨　桦）

【SAP优化改造项目】 该项目延续上年的优化改造项目，继续与IT共同实施SAP系统优化，提高系统处理效率，有效降低系统处理时间。具体包括：开发财务综合账龄分析报表，对SAP系统中原应收账款多套账龄分析报表进行合并规整；完善中远集运和泛亚公司税金系统改造，使税金报表的展示细化到SVVD级别；北美账务流程整合上线，客户供应商主数据维护由北美自主完成，支付记账程序及错误管理程序实现优化；实现加拿大代理使费双币种报账，同时修改了SAP和CPA系统的相关程序。

（杨　桦）

【SAP BW项目】 按照中远集团2008 SAP系统项目的要求，目标是建立一套中远集运财务分析子系统，以财务视角为主线，通过多项多模块的分析报表开发创建，为公司和财务决策提供数据支持。3月开始，SAP系统部牵头协调各部室积极开展该项目的需求讨论，确定需求，截至12月31日，该项目已完成蓝图设计、需求定稿、程序开发阶段，进入测试及上线准备阶段，并完成2个批次40人培训。该项目共计4部分模块内容，包括：使费预估核算模块，经营分析模块，财务分析模块，外币评估模块。预计2010年3月上线。 （杨　桦）

【代理业务商务结算平台】 该平台用于更改佣金记账流程，实现代理费在船东和代理之间同步计算和记账。该项目于5月23日启动，截至12月31日，完成上线准备工作，并已召集全国代理区域公司相关人员进行4个批次的培训以及集中测试，预计2010年1月1日正式上线。 （杨　桦）

【搭建SAP系统文档管理网站】 为实现今后项目管理和实施上线业务流程标准化，SAP系统部从整理业务流程文档和项目需求文档入手，5月搭建了SAP系统项目文档管理网站。在之后的半年里，通过改善财务论坛的功能模块，将业务流程及文档、用户操作文档、程序文档、测试文档以及培训等资料录入该网站，实现该网站知识共享与业务标准参考的目的。 （杨　桦）

5. 预 算

【预算部】 系公司预算日常管理机构，在公司预算管理委员会的领导下，负责日常预算管理工作。主要职责：负责组织公司财务收支预算的编制、审核、汇总和报送工作；负责组织下达财务收支预算，监督公司财务收支预算执行情况；负责经济活动分析；负责统计报表对外报送工作，并就统计工作负责与外部联系。现有人员 4 人，包括硕士研究生学历 2 人，本科学历 1 人，专科学历 1 人；其中中级职称 3 人。

现任经理姚财妃。 （肖林伟）

【概况】 2009 年，面对急剧变化的宏观经济环境和严峻的航运市场形势，根据公司经营情况的变化，加强对生产经营及财务状况的预测，为公司管理层及时了解经营预期、适时调整经营决策提供参考的依据；完成年度预算和年中调整预算组织编制报告工作；完成每季度滚动预算组织编制报告工作；完成对预算执行情况以及经营业绩考核指标完成情况的逐月跟踪、监控；完成月度生产运营统计工作，按时准确上报相关部门统计报表；组织并汇总每月月度经济活动分析报告，并根据部领导相关要求，完成相关的专项效益分析任务；完成每月 FI/CO 核对工作。中远集运获得上海市“2009 年度交通运输业统计综合评比一等奖”、上海市“2009 年能源统计综合评比一等奖”；在上海市水路运输量专项调查工作中，中远集运获得“最佳数据采集奖”。 （肖林伟）

【拟订财务风险预警体系】 在 2009 年中远集团财务工作会上，中远集运被列为中远集团五家风险预警试点单位之一。为贯彻落实中远集团财务工作会精神，预算部结合集装箱航运自身业务特点和风险控制点，经过深入研究和精心准备，多次修订完善并上报公司财务风险预警指标框架体系方案。该方案的拟订是公司在建立财务预警机制方面的初步尝试，同时为提高公司财务管理水平和增强抗风险能力奠定了坚实基础。

（郑蜜蜜）

【完成减值测试工作】 2009 年，受国际金融危机的影响，面对急剧变化的宏观经济环境和航运市场形势，8 月公司开展盈利预测和减值测试工作。在公司领导的指导和相关部门的协助下，通过对公司未来盈利能力和现金流量进行测算，估算企业资产的净现值，按时完成了此项减值测试工作。

（郑蜜蜜）

（八）资讯发展

【企业资讯发展部】 主要负责中远集运核心业务系统 IRIS－2 及外围系统的推广实施、应用支持、系统优化改进和数据质量监控；制定标准业务流程和系统操作规范，开展企业业务流程优化及配套信息系统建设的组织工作；制定中远集运电子商务发展规划、组织电子商务平台的建设、推广实施和应用支持；负责与 IRIS－2、SAP 系统相配套的区域性业务信息系统的建设、推广实施、应用支持和系统优化改造及与 IRIS－2、SAP、MIS 系统相配套的特定业务领域信息系统建设、推广实施、应用支持和系统优化改造等；配合计算机中心完成中远集运信息化建设规划，指导区域口岸的信息系统规划、建设及实施；同时负责实施企业内部员工信息系统培训。下设航线资讯部、船务资讯部和电子商务部。现有人员 26 人，其中硕士研究生学历 6 人、大学学历 20 人。其中高级职称 2 人，中级职称 8 人。

现任副总经理叶晴园、苏旭东（原副总经理张炜 2009 年 8 月离任）。

（汤　珏）

【概况】 2009 年，企业资讯发展部在信息系统建设和推进等方面取得了成效：完成 IRIS－2系统 4 个版本共计 160 项改造需求的版本升级；推进 ADR 系统及舱位分配系统的实施应用；持续深化 IJOS 流程优化；完成箱管类系统的开发和实施推广；推进全球海关新要求的系统功能改造及实施；完成公司非标准业务流程的梳理；完成新报表平台的开发及应用；完成中国地区统一货运信息系统（CORIS）船货代业务系统 6 次系统重大升级；完成海外地区货运信息系统（ORIS）韩国项目的测试、调试和实施及欧洲公司联运项目的调研和初步业务分析；完成网上销售平台（货易网）及全球 BPS 交流平台 GLOBAL BPS 的搭建。（汤　珏）

1. 航线资讯

【航线资讯部】 主要负责 IRIS－2 系统中地理模块、组织模块、综合船期模块、标准服务路径模块、舱位分配模块、危险品数据维护模块、客户档案模块、客户协议模块、公布运价模块、应收/应付账款模块的实施和应用推广；负责管理与监督上述业务领域相关的 IRIS－2 系统基础数据收集和整理；负责与航线运营、财务管理等方面相关的企业信息系统规划和推广；负责拟订并实施与上述业务领域相关培训计划；负责拟订上述业务领域的标准业务流程；负责对经过改进的相关系统模块进行验收和质量测评；负责 I-RIS－2 及其外围系统的数据质量监控和跟踪。现有人员 9 名。

现任经理周兰，副经理王勇。

（周　兰）

【概况】 2009 年，航线资讯部根据公司业务发展需要，持续做好系统升级改造以及维护支持。在年度 4 次 IRIS－2 系统版本升级过程中，除了功能性调整、新业务需求之外，重点针对公司关键业务变化进行了相关升级：为进一步统一规范系统的船舶数据，在系统中开发发布新的船舶规范数据项，并对系统原有船舶数据进行全面清理；对 IRIS－2系统中贡献值划分进行重新整理，使系统中显示的贡献值划分在费用结构上和大 MIS 系统中费用结构一致；在 CSO 和自动运费计算时增加系统对特殊装卸条款的判断，以避免由于装卸港疏忽或理解差异造成的额外成本发生等；按照公司精细化管理要求，对系统中标准路径使用情况进行梳理和清查；配合公司成本控制战略，持续对ADR系统进行改造，重点增加EDI上载功能及成本审核需要的源数据；对自动运费计算功能和发票调整功能等历史遗留疑难模块问题，进行排查和清理；为提升IRIS－2系统性能，对该系统历史数据和冗余数据进行应用层面的清理；进一步推进新报表平台的应用等；根据舱位二程联订推广使用过程中发现的问题，重新修订并印发《中远集运SA舱位分配及二程联订管理办法》。

（周　兰）

【进一步实施推进船舶抵离港（ADR）系统】 2009年，ADR系统在全球各口岸得到进一步实施推进，截至年底已有44个国家和地区正式使用该系统完成船舶抵离港动态数据的报告，年度船舶抵离港艘次完整及时维护率达到93%。ADR系统的全面使用，为航线调度及运营管理提供了决策支持依据，同时该数据成为单证公司及相关部门进行港口使费审核的重要参考依据。随着ADR系统应用的不断推进和深化，其数据质量和用户认可度都有显著提高，为下一步优化港口使费审核工作流程及成本控制将发挥更大的作用。（王　勇）

【开发IRIS－2停航航次系统功能】 2009年，为应对2009年全球经济危机影响，年初公司陆续安排一些船舶停航，但当时IRIS－2系统中并无处理船舶停航的功能对业务进行支持。船舶班期是IRIS－2系统的重要基础之一，其应用数据的准确性会对订舱、单证等业务产生重要影响。为此航线咨询部对IRIS－2系统中船期模块部分做两个方面改造工作：结合部分停航船舶的实际业务需要，在系统中开发了“停航航次”的功能，将营运船舶和停航船舶加以区分，方便管理和相关的业务操作；对IRIS－2系统的船舶规范数作出大范围的清理与核查，以确保关键数据的准确性，并根据海关24小时申报工作等要求，适当增加重要参数的必输逻辑限制，确保基础模块应用的适时和实用性。（王　勇）

【清理IRIS－2系统标准路径，提升运输成本控制力度】 2009年，为加强对运输路径管理，减少非标准运输路径可能造成的额外成本发生，航线资讯部配合公司整体成本控制计划进行IRIS－2系统中标准路径的清理工作。首先要求全球各口岸对所有没有与Ocean Component进行连接的ITM Component进行清理，以降低用户路径选取错误的概率，提高系统路径检索速度。首批清理后，系统中无效的ITM Component从清理前1173条下降到20条。其次根据系统数据汇总分类出各地代理创建的异地还箱City Component，建议对异地还箱操作行为作进一步规范管理。通过连续路径清理，进一步加强各地代理在实际操作中标准操作意识，为今后将无效路径定期清理列为常规工作奠定了基础。（柯维纳）

【优化CSO适用性检验功能】 2009年，根据IRIS－2系统数据显示，公司绝大部分航线上直接客户比例匀高于80%，而与实际业务情况存在较大差异。经与贸易区及部分口岸沟通，发现其问题的主要原因在于系统将货代客户和直接客户的身份属性与CSO的校验模式绑定，造成了操作上的偏差。针对该问题，年初在CSO模块中对直接客户和货代客户的校验方式进行了重新改造，将客户身份定义和套约校验模式进行分离，以满足实际业务中的不同需求。该需求上线后，多次印发操作手册和操作小锦囊进行操作说明，为总部和口岸提供操作新功能的方法。同时，为纠正系统中原有的偏差数据，进一步优化CSO模块的数据质量，在欧洲贸易区的建议和配合下，对欧洲航线以及地中海航线下的CSO客户属性进行试点清理，并对部分与实际情况不符的CSO客户属性进行了调整。（唐　浩）

【重新整理IRIS－2系统数据清理规则】 随着IRIS－2系统的推进和业务的开展，系统数据量随之大量增加，为保证系统性能和数据安全，2009 年，对系统数据清理规则进行了全面重新整理。首先增加对 CSO 模块和 Tariff 模块的数据清理规则。由于该两个模块数据比较敏感，自 IRIS－2 系统实施后尚未进行过数据清理，冗余数据量很大。年内，先后对 CSO 数据和 Tariff 数据作了全面清理，其中对 Tariff 数据清理比例达 63.67%。经清理后的系统性能数据比对，CSO 与 Tariff 等相关模块的系统响应时间较以前有提高。其次，对系统主要模块的数据清理规则进行整体整理，重新考虑近两年来新业务要求和系统性能要求，并将新的规则作为日常数据清理的新标准。

（许　敏）

【新报表平台的应用和推广】　随着 IRIS－2 系统在中远集运总部和全球口岸的实施和应用，各项应用系统对报表要求越来越显著。之前各地代理在日常业务操作上使用两套报表系统，分别为 ODS Report 报表和小 MIS 报表系统。但这两套系统在实际使用过程中暴露出报表展现形式单一、数据查询不及时等问题，制约了用户的使用。针对此情况，2009 年 1 月开始，BPS 部和 IT 管理部门正式引进 Oracle 公司的 BIEE 系统并搭建新报表平台系统（New Report Plat form），通过应用和推进一整套新报表平台，公司业务应用数据的查询和统计能力有了进一步提高。年内，航线资讯部完成了新报表平台的操作手册编写与发布和相关用户的培训以及在中国、美国和欧洲地区的推广。截至 12 月底，新报表平台系统注册用户已达 760 人次左右。新报表平台系统集合了从原 ODS Report 报表和小 MIS 报表转移过来的部分报表，同时还开发了 ADR、SA 等一系列新的考核报表。该平台系统报表展现功能更强大，操作更便捷，还可为用户提供个性化服务等。　（杨　芸）

2. 船务资讯

【船务资讯部】　负责 IRIS－2 系统订舱、进出口单证、箱管、供应商费率、工作单、进出口报关、空箱调运等模块的实施，业务领域以面向口岸操作和客户服务领域为主。主要职能：负责组织进行企业信息系统的单证信息、物流管理、进出口报关等方面的建设与推进工作，协同相关部门拟订上述领域的标准业务流程和系统操作规范；负责组织对新开发或经过改进的相关系统模块进行验收和质量评估工作；负责组织与相关业务领域部门沟通，对不适合 IRIS－2 系统业务操作流程提出修改意见；负责对上述业务领域的信息系统应用和数据质量进行监控并协助提高应用水平；负责针对公司建设的区域性业务信息系统中涉及以上领域方面的内容进行开发、推广实施、应用支持和系统优化改造等；负责建设、推广、实施与 IRIS、SAP、MIS 等配套的特定业务领域的信息系统，并进行应用支持和系统优化改造等；负责指导和监督区域（口岸）公司 BPS 相关工作的执行。现有人员 9 人。

现任副经理汪雷（原经理余智红 2009 年 1 月离任）。　（汪　雷）

【概况】　2009 年，船务资讯部完成对 IRIS－2系统改造和流程优化等一系列工作。按照各地海关要求，完成系统功能改造和实施，包括：中国海关 24 小时舱单申报管理办法的实施准备和全港口并行；北美海关 10＋2规则的实施；巴拿马运河船图申报项目实施准备；欧盟 24 小时舱单申报规定的研究等。结合 ADR 系统全面推广应用，推进 IJOS 流程优化工作：对全球范围内所有直挂船挂靠的港口，要求在直挂航线（进 ITS 航线）上，必须在船开后 15 个日历天内，完成 18 项港口码头类成本项的 Job Order 创建工作；对除 18 项港口码头类 item 以外的其他所有 NT 成本项，要求必须尽早创建 Job Order，最晚不能超过账单时间 3 个月。箱管系统推进工作，包括：IDDS 系统功能优化和推进；IEIS 系统优化和动态数据质量的提高；MNR 系统优化和推进；新版 IEIR 系统开发和实施；堆存费系统开发和试点上线等。持续优化系统功能,梳理业务规范与流程,包括:OE 新流程及模块功能改造;关船后运费更改流程的完善;提单特殊条款系统改造;退运业务操作规范;新旧协议交替期间 VTM 费率维护及 IJOS 创建流程;长江驳船/沿海内支线费率 IJOS 创建流程;单证公司 Job Order 创建和审核流程、堆存费 IJOS 的规范操作及账单审核要求、运河费/修箱费 IJOS 操作规范等。通过上述系统的开发、功能的改善和应用推广、流程的优化,提高了系统操作的实用性,为公司对成本以及集装箱管理的控制提供了有效的系统支持。　　　　(汪　雷)

【IRIS-2 系统升级改造】 2009 年,IRIS-2 系统生产环境共进行 4 次版本升级工作,分别完成 12.0、12.1、12.2 及 12.3 版本升级,共上线功能性需求 161 个。升级过程中,总部 BPS 协调全球口岸用户进行常规测试、北美日本欧洲等地区进行升级功能重点测试确保升级后系统的稳定。1 月 10 日,完成 IRIS-2 系统 12.0 版本升级,上线需求 28 个。其中主要功能改造有:配合舱位分配模块推进,新增按照中转港视角操作中转舱位分配功能;根据中国海关 24 小时申报规则要求,对该项目涉及的订舱单证系统进行全面升级以满足其要求;对大票货物提单系统运算逻辑进行优化,提高大票提单并单、拆单等操作速度;根据公司船舶停航的业务新状况,在船期模块增加停航航次校验功能等需求。5 月 10 日,完成 IRIS-2 系统 12.1 版本升级,上线需求 48 个。其中重点需求为配合中国海关 24 小时申报进行相关改造:开发分港口、起始航次开放中国 24 小时系统功能的需求、新申报规则下的空箱调运模块进口操作整体功能改造等;同时,此版本中对中转港口操作的中转舱位分配功能进行了强化。8 月 16 日,完成 IRIS-2 系统 12.2 版本升级,上线需求 43 个。其中重点需求为口岸用户提供船舶证明创建打印功能以及打印模板签章实现防伪的需求;为配合财务部对关船后提单解锁及运费更改的统一管理,进一步强化提单运费解锁功能;为配合中国海关 24 小时项目,升级提单 house BL 各项数据录入校验逻辑等。12 月 13 日,完成 IRIS-2 系统 12.3 版本升级,上线需求 42 个。该版本升级中涉及重点项目为:针对 2010 年实施美国 10+2 申报项目进行的相关功能改造开发;在订舱提单模块中增加提单特殊条款功能;修改舱位分配中航次 STOP 功能逻辑等。　　(张　萌)

【部署和实施中国 24 小时申报系统功能】

根据中国海关总署 172 号令,2009 年新舱单管理办法将正式生效,为了保障公司日常生产的顺利进行,确保所有涉及境内外代理及航线能够适应中国海关新的 24 小时规则,CN R24 项目组在 2009 年度完成中国 24 小时业务处理核心功能的上线,包括 IRIS-2,CORIS 等操作系统的数据处理、新 EDI 平台的数据传输、界面开发、权限管理等功能;完成 OE 空箱调运系统功能改造并部署上线;完成 sharepoint 网站 CNR24 项目平台的搭建;与上海海关进行 CNR24 新舱单数据传输联调测试并顺利通过;实现与海关总署信息中心的全国 R24 舱单数据一点接入,有效提高新舱单数据传输效率和安全性。布置相关各方的实施,根据中国海关实施要求,向中国口岸发出关于中国 24 小时项目海关备案事宜的通知,完成新舱单传输人的备案工作;编写并印发中国 24 小时报关项目各阶段实施通知、实施要求,各类支持文档,包括业务流程、操作手册、FAQ、周报模板、项目联系人清单等中英文版文件;以远程在线培训方式,完成中国 24 小时报关全球培训,共有 77 个国外口岸和全部国内沿海口岸直接在线参加培训。相关培训视频上载到 BPS sharepoint CNR24 项目网站,供网络条件不佳的口岸下载培训使用;以单证公司人员为主,建立中国 24 小时报关一线支持体系。实施过程中的重要时间点:3 月 23 日向全球相关试点口岸印发《CN R24 入境舱单申报业务试点并行计划通知》,通知典型业务地区开始进行试点并行。4 月 30 日全部挂靠中国航线的口岸进行个别航线的并行。8 月 27 日全部挂靠上海航线的口岸实行全部航线的申报并行。12 月 4 日全部挂靠中国的航线及口岸开始中国 24 小时报关业务的全面并行。

（王　臻）

【完成北美 10 + 2 的新业务规则系统配套改造】 根据美国海关 CBP10 + 2 规则新报关要求，BPS 会同 IT、北美公司 1 月完成对船图申报功能开发并部署上线，牵头业务部门制定美国航线船图发送的切换航次，通报 10 + 2 规则的主要内容和公司实施计划，明确船图发送流程和要求，制定船图申报监控流程，公布切换航次，要求北美地区各单位按照规定航次开始申报。IT DEC 支持小组负责监控，确保在船开后 48 小时内完成船图发送。其次，完成对集装箱动态发送系统功能的开发，所有符合美国海关申报要求的集装箱动态均可通过后台作业自动发送至美国海关，全过程不需要人工干预。同时。完成 ISF - 5 申报功能的开发和上线，包括补充 IRIS - 2 系统不足的申报字段、ISF - 5 报文及回执处理等 EDI 功能的开发、新上线后一系列检索和报表功能，保证 ISF - 5 相关系统操作的正确性。公司 CBP10 + 2 规则各项应用运转平稳，口岸用户操作顺畅，确保公司美线营运业务顺利开展。

（王　臻）

【IRIS - 2 系统应用数据质量稳步提升】 2009 年，企业资讯发展部根据 IRIS - 2 系统推广应用的实际情况，结合部门工作重点，在征求总部各业务部门和口岸的意见基础上，先后两次对系统数据质量考核指标进行了调整，分别于 1 月、7 月正式印发《IRIS - 2 系统各模块操作规范及关键指标考核》文件（9.1 版，9.2 版）。在 KPI 文档中共公布各类考核指标 49 项，覆盖所有 IRIS - 2 系统模块，其中纳入中远集运月度考评打分指标有 34 项，并将打分指标分为重点指标和一般指标，重点指标为根据目前工作重点而新增的指标和目前完成情况不好的指标，一般指标为目前全球总体数据质量已达标，需要继续维持的指标。所有列入月度考评指标都有相关的考核报表进行支持，并且报表全部开放给全球进行自查。通过 MIS 监控报表，每月定期对各区域进行系统应用情况考核打分，并对当月各区域系统应用情况和指标完成情况进行量化、考核和评估，以督促各地代理提高系统数据质量。据 2009 年各区域数据质量完成情况统计：北美地区达标指标数为 18，达标率为 62%；欧洲地区达标指标数为 10，达标率为 33%；亚太地区达标指标数为 10，达标率为 31%；中国地区达标指标数为 23，达标率为 72%。

（汪　雷）

【持续推进 IJOS 流程优化】 2009 年，企业资讯发展部继续深化 IJOS 流程优化工作。年初，在对 36 个一线口岸实施 NT IJOS 流程优化基础上，4 月发出“进一步推进 NT IJOS 流程优化工作的通知”，全面推进 NT IJOS 流程优化工作：对于全球范围内所有直挂船挂靠的港口，要求在直挂航线（进 ITS 的航线）上，必须在船开后 15 个日历天内，完成 18 项港口码头类成本项的 Job Order 创建工作；对除 18 项港口码头类成本项以外的其他所有 NT 成本项，必须要尽早创建 Job Order，最晚不能超过账单时间 3 个月。根据以上要求，制定相关数据质量考核指标（KPI 指标），包括“NT Job Order 创建时效性”和“3 个月以上 JOB ORDER 创建情况”等，6 月正式进行打分考核，以检查和督促各区域 IJOS 流程优化工作的执行情况。通过半年多运行，全球 NT IJOS 创建及时率指标稳步提高，从初期 50% 到年底已稳定保持在 75% 以上，部分口岸合格率已达到 100%，IJOS 流程优化工作初见成效，实现 18 项港口码头类成本工作单的及时开具，为公司成本预估工作的及时性和准确性提供了基础。

（汪　雷）

【堆存费系统研发成功】 为建立一套集装箱堆存费计算和管理系统，2009 年船务资讯部负责对“堆存费计算和管理系统”进行立项研发,目标为该系统实现空、重箱堆存费的全自动计算,并可与供应商提供的电子数据进行核对,最终生成堆存费的工作单格式传送 IRIS－2 系统。1 月完成系统架构设计和框架开发,3 月开始程序开发,4 月完成第一阶段空重箱堆存费计算、北美 DEM 费用的计算功能开发,6 月 8 日进行生产数据的切换。该项目组分别在 8 月下旬、9 月中旬、12 月上旬安排了 3 次生产环境升级,提交并完成 10 个系统改造需求,使系统能更好满足用户操作及业务管理的需要。同时,为进一步满足业务需要,增加开发了空箱 Free Pool 监控报表,可每天监控各 Free Pool 空箱堆存情况、空箱进出门与上下车费的统计功能等,为进一步统计、分析空箱的停留成本管理提供支持工具。 (汪文耀)

【开发和实施推广箱管类系统工作】 2009 年,与 IT 共同制定所有箱管系统统一升级与发布工作流程。按照该工作流程要求,IDDS(滞期费管理系统)、IEIS(集装箱动态管理系统)、MNR(修箱系统)、IEIR(设备交接单管理系统)、IEM(外网集装箱动态管理系统)等系统的相关需求将进行统一整理、统一开发、实时跟踪、按时发布。针对部分口岸出现动态滞后操作对滞期费计算带来不良影响的情况,完成在 IEIS 系统中实现对于不同地区、用户的动态录入与修改时限的制约功能,从系统上杜绝了非正常动态操作给其他系统带来不良影响。年内,在继续优化 IDDS 系统计算逻辑和操作规范的基础上,对全球滞期费操作与报账方案作了进一步设计;对西班牙、丹麦、巴拿马、阿根廷、乌拉圭、巴西、南非等地区进行了系统培训,并结合当地操作实际情况形成 IDDS 系统上线后各地区操作规范;同时配合箱管部完成 IDDS 未上线地区系统推进工作。截至年底,IDDS 已在全球 20 个国家实施。在与箱管部讨论确定系统推进计划的基础上,配合箱管部在澳大利亚和新西兰地区进行 MNR 推进工作,已完成新西兰地区 4 个 VENDOR 上线工作。同时,针对口岸操作实际与单证公司修箱审核中发现的问题,初步完成 MNR 与 IJOS 的接口方案,并对未来上线和未上线地区的操作形成统一规范。截至年底,MNR 已在全球 10 个国家实施,另有 6 个国家已在部分堆场实施。为提高 IEIR 操作速度与质量,在对 IEIR 原有主要问题作了整理前提下,确定新版 IEIR 改造方案,4 月初完成新版 IEIR 开发。截至年底,已完成大连、营口、天津、青岛、武汉、宁波、上海的新版 IEIR 上线。新版 IEIR 稳定,在性能优化和运行速度上均有提升,尤其其优化的逻辑能保证页面打印准确,数据全新处理逻辑更贴近口岸操作习惯,并增强各种系统扩展功能,上线后口岸反映良好,节省了打单的工作量与时间。

(郑 刚)

3. 电子商务

【电子商务部】 主要负责研究电子商务发展趋势,研究航运公共电子商务平台应用与合作;规划、建设和推广中远集运因特网的电子商务平台;制定电子商务的客户服务支持流程;负责自助语音客户服务平台建设和实施;负责大客户电子数据交换实现和相关业务流程制定;负责中国口岸货运 CORIS 系统的建设和推广;负责海外区域货运 ORIS 系统的建设和推广。现有人员 6 人。

现任经理张惠斌。 (张惠斌)

【概况】 2009 年,电子商务部继续优化现有电子商务功能,根据业务需要开发滞期费率查询等新的电子商务功能,恢复短信平台以及短信货物跟踪功能,加大电子商务应用的宣传,扩大电子商务平台在业务人员和客户中的认知度。年度新增电子数据交换大客户 22 家,使用电子数据交换功能的大客户总数超过 140 多家。年内,CORIS 项目组围绕 R24 功能按时到位与深化应用推广普及两大工作重点,完成 6 次 CORIS 系统重大升级,大幅度提升 CORIS 单证系统功能和性能,有力支持上海、青岛、宁波、烟台、连云港等口岸的生产性应用,并推动了大连、天津、厦门、华南等口岸公司的 CORIS 项目的实施进程。ORIS 项目组先后完成 ORIS 系统韩国项目的开发、测试、培训实施以及系统实施后的应用支持与日常维护工作,5 月 20 日开始在韩国公司进行为期 2 个月的系统并行,期间共进行 13 次预生产环境和生产环境的升级,7 月 23 日该系统顺利在韩国公司切换上线。（张惠斌）

【建设网上销售平台】 2009 年,电子商务部对网上直接向客户销售舱位进行探索,在没有额外投入资金的情况下,会同计算机中心开发网上销售平台(货易网),实现向中小客户直销舱位,从而提高公司销售能力。实现货易网主要功能有:客户注册、船期和运价查询、订舱操作、订舱批复和运价维护等。在亚太贸易区和青岛中货的支持下,11 月下旬网上销售平台在青岛到韩国的航线上试运行。（张惠斌）

【建设大客户 EDI 通讯】 2009 年,电子商务部共收到各贸易区、贸易保障部提交的正式 VIP EDI 新需求 25 个单位,已开发实现正式并上线的客户有 22 个单位。截至年底,整个 VIP EDI 投入生产应用的客户数达到 140 多家。公司提供客户的 EDI 服务包括货物跟踪、电子提单、电子订舱、电子船期等方面,覆盖整个航运业务过程中船公司和客户之间的数据交换。全年发送动态跟踪的 EDI 逾 300 万条记录,涉及 50 多万个集装箱,提单 EDI 数据上载超过 5 万票,B/L Confirmation EDI 数据共 5.4 万多票,Booking EDI 上载 1.4 万多票。（陆　洲）

【搭建全球 BPS 协作平台】 为提高电子邮件沟通方式效率,提升信息分享功能。3 月,电子商务部在计算中心帮助下,着手搭建微软 SharePoint 全球 BPS 协作平台,以提高全球 BPS 之间的沟通效率。经过 2 个多月的建设,全球 BPS 协作平台初步搭建完成,并于 6 月下旬正式向全球 BPS 开放。该协作平台实现的功能主要有:新闻和公告、知识管理、项目管理、WEBPLAZA、BPS 论坛和一些日常工作管理。（张惠斌）

【全面更新 IRIS－2 系统操作手册与指导文档】 2009 年,根据 IRIS－2 系统升级情况和公司业务发展需要,企业资讯发展部分别在第 1、第 4 季度两次对 IRIS－2 及其外围系统的手册和文档进行更新。历时 6 个多月,对于 IRIS－2 及其外围系统的 35 个系统和模块,总共超过 100 多个文档进行了 2 次更新,保证了文档内容和系统升级及业务情况的匹配,及时有效支持全球业务人员的系统操作。（张惠斌）

【ORIS 货运系统在韩国成功实施】 2009 年,韩国 ORIS 系统项目经过开发、测试、用户培训及系统实施等阶段工作后,7 月 23 日成功上线。该系统实施后,全面取代韩国公司原有的 Keypoint 系统,为该公司解决了原系统缺乏维护更新的问题,同时为该公司提供一套较为完整的以 IRIS－2 为核心的信息系统解决方案,满足韩国地区用户的操作与需求。（黎　葳）

【ORIS 货运系统在德国应用】 ORIS 系统二期项目从上年上线后,经一年系统优化与磨合运行稳定。2009 年,项目组继续对该系统功能与性能进行优化:分别于 1 月中旬、4 月初、5 月底、7 月初、8 月初、10 月底,以及 12 月上旬安排了 7 次生产环境升级,共提交并完成 40 个系统改造需求,其主要内容包含 ORIS－SAP 接口优化、数据监控统计功能及功能适用性优化等。此外,对用户日常操作、德国本地业务财务数据上载及佣金上载进行支持;对导致 ORIS－SAP 接口上载错误以及其他类别的常见操作问题进行了归纳总结,并编写相关操作技巧以指导用户避免此类问题;上半年完成德国 ORIS 系统第一版用户操作手册并持续进行更新,同时支持德国关键用户完成第一版系统操作 KPI 考核指标,使系统更好发挥简化用户操作,规范业务流程的功能。下半年会同 SAP 项目组制定并实施周报监控机制,降低系统问题发生概率并减少冗余业务数据。（王碧韵）

【CORIS 货运系统在国内推广和应用】2009年,CORIS项目组以满足公司业务生产和用户需要为目标,促进CORIS货运系统应用实施水平上新台阶。年内,项目组共投入416人次,组织开发整/拼箱两大系统425项业务需求和63项性能优化,修改1150个测试缺陷,完成6次系统重大升级,充实完善提升CORIS单证系统功能和性能,支持上海、青岛、宁波、烟台、连云港等其他口岸的生产性应用,推动大连、天津、厦门、华南等口岸公司CORIS项目的实施进程。经过8个多月努力,在CORIS系统上开发39个需求及80余功能点,基本建成包括进、出口舱单全部EDI报文的生成、发送、管理、报文回执收集与显示、三类14项更正处理在内的所有中国海关R24申报操作需要的单证处理功能,基本具备与海关开展对接的能力,实现"早准备、不领先"的目标。CORIS系统为上海中货优化订舱、箱单、预配、更正、危险品五个方面的EDI程序功能、改进出口单证、进口管理、中转网络联动三大业务功能,增加危险品EDI自动申报功能、开辟CORIS向IRIS－2系统上载DOC－UIF的通道,建立中转配载静态区(保证不受上港修改影响),实现海关预录入信息一体共享目标。上海中货的出口应用年内生产化已达到88%、进口与转口业务正在不断深化;中国部各口岸加快应用CORIS系统"订舱＋提单复制",具备处理中国海关R24的条件;青岛中货率先全面使用CORIS系统处理出口业务;大连、天津正在扩大应用范围;为宁波中货提供45项功能支持,系统已开始应用于该公司的单证业务;烟台和连云港CORIS系统快速实施,并一次性取代本地系统。 (沈越峰)

（九）安全质量管理

【安全技术管理部】 主要职责：贯彻落实国家安全生产法相关规定和中远集团安全管理有关要求，实施安全生产督察；负责船舶重大事故调查处理，协调组织船舶应急抢险；组织各类安全生产宣教，上传下达各项安全生产数据信息；跟踪检查船舶安全航行、船舶设备维护情况和适航适装；实施船舶机、海务宏观监督；制定公司劳动安全监督、劳动保护等规章制度，对下属单位及机关各部门的执行情况进行指导、检查和监督；负责机关通讯费用、船舶管理和运营费用等相关成本的计划测算、统筹分析、审核监督；制定船舶修理计划及执行情况的监督检查；备件和物料厂商选用的审核和执行情况监督；跟踪国际船舶技术发展动向、造船市场行情和科研信息；策划船队技术和科技信息发展战略；协助财务部门进行船舶融资；跟踪综合管理体系（质量、环保和职业安全健康管理体系等）相关国际标准和管理体系发展动态；负责综合管理体系的建立和维护；推进六个西格玛管理方法；跟踪监督船舶相关国际管理规则（ISM/ISPS）履行；监督检查相关方管理体系执行情况和质量管理活动；组织开展质量管理（QC）小组活动；负责做好预防工作，不发生重、特大恶性案件，防止和减少各类案件的发生；负责公司年度治安综合治理工作，落实综合治理工作领导责任制及各项考核工作；督促、检查和指导直属单位做好船舶安全保卫工作；督促、检查和指导陆上单位做好治安防范、消防安全工作；与有关部门协调配合，做好治安案件查处工作；负责完成上级军事部门赋予公司各项战备任务。现有人员16人，包括硕士研究生6人、大学学历9人；其中高级职称5人，中级职称11人。

现任总经理蔡德清，副总经理麦昌年（原副总经理徐伯民2009年1月离任，侯立平2009年8月离任）。（屠建军）

【概况】 2009年，面对十分严峻的航运形势和复杂多变的安全工作环境，公司以抓安全、控风险、拼效益、促发展为安全生产主线，深入持久开展隐患排查治理工作，抓好季节性安全工作，强化人员培训、开展设备评估与整治、强化监督与管理、落实各项维稳措施，为确保稳定安全局面作出不懈努力。公司安全管理正常有序，未发生影响内部稳定和企业形象的重大刑事、治安案件和群体性上访事件；未发生海盗劫船、毒品走私和外部人员潜船（箱）偷渡案件；未发生火灾、重大道路交通事故等治安灾害事故和重大安全责任事故，安全生产形势保持较好的局面。（屠建军）

1. 安全监督

【安全监督部】 安全监督部成立于2004年9月16日，下设海务监督科、机务监督科、综合安全科和劳动安全科。主要职责：负责贯彻落实国家安全生产法的相关规定和中远集团安全管理的有关要求、实施安全生产督察；负责船舶重大事故的调查处理和协调组织船舶应急抢险；负责组织各类安全生产宣教活动、上传下达各项安全生产数据信息；负责跟踪检查船舶安全航行情况、船舶设备维护情况和适航适装状况；负责实施船舶机海务宏观监督；负责公司劳动安全日常管理，对下属单位及机关各部门的劳动安全工作进行指导、检查和监督。现有人员3

人,包括硕士研究生学历2人;其中中级职称3人。

原经理徐伯民(兼)1月离任。

(屠建军)

【开展各项安全管理活动】 2009年,坚持"安全第一、预防为主、综合治理"方针,把握"安全生产年"和"安全生产月"两大契机,通过多渠道、多形式开展安全管理活动,重点抓好船舶防碰撞、防污染的"两防"专项整治活动。船舶从规范移油操作程序、加强设备保养着手,抓好装油、驳油和退油工作,严格落实防污染各项措施,全年没有发生污染事故。货运安全方面,强化危化品安全运输管理,把"两防"重点放在防瞒报防超重专项整治活动上,努力确保危化品的安全运输。对系统内各单位及时发出安全提示和警示,从预防、预控、综合治理入手,严格执行控制程序,构筑切实有效的防范体堤坝。根据中远集团要求,在全系统开展"查隐患、促整改、保安全、迎国庆"百日隐患排查治理专项活动。从安全管理、设备运行、操作行为等入手,查设备状况、生产过程中存在的安全事故隐患,并及时加以整改。通过开展安全治理专项活动,各单位对排查出的隐患即时进行整治,明确责任人,制订整改措施和完成时限。对重大危险源和难以整改的隐患制订监控措施,由专人负责,使之处于可控状态。在隐患排查和专项整治活动中,上远公司查出船舶设备重大隐患16项,整改16项;设备一般隐患排查1225项,整改1122项,人员行为隐患73项,全部整改。中国部查出隐患214项全部整改,隐患整治率达92%。

(屠建军)

【海务监督】 2009年,公司船队安全面100%。全年跟踪指导和关注重点船舶738艘次,其中特殊航行船舶43艘次,航行亚丁湾海盗活动猖獗水域船舶253艘次;雾航跟踪78艘次;大风浪航行86艘次;跟踪冰区航行船舶5艘次;防抗西北太平洋台风22个,273艘次受影响船舶无一受损,船舶防抗台成功率达100%。收集有关信息和贯彻落实国务院安委办、交通部、上海市、中远集团和公司领导有关安全工作要求和通知精神,及时向上远公司发出安全管理提示。依据国际国内相关公约、法规、公司安全管理体系,按照港口国、船旗国检查要求,对公司和船舶履行公约和法规的情况、海务安全管理规章制度的执行情况、驾驶台管理、安全航行和安全进出港、电助航仪器设备、航行及操纵设备、救生消防设备等进行现场督查,做到现场监督检查与培训指导相结合,安全管理与技术咨询服务相结合,帮助船舶及时纠正缺陷,全年共上船检查41艘(次),指出缺陷149项。年内公司船舶水上交通事故无上报等级事故。

(孙铭阳)

【工伤事故统计】 2009年,公司统计口径内发生工伤事故9起,伤害9人,轻伤9人,无重伤及死亡事故;公司统计口径外发生工伤事故4起,伤害4人,其中死亡2人,轻伤2人,无重伤事故。 (严学平)

【安全培训考证】 2009年,共组织公司总部及下属单位领导和安全管理人员参加上海市安全生产管理证书初复训考证36人次;组织举办焊工初复训班135人次;举办船舶劳动安全监督员培训班2期117人次;举办新船员入司三级安全教育981人次;完成3批49人次新任船舶领导劳动安全教育培训任务;完成大船接船安全培训3期78人次;劳务外派派前教育411人次。

(严学平)

【劳动安全检查】 2009年,根据严峻的安全形势,加大对船舶和陆地单位的现场检查力度,重点检查船舶、危险品仓储及运输、特种设备和安全规章制度的执行情况,全年共检查船舶25艘次、陆地单位54家次,发现各类缺陷93项,其中当场整改79项,跟踪整改14项,整改率100%。上远公司监督检查98艘次,整改项目193项,当场整改136项、跟踪整改57项,整改率100%。中国部对各地区分部及网点现场监

督检查39家次，对检查中发现的问题均予以及时纠正。 （严学平）

【出台中远集运安全培训规定】 为规范员工安全培训工作的实施，提高员工安全素质，防止伤亡事故发生，减少职业危害，保障员工生命安全健康和财产安全，根据《安全生产法》、《生产经营单位安全培训规定》和《中远集团安全教育培训管理规定》，5月14日，公司出台《中远集装箱运输有限公司安全培训管理规定》，明确了安全培训要求和组织实施。 （严学平）

【修订船舶劳防用品配备标准】 为加强员工和安全管理人员的劳动保护，保障员工和安全管理人员的安全，3月10日，公司修订了船舶劳防用品配备标准，为总部和上远公司的安全管理人员配备了必要的劳防用品。 （严学平）

2. 运营管理

【运营管理部】 下设成本控制科、科技信息科和造船技术科。主要职责：船舶管理和运营费用、机关通讯费用等相关成本的计划测算、统筹分析和审核监督；船舶修理计划制定及执行情况监督检查；备件和物料厂商选用审核和执行情况监督；跟踪国际船舶技术发展趋势、造船市场动态和科研信息；策划船队技术和科技信息发展战略；协助财务部门进行船舶融资。现有人员6人，包括硕士研究生学历3人、大学学历3人；其中高级职称3人、中级职称3人。

现任副经理张燃（主持工作），副经理徐文宇［原经理蒋永根2009年4月离任，原经理侯立平（兼）2009年8月离任］。

（卢华盛）

【概况】 2009年，围绕公司中心工作，按照公司成本控制总体目标，协调各相关方，在机务费用和船东杂费年度预算基础上，进行费用测算、审核、报批和指标下达，控制成本支出，确保年度费用合理性和成本控制有效性。年度计划修船50艘，其中6艘因运营需要，提前到上年底完成；全年完成坞修船舶46艘。机务五费的使用占公司下达指标的86.45%。按照公司“十一五”节能减排总体规划，在上年节能减排各项工作基础上，继续推进开展节能减排工作机制，严格目标责任管理，促进船舶燃油消耗监控系统的升级和完善，大力推进节能技改项目的实施，按照公司对船舶进一步降速运行的要求，探索船舶超低负荷运行的可行性，继续强调航线调度为船舶节能减排第一责任人，各口岸、上远公司配合航线调度，为船舶落实降速计划提供保障，专人跟踪，即时监控，及时有效保证船舶油耗控制在公司限定范围。完善VNRS系统功能，实现与IRIS－2系统船舶航线和班期数据等有关信息的自动衔接，及时准确调整船舶油耗定额。设计并推广使用“中远集运船舶燃油超耗每周汇总表”，“4000TEU以上船舶燃油超耗每日跟踪监控表”，重点航线燃油消耗整体水平显著下降。会同上远公司技术部门对不同船型的船舶进行降速运行试验，确定合理的主机转速范围。同时，研究船舶设备改动的可行性。积极探索船舶主机降速幅度以及降速后对船舶管理的要求，采取针对性措施，确保船舶主机低速运行的安全，以适应新形势下节能减排工作的要求。2009年度预算油耗277万吨，实际油耗236.2万吨，节约燃油40.8万吨（其中船舶停航节油22.8万吨，运营船舶实际节油18万吨）。在运营运力基本相同的情况下，较上年同期减少油耗32.6万吨。积极处理船舶各类故障和事故，维护公司的整体利益。先后协调处理8艘次船舶在运营中遇到的情况和问题。推进科技创新和技术运用，其中“中远集运船舶全球动态监控系统”先后被评为中国航海学会科技进步一等奖、上海市政府颁发的科学技术一等奖。为应对即将生效的船舶压载水国际公约，利用“中远鹿特丹”轮坞修机会，安装压载水处理装置，为公司船舶履行公约做好准备。全球对环境保护的相关公约陆续出台并开始逐步生效。

通过对美国加州船舶使用岸电的具体规定的研究，根据目前岸电技术的发展寻找适合公司新造船、已营运船舶的相关方案，协助战略发展部研究新租8500TEU船加装岸电的技术方案。积极研究未来节能环保技术在新造船项目中的应用，力争前10艘船舶主机改为电子控制喷油主机，为公司在未来营运中对燃油成本的控制提供更好的平台。根据南通中远川崎13350TEU项目的生产进度，要求该项目满足未来柴油机NOx、SOx排放的要求。加强新造船舶的合同谈判和技术采用分析，根据公司经营需求安排，会同中远船贸与江南长兴重工协商，推迟4艘5100TEU船交付时间。就4250TEU船项目与船厂谈判，力争最大限度推迟运力交付。证书管理规范、有效。全年办理各类证书66艘次，协助落实退役船舶证书资料整理3艘次，妥善完成出售交船工作。根据英国UK公司要求，配合做好UK系列7艘船舶的改旗换证相关工作。协同完成10000TEU“中远亚洲”系列4艘出租船舶的改名。抓好船队运力调整，年内，退役“松城”轮等5艘船舶。（卢华盛）

【机务成本控制】 2009年，实施每月机务成本先期预估日后冲抵的管理模式，按照每月成本分析会制度，每月按时做好成本细化分析，加强大额、异常费用跟踪和审批管理，制定新的大额费用管理细则，核对预估费用，发现和研究存在的问题，采取针对性措施，提高成本预控力。加强与坞修厂商的价格系数谈判，全年价格系数逐步降低；强化与供应商的费率谈判，主要费用支出费率较上年度有进一步优惠；加大国产备品、备件的推广使用，从而进一步降低备件、物料等大额费用；加大账单审核力度，减少船东杂费支出；全年机务管理费用控制在预算指标内。（卢华盛）

【船舶坞修】 2009年，坞修船舶共46艘（包括年度计划外修船3艘；水下检验船舶8艘），其中中远船务工程集团有限公司修船12艘，外部修船市场承接26艘。在外部修船市场中，国内新兴修船市场承接坞修13艘，其中山东西霞口船业2艘、山东青岛华海船务1艘、舟山册子船厂2艘、舟山南洋船厂2艘、舟山鑫亚船厂6艘。通过开辟新兴修船市场，有效缓解了公司修船地点选择性低、坞难定的问题，保证修船任务的超额完成。（卢华盛）

【节能减排工作】 2009年，按照中远集团“十一五”节能减排规划，秉持“节能减排，低碳环保”理念，通过CKYH联盟平台，践行《青岛宣言》，在上年节能减排各项工作基础上，继续推进公司节能减排工作，切实加强组织领导，专门成立“中远集运船舶降速节能工作小组”，严格目标责任管理，促进船舶燃油消耗监控系统的升级和完善，大力推进节能技改项目的实施，广泛深入开展企业节能减排工作。2009年燃油消耗总数236.2万吨，与上年燃油消耗总数268.8万吨相比，在运营运力基本相同的情况下，燃油消耗总量下降32.6万吨，折合标煤46.6万吨，油耗下降率达12.13%。与上年相比减排放CO_2 101.39万吨、SOx 1.96万吨、NOx 2.84万吨。（周玉山）

【实施节能技术改造项目】 2009年，对不同船型的船舶进行了降速运行试验，并对船舶降速后主机的工况参数、运动部件磨损情况以及维护保养周期进行评估分析，基本确定一个合理的主机转速范围，并于10月出台《3400TEU及以上大船主机最低转速统计表》作为2009年船舶全面降速的指导蓝本。同时，继续研究船舶设备改动的可行性，探索船舶主机降速幅度以及降速后对船舶管理的要求，采取针对性措施，确保船舶主机低速运行的安全，以适应新形势下节能减排工作的要求。2009年度船舶节能技术改造共安排1005万元节能专项资金，其中在“凤后”、“龙后”轮主机滑阀式油头的技术改造节能项目中安排节能专项资金95万元，在“哈尼河”、“纳西河”和“中远太仓”轮等7艘船舶电子注油器技术改造工程和对主机油头偶件及高压油泵偶件进行改造换新节能项目中安排节能专项资金770万元，在“山河”和“珍河”轮封堵一台增压器技术改造工程节能项目中安排节能专项资金100万元，其他技术改造工程节能项目中安排节能专项资金40万元。

（周玉山）

2009年度燃油能耗完成情况

自营+租船	2009年	2008年	同期比(%)
上级下达能耗指标(千克/千吨海里)	9.3	9.3	
实际完成能耗指标(千克/千吨海里)	8.33	8.09	2.94
燃油消耗量(吨)	2361701.31	2705052.70	-12.69
周转量(千吨海里)	283594662	334369830	-15.19
航行率(%)	70.3	74.9	-6.14
营运率(%)	97.4	99.3	-1.91
载重量利用率(%)	49.4	34.34	44.02
平均航速(海里/天)	432	450	-4.00
计划消耗燃油(吨)	2770000	3216000	
实际消耗燃油(吨)	2361701.31	2705052.7	
比计划油耗量下降(%)	14.74	15.89	

（周玉山）

【船东证书管理】 2009年，协调MERCURY公司申办新造10000TEU船舶临时证书换新2艘次。整理公司新造4艘5100TEU船舶办证材料，完成3艘新造5100TEU船舶证书办理。办理船舶国籍证书期满换证18艘次，船舶最低安全配员证书期满换证8艘次，船舶无线电台执照期满换证20艘次，船舶海关监管簿换证13艘次；申办巴拿马运河防油污证书3艘次。协助落实退役船舶证书资料整理5艘次，全年证书管理工作无差错。（卢华盛）

【“中远太仓”轮命名交船】 2月26日，公司在南通中远川崎船舶工程有限公司订造的10000TEU集装箱船系列中的最后一艘“中远太仓”轮（COSCO TAICANG）在南通中远川崎船厂命名交船。江苏省委书记梁保华，省政协主席张连珍，省委常委、苏州市委书记王荣，副省长史和平，南通市委书记罗一民、市长丁大卫，中远集团总裁魏家福、副总裁李建红，公司总经理孙家康，川崎重工副社长寺崎正俊等出席新船命名仪式。江苏省委书记梁保华将该船正式命名为“中远太仓”轮。该系列共4艘具有国际先进水平的超大型集装箱船的连续建成，进一步显示江苏省造船业的整体实力和中远集团在国际航运市场上综合竞争力的提升。“中远太仓”轮于2008年4月7日开工建造，船舶总长348.5米，船宽45.6米，型深27.2米，共设置10个货舱，甲板舱盖以上可装18列集装箱，共可装载10062个20英尺标准集装箱，约11万载重吨，航速可达到每小时25.8节。该轮2009年3月3日正式出厂上线。（赵志高）

【“天宝河”轮命名交船】 9月8日，公司在江南长兴重工有限责任公司建造的12艘5100TEU集装箱首制船舶“天宝河”轮在江南长兴重工船厂举行命名仪式。公司党委书记吴树雄、副总经理韩成敏和中国船舶工业集团公司党组书记李宏，中船集团总工程师、江南长兴重工有限责任公司董事长南大庆等嘉宾出席命名仪式。“天宝河”轮总长294.1米,船宽32.2米,型深21.8米,设计吃水12米,配备一台MAN B&W 8K98MC主机,设计航速25.2节,入中国国籍,系我国具有知识产权的新一代中型集装箱船。该轮是中船集团长兴造船基地投产之后的首批订单,是其2号生产线即江南长兴重工建造完成的第一艘船。该轮10月31日正式出厂上线。 (赵志高)

【新造船舶项目进展情况】 2009年,公司共接4艘集装箱船舶。分别为:南通中远川崎建造1艘10000TEU型“中远太仓”轮,江南长兴重工建造3艘5100TEU型“天宝河”轮、“天运河”轮、“天兴河”轮,其中后2艘船分别于11月18日、12月8日交付。截至2009年底,公司持有自有新造船订单共37艘,其中江南长兴重工建造5100TEU系列船剩余9艘已全部开工建造,江苏新扬子造船公司建造20艘4250TEU船舶、南通中远川崎建造8艘13350TEU船处于设计阶段。 (赵志高)

【船舶退役工作】 2009年,公司继续对船队结构进行优化调整,择机分批淘汰处理部分不适合航线营运的船舶以及安全程度低的老旧船。按照中远集团船舶退役管理规定和公司体系文件要求,会同公司战略发展部、泛亚公司,在中远国际船舶贸易(北京)有限公司的协助下,年内共安排泛亚公司所属的“松城”、“滨城”、“汉江河”、“汉涛河”、“汉水河”轮等5艘船舶退役,顺利出售给相关买家。 (赵志高)

3. 综合质量

【综合质量和风险管理部】 下设体系策划、体系维护业务。主要职责:跟踪研究国内外质量、环保、职业安全健康、社会责任和风险控制等管理标准发展动态,制定公司管理体系发展计划;建立运行和保持公司质量、环保、职业安全健康、社会责任和风险管理等可持续发展管理体系;组织编制公司年度可持续发展报告、环境报告和风险管理报告;协调组织公司管理体系的外部审核;制定公司内部审核计划,组织实施现场审核;拟定公司综合管理体系管理评审内容、具体事项和要求,协助举行公司管理评审,组织跟踪落实评审决议有关事项;建立和保持公司内审员及质量监督员队伍,组织内审员和质量监督员业务培训;组织公司各部门开展QC小组等质量管理活动;负责六个西格玛推进办公室、服务质量管理委员会办公室和可持续发展委员会办公室的具体工作,组织开展六个西格玛管理方法运用、服务质量管理活动和实施全球契约相关活动;跟踪监督所属船舶相关国际公约规则(ISM/ISPS规则等)履行情况,适时组织对管理方和船舶的现场检查。现有人员3人,包括硕士研究生学历1人,大学学历2人,均为中级职称。

现任经理顾伟华。 (顾伟华)

【开展服务质量管理活动】 围绕公司2009年经营管理总体思路和工作目标,继续开展服务质量管理活动,切实履行服务质量管理长效机制。年内开展的主要活动有:7月组织召开服务质量工作小组会议,研究和部署年度服务质量监督管理工作;有针对性地调整顾客满意度测量要求和方法,完善顾客满意指数调查问卷内容,继续会同上海顾客满意度评价中心,8月组织协调客户满意指数的书面问卷调查工作,会同相关部门分析研究上年度顾客满意指数调查所收集到的建议或意见,制定并组织实施相关改进措施;协助人力资源部开展机关作风建设监督管理,完成基层对公司总部各部门的网上测评和第三方进行的服务质量电话抽查监督工作,并将服务质量监督检查情况纳入公司各部门的年度考核体系,以促进公司总部机关服务质量的改善和提高。 (顾伟华)

【编制2008可持续发展报告】 2009年,根据中远集团关于继续推进全球契约项目实施有关要求,为进一步履行全球契约,实施企业社会责任,年初,召开公司可持续发展工作小组成员会议,研究部署公司全球契约推进要求和社会责任履行事宜，分析《2008可持续发展报告》的数据采集及编写等任务和要求，研究完善2008年公司可持续发展报告指标框架。结合中远集团2009年度可持续发展报告指标要求，组织公司总部及中国部各分部、上远公司等单位收集相关信息和数据。公司可持续发展工作组部署研究2008年度公司可持续发展报告编写大纲和年度指标数据界限与范围，落实各部门指标任务和分工，组织力量编制、修改公司可持续发展报告。4月完成《2008可持续发展报告》送审稿，5月完成《2008可持续发展报告》内审，6月初由挪威船级社审核组对《2008可持续发展报告》进行独立审计。并会同广告公司、翻译机构等组织实施《2008可持续发展报告》的翻译、设计、排版、制作等事宜，6月底付印。7月初完成《2008可持续发展报告》向各部门、各单位发放工作。（顾伟华）

【建立全面风险管理体系】 2009年，根据国资委《中央企业全面风险管理建设指引》、财政部等五部委《企业内部控制基本规范》和ISO/DIS 31000《风险管理——实施原则和指南》的有关要求，进一步理顺公司风险管理的组织体系。公司任命管理者代表韩成敏为首席风险官，调整安全技术管理部接替战略发展部负责公司风险管理工作。并将安全技术管理部的综合质量部更名为综合质量和风险管理部，具体推进该项工作。为进一步掌握公司员工对风险概念和相关知识的了解、对所在公司风险管理现状的了解和对风险管理的期望，以及公司现有制度和员工操作中的风险控制程度与全面风险管理要求的符合等情况，根据公司领导指示要求，会同挪威船级社等顾问机构，编制并逐步完善公司风险管理现状调查问卷，研究制定评分方法，组织实施风险管理现状调查，全系统各单位2000多名员工参加了调查问卷的答题。公司会同挪威船级社，完成《全面风险管理手册》和《战略风险评估》等8个风险管理程序文件的起草、修改、送审和发布，并将其纳入公司综合管理体系运行。（顾伟华）

【顾客满意指数调查】 为配合公司可持续发展报告的编制，进一步履行全球契约责任，客观、科学了解和分析公司在同行业中的地位，以及各类顾客对公司服务质量和水平的潜在需求与具体意见，为改进公司服务质量和水平及提高"顾客忠诚度"提供合理的建议和意见，在上年顾客满意指数调查的基础上，围绕公司业务发展情况和战略发展需求，继续开展顾客满意指数调查。2009年度调查由上海市顾客满意度评价中心组织的信函调查进行，并给予参与调查者一份精美礼品的奖励，以提高调查效果。客户样本依据货运量为主导的采样方法。调查分别从大连、北京、华南、青岛、上海、天津、武汉、厦门等八个地区的699份有效客户名单中进行抽样调查，共收到有效信函问卷283份。测评按照国际流行的美国顾客满意指数（ACSI）六大模块（顾客期望、质量感知、价值感知、顾客满意度、顾客抱怨、顾客忠诚）设计相应问题。经调查分析，公司2009年度顾客满意指数（CSI）为78.72，与2008年的77.08相比，提高了1.64。调查结果由上海顾客满意度评价中心进行汇总和计算并出具相关的报告。（顾伟华）

【开展服务质量电话抽查】 2009年，公司连续第4次邀请上海市客户评价中心作为独立第三方，对公司总部各部门的服务质量进行电话抽查。该评价中心在上年电话抽查的基础上，进一步修改和完善抽查内容和评判方法，确定电话门数的抽样比率，同时培训相关参与人员。这次电话抽查以"首问责任"、"服务态度"和"业务水平"三方面的电话问答情况作为评判内容，依据"很满意"、"满意"、"一般"、"不满意"和"很不满意"五个级别和不同赋值，计算出各部门总体电话抽查得分，并纳入公司年度考核，以此促进公司总部员工服务质量的提高。

（顾伟华）

【综合管理体系文件修改】 根据公司组织

机构和职能变更情况，以及综合管理体系运行情况，公司对2007/0版综合管理体系文件作了部分修改。部分新版文件于4月1日正式生效。此次变更的主要文件共30个，其中《机关人员培训程序》和《应急程序》等程序文件2个，《美洲贸易区工作职责》等部门的工作职责4个和《代理协议管理办法》等管理须知24个。（陈宝坤）

【综合管理体系内审员队伍建设】 4月24日，公司在远洋大厦举办一期综合管理体系内审员培训班，由上海众标科技公司的资深专家授课。培训主要内容为解读GB/T19001、GB/T24001、GB/T28001标准基本要求，现场审核方法和技巧，内审检查表、不合格报告、审核报告编写，审核实务及案例分析等，以提高内审员的审核技巧和审核能力。（陈宝坤）

【机关综合管理体系内部审核】 根据公司2009年度综合管理体系内审计划的安排，5月7—8日，对公司总部机关所有部门进行集中审核。本次审核由24名内审员参加，分成4个审核组，同时邀请DNV和上海众标科技公司5位专家指导，内审覆盖总部机关所有部门（13个）。审核组以客观公正、实事求是为原则，采用谈话、询问、查看资料、核实记录等方式分别对各部门进行审核。经审受双方确认，共提交不合格报告0项，观察建议41项。各有关部门对发现的不合格和缺陷及时组织人员制定和实施纠正措施予以整改。同时，为验证公司《2008可持续发展报告》的完整性、准确性、可靠性和响应度，专门对公司可持续发展报告进行了内部审核。（陈宝坤）

【召开管理评审会】 按照公司《管理评审程序》的规定，5月18日公司在远洋大厦召开管理评审会。会议由公司总经理孙家康主持，有关公司领导和各部门主要负责人出席评审会。会议回顾了上年度公司管理体系运行情况，对现行的综合管理体系文件进行了评审。会议认为体系文件基本符合GB/T19001、GB/T24001、GB/T28001等标准和国内外法律法规，并且是适宜和充分，具有操作性和实效性。会议对公司综合管理方针实施情况、目标和指标完成、法律法规遵循情况、顾客满意度测量情况，以及组织机构（包括人员和资源）设置的充分性、合理性、有效性进行了评价。会议认为，自2008年管理评审以来，公司严格遵守国际公约规则、国家法律法规和行业准则，管理体系符合三个标准要求和“全球契约”基本原则，完成上年度生产经营、质量/环境/职业健康安全的各项目标指标，全球契约社会责任可持续发展报告指标体系得以巩固、优化，资源配置合理，CSI客户满意指数不断攀升，上年管理评审决议和内、外审发现的不合格均已得到纠正，并取得预期的效果，综合管理体系运行持续有效。会议对外审、内审和日常运行中发现的问题进行了讨论，推出建立绿色货运管理工作机制，综合管理体系文件改版，加强对部门二级文件管理等三项决定。要求有关部门制定措施，对存在问题切实加以改进。（陈宝坤）

【综合管理体系通过年度监督审核】 6月3—5日，中国船级社质量认证公司审核组一行4人对公司综合管理体系进行了换证审核。审核组依据相关法律法规、GB/T19001、GB/T24001和GB/T28001标准与对公司综合管理体系文件以及相关活动进行审核，范围涉及总部机关13个部门。经审核，审核组提出两点改进建议。审核组认为，公司综合管理体系基本符合标准和法规要求，体系运行正常、有效。并将报请质量认证公司保持中远集运质量、环境和职业健康安全管理体系认证证书。（陈宝坤）

【节能减排和绿色货运工作】 为进一步体现对环境保护的承诺，公司在中介机构的协助下，根据BSR（Business for Social Responsibility）和CCWG（Clean Cargo Working Group）新要求，会同贸易保障部收集整理船舶燃油消耗总量，按加油地区、燃油油种，汇总分析公司船舶所用各油种的含硫量，并按航线、船型计算船舶排放数值。编制公司

EPS“环境业绩调查问卷”和数据表,并传送CCWG公共网站。为满足贸易保障部等相关部门投标需要,结合公司在环境管理方面的方针、政策、行动和绩效,组织编制年度环境报告。并协助提供船舶燃油消耗、排放数据、防污染业绩,以及公司环保措施等数据和信息。协助上海市交通协会、上海市九三学社、上海市节能减排工作小组等组织,开展航运公司节能减排和环境保护等课题的调研工作。并完成上海市节能减排JJ(节能减排)小组活动公司3个试点项目的登记工作,推进和跟踪及指导公司3个JJ小组试点项目的开展。跟踪CDI审核动态,翻译新版CDI审核资料,会同上远公司研究部署公司和船舶CDI审核工作。

(黄叶建)

【举办QC小组活动讲座】 12月15—16日,公司在上海嘉定宾馆召开公司质量管理小组成果表彰会。会议期间,公司特邀上海市质量协会交通委员会老师对公司QC小组成员及公司质量监督员进行了一次QC小组活动要点及案例分析的讲课。公司QC小组各相关人员38人参加本次讲座。

(黄叶建)

【质量管理小组(QC)取得成果】 2009年,经公司评选后分别向中远集团和上海市交通行业协会推荐,计算机中心IRIS－2系统性能改造小组等6个质量管理小组分别获得全国交通行业优秀质量管理小组称号;资讯发展部SA舱位分配及二程联订QC小组等8个质量管理小组分别获得中远集团优秀质量管理小组称号;战略发展部计划运营部和美洲贸易区运营质量部联合QC小组等3个质量管理小组分别获得上海市优秀质量管理小组称号;战略发展部营销策划QC小组等17个质量管理小组分别获得上海市交通行业优秀质量管理小组称号。

(黄叶建)

4. 企业安保

【保卫部】 负责公司内部治安保卫工作管理的职能部门,同时有武装部、交通战备办公室、治安综合治理领导小组办公室等工作职能。主要职责:负责公司内部治安管理,维护内部安全稳定;开展治安综合治理、创建治安安全合格单位和上海市平安单位活动;协助公安机关侦查各类刑事、治安案件,追查破坏事故,参与调查重大事故;督促、指导上远公司做好船舶安全保卫工作;开展调研,加强重点人员管理和帮教,预防和减少职工违法犯罪;依照消防法规,对公司所属陆地单位防火安全工作进行督促、检查和指导,负责火灾事故的调查处理和统计上报;负责交通战备、民兵和双拥慰问工作。现有人员2人,包括大学学历1人,大普学历1人;其中中级职称2人。

现任经理姜郁凌。 (俞文龙)

【概况】 2009年,公司未发生影响内部稳定和企业形象的重大刑事、治安案件;未发生船舶遭受恐怖活动袭击、海盗劫持、抢劫事件;未发生船舶毒品走私、船员参与运送他人偷渡案件;未发生重大火灾、交通安全等治安灾害事故;未发生船员海上失踪、国外港口离船出走不归事件。协调处理各类案件9起,其中船舶国外港口发生偷渡案1起,船员国外港口涉嫌走私案1起,员工涉嫌吸毒案1起,船员意外死亡案2起,外派船员美元失窃案1起,陆地单位办公室撬窃案1起,合同纠纷案1起,经济纠纷案1起;协调处理火灾事故1起;协调处理上访等突发事件4起。抽查抵港船舶安全保卫工作18艘,陆地单位防火、防盗等安全检查96单位/次,排摸、汇总不稳定因素12次,报送传递各类情报信息23份,组织系统内18名综治保卫干部参加公安保卫业务培训,对总部机关14名临时或长期派驻国外机构人员进行外事纪律、安全保密工作宣教,为总部机关67名员工办理边防长期登轮许可证。保卫部被上海市公安局治安总队评为“2008年度治安保卫先进集体”;姜郁凌被评为“2008年度治安保卫先进个人”。

(俞文龙)

【综治、维稳工作】 2009年,在全球金融危机严重影响公司经营效益的情况下,根据公司安全、稳定和实现同业领先、降本减亏的总体目标,围绕迎世博、建国六十周年大庆和党的十七届四中全会召开等重大活动,重视并做好维护内部稳定工作。年初印发公司《2009年社会治安综合治理工作要点》,明确综治工作方针和指导思想,规划年度综治、创安工作,继续强调"谁主管,谁负责"工作原则。要求各级领导以科学发展观为统领,树立大局意识、忧患意识和责任意识,保持清醒头脑,落实综治责任,全力维护内部稳定;开展对各类不稳定因素的排摸调处,及时掌握分析公司内部治安防范、稳定工作情况。坚持每月汇总、分析和报告各类不稳定因素制度,加大重要节点时期对矛盾纠纷和各类不稳定因素的排查力度,及时分析、研判各类不稳定因素情况,形成专报并落实有效管控措施;加强与市建委综治办、市水上公安局等部门的工作联系,报告情况,互通信息,及时妥善处置上访、恐吓敲诈等突发事件;以加强综治日常管理工作为基础,理顺关系,发挥下属单位党政、保卫、工会等部门积极作用,综合运用法律、政策、经济等手段和教育、协调、疏导等办法,将矛盾纠纷解决在基层化解在萌芽状态,保一方平安。 (俞文龙)

【亚丁湾防海盗】 2009年,亚丁湾索马里海盗活动愈演愈烈,海盗劫持船舶的情况时有发生。对此,公司高度关注、跟踪亚丁湾海盗活动态势及船舶防海盗工作情况,传递相关信息;认真学习、领会上级指示精神;收集并上报船舶反馈的海盗活动信息(共计20份)。抽查、指导船舶防海盗工作情况(3艘);11月17日,公司召开防海盗工作专题会议并编发会议纪要;12月4日,参加中远集团在天津召开的船舶自防自救器械配备工作专题会议;在船舶原有配备防海盗器械的基础上,为船舶增配防海盗器械112套。从"人防、物防、技防"等方面强化安全防范措施,切实增强船舶防海盗工作的预控能力。年内,公司船舶过往亚丁湾水域共计238艘/次;参加海军护航编队船只共计15艘/次;6艘船舶(含1艘外派船)遇到海盗小艇追击袭扰。全年未发生海盗危及船舶和船员生命安全的紧迫事件。

(俞文龙)

【船舶督查、港口调研】 3月16—20日,公司组成船舶安全保卫督查组赴南方港口(广州新沙、南沙),对抵港船舶的安全保卫(保安)工作情况进行督查和指导,同时对该港口的社会治安情况进行调研。本次督查主要内容为:上远综合管理体系有关船舶安全保卫工作须知、规定;船舶保安计划;中远船舶保安(保卫)工作检查清单;船舶保卫工作检查记录;船员下地管理情况。本次督查、指导船舶共7艘,对发现存在不足的问题和缺陷,责成船舶即时整改。同时,就新沙、南沙周边的大盛镇和新垦镇外来人员多,社会治安情况复杂等情况,要求船舶高度重视并加强船员下地管理,防止发生各类治安问题。 (俞文龙)

【民兵整组与交通战备】 2009年,根据上海市战备办、中远集团战备办及上级军事部门下达的工作任务,完成"民兵船运团"、"海军船舶勤务保障分队"整组工作;协调有关部门做好战备物资的储存和管理;完成交通战备专题论文《提高商船执行远海军事任务保障能力初探》撰写,并被评为中国国防交通协会2009年度理论研究优秀论文;组织一次国防教育和演练。根据上级要求,对战备船舶进行现场考察和指导,对船员进行动员和慰问。按照迅即能战、不辱使命的要求,认真落实战备船舶民兵演练,着力加强国防后备力量建设。(俞文龙)

（十）泛亚公司

【上海泛亚航运有限公司】 上海泛亚航运有限公司成立于2004年5月18日，由中远集运将所属中日贸易区、沿海贸易区合并，纳入原上海中远集装箱沿海运输有限公司，对原上海中远集装箱沿海运输有限公司进行变更，成立“上海泛亚航运有限公司”（英文名称：Shanghai PanAsia Shipping Co.，Ltd），简称泛亚公司。泛亚公司经营航线有中日航线、内贸航线、沿海支线，拥有船舶41艘，其中自有船舶24艘，租用船舶17艘，总运力58402TEU。下设中日经营部、沿海经营部、支线经营部、经营保障部、特种箱经营部、企业发展部、财金管理部和行政管理部/党工部8个部门。现有人员103人，包括硕士研究生学历21人，大学学历68人，大专学历14人；其中高级职称2人，中级职称30人。

现任总经理章文钦，党委书记吴秋平。

地址：上海市虹口区东大名路388号

电话：35124688（总机）

网址：www.panasiashipping.com

（王　艳）

【概况】 2009年，全球集装箱班轮业受金融危机影响，公司共完成重箱量285万TEU，同比上年增长0.18%；实现营业收入41.21亿元，比上年下降18.51%；实现利润总额－7.41亿元。特别是下半年，公司按照董事会部署要求，把握经济回暖契机，全力推动运价恢复上涨，单箱海运价较上半年提升13.87%，达2192元/TEU，亏损控制在2.71亿元，比上半年减亏42.24%，超额完成董事会下达的下半年减亏20%目标，其中12月份，公司实现扭亏为盈，实现盈利1262万元。

（王　艳）

泛亚公司船舶首次挂靠江西九江城西码头

1. 中日经营

【中日经营部】 下设华北销售、华东南销售、航线调度、现场操作、客户服务和综合业务。主要负责中国至日本的集装箱运输业务。全年共经营11条自营航线和6条合作航线，覆盖中国内地从南到北主要口岸及日本的关东、关中、关西地区主要港口，多式联运网络遍及中国及日本所有内陆网点。现有人员14人，包括硕士研究生5人，大学学历9人；其中中级职称6人。

现任经理王小文，副经理朱飞雁。

（朱飞雁）

【概况】 2009年，中日经营部加强对客户和货源的掌控力度，凭借船东自身的品牌和整体服务优势，不断提升客户的忠诚度和信任感；在稳定高端市场的同时，拓展中端货源；在部分港口部分航线采取市场扩张战略，维护市场运价和航线货量的稳定，确保整体舱位利用率和整体经营效益；继续加强成本控制，重点是完善流程管理，包括货物费、中转费、空箱调运费以及港口费用等均得到了有效控制。取得高于同行平均水平的经营业绩，全年中日航线出口提单箱量209550TEU(同比下降10.48%；市场总量同期同比下降13%)，进口提单箱量118111TEU(同比下降4.84%；市场总量同期同比下降6%)，进出口合计327661TEU(同比下降8.52%；市场总量同期同比下降10.5%)。出口重箱量241314TEU(同比下降7.37%)，进口重箱量135844TEU(同比下降1.3%)，进出口合计377158TEU(同比下降5.27%)。下降幅度远小于市场平均水平，继续保持泛亚航运在中日航运市场优势服务的船东形象。（陆育新）

【中日航线下半年工作研讨会】 6月30日，中日航线下半年工作研讨会在上海远洋大厦召开。中远集运副总经理史美思出席会议并讲话。会议总结了中日航线上半年工作存在的不足，明确了下半年的工作重点及思路，就销售策略、加强装卸港联动、提高进出口FOB箱量等推出了一系列切实可行的方案。（王小文）

【中日航线船东高层会议】 7月16日，中日航线船东高层会议在上海航运交易所召开。泛亚公司等14家单位的中日航线船东主管领导参加会议。交通部水运局副局长张守国、处长李宏印，上海航交所、上海港口管理局等有关领导出席会议。会上，上海航交所介绍了运价备案制和船东行动守则的推进情况。与会14家船东对中日航线的现状和如何规范中日航线的经营、如何执行交通部运价备案制公告和船东行动守则的制定发表了意见和建议。与会代表就行动守则的具体讨论内容进行了沟通。会上就海运费恢复到50美元、维持现行附加费率等达成了共识，并共同在行动守则上签字。（王小文）

【成立日本航线专业委员会】 8月20日，泛亚公司总经理章文钦带队参加由上海航交所主持召开的中日航线船东高层会议。交通部水运局副局长张守国出席会议。会上，为稳定和规范中日航线的市场经营秩序，成立了上海航运交易所日本航线专业委员会，通过专业委员会对中日航线的运价稳定、附加费的制定以及运力控制等进行协调。会议推选泛亚航运为日本航线专业委员和首届主席单位，中海为秘书长单位。（王小文）

【拓展长江HDS货源】 2009年，长江HDS稳步推进，泛亚中日航线在长江内承运BHDS(即BARGE HDS)。经过一段时间推进，使用HDS服务的长江口岸已从当初南通、南京、太仓等少数几个下游口岸扩展到最远至重庆的11个。年内，长江HDS箱量共536TEU，HDS费用收入合计404万元。（刘航）

【SHDS稳步增长】 2009年，泛亚中日航线共营运SHDS箱1803TEU，较上年同期增加1518TEU，增长幅度达532.6%。年内，SHDS服务的客户群取得进一步拓展，其他新客户也开始使用快速交货服务，产品的竞争力获得有效提升。（刘航）

【延伸华南日本航线】 2009年，中日经营部将原华东南日本航线(CJ12)延伸至台湾地区、泰国，4月6日“中远莲花”轮首航基隆，4月11日首航林查班。挂港顺序从厦门—横滨—东京—名古屋—香港—黄埔—厦门更改航线为：林查班—香港—南沙—厦门—横滨—东京—名古屋—门司—基隆—香港—林查班。航线改造后，增加了日本至台湾、泰国，台湾至香港、华南、泰国以及泰国至香港、华南和日本的服务。（王绫云）

2. 沿海经营

【沿海经营部】 主要负责中国沿海内贸集装箱干线运输业务。主要经营航线10条，投入船舶26艘，总计运力6万TEU。下设营运、营销、客户服务和综合科。主要职责：航线规划制定；内贸市场的分析和预测；船舶配置情况分析；船舶班期表编制、维护和发布；船舶营运计划制定；港口、船舶和代理等相关方面的协调；航行经营情况分析；运价的制定、咨询、审批及监督；客户服务工作实施和跟踪；货运质量的监督；服务规范、标准、指南的制定和落实；内贸用箱的协调和跟踪管理等。现有人员18人，包括硕士研究生学历3人，大学学历13人，大专学历2人；其中中级职称6人。

现任经理徐飞攀，副经理于泳。

（徐飞攀）

【概况】 2009年，由于国际金融危机影响，市场环境非常恶劣，造成全年提单重箱承运量比上年下降0.25%，营运收入下降34.67%，航线效益大幅度下滑。年内，以做强内贸航线和提高营运效益为主线，深入航线布局优化，精心培育精品航线，巩固运价协调机制，加强市场开发，运价调控、成本控制以及航线精细化管理等取得了成绩。为后续市场好转和迅速提升航线效益打下良好的基础。（于 泳）

【航线准班率提高】 2009年，继续提升航线的精品化服务，继续提高各条航线准班率，1—12月份，各轮完成靠港2673艘次，综合准班率达97.01%，比上年上升0.88%。（夏云欣）

【东北葡萄冷箱货物货量稳步增长】 2009年，冷箱类高价货市场竞争激烈，泛亚公司通过加强与客户沟通，充分了解客户需求，在箱源保证以及航线布局上，取得较好业绩。年内，在整个葡萄运输季节共出运东北葡萄冷箱3888TEU，较上年增长14.6%。

（夏云欣）

【完善运价稳定和协调机制】 2009年，通过强化与竞争对手各层面的运价协商，基本构建形成总部之间、口岸公司之间立体的内贸船东协调机制。通过控制运力规模等手段，有效稳定华北、东北、华南重点区域的市场运价。下半年，利用市场出现的短暂旺季，快速提升运价，东北、华北南下平均提升运价RMB1100/TEU。（夏云欣）

【推出航线“JIT”服务】 JUST IN TIME（JIT）服务是通过内部资源的有效整合，实现干线船和驳船的无缝连接，为客户提供更灵活、更人性化的驳船中转服务。全年，IC9、IC10航线上有约30%的驳船客户选择“JIT”服务，并取得了良好的品牌效应，促使泛亚内贸航线服务处于市场高端的地位。推出航线“JIT”服务，赢得了一大批忠实客户的合作，并且这些客户的运价高于一般客户200元/TEU，为提升航线效益作出了贡献。（夏云欣）

【节能减排工作取得新进展】 按照中远集运“各航线船舶在原有基础上降速10%，节油25%”的节能减排工作要求，沿海经营部根据季节对各轮班期作出调整，对各码头装卸时间进行控制，并定期对口岸代理进行考核。1—12月份共节燃油220550吨，根据油耗定额量节油百分比为9.95%，较上年上升2.97个百分点。2700TEU船舶平均每航行天用油下降至40—45吨；4215TEU船舶平均每航行天用油少于50吨。

（夏云欣）

【自引自靠全面推进】 2009年，沿海经营部自有船共完成自引自靠4520艘次，比上年2903艘次提高55.7%。节约拖轮451艘次，比上年192艘次提高135%。总节约港口使费约1446万元，比上年增加102%。船舶自引面达到100%。（夏云欣）

【减少船舶在港时间】 2009年，进一步挖掘减少船舶在泊时间潜力，以确保船舶在港作业效率最大化。公司4215TEU型船舶在码头作业最短时间仅19个小时，平均每艘船在港作业控制在24—25小时之内。1—12月份，船舶在港时间比指标总共减少152个小时。（夏云欣）

3. 支线经营

【支线经营部】 主要负责长江、珠江支线及沿海支线的经营和管理。长江支线有18条航线，挂靠长江32个港口，期租及自有驳船50艘，驳船运力7721TEU，可提供周舱位15442TEU，每周开出航班120班次；珠江支线有 43 条航线，挂靠 92 个港口，期租驳船 42 艘，驳船运力 2495TEU，可提供周舱位 12000TEU，每周开出航班 260 班次；沿海支线有 11 条航线，挂靠 15 个港口，自有船舶 2 艘，自有船运力 4544TEU，可提供周舱位 4544TEU，每周开出航班 17 班次。下设长江、珠江和沿海运输科，现有人员 25 人，包括硕士研究生学历 2 人，大学学历 17 人，大专学历 6 人；其中中级职称 4 人。

现任经理周德平，副经理金嘉伟、涂德明。 （涂德明）

【概况】 2009 年，根据口岸需求，及时调整航线，重庆航线投入 4 艘中远号，作为核心班轮，以固定班期营运。加粗武汉航线管道，投入 5 艘中远号和 4 艘租船，形成一周六班服务，进一步提升武汉航线的服务质量。推进昌九支线服务，保证江西全年的服务质量不因“赣江”的枯水而下降。通过沿江内贸，从多箱点往缺箱点做箱形式，降低多箱点的空箱盘存量，解决缺箱点的用箱需求。为促进华南公司揽取货源、加快进口中转效率，珠江支线拓展支线网络。7 月初开通惠州至南沙、蛇口的内贸支线，为华南公司揽取粤东地区内贸货源提供支线服务。9 月初开通花都炭步、广州白云区鸦岗两个码头的内贸航线，有助于分流三水、四会等码头的进口货量以及扩展清远、河源等粤北地区货源。9 月底开通了珠海斗门至南沙的外贸航线，租用广州港穿梭巴士的舱位提供服务。 （涂德明）

【昌九支线开通】 为了提高南昌全年的服务质量，降低赣江对运输服务的影响，协调江西远洋开辟昌九支线，9 月 8 日昌九支线首航，加快推进昌九支线的进度，保证江西全年的服务质量不因赣江的枯水而下降。

（乐家彪）

【应对枯水开展上游支线武汉中转模式】 长江枯水期一般为当年 10 月至明年 5 月份，主要受影响的区域为武汉以上的泸州、重庆、宜昌、荆州，上游运力在枯水期只能发挥 60% 的效率。根据枯水期运力实际使用情况，结合货流情况，把武汉作为中上游货流集散点和中转点，利用不同的水位差，采取分段中转措施。加粗武汉航线管道，从 3 艘船运力，一周两班班期，增加到 12 艘驳船运力，每周八班班期，并且把周一和周四的班期作为直达班轮经营，在保证中转的前提下，进一步提升武汉航线的服务质量。

（乐家彪）

【利用沿江内贸业务平衡江内用箱】 2009 年，沿江内贸取得迅速发展，从多箱点往缺箱点做箱，全年共完成 9710TEU，比上年增加 109%，及时降低多箱点的空箱盘存量，并解决缺箱点的用箱需求。（乐家彪）

【进一步完善支线网络】 2009 年，珠江支线为促进华南区域揽货、加快中转效率，支线在外贸航线先后开通蛇口至黄埔、蛇口至中山、德庆康州至香港、珠海斗门至南沙等 4 条外贸航线；在内贸航线先后开通滘心、肇庆新港、东莞理文、柳州武林、珠海加华、珠海西域、广州白云鸦岗、花都炭步等 8 条内贸航线。 （孔云飞）

【重新经营汕头、湛江外贸支线】 2009 年，亚太贸易区对 STV、HHP 航线进行调整，该 2 条航线不再挂靠汕头、湛江，从第 4 季度开始珠江支线又重新启用汕头、湛江外贸支线。 （孔云飞）

【开通上海至福建地区支线】 3 月，沿海新开 CF20 南方支线，挂靠上海—温州—福清—泉州—厦门港口，利用同船运输政策，提供上海至温州、厦门的内外贸中转运输以及北方沿海口岸、上海本港及长江流域至泉州、福清的内贸运输，开拓了沿海支线在南方口岸的中转路径。 （丁 骅）

【沿海支线扩大 SOC 箱业务】 2009 年，沿海支线继续扩大 SOC 箱的营运业务，全年装运 11754TEU，开发天津至上海洋山特色服务，揽取地中海航运、南非海运等外资班轮公司天津到南非航线的中转外贸货，提高了船舶舱位利用率，增加了收入。

（丁 骅）

4. 经营保障

【经营保障部】 下设商务科、箱管科、综合科。主要负责公司港航协议、代理协议谈判审核签署存档，核准 IRIS－2 系统 VTM (PORT、TERMINAL)费率，港口效能分析，船舶租赁，出售退役船舶，加油及价格监控，保险合同管理，内贸货损理赔，提单/运单管理；日常用箱协调，优化调箱路径，箱管费用控制，单程用箱管理，滞期费减免监控，指导超期重箱清查，中日线 12 英尺箱管业务；造船业务，督促船舶安全管理及海务、机务检查，备件物料订购审核，制定船舶年度修费计划及审核航修费用，办理船舶营运证书等。现有人员 11 人，包括硕士研究生学历 4 人，大学学历 5 人，大专学历 2 人；其中中级职称 6 人。

现任经理徐淏，副经理马波。

（杨思思）

【概况】 2009 年，经营保障部在供应商协议管理方面：继续深化链式管理办法，签好协议，用好协议，审好协议，全年总体供应商费率下降；按照中远集运要求，确定代理费下调方案；配合中远集运投保工作，降低了长江驳船保费；监控管理油料采购价格，确保低于市场水平；管理中远内部和市场租船工作，保障航线运力；采取淡旺季弹性运力运作模式，降低运力筹措成本；出售 5 艘老旧船舶，回收现金，实现利润，优化船队结构。在保障用箱方面：寻求合理调箱路径，全面保障泛亚各条航线用箱；管理内贸单程用箱(Free Use)，促进箱体平衡；做好超期重箱监控，加快箱体周转，有效降低用箱成本。在节能减排方面：通过营运节能、管理节能、技术节能等措施，节约燃油开支。在造船方面，“泛亚太仓”和“泛亚洋山”轮 300TEU 江海型集装箱船顺利下水；300TEU 江海型集装箱船“泛亚江阴”和“泛亚南京”主船体成型。（杨思思）

【港航协议管理】 2009 年，配合贸易保障部签署并管理 10 个沿海港口的外贸港航费率协议。独立负责 24 个沿海港口的内贸港航协议、34 个长江港口内/外贸港航协议、66 个珠江码头内/外贸港航协议的谈判、签署及管理工作。全年装卸费及拖轮费费率总体下降，节约成本约 2500 万元。向港口协议方申请额外费用减免额约 87 万元。管理登记并协助财务回收协议回扣款约 4353 万元。4 月 1 日开始，根据中远集运与泛亚公司关于长江支线舱位费结算改为 FI/FO 条款的备忘录，长江港口港航协议由中远集运、泛亚公司和供应商三方签署。从 5 月 1 日开始，根据中远集运有关要求，沿海自营内支线舱位费结算改为 FI/FO 条款；有关沿海港口的内支线港航协议由中远集运、泛亚公司和供应商三方签署。（杨劲松）

【代理协议管理】 2009 年，根据中远集运统一部署，确定从 8 月 1 日起代理费下调方案，为公司节省代理费约 800 万元。

（杨思思）

【保险理赔】 2009 年，配合贸易保障部对所属及单租 30 艘船舶进行投保，并协助处理公司船舶机损、海损及外贸航线货损的业务案件。负责公司自有 10 艘长江船舶的投保工作，长江驳船船壳险和保赔险费率均取得一定幅度下调。独立负责内贸货损理赔业务案件的处理，完善内贸货损理赔联系人制度，有效调动口岸同行参与内贸货损的处理工作，使发货港和收货港代理互相配合，发挥中远网络优势。年内，共处理内贸货损业务案件约 300 起，为客户提供良好服务。

（陈雪波）

【租船管理】 2009 年，为满足货量需求，西南沿海支线上半年租入 2 艘驳船，11 月初再增加 1 艘，全力配合主干航线做好货物中转运输。2 艘 CV1100 型船舶最早还船日退租还船。12 月初，“汉涛河”和“汉水河”轮相继出售，在市场较低位为 CF20 航线租入 2 艘 300—400TEU 驳船，经营内外贸同船运输业务。同时，做好与中远集运互换船舶交接工作，年内共接收中远集运的运力

25870TEU。（杨思思）

【出售老龄旧船】 经泛亚公司董事会决议并报经中远集团同意，出售5艘老龄旧船，分别为“松城”轮（船龄22年，8月21日出售）、“汉江河”轮（船龄25年，9月2日出售）、“滨城”轮（船龄24年，10月10日出售）、“汉涛河”轮（船龄24年，12月1日出售）、“汉水河”轮（船龄24年，12月10日出售）。这次船舶出售是通过中远船贸报价，由中远集运和泛亚公司具体操作实施。该5艘老龄旧船的出售，回收资金人民币约7240万元，实现利润2248万元，公司船队实现了结构优化。（蒋 维）

【寻求合理加挂调箱路径，保障内贸航线用箱】 2009年，泛亚内贸运力的上升，导致口岸出口箱运量的上升。特别是北方口岸，自3月起用箱趋于紧张。为确保内贸航线出口用箱，多次协调中远集运箱管和沿海经营部安排船舶加挂调箱，积极寻找箱源补充到内贸航线，为不断增长大内贸运力保驾护航。年内，总计加挂调箱20'/33003TEU，40'/9245FEU，起到了平衡用箱作用。

（姚 伟）

【Free Use 箱的开发和节约成本】 2009年，集装箱造箱市场整体持续低迷，许多船公司和租船公司都未下单造箱，给单程用箱的箱源开发造成了很大困难。为减少航线用箱成本，同时补充缺箱港口箱源，缓解多箱港口压箱，加强与各家箱东沟通拜访，建立广泛的供箱渠道，在原有中日航线基础上，新开发了内贸航线的单程用箱。1—12月份累计，共完成单程用箱430TEU，节省空箱调运费和用箱成本约49万元。

（姚 伟）

【建造300TEU江海型船舶】 11月9日，第1艘300TEU江海型集装箱船“泛亚太仓”轮正式交付使用，营运情况良好。8月20日，第2艘300TEU江海型集装箱船“泛亚洋山”轮下水，进入设备调式阶段。第3、第4艘300TEU江海型集装箱船“泛亚江阴”、“泛亚南京”轮主船体已成型。该船舶主要营运武汉—大、小洋山；大、小洋山—乍浦—北仑港。船长108米，型宽17米，型深8米，设计吃水4米，设计航速21千米/时，载重量4899GT。（楼 杰）

【节能减排工作】 2009年初，按照中远集运新的燃油消耗指标及“节能减排”总体要求，通过从技术、管理、营运节能等方面，强化精益管理理念，细化油料管理手段，积极推进节能减排工作。年内，共节约燃油3万余吨，节约成本人民币约1.2亿元。

（楼小飞）

5. 特种箱经营

【特种箱经营部】 2009年，为配合中远集运特种箱经营管理体制改革，统一以冷藏箱为主的特种箱运输管理，明晰发展方向，完善相关组织架构，实现以行业客户需求为导向、专业化经营为特点的集中管理模式，强化公司在特种箱市场的营销和综合开发能力，加快特种箱的周转及保有量，强化特种箱成本控制，提高特种箱业务对公司效益的贡献，12月29日公司成立特种箱经营部。现有人员4人，包括大学学历4人；其中中级职称2人。

现任副经理杨品中。（王 艳）

【概况】 特种箱经营部成立初期，将冷藏箱运输业务作为工作重点。负责冷箱市场研究，确立冷箱业务发展策略，研究市场开发目标和政策；就合作方进行冷箱舱位互换等的谈判提供意见；制定冷箱预算和考核指标；负责公司各航线冷箱市场开发、客户管理工作；负责协调和建立冷箱营销网络；与经营部协调，共同负责冷箱的运价和附加费管理；负责冷箱干用销售；重点关注冷箱箱量、客户数量、运价水平、贡献值和公司整体效益工作；负责与其他经营部商定冷箱舱位，并对冷箱舱位进行需求管理；负责与航线协调冷插和甲板发电机的使用，负责与冷箱业务相关客户服务及其他货运管理工作；负责冷箱的保有量确定、空箱盘存、空箱调运、超期箱清理等的空箱日常管理;参与冷箱涉及的成本项目协议谈判和供应商管理;参与中日、内贸航线相关船东的冷箱市场、运价、附加费等协调工作;负责冷箱成本审核,冷箱运营和贡献值分析,指导和评价各口岸冷箱业务营运状况。 (王 艳)

6. 企业发展

【企业发展部】 主要职责:规划发展、营运监督。负责公司经营范围内政策、经济和航运市场研究分析;公司战略规划和运力调整;公司层面预算编制;流程优化再造;完善和实施公司绩效考核,线长效益负责制实施;公司投资管理;公司层面会议各类报告编制;运使费审核监督及对 IRIS-2 系统中 VTM 维护;公司各类生产经营数据汇总分析,成本问责制推进;公司工商管理等工作。现有人员 10 人,包括硕士研究生学历 2 人,大学学历 7 人,大专学历 1 人;其中高级职称 1 人,中级职称 2 人。

现任经理宋乃义、副经理王华。

(宋 捷)

【概况】 2009 年,围绕公司年初制定的工作目标开展工作,在继承和延续做好各项工作的同时,不断完善和创新工作机制,确保公司安全高效运营。企业发展部主要工作:做好 2009 年绩效考核,继续深化线长效益负责制;快速反应,推动公司重大项目进展;统筹协调,稳步推进北外滩商务楼项目的各项工作;理顺流程,制定多项内控文件;强化监督,牵头公司运费审核监督及信用期管理;精益求精,细化使费审核工作,重点做好运输条款变更后长江支线和沿海支线使费审核工作;建言献策,牵头实施金点子工程、发挥功能,编制公司各时间段预算。

(宋 捷)

【运使费审核】 2009 年,在总结以往运、使费审核经验基础上,全面推进运、使费审核由原"量价核对型"向"绩效分析型"转型,将运、使费审核与运输条款、运费明细有机结合并进行对比分析,做到"收费"与"付费"匹配,达到对重点货流、货种、重点客户的绩效分析。树立"省钱就是赚钱"观念,并将成本控制工作提升一个层次。年内,通过审核共追回非泛亚承担费用 1496780 元人民币。 (宋 捷)

【推动公司洋山项目】 2009 年,国家公布有关洋山港保税区优惠政策之后,企业发展部即组织人员赴洋山管委会进行政策调研,并提出了有关公司注册地变动方案。经中远集运及董事会同意,9 月 21 日完成工商变更的所有手续,为公司及时享受优惠税务政策奠定了基础。 (宋 捷)

【推进北外滩商务楼项目】 12 月 1 日,公司成立北外滩商务楼项目领导小组和工作小组,领导小组由公司总经理章文钦任组长、党委书记吴秋平分工负责。日常工作主要由企业发展部负责办理。为做好相关工作,部门积极与中远集运、开发商、设计公司、计算机中心和通导公司联系协调,做好项目启动、合同签署、方案设计、交房验收、招商规划等大量具体工作。(宋 捷)

【理顺流程制定内控文件】 2009 年,分别制定出台《客户信用期管理流程规定(试行)》、《运价、舱位管理及审核监督流程规定(试行)》、《支线船舶租赁管理流程(试行)》、《长江支线自有船舶备件物料采购管理办法》、《机关固定资产和物资采购管理规定》、《长江支线自有船使费备用金的申请及费用报账、审核、结算流程(暂行)》及《金点子工程实施办法》等文件,从制度和流程上规范运价管理、舱位管理、船舶租赁、物资采购等工作,明确了各部门的工作职责,加强和完善公司内控制度。

(宋 捷)

【市场研究分析与战略研究】 2009 年,通过对国内外经济形势和航运市场研究与分析,定期编发《航务资讯在线》,为公司各经营部门提供航线规划及市场营销等方面参考信息,全年共编发 12 期。其中 7 月 31 日编发《泛亚公司上半年分析专题报告》。

（宋　捷）

【实施金点子工程】 2009年，面对急剧恶化的市场形势，企业发展部牵头在公司范围内开展了金点子征集和评比活动，此次活动共收集各类金点子700余条。经梳理选出有价值的金点子报送公司进行奖励，共评选出12条分获一、二、三等奖。年内，部分金点子项目开始实施，并为公司创造了经济效益。（宋　捷）

【获得上海市引导资金】 2009年，根据国务院《关于推进上海加快发展现代服务业和先进制造业、建设国际金融中心和国际航运中心的意见》中有关“上海要加快‘江海直达’船型推广，通过在‘江海直达’上取得突破，优化现代集疏运体系”等精神，泛亚公司借此契机，投入建造9艘300TEU江海直达船舶，铺设覆盖长江流域的江海直达网络项目，同时，向上海市政府争取引导资金，12月25日获得上海市专项引导资金150万元。（宋　捷）

7. 财 金 管 理

【财金管理部】 下设财务会计科、资本运营科、运使费结算科、综合科。主要负责建立和完善泛亚公司独立财务管理和会计核算体系；制定公司财务管理办法和内部控制制度；低成本进行筹措资金，确保公司生产经营的正常运转；针对公司中日航线、沿海航线、内支航线以及驳船经营业务情况，制定相应的运使费结算办法和操作流程；推进SAP财务核算系统应用和完善；加强财务基础工作管理，努力达到财务核算及时、准确、完整。现有人员16人，包括硕士研究生学历2人，大学学历11人，大专学历3人；其中中级职称2人。

现任经理田绍芹，副经理万里。

（田绍芹）

【概况】 2009年，财金管理部结合公司业务发展，制定和完善各项会计、结算规定，进一步强化财务管理；完善财金管理部组织框架，增设资本运营科，强化资金筹措管理和资本运作；加强对口岸代理超期运费监控管理，防范运费风险；执行供应商90天信用期制度，推行汇票结算制度；进一步推进完善SAP财务核算系统；积极开展税收筹划工作，最大限度争取政府的各项税收扶持；积极跟进上海市税收优惠政策出台后各项细则的实施进程，顺利完成税务关系转移工作和航运业务收入免征营业税及附加的各项备案工作；完善财务结算线长负责制，建立航线盈亏核算备忘录制度；通过业务培训，进一步提高财会人员技能和素质。

（田绍芹）

【开发和应用SAP财务核算系统】 2009年，为不断满足业务发展需求，积极推进和优化公司SAP财务信息系统。完成泛亚公司BW项目中使费预估系统、经营分析系统、财务报表系统的需求调研和蓝图设计；完成代理三费及佣金结算平台系统的需求整理和上线测试；完成新营业税金程序的开发上线；完成代理使费报账审批程序的开发上线；完成日本公司单证费SAP系统改造需求的开发上线；完成日本—东南亚线SAP系统改造需求的开发上线；完成对SAP系统原有接口程序的优化。通过一系列SAP系统的开发改造，提升了财务核算系统的信息质量和运行效率，满足了业务发展和财务核算的需要。年内，财会人员还参加了中远集团举办的SAP系统基础用户培训、财务经理培训。（万　里）

【增设资本运营科】 为应对全球金融危机对航运业的极大影响，为公司可持续性发展提供充足的现金流保障，财金管理部对组织架构进行了调整和完善，9月增设资本运营科，专门负责加强资金筹措及资本运营管理工作。（余晓纲）

【低成本筹措投资项目及日常运营资金】 2009年，在航运业持续低迷以及未来市场预期不乐观形势下，财金管理部对公司未来2—3年的流动资金缺口进行测算，积极开展资金筹措管理工作。在流动资金贷款、商务楼项目贷款、银行承兑汇票、保函业务等方面与各大银行进行协商，年内共获取20.2亿元银行授信；采用利率、汇率更为优惠的美元作为流动资金贷款主要贷款币种，最大限度降低融资成本；完成北外滩商务楼项目人民币贷款的置换，确保商务楼购置项目的顺利实施。（余晓纲）

【外汇风险控制】 2009年，为降低外汇汇率风险，财金管理部与中远集运、GOLDEN公司沟通，改变了原有外币往来挂账模式，将原与GOLDEN公司往来全部转为与中远集运往来，规避公司外币往来余额高带来的汇率风险，缓解了公司的资金压力；加强对金融、外汇政策研究，密切关注美元、日元等主要币种的汇率走势，合理安排结汇、购汇、付款的操作时机，根据汇率走势合理安排外币往来的挂账及核销，最大限度规避汇兑损失。（余晓纲）

【梳理海外运使费资金结算流程】 2009年，为理顺公司与海外代理运使费往来账及资金账报账结算流程，财金管理部与中远集运、GOLDEN公司、日本公司、中远货柜调整了运使费往来报账流程，新流程由泛亚公司自行购汇对日本公司、香港货柜进行使费资金结算，通过海外购汇降低贷款资金的使用成本。（周 琦）

【建立盈亏核算备忘录制度】 2009年，为进一步提高运使费核算及预估数据的准确性，在继续贯彻结算线长负责制的基础上，年初，建立了航线盈亏核算备忘录制度，每月与经营部以备忘录形式进行互动反馈，及时沟通解决航线盈亏核算中的问题，提高盈亏核算质量。（周 琦）

【税务筹划】 2009年，为降低公司税负成本，财金管理部积极开展税务筹划工作，以优于2007年税收返还税率取得虹口区政府2008年税收返还2742万元、2009年税收返还2944万元，取得北外滩商务楼购楼补贴款200万元，缓解了公司资金压力。

（徐 莉）

【完成公司税务关系转移】 通过跟进上海市税收优惠政策出台后各项细则的实施进程，2009年底前公司完成税务关系的转移及航运业务收入免征营业税及附加各项备案工作，从2010年起内贸航线、中日航线、内支航线、驳船航线的主营业务收入免征营业税及附加。（徐 莉）

8. 行政党工

【行政管理部/党工部】 主要职能：协助公司领导贯彻执行上级指示和部署，协调公司各部门及其他相关部门关系，确保公司运输生产和其他行政工作正常运转。主要职责：遵照上级指示和规定，编制公司工作计划，并组织实施；协助公司领导组织召开公司综合性行政会议、庆典活动；公司人事、劳动用工、党群工作；负责船舶各项奖金发放、企业工商劳动年检；公司车辆管理等后勤保障；按照上级党政工作要求，开展宣传教育，丰富职工文化生活，提高职工自身素质。现有人员5人，包括硕士研究生学历2人，大学学历2人，大专学历1人；其中中级职称3人。

现任行政管理部/党工部经理李行平，行政管理部副经理黄敏骅，党工部副经理王振博。（王 艳）

【概况】 2009年是航运市场形势持续低迷的一年，行政管理部/党工部紧紧围绕"发展、创效"工作主线，为公司做好各种后勤保障工作。在把握方向，服务大局，融入经营，激发斗志，凝聚人心，稳定队伍等方面做了大量的工作：深入开展学习实践科学发展观活动，为公司科学发展提供了思想保障；每季度召开一次员工大会，让员工对公司经营目标经营情况有充分了解；开展"同舟共济拼效益，同业领先谋发展"主题活动，有力推动了公司减亏增效工作；9月份组织职工体检，使职工能及时了解自己的健康状况，及时发现问题及时医治，11月份组织员工到黄山疗休养，保障了职工身心健康；不断构建和完善惩治和预防体系,营造了“廉洁诚信,依法经营”的生产环境。

(王　艳)

【泛亚公司“三会”召开】 1月16日,召开泛亚公司2009年度生产经营工作会、思想政治工作会暨一届四次职代会,公司领导及全体员工参加会议,中远集运纪委书记徐政军、总会计师邓黄君到会并作讲话。这次会议回顾了2008年公司八个方面重点工作,并对2009年公司生产经营工作作了部署。会议期间,安排了民主测评干部、后备干部推荐;下达了《2009年度绩效考核责任书》。

(王振博)

【日本川崎港港务局局长一行到访】 2月12日,公司副总经理卢振侠接待来访的川崎港港务局局长一行。双方就当前经济发展趋势对集装箱运输行业带来的巨大冲击交换了看法,川崎港务局相关负责人向泛亚公司介绍了川崎港现状以及未来发展规划,并表达了希望双方能有进一步合作的良好意愿。　(王　艳)

【七届一次董事会】 2月27日泛亚公司七届一次董监事会在公司召开,会议由公司董事长孙家康主持,中远集运党委书记吴树雄列席会议。泛亚公司董、监事6人出席会议。中远集运领导及有关部门负责人、泛亚公司部门长及以上人员共18人列席会议。会议充分肯定了泛亚公司2008年取得的成绩。孙家康对泛亚公司工作提出了要求。

(王　艳)

【中远内贸集装箱工作会议】 3月18日,中远内贸集装箱工作会议在上海西郊宾馆召开,中远集运相关职能部门、中国部和口岸公司、中远物流、上远公司和泛亚公司等60多名代表参加了会议。会议由泛亚公司主办,中远集团运输部有关领导,中远集运总经理孙家康、副总经理周琥、陈翔莅临会议并作讲话。会上,泛亚公司作主题报告,口岸公司代表作了交流发言。孙家康在讲话中充分肯定了2008年泛亚公司和各口岸分部在内贸方面取得的成绩,并对2009年内贸工作提出五个方面的要求。

(王振博)

【友航轮船有限公司一行来访】 3月19日,在泛亚公司4楼会议室,党委书记吴秋平、副总经理卢振侠会见了友航轮船有限公司副总经理黄冰一行,双方就泛亚公司新开CJ12航线挂靠基隆港有关操作及结算等工作进行了沟通交流。中日经营部、经营保障部及财金管理部相关人员参加会谈。

(王　艳)

【公司党委开展深入学习实践科学发展观活动】 为提高贯彻落实科学发展观的自觉性和坚定性,解决影响和制约公司发展的突出问题和职工关心的热点问题,健全和完善科学发展的体制机制,按照《中央企业开展深入学习实践科学发展观活动实施意见》文件精神和《中远集运党委开展深入学习实践科学发展观活动实施意见》的部署,从3月开始泛亚公司开展深入学习实践科学发展观活动,6月底基本完成。学习实践活动分学习调研、分析检查、整改落实三个阶段开展。泛亚公司党委成立活动领导小组,并将学习资料发放到每个党员手中。

(王振博)

【泛亚公司第二、三季度员工大会】 4月20日,召开泛亚公司第二季度员工大会,公司全体员工参加会议。会上,总经理章文钦对一季度工作进行了总结,对二季度工作进行了部署,党委书记吴秋平对第二阶段学习实践科学发展活动作了动员,总结一季度公司十大工作亮点,并强调第二季度党群重点工作。财金管理部作了《成本梳理及管理建议》专题报告,表彰了公司季度明星。7月31日,召开第三季度员工大会,吴秋平传达了中远集运年中工作会和公司七届二次董监事会会议精神,总结了二季度十大工作亮点。章文钦对下半年经营管理工作提出八个方面的要求。　(王振博)

【宁波港务集团一行到访】 4月9日,泛亚公司总经理章文钦、党委书记吴秋平等会见宁波港务集团副总裁蔡申康一行,双方就共同促进宁波地区中日航线运价提升，做大做强宁波内贸航线及港口给予优惠的商务政策等进行广泛沟通交流，明确了双方合作的方向。（王　艳）

【福州新港国际集装箱码头一行到访】 4月17日，福州新港国际集装箱码头董事总经理曾柄峰一行，在厦门中货总经理隋力的陪同下访问泛亚公司，公司总经理章文钦会见了曾柄峰一行。双方就福州港码头的发展以及航运市场形势进行充分沟通，并对扩大福州港运力投入和商务政策上相互扶持等事项达成了共识。（王　艳）

【召开"廉洁诚信依法经营"警示教育会】 6月19日，泛亚公司召开"廉洁诚信依法经营"警示教育会，公司全体员工出席会议，中远集运纪委副书记李平文莅临会议指导。会上，李平文通报了有关情况，总结了警示教训，提出了工作要求。（王振博）

【自豪码头一行来访】 6月3日下午，公司总经理章文钦、副总经理卢振侠在公司会见了香港自豪码头总经理陈新川一行，双方就新CJ12航线在香港如何通过灵活的码头选择降低港口使费、装卸费成本进行了沟通，中日经营部、经营保障部参加会谈。

（王　艳）

【南通惠港造船有限公司张惠忠董事长来访】 6月16日，南通惠港造船有限公司董事长、总经理张惠忠带队访问泛亚公司。公司总经理章文钦、副总经理李红光出面接待并出席会谈。双方就在建9X300TEU江海直达船项目的进展情况进行了交流，并就双方目前遇到的困难进行了沟通。该公司承诺加快建造进度，并同意于7月中旬前将首制船交付泛亚投入营运。（王　艳）

【七届二次董监事会】 7月22日，泛亚公司七届二次董监事会在上海召开，会议由公司董事长孙家康主持。中远集运党委书记吴树雄到会并讲话，中远集运相关部门负责人参加会议。公司董监事会对泛亚公司上半年工作给予了肯定和鼓励，并对下半年工作提出了明确目标。孙家康对公司工作提出了要求。（李行平）

【广州港集团新沙港务有限公司来访】 8月5日，广州港集团新沙港务有限公司党委书记/总经理苏兴旺、副总经理惠宏武一行来访。公司党委书记吴秋平出面接待并出席会谈。港方介绍了机构调整情况和下半年东江大桥维修封桥等应对措施，对泛亚提出有关要求，港方答应给予部分费用补贴。

（王　艳）

（十一）信息技术

【上海中远资讯科技有限公司（中远集运计算机中心）】 由中远集运和中远资讯科技（香港）有限公司合资组建的沪港合资企业，于1998年6月19日正式批准成立，具有独立法人地位。公司实行董事会领导下总经理负责制，对外主要承接各类计算机应用软件的开发、网络工程的设计和施工，提供相关技术服务和技术支持；对内作为中远集运职能部门全面负责中远集运信息系统规划、管理和建设。下设六个部室：管理部、开发一部、开发二部、系统网络部、市场部、办公室。管理部负责项目管理、质量管理、信息安全、应用系统的运行管理；开发一部、开发二部负责应用系统的分析与设计、编程与测试、应用软件维护及用户培训指导，标准化管理，EDI管理工作；系统网络部负责系统运行管理、网络通讯管理及设备维护保养；市场部负责拓展公司内外技术服务；办公室负责公司的人事、财务、行政等综合性管理工作。现有人员184名，包括博士研究生学历1人，硕士研究生学历26人，本科学历135人，专科学历17人；其中高级职称6人，中级职称18人。

现任总经理王新波，党委书记王桂叔（原党委书记崔连邦2009年8月离任）。

地址：上海市浦东新区外高桥保税区富特西一路117号

总机：61006100　　　（陆卫平）

【概况】 2009年，公司发扬“卓越、分享、共同成长”的企业精神，各方面工作都取得较好成绩。公司获得中远集运2008年度“卓越团队”称号、获得“最佳IT治理奖”和“最佳IT服务管理奖”，在中国企业信息化500强中名列前茅；年内，公司通过推进各项管理工作的量化、优化和自动化，提升了工作效率。同时，以“降本增效，精益管理”为指导，大力降低成本，提高效率，为公司累计节约成本约计1000万元；公司积极开展“金点子”活动，共收到“金点子”58条，其中被采纳的有27条；积极推进群众性QC小组活动，年内获得集团、上海市和全国优秀QC小组8个，取得了良好的效果；在2009年度IT系统满意度调查中收回反馈363份，其中有效反馈357份。调查结果表明，用户对应用系统的整体评价满意率为80.6%，其中核心系统满意率为82.4%，IT支持总体满意率为98.4%。在应用系统运行维护开发上，公司始终将IRIS－2、SAP、MIS、CORIS、EDI等应用系统运行维护工作放在重要地位，及时分析、解决问题，加强性能优化，不断扩展新功能，确保系统的安全稳定，保障中远集运生产运营；箱管整合、海关24小时、CORIS项目、ORIS韩国项目、电子商务、统一报表平台建设、代理费收结算、计算机辅助审计等项目的进一步强化实施，不断扩展技术对生产的支持；在公司管理上，从加强流程建设、完善绩效考核机制、加强培训工作、提高审计力度、加强安全生产等方面，实现公司有序运作。ORACLE Mapping项目和IT智能运维管理平台的实施与应用体现了技术创新；在全力以赴做好信息系统安全运行工作同时，注重新技术攻关，加快系统整合步伐，加大竞争力度与谈判力度，努力降低硬件采购成本和设备维护费用；通过统一通信系统建设，重点实施IPT建设、OCS推广和电视电话会议系统，提升了与口岸沟通的即时性，提高解决问题的效率，减少通话费用；积极发展市场业务，主要有团市委系统托管项目、宁波海运人事项目、中远集发630项目、中远之星项目、服务合作项目、上远国贸系统托管项目、中远太平洋咨询服务项目、太仓码头2009年优化等项目。积极与政府沟通,争取政策扶持,落实技术开发合同免税、项目个税免征与所得税抵扣等政策,节约成本约计67万元;拓展企业文化,持续营造和谐企业文化氛围;大力推动全员健身计划,开展比赛活动,各类文体兴趣小组定期开展活动。

(印文琴)

1. 管　理　部

【管理部】 以持续提升公司整体管理水平为宗旨。主要工作包括:负责建立流程体系框架,跟踪管理流程的建设与优化;负责规划和管理信息系统架构的发展;负责建设项目管理规范和跟踪审计项目情况;负责提供信息系统一线运维支持服务;负责建设信息安全体系和管理信息安全产品;负责建立绩效管理办法和组织公司绩效管理;负责建立培训管理体系和组织公司培训工作;负责流程、项目和采购的质量管理与审计工作。现有人员32名。

现任经理唐淑敏。　(唐淑敏)

【概况】 2009年,推进各项管理工作的量化、优化和自动化,为公司降低成本、增强效率和提升质量取得较好成果。推动管理工作量化方面:以平衡记分卡方式设定各部门绩效指标,更加全面、客观反映部门的贡献和绩效情况;根据每月进行日常运维和支持方面的统计分析结果,提请各部门关注重点问题;完成年度IT系统满意度调查;重新设计项目管理周报、月报格式,更量化地反映项目进展状况;开展IT内控集中审计,通过打分方式反映各流程的执行效果。实施一系列规章和流程优化工作,主要包括流程体系管理办法、培训管理流程、服务级别管理流程、采购和供应商管理流程、项目管理流程、信息安全策略等,进一步规范计算机中心管理程序,提升企业管理水平、效率和质量;通过管理类网站建设和辅助小工具建设,提升管理工作的自动化。完成开发网站和工具有:IT内部网、全球通讯录、各系统性能口岸协助监控平台、ITO辅助报警程序、审计监督网站、培训管理网站、服务状况查询平台、知识库、通知发布平台、CNR24支持管理平台、IRIS－系统模拟监控程序等。

(唐淑敏)

【流程管理】 2009年,为完善企业内部流程框架,提升流程管理水平,对《流程管理办法》作了修订,从流程框架、流程管理目标、流程管理职责、年度流程建设总体规划、具体流程建设等多方面对公司流程管理建设和管理过程进行了规范。根据新流程框架,公司所有工作涉及的流程分为6大领域30个分类,包括口岸管理内容。已有26个分类完成相关流程建设,2个分类正在建设中,总体流程覆盖率达93%。在保持成本平衡的同时,使IT服务质量以量化的方式进行展现,对ITIL和ISO20000体系核心内容《服务级别管理流程》进行建设,建立计算机中心服务目录、流程主体、服务级别协议、操作级别协议等模板,并对IRIS－2系统核心、电子商务、MIS货流管理、电子邮件和防病毒等5个服务进行试点。为直观展现计算机中心流程框架,建立流程管理网站,通过目录结构结合内容浏览的形式,改变了以往流程文档仅在内部网存储的状况。

(杨　光)

【架构管理】 2009年是公司架构管理元年。3月1日架构组成立后便从调研分析入手,对公司50多个应用系统的基本信息、数据架构、集成架构、性能、维护支持、信息安全、IT基础技术架构等进行详细调研,从而对公司架构现状有了较全面认识。在此基础上,从企业架构可持续发展角度,以应用系统、数据架构、资源利用率为切入点,对存在的一系列问题作了归纳、分析和整理。尤其针对IRIS－2核心系统处理能力遭遇瓶颈,外围系统搭建缺乏整体布局,企业数据访问时效性不好、数据冗余和不一致性，以及部分服务器资源利用率低等一些关键难点问题进行了专题研究、并提出解决方案。在对该系列研究分析基础上，对影响全局的企业数据架构蓝图和应用蓝图作了重点规划，并制定分三步走的实施路线。此外，架构组完成对架构管理目的、范围、内容、流程及规章制度等初步规划和设计。

（周献忠）

【运维支持】 2009 年，为确保中远集运全球信息系统健康有序运行，计算机中心加大对系统常规运维与支持工作力度。主要完成情况为：Service Call 服务请求 6922 次；内部事件处理 1388 次；北美预报关支持及灾备环境支持 3261 次；日常运维作业 20386 次；PC 热线报修及更新 3653 次；信息系统需求开发 713 次；IT 变更 1856 次；基础数据维护 9200 次。今年各种支持较上年均有小幅下降，总体安全情况较为稳定。年内采用了新 PC 管理技术，PC 电脑热线报修减少了 16%。

（朱盛军）

【培训管理】 2009 年培训管理的重点是加强项目经理管理技能培训和对员工专业技能以及业务知识的培训，充分利用自身资源向内部和外部分享 IT 经验和知识，通过完善培训管理网站提高管理工作效率。年内，共组织开展内外部培训 68 次，培训 671 人次，比上年增加 25%，员工平均培训学时为 37.2 小时，员工平均学分为 45.7 分/人。为分享总部在 IT 技术管理方面经验，还采用远程视频电话会议的方式，对国内口岸相关技术人员进行远程培训，全年通过网络对口岸 IT 人员进行 5 次培训。

（刘媛媛）

【质量与审计管理】 2009 年，在流程审计方面，计算机中心首次采用 ISO20000 标准，对各主要运维流程，以及安全管理、项目管理、市场管理、行政管理等流程制度建设与执行情况进行全面集中审计；跟踪检查上年各项审计落实情况，包括公司内部流程审计、日常消耗品采购审计、“三重一大”自查自纠、中远集运审计监督部审计等。在招投标规范方面，包括专业技术管理人员在内所有评标委员全部通过抽签组成，客观上保证评标的公正性；所有开标评标会议都预先由 IT 内审上报审计监督部，该部可选择参加任意项目开标评标会议。在供应商管理方面，对供应商介入招投标或商务谈判前准入加强控制，并对上年在库 85 家供应商进行了年审，评定保留 55 家供应商，淘汰 30 家供应商，确保今年供应商整体质量比上年度有所提高，降低了采购风险。为提高效率，使采购等内控工作更透明规范，设计开通了 IT 审计监督网站。该网站内容包括提供各类采购相关模板下载、采购进展查询、采购档案资料、供应商方面的准入与年审资料，各类审计整改资料等，中远集运审计监督部等授权人员可查阅合同、谈判录音等敏感重要信息。

（聂曰彬）

2. 开发一部

【开发一部】 主要负责 MIS、SAP 系统正常运作，并协助中远集运战略发展部和财务 SAP 部做好系统的实施和应用推广工作。其中 MIS 系统运维包括数据仓库模型管理和数据获取，ODS Report 及 MIS 系统前端报表开发和维护，货流系统应用和维护，预算系统应用和维护，绩效系统应用和维护以及财务经营分析系统应用和维护。SAP 系统运维包括 SAP R/3 系统及其接口的应用和维护，代理费商务结算系统应用和维护，北美、欧洲 10 国、日本、香港地区、境内货代等口岸代理 SAP 系统和接口维护。负责计算机审计管理系统和 SAP AIS 审计报表开发和维护。现有人员 30 名，其中负责 MIS 系统运维 15 人，负责 SAP 系统运维 14 人。

现任经理汤祥琴。（汤祥琴）

【概况】 2009 年，继续以“安全生产，降本增效，自我提升”为工作宗旨，充分发挥自身能力建设应用新报表平台和开航测算系统，实现货流计算性能优化，巩固 SAP 系统优化效果，实现财务结算流程优化并配套建设自动监控平台，实现代理费商务结算系统建设，开展总部财务 SAP BW 系统平台建设，计算机辅助审计管理系统建设等工作方面取得了成果。完成 ODS Report 报表系统迁移，并利用新平台新功能实现了 BPS 考核指标自动计算；战略发展部固定格式报表自动生成和分发功能，并在新老报表平台整合等工作上进行了全面研究和部署，为下一步新报表平台深入推广做好了准备；完成开航测试系统建设，先后实现了开航一周内即能实现包括网络贡献在内的内部贡献值 1，2，3，4 自动计算；协同系统网络部实现了货流系统计算性能的优化工作，使货流系统运算时间从原先 44 小时缩短为 15 小时；在上年已获得 SAP 系统优化成果基础上，继续在主数据同步、北美记账功能完善、账龄报表改造、税金改造等方面进行全面优化，特别是配合财务 SAP 部专题对现财务结算流程进行全面梳理和优化，并配以自动监控系统，为每月财务月度结算简化人力提高效率；配合总部审计监督部，完成计算机审计管理系统建设和 AIS 辅助审计报表开发；根据中远集团 SAP 系统整体发展和总部财务部的管理要求，建设财务 SAP BW 系统，实现使费预估、财务分析和盈利分析等财务管理功能；通过各方面协调，完成代理费商务结算平台建设工作。（汤祥琴）

【计算机辅助审计项目】 为提高和改善中远集运传统的手工审计工作流程，实现审计工作自动化，5 月启动审计管理自动化项目，充分利用已有资源，通过开发具有审计功能的 SAP 内嵌的 AIS 模块，实现常规审计工作审计功能，方便审计人员从 SAP 系统数据中采集审计所需数据，发现问题，提高审计效率和数据抽查的有效性；通过引进易通审计管理软件，实现审计人员及项目统一计划、分配、管理和审计经验、审计法规资源共享，提高整个审计过程的规范性和可跟踪性，为中远集运建立垂直监督工作机制提供审计监督平台。年底，该项目实现所有基础功能上线运行工作。（唐丽红）

【代理业务商务结算平台建设】 为满足总部与各口岸代理间的财务核算、结算及管理日益发展需求，更好推进佣金平台功能建设，5 月启动对佣金平台二期改造，重点扩大费用核算范围，增强该平台使用功能。将佣金平台由原来简单的运费结算平台逐步向所有代理费用的财务管理平台升级，并将平台重新定义为“代理业务商务结算平台”，新平台除平移并完善现有佣金模块外，纳入相关各项代理费用结算功能。新平台预计 2010 年 1 月 1 日完成上线切换，并首先在国内部分口岸进行新功能试运行。

（唐丽红）

【财务 SAP BW 系统平台建设】 根据中远集团财务 SAP BW 系统项目组统一部署，3 月启动中远集运财务 SAP BW 系统平台建设。该项目采用套装成熟产品 SAP BW + BO 作为财务分析平台来实现总部财务分析的整体应用，充分享受集中化统一平台为盈利分析和财务分析带来的灵活性和拓展性，中远集运作为该项目试点将为中远集团今后推广的实施蓝本。该项目利用 SAP BW 系统优越功能，并充分借鉴国内外先进企业的财务管理实践经验，同时结合公司自身特点，体现中远集运财务分析报告体系的现状诊断以及未来目标框架总体需求研究分析的设计思想。该平台于 2010 年 1 月 1 日根据业务管理优先级按需上线。

（汪晓红）

【货流优化】 货流优化项目于 2008 年 5 月 12 日启动，2009 年 2 月 25 日全部结束，项目历时 9 个多月。该项目核心是通过升级货流后台 SYBASE 数据库到 15 版本，以及替换硬件服务器，大幅度缩短货流成本分析系统后台计算时间，更好支持公司召开每月月度经营会。该项目采用 3 大技术改进特色：采用自主设计并行处理机制，性能有 5 倍以上的提高；采用 Sybase ASE15 版本数据库服务器，提升数据库处理能力；采用主机虚拟化技术，动态分配资源。该项目对货流系统447个存储过程进行了分析，全力优化其中135个，使MIS货流系统运行性能和效率得到较大提高，圆满完成项目目标。该项目使每月快报运算从原先39.7小时减少到18.7小时，快报运行缩短1倍以上；每月重算从原先157小时减少到57小时，重算能力提高2倍。（周 暾）

【开航效益测算系统】 为提高公司高层管理质量，7月启动开航效益测算系统项目建设。该项目突破每月只对已完航次进行航次盈亏效益分析的常规做法，把效益分析的始点从航次完成后倒退到航次开航时，通过适当调整相关业务操作，尝试在航次开航时就能进行效益测算，到航次完成后，把测算结果和实际结果作比较，及时发现问题并纠正，以这种新的管理模式来有效缩短分析周期，提高管理质量。项目第一阶段实现内部贡献值1—3按照实际装载箱量、运费收入和路径进行测算，并可提供按照货流、客户等不同纬度分析的分析报表；第二阶段按照网络成本不分摊到提单，实现内部贡献值4和盈亏数据仅提供按照航线、船名航次等纬度分析报表，暂未提供按照货流、客户等纬度。年底，该项目所有内容全部完成。

（周 暾）

3. 开发二部

【开发二部】 主要负责中远集运内部应用系统的研发和维护，其中包括IRIS－2、EDI、CORIS、ORIS系统、箱管及人事、OA等外围系统；负责承担相关系统的支持维护工作，协助总部BPS做好系统实施和应用推广工作。现有人员50名。

现任经理郑冰。（侯淑霞）

【概况】 2009年，完成年度系统支持及维护工作。共完成维护性BA需求800多个，其中IRIS－2系统共完成4个大版本发布和CORIS系统5个大版本发布，并以IRIS－2和CORIS系统最佳实践为蓝本，建设和完善应用系统版本管理办法和框架，在开发范围内推广，有效促进了应用维护的质量，提升了客户的满意度。在新项目建设方面，完成新箱管整合项目一期建设与实施，成功上线新IEIR系统和堆存费系统，同时形成一套具有可持续发展力外围系统的架构，为未来外围系统的开发形成一套完整的框架。主动保持与海关信息中心密切联系，圆满完成中国区24小时报关项目所有报文的开发与测试，为公司未来节省数十万元通讯成本。在内部研发管理方面，不断对各类系统进行性能调优，成立专门IRIS－2、EDI、CORIS系统性能攻关小组，解决IRIS－2系统高峰期性能急剧下降问题，改进EDI系统的处理效率，报文平均处理时间由500秒降低到100秒。改进CORIS系统查询效率，使CORIS系统大船数据查询时间大幅减少。在内部研发管理方面，积极探索提升效率的新技术，搭建自动化测试框架，并逐步在内部应用中推广。（郑 冰）

【新箱管平台建设】 为减少公司堆存费成本支出，解决箱管成本审核难点，开发二部着手建立一套集装箱堆存费计算和管理系统平台。6月，外围项目组以解决堆存费审核难问题和改善设备交接单打印性能及质量为目标，完成搭建新箱管系统平台。新箱管平台基于SOA架构设计理念，高通用、灵活、可扩展，并引入了ILOG规则引擎，有效应对堆存费复杂多变业务规则问题，前台采用RCP技术，有效提高了用户感受。4月份，设备交接单打印系统正式在大连地区上线，先后在青岛、宁波、武汉、天津、上海进行推广上线。6月份，堆存费系统正式上线，向各口岸推广工作正有序开展。

（侯淑霞）

【电子商务】 2009年，电子商务项目组采用web service的方式，推出新版电子提箱功能。新版电子提箱与新箱管系统实现无缝连接，大大缩短了提箱流程响应时间，有效提高对口岸客户服务能力和效率。根据上海中货进口船代业务流程，下半年开发并实施进口船代自助语音系统，极大减轻上海中货进口船代客户服务人员工作压力，提高客户服务满意度；配合 24 小时报关项目，开发网上电子装箱单一期和二期功能；新开发的网上滞期费查询功能，方便全球用户在 www.coscon.com 上查询各地 inbound，outbound 滞期费用。IDM 配合新 EDI 平台、新箱管、佣金和代理业务商务结算平台系统开发用户权限管理模块。（李　奕）

【中国部统一货运信息系统（CORIS）升级】 2009 年，CORIS 系统生产环境共进行 5 次升级工作，分别完成 V9.1、V9.2、V9.3、V9.4、V9.5 版本升级。并从当年开始，执行版本发布制度，制定合理版本需求范围，制定相应开发计划，使开发过程中风险和版本发布风险大大降低。V9.1、V9.2、V9.3 主要侧重点在口岸需求开发，用户在使用过程中，对通用功能性需求减少，对性能要求日益突出，项目组针对此问题，在 V9.4 版本开始，对 CORIS 系统中比较突出问题进行重点攻破。（徐怀玉）

【ORIS 系统实施推广】 2009 年，完成 ORIS（Oversea Region information System）系统韩国项目需求分析和开发工作，于 5 月正式上线。该项目上线后替代了原本地系统 KEYPOINT，实现 ITS、BL、AN、DO、Transshipment、Container List、DA、Manifest、EDI、CN List、空箱提单、FAX、EMAIL 等一系列功能，并实现与当地财务系统 SEAIR 接口，自动将 BL、INVOICE、CPF 数据从 ORIS 系统传输到 SEAIR。ORIS 系统韩国项目实施后，除进行日常支持维护外，进一步对该系统作了优化和功能改进，使系统更好满足用户操作和业务需求。在 ORIS 系统韩国项目开发实施同时，兼顾 ORIS 德国系统维护和优化改进。对 SAP 财务系统接口数据检查，因欧盟新税法改变对 Customer、Vendor 的 VAT 信息修改，各类单证的更改等工作顺利完成。（张中杰）

【IRIS－2 系统升级】 2009 年，IRIS－2 系统分别于 1 月、5 月、8 月、12 月共进行 4 次版本升级，从年初 IRIS－2v12.0 版本升级到 IRIS－2v12.4 版本，累计完成需求约计 160 项。这些需求的上线，进一步提升中远集运的客户服务水平。同时 IRIS－2 系统在全年不断对性能问题进行分析和优化，使该系统的响应速度得到进一步提升。（郑　捷）

4. 系统网络部

【系统网络部】 系中远集运各信息系统/环境运营管理部门，首要职责为保障中远集运信息系统安全、稳定、高效、持续运行。主要工作包括：负责中远集运信息系统相关的整体运营管理；负责信息系统相关的 449 台服务器、42 台存储等硬件设备的管理与维护；负责信息与相关的 184 个数据库及数据传输网络管理、优化及维护工作；负责中远集运全球广域网 170 多个网点、局域网络及 IP 电话管理与维护；负责中远集运全球邮件系统及域账户管理；负责用户 PC 客户端维护与支持工作；负责外高桥主机房和大名路总部灾备机房管理；负责电力、消防、门禁等基础设施管理及维护；牵头负责中心安全生产体系建设和推进工作。现有人员 44 名。

现任经理梁艳。（吴一中）

【概况】 2009 年，系统网络部在确保 IRIS－2、MIS、SAP 等主要系统安全稳定运行的同时，在性能优化、降本增效及自主创新方面取得成果。在生产运维方面，启动缺陷管理工作，从部门到项目以及每个员工全方位排查存在的缺陷和隐患，全年共计发现并解决大小缺陷或隐患 50 余种（个），全年未发生任何人为失误或因疏漏导致的事故。在性能优化方面，对应用、数据库、硬件三个部分进行融合对症下药，以低成本实现高性能。开航测算系统提升 50%，ETL 系统提升 30%，会同开发二部解决 IRIS－2 系统 RCQ 问题。在降本增效方面，通过对服务器、PC 及微软产品集中采购、设备虚拟化、开源软件（公开源代码的软件，可免费使用)引入、节能减排及加大与供应商谈判力度,共降低软硬件采购费用、维护费用计1000余万元人民币,为公司实现降本达标。在自主创新方面,自主设计研发中远资讯智能运维管理平台,实现运维管理的可视化、自动化和智能化,提升运维管理水平。该平台的推出,获得中远集团和公司领导一致好评,受到了业界同行的赞赏。在QC方面,系统网络部获得全国交通行业优秀奖、上海市优秀奖等多项表彰。　　(吴一中)

【实施软硬件集中采购降低成本】 2009年,根据中远集运软硬件集中采购的可行性分析,中心与战略发展部合作,对中远集运中国地区PC设备由原各公司自行采购改为集中采购,并制定下发《中远集运PC设备集中采购流程》到各公司。通过集中招标,台式和笔记本电脑的采购价格相比缩减后的预算价格仍有较大幅度下降,其中台式电脑价格平均降幅17%;笔记本电脑价格平均降幅41.5%。年内,中远集运中国地区共有78家公司参加PC设备集采。预算为379万元,集采后费用为298万元,节省了81万元(21%)。在软件采购方面,经过与微软公司的谈判,中远集运得到微软全球最高的折扣价格,即SELECT D价格,并于6月底与微软公司正式签署集采协议。协议生效后,未来3年中远集运各口岸无论采购软件数量多少一律享受协议内最高优惠折扣,真正实现中远集运系统内微软软件产品集中采购与集中管理。按未来3年内,中远集运全球微软产品采购原金额为675万元,集中采购协议签订后预计下降25%,可节省169万元。　　(朱以节)

【利用虚拟技术整合NT服务器】 2009年,NT管理项目组进一步加大服务器整合力度,扩大虚拟技术应用范围,共迁移48台物理服务器到虚拟机,其中包括IRIS-2系统生产环境15台服务器,IRIS-2系统PP/DR环境15台,生产环境12台,开发环境6台。整合后硬件CPU和内存使用率均提高到50%以上,充分利用了硬件资源。年内,共虚拟服务器99台,为公司节省服务器采购成本约计495.4万元,节约8.8个机架机房空间,并降低了48576 VA能耗功率,相当于每年节省电费约计27.3万元。　　(徐屹峰)

【完成EDI系统扩容】 随着中国海关24小时报关法规颁布和CORIS系统推广,EDI系统的压力不断增加,尽管在应用程序层面采取报文压缩处理等优化措施,但对EDI系统的压力仍将增长2—3倍,现系统已无法满足需求。7月完成对EDI系统扩容,对程序代码、数据库参数以及服务器处理功能三方面作了同步改造,使EDI系统处理能力得到了大幅度提升。在EDI报文迅速增加情况下,流程平均耗时由501秒大幅压缩至115秒,耗时3分钟内的流程比例由43.5%提高到78.9%。　　(龚锦锦)

【全球IT社区网站建设】 为进一步加强总部和口岸间IT技术交流、知识共享以及作为Helpdesk补充支持平台,4月开始搭建IT Community中英文论坛,推出15大功能模块、20项主题讨论区、238篇留言、138篇技术文档、8篇成功案例,50个视频培训。年内,已有全球20多个口岸IT参与网站讨论,总部解决口岸问题55个,8个月点击率累计约4400多次。同时,IT社区网站从口岸收集到许多有关提高用户满意度、新技术使用方面的建议和想法。　　(康　骏)

【全球高清视频会议系统建设】 1月,网络管理项目组会同中远集团网络对实施全球高清视频会议系统的可行性作了研究。并于当月配合中远集团进行海外专线扩容和高清视频设备在美洲、欧洲、新加坡控股、日本、韩国和澳洲公司6个网点的部署及调试工作,成功在中远集团2009年工作年会上使用这套高清视频会议系统。该系统基于IP网络,充分利用公司现有网络资源,取代原使用ISDN所需昂贵通讯费又不稳定方式,不仅降低通讯成本,更重要是提高了沟通效率,凸现信息化带来的巨大益处。据不完全统计,全年使用该系统会议次数超过

20 次，节省通讯成本约 100 万元。

（陈　路）

【上海本地线路改造】 3 月，公司启动上海本地线路改造项目，通过增加长阳路、东大名路和外高桥三个办公地之间的专线带宽(2M 升级至 40M)，提高东大名路和外高桥之间裸光纤备份线路的可用性，避免出现主用线路中断时备份线路无法满足用户需求问题。7 月该项目的成功实施，优化了上海本地线路网络架构，提高外高桥、东大名路和长阳路三地之间访问效率同时，提高了裸光纤备份方案可用性。（张晓燕）

【数据中心核心网络设备替换】 公司核心交换机连接数据中心所有服务器设备已连续服役近 8 年，超过预期年限，稳定性和可靠性均有所下降，并且交换机端口容量已超过警戒线。为保障公司安全生产，降低风险，上半年，网络管理项目组经过 3 个月的准备，顺利完成核心交换机升级替换。替换后的核心交换机端口容量较先前增加约 60%，性能提高约 2.8 倍，同时数据中心网络结构得到了优化，双核心交换机的结构提高了网络交换效率、降低了管理难度。

（沈宇凯）

【IRIS－2 系统 RCQ 改造】 2009 年，以“降低 IRIS－2 系统 RCQ 报错次数，提升 IRIS－2系统响应效率”为目标，开展 QC 质量小组活动。小组通过找出可能造成 IRIS－2系统 RCQ 处理环节报错并使系统效率降低等主要的原因，分别推出各项应对和改进措施。通过措施的有效实施，使 RCQ 处理环节的报错数量降低 98%，系统响应效率提升 30% 以上。IRIS－2 性能优化 QC 小组的成果获得全国交通行业 QC 成果发布优秀奖，同时获得全国交通行业优秀 QC 小组奖。（罗德海）

【Linux 平台助力开航系统提速】 为使总部业务部门、口岸尽快掌握当前运营状况提供系统支持，提高公司整体经营决策效率，项目组研究和讨论，12 月中旬将开航测算应用迁移到基于 X86 Server 的 Linux 平台上，并对应用程序代码、物理磁盘分布和数据库参数进行了方案优化。经实施验证，在 Linux 平台上开航测算运行从 5 个小时减少到 1.5 小时，同时保证了预算系统的稳定运行。迁移所涉及的 X86 Server 利用的是旧设备，既解决了性能干扰问题，又节省设备成本约 60 万元。（吴一中）

5. 市　场　部

【市场部】 主要负责公司 IT 软件及服务的外部市场业务开拓，承接软件项目开发、咨询服务、系统托管与系统维护等业务；制定软件研究开发和储备计划，组织开展和自主研发符合市场需求的软件产品；负责与政府部门沟通与落实各项有利于 IT 企业发展的产业政策和税收优惠，为公司争取和保持各项荣誉资质。下设市场营销组、产品研发组。现有人员 16 人，包括博士研究生学历 1 人，硕士研究生学历 5 人、本科学历 10 人；其中具有中级职称 2 人。

现任经理须建峰。（邱宇伟）

【概况】 2009 年，市场部努力开拓市场业务，新签和续签合同达 26 份，截至 10 月底合同发票收入约 400 万元。主要开展项目为：团市委系统托管项目、宁波海运人事项目、中远集发 630 项目、中远之星项目、服务合作项目、上远国贸系统托管项目、中远太平洋咨询服务项目、太仓码头 2009 年优化项目等。此外，市场部积极与政府沟通，争取政策扶持，落实技术开发合同免税、项目个税免征与所得税抵扣等政策，节约成本约 67 万元。（邱宇伟）

【客户、服务、运维】 市场部在为原有客户做好服务的同时，充分挖掘新的需求和商机，积极开拓新客户，年内已有烟台海运、东方国际物流、中海油轮公司、太仓码头、海贸国际、京汉海运、国际轮渡、宁波海运等多家客户入户，针对这些客户，市场部提供 60 人/月客户运维支持，实现了 756 个用户需求。随着客户项目的逐渐增多，运维收入稳步提升，逐步成为营业额的重要部分。市场部不断强调服务意识，缩短响应时间，提高开发质量，想客户所想，打造高效的服务团队，逐步树立中远IT的服务品牌。

（周　涛　解　净）

（十二）全球单证制作

【上海中远集装箱运输单证服务有限公司】 简称单证公司，以原中远集运全球单证中心为基础，由中远集运出资组建成二级子公司，于2007年12月成立。公司主要负责为中远集运系统海内外各区域部、口岸公司提供单证制作和录入、运使费审核、合同报备等生产服务性工作。公司目标是为中远集运及系统内单位提供准确、及时、高效的单证制作和审核等服务。公司实行董事会领导下总经理负责制，下设单证业务部、审核业务部、综合业务部和行政事务部/党工部。现有编制人员148人，包括硕士研究生学历3人，本科学历51人，专科学历86人；其中中级职称5人。

现任总经理卢纪纲，党总支书记任勇青，副总经理黄辉、梅波（2009年4月就任）。

地址：上海市杨浦区长阳路1555号北三楼

电话：65701888（总机）

网址：http://cds.coscon.com

（李　伟）

【概况】 2009年，在航运市场处于低谷而导致业务量下降的严峻形势下，单证公司按照中远集运“拼搏效益，风险防控年”的要求，以打造优质化服务品牌为目标，在拓宽服务范围、提升服务质量和成本控制上下足功夫，各项工作均取得成效。在规范基础管理方面，通过对岗位工作重新量化和分析，逐步完善岗位设置和岗位职责描述，制定了标准清晰、步骤规范的工作流程和岗位说明书，同时以此为依据进一步优化工作分配，并分部门分岗位重新制定和完善绩效考核办法，力求使考核更加科学、合理；在业务拓展方面，顺利接手德国EDI提单、VIP EDI监控、全球关船后运费更改及监控工作，积极参加海关24小时货物申报相关操作培训，并配合总部做好前期调研工作；在深化精益管理方面，制定审核标准和细则，加大重点费用监控力度，实行分类审核和成本报告制度，提升成本综合管理能力；在成本控制方面，在业务工作上制定账单拒付费用操作流程，加大对运费附加费审核力度，跟踪落实漏收运费的回收，主动与口岸沟通实现从一周内多次合同更改向一次报备多个合同的操作模式转变，从而降低合同报备费用，在管理成本控制上对办公用品实行部门负责制和修理申报制度，严格控制人均定额指标，按照规定和程序进行采购和发放，大幅减少办公用品费用支出；在人才建设方面，部门内北美单证、欧亚单证等不同业务小组间实行交叉培训，以问题为教材开展“问题”培训，充分利用内外部人才资源，开展EXCEL应用、商务英语信函写作等实用技能培训，培养具备综合能力的岗位能手；在安全管理方面，层层落实责任制，开展专项活动和检查，利用各种平台进行安全生产知识的宣传，增强员工安全意识和责任意识，提高安全生产水平；在企业文化建设方面，为生育年龄妇女增加健康保险，改善单证部夜班人员夏日办公条件，切实为职工办实事、办好事。开展了“青春世博”教育活动、国庆60周年乒乓球团体赛等多项活动，丰富了员工的业余生活，提高了员工的岗位技能。（李　伟）

1. 单证业务

【单证业务部】 下设北美单证操作部、欧亚单证操作部。主要负责美国、加拿大、英国、比利时、荷兰、德国、法国、日本、韩国、澳大利亚、新西兰等国家的单证相关操作和伊朗、印度、约旦、也门、孟加拉、巴基斯坦、西非等系统未上线地区的单证操作,同时负责北美和英国地区的进口业务,中远集运所有东、西行进出巴拿马运河的舱单申报,全球关船后运费更改,中国海关24小时申报处理等各项业务。现有人员63人,包括本科学历22人,专科学历40人;其中中级职称1人。

现任经理居琴媛。（帅亚敏）

【概况】 2009年,单证业务部积极与中远集运总部进行业务沟通,配合总部工作;健全培训计划,完善培训效果;承接总部业务,梳理新业务流程;配合总部各职能部门进行应急业务处理;提出合理化建议,降低公司成本;鼓励创新,自主开发、完善业务工具;继续加强部门人员业务交流,培养一专多能、一岗多用的高技术员工。各项工作逐步趋于成熟和完善,各项工作流程在经过不断的优化后,运作流畅,为更好提升单证质量打下了扎实基础。顺利完成公司年初制定的工作目标,为中远集运、国内外代理、客户提供更高效优质的服务。全年完成北美、欧亚、未上线等地区单证录入134128票,改单17193票,其中差错率为1.4%,单证录入及时性100%。（帅亚敏）

【配合总部工作】 2009年,单证公司除了完成自身业务外,在特殊情况下主动配合中远集运总部工作。年内,为各贸易区处理紧急路径修改,协助中远集运北美公司进行VIP客户的信用额度以及信用期数据恢复,参与美国10+2船图发送监控工作。同时按总部要求,协助巴拿马公司进行空、重箱FROB申报等事务,并承担IRIS-2系统部分升级测试工作。（帅亚敏）

【承接EOV业务】 根据公司统一安排,5月派员参与中远集运总部有关中国24小时海关申报处理前期准备工作,并转接了公司内部综合业务未上线地区单证处理工作。9月,顺利承接全球关船后运费更改业务。同时为更快掌握新业务的特性,在内部管理上不断优化,新业务流程不断更新。

（帅亚敏）

2. 审核业务

【审核业务部】 业务范围为:北美使费审核、欧亚使费审核和运费审核工作。使费审核对象为:所有海外代理以及部分国内中货,其中包括北美、西北欧、地中海、澳新、日韩、新加坡、台湾地区等系统应用较为成熟地区,以及中欧、中东、南亚、加勒比海地区等系统应用尚不成熟地区或未上线地区。主要负责全球NT VTM的维护及华南延伸服务费率维护、所有海外地区使费账单审核及MATCH工作。运费审核对象为:中远集运各贸易区、贸易保障部和泛亚公司,主要负责中远集运所有干线航次舱单运费审核、对EOV后的运费更改审核、国内内陆拖车运费审核。同时,根据中远集运或各贸易区需求,定期发布使费审核报告及成本突异化分析报告等。下设北美使费审核组、欧亚使费审核组及运费组。现有员工53人,包括硕士研究生学历1人,本科学历19人,专科学历31人;其中中级职称2人。

现任经理梅波(兼)。（李　颖）

【概况】 2009年,审核业务部以提升自身价值,追求审核服务质量最大化为目标,将数据质量控制、成本控制、成本数据分析作为工作着力点,各项工作水平逐步提高。加大日常数据质量监控力度,做好各地区VTM的核查和清理工作及IRIS-2系统中垃圾数据的清理工作,确保Job Order中相关信息的完整性和准确性,相关数据符合IRIS-2、MIS、SAP系统要求;紧紧围绕成本控制目标,加强重点成本项目和突发性费用的审核,完善各项基础审核制度和审核标准;顺利接手关船后运费更改审核工作,完成新业务转移交接;强化服务宗旨,配合、协助总部完成各项应急处理工作;推进审核工作由点到面,向更高的领域拓展,共完成12期简报、31篇专题报告及15篇成本会议材料供总部参考。全年,完成各类集装箱运使费账单审核共328469份,完成审核和入账金额14.88亿美元。 (李 颖)

【加强日常数据质量监控】 2009年,做好日常基础数据质量工作,确保所有数据正确、及时进入系统;对各地区的供应商费率(VTM)进行核查和清理,确保过期费率及时申请和维护,同时对代理申请的各项Tariff进行核查,直到代理正确申请Tariff;保证SAP系统和货流系统数据精确性;严格按照IRIS-2、MIS、SAP系统要求,对不符合要求的Job Order包括ITEM在处理前要求现场修改,确保数据质量,同时确保Job Order符合各项规范。 (李 颖)

【规范审核方法、标准、流程】 2009年,以常规费用审核细则为审核依据,通过台账对未达成本进行监控和预判;加大对堆存费、冷箱费、修箱费等容易产生漏洞的费用监控力度,突出重点费用的审核,以专题形式分国家和地区收集梳理各项费用的收取方法和常见问题,作为审核参考;制定SAP系统试点上线及未上线地区拒付费用操作流程,突出对拒付费用(Credit Note)监控;对空重堆费、空箱调运费、内陆中转费、冷箱费用等进行分类审核,发现问题整理成专题作为审核参考;强化突发成本项目及异常成本项目的审核,对突发性成本项目了解清楚费用性质、发生原因及责任方,做到非公司原因发生的费用一律拒付,附加服务产生的费用一定要有收入,对于异常成本了解清楚产生异常的具体原因,并联系相关部门确认是否属实。 (李 颖)

【提高成本综合管理水平】 2009年,为提高成本综合管理水平,推出降本增效举措。从单一审核费用向将运价水平、运价结构与发生成本相结合转变,对成本合理性、运价制定合理性进行分析,部分分析专题获得贸易区重视,在后续运价政策中得到体现,并提高北美、台湾、新西兰、丹麦部分网点运价水平,规范协议内容;通过分类审核形成的各项费用审核专题,突出分析报告的专业性和针对性,促进上级业务措施的规范,提高业务收益率;通过参加中远集运每周成本会议以及加强与中远集运各贸易区互动机制,及时沟通、反馈成本数据分析结果,提高成本管理的主动性。 (李 颖)

3. 综合业务

【综合业务部】 下设合同报备和总部业务支持部室。合同报备主要负责美加航线服务合同的缮制及日常维护;远东地区美线合同录入Celarix系统并及时向FMC报备;全球航线大客户合同的缮制及日常维护。总部支持业务主要负责中远集运总部授权范围内CSO的缮制及更改,包括所有未上线地区及部分高成本地区的CSO运价协议;欧洲东行及北美港口的滞期、逾期费IDDS费率的维护更新;欧洲贸易区及特种箱贸易区ARB费率的维护更新;VIP EDI数据支持等。现有人员20人,包括本科学历8人,专科学历11人;其中中级职称1人。

现任经理何莉琪。 (崔佳蓓)

【概况】 2009年,面对严峻的航运形势,综合业务部强化内部管理,各项基础工作更加扎实有序,员工工作技能得到进一步提高,顺利完成公司下达的各项指标任务。圆满完成2009年美线签约任务;不断推动大客户合同维护工作质量和水平;完善业务流程,将原有未上线地区单证业务与单证部进行整合,提高工作效率;逐步接手VIP EDI等新工作,为中远集运总部提供强有力的支持。全年,更改合同15802份,创建新合同1191份;维护运价协议20257份,内陆转运费及其他附加费费率22431条,IDDS费率9181条,完成Target单证运费审核5451票。 (崔佳蓓)

【完成美国线签约任务】 2009年,为推动各项附加费的征收,美国线合同组及时调整签约策略,针对不同合同制定不同的计算原则。同时重视业务流程优化，强化对合同运价的监控和审核力度，通过组内成员的及时沟通和信息共享，审核出问题合同100份，涉及金额约计10万美元。与各口岸公司建立良好的外部沟通机制，全年未发生因人为失误造成的合同登记错误而导致公司损失，圆满完成美国线签约任务。（崔佳蓓）

【整合业务模块】 5月，为进一步规范业务流程，将综合业务部原有未上线地区单证业务与单证业务部进行整合，从而使业务流程更标准规范，管理更科学合理。同时逐步接手VIP EDI、TARGET运费审核等新的总部支持工作，不断扩充总部支持工作的广度和深度。（崔佳蓓）

4. 行政党工

【行政事务部/党工部】 负责公司行政、人事、财务、党务等综合性管理工作，包括公司行政文件的起草和文书档案管理，保障各部门后勤服务工作；公司安全保卫等综合治理工作；公司日常人事管理，编制、更新并督促检查落实公司规章制度；处理企业日常账务和公司财务管理、成本管理、预算管理、会计核算以及党员管理和组织发展等工作。现有人员5人，包括硕士研究生学历1人，本科学历1人，专科学历3人；其中中级职称1人。

现任经理胡桅。（李　伟）

【概况】 2009年，行政事务部/党工部制定《办公用品管理实施办法》，优化办公用品及设备的申领、采购、发放、处理等流程，全面清查了所有固定资产，分门别类进行重新统计、编号和登记造册，更新固定资产档案，开展"安全生产月"、百日隐患排查治理及冬防等专项活动，定期进行安全检查和交通、防疫、消防知识的宣传教育；制定《集体合同》、《企务公开实施办法》等规章制度，加强基础工作的规范化管理；处理日常财会账务工作和财务报表编制，规范统一内部凭证、内部流转表单的格式，促进内控制度的有效实施；开展学习实践科学发展观、向吴大观同志学习等活动，做好党员管理和党员发展工作。年内，发展新党员5人，预备党员按期转正2人，做好党内统计、党费收缴管理使用等工作。（李　伟）

【开展Master Key系列培训】 为加强人才建设，培养具有综合能力复合型岗位人才，4月8日开展以Master Key（万能钥匙）为主题的年度培训、交流活动，活动时间为6个月，内容包括简报和行文、EXCEL应用、商务信函写作、PPT制作、日语常用会话。期间，组织青年业务骨干担当讲师，参加受训总人数达150人次。通过开展Master Key系列培训活动，营造积极进取、热爱学习的良好氛围。（李　伟）

【开展"风华正茂，挥斥方遒"青年才艺大赛】 为庆祝新中国成立60周年，9月1日起，公司团总支、工会共同举办以"风华正茂，挥斥方遒"为主题、为期1个月的青年才艺大赛。大赛由《华夏风韵》——书法类和《锦绣中华》——绘画及各手工类组成，72人参赛，收到由员工自己创作的毛笔和硬笔书法、水彩、素描、漫画、彩绘、刺绣等各类参赛作品53件，最终评选出书法类和绘画手工类一、二、三等奖各1名，优胜奖5名。（李　伟）

【召开一届二次职代会】 上海中远集装箱运输单证服务有限公司一届二次职代会于2月24日在单证公司第二会议室召开。中远集运工会副主席高才莅临会议，公司职工代表34人参加会议，会议由公司党总支书记任勇青主持。会议审议通过了总经理卢纪纲所作的总经理工作报告以及《集体合同》、《企务公开实施办法》和《假期管理办法》，与会代表表决通过了集体合同职工方代表名单。会议还对上年度公司优秀员工及工会活动积极分子进行了表彰。

（李　伟）

【召开2009年度年中工作会议】 7月30日，单证公司在长阳北三楼第二会议室召开2009年度年中工作会议，公司中层以上干部及业务骨干共27人参加会议。公司总经理卢纪纲作2009年年中总经理工作报告，会议表彰了获得2008—2009年度中国远洋、中远集运先进单位的3个集体和各类先进的4位个人。（李　伟）

（十三）中国地区货运、船舶代理

1. 中国部（中货公司、中船代公司）

【中国部】 对外又称中远国际货运有限公司、中远集装箱船务代理有限公司。1995年，中远集团进一步深化各大远洋运输公司陆上货运体制改革，并结合中国汽车运输总公司及下属公司人员与资产，进行陆上货运业务及资产的合并重组，正式组建中远国际货运有限公司，统辖中远国内的各项货运业务。当年12月18日成立中远国际货运有限公司（简称中货公司）。1999年5月10日，中远集团赋予中货公司船务代理职能，为中远集运代理集装箱船舶业务，成立中远集装箱船务代理有限公司（简称中船代公司），中货公司业务领域进一步扩充。2001年底，根据中远集团班轮、物流两大核心主业重组的战略部署，中货公司主营业务重新定位为货运和中远集装箱船代，并与中远集运、各海外集装箱代理构成中远班轮主业单元，中货公司对内作为中远集运亚太部负责对亚太地区中远集装箱运输业务进行综合管理和业务指导。2003年4月1日，根据中远集运要求，深圳中远国际货运有限公司晋升为中远国际货运有限公司直接隶属管理的口岸公司，中货公司的管理范围涵盖了国内的10大地区公司（分部）。当年7月4日，按照中远集团、中远集运完善集装箱海内外运输管理体制的要求，为强化中远集运在中国本土的集装箱运输经营能力，中货公司对内职能改为中远集运中国部，负责对国内（包括香港）地区中远集装箱运输业务进行综合管理和业务指导。2005年8月31日，根据中远集运要求，华南地区货运体制完善工作正式启动。9月25日，在整合了原广州中远国际货运有限公司、深圳中远国际货运有限公司、香港分部基础上的华南中远国际货运有限公司正式成立。中国部本部设职能部门：总经理办公室、市场部、船代部、综合业务部、企业策划部、资讯发展部、财金部、组织/人力资源部/直属机关党委、纪检监察室、党工部/系统工会。截至2009年底，中国部（中货公司、中船代公司）拥有总资产23.27亿元，员工5494人（上市口径，含华南、海虹公司），形成了以北京为中心，以大连、天津、青岛、上海、武汉、厦门、华南等地区为龙头，遍布全国29个省区100多个城市的货运网络。在中国地区共设立网点264家，其中货运网点174家、船代网点53家、报关公司8家、物流公司13家、修箱公司11家、其他（码头、航运、空运）公司5家。

中国部在国际货运、集装箱船代、多式联运、拼箱、项目开发等方面，业务规模和综合实力位居国内同业前列，能为广大客户提供全球一体的综合货运服务。公司被中国银行审定为AAA级资信企业；1997年，通过挪威船级社和中国进出口商品质量认证中心ISO9002质量保证体系认证。2004年，在首届全国货运行业评选活动中，一举夺得海运实力第一，综合竞争实力第二的优异成绩，并获得全国最佳物流企业荣誉称号。在2004年《中国航务周刊》杂志组织的第三届中国货运业大奖——货运质量跟踪调查评比活动中获得最佳货代公司综合服务奖、最佳货代公司进出口服务奖、最佳货代公司仓储服务奖、优秀货代公司出口服务奖和优秀货代公司资讯服务奖等5项大奖。在2005年第四届中国货运业大奖评比中,再次囊括了“最佳货代公司”中的全部10个奖项,并蝉联中国国际货运代理海运50强第一名,在“最佳船代公司”四个单项奖项中也都全部获奖;在2006年第五届中国货运业大奖评比中,获得了“最佳货代公司综合服务金奖”、“最佳货代公司资讯服务金奖”、“最佳船代公司综合服务银奖”。在2008年第六届中国货运业大奖评比中,继续蝉联“最佳货代公司资讯服务金奖”、“最佳船代公司综合服务银奖”。在2009年第七届中国货运业大奖评比中,获得“最佳货运代理公司综合服务奖”、“最佳船代公司及无船承运人奖”。

中国部始终坚持服务创新、服务制胜的经营战略,不断提高服务质量,提高市场占有份额,先后推出了“一站服务”、“绿色服务”、“2000服务在中货”、“零距离服务”、“阳光行动”、“VIP客户服务”、“迅驰服务”等业内领先的服务模式。公司在国内货运界首先建设并使用了客户关系管理系统——CRM系统,建立了国内首家货运客户满意测评体系——TCSS。同时,依托领先的IT技术,加紧开展核心业务货运信息系统(CORIS)的建设,努力实现船东物流运输链上业务环节操作的自动化、数据信息的共享化、操作监控的实时化、绩效考核的科学化,不断提升中远集装箱运输的品牌价值。

现任总经理刘刚(2009年12月30日由常务副总经理升任)、党委书记兼纪委书记时国权(2009年12月30日到任,原党委书记蔡张德2009年5月26日离任、原党委副书记兼纪委书记赫广忱2009年12月30日离任)、副总经理吴湛樵(2009年12月30日到任)、副总经理兼工会主席徐澎威、副总经理李芃(2009年2月24日到任)、副总经理许贵斌(挂职)、总会计师陆则敏。

国内集装箱班列

(江　山)

【概况】 2009年,中国部大力弘扬“亮剑”精神,“拼市场”、“拼货源”、“拼精神”,进一步巩固在中国本土市场的竞争能力,为中远集运的减亏增效作出贡献。全年中远Local出口重箱量完成年指标的102.65%,销售箱量完成年指标的113.3%,销售贡献完成年指标的88.1%;成本问责考核得分为满分;延伸服务净收入完成年指标的94%,管理费全年实际发生额比上年同口径下降13%,利润完成年指标的281%。

面对年初中国外贸出口大幅下滑的严峻形势,中国部在全系统部署开展“直面危机齐亮剑”主题行动,提出“争潜在客户、抢适箱货源、保舱位利用、拼全局效益、抗经营风险”五项具体举措。各地区公司制定“亮剑”行动的细化措施,深入开展客户摸排,努力创新营销模式,完善营销激励和考核机制,进一步释放区域营销潜能,取得了明显成效。全系统提前10天完成中远集运总部下达的年度销售箱量指标,全年出口Local重箱量达300万箱以上。全系统通过把握下半年市场回暖的有利时机,协助中远集运总部各贸易区推涨运价,销售贡献完成情况自6月起逐月回升,9月、10月、11月分别完成预算的129%、133%、156%,实现了量价齐升。上海分部出口装船量连续第三年突破百万箱大关,继续保持在全系统的排头兵地位;武汉分部、大连分部和厦门分部分别位列全系统Local出口重箱量、销售箱量和销售贡献完成率第一名,对应指标的超额幅度分别为24.8%、35%和10.5%。全系统各主要网点积极参与中货公司组织开展的“抢货源、拼效益”主题营销竞赛活动，其中长春、烟台、秦皇岛、泉州、湖州和广西中货等近20家网点销售箱量、销售贡献均超年度指标进度要求。

2009年，中国部配合中远集运总部开展中国主要口岸供应商费率谈判，从源头上控制成本支出。根据各地供应商给予的优惠费率，全年中国地区相关港口使费合计节约达1.6亿元以上。全系统通过严格执行成本问责制，深化对成本发生过程的监控，初步实现了成本控制工作从结果管理向事中控制和事前预警的转变。中国地区全年主要船东生产成本均控制在年度预算指标内，中国部在中远集运系统当年多次考评中均获得“较好”级整体评价，上海分部、厦门分部等单位还因成本控制成绩突出受到表扬和奖励。全系统全年共计为中远集运船队抢回班期13898小时，处理超期90天以上重箱1107UNIT，完成零成本调运箱量13381TEU，完成退租箱量28665TEU。

2009年，中国部进一步加快货流通道建设，积极拓展延伸增值业务，不断强化集装箱主业综合竞争力。多式联运方面：先后与中铁联集公司、中铁国际多式联运公司签署合作协议，加快了中国地区货流通道建设的步伐。联/代运总量比上年增长15%，结构更加优化，铁路、公路运输成本同比分别下降5%和10%。拼箱方面：在市场整体货量有所下降的情况下，全系统拼箱出口总量突破50万运费吨，实现了逆势上扬。项目运输方面：依托CKD出口物流和支架技术，进一步加大对金龙汽车、东南汽车等民族汽车企业的开发力度；风电项目进入规模开发阶段，全系统先后中标浙江苍南、海南和华电鲁北清河等风电项目。融资监管业务方面：全年累计签约操作项目240个，实现维护和开发内外贸集装箱25000TEU。

2009年，中国部带领全系统进一步细化基础管理，努力增强企业的可持续发展能力。营销队伍建设迈出新的步伐：先后下发《关于进一步加强全系统营销队伍建设的指导意见》和《关于推进中国部系统营销队伍建设试点工作的通知》，并选定华南、上海和大连分部作为第一批试点单位，开展了营销队伍建设试点工作。业务流程标准化顺利推进：中国部指导各地区分部依据《中国部系统组织机构设置、名称及职能规范方案》、《中远集装箱海运进出口标准业务流程》，分两批对各自的业务流程进行系统梳理和优化，并对作业指导书、部门设置、岗位职责和人员配置等内容进行配套完善，为深入推进系统营销队伍建设提供了重要保障。企业发展战略进一步明晰：召开中国部2009年董、监事会议，根据国内外经济形势的重大变化对“3、6、8”发展战略的实现时间进行适宜调整（即在2009年Local出口重箱完成300万TEU的基础上，2013年力争达到600万TEU，2015年力争达到800万TEU），并审议通过了《中国部三年发展规划纲要（2010—2012年）》。风险防控能力不断增强：全系统通过进一步严格运费信用期管理，缩短运费结算期，加快运费回收，有效地防范了运费风险，全年累计运费回收率超过上级考核指标要求。高度重视和加强全系统的资金集中管理，在保证各级企业正常经营所需现金流的同时，积极筹集资金支持中远集运总部。深入开展“安全生产年”、“安全生产月”活动，落实安全生产责任制，进一步扩大安全生产标准化的覆盖面，完善安全生产保障体系，确保了总体稳定的安全生产局面。

年内中国部系统积极开展党风建设和反腐败工作，强化内部监督，确保内部稳定。全系统积极配合中远集运推进垂直监督体制试点工作，根据改革后新的职责要求组建了新的纪检监察机构并开展工作，促进各级企业的依法经营和规范管理。全系统还进一步加强了信访、维护稳定和综合治理工作，确保了一方平安。

（江　山）

2. 地 区 分 部

(1) 厦 门 分 部

【中国部厦门分部】 对外称厦门中远国际货运有限公司(简称厦门分部)。公司成立于1996年3月,2001年4月升格为中货公司直属口岸公司之一,2002年初中远集团业务重组,厦门分部划入中远集团集装箱班轮单元。公司本部下设7个职能部门:总经理办公室/企业策划部、市场营销中心、船代部/单证部、综合业务部、财务部、人力资源部、党群工作部;7个分公司:福州分公司、莆田分公司、泉州分公司、漳州分公司、三明分公司、德化分公司、龙岩分公司;2家控股子公司:厦门远达国际货运代理有限公司、厦门鑫三利集装箱技术服务有限公司;1家全资子公司:厦门中远报关有限公司。厦门中远集装箱船务代理有限公司与厦门中远国际货运有限公司采取两块牌子一套班子运作,下属4家船代公司:福州中远集装箱船务代理有限公司、泉州中远集装箱船务代理有限公司、莆田中远集装箱船务代理有限公司、漳州中远集装箱船务代理有限公司。公司主要承办海运、空运进出口货物和国际展品的国际运输业务,包括揽货、订舱、仓储、中转、集装箱拼装拆箱、结算运杂费、报关、报检、保险、相关的短途运输服务及运输咨询业务。现有人员244人,包括硕士研究生学历9人,大学学历126人,大专学历78人;其中高级职称1人,中级职称25人。

现任总经理刘小夫(原总经理隋力2009年12月30日离任)、党委书记陈志士。 (卢鸣亮)

【概况】 2009年,厦门分部认真学习贯彻党的十七大精神,以科学发展观为指导,紧紧围绕企业中心任务和全年工作目标,积极引进内外贸新航线,稳定人心,加强营销,动用一切积极因素抢货源、拼效益,促进公司的科学发展。全年完成Local出口重箱量220218TEU,比上年增长4.3%,创历史新高;港口费、货物费和中转费三项主要成本共发生1863万美元,占全年指标的96.9%;全年运费回收率达98.2%,超额完成任务。年内泉州—上海、厦门—上海、马尼拉、红海线相继成功上线,美西线成功加挂福州港。通过抢抓船舶班期,积极进行港口协议谈判,加强集装箱管理,优化单证操作,加强危险化学品管理,有效控制了各项成本支出。实施"蓝海战略"(即拓展新的市场空间,创造需求,突破竞争),拓展延伸增值服务,努力开拓综合业务,在逆势中不断提升自身的服务质量和品牌价值,全年实现综合业务总收入3951万元,完成预算进度指标的103%。改进公司信息系统,确保数据质量,单证数据质量考核成绩再次位居中远集运系统第一。积极推进和谐企业建设,公司获得福建省"模范职工之家"、厦门市"文明单位"称号,所属2家单位和5名员工获得了各类表彰。厦门中远报关公司报关员周素华获得"全国优秀报关员"称号。 (卢鸣亮)

厦门分部尝试东南汽车整车集装箱化试运天津取得成功

【厦门中远国际货运有限公司第一次党员代表大会召开】 该会议于1月20日在厦门分部会议室召开,共30名党员代表参加。会议总结分部成立以来党组织开展的工作成效,提出今后3年党建工作总体思路和目标。会议按照既定议程,听取和审议公司党委工作报告、纪委工作报告,按照有关程序,选举产生中共厦门中货第一届委员会和第

一届纪律检查委员会;审议并通过厦门中货第一次党员代表大会决议和其他相关议程。(卢鸣亮)

【中远集运领导拜访福耀玻璃并签署战略合作协议】 2月10日,中远集运总经理孙家康、党委书记吴树雄一行7人,到厦门拜访福耀玻璃工业集团股份有限公司,双方进行友好会谈,并签署了战略合作协议。福耀玻璃方面表示,尽可能多的将公司进出口、内销货物交由中远集运承运,并根据福耀玻璃的业务发展状况使中远集运的承运量不断递增。厦门分部总经理隋力陪同并参加了会谈。(卢鸣亮)

【召开厦门区域营销工作组现场总结会】 该会议于2月26日在厦门分部召开,中远集运厦门区域营销工作组人员和厦门分部全体营销骨干共40人参加。会议由厦门分部总经理隋力主持。会议主要对近期营销工作措施和取得的成效进行总结,提出需要中远集运总部继续给予关注协调的问题。中远集运副总经理陈翔出席会议并讲话,对进一步做好厦门区域的营销工作提出了具体要求。(卢鸣亮)

【中远厦门至马尼拉、红海航线相继开航】 3月27日、28日,厦门—马尼拉、厦门—红海航线相继开航。马尼拉线首航次成功装载178TEU、红海线232TEU。厦门分部党委书记陈志士率船代部人员上船慰问首航船舶“汉中河”轮和“中远科隆”轮。马尼拉、红海航线的开辟,进一步加强和完善近洋支线服务网络和关联运输路径,推动了东南亚以厦门为中转港国际中转业务的顺利开展。(卢鸣亮)

【中远集团(中国远洋)驻闽单位第四次企业文化座谈会召开】 该座谈会于3月10日在厦门分部会议室召开。座谈会由厦门分部组织筹办,总经理隋力主持。厦门远洋、厦门分部、厦门中远物流、泉州太平洋码头、厦门远海码头、厦门外代、福建中燃、中联理货、中远航运驻厦办等驻闽各成员单位主要领导参加。会上各成员单位回顾前段时期的企业文化建设情况,介绍本单位克服当前险恶形势、拼搏效益所采取的各项举措。通过会议交流,与会领导对发挥协同效应,加深合作达成了共识。会议期间举行了联谊活动。(卢鸣亮)

【增加国际中转路径】 4月10日,首批马尼拉经厦门港转运至欧美及红海地区货物(11×20’和12×40’),由“松云河”轮0002N航次运抵厦门港。厦门分部顺利完成相关海关国际中转申报手续,为中远在厦门港的国际中转操作开了先河。

(吴运庆)

【“中远之星”轮首航台中港】 9月6日10时01分,“中远之星”轮载运173名旅客驶离厦门前往台中港。中远集团副总裁许立荣,厦门远洋运输公司总经理林戟、厦门分部党委书记陈志士以及厦门港航有关单位领导到码头欢送。“中远之星”轮由厦门远洋运输公司经营。该轮长186米、宽25.5米,设计载运旅客683名、集装箱256TEU和汽车150辆,定期航行“厦门—台中”、“厦门—基隆”线。(李 斌)

【首次承运2艘进口豪华游艇】 9月18日,厦门分部首次接运进口2艘豪华游艇(尺寸分别为:长14.60米×宽4.45米×高5.00米和长13.40米×宽4.28米×高4.95米)。9月24日确认进口运输方案,10月2日在安特卫普港将游艇装上“Cosco Guangzhou”轮,10月27日,顺利到达厦门港。这次成功开发大件游艇运输业务,为今后开辟游艇的框架柜市场打下了基础。

(陈惠川)

【成功开发内外贸混装新业务】 8月,厦门分部为节省费用,开辟利润增长点,开发了内外贸混装业务,海关单据为“CJ20内外贸混装的外贸舱单与转关申报单”。10月23日,在厦门口岸第一次混装16TEU外贸箱,成功装载到“HAI SHI HE”轮。该轮于当晚6时驶离厦门港。(郭勋队)

【四大揽货网点人均箱量超1200箱】 2009年,厦门分部所属泉州、莆田分公司通过开发特色货源和优势货源，稳定大客户出货量，深入客户实现二次开发等措施，出口箱量比上年分别增长9.6%和4.7%；福州分公司利用SEA线加挂契机，大力开发外贸货源，在艰难形势下外贸出口重箱量实现正增长。截至11月21日，福州、莆田、泉州、漳州四大网点揽箱量比上年增长4.8%，网点人均揽箱量超过1200箱。

（程荣堂）

【提前完成三项揽货硬指标】 截至12月23日，公司完成Local箱量214322TEU，销售箱量138254TEU，销售贡献2196.48万美元，分别完成全年指标的103.0%，100.7%，100.5%，提前超额完成上级下达的三项揽货硬指标。 （卢鸣亮）

（2）上 海 分 部

【中国部上海分部】 中国部上海分部对外又称上海中远国际货运有限公司（简称上海分部）。2009年，公司为配合中远集运、中货公司做好“垂直监督体制”的试点工作，根据中货公司要求，设立了纪检监察室。上海分部现机构设置为：总经理办公室、党群工作部、市场营销中心（下设美加营销部、欧地营销部、亚太营销部、泛亚营销部）、综合业务部（下设拼箱销售部、项目发展部、多式联运部）、单证部（下设单证制作部、审核部）、船代部（下设船务部、箱管部）、企业策划部、资讯发展部、人力资源部、财务部、纪检监察室。合资企业5家：上海奥吉实业有限公司、上海捷洋国际货运有限公司、嘉兴中远国际货运有限公司、湖州中远国际货运有限公司、上海航联报关有限责任公司。在上海及江浙皖三省一市设有货运代理机构50家，船舶代理机构17家，服务范围覆盖全球106个国家和地区。长江内支线代理班轮航线23条（含洋山直达线6条），每月196次航班。内河支线5条（2009年新增常州—上海支线），沿海支线5条。公路直通线8条，海铁联运线9条。公司集船代、货代、箱管、项目物流等多种服务功能于一身，与其下属公司承担中远集装箱船舶在上海、宁波、南京、南通、张家港、镇江、温州、无锡、常州等口岸的船务代理职责，对船舶的进港、开航、靠泊、装卸货、船期进行现场调度，代表船公司现场处理船舶各种货运业务及运使费的审核、结算。上海分部现有人员1977人，包括硕士研究生及以上学历50人，大学学历500人，大专学历705人；其中高级职称8人、中级职称108人。本部员工588人，包括硕士研究生及以上学历41人，大学学历196人，大专学历200人；其中高级职称4人、中级职称45人。

现任总经理朱德章，党委书记张连官。

（谢怡君）

上海分部举办2009'趣味运动会

【概况】 2009年，上海分部坚持贯彻“中远集运效益最大化”工作原则，服从大局，深入挖潜，努力拼搏，较好地完成了年初制定的各项任务指标。全年共计完成出口箱量1117684TEU。连续三个季度获得中远集运境内口岸营销业绩第一名，成本控制中国口岸第一名，各项主要指标均名列中国部的榜首。在船代服务方面，努力完善ISO流程，形成季度差错统计分析报告，提高了运费单证的准确性。在船东销售方面，美加营销部全面完成CIF签约指标和追加指标，有效拓展客户面，夯实了货源基础；欧地营销部建立了网络全面的市场信息机制，为年内多次运价上涨及之后的巩固运价做好基础工作；亚太营销部通过区域内的不断客户拜访和信息收集,积极提高 Local 箱量和新客户的比例;泛亚营销部加强与泛亚航运的紧密联系,在不影响航线高端客户基础上,进一步加大市场中端的货源营销,丰富航线客户群体,稳定了航线舱位利用率。在综合业务方面,拼箱销售部紧跟市场动态,建立快速反应机制,拉开运价区间,用个性化销售策略取得较好成果;项目发展部全面指导培训各网点分公司开展供应链融资物流业务,先后举办两期销售培训,协同网点分公司拜访多家合作银行;多式联运部加强驳船现场服务,携手码头共创 B - HDS 服务,提高一、二程船接转成功率。在综合管理方面,制定2009 年《上海中货网点综合竞争力评价体系》,通过 31 项指标的横向比较,考量网点之间在市场开拓、持续发展等方面的差异,引导网点向提升综合竞争能力方向发展。在财务管理方面,制定运费管理周报制、运费预警指标通报制和区域运费管理视频会议等相关制度和措施,提高运费管理水平,运费回收率达到 98.85%,完成了中远集运运费回收率 96% 的目标考核值。在企业文化建设方面,通过举办趣味运动会、职工主题摄影展等活动,营造了和谐的企业文化氛围。 (谢怡君)

【开展 2009 年"营销年"活动】 年初,公司定义 2009 年为上海分部"营销年",旨在第一时间向全系统揽货单位明确全年的工作重心。同时,根据中国部下达的全年目标任务书,公司及时调整对网点全年经营目标任务的考核,加大"销售箱量"和"销售贡献"的权重,在明确网点全年工作重心的同时,将网点的营销工作关注点从以往的单纯关注"揽货量"引向了"箱量"和"销售贡献"并重上。通过开展"营销年"活动,及时调整考核办法,保持考核频度,突出营销工作重点,确保了公司各项任务指标的顺利完成。 (谢怡君)

【推出淡季、淡线营销专项奖励】 2009 年,上海分部推出淡季、淡线揽货考核方法,并投入 1200 万元(其中中远集运投入 200 万元)作为专项奖励。通过适时调整淡季、淡线揽货考核方案,提高所属网点及一线营销人员多揽货、揽好货的积极性,直接促进了航线舱位利用率的大幅提升。 (谢怡君)

【整合网点资源】 2009 年,根据中国部关于建立网点区域中心平台、充分发挥网络协同效应的有关要求,公司对辖区内网点的分布和发展方向进行了规划。将太仓中货划归苏州中货管理,形成苏南地区中心网点;整合原合肥、芜湖和安庆的营销资源,形成安徽地区中心网点;完成浙江、安徽、江苏片区营销市场的重新划分工作。全年各网点完成的揽货量占到公司全部揽货量的 73%。 (谢怡君)

【宁波分公司实现市场份额排名第四】 2009 年,公司仍以宁波冲三工作作为营销能力提升的重要抓手,全力支持宁波口岸的发展。全年宁波口岸累计出口重箱达 332561TEU,完成全年指标的 110.8%;累计完成 Local 箱量 251515TEU,完成全年指标的 100.6%;累计完成销售箱量 102359TEU,完成全年指标的 132.5%;累计完成销售贡献 3533.8 万美元,完成全年指标的 96.9%。在宁波港吞吐量为负增长 5.6% 的不利环境下,宁波分公司实现同比增长 13.6%,市场份额排名比上年上升一名,位列第四,实现公司提出的"保四争三"的奋斗目标,也为上海分部全年任务目标的实现提供了有力支撑。 (谢怡君)

【降本增效】 2009 年,上海分部共代理船舶 1114 班次,节约船期 5645 小时,平均每班次节约船期 5.07 小时,节约直接船舶成本 27964678 元;年初,公司与各供应商单位重新进行费率谈判,向上海港务集团争取到上海港空箱免费堆存至年底,进口空箱装卸费享受中转费用,整船换装一票一议;上海分部区域内实现空箱内陆调运费比上年下降 40.77%,空箱堆存费下降 72.43%,修箱成本剔除退租箱修理费因素后实际下降 5.15%;全年区域内共计退租箱 9964 TEU,

占中远集运全年退租总箱量的16.87%，退租量位列中远集运全球所有口岸第一。

（谢怡君）

【开拓延伸服务】 2009年，公司加强项目的开发力度，重点在各网点内推广供应链融资物流服务，在全新的领域开辟全新的利润增长点，融资物流业务从多家网点逐步开展。年内公司逐步整合中远集装箱综合发展有限公司投入运营后所属单位现有的涉及场站业务，实现系统内的“利益共享”，为公司创造了新的利润增长点。全年公司延伸业务净收入达到了2.16亿元。

（谢怡君）

【重视运费回收工作】 2009年，上海分部把网点公司运费管理作为运费催收工作的重点，加大对网点公司运费管理的考核力度，并将运费回收情况与网点总经理年薪兑现捆绑考核。截至年底，上海分部运费回收率达到了98.9%。 （谢怡君）

【上海奥吉实业有限公司】 简称奥吉公司，系上海中远国际货运有限公司与香港加利荣发展有限公司合资组建的一家综合性合资企业。主要从事保税区内货物仓储报关、集装箱运输、装拆箱中转、集装箱堆存、修箱等配套业务；区内企业进出口代理业务，与区外企业按国际结算的正常贸易；通用厂房、仓库等房屋出租；船舶技术咨询及相关服务；保税区内协助海关查验相关的服务工作及协助出入境检验检疫局开展检验检疫查验工作；承办海运、空运进出口货物的国际货物运输代理业务，包括：揽货、订舱、仓储、中转、集装箱拼装拆箱、报关、报验；相关的短途运输服务。公司位于浦东外高桥保税区奥纳路18号，下设4个职能管理部门：总经理办公室、人事部、财务部、综合部，以及4家经营单位：国际货运分公司、国际贸易分公司、仓储物流分公司、浦东分公司，并拥有一家合资控股公司：上海奥吉国际货运有限公司。公司现有人员126人，劳务人员56人。

现任公司总经理卢冰，党委书记、副总经理贺勇杰。 （王苓玮）

【概况】 2009年，面对进出口贸易下滑、国内航运物流业受到冲击的市场环境，公司从年初亏损、年中打平达到了年末的盈利。全年公司利润达到年度指标的263%。其中，上海奥吉国际货运有限公司完成COSCO箱量58762TEU，完成必保指标的128%，完成奋斗指标的118%，运费回收率达到96.7%。 （王苓玮）

【帮困送温暖工作】 2009年，公司组织落实年度员工体检和高温期间慰问一线员工工作；冬季慰问14名困难员工家庭，发放补助金共计10600元；家访生病、生育员工及困难员工26人次，发放补助慰问金及慰问品共计15000元；公司181名员工献爱心捐款共计13581元。 （王苓玮）

【上海捷洋国际货运有限公司】 简称捷洋公司，成立于1993年4月12日，是一家沪港合资经营企业，注册资金140万美元，其中上海分部占65%，香港星海船务有限公司占35%。经营范围为：进出口货物的海运代理业务，包括揽货、报关、报检、储运、集装箱检验和修理。注册地为上海市浦东新区。下设市场营销部、出口部、进口部、报关部、财务部和总经理办公室等部门。现有人员38名，其中大学学历4人，大专学历25人。主要营业场所位于上海市岳州路58号8楼。

现任董事长张古强，总经理孙政，党支部书记张耀明，总经理助理李明伟。

（李海蓉）

【概况】 2009年，公司完成总收入910万元，比上年减少14%，完成利润额达到了全年考核指标要求。全年主要业务指标完成情况：累计完成总箱量26774TEU，比上年减少34%，其中完成COSCO出口箱量18548TEU，比上年减少39%；运费回收率为97%，运费支付率为100%，无呆账、坏账，无货运安全事故及经济索赔。

（李海蓉）

【建立公共定舱平台】 2009年，为稳定客户，掌控箱源，公司建立了公共定舱平台业务并开始运作，除中远定舱服务外，还可提供中海、达飞、东方海外、地中海航运等船公司的订舱服务。公共定舱平台的运作使公司的定舱的单位达到5家，通过该平台操作的箱量达到了近万箱。（李海蓉）

【开展多种经营业务】 2009年，公司重点开发与集装箱有关的定舱、报关业务外，还积极开展多种经营业务，开发进口、保税区、空运、大宗散货、代客户海关注册年审等业务。全年公司多种经营的综合收入达到了796万元，占年总收入的87%。

（李海蓉）

【嘉兴中远国际货运有限公司】 简称嘉兴中货。成立于1997年5月28日，是由上海分部与嘉兴市陆捷物流有限公司合资组建、经国家外经贸部批准的国际货运代理企业。注册资本500万元，其中上海分部占55%，嘉兴市陆捷物流有限公司占45%。主要经营：进出口货物海上直达、中转及海铁、海陆、江海、空运、汽运等多式联运服务，接受委托办理租船、订舱、配载、报关、报验、拆装箱、仓储、大件运输、进出口货物分拨、保险代理、信息咨询等货运业务。机构设有：办公室、财务部、市场部、操作部、船代部等；在乍浦港设立了现场办事处。嘉兴中货现有人员44人，其中大学学历10人，大专学历19人。

现任总经理徐亚各，党委书记兼副总经理庄严。（张　旭）

【概况】 2009年，面对进出口贸易下滑、航运市场疲软的不利形势，嘉兴中货领导班子带领全体员工团结协作、努力拼搏，共完成进出口总箱量26812TEU。其中在乍浦港完成出口箱量7593TEU，进口箱量8643TEU。

（张　旭）

【湖州中远国际货运有限公司】 简称湖州中货，成立于1994年1月1日，是由上海分部与湖州国运运输有限公司合资组建、经国家外经贸部批准的国际货运代理企业。注册资金500万元，其中上海分部占55%，湖州国运运输有限公司占45%。2009年4月上海分部收购湖州国运运输有限公司股份后成为其全资子公司。主要经营：进出口货物海上直达、中转及海铁、海陆、江海、空运、汽运等多式联运服务，接受委托办理租船、订舱、配载、报关、报验、拆装箱、仓储、大件运输、进出口货物分拨、保险代理、信息咨询等货运业务。机构设办公室、财务部、市场部、操作部；在湖州海关、安吉、长兴、德清设办事处。湖州中货现有人员41人，其中大学学历16人，大专学历13人。

现任总经理王平，副总经理林益松。

（海　伦）

【概况】 2009年，湖州中货共完成出口箱量23080TEU，比上年增加41%；进口箱量1327TEU，比上年减少1.1%；出口拼箱2468计费吨，比上年增加1.32%；进出口空运1688吨，比上年减少0.74%；完成利税120万元人民币，比上年增加1.1%。

（海　伦）

（3）武汉分部

【中国部武汉分部】 对外又称武汉中远国际货运有限公司（简称武汉中货），1996年6月在中国武汉外轮代理公司的基础上组建成立。2001年底，武汉分部（武汉外代）按照中远集团业务重组改革的决策，实现了内部机构功能性重组。武汉区域公司成为中远内部合资的全资子公司，由中远集团两大业务单元——班轮和物流合资经营，其中班轮占51%股份，物流占49%股份。2002年3月，武汉分部按照中远集团重组改革对武汉区域公司“不拆不分”的原则，组建武汉中远物流有限公司，实行“一套班子、两块牌子”管理，实施“一业为主、两翼齐飞”的经营战略，即以中远集装箱业务为主，同时经营班轮和物流两大业务。自组建成立以来，武汉分部在“武汉模式”下迅速发展壮大，成为中西南地区实力最强的国际货运代理和现代物流企业。公司机构设总经理办公室/企业策划部、市场营销部、船务部/箱管部/现场部、单证部/商务部、综合业务部、空运部、报关部、工程物流部、产品物流部、资讯发展部、财务部、人力资源部、监督部、党群工作部等14个部门。总资产2.99亿元人民币。在鄂川渝赣湘四省一市设立子公司、分公司、货运部等营销机构24家，其中省级公司3家：重庆中远国际货运有限公司、四川中远国际货运有限公司、江西中远国际货运有限公司；直属网点公司9家：武汉中远国际货运有限公司宜昌分公司、荆州分公司、黄石分公司、九江分公司、襄樊分公司、岳阳外代公司、中远国际航空货运代理有限公司华中分公司、重庆分公司、西南分公司；汽运公司1家：武汉远洋大型汽车运输有限公司。武汉分部在长江中上游港口开通"成都—上海"等多条海铁联运线，开通"武汉—上海"等十余条公路联运城际快运线。还担负中远集装箱内支线船舶和公共内支线船舶在长江中上游口岸的代理职责，对船舶的进港、开航、靠泊、装卸货、船期进行现场调度，代表船公司现场处理船舶的各种货运业务及运使费的审核、结算，并具有集装箱调运、监督管理、信息跟踪、箱体维修等业务功能。现有人员591人，包括硕士研究生及以上学历9人，双学士学历3人，大学学历217人，大专学历218人。本部职工145人，包括硕士研究生及以上学历6人，双学士学历3人，大学学历76人，大专学历49人；其中具有高级职称5人，中级职称14人。

现任总经理王善和，党委书记杨星平。

（明开朗）

【概况】 2009年，武汉分部全年累计完成中远出口重箱量74459TEU，在市场总量下滑近25%的情况下，仍比上年增长了7.72%。武汉分部本部加强信息的收集和分析，紧盯市场需求变化，年出口重箱量成功突破16000TEU。公司充分发挥班轮和物流双轮驱动优势，在集装箱物流取得较好成绩的同时，物流业务也取得较快发展。4月7日，公司首次采用包机运输，完成三批哈尔滨汽轮机厂单件64吨600MW机组低压转子包机运输，开创了武汉区域公司包机运输的先河；完成安庆加氢项目750吨大型设备运输，刷新了长江内河大件货物运输单件设备重量最高历史纪录、人工拖绞单件750吨的设备卸船装车全国纪录；发挥专业特长，创新性开展物流方案设计咨询服务，全年收入突破200万元；第一艘中远物流长江内河重件自有专用驳船"远集"号下水运营，标志着企业由控制资源向控制和拥有资源的历史性转变。在做好经营生产的同时，企业综合管理能力得到进一步加强，武汉中远优秀文化也得到进一步彰显。年内，武汉分部首次获得"武汉市2009年度交通运输工作先进单位"称号，地区公司被中远集运评为"四好领导班子"，王善和等人分别获得"武汉市劳动模范"、"2009年度全国交通运输企业文化建设先进个人"、"全国优秀报关员"、"中远集团优秀共青团员"等称号。

（明开朗）

武汉分部所属远洋大型汽车运输有限公司创造长江内河大件货物运输单件设备重量最高纪录、人工拖绞单件设备卸船装车全国纪录

【推行武汉中转模式】 2009年，面对长期困扰武汉区域长江运力紧张的状况，武汉分部提出以武汉为长江中上游中转港设想（即武汉中转模式）并付诸实施，在泛亚公司支持下，相继开辟泸汉、渝汉、宜汉、荆汉小中转航线，设定对接汉申航班，放大支线运输管径，提高内支线输运效率。推行"武汉中转"模式后运输效率提高了近200%。

（明开朗）

【实现管理出效益】 2009年，武汉分部落实“重进重出”及零成本调运比例考核指标，关注全球多、缺箱信息，平衡区域用箱计划，积极实施零成本调运。全年武汉分部为中远集运总部节约调空箱成本共计1032万元；开展港口装卸、堆存费率谈判协商，区域9个港口全部给予费用减免，优惠幅度比上年节省装卸费、堆存费约120万元。

（明开朗）

【建立运费回收循环清理机制】 2009年，武汉分部按照中远集运实施客户信用期管理的要求，因地制宜，加强客户信用期和运费结算期管理，全力抓好运费回收工作，建立已授信客户定期再评估制度，对账龄超过三个月的运费采取预警等级，进行循环清理。通过该机制的实施，全年公司超期运费比例控制在19%，远低于中远集运下达的40%指标，运费账龄结构也逐步得到优化。

（明开朗）

【武汉分部开展“城乡互联，结对共建”活动】 2009年，为贯彻落实党的十七届四中全会精神，根据武汉市委、武汉市国资委关于开展“城乡互联，结对共建”活动的要求，武汉分部与武汉市蔡甸区侏儒街千湖村开展“城乡互联，结对共建”活动。通过结对扶持，意在指导和规范千湖村党支部建设，指导和帮助千湖村党支部开展学习实践活动和落实发展项目，以及力所能及地为共建村党支部和贫困党员、贫困群众办实事好事，解决实际困难，协助村民开展文化设施建设，指导村级组织开展形式多样的文体活动，丰富群众生活，倡导文明新风。活动得到了武汉市委、市政府的高度肯定，展现了中远作为大型国企履行社会责任和为地方经济发展作贡献的强烈使命感。

（明开朗）

（4）青岛分部

【中国部青岛分部】 对外又称青岛中远国际货运有限公司（简称青岛中货），成立于1996年4月20日，其前身是青岛远洋运输公司下属货运公司。1996年，根据中远集团深化陆上货运体制改革的精神和总体部署，正式组建成立青岛中货，统辖山东、河南及苏北地区的货运、汽运、仓储、多式联运等业务。1997年10月，通过挪威船级社和中国商检局质量认证中心联合组织的ISO9002质量体系认证。1998年，随着中远集装箱营销一体化改革的进一步深入，开始经营中远自有和自营中外籍集装箱船舶代理及相关业务。1999年11月15日正式注册成立青岛中远集装箱船务代理有限公司。2002年1月1日，根据中远集团业务重组的部署，原属青岛中货管理的19家单位，计1207人剥离出去，与青岛外轮代理公司合并成立青岛中远物流有限公司。2003年，根据《海运条例》的颁布实施，适时开展公共船代业务，成效显著。2009年青岛中货下属合资公司8家：青岛市国际货运代理有限公司、青岛鑫三利冷箱技术有限公司、青岛海铁物流有限公司、青岛港前湾港区保税物流中心有限公司、青岛神州行国际货运代理有限公司、青岛陆海国际货运股份有限公司、宁波鑫三利冷箱技术有限公司、连云港鑫三利冷箱技术有限公司。青岛分部现有资产4.62亿元人民币。下设50个营销网点，遍及山东、河南、苏北、甘肃、新疆地区，形成了以青岛口岸为龙头，覆盖山东腹地及周边地区完善的货运网络和运输服务系统。业务已扩展到国际、国内集装箱货运代理、船舶代理、散杂货运代理、国际多式联运、报关报验、保税仓储物流、保险代理等全方位经营范围，并整合港口、铁路等诸多资源，构建了运营顺畅的物流体系。现有人员831人，包括硕士研究生学历26人、双学士2人、大学学历334人、大专学历372人；其中高级职称2人，中级职称101人。

现任总经理孙健、党委书记魏金顺。

（张丽君）

【概况】 2009年，青岛分部紧紧围绕年初工作会提出的“三个能力建设”工作主线，以“箱量、贡献、成本”为生产经营主题，开展了“直面危机齐亮剑”活动，从成本预警、流程梳理、责任分工、岗位协同等多方面不断完善和改进成本管理模式，控制集装箱成本支出、压缩行政管理开支。全年共完成出口重箱30.01万TEU，完成计划指标的103.9%；完成销售箱量17.74万TEU，完成计划指标的124.2%；完成销售贡献5603.1万美元，完成计划指标的104.2%；共代理中远集运船舶900艘次，代理准班率达到100%。2009年，青岛分部被青岛市财政局授予青岛市先进会计工作集体称号，被青岛市现代物流业发展工作领导小组授予青岛市市级重点物流企业称号；青岛分部船代部获得中远集团2007—2008年“文明示范窗口”；青岛分部党委被青岛市国资委评为青岛市国资委系统先进基层党组织；青岛分部被青岛口岸工作协调领导小组办公室评为2009年度青岛市共建文明口岸活动先进单位，副总经理荆劳评为2009年度青岛市共建文明口岸活动先进个人；青岛分部成为2009—2013年青岛市物流协会“副会长单位”。（宋其平）

【青岛分部与中煤山东签订战略合作协议】 3月27日，青岛分部与中煤山东本着“立足长远、互利合作、共同发展、实现双赢”的宗旨，在山东省日照市签订了战略合作协议，青岛分部总经理孙健、中煤山东董事长兼党委书记万祖安分别代表双方在协议书上签字。与中煤山东的合作是2009年继西部业务开发项目启动后的又一重大项目。

（宋其平）

【青岛分部与中铁集济南分公司签订战略合作协议】 4月16日，青岛分部总经理孙健等前往济南，与中铁集济南分公司高层领导进行会晤，双方签订了战略合作协议，孙健与中铁集济南分公司总经理付道柱分别代表双方在协议书上签字。双方将共同开发集装箱海铁联运及增值业务，促进双方效益的共同提升和国有资产的保值增值。

（宋其平）

【青岛分部中标华电国际风电工程大件设备运输项目】 4月28日，青岛分部在华电国际电力股份有限公司发出的“华电国际内蒙古通辽市北清河风电一期工程大件设备运输项目”招标中，一举中标该工程C标段33台（套）大件运输项目。该项目7月起陆续实施，于10月底完成。

（宋其平）

【青岛分部成功运作海阳核电第一标运输任务】 9月28日，青岛分部成功中标AP1000第三代核电技术山东海阳核电3200吨履带吊运输项目，10月22日顺利完成交货。（傅　玲）

【举办“比气势亮风采、抢货源拼效益”知识竞赛】 青岛分部业务知识竞赛活动于11月20日在青岛远洋大酒店举行。青岛分部及网点公司12支代表队共36人参与业务知识竞赛活动。青岛分部营销中心、综合业务部和船代部分别获得了冠军、亚军和季军。（潘　虹）

【青岛分部进入《中国商务年鉴》（2009版）信用企业名单】 中国商务部主持编纂，中国商务出版社出版的《中国商务年鉴》（2009版）正式发行，青岛分部作为2008年度信用评价活动AAA级企业登载在该年鉴的“行业信用评价”专栏中。这是青岛分部继被商务部市场秩序司和国资委协会办共同编撰的《中国行业信用评价A级以上企业名录》一书收录以来，又一次在国家商务领域大型重要刊物上登载。（阴晓东）

【质量管理体系换版】 1月，青岛分部通过挪威船级社（DNV）的外部认证审核，3月5日获得DNV颁发的符合ISO9001:2000标准质量管理体系认证证书。下半年青岛分部借质量管理体系换版的契机，对各部门质量管理文件进行重新修改优化，调整部分部门质量分目标，并于10月完成质量管理体系由ISO9001:2000转换到ISO9001:2008的换版工作。（苏学军）

【完成亚丁湾海军舰队慰问品装船工作】 9月7日，青岛分部遵照中远集运指令，9月

10日组织安排"中远印度洋"轮的海军护航舰队慰问品装运任务。青岛分部根据预案成立特殊保障小组,11日全部完成慰问品的装载任务,是日"中远印度洋"轮驶离青岛集装箱前湾码头。 (刘方峰)

【河南公司承担国庆游行花车进京(北京)运输任务】 8月13日,青岛分部所属河南公司接到河南省文化厅邀请,全面负责河南省在新中国成立60周年花车巡展上所用花车的运输任务。此次运输工作共包括一辆40'集装箱车和8辆货运车,8月26日自郑州起程,10月13日返回。这是继元旦"中原文化澳洲行"花车运输项目后,河南省文化厅交给河南公司的又一花车运输任务。

(金　莉)

【青岛分部所属潍坊公司承接花博会物流运输项目】 9月15日,青岛分部潍坊分公司接到青州市外贸进出口公司委托,承接了第七届中国(青州)花博会90余个珍稀品种共计1万株花卉的运输任务,10月2日顺利完成运输任务。潍坊分公司高效、安全的物流服务赢得了花博会主办方的赞誉。

(刘铁军)

青岛分部潍坊分公司完成第七届中国(青州)花卉博览会花卉进口陆上运输项目

【上级领导慰问和指导】 9月14日,中远集团副总裁许立荣在中远集团运输部和中国部有关负责人陪同下,到青岛口岸调研并指导工作,就集装箱货运和市场情况与青岛分部员工进行了交流;1月15日,中远集团副总裁李建红节日慰问青岛分部员工;11月23日,中远集团纪检组组长李云鹏在济南参加中纪委会议期间,看望青岛分部所属济南分公司全体员工;5月27日,中远集运党委书记吴树雄到青岛分部看望一线员工,召开中层以上干部座谈会,就具体业务问题广泛收集意见,并和与会人员进行了交流;9月16日、10月9日,中远集运工会主席房迪坤分别看望青岛分部员工和青岛分部所属新疆公司的员工。

(张丽君　宋其平　国建东　张　颖)

(5) 大连分部

【中国部大连分部】 对外又称大连中远国际货运有限公司(简称大连中货)。创建于1996年初,是中远集团在大连地区的大型国有货运企业,是统一管辖东北三省及内蒙古东部地区货运业务的口岸公司。注册资本2000万元。公司成立后,经过多次改革、调整与重组,已建立起一套适应现代市场经济体制的市场营销、管理与协调的生产组织机构。2009年大连分部机构设置为11个部门:市场营销中心、船代部、综合业务部、单证部、商务部、总经理办公室/企业策划部、资讯发展部、财务部、人力资源部、纪检监察室和党群工作部。公司在东北三省及内蒙古东部地区设立分公司等分支机构9家。下属独资企业2家:营口中远集装箱船务代理有限公司、营口中远集装箱维修工程有限公司。合资企业1家:大连鑫三利集装箱有限公司。服务范围遍布全球100多个国家和地区以及东北全境,形成以大连为龙头,以东北内陆城市为依托,以环渤海内支线和铁路、公路为纽带,集海运、公路、铁路、多式联运等综合物流于一体的全方位、多功能的经营格局。此外,大连分部还全面承担中远集装箱船舶在大连、营口、锦州口岸的代理职责。对船舶的进港、开航、靠泊、装卸、船期进行现场调度,并代表船公司现场处理船舶的各种货运业务及运使费审核、结算。还具有与中远集装箱运输相匹配的集装箱调运、监督管理、信息跟踪、箱体制造与维修等业务功能。现有人员366人，包括硕士研究生学历12人，大学学历175人，大专学历85人；其中高级职称6人，中级职称93人。

现任总经理侯长春、党委书记张义财。

（杜润杰）

【概况】 2009年，大连分部围绕"量价齐升增收入、拧紧毛巾控成本、未雨绸缪防风险、铁腕落实保安全"的工作要求开展生产经营，各项工作有成效。全年Local出口重箱量完成考核指标的98.8%，销售箱量完成135%，利润实现考核指标的156.4%。进口FOB量比上年增长22.1%，海铁联代运量比上年增长38.6%，运费回收率完成99.28%，港口费、货物费、中转费控制在预算目标内。大连中远船代包括大连、营口、锦州三港共计代理中远集运船舶1694艘次，准班率达到100%，节约干线班期588小时。安全工作零事故。在大干"7、8、9、10月"，打好效益、箱量攻坚战活动中，7月Local箱量完成计划的107.8%，比上年同期增长9.8%。其中第31周出口重箱量完成周计划的106%。2009年，大连分部面对货运市场淡季长、箱量运价下滑幅度大、对揽货工作季度不利的局面，积极采取应对措施，层层分解任务指标、对标经营，发动"三多"（多信息、多出击、多手段）营销攻势，积极抢抓市场，周密部署，美线签约量超额完成中远集运下达的签约目标。欧地航线抓住运力调整的时机，扩大直接客户比例，稳步推进运价恢复。东南亚航线充分利用直挂的重要机遇，航线市场占有率稳步提升。充分挖掘东北内贸货源优势，积极争取泛亚公司支持，适时加班抢货，全力稳住基础货源，积极开拓新客户，实现航线效益最大化。及时加大综合业务的开发力度，积极开展项目增值服务。继续巩固和扩大服务范围，加大新客户开发力度，成功开发了大连目标压缩空气设备有限公司、三电汽车空调等一批中小客户群体，保持进口业务稳定发展。积极开发铁路内贸、海铁联运业务领域，并积极争取在铁路运费下浮政策上与竞争对手拉齐，为箱量和收入的增长创造良好的条件。加大船东成本控制力度，建立船东成本问责管理体系。按航线细化成本指标，实时对标监控，前移成本控制关口。强化集装箱管理，进一步优化集装箱调运路径。加大超期空重箱的清理力度，加快集装箱的周转，努力实现降本增效。加强企业管理，全面梳理规章制度和业务流程，完善内控机制建设。完善信息化系统建设，提升企业运营效率。推行会计集中核算和资金集中管理，建立集约化财务管理机制。实现预算刚性管理，切实有效控制成本。进一步加强运使费管理，深化信用管理体制。建立数据质量日常监控体系，IRIS－2数据质量显著提高。开展隐患排查活动，实现企业安全稳定。强化信息安全管理，做好保密工作；夯实化学危险品业务管理基础，严格执行危险化学品管理规定和危险品操作流程，确保企业健康持续的发展。年内获得中货系统《综合竞争力评价指标》创新能力第一名，中远集运系统第一季度淡季揽货竞赛活动第三名；营口分公司获得中货系统"卓越团队"；3名员工获得中远集运和中货系统优秀员工、销售明星称号。（杜润杰）

【东南亚航线在大连上线】 7月28日"中远达曼"轮挂靠大连港，标志着中远集运东南亚航线在大连正式上线。该航线由中远集运及长荣海运公司共同派船经营，实行周班服务。中远集运及长荣海运公司分别投入3艘2800TEU及1艘2800TEU船舶运营。年内大连分部会同亚太贸易区，争取到该航线在大连港的最优惠装卸费率。

（蔡学品）

【中远集运领导到大连分部现场办公】 6月5日，大连分部召开中层干部会议，中远集运总经理孙家康等一行3人出席会议并现场办公。会上，大连分部总经理侯长春汇报1—5月份生产经营情况和下半年工作思路，孙家康讲话并提出四点工作要求。6—7日，孙家康等一行还赴分部所属营口、锦州

分公司现场办公。　　　　　　（杜润杰）

【中远集运领导与锦州市政府领导会晤】 6月7日，中远集运总经理孙家康等一行3人在大连分部总经理侯长春陪同下与锦州市委副书记张庆民、常务副市长刘伟、锦州港务集团总裁刘军会晤。会晤期间，双方就深入开发“散改集”业务，强化港航合作，建设“中远路”等事宜达成了共识。　　（齐　峰）

【完成CEN航线船舶换船交接】 3月1日—12月29日，美洲贸易区CEN航线船舶调整及部分船舶年度航修，涉及换船船舶多箱量大，船期紧张。大连分部顺利完成船舶在大连下线和上线的交接及货物换装，涉及换船船舶20班，装卸箱量56597TEU，换船箱量41739TEU。　　　　　　（蔡学品）

【CEN航线船舶大连港取消电讯检疫】 4月25日始，由于受罗甲型H1N1流感疫情影响，辽宁检验检疫局取消船舶电讯检疫的申请，对直接来自境外的船舶，白天在锚地实行检疫通过后靠泊。5月3日，“中远横滨”轮在大连大窑湾锚地实施了锚地检疫后靠泊码头。截至12月底，该规定仍在实行，为大连分部船舶的保班工作增加了难度。　　　　　　（蔡学品）

（6）天津分部

【中国部天津分部】 对外又称天津中远国际货运有限公司（简称天津中货），成立于1996年5月8日。其机构设置为：市场营销中心、单证部、综合业务部、箱管部、资讯发展部、商务部、总经理办公室、企业策划部、财务部、人力资源部、纪检监察室、党群工作部、修箱中心。天津分部拥有揽货网点单位29个，区域遍布河北、山西、陕西、青海、宁夏和内蒙古以及北京和天津2个直辖市。所属单位14家，其中合资合营公司2家：天津船代公司和富景公司；子公司9家：河北中远国际货运有限公司、山西中远国际货运有限公司、西安中远国际货运有限公司、内蒙古中远国际货运有限公司、青海中远国际货运有限公司、宁夏中远国际货运有限公司、秦皇岛中远集装箱船务代理有限公司、唐山中远集装箱船务代理有限公司、天

开展“抢货源　拼效益”业务技能知识竞赛活动

津中货报关行有限公司;分公司3家:天津开发区分公司、北京分公司、唐山分公司。公司现有人员581人(其中公司本部员工253人),包括硕士研究生学历28人,大学学历199人,大专学历236人;其中高级职称10人,中级职称76人。

现任总经理王连欣、党委书记王贵杰。

(刘春田)

【概况】 2009年,天津分部积极贯彻落实科学发展观,紧紧围绕"拼市场、增效益、控成本"的核心目标,继续以提高营销能力、盈利能力、管理能力、网点发展能力为工作方针,变压力为动力,化挑战为机遇,以系统大营销为基础,以走出去有效拓展市场、提高舱位利用率为根本目的,携手共渡时艰,全力攻坚克难,同心协力打拼市场。全年实现Local重箱量411160TEU,完成指标的99.72%;实现销售箱量228626TEU,完成指标的118.8%;实现销售贡献5454.25万美元,完成指标的87.4%;实现考核利润2421万元,完成年度计划的173%。年内天津分部未发生安全责任事故。2009年,天津分部获得第七届中货货运业大奖全国十佳区域货运代理公司称号;天津船代公司获得天津口岸文明共建先进服务窗口称号;天津滨海中远物流公司获得2009年度全国交通行业优秀质量管理小组称号。(刘春田)

【重箱量连续三年突破40万TEU】 2009年,天津分部将"走出去"营销理念贯穿到全系统的营销工作中,深入港航单位,深入基层网点,拜访和开发客户。成立专职开发团队,组建滨海新区开发小组,重点攻关目标客户,保持中远的市场份额,促进了销售箱量的稳步增长。同时,进一步大力推行大客户和直接客户开发工作,夯实货源基础;坚持差异化营销,以高贡献值货源带动航线效益提升。截至年底,Local重箱量实现连续三年突破40万TEU。 (刘春田)

【综合业务成为公司新的利润增长点】 2009年,天津分部积极开展供应链融资项目工作,以弥补集装箱主营业务收入下降带来的不足,增强公司盈利能力。全年运行融资项目达到了90个,签约授信总额43.52亿元,签约收入总额1000余万元。该项目的开发直接增加了单位效益,尤其通过开发"能生成箱量项目"和补贴销售方式,支持了营销主业,促进了中远箱量的有效增长。

(刘春田)

【进一步加强全系统成本控制力度】 2009年,天津分部坚持成本控制例会制度,深化成本问责,严密监控各项船舶和货物成本,积极配合中远集运做好供应商费率谈判和箱管工作,努力降低船东成本,做好船舶保班工作。全年天津船代共代理船舶1235艘次,节约船期162小时,节约船舶使费64.8万元;唐山船代共代理船舶81艘次,节约船期145小时;秦皇岛船代共代理船舶184艘次,节约船期166小时。年内运费回收率保持在中远集运系统各单位前列。

(刘春田)

【加大IRIS-2等系统应用力度】 2009年,天津分部加大IRIS-2、CRM等系统的应用力度,使之成为促进市场开发、客户维护的有力工具。同时,积极配合CORIS拼箱系统的推广和使用。年底中远集运考核分部IRIS-2系统数据质量得分为100分,与厦门分部并列中国部各口岸第一。

(刘春田)

【完善绩效考核激励机制以及各项规章制度】 2009年,天津分部进一步修订业绩考核办法等激励制度,通过指标分解,责任到人,细化措施,考核到人,实现压力传递,调动积极性,为完成指标任务提供了制度保障。制定及修订了《供应链融资监管人员管理暂行办法》等14个管理规定,为企业可持续发展奠定了制度基础。

(刘春田)

【加强合同风险防控工作】 2009年,天津分部继续加强以业务合同为主的合同风险防控工作,进一步完善合同的审批流程,实行全系统各类合同的集中审核和报备。全年审核合同200份,提出修改建议224条。

合同风险防控进一步完善与客户和供应商的合作条件,降低了合同风险。

(刘春田)

(7) 北 京 分 部

【中国部北京分部】 对外称北京中远国际货运有限公司(简称北京中货)。其前身是中国远洋运输总公司货运处,与北京外代营业部合并,于1993年2月25日组建成为北京远洋国际货运公司。1996年中远集团货运体制改革,并入中远国际货运有限公司,成为其所属的北京区域公司。2002年随中远集团航运体制改革进入班轮公司,成为中远集运亚太部北京分部。2003年7月,中远集运内部体制改革,北京分部又成为中远集运中国部北京分部。2004年9月6日,经工商部门批准,北京分部正式更名为北京中远国际货运有限公司。公司共设8个部门:经理办公室/人力资源部、党群工作部/纪检监察室、企划部/商务部、财务部、市场营销中心、综合业务部、展品运输部、朝阳办事处(船代公司及报关公司均在此办公)。2个下属公司(北京中远集装箱船务代理有限公司、北京中货报关有限公司)、1个合资合营公司(天津天管远洋国际货运有限公司)。现有人员66人,包括硕士研究生学历6人、大学学历35人、大专学历12人;其中高级职称3人、中级职称16人。

现任总经理王万祥,党委书记韩军。

(李星瑶)

【概况】 2009年,北京分部坚持年初制定的目标,围绕中远集装箱运输主线,努力增效创收。全年共完成进出口箱量18834TEU,完成年计划指标的117.65%,比上年增长3.38%;内贸箱量比上年增长117.2%;完成中远集运运费收入1183.73万美元,完成年指标的74.86%,比上年下降38.16%,累计运费回收率为98.2%;完成散杂货量19713.7计费吨,比上年增加107.71%;完成拼箱量2270.5CBM,完成年计划指标的103.2%,比上年增加7.4%;完成空运量23921.9KGS,比上年下降68.99%;完成代运1053票,比上年增长11.43%;配资班轮箱量为781TEU,比上年增长4.69%;展览运输业务共计操作展会50个,比上年减少29%。2009年,公司综合业务部被评为中货系统卓越团队、优秀安全班组,财务部被评为巾帼文明岗。王月琳获得中远集团优秀工会工作者荣誉称号。

(李星瑶)

【综合业务加大延伸服务开发力度】 2009年,北京分部综合业务部门加大延伸服务的开发力度和创收能力。风电项目继上年温岭顺利操作后,2009年又连续中标温岭二期项目、海南鹅鳗二期两个项目共66套风电设备的运输,以及福建三河集团出口北非的全程运输等多个项目;年内公司与中国国际贸易促进委员会恢复展览运输业务合作,已持续操作5年的迪拜医疗展成为公司展品运输的有力支撑,年承运货量比上年增长40%;美国拉斯维加斯消费展,公司作为展会中方指定运输代理,承运量超过整个展会运输量的90%。同时,年内公司又成功开拓了演出道具进出口运输新市场,承接了北京军区政治部战友文工团在加拿大、美国的巡演,以及北京巨龙演出公司、大道演出公司等运输项目。 (李星瑶)

【修订考核机制】 2009年,北京分部按照中货公司《关于进一步加强营销队伍建设的指导意见》要求,结合实际生产情况,有针对性地修订市场营销中心的二次分配方案,对营销人员拜访客户的频次首次提出考核要求。同时,公司将市场营销岗位细分为市场开发岗和客户维护岗,成立专职市场开发团队。 (李星瑶)

【规避业务风险】 4月,北京分部根据中货公司"关于持续推进精益管理活动的通知"精神,本着"切实可行,精简高效"原则将精益管理工作不断向纵深推进,并上报了"建立并实施大件、特种货物全程运输监控制度"精益管理项目,以期通过项目的逐步推进，防御业务风险，规避或减少商务纠纷，降低运输成本，提高公司运输效益；制定《大件、特种货物全程运输监控管理规定》，综合业务全过程监控实现有章可循，提高了运输安全系数，同时也提高了客户满意度。

（李星瑶）

【开展全员劳动竞赛】 2009年，北京分部将中远集运“我为企业科学发展、同业领先做贡献”以及“亮剑行动”等主题活动的内容，分解成具体的评比目标，形成了效益、箱量、成本控制、新客户开发、运费回收、服务质量六个集体项目以及创效、操作、服务三个个人项目，发动员工开展了贯穿全年的劳动竞赛。1月开始，每月评选最佳集体项目和最佳个人项目，在公司内形成了比、学、赶、帮、超的良好氛围。综合业务部获得单项集体奖最多，部分员工多次获得个人单项奖。（李星瑶）

3. 华南公司

【华南中远国际货运有限公司】 简称华南公司。华南公司作为中远集运在华南地区的船东营销机构，是华南地区最大的国际货运和船舶代理企业之一。公司于2005年9月在整合原广州中远国际货运有限公司、深圳中远国际货运有限公司和香港中远货柜代理有限公司的基础上成立，是中远集运在华南地区的航线营销代表和班轮服务分部，代表中远集运在华南地区行使船东职能，统一管理、经营中远集运在广东、广西、海南、云南、贵州、湖南和香港、澳门地区的集装箱运输业务。华南公司本部设在深圳经济特区，机构设置为营销中心、联运中心、保障中心、单证中心、财务中心、行政事务部和党群工作部。下设货运和船代分支机构60余个，形成以深圳、广州、香港、汕头、湛江五大口岸为支点，辐射华南六省区和香港、澳门地区的综合运输服务网络。

华南公司秉承中远集团“求是创新、图强报国”的企业精神和“全球承运、诚信全球”的经营理念，坚持“服务客户最优、回报股东最大”的企业价值观，紧密依托中远集运强大的班轮运输实力和完善的全球代理网络，构建华南地区立体化的集装箱运输服务平台；建立健全遍布华南地区的驳船航线网络，整合汽运、铁路资源，畅通联运渠道，与中远集运在深圳、香港、广州口岸的干线衔接将货物转运至世界各地；运用中远I-RIS－2全球集装箱信息管理系统，实现网上信息查询、网上货物跟踪和全程服务电子化。

华南公司主要经营范围为国际海运，国内沿海运输，进出口集装箱订舱、配载、报关、报检、报验、提单签发、运费结算，集装箱拼、拆、装箱，驳船运输，无船承运业务，船舶代理，多式联运，项目运输，进出口货物保险代理，门到门服务综合解决方案，海运相关业务咨询服务等多项业务。公司现有人员983人（不含中远货柜、景华峰公司及租赁员工），包括硕士研究生学历20人，大学学历392人，大专学历392人；其中高级职称4人，中级职称82人。华南公司本部员工232人（不含租赁员工），包括硕士研究生学历10人，大学学历136人，大专学历54人；其中高级职称2人，中级职称26人。

现任总经理张富元（原总经理吴湛樵2009年12月离任），党委书记邵平，副总经理隋力、陶卫东、吴士泉、汪志，总会计师黄晨，纪委书记兼工会主席李国浩。

（陈　惠）

【概况】 2009年，华南公司Local揽货箱量指标完成率93%，其中欧洲和亚太航线超额完成指标，亚太航线比上年增长15%，泛亚航线比上年增长0.4 %。运费回收率达到97.9%，完成指标数。代理业务利润与延伸服务毛利两项合计比上年下降15.7%，其中，延伸服务毛利比上年增长30.2 %，为年度指标的166.1 %。货物费、中转费、港口费控制在指标值范围内。各口岸共代理班轮干线船舶4018艘次，比上年减少22.52%。各口岸共抢班期4804小时，代理准班率达到了100%。2009年,公司先后与富士康、敏华家具、理文纸业、珠海格力、云南烟草、中外运广东公司等大客户成功合作。在整体货量下降的情况下,大客户营销战略取得明显成效,其中GKA大客户出货量比上年提升8%。年初,各航线运价处于低位,下半年,公司抓住出口回暖的机遇,"一手抓箱量、一手抓运价",各航线先后实现量价齐升。相比上半年低点,欧洲线单箱海运费提升900USD/TEU、亚太线单箱海运费提升750USD/TEU,整体单箱海运费提升300USD/TEU。公司成立完善营销考核机制推进工作小组,修订完善营销人员绩效考核办法;对深圳口岸的营销机制实施改革,打破航线界限,实行全航线营销;在全华南范围内,通过转岗、自荐、推荐等选拔方式,不拘一格选拔一批优秀人员充实营销队伍,营销队伍建设得到进一步加强。公司在市场形势严峻的情况下,积极推进延伸业务,收入取得了比上年增长21.7%的成绩,已正式签约28个融资物流监管项目,延伸服务创造了多个利润增长点,进一步加大了对集装箱主业的支持。公司管理费用比上年下降18.4%,其中招待费、差旅费、交通费、会议费、邮电费、办公费均大幅下降。公司始终坚持把安全工作放在首位。安全检查纵向到底,横向到边,实现华南区域内安全检查覆盖率达100%;成功抗击6个正面袭击华南地区热带风暴;全年未发生安全事故。公司党委深入学习实践科学发展观,积极面对各种不利因素和形势,团结和带领广大干部员工增强信心,顽强拼搏,为企业的经营管理保驾护航和提供思想保障。

(陈　惠)

【获得深圳企业文化建设优秀单位奖】 2月2日,在"深圳市第二届企业文化节"评选活动中,华南公司获得"深圳企业文化建设优秀单位"奖项。这次活动是由深圳市企业联合会、深圳市企业家协会及深圳广播电影电视集团联合主办,共有1098家企业报名,华南公司是初次报名参选并顺利成为165家入围企业之一。经组委会对初选入围企业进行网络投票、手机短信投票、市民周刊报纸选票、评委评选投票等环节,最终公司在众多企业中脱颖而出,获得该殊荣。

(陈　惠)

【开展"雷霆突击震华南"营销攻坚主题活动】 从2月11日始,华南公司在全华南区域开展贯穿于2009年的营销攻坚主题活动,号召全体员工直面挑战,敢打必胜,上下一心,全力攻坚克难,打拼营销新天地,以中远集运效益为核心,全面实现"同业领先"。营销主题活动主题是"直面危机齐亮剑,雷霆突击震华南"。公司总经理和党委书记分别担任正副组长。本部各中心、网点领导为小组成员,体现一切为了营销,努力促进"大营销格局",实现箱量效益快速增长的集体意志。活动还创办《"雷霆突击"周刊》,为整个活动建立平台,加强全系统信息沟通,周刊除了定期编发具有全局性、指导性、权威性的营销指南,加大营销指引之外,还设立"TOP5"和"亮点燎原"等栏目。

(袁鲁盾)

【制定《淡季周考核激励办法》】 2月,华南公司为奖励公司区域内在营销方面有突出贡献的营销单位和个体,制定了2009年《淡季周考核激励办法》。该考核办法是从工资总额中提取10%,作为淡季揽货特别奖励,实施按周考核、按周兑现。考核重点锁定在箱量、贡献值、利润、成本控制等核心指标上,对各单位核心指标进度完成情况实时评比、排名、综合打分,实行各单位绩效工资水平与各单位综合得分直接挂钩。营销人员绩效考核办法则通过月度绩效工资隔月兑现、即时对销售业绩进行考核评估、年终对营销团队、个人进行年度总评等方法,及时、有效地对关键岗位员工工作业绩做出评价,实现员工绩效考核的制度化。

(陈鹭岚)

【孙家康率工作组在华南地区推进营销】 2月13日,中远集运总经理孙家康率中远集运营销工作组在华南公司召开视频营销动员大会;14 日,召开华南公司中层以上干部座谈会,华南公司领导班子、本部各中心(部)和广州中货、中远货柜及部分营销骨干共计 40 多人参加了座谈会。华南公司党委书记邵平主持会议;15 日,与华南公司领导班子进行座谈,听取了华南公司领导班子对全年工作的安排和对中远集运总部的建议,并对班子建设和开创华南公司生产营销新局面提出具体要求。孙家康在华南地区推进营销期间,拜访了海信科龙公司等 21 家客户和合作商。　　（袁鲁盾）

【中远集运与富士康高科技企业集团在华南公司签订合作协议】 签订合作协议仪式于 3 月 3 日在华南公司本部深圳安联大厦 17 楼华南厅举行。中远集运贸易保障部副总经理田东和富士康高科技企业集团中央物流总处协理杨维新分别代表各自公司在协议上签字。中远集运总经理孙家康参加签约仪式,华南公司总经理吴湛樵主持签字仪式。　　（袁鲁盾）

【孙家康在深圳拜访唯冠科技(深圳)有限公司】 3 月 3 日,中远集运总经理孙家康借在深圳参加海运商务活动期间,在华南公司总经理吴湛樵陪同下拜访了唯冠科技(深圳)有限公司,参观唯冠科技的产品展示厅,了解不同型号产品的销量和公司的生产情况,并与该公司总经理杨荣山进行了会谈。　　（邓　裴）

【成立湖南中货党总支】 3 月 6 日,湖南中货召开全体党员大会,正式成立湖南中货党总支。这是华南公司党委贯彻上级党委指示,把增强基层党组织的凝聚力、战斗力作为党的建设的基础工程,坚持“支部建在网点上”,加强省级网点组织建设的一个具体措施。会议由湖南中货总经理、党总支副书记李素辉主持,会议宣读了公司党委关于组建湖南中货党总支的决定。华南公司党委书记邵平参加了会议。　　（姜　媛）

【广西等五家网点揽货单周突破千箱】 第 13 周,继华南公司内贸单周箱量和广州中货内外贸单周装船量“双破万”后,广西、东莞、中山、南海、汕头五家网点第 13 周箱量突破千箱。　　（袁鲁盾）

【工商银行茅江齐一行来访交流开拓融资物流发展空间】 4 月 2 日,工商银行总行商品融资处处长茅江齐率深圳部分支行主管一行 5 人来访,华南公司副总经理吴士泉会见了茅江齐一行,双方就联手开拓融资物流发展空间进行了会谈。中货公司融资物流部经理刘勇参加会见。华南公司自上年开展供应链融资业务至今共签约 7 个融资物流项目,主要集中在湖南、广西、珠海,授信额度达 1.5 亿元人民币。其中,在做项目 5 个,与工行合作项目 4 个,占总量的 80%。　　（马冬雪）

【新开三条支线开拓网点市场货源】 3—4 月,华南公司先后在广东肇庆德庆、肇庆新港码头及广西武林码头成功开通三条支线。其中 3 月 27 日开通肇庆德庆码头外贸支线,这是华南公司肇庆分公司进驻德庆码头 3 年来,首次开通的外贸支线;4 月 10 日,华南公司与肇庆新港码头再度联手合作,开通肇庆新港驳船支线服务,首航船“穗香江 668”轮装载 23 × 20’GP 和 4 × 40’GP 离开肇庆驶往新港。4 月 9 日,“巨丰 369”轮满载 600TEU 驶离广西平南武林港码头,标志着中远又增加一条西南内陆至北方港口的集装箱班轮路径,为华南公司承运西南区域的内外贸进出口货物提供了便捷可靠的路径。　　（陈　惠）

【中远集运开通湛江港至东南亚直航 HSH 航线】 4 月 23 日,中远集运 HSH 航线湛江—新加坡—胡志明首航湛江仪式在湛江港举行。湛江市副市长赵平,湛江港务集团副总裁康广全,以及中远集运有关贸易区、华南公司负责人,湛江市港航界人士、货主代表、媒体记者共 100 多人出席首航仪式。康广全向首航“艳河”轮船长赠送纪念品,赵平向中远集运颁发了航线扶持资金。此次首航仪式标志着湛江港没有国际集装箱直航航线服务格局的改变,也结束了湛江地区集装箱运输经湛江进出东南亚等地需经

广东肇庆新港驳船支线首航

过香港/深圳使用驳船运输的历史。

（陈 惠）

【参加2009"万人同植万棵树·迎大运"植树活动】 4月26日，华南公司工会联合团委组织员工积极参与绿色环保公益植树活动。公司近40名员工参加由深圳市绿色基金会、深圳市城管局、龙岗区城管局共同主办的2009"万人同植万棵树·迎大运"植树活动，共成功植树20棵。（陈 惠）

【召开党员领导干部民主生活会】 4月24日，根据中远集运和中货公司学习实践活动的统一部署，华南公司党委召开2009年度党员领导干部（扩大）专题民主生活会。公司党员领导干部15人参加了会议。会议由党委书记邵平主持。中远集运总经理孙家康参加会议。（刘治文）

【公司开展"爱心募捐日"活动】 5月6日，华南公司工会决定每年的5月12日为"爱心募捐日"，倡议每个员工捐出一天的工资，纳入公司帮困基金，延续"同舟共济、大爱无疆"的精神，以帮助更多困难职工。截至5月13日，工会收到来自华南本部及各子（分）公司捐款计5万余元。5月12日公司团委向定向捐助的一名现就读于四川攀枝花学院受灾川籍贫困大学生捐助助学金2000元。（戚 琦 陈 惠）

【会同深圳发展银行商讨物流融资业务】 5月20日，中货公司常务副总经理刘刚，华南公司副总经理吴士泉等拜访了深圳发展银行深圳总部，与深圳发展银行副行长胡跃飞及主管贸易融资总监马黎明会晤。双方就木业加工、煤炭和有色金属等特定行业客户融资物流项目开发的可能性进行了探讨。

（李 栩）

【实现波斯湾航线首航满舱满载】 5月23日，改造后的新波斯湾航线首航"中远横滨"轮满载500TEU驶离蛇口前往波斯湾。通过华南公司营销团队积极努力拼市场、抢货源，实现了中远集运总部对波斯湾航线运力升级的预设目标。（刘艳秀）

【出台并实施《总经理负责制大客户服务承诺和标准》】 4月份华南公司总经理吴湛樵拜访顺流、富士康等珠三角大客户；5月8日，吴湛樵陪同中远集运总经理孙家康拜访云南云烟公司、云天化国际集团等大客户，开展总经理负责制大客户服务承诺和标准的调研。5月16日公司制定出台了《总经理负责制大客户服务承诺和标准》。实施总经理负责制能有效运用公司所有销售资源，为大客户提供全面、多方位的服务，能在正常的标准服务之外体现中远的航线品质和服务特色。（陈　惠）

【与中国外运广东有限公司签署战略合作协议】 该协议于6月24日在深圳市安联大厦签署，公司副总经理陶卫东与中外运广东有限公司副总经理刘展发分别在协议上签字。中远集运贸易保障部副总经理田东、公司总经理吴湛樵、中外运广东有限公司总经理曾德等出席签字仪式。（刘治文）

【中远"惠州—蛇口—南沙"内贸集装箱航线正式开通】 7月10日上午11时，首航船"惠港通"轮装载100TEU重箱离开惠州港驶往上海，标志着该航线正式开通。华南公司、惠州港业股份有限公司在惠州港荃湾港区举行航线开通仪式。惠州海事局、惠州市港务管理局、惠州港务集团、大亚湾区招商局、壳牌石油化工等单位的代表共40人参加首航仪式。公司副总经理陶卫东、惠州港业公司总经理徐志全、中外运瑞驰公司总经理刘珀均致辞。"惠州—蛇口—南沙"内贸航线是中远在华南惠州地区开通的第一条沿海集装箱航线。（黄　河）

【参加中远驻粤单位庆祝建国60周年红歌会】 9月18日晚19时，华南公司、中远香港航运（深圳远洋）、南沙海港码头、广州中远物流等四家中国远洋驻粤单位联合举办迎接新中国成立60周年"红歌演唱会"。演唱会在广州市星海音乐厅举行。华南公司的40名员工演唱了歌曲《十送红军》。

（刘燕芳）

【参展2009中国（深圳）国际物流博览会】 12月9—11日，2009中国（深圳）国际物流博览会在深圳市会展中心举办。该博览会展出面积达3万平方米，吸引来自全国20多个省市和30多个国家与地区的500余家单位参展，接待全球超过7万名专业观众参观洽谈。华南公司作为参展商之一与深圳中远物流公司一同参展，华南公司总经理吴湛樵及副总经理陶卫东出席开幕式。

（刘燕芳）

【番禺分公司箱量首次过万箱创历史新高】 截至52周，华南公司番禺分公司共完成出口箱量10091TEU，同比增长15%，出口箱量创该网点历史新高。（詹益年）

（1）广 州 中 货

【广州中货】 广州中远国际货运有限公司（简称广州中货），1985年1月8日注册成立，1986年8月26日改制运营，2005年9月28日整体并入华南公司，又称广州中远集装箱船务代理有限公司（简称广州中船代）。2009年设行政人事部、财务部、市场部、泛亚部、综合业务部、船代部、报关部共7个部门。下辖西区营业部、黄埔分公司、南沙营业部、广州中船代南沙分公司、广州中船代黄埔营业部；参与合营远太鑫三利集装箱工程有限公司；代管番禺、花都、韶关、南海、顺德、肇庆6个网点分公司。广州中货以中远集装箱船队为依托，为国内外客户承办货运代理及仓储、中转，办理内贸货物运输、进出口集装箱订舱、报关、报验、提单签发、运费结算、集装箱拼、拆、装箱及进出口货物保险代理、多式联运业务，提供船舶代理、集装箱堆存、检验、修理、改装、租赁、运输业务，提供海运等相关业务的咨询服务。广州中货强化现代企业制度建设，致力于业务流程最优化，并按ISO9001：2000国际标准建立质量管理体系，通过CQC认证，应用中远集运全球信息管理IRIS－2系统、SAP系统、CORIS系统，实现全程服务电子化和网上询价、托单、对单、货物跟踪及到货通知等行业领先的电子商务功能，建立了一套适应市场经济需要的营运机制与管理机制。公司在册编员469人，在岗447人，其中合营公司外聘员工182人，代管网点84

人;广州中货自有员工189人,包括硕士研究生学历3人,大学学历72人,大专学历70人;其中高级职称2人,中级职称4人。

现任公司总经理林俊英,党委书记陈建涛。　　(吕娟娟)

【概况】 2009年,广州中货共完成口岸装载箱量342576TEU,为年度指标的99.5%,比上年增长0.2%,其中外贸72741TEU,为年度指标的104.3%,比上年下降6.5%;内贸269835TEU,为年度指标的98.2%,比上年增长2.1%;完成Local揽货箱量134003TEU,为年度指标的89.1%,比上年下降15.2%,其中外贸46208TEU,为年度指标的100.6%,比上年下降12.3%;内贸87795TEU,为年度指标的84%,比上年下降16.7%;合资公司揽取外配箱量7960TEU,比上年下降21.2%;全年代理干线船舶1532艘次、支线船舶26018艘次,分别比上年下降19.6%和增长6%;代理箱量2078442TEU。加强延伸服务与拓展多元化业务,完成拼箱21187计费吨,为年度指标的100.9%,比上年增长4.8%;完成拖车运输21445TEU,铁路联运1299TEU;完成报关操作量7218票,共55355TEU;做好东南亚线新挂和中澳线、日本线、欧洲线航线改造调整的航线推广和货源组织,利用南沙成本优势,积极推进日本航线CKD进口国际中转项目,提高航线收益;集中选取广州集装箱码头、大码头及乌冲作为南沙口岸的支线喂给点,增强黄埔传统市场对南沙的货源支撑功能,降低船东成本;开通花都滘心长通码头、四会南江、肇庆新港、广西武林港等支线服务,不断拓宽内贸货源腹地;严格执行客户信用管理,加强运费结算监控,全年运费回收率达到97.9%;全年广州口岸所属20余个港口码头使费降幅5%—10%,拖车运价下调10%。全年为抵广州口岸的中远集装箱班轮节约船期1276.5小时,折合节约船期成本526.8万元,比上年增长8.3%;完成办公室搬迁工作,每月租金及管理费节约2.2万元。广州中货积极开展“爱心募捐日”活动,全公司193名员工共捐款1.25万元;年内公司被广东公益恤孤助学促进会授予“大爱无疆”奖牌。

(吕娟娟)

【广州中货业务屡创佳绩】 3月5日,内贸IC10津广快线“高河”轮303N南沙出口装载箱量1811TEU(其中大连319TEU,天津1492TEU),创2008年以来津广快线南沙出口单航次最高装载箱量纪录;3月23—29日第13周,广州口岸装船箱量达10891 TEU,其中外贸2179 TEU,内贸8712EU,实现广州口岸单周箱量突破万箱纪录;5月25—31日第22周,广州中船代完成安全代理船舶628艘次,代理箱量42707TEU,创全年单周船舶代理最高纪录。

(吕娟娟　吴梓斌)

【新开线和改造后航线挂靠南沙港】 4月16日,“BERIAN EXPRESS”轮靠抵南沙港,卸9×20F+9TEU、装19×20F+11×40F后,17日驶离前往厦门港,完成了新CJ12线开启后首航南沙班期任务,班期东行港次为香港—南沙—厦门—横滨—东京—名古屋;5月8日,经改造优化后的SAS中澳线首航“COSCO FUZHOU”轮靠抵南沙港,班期港次为上海—宁波—厦门—南沙—蛇口—香港—悉尼—墨尔本—布里斯班;10月21日,CSE东南亚航线首航“SILS”轮靠抵南沙港,班期港次为上海—大连—新港—青岛—宁波—南沙—马尼拉—新加坡—雅加达—巴生;10月23日,经改造优化后的NE1欧洲航线首航“HANJIN FUZHOU”轮靠抵南沙港,班期港次为宁波—上海—香港—南沙—鹿特丹—汉堡—费利克斯托—安特卫普。　　(吕娟娟　吴梓斌)

【广州中船代成功开拓第三方船舶代理服务】 8月12日,广州中船代在南沙代理的第一艘第三方船舶“粤海397”轮在南沙海港集装箱码头完成靠泊装货后,于当天开航。这是华南公司成立后,广州中船代首次在南沙为第三方船舶提供代理业务。

(吕娟娟)

【广州中船代首次开启黄埔旧港泛亚船代业务】 3月20日，泛亚公司支线经营部珠江科驳船“穗建航机133”于香港装载3个units(F20'×1、F40'×2)靠抵黄埔旧港大码头，由广州中船代承接代理船舶进口清关手续。是日，该轮完成作业后驶离开往新风港。这是广州中船代在黄埔旧港码头首次完成泛亚驳船代理任务。

（吕娟娟　吴梓斌）

【广州中船代在新沙码头实现无纸化操作】 2009年，广州中船代与新沙码头、中联理货公司经过磋商达成无纸化操作的共识，从7月29日零点抵达的船舶开始试运行无纸化操作。该操作模式仅需将电子舱单和装卸船清单发往新沙码头和理货公司后，无需再递送纸面单据，提高了工作效率，每年可节省直接成本4.2万元。（吕娟娟）

【中远集运获广州港南沙港区集装箱发展奖励】 3月27日，广州港务局代表广州市政府首次对广州口岸集装箱业务有突出贡献的中远集运、中海集运、马士基、地中海4家航运企业予以重奖550万元。其中中远集运以上年度完成集装箱149.1万TEU排名第二，获得奖金200万元。《广州市鼓励广州港南沙港区集装箱发展奖励方案》规定，广州市设立奖励资金专户，每年制定年度奖励预算和方案，以开辟航线和组织箱源情况作为评奖标准，旨在鼓励企业拓展广州港南沙港区的集装箱业务。

（吕娟娟　吴梓斌）

【中远中海共商内贸航线长效稳定协调机制】 6月30日，华南公司与中海集运广州公司联手，在广州中货举行以“建立内贸航线口岸长效稳定和协调沟通机制”为主题的华南地区第一次协调会。会议就华南地区的市场、运力及运价情况进行交流、探讨；在统一认识基础上，达成签署内贸航线相关发展的首轮协议、成立监督推进小组、约定双方每周二举行协调例会等事项。华南公司副总经理吴士泉，广州中货总经理林俊英出席会议。（吕娟娟　吴梓斌）

【广州中货搬迁新址办公】 9月7日，广州中货办公室正式搬迁至广州市沿江东路408号港口中心四楼办公，华南公司单证中心也搬进该港口中心三楼。是日举行了搬迁新址仪式，华南公司党委书记邵平，广州中货总经理林俊英、副总经理陶卫东、单证中心总经理余华分别为广州中货、单证中心新办公室揭牌。广州港务局、广州港集团及相关码头等单位领导出席仪式。

（吕娟娟）

【肇庆分公司交广州中货代管】 华南公司所属肇庆分公司于2月10日起交由广州中货代管，同时增加广州中货对番禺、花都、韶关、顺德、南海、肇庆分公司的安全管理责任，以进一步完善广州中货统筹管理功能，提升区域的营销能力和经营管理水平。

（吕娟娟）

【制定处置安全保卫群体事件应急预案】 2009年，为进一步完善内部矛盾纠纷排查调处的工作机制，综合应急预案，确保有序有效安全生产，公司于2月4日制定印发了《广州中货处置安全保卫群体事件应急预案》。（吕娟娟）

【广州中货当选为广东货代协会常务理事单位】 12月8日，广州省国际货运代理协会召开第三届第四次会员大会，会上选举协会第四届会长、副会长、监事、理事单位，其中广州中货当选为协会常务理事单位，总经理林俊英当选为协会副会长。广东省国际货运代理协会成立于1999年，是经广东省民政厅批准成立的具有法人资格的社团组织，由国际货运代理企业以及从事与国际货运代理业务有关的单位、团体和个人自愿组成的非营利的、以服务于会员为目的的行业组织。截至年底，该协会共有会员单位204家。（吕娟娟）

【广州中货有序推进科学发展观学习实践活动】 2009年，广州中货党委积极做好科学发展观学习实践活动的前期准备与启动工作。3月9日公司重新修订创建“四好领导班子”措施；3月18日转发《华南公司深入开展学习实践科学发展观活动方案》;4月上旬组织召开9名内退员工代表与在职老员工代表座谈会,5名领导班子成员各确定1个课题展开调研工作;4月20日召开由业务主管以上干部和职工代表共34人参加的企业情况暨领导干部学习实践调研交流会,就企业近期经营生产、应对航运低谷、构建和谐劳动关系、科学发展等问题共话协调,共谋发展。公司有序推进科学发展观学习实践活动,为促进企业协调发展提供了坚实的思想基础与组织保证。

(吕娟娟　吴梓斌)

【组织帮困慰问活动】　2009年,公司开展"爱心募捐日"活动,193名员工共捐款1.25万元;慰问中远集运抵港船舶15艘;春节和中秋节期间,为14名退休人员每人发放慰问金3000元和500元(卡),17名内退人员和3名病休人员每人发放慰问金400元和500元(卡);组织看望2名患重病员工;发放困难补助8人次共1.7万元。

(吕娟娟)

【开展各项群众性活动】　2009年,公司积极开展员工读书活动,订购书籍144册发给员工,丰富职工的精神文化生活;推进"创学习型企业,做知识型职工"活动,有20%的年轻员工业余攻读"专升本"以上学业,6人攻读MBA或研究生进修班;成立游泳等5个文体分会,组织开展50余次文体活动,各协会还积极组队参加各种联谊活动,包括广州远洋运输公司组织的"酷马杯"乒乓球友谊赛等;开展员工意见与建议征集工作,征集意见与建议130条;组织员工参加"我为节约献一计"金点子活动,积极献计献策;团委开展"实现同业领先青年立功竞赛活动",组织人员以《南沙进口特种货物开发专项》为重点选题开展工作;组织员工观看爱国影片《建国大业》;组织宣传橱窗5期,对外刊稿115篇,其中宣传推介7名个人与2个集体先进事迹,全年共有4个集体19人次获得上级授予先进称号的奖誉。

(吕娟娟)

(2) 深圳中货

【深圳中货】　对外称深圳中远国际货运有限公司(简称深圳中货),成立于1994年3月23日。是中远集运下属华南公司的子公司。公司以中远集运船队为依托,主要业务为船舶代理,船公司码头现场服务及其他集装箱货运相关业务。公司以应用中远集运IRIS-2系统为信息技术支撑,于2005年4月通过DNV公司ISO9001:2000版质量体系认证,秉承不断追求卓越的服务理念,以科学的管理体系、先进的服务手段、个性化的服务模式,为中外客户提供优质的服务。中远集运华南地区体制整合后,公司按华南体制改革要求优化部门设置。现设行政人事部、财务部、船代部共3个部门;下辖船代盐田分公司1个分支机构。现有在册员工59人,包括硕士研究生学历2人,大学学历28人,大专学历23人;其中中级职称6人。

现任副总经理孙怀卿(2009年11月2日主持工作,总经理张汉军2009年11月2日离任,党委书记史文华2009年7月6日离任)。

(旷赛梅)

【概况】　2009年,深圳中货紧紧围绕华南公司工作思路,积极发挥自身职能,努力提高创效能力,细化精益管理模式,保证了主要生产经营管理指标的顺利完成。全年累计完成代理业务贡献值718.64万元。代理船舶共1374艘;班轮准班率达100%;建议改变航道节约引航费和拖轮费及节约油耗等,共为总部节约超过700万元;调研码头和其他船公司的业务变化并及时上报,认真做好中远集运航线调整的前期调研工作,适时提出了建设性的意见;关注并配合检验检疫部门的收费新办法、新版防伪联检单证使用、海事危险品申报新系统启用。全年深圳中货在生产经营、企业管理、文化建设等方面取得了较好的成绩。

(旷赛梅)

【3家合资公司股权变更】　5月4日,根据华南公司[2009]73号文件精神,对深圳中

远快航国际货运有限公司、深圳唯远国际货运有限公司、深圳中远报关有限公司进行股权结构优化调整，并划归华南公司直接管理。（旷赛梅）

【配合实施援台救灾物资运输】 8月17日，公司船代部、盐田船代分公司按照华南公司的统一调配，分四批共选用196×40'GP和50×40'HQ集装箱运输紧急援台救灾物资。并在码头现场实行24小时轮流值班制，做到随叫随到，确保了整个救灾物资运输任务的顺利开展。（旷赛梅）

【安全保班工作】 2009年，深圳中货遵照中远集团"各口岸节约4小时班期"要求，落实中远船舶的本港代理工作。通过对外协调沟通及对内合理安排，最大程度地降低台风和北方大风、大雾天气对船舶的影响，确保了在港船舶安全和准班运行，全年共节约船期208小时。（旷赛梅）

【举办消防安全培训讲座】 2月12—13日，深圳中货分别在本部及盐田港现场组织消防教育培训讲座，邀请深圳市防火中心专业人员讲授消防知识，公司员工及相关人员共60余人参加了培训。通过培训，员工掌握了消防安全常识、火险自救及逃生方法，确保了公司安全生产。（旷赛梅）

【开展征集"金点子"主题活动有成效】 3月24日，深圳中货为推进"精益管理、降本增效"工作，组织开展了征集"金点子"主题活动。各工会小组人员积极参与，共收集并上报金点子5条。其中"网络传真取代传统传真机"金点子获得中远集运铜奖。此外，船代部还通过向中远集运总部提出了合理化建议，节省船舶使费23万余元。

（旷赛梅）

（3）中 远 货 柜

【中远货柜】 中远货柜代理有限公司（简称中远货柜），成立于1987年7月24日，原名招商局货柜有限公司，注册资本100万元港币，于1997年由中远全资收购，隶属中远香港集团有限公司管理。2003年8月，根据中远集运体制改革的总体要求，并结合当时中远集装箱运输业务在香港开展的具体情况，中远货柜被纳入中远集装箱运输管理体系，直接隶属中远集运管理，成为香港地区中远集运集装箱运输业务的管理平台。2005年1月，随着中远集团兴运项目的推进，中远货柜的100%股权顺利转让到中远集运，中远货柜正式成为中远集运全资直属子公司，并作为中远集运在香港地区的总代理，主要从事以香港地区为主的集装箱船舶和货运代理业务，代理网覆盖全球，已跻身全球航线最多、箱量最大的代理公司之一，担负中远集装箱船舶在香港港口的代理职责，对船舶的进港、开航、靠泊、装卸货、船期等进行现场调度，保证定期班轮在香港地区按时、安全运作；代表船公司现场处理船舶的各种货运业务及运使费的审核、结算，具有市场营销、集装箱调运、监督管理、信息跟踪、集装箱维修等功能。公司机构设置为1室5部，分别是：总经理室、市场部、操作部、中转部、财务部以及行政管理部。中远货柜代理有限公司辖有景华峰国际货运代理有限公司及内地合营公司——天津富景国际货运有限公司，并代中远集运管理中远（香港）货运服务有限公司业务。中远货柜现有人员159人。其中香港当地员工153人，内派人员6人。包括硕士研究生及以上学历4人，大学学历20人，大专学历10人。

现任公司总经理隋力（原总经理张富元2009年12月10日离任）。

（梁康蓝）

【概况】 2009年，中远货柜在受到全球金融危机影响，在箱量及运价出现大幅滑坡的情况下，共完成销售箱量291490TEU；重箱出口248694TEU；Local出口箱量95289TEU；中转出口量153405TEU及第三地出口量（含景华峰）196201TEU。运费收入方面：销售总收入1.9亿美元，比上年减少44.4%；第三地运费收入8253万美元，比上年减少31.5%；运费收入Local 1.07亿美元,比上年减少51.5%。船舶管理工作方面:完成代理船舶4361艘次,比上年减少6.54%,其中干线船1597艘次,比上年减少25.5%,驳船2764艘次,比上年增加9.6%;为中远船舶节省船期共1695小时,包括为抵港时已脱班的船舶抢回班期共820小时;船舶在港安全作业率100%,准班率100%,防抗台风成功率100%。中远货柜充分发挥"保班枢纽港"和"中转枢纽港"的作用,维护了船东商誉,并多次获得中远集运表扬。 (梁康蓝)

【中远集运领导到中远货柜指导工作】 中远集运总经理孙家康分别于4月23日和10月29日到中远货柜检查指导工作;12月3日中远集运党委书记吴树雄在港出席活动期间莅临中远货柜检查指导工作;中远集运副总经理史美思一行分别于1月8日和11月25—26日到访中远货柜;中远集运副总经理周虢分别于6月25和10月13日莅临调研与指导。 (梁康蓝)

【推行系列成本控制】 2009年,公司针对人工成本和行政成本推行系列成本控制措施,其中包括:严格执行成本问责制、下达成本控制指标、同时收紧应酬费及差旅费管理规定,使两项费用分别减少34%及50%;合理减少办公面积;成功争取码头办公室免租三个月;对所有到期合约重新洽谈并成功下调费用。同时采取员工只出不进政策,使公司自然减员26人。通过推行系列成本控制措施,公司全年管理费用比上年下降14.1%。 (梁康蓝)

【加强运费回收工作】 2009年,为确保运费及时足额回收,公司加强客户信用管理,强化对信用风险、资金风险的防控意识。在金融海啸期间,第三地在香港付费总额由原来每月1000万港元急增至3000万—4000万港元,公司及时采取措施规范第三地付费的要求及操作流程,有效规避了运费风险。11月3日公司召开运费回收工作专题会议,布置一系列运费回收的措施,以控制风险,确保总部的运费安全。公司保持无呆账、坏账良好记录,现金流稳定,运费回收率达到98.4%,较指标(96%)高出两个百分点。 (谢秀灵)

【中远货柜2008年度董事会召开】 会议于3月27日在深圳召开,董事长史美思、董事刘刚、吴湛樵、张富元、王海民、监事蔡张德出席会议。史美思主持会议。会议审议并通过2008年度总经理工作报告和2008年度财务报告,肯定了中远货柜在2008年所取得的成绩,特别是面对全球金融海啸的不利影响,在销售模式、运价管理以及组织机构三方面进行的创新改革,成效显著。会议还对中远货柜提交董事会审议的各项议题进行了讨论。 (梁康蓝)

【中远货柜2009年年中工作会召开】 会议于7月10日在中远货柜总部召开。中远货柜领导层、各部门负责人及下属单位主要负责人共16人参加会议。总经理张富元提出下半年工作要求和揽货方针:把握下半年市场回暖机遇,紧抓目标客户,争取量价齐升;加强风险管理,完善激励机制,强化成本控制措施;对出现亏损状况的下属公司加大管理力度,力争减亏扭亏,全力以赴,实现效益最大化,确保完成上级下达的各项任务指针。副总经理倪高明主持会议。

(梁康蓝)

【员工业务培训】 2009年,公司充分利用生产淡季,有针对性地进行岗位交流培训。全年组织各类培训共29次,参加人数382人次。其中邀请西英伦船东保培协会为业务操作员工提供多元化的在职业务培训12次,参加人员178人。 (梁康蓝)

【防抗H1N1流感】 2009年,H1N1甲型流感在香港以及全球各地迅速蔓延。8月18日及20日,中远货柜分别有两名员工被确诊感染H1N1甲型流感,经治疗于8月28日康复,31日恢复上班。公司建立了严格的戒备、监测和应急制度,并印发《关于加强防范H1N1甲型流感的通知》和防范H1N1甲型流感的宣传资料,要求员工加强防范意识,做好各项防范工作,从而成功杜绝了 H1N1 流感在公司的扩散。

（梁康蓝）

【为“远望六号”国家航天测量船访港提供服务】 4 月 29 日—5 月 4 日，“远望六号”国家航天测量船应香港特区政府邀请首次访港。中远货柜受中远（香港）集团及国家航天部委托，协助安排访问团在港保安及接待等工作。公司于 3 月中旬专门成立工作小组，与香港特区政府民政事务局、海关、保安及警务处、科技馆、康乐及文化事务署等机关共同筹组准备工作，圆满完成各项交办任务。

（梁康蓝）

【参加中远（香港）集团 2009 年职工运动会】 运动会于 11 月 7 日在香港教育学院体育运动中心举行。中远货柜组织员工 112 人参与比赛项目，在其中的 4 个团体项目中获得金、银、铜牌各一枚，并以 325 分的总成绩取得全场总亚军，获颁“最佳竞技奖”。中远货柜总经理张富元，副总经理王明峰、倪高明、袁健等出席运动会。

（梁康蓝）

中远货柜为“远望六号”国家航天测量船访港提供服务

（十四）人力资源管理

【组织/人力资源部】 下设组织工作部、员工发展部、薪酬保障部和劳动保险统筹部/上海中远社会保险管理分中心/劳动保险统筹中心（一个机构，三块牌子）。主要职责：贯彻执行有关组织人事工作方针、政策和法律、法规、制度；结合公司实际，研究起草公司组织人事工作各项规章制度，并加以组织实施；负责对公司员工招聘、培训、考核、奖惩、任免等工作，实施对员工的监督检查职能；负责管理公司因公临时出入境、办理临时和常驻出国手续，选派、推荐和管理常驻国外机构人员；负责编制公司劳动工资计划，管理并使用工资总额；负责编制发布和监督实施公司员工培训年度计划，负责制定、认定和评审公司员工专业技术职务；负责公司党代会的筹备和组织工作；负责公司党员发展、党员教育管理工作；负责公司党员党籍管理和组织处理；负责建立健全公司党委工作责任制和抓好基层（船舶）党支部建设责任制工作；负责公司民主党派、无党派人士的联络工作；负责公司职业健康工作；负责公司员工的工伤认定和劳动鉴定工作；负责公司爱国卫生、计划生育和无偿献血工作；负责公司在职职工、离退休人员及其供养亲属各项保险统筹的日常管理工作，指导和检查公司所属各单位和挂靠单位的各项保险统筹工作等。现有人员23人，包括硕士研究生学历7人，本科学历10人，大专学历5人；其中高级职称4人，中级职称11人。

现任部长/总经理倪集禾，副部长/副总经理陈祥（原副部长/副总经理王桂叔2009年8月离任）。 （黄　茜）

【概况】 2009年，组织/人力资源部在公司党委、公司行政的领导下，紧紧围绕"科学发展、同业领先"战略目标，积极配合生产经营，根据公司领导的部署及时调整方针策略，统筹规划，稳步推进，在航运市场低迷的环境中，为公司拼市场、拼货源，早日达到"同业领先"目标提供充分、有力组织保障和人才支持。 （黄　茜）

1. 员工发展

【员工发展部】 主要负责公司干部考核、奖惩管理、员工招聘及日常管理、公司组织架构和编制管理、教育培训、临时出国和常驻出国员工的管理等工作。下设评价与发展管理、员工关系管理、培训发展管理和海外员工管理等业务板块。现有人员10人。

现任经理刘家琰，副经理倪沈建。

（黄　茜）

【完善中远集运员工年度考核评价办法】 2009年，通过总结以往年度的实践经验，对公司现行考核办法进行调整、完善，重点从指标体系、访谈准备、考核访谈、考核反馈四个方面展开。在指标体系改善中，根据不同层面简化指标及描述，突出"以德为先"、"勤勉尽责"指标导向；取消普通员工360度打分，按照"由上至下"、"逐级管理"原则设置打分权重；增加"个人交流意向调查"选项，为今后干部交流提供参考依据；对访谈准备、考核访谈提出更具体要求和实施计划；考核反馈的主体由考核组改为被考核者直接上级，使绩效管理的核心目标得以更好体现。 （陈思宇）

【探索干部交流管理工作】 为公司可持续发展培养充实人才队伍，干部交流工作成为公司2009年落实科学发展观的一个重要课题,员工发展部就如何推进公司干部交流工作进行了深入调研、思考,从宏观和微观上总结了公司干部交流实践情况,从制度层面、单位层面和干部自身方面分析了干部交流工作存在的主要问题,提出了下一步工作的主要思路和举措,最终形成调研报告《推进干部交流,激发队伍活力》,并获得公司2009年政研会调研报告特等奖。

(陈思宇)

【实行干部年度考核】 根据公司党委统一部署,12月起,公司组织/人力资源部牵头分别成立年度考核组,对公司总部全体员工、中国部及各所属分部、泛亚公司、计算机中心和上远公司领导班子及有关干部进行年度考核。考核组采取听取汇报、民主测评、与干部员工个别谈话及查看各类资料台账记录等方式,对总部14个部门,中远集运下属13个单位领导班子,169名直管人员进行了考核。通过考核,初步掌握了公司总部、直属单位领导班子和中层干部情况,为下一步干部培养和交流奠定了基础。

(陈思宇)

【调整和设立非常设机构】 2009年,为确保公司各非常设机构正常运转,根据机构、职责及有关成员岗位变动等情况,对公司原16个非常设机构、46个小组进行了梳理调整,优化了非常设机构设置。在梳理非常设机构设置的同时,公司新成立中远集运审计委员会、中远集运企业年金领导小组和工作小组、中远集运税务自查领导小组和工作小组、中远集运特种箱运输经营部筹建小组、治理商业贿赂/治理工程建设领域突出问题领导小组等5个非常设机构。

(陈思宇)

【拟提拔干部实行任前公示制度】 按照《中远集运试行干部任前公示制度的意见》(中远集运党组[2000]022号),年内,公司对拟提拔的34名中层干部人选进行任前公示。 (陈思宇)

【拟提拔干部实行任前听取纪检部门意见制度】 2009年,为进一步加强和改进公司干部管理工作,规范有关工作程序,组织/人力资源部和纪委/审计监督部联合制定印发《中远集运直管人员任职前组织部门听取纪检部门意见试行办法》,党委会前组织部门听取纪检部门意见,了解有关领导人员的党风廉洁自律情况,听取对其选拔任用的意见。自该办法实施以来,组织部门共在37名干部任职前向纪检部门听取意见。

(陈思宇)

【直接管理人员现状】 2009年,公司聘任调整直管人员共81人次,其中提拔34人,交流30人,降(免)职17人次。现有直管人员共169人,其中中共党员149人;硕士研究生学历83人,大学学历55人,大专(大普)学历26人,中专及以下学历5人;35岁及以下9人,36—45岁83人,46—55岁65人,56岁及以上12人。 (陈思宇)

【公司总部非领导职务人员情况】 2009年,根据部门推荐和年终考核结果,对总部非领导职务调整意见进行了汇总、梳理,本着从紧、积极交流的原则,结合垂直监督机制以及亚太贸易区机构重组及特种箱贸易区的成立情况,对总部非领导职务作了调整,共计52人。年内,公司非领导职务人员共153人。其中中共党员105人;硕士研究生学历19人,本科学历113人,大专(大普)学历18人,中专及以下学历3人;35岁及以下64人,36—45岁63人,46—55岁17人,56岁及以上9人。 (陈思宇)

【印发《中远集装箱运输有限公司劳动合同管理办法(2009年修订版)》】 为进一步完善中远集运劳动合同管理制度,规范劳动合同管理,维护企业和员工合法权益,依照国家有关法律法规和公司《集体合同》,经公司2009年第19次总经理办公会议讨论通过,公司七届二次职代会第三次联席(扩大)会议审议通过,11月30日,公司印发《中远集装箱运输有限公司劳动合同管理办法(2009年修订版)》。 (王　坚)

【特殊人才招聘】 为向航运主业的发展提

供人力资源保证，公司对中远集运总部特殊人才进行适量补充。2009 年，招聘西班牙语专业应届高校毕业生 1 人。

（王　坚）

【解除及终止劳动合同】 2009 年，公司解除或终止劳动合同人员 18 人，其中解除劳动合同 4 人（个人提出 4 人），退休 14 人。

（王　坚）

【机构调整】 为统一以冷藏箱为特种箱运输管理，明晰发展方向，完善相关组织架构，实现“以行业客户需求为导向、专业化经营为特点”的集中管理模式，强化公司在特种箱市场的营销和综合开发能力，强化特种箱成本控制，提高特种箱业务对公司效益的贡献度，9 月 2 日，成立特种箱贸易区，编制 18 人，设总经理 1 人。为提升航线经营效率，细化航线效益分析，加强部门内部监控，达到规范经营、精益管理的目的，6 月 30 日，对亚太贸易区机构设置进行调整，编制 41 人，设总经理 1 人、副总经理 2 人。为加强反腐倡廉，创新纪检监察工作机制，适应企业改革和快速发展对监督工作的需要，根据中远集团党组、纪检组关于在公司开展“垂直监督体制”试点工作的指示精神，2 月 26 日，对公司纪委/审计监督部机构、编制及职责进行调整，在公司纪委/审计监督部下设综合部、检查部、审计部的基础上，增设纪委/审计监督部北京分部和深圳分部，分别代表公司履行对所在片区各单位的纪检、监察、审计、监事业务管理等监督职能。为适应建立公司全面风险管理体系的要求，进一步加强风险防控，保证公司稳健经营，2 月 12 日，对公司安全技术管理部、战略发展部机构及职责进行部分调整，公司安全技术管理部综合质量部更名为安全技术管理部综合质量和风险管理部，负责公司综合管理体系、内部控制、风险管理工作。公司战略发展部法律事务部职责中涉及上述风险管理体系的建设、维护、协调等职能，划转入公司安全技术管理部综合质量和风险管理部。

（王　坚）

【272 名员工取得新专业技术职务任职资格】 2009 年，公司共有 272 名员工取得新专业技术职务任职资格。其中，参加评审取得任职资格 68 人，参加全国统考取得任职资格 60 人，通过认定取得任职资格 144 人；取得高级职称 53 人，中级职称 72 人，初级职称 147 人。（胥　东）

【总部员工培训】 2009 年，围绕公司生产经营需要，本着勤俭节约、务求实效的原则，精选培训课程和师资，举办系列培训和讲座。根据年度教育培训计划，公司总部共举办 39 个项目、共 57 期培训班，培训 3131 人次。其中，培训公司领导 47 人次、第三层面及以上员工 528 人次。此外，零星送外培训 46 批，培训 165 人次；14 人取得硕士学位，2 人夜大本科毕业。（胥　东）

【首次与市委党校联合举办中层干部培训班】 11 月 3—6 日，公司首次与上海市委党校联合举办一期中层干部培训班。来自总部、泛亚公司、上远公司、中国部及各分部、华南公司等单位共 33 位中层干部参加。中远集运党委书记吴树雄出席开班典礼并讲话。（胥　东）

【境外员工管理】 截至 12 月 31 日，中远集运境外从事集装箱运输业务外派人员共计 152 人，各境外分部具体为：欧洲部 46 人，美洲贸易区（海外）28 人，巴拿马 5 人，南美分部 8 人，澳洲分部 8 人，东南亚分部 27 人，日本分部 7 人，韩国分部 5 人，西亚分部 4 人，南非分部 6 人，香港地区 8 人。年内，集装箱体系内新派出外派人员共 24 人，其中欧洲部 11 人，美洲贸易区（海外）4 人，澳洲分部 1 人，东南亚分部 2 人，日本分部 1 人，南非分部 1 人，中国香港地区 4 人。共调回 26 人，其中欧洲部 11 人，美洲贸易区（海外）3 人，澳洲分部 1 人，东南亚分部 2 人，日本分部 2 人，南非分部 1 人，巴拿马 1 人，香港地区 5 人。向非集装箱体系内新派出外派人员共 6 人，调回 7 人。

（郑旭红）

【临时出国（境）】 2009 年，共办理因公临时出国(境)任务113批195人次;其中中远集团组团任务3批5人次,中国部领导班子及口岸公司党政一把手2批2人次,上远公司11批22人次,华南公司6批10人次。

(张佳欣)

2. 薪酬保障

【薪酬保障部】 负责工资计划和薪酬预算的编制、使用及管理工作,公司薪酬体系优化和创新激励机制工作,总部机关员工的薪酬分配和日常管理工作,系统内各单位的工资总额计划核定和工资总额管理工作,劳动工资综合统计报表工作,公司爱国卫生、计划生育、无偿献血、劳动能力鉴定等管理工作,开展公司爱卫会、计生办、献血办、劳动能力鉴定委员会的日常工作。下设薪酬管理、员工保障等业务板块。现有人员3人。

现任副经理(主持工作)丁乾坤。

(丁乾坤)

【制定《总部机关加班值班管理规定(试行)》】 为加强总部机关加班值班管理工作,维护公司和员工的合法权益,根据《劳动法》、《劳动合同法》及国家有关规定,结合公司实际情况,公司出台了《总部机关加班值班管理规定(试行)》,并自2009年5月1日起施行。该规定明确了总部员工加班值班的管理原则,以及总部员工加班值班的上报、审批、报备程序,进一步规范了员工加班值班的管理制度及管理流程,保障了员工的基本权益。 (潘晓燕)

【设立专项奖励基金】 2009年,公司生产经营形势异常严峻,为促进企业增效降本,创新薪酬激励机制,调动广大干部员工积极性,1月,公司设立营销激励奖励基金和成本控制奖励基金,专项奖励基金主要用于对2009年度中远集运系统(境内)在营销工作和成本控制等方面作出突出贡献的单位和个人奖励。奖励的实施按季度进行评比、兑现。 (潘晓燕)

【进一步加强人工成本控制工作】 2009年,为应对严峻的生产经营形势,公司从严控成本入手,2月印发《关于进一步做好2009年度薪酬管理工作的通知》,"通知"明确了所属各单位薪酬管理工作实施意见,要求各单位增强成本控制意识,制定具体的成本管理和控制措施。6月11日至7月7日,人力资源部、审计监督部和财务部组成人工成本专项检查小组,先后对系统内各直属单位2008年和2009年1—5月人工成本使用情况进行了专项检查。检查内容包括:各单位工资总额内部分配情况、员工工资列支渠道、员工工资外收入情况、人工成本计提和支用情况等。针对检查中发现的问题,公司于7月印发《关于进一步做好2009年下半年人工成本控制工作的通知》,对各单位人工成本的使用列支,年薪制人员工资管理、员工工资外收入的列支、工资总额预算及管理等提出了进一步的要求。年内,通过公司人工成本管理、控制、督查各项工作有序开展,公司人工成本管理工作取得了显著成效。 (潘晓燕)

【建设健康单位和爱国卫生工作】 2009年,根据公司建设健康单位和爱国卫生工作要点,围绕迎世博600天行动计划和健康单位的建设,落实第三轮建设健康城市3年行动计划措施,开展"五个人人"健康行动,倡导和传播健康生活方式和理念,依法规范卫生管理,保障食品卫生安全,有效开展病媒生物控制工作,努力创造安全卫生健康工作环境,营造企业和谐氛围。年内,公司系统内未发生突发公共卫生事件。2009年公司获得上海市健康单位先进称号。

(綦 莉)

【人口与计划生育工作】 根据公司2009年度人口和计划生育工作要点,签订人口和计划生育目标管理责任书,完善属地化管理机制,加强流动人口服务和管理工作,坚持把人口与计划生育纳入各单位精神文明创建活动,坚持"一票否决"制,2009年计划生育符合率为100%。完善计划生育协会工作。 (綦 莉)

【无偿献血工作】 根据上海市政府关于实行无偿献血要求，落实公司无偿献血工作计划，完善公司系统各单位献血组织网络。年内，公司完成虹口区下达的无偿献血招募任务，参加无偿献血共302人（含上海中货、中远船务公司），并建立无偿献血应急队伍。（綦 莉）

【职业健康】 2009年，按照《中远集装箱运输有限公司员工健康体检工作管理实施办法》要求，组织公司机关员工健康体检，员工体检率达95%，并建立员工健康档案，编辑健康体检知识内容宣传。按要求，落实防控甲型H1N1流感工作，并完成防控宣传、预防、监测、上报工作。完善公司职业健康宣传平台，共编发健康卫生知识宣传42期。

（綦 莉）

【劳动鉴定及伤残评审工作】 2009年，协同公司劳动鉴定委员会对公司员工因工伤残和非因工伤残或因病丧失劳动能力的程度进行初审鉴定，共完成鉴定材料16份，其中因工伤残等级评审14份，非因工伤残或因病丧失劳动能力评审2份。

（綦 莉）

【集体户口管理工作】 2009年，公司根据《关于上海市水上派出所管辖的集体户口实行属地化管理的通知》要求，完成公司水上集体户口7人移交工作。截至12月31日，公司陆地集体户口（含家属）共71人（户）。（綦 莉）

3. 保险统筹

【劳动保险统筹中心（北京中远社会保险上海分中心）】 挂靠组织/人力资源部。主要负责上海片区各中远参保单位在职职工、离退休人员及其供养亲属各项保险统筹的日常管理工作，指导和检查各参保单位的各项保险统筹工作。下设养老、医疗、财务等，负责养老、医疗、工伤、生育、失业保险、公积金、补充养老保险、因工交通意外险等统筹业务。现有人员6人。

现任主任陈祥（兼），副主任田华。

（潘正伟）

【离退休人员发放一次性生活补助】 根据沪人社养发（2009）49号文件规定，2010年元旦、春节期间对离退休人员发放一次性生活补助费；发放标准50—150元不等。

（史晓丽）

【离休干部发放年终一次性离休金】 根据上海市政府的工作要求，2009年年终对离休干部发放一次性离休金，发放标准为离休干部本人12月份的离休金；同时发放相应的离休干部1—2月份生活补贴。

（史晓丽）

【企业退休军转干部发放生活补助】 根据沪人社军发（2008）7号文的规定，自2008年12月起，对1949年10月1日至2000年12月31日从军队转业至企业并退休的军转干部发放生活补助，70岁以下每人每月500元，70（含）岁以上至79岁每人每月600元，80（含）岁以上每人每月700元。公司2009年初开始补贴的核发工作。

（史晓丽）

【调整退休人员养老金】 根据沪人社养发（2009）5号文件规定，自1月1日起，调整退休人员养老金，每人每月增加养老金90元，再按本人工作年限，每满1年增加1元；对部分年龄大、退休早、养老金低的退休人员，再根据年龄段，每人每月增加40—80元不等；按照企业办法计发并增加基本养老金的退休人员，每人每月再增加20元基本养老金。根据沪人社养发（2009）8号、9号及10号文件规定，自1月1日起，对2008年度办理退休手续的高级专业技术人员和高级技师、原局级干部以及市级以上劳动模范等特殊对象"专加"养老金，高级职称人员每人每月增加养老金200—500元不等，原局级干部每人每月增加养老金500元，市级以上劳动模范每人每月增加养老金200元；对2008年底前年满70周岁的退休人员，比照原"专加"标准，每人每月再增加养老金200—500元不等。（史晓丽）

【调整离休干部护理费标准】 根据沪委老(2009)13号文件规定,自1月1日起,调整部分离休干部的护理费标准,1937年7月7日至1945年9月2日参加革命工作的离休干部,护理费标准调整到每人每月400元;1945年9月3日至1949年9月30日参加革命工作的离休干部,护理费标准调整到每人每月200元。 (史晓丽)

【调整离退休人员丧葬补助费标准】 根据中远人力(2009)127号文件规定,自1月1日起,调整离退休(含退职、退养)人员的丧葬补助费,开支标准由800元调整为5000元。 (史晓丽)

【调整职工基本养老保险缴费基数】 根据京社保发〔2009〕24号文件规定,自4月1日起,调整职工基本养老保险个人缴费基数,职工个人缴费基数根据本人2008年月平均工资确定,并以11178元封顶,1490元保底。 (史晓丽)

【调整职工失业保险缴费基数】 根据上海市社会保险事业管理中心相关文件规定,自4月1日起,调整职工失业保险个人缴费基数。职工失业保险个人月缴费基数,封顶值为3000元,保底值为1975元,个人缴费比例为1%(实际扣缴额见分进角)。

(史晓丽)

【调整职工住房公积金和补充住房公积金缴存基数】 根据沪公积金管委会(2009)2号文件规定,自7月1日起,调整职工住房公积金和补充住房公积金缴存基数,职工住房公积金缴存基数为上一年度职工本人的月平均工资。2009年度住房公积金月缴存额上限单位和个人各691元,补充住房公积金月缴存额为缴存工资基数乘以缴存比例,并执行中远集运人(2004)132号《中远集运职工补充住房公积金实施办法》有关规定(实际缴存额计算到元)。 (史晓丽)

【职工健康体检费用支付】 为保障职工健康体检权益,公司劳动保险统筹中心2009年度支付21家单位共236万元体检费用,其中陆地员工(含退休职工)5268人,船员2398人。 (潘正伟)

【制定公司医疗救济办法】 根据中远人力〔2009〕168号《中远集团企业补充医疗保险下拨资金管理暂行办法》规定,结合公司实际情况,9月24日公司制定中远集运人〔2009〕162号《中远集运医疗救济管理暂行办法》,对低收入职工患病和职工患重大疾病、慢性病医疗负担过重的实际困难予以救济。 (潘正伟)

【船舶购药费用标准调整】 根据中远人力〔2009〕91号《关于调整中远集团船舶购药费用标准有关问题的通知》规定,从1月起,中远集团远洋船舶购药标准由每船1100元/月调整为每船1500元/月。新增船舶第一次配备药品时,按3个月船舶购药标准购药。 (潘正伟)

【落实职工因工伤残和劳动能力鉴定人员待遇】 2009年,公司向中远集团报审因工伤残人员14人、因病或非工伤负伤完全丧失劳动能力人员2人,全部通过中远集团评审委员会审议和北京市劳动鉴定中心最终认定,公司为上述因工伤残人员落实了相应待遇。 (潘正伟)

【工伤人员伤残抚恤金增加】 根据中远人力〔2009〕47号《关于中远集团2009年调整工伤职工伤残津贴的通知》和中远人力〔2009〕126号《关于对中远集团工伤职工退休后养老金与原伤残津贴产生的差额部分进行补贴的通知》规定,对按月领取伤残津贴、生活护理费的工伤职工待遇进行调整,增加了工伤保险定期待遇。(潘正伟)

【工亡职工供养亲属定期待遇调整】 按照中远集团有关文件规定,公司对享受供养亲属抚恤金待遇的工亡人员供养直系亲属的定期抚恤金作了调整,现执行标准以上年上海地区月社会平均工资3292元为基数,结合中远集团相应规定的核发比例进行调整并执行。 (潘正伟)

（十五）企业行政管理

【总经理办公室】 总经理办公室是协助公司领导贯彻执行上级指示和部署，协调各部门关系，确保公司运输生产和其他行政工作正常运转的综合性部门。主要工作职责：遵照上级指示和规定，编制公司工作计划、方针目标，并组织实施；开展调查研究，掌握公司生产经营和安全质量情况，提供综合性分析资料；协助领导组织召开综合性行政会议、庆典活动，并组织实施和督促检查各项会议决议的贯彻落实；负责往来业务电文的接收、登记、编号、分发、流转、催办、审核、打印和归档，印信的保管和使用；对外接待和群众来信来访接待；机要工作；信件和报纸杂志的订阅和收发；公司办公大楼的管理、办公设备的配备和管理；职工工作用餐、会务、车辆管理等后勤保障工作；职工自管公房的管理和公司住房制度改革等工作。1964年上远公司成立时，即设公司办公室。“文化大革命”时，改为办事组。1978年恢复处科级建制时，更名为经理办公室。1993年，改称总经理办公室。2004年9月，上远公司恢复独立法人的经营职能后，总经理办公室原有的史志年鉴编纂职能、档案管理职能保留在上远公司，中远集运通过同上远公司签订委托管理协议，委托上远公司管理档案。机构改组后，总经理办公室由原来内设秘书室、行政部、档案管理中心，改为内设文秘部、公共关系部、行政部，将原秘书职能划入文秘部，将外事职能划入公共关系部。截至年底，现有人员26人（含司机7人），包括大学及以上学历11人，大专学历4人；其中中级职称6人。

现任主任姚晓鸿，副主任徐文军、张晓岚。（徐广贤）

1. 文秘工作

【文秘部】 于2004年9月成立，主要工作职责：协助总经理办公室组织召开公司综合性行政会议、庆典活动，并组织实施和督促检查各项会议决议的贯彻落实；负责往来业务文电的接收、登记、编号、分发、流转、催办、核审、打印和归档，印信的保管和使用；机要工作；史、志、年鉴的编纂。现有人员8人，包括大学及以上学历6人，大专学历2人；其中中级职称5人。

现任经理郭伟。（徐广贤）

【概况】 2009年，文秘部成功举办或承办了一系列重大会议。其中包括，中远集运系统2009年年中工作（电视电话）会议，中远集运系统2010年航运主业工作研讨会，中远集团2010年集装箱班轮工作会议等大型会务活动。公司综合管理体系顺利通过内、外审。接收外来文件1378份，达到“零差错率”；安排公司全年会议计划，参加各类同经营管理密切相关的会议；每日编制生产经营调度会简报，每月代公司总经理编制公司月度工作计划，编制月度生产会议议程；编制季度行政工作安排；安排报纸杂志订阅计划，并监督执行情况；妥善处理客户的咨询和投诉，接待各种形式的推销。进一步加大公司行政工作督办力度，全年督办重要工作50件。做好有关庆典活动、签字仪式、会务工作的总体策划、费用报批和现场协调工作；完成日常文字校对、财务核销工作。承担同公司经营有关的商业机密的传递工作、公司同中远集团、中国远洋，以及中国部和各地区分部与海外公司的信息传递工作。

做好普通信件、报纸杂志、机要信件、电报等的收发工作,全年密发电文108份,收46份,准确率达到100%。（徐广贤）

【中远集运2009年“三会”】 1月10日,中远集运七届二次职工代表大会、中远集运系统2009年工作会议、2009年思想政治工作会议,在上远公司长阳北五楼礼堂召开。来自中远集运系统内的187名职代会代表、工作会代表、政工会代表和特邀代表参加会议。上海市建设交通党委副书记田赛男、中远集团工会副主席陈永生先后在会上致辞。公司领导孙家康、吴树雄、史美思、周琥、韩成敏、陈翔、邓黄君、蔡张德、徐政军、房迪坤出席会议。会议分别由吴树雄、孙家康主持。会议听取并审议公司总经理孙家康所作的《总经理工作报告》,听取公司党委副书记蔡张德代表公司党委所作的《党委工作报告》。会议表彰了2008年度公司各类先进,下达《2009年度经营业绩目标责任书》、《2009年精神文明建设任务书》和《安全管理目标任务书》,通过了大会决议。

（徐广贤）

【公司领导率领营销工作组分赴口岸指导工作】 2月9日起,公司领导孙家康、史美思、周琥、陈翔、蔡张德、徐政军、房迪坤率各营销工作小组分赴各口岸指导营销和供应商洽商工作。通过密集的客户及供应商拜访和洽商,有效遏制了运价持续下跌的被动局面,航线货量明显提升,成本控制工作也取得积极进展,为全年实现减亏目标打下了坚实基础。（徐广贤）

【公司第八艘万箱船——“中远太仓”轮命名庆典仪式】 2月26日,“中远太仓”轮船舶命名庆典在南通中远川崎船舶工程有限公司举行。江苏省委书记梁保华出席仪式并为该轮命名。江苏省政协主席张连珍,省委常委、苏州市委书记王荣,江苏省副省长史和平,以及南通市委书记罗一民、市长丁大卫,中远集团总裁魏家福、副总裁李建红,川崎重工副社长寺崎正俊,公司总经理孙家康等出席。仪式由南通中远川崎船舶工程公司总经理徐凯主持。张连珍女士为新船开启香槟。魏家福、史和平、罗一民、寺崎正俊分别致辞。张连珍、王荣、史和平、魏家福、罗一民、寺崎正俊等为新船揭幕。

（徐广贤）

【中远集运福州—美西航线首航庆典】 4月9日,中远集运福州—美西航线首航庆典在福州新港国际集装箱码头举行。该航线挂靠福州新港,是中远外贸航线首次以班轮形式挂靠福州新港码头,有效提升了福州港在集装箱国际航线上的地位,使福州口岸货源通过该航线,可在香港中转至美东、加拿大、地中海、新西兰等地区,从而降低了运输成本,提升了中远集运航线市场竞争力。

（徐广贤）

【中远集运HSH航线(湛江—新加坡/胡志明)首航湛江】 4月23日,首航庆典仪式在湛江港举行,“艳河”轮成为首航船舶。此举标志着湛江港结束了没有海上国际集装箱运输直航航线服务的历史。湛江市副市长赵平出席仪式并致辞。（徐广贤）

【中远集运获得AFSCA 2009年度“太平洋航线最佳班轮公司”奖】 4月22日,公司获得AFSCA 2009年度“太平洋航线最佳班轮公司”奖。AFSCA奖是由《亚洲货运双周刊》(Cargonews Asia)组织举办,每年评选出货运物流界的佼佼者。AFSCA的各奖项由其分布于亚洲地区货运界的高级管理者投票选举产生,具有极高的知名度,是亚洲航运业界的一大盛事。“最佳船公司”奖项的评选标准包括:班期准班率、信息技术的稳定和可靠性、客户服务高效性、服务网络全面性、价格竞争性。（徐广贤）

【中远集运第八次蝉联“远东/加东航线”年度最佳承运人】 5月13日,加拿大国际货运代理协会CIFFA(Canadian International Freight Forwarder Association)加东地区每年一度投票评选最佳承运人晚会在蒙特利尔举行。会上,中远集运再次蝉联“远东/加东航线”年度最佳承运人。这已是中远集运连续第八次通过票选蝉联这一荣誉称号。

加拿大国际货物代理协会成立于1948年，成员由加拿大享有国际声誉的众多货代公司组成。协会每年对所有服务于加拿大船公司和航空公司的各项服务进行评比，采用不记名投票方式，网上投票，选出全方位满意的最佳承运公司。（徐广贤）

【孙家康等带队赴东方海外（OOCL）学习取经】 4月29日，公司总经理孙家康、副总经理陈翔一行赴OOCL上海公司调研，听取了20年来OOCL对其应用系统开发经验的介绍，并对OOCL成本控制、市场开发和内部管理等方面进行了深入了解。此次调研后，公司领导班子随即召开专题会议，专门研究学习借鉴OOCL推进集装箱业务信息化的成功经验，并着手实施推进冷箱业务专业经营的尝试等重大生产经营改革举措。（徐广贤）

【中远集运与新疆中粮屯河签订合作协议】 5月22日，中远集运与新疆中粮屯河股份有限公司在乌鲁木齐签署了战略合作框架协议和全球运输合作协议。此举为公司进一步巩固与传统客户合作关系、不断开发新增业务提供良好借鉴；为中远集运全系统深入做好大客户开发和维护工作，确保公司基础货源稳定增长提供了有利契机。（徐广贤）

【中远集运召开2009年年中工作会议】 7月15日，中远集运系统2009年年中工作会议在上海远洋大厦召开。中远集团副总裁、中远集运董事长许立荣，中国远洋财务总监何家乐莅临会议。公司领导孙家康、吴树雄、史美思、周琥、韩成敏、陈翔、邓黄君、徐政军、房迪坤在上海主会场出席会议，海内外各公司（分部）各分会场通过视频音频系统连线参会。会议由史美思主持，许立荣、何家乐发表讲话。孙家康作题为《拼市场，拼货源，拼精神，全力打好下半年减亏增效攻坚战》工作报告，吴树雄作题为《为减亏增收奋力拼搏》讲话。（徐广贤）

【上海市副市长沈骏到中远集运调研】 8月21日，上海市副市长沈骏率领市发改委、市建设交通委等11个委办局的负责人到中远集运视察、调研工作。公司总经理孙家康向沈骏一行汇报了公司的经营状况，提出恳请市政府给予支持帮助的若干事项，并得到市领导和各相关委办局负责人积极回应。（徐广贤）

【中远集运承运1000套援台活动板房项目】 台风“莫拉克”袭击我国台湾地区并造成严重灾害。8月14—31日，中远集运按照国台办、交通运输部及中远集团有关指示，积极实施援台救灾物资运输任务。该承运项目共分4批次，先后组织运输246个40英尺集装箱货柜至台湾高雄港，承运过程安全有序，圆满完成援台1000套活动板房的紧急运输任务。（徐广贤）

【锦州市“中远路”命名庆典】 9月8日，锦州市“中远路”命名庆典仪式在锦州港区笔架山脚下举行。中远集团党组书记张富生、锦州市市长王文权出席仪式，并共同为“中远路”路名石揭幕。锦州市委常委、常务副市长刘伟，中远集运总经理孙家康先后致辞。锦州市副市长张晓光主持仪式。锦州市“中远路”于2009年6月获锦州市委、市政府批准而命名。该路位于国家环渤海经济圈规划中的“五点一线”锦州境内的一段，全长6.7公里，为东西走向，其中葫芦岛至锦州跨海大桥长1.2公里，桥端至笔架山环转盘5.5公里。（徐广贤）

【魏家福等在第五届中国国际物流节当选“新中国60年航运杰出人物”】 11月18日，由国家六部委支持的第五届中国国际物流节，在南京金陵国际会议中心、金陵国际会展中心开幕。该届物流节上公布了“新中国60年航运杰出人物”的60人名单。中远魏家福、许立荣、孙家康等均高票当选。此外，在物流节上，中远集运“汽车‘立体’运输链服务项目解决方案”获得2009中国物流业大奖——经典物流解决方案奖。（徐广贤）

【中远集运系统2010年工作研讨会】 11月9—10日，中远集运系统2010年工作研讨会在苏州东山召开。中远集团张富生、陈洪生、许立荣等集团领导出席会议并发表讲话,公司孙家康、吴树雄在会上作了讲话。战略发展部等5家部门/单位的代表作了专题发言,会议由史美思主持。来自中远集运系统海内外各单位的主要负责人共80人出席会议。会议重点研究了后金融危机时期,中远集运在市场逐步恢复态势下经营策略的调整和布局。（徐广贤）

【承办中远集团2010年集装箱班轮工作会议】 12月4日,中远集团2010年集装箱班轮工作会议在厦门召开,会议由中远集运具体承办。交通运输部水运局国航处处长李宏印、中远集团副总裁许立荣莅临会议。广州、上海、青岛、天津、大连、厦门等国内各大港口集团的高层悉数与会,共同商讨2010年港航合作大计。许立荣、孙家康分别发表讲话,会议由史美思主持。

（徐广贤）

【国务院驻中远集团监事会主席李东序莅临中远集运视察】 12月7—11日,国务院驻中远集团监事会主席李东序一行7人莅临中远集运调研。在听取了中远集运领导班子工作汇报后,李东序对中远集运领导班子及各部门工作予以充分肯定,并发表了讲话。（徐广贤）

【中远集运2010年销售工作会议】 12月28—29日,中远集运2010年销售工作会议在上海浦东临港新城召开。会议旨在分析2010年集装箱市场形势,并研究布置新年度公司销售工作的策略调整。公司领导孙家康、史美思、周琥出席会议并作讲话。美洲贸易区等7部门(单位)作专题发言。来自总部及海内外各公司(分部)领导及业务骨干代表60余人出席会议。会议由周琥主持。（徐广贤）

2. 公关管理工作

【公关管理部】 公关管理部成立于2004年9月。主要职责:根据上级要求,做好与政府、媒体及投资者等方面的联系和协调;负责公司对外形象设计和宣传工作;负责公司内外事接待管理工作;负责公司文件、资料翻译和管理工作;负责公司海外接待的联系安排和协调工作;负责公司邀请函发送和管理工作;负责公司礼品设计、订购、分发及礼品仓库管理工作;协助做好公司大型活动、大型会议的筹划安排会务工作。现有员工4人,包括硕士研究生学历3人,大学学历1人。

现任经理张晓岚(兼)。（于雪莲）

【概况】 2009年,公关管理部共接待来访内外宾200批,共计1094人次。其中重要活动有:国内外政府官员来访,包括比利时安特卫普市副市长兼港务局局长Marc Van Peel先生一行、新加坡海事及港务管理局局长蓝一洋、牙买加驻华大使Courtenay Rattray先生、希腊驻沪总领事Maria Saranti女士、山东省烟台市市委常委、常务副市长郝德军、江苏省苏州市副市长梅正荣一行、江苏省张家港市副市长卞东方一行、江西省宜春市市委书记谢亦森、上海市建设和交通工作党委书记许德明一行、上海海事局局长徐国毅等;公司重要合作伙伴来访,包括UASC(阿拉伯联合国家轮船公司)董事会主席Ali Jassim Al-Thani一行、韩进海运总裁兼首席执行官金永敏一行、现代商船董事长孙泳日一行、太平船务董事总经理张松声一行、韩国釜山港港务局局长Roh Ki Tae一行、东京都港湾局局长日比留英人、台湾高雄港务局局长谢明辉一行、青岛港集团董事局主席兼总裁常德传一行、天津港集团董事长于汝民一行、营口港务集团总裁高宝玉一行、上海江南长兴重工责任有限公司董事长南大庆等;公司重要客户高层来访,包括福耀玻璃总裁曹晖、意大利TRENITALIA集团总裁Mauro Moretti一行、韩国三星电子全球物流总监Kim Hyung Tae等。成功承办和协办公司各类大型活动和会议,包括"海信集团—中远集运103英寸PDP彩电赠送仪式"、中远集运2010年工作研讨会、中远集团2010年班轮工作会议、“中远集运—三星电子战略框架合作协议”签订仪式，以及中远集运2010年销售工作会议等。做好公司与国内外各专业媒体杂志合作广告宣传项目。2009年中远集运分别在《中国航务周刊》、《航运交易公报》、《中国远洋航务》、《香港船务公报》、《集装箱化》、锦程物流网等杂志网络上刊登彩页广告共计68次，软文宣传共计10余篇。成功策划公司在2009年中国国际物流节一系列的公关推广活动，通过借助国际性公关活动、媒介的有效传播，使公司在金融危机背景下重展企业形象和实力，极大促进了公司影响力的提升，增强公众对公司的信心，带动了营销迅速增长。完成公司有关文件、资料、领导讲话稿的翻译工作，英日文翻译文字共达3万余字，其中主要包括庆贺川崎汽船成立90周年贺辞、有关建立中远集运系统全球通讯录的相关通知及管理规定、庆贺RICKMERS公司成立175周年贺辞、有关中远首航美国萨瓦纳港的相关报道、庆贺海信集团成立40周年贺辞、参加希腊领馆晚宴致辞、日本PRESS海事新闻专稿等。　（于雪莲）

【张家港市副市长卞东方来访】 1月4日，公司副总经理史美思在上海远洋大厦会见来访的江苏省张家港市副市长卞东方一行。宾主双方就张家港保税港区批准建设情况进行了交流，希望今后加强内、外贸航线的合作。　（于雪莲）

【上海市城乡建设和交通工作党委书记许德明来访】 1月9日，公司总经理孙家康，党委书记吴树雄在上海远洋大厦会见来访的上海市城乡建设和交通工作党委书记许德明一行。许德明主要了解公司受金融危机影响，以及公司船舶在索马里海域航行的安全等情况。　（于雪莲）

【苏州市副市长梅正荣来访】 1月19日，公司总经理孙家康，副总经理史美思在上海远洋大厦会见来访的江苏省苏州市副市长兼江苏太仓港口管理委员会主任梅正荣一行。宾主双方希望能继续加大合作力度。

（于雪莲）

【烟台市副市长郝德军来访】 1月26日，公司党委书记吴树雄在上海远洋大厦会见来访的烟台市委常委、副市长郝德军一行。宾主双方就金融危机对航运市场的影响情况交换了意见，希望加强港航联系，共渡眼前难关。　（于雪莲）

【台湾高雄港务局局长谢明辉来访】 3月14日，公司总经理孙家康在上海远洋大厦会见来访的台湾高雄港务局局长谢明辉和夫人一行。宾主双方回顾了中远多年来参与海峡两岸海运合作历程，以及台湾地区交通运输部门及高雄港港方为促成两岸海运直航作出的积极努力。　（于雪莲）

【界上传媒总裁倪玮来访】 5月20日，公司总经理孙家康在上海远洋大厦会见来访的界上传媒总裁倪玮一行。宾主双方回顾了多年来的合作历程，并就金融危机影响下的航运市场情况进行了探讨与交流。会后，界上传媒旗下的《中国航务周刊》杂志借此次会谈之机，刊登题为《阳光总在风雨后》专访内容，全面介绍了孙家康提及的中远集运应对金融危机的政策和措施。

（于雪莲）

【宜春市市委书记谢亦森来访】 6月13日，公司总经理孙家康在上海远洋大厦会见来访的江西宜春市市委书记谢亦森一行。双方就江西地区内河发展业务展开了探讨，希望能携手解决当地的物流瓶颈问题。

（于雪莲）

【比利时安特卫普市副市长Marc Van Peel来访】 6月16日，公司总经理孙家康在上海远洋大厦会见来访的比利时安特卫普市副市长兼港务局局长Marc Van Peel一行。宾主双方就安特卫普港的发展近况和未来规划展开了交流，希望今后能进一步加强合作。　（于雪莲）

【希腊驻上海总领事Maria Saranti来访】 6月29日，公司总经理孙家康在上海远洋大厦会见来访的希腊驻上海总领事Maria

Saranti 女士,宾主双方希望中远在希腊的投资项目能够顺利有序地进行。

(于雪莲)

【上海海事局局长徐国毅来访】 7月6日,公司总经理孙家康,副总经理韩成敏在上海远洋大厦会见来访的上海海事局新任局长徐国毅一行。宾主双方希望今后能一如既往地保持友好合作关系。 (于雪莲)

【牙买加驻中国大使 Courtenay Rattray 来访】 8月4日,公司总经理孙家康在上海远洋大厦会见来访的牙买加驻中国大使 Courtenay Rattray 一行。宾主双方就牙买加船籍注册情况进行了交流和探讨。

(于雪莲)

【句容市副市长周春芳来访】 9月10日,公司副总经理史美思在上海远洋大厦会见了来访的江苏省句容市副市长周春芳一行。宾主双方就句容地区的投资环境和发展规划进行了交流。 (于雪莲)

【新加坡海事及港务管理局局长蓝一洋来访】 10月30日,公司副总经理史美思在上海远洋大厦会见来访的新加坡海事及港务管理局局长蓝一洋一行。宾主双方就金融危机对全球航运业的影响进行了交流,并对各自采取的应对策略展开讨论。

(于雪莲)

【韩国三星电子全球物流总监 Kim Hyung Tae 来访】 12月18日,公司副总经理周琥在上海远洋大厦会见来访的韩国三星电子全球物流总监 Kim Hyung Tae 一行。会后双方签署了战略合作框架协议。

(于雪莲)

3. 行政事务

【行政部】 负责公司机关行政管理和后勤保障工作的部门。1976年6月公司设立行政组,1978年3月恢复处科建制时设行政处,1993年公司机构调整时划并到总经理办公室,1995年6月30日恢复行政处,2002年1月划入总经理办公室。主要职责:负责公司办公大楼的管理、办公设备的配备和管理;员工交通费、岗位人员通信费补贴的审核;公司员工午餐、车辆管理和信件报刊的收发以及信访等后勤保障工作。现有人员14人。

现任副经理(主持)陈晓峰。

(蒋蓓芬)

【概况】 2009年,按照公司下达的经营管理目标和任务要求,完善各项综合管理体系文件。做好各项服务管理工作,重视安全行车措施的落实,严格执行公务车用车审批制度和车辆出上海市境的申报制度。每月编发《交通安全信息》简报,为各部门订阅《上海交通安全报》,增强持证驾驶员安全防范意识。年内组织消防灭火、逃生知识和疏散演习1次,增强员工自防自救灭火、逃生能力,提高公司对紧急情况的处置、协调和控制的能力。加强对公司员工午餐供应的卫生监督、检查以及管理力度,把好食品进货关和菜肴操作关,保证员工午餐质量、卫生安全。加大对远洋大厦物业管理处日常工作的监管、指导和协调工作,督促和指导远洋大厦物业管理处制定和完善各项管理规定和操作流程,有效监管物业管理费中设备维修专项资金的使用,对大厦各项消防设施、设备按要求定期检查、测试和保养。确保公司办公大楼内各项系统设施安全正常运行。年内,完成对保质到期410个灭火机全部重新更换药剂(其中15个为二氧化碳灭火剂,其余为干粉灭火剂),对大厦7楼机房七氟丙烷气体灭火系统进行维修保养(包括对气体储存瓶补充灭火药剂,共计5罐,75公斤/罐)。全年未发生任何火警事故。鉴于光大银行租赁房的调整、泛亚公司新购办公房后的搬迁以及公司增加新部门的需要,完成对公司办公房进行合理调整。按照上级和公司信访有关规定,会同上远公司信访办妥善处理各类来信、来电、来访,对群体性上访事件,即时启动应急预案。

(蒋蓓芬)

【车辆管理与行车安全】 2009年,公司机关注册各类机动车辆共17辆,年初实际使用车辆27辆,年中陆续退租和购置部分车辆,截至年终实际使用车辆为27辆,全年行驶里程26万公里。坚持每月和节假日前对机关所属车辆进行全面检查,及时排除车辆安全隐患,对机关所属车辆使用情况进行跟踪与监督,每月底和节假日前后抄录车辆行驶里程数,履行对机关所属车辆使用情况的跟踪与监督。全年为公司机关机动车驾驶员审证换证103人次,帮助机关职工140余辆机动车代办缴纳车辆通行费。

（余晓平）

【固定资产管理】 2009年,公司对集体宿舍进行了重新装修,并添置了部分空调、冰箱、彩电等生活电器等。在固定资产管理方面,配合公司财务部定期完成公司固定资产盘点工作,对已到报废年限且已无使用价值的固定资产作了核销等处理。

（蒋蓓芬）

【节能工作】 2009年,根据公司节能减排要求,在实践中把节能降耗纳入日常管理工作重点来抓。在明确规定中央空调、热水锅炉和各类电梯使用时段基础上,督促物业管理处继续做好公司办公楼内设备设施的节能工作,根据季节变化合理适时对空调机组开关控制、电梯运行控制、热水供应控制及大厦照明控制等方面进行微调,进一步制定完善节能措施。同时,在日常办公节能节电等方面作了进一步细化调整,向全系统员工进一步普及节能节电知识,增强节能减排意识,积极推广节能经验,引导广大员工将节能节电贯穿于日常工作和行为中。由于今年春、秋两季气温高于往年,大厦中央空调的使用时间相对有所增加,近两年本市能源费价格也均出现了大幅度上涨,导致办公楼能耗费用有所上升。经统计,2009年能源消耗较上年同期,用电量节约314400kwh,费用降低2.7万元;煤气用量增加52791M^3,费用增加19万元;用水量节约193M^3,费用增加3.4万元。能源费总支出增加约19万元。

（周益良）

【办公大楼物业管理】 2009年,按照年度工作目标和公司综合管理体系要求,继续做好对总部机关办公大楼管理的监督、指导和协调工作。按照《火灾事件专项应急预案》要求,组织物业专、兼职消防人员进行消防疏散演习,提高员工防火和自救能力;在落实完善楼内相关硬件设施、安防措施的基础上,严格规范来客登记制度,加强对人员进出大楼的管理,结合国庆60周年期间的安全防范要求,反复强调落实安全防范的重要性,杜绝闲杂人员混入大厦。在台风季节和汛期之后,按照公司防汛防台的总体要求,要求物业管理处多次开展安全自查,对大厦楼顶设施、广告牌、落水孔、下水道及窨井,包括防台防汛应急设备和物资进行检查,并增加防暴雨、潮汛等自然灾害的黄沙储量,积极按预案做好各项应急准备。

（陈晓峰）

【机关员工用餐管理】 2009年,行政部坚持每月派人到远供职工食堂进行一次现场卫生检查,把操作场地的环境卫生、冰库食品的存放管理、主副食品采购的渠道、餐具的消毒和存放、操作人员的健康情况等作为检查的重点,均达到要求,未发现异常情况;为确保午餐的安全、卫生和质量,始终特别关注职工食堂食品进货渠道,目前食堂所有的米面、肉类、蔬菜、水果等大宗采购物品都与供货单位签有质保合同,包括食油和烹调用辅料均由有经营资质和食品卫生许可证的单位提供,杜绝假冒和伪劣食品的流入;午餐餐具的清洗、消毒是确保饮食卫生的重点,食堂对使用后的钢盘、汤碗、竹筷等清洗外,还用开水进行烧煮、消毒。约请食品卫生检疫部门每月定期上门检查餐具的卫生状况;重视机关员工对午餐提出的意见和建议,落实做好各项整改措施。协同供应公司万事达食堂,多次召开专题会议,倾听职工代表提出的建议和意见,进行认真研究和讨论,逐步落实各项整改措施,并将相关的整改落实措施及方案上报公司;进一步加强与职工食堂的信息沟通,建立长效机制。会同公司工会，定期就机关员工提出的意见和建议交流沟通，不断改进午餐的卫生管理和服务质量，全年未发生食物中毒事故。

（余晓平）

【收发工作】 2009年，做好公司总部机关及所属有关单位的特快专递、平信、挂号信、机密信、电报等信息的收发传递，机关报刊杂志订阅收发分送工作。全年寄出平信79513封、挂号信2473封、特快专递11475件、机要信53件；收进平信94135封、挂号信2851封、特快专递7684件、报纸杂志174529份。为切实做好降本增效工作，进一步加强公司邮寄（快递）信件及包裹等管理，3月16日印发《关于进一步规范公司邮寄（快递）信件及包裹管理的通知》，要求各部门（单位）务必严格执行邮寄（快递）信件及包裹制度，所有需邮寄（快递）的信件及包裹等，必须按要求填写、登记，做到字迹清楚，内容齐全，以备待查。另外，对一些文件邮寄，建议采取发送电子邮件（加密）等更安全快捷传送方式。经统计，2009年邮寄费较上年节支约8万元，下降37.5%。

（奚德林）

【信访工作】 2009年，会同上远公司信访办共受理信访203件，其中来信25件，来电134件，来访44件。信访所反映的主要内容依然是涉及收入分配不公、劳动合同纠纷、船员工伤事故处理、退休职工待遇偏低等问题。对于来信来访，按照公司信访有关规定妥善处理。（陈晓峰）

4. 史、志、年鉴

【史、志、年鉴编辑部】 1994年2月，上远公司抽调6名对公司情况熟悉、有较好文字写作能力的人员成立上远公司修志办公室，承担收集资料和编辑出版《上海远洋运输志》任务。1995年9月，上海市人民政府交通办公室〔1995〕第249号文件批复上海远洋运输公司〔1995〕第346号文的请示，同意上远公司会同上海海兴轮船有限公司、中波轮船股份有限公司、上海市锦江航运有限公司联合成立《上海远洋运输志》编纂委员会，编纂委员会下设修志办公室。修志办公室成立后，即着手进行《上海远洋运输志》的史料收集、整理、编辑、出版工作。1997年底，上远公司领导要求编写公司年鉴，修志办公室人员一边修改《上海远洋运输志》，一边编写年鉴。1998年12月由上海人民出版社公开出版发行《上海远洋运输公司年鉴》，这是自1964年公司成立以来第一次出版年鉴，在中远集团历史上也是第一次。1999年11月18日，经过5年多时间编纂的《上海远洋运输志》，由上海市地方志办公室组织专家、学者验收后，正式由上海社会科学院出版社出版发行，填补了上海乃至中国远洋运输史书的一个空白。是年12月28日，《1999中远集装箱运输有限公司年鉴》由上海人民出版社出版发行，至今，每年编写一本《年鉴》，均由上海人民出版社出版发行。编辑部还为《上海通志》、《上海年鉴》、《上海经济年鉴》、《上海百科全书》、《上海建设》、《虹口年鉴》、《上海国际航运中心年鉴》等刊物纂写有关远洋运输的章、节、条目。2002年4月，公司领导要求编写《中远集装箱运输有限公司（上海远洋运输公司）史》，2004年3月，《中远集装箱运输有限公司（上海远洋运输公司）史》由上海人民出版社出版，定稿45万文字，各个历史时期的照片150幅，列入中国水运史丛书。2004年起，《中远集装箱运输有限公司年鉴》被中国年鉴研究会列入“中国年鉴资源全文数据库核心年鉴”。现有人员4人，具有中级职称2人。

现任执行副主编宋辉。（宋 辉）

【概况】 2009年，年鉴编辑工作于1月启动。2—3月收集条目初稿。4—5月修改和分纂。6—7月由执行副主编总纂，筛选调整，填平补齐后定稿。前置彩页初排送公司领导审阅，然后送上海人民出版社立项审批。8—9月三审发排，10月校改付型，12月成书。编辑部在完成年鉴发放工作的同时，做好年鉴交流工作，积极与全国各省、市、自治区年鉴编辑部及上海市各区、县、局年鉴编辑部进行年鉴交换，扩大公司年鉴的传播范围。通过年鉴的发放和交流，传递公司各方面信息，扩大了公司在全国的知名度。编辑部还为《上海年鉴》、《上海经济年鉴》、《上海交通改革开放三十年》、《虹口年鉴》、《虹口区志》等刊物提供稿件。

（宋　辉）

【《2009 中远集装箱运输有限公司年鉴》出版】 全书 459 页，64 万余字，串文照 48 张，彩照 100 张，上海人民出版社出版。这是自 1998 年以来连续出版的第十二本年鉴，为公司的发展积累了宝贵的史料，是企业文化建设的重要组成部分，是公司对外宣传、展示企业形象的一个窗口。2009 版年鉴是一本全面、系统、准确、客观反映 2008 年公司生产经营和精神文明建设情况的资料性工具书，是各位年鉴撰稿人共同努力的结果，来自中远集运机关，泛亚公司，上远公司，海内外各公司（分部）的撰稿人参加了年鉴编纂工作。

（宋　辉）

Party Affairs

六 党群工作

COSCO Container Lines Almanac 2010

（一）公司党委工作

【中共中远集装箱运输有限公司委员会】 中共中远集装箱运输有限公司委员会（简称中远集运党委）隶属于中远集团党组、中国远洋控股股份有限公司党委，挂靠上海市城乡建设交通党委。现任党委领导班子由吴树雄、孙家康、徐政军、房迪坤、史美思、周琥、韩成敏等 7 人组成。至 2009 年 12 月底，公司直属党委 7 个、党总支 1 个，挂靠党组织 5 个，船舶及口岸网点党支部 450 个（含外派船舶党支部）；系统内党员 5141 名，其中上海地区 3798 名。

2009 年，面对前所未有的挑战和考验，公司党委积极开展“我为科学发展、同业领先做贡献”主题活动，引导广大职工全力拼市场、拼货源、拼精神，通过提高舱位利用率、推升运价和降低成本，以及职工降本增效“金点子”征集活动、“青年立功竞赛”活动等充分发挥各级党组织战斗堡垒作用。组织开展学习实践科学发展观活动。成立活动领导小组，制订学习实践活动《实施方案》和《实施意见》，加强领导，精心组织，务求实效。活动收到意见建议 285 条，形成分析检查报告和 48 项整改措施；达到“党员干部受教育、科学发展上水平、职工群众得实惠”的活动要求，活动取得阶段性成效。注重领导班子集体学习，全年共组织党委中心组理论学习 6 次，理论政策讲座 3 次，领导班子先后十多次进行专题研究，在一系列重大问题上，统一认识，作出决策；组织 8 个营销工作组到一线调研，帮助解决问题。运用多种途径，引导广大员工“明形势、担责任、鼓干劲、拼效益”，全年编发《中远集运》杂志 6 期，编发《一周要闻》60 期，持续报道公司重点工作的落实情况；集中宣传“学习十七届四中全会精神”、“学习实践科学发展观”、“学习吴大观同志”等活动，以及在“拼市场、拼货源、拼精神”中涌现出来的先进集体和先进个人。进一步完善干部考核评价制度、第一层面干部后备人员管理办法和人才交流管理办法等三项制度；调整中层管理人员 49 人，其中提拔 23 人，交流 21 人，免职 5 人；组织举办 25 个培训项目、38 期培训班，培训 2184 人次；共选送总部员工赴海外培训 37 批次，培训 154 人次。指导中国部厦门分部党委进行换届选举，在新设立的特种箱贸易区及时组建党支部，在全套外派班子 100% 建立了党支部；初步建立党代表任期制，积极探索发挥党代表在党代会闭会期间活动的方式和发挥作用的途径。出台加强基层党建系列新制度，指导总部机关修订部门支部工作规范和党建工作考核制度。开辟“党员在线教育”专栏，举办要求入党积极分子培训班，对 122 名要求入党积极分子进行集中培训；全年共发展新党员 102 名。强化职能部门考核责任，将职能部门日常考核与年终集中考评有机结合，提高考评工作的成效。改进华铜海式船舶评比办法，在奖励总额不变的前提下，提高激励的针对性和时效性。结合节能减排、帮困扶贫工作和青年志愿者活动强化文化渗透力，将企业文化融入生产经营、安全管理和精神文明创建的各个环节，促进企业员工思想道德素质提高。按照集团要求，完成公司纪委/审计监督机构职能调整、人员配置和中国部各分部监督机构及职能调整；制定印发“垂直监督体制”配套制度和考核评价指标。全力推进以“降本增效”为重点的审计垂直监督体制。接受处理群众来信来访电话举报24件。进一步完善运价管理制度，严格运价审批流程，杜绝越级批复现象。高度关注亚丁湾水域防海盗工作，加强对一线情况的搜集和对船舶防海盗工作的指导；为航行亚丁湾28艘船舶配备防弹衣和头盔。参加海军护航编队共计16艘次；6艘船舶遇到海盗小艇追击袭扰，未有发生海盗劫船事件。加强对工会、共青团工作的关心和指导，公司工会、团委积极开展工作，在构建和谐企业中发挥了重要作用。（周培军）

1. 党委工作

【党委工作部】 公司党委工作部（简称党工部）下设文秘部、宣传部。主要负责公司党委内部及外来文件的签发和流转工作，党委会议安排及组织，公司党委各项决策落实及反馈等；负责公司党委理论宣传教育规划、公司思想政治工作研究、精神文明建设、企业文化建设、员工思想政治教育和对内宣传报道等工作。公司机关党委、公司团委行政关系挂靠党工部。党工部设部长1人（兼任机关党委书记），编制8人，包括硕士研究生学历5人，大学学历2人；其中高级职称1人，中级职称1人。

现任部长时国权。（周培军）

【概况】 2009年初，面对航运货源萎缩、经营效益严重下滑的严峻局面，积极助推“我为科学发展、同业领先做贡献”主题活动的开展，协助公司筹备召开中层及以上干部动员大会，广泛宣传各单位、部门开展主题活动的情况，先后在公司局域网电子刊物上刊登400余篇报道。在公司思想政治工作网站开设学习实践活动专题网页，实时刊登各级组织开展活动的情况，共刊登380余篇报道，800余篇（条）有关学习实践的知识介绍、要情摘要等内容。向集团报送177篇活动动态。收集整理各类学习资料供领导班子及二级单位班子成员参考学习，共编发《学习资料》22期，开展党委中心组集中学习6次、辅导讲座3次。制定公司政研会调研课题，并根据形势任务的变化适时对调研重点作出调整，收到调研论文约110篇，其中50篇被编入论文集。对公司文明创建和评比工作进行了调研，对有关管理办法作出了较大幅度修改，把原以年度为周期的华铜海式船舶和文明船的考评办法调整为以季度评比和年度评比相结合的办法，在奖励总额不变前提下，提高激励的时效性和船员争创的积极性。对其他各类先进评比管理办法作了修改，增强评比工作的操作性。全年共编发6期《中远集运》杂志，推出“科学发展、同业领先”、“学习实践科学发展观”、“亮剑行动”、“淡季揽货”、“节能减排”等主题活动的宣传策划。编发60期《一周要闻》电子周刊，开展“学习十七届四中全会精神”、“学习实践科学发展观”、“学习吴大观同志”、“学习贯彻公司三会精神”、“科学发展、同业领先”、“航运主业工作研讨会”、“安全生产”、“垂直监督体制”，以及“纪念五四运动90周年”、“青年志愿者队伍活动”和“结对扶贫活动”等专题报道工作。开展外宣工作，先后在各类媒体刊登（报道）各类文章（视频）14篇（次）。配合公司纪委在总部机关组织经营管理人员和6岗以上员工集中进行廉洁从业教育活动，指导部门党支部在加强制度建设和内部管理上发挥作用；积极参与维稳工作，全面收集和反馈各单位不稳定因素，耐心细致做好来访接待和来信处理工作；组织涉密部门和岗位开展保密工作自查和签署保密协议工作，全年未发生泄密事件。（周培军）

【公司召开七届二次职工代表大会、2009年系统工作会议、2009年思想政治工作会议】 1月10日，公司在上远公司5楼礼堂召开七届二次职工代表大会、2009年系统工作会议、2009年思想政治工作会议。来自中远集运系统187名代表和特邀代表出席会议。会议先后由吴树雄、孙家康主持。会议听取并审议总经理孙家康所作的《总经理工作报告》，听取党委副书记蔡张德代表公司党委所作的《党委工作报告》，审议通过职代会职权范围内的有关事项。会议确定2009年为中远集运“拼搏效益、风险防控年”。会议宣读2008年度获得公司“优秀员工”、“卓越团队”、“华铜海式船舶”、“四好领导班子”及上级表彰的各类先进集体和个人名单，并进行表彰。会议下发了《2009年度经营业绩目标责任书》、《2009年思想政治工作建设任务书》和《安全管理目标任务书》。（周培军）

【中远集团慰问组到上海地区慰问】 1月17—21日，中远集团党组书记张富生、副总裁许立荣，运输部总经理袁小宇、组织/人力资源部总经理高平、党工部部长傅向阳等集团慰问组一行，走访了中远在上海及周边浙江宁波、舟山等地中远系统单位职工；慰问停靠码头“松子”、“竹子”轮等船舶；举行上海地区中远单位、宁波地区中远单位和舟山船务公司代表参加的4次新春团拜活动；参加中远集运和上远船员迎新春团拜活动，向200多名干部职工和300多名船员拜年祝福；举行中远在沪离退休老干部团拜活动，向30多位中远在沪离退休老干部拜年祝福；看望身患胃癌的困难船员，并送上慰问金。期间，张富生参加厦远党代会，走访慰问天津中货等单位。（周培军）

【公司再次被评为“全国文明单位”】 1月23日，全国文明委公布关于表彰全国第二批文明城市（区）、文明村镇、文明单位的表彰决定和表彰名单。中远集运继2005年以来，第二次被评为全国文明单位，获得中央精神文明建设指导委员会的表彰。此次全国共有1343个单位被命名为第二批全国文明单位，其中上海40个单位。

（王民锋）

【公司和吴树雄分获国资委表彰】 1月，国资委授予中远集运“中央企业思想政治工作先进单位”荣誉称号；授予公司党委书记吴树雄“中央企业优秀思想政治工作者”荣誉称号。（周培军）

【公司开展“我为科学发展、同业领先做贡献”主题活动】 2月9日，公司发出《通知》，在全系统开展“我为科学发展、同业领先做贡献”主题活动。主题活动主要内容为：全面动员，全力提高船舶装载率。全系统务必以求生存、图发展的紧迫感和责任感，对当前的严峻形势以及面临的生存危机有清醒的认识，要把千方百计抓好营销工作，全力提高舱位利用率，作为当前压倒一切的中心任务！各级党组织、各级领导干部都要加强动员，讲清形势任务，鼓起信心和干劲，带领全体员工全力拼搏，努力使舱位利用率高于其他班轮公司。面对特殊时期的市场形势，各口岸分部在营销手段上要勇于创新，要以敢于“亮剑”的精神，精心安排、广泛接触各类客户，包括竞争对手的客户。要充分发挥本土优势，善于借助集团、驻地兄弟公司、当地政府以及与公司长期保持合作关系的业务主管单位力量，只要有利于提高公司效益、有利于公司可持续发展、有利于为中远品牌增光添彩，非常时期可以采取非常手段。要“快、准、实、稳”做好揽货工作，做到改善公司效益的举措实施要快，对重点客户的分析要准，各项营销谋划工作要实；严格管理，大力控制各项成本。全系统要以降低供应商费率为突破口，全力以赴推进与供应商的费率谈判，认真落实经过重新洽商达成的费率协议，以进一步降低费率，努力使各项费率低于同行。要以成本问责制为抓手，完善和优化成本问责考核指标，强化对各责任单位成本数据跟踪和分析能力的评估与问责，进一步提高广大干部员工的成本意识，进一步提高掌控成本的能力；认真研究，有效预防和控制各种风险。全系统必须增强危机意识，强化风险管理，即：强化资金风险管理，强化经营风险管理，强化信息系统风险管理，强化内控风险管理，强化内控审计工作。（周培军）

【中远集运—上海海关举行第十六届同创共建活动】 2月12日下午，公司与上海海关在海关大楼以“应对危机　共谋发展”为主题，举行第十六届精神文明建设同创共建联谊活动。公司领导孙家康、吴树雄、韩成敏、邓黄君、徐政军、房迪坤,公司顾问马杰麟,公司总部、泛亚公司、计算机中心、上远公司、单证公司、中国部上海分部等有关单位和部门的负责人40余人参加活动。当晚举行了晚会,上海海关孙毅彪关长和中远集运孙家康总经理分别在晚会上发表讲话。

(王民锋)

【公司召开"我为科学发展、同业领先做贡献"干部大会】 2月13日下午,公司召开"我为科学发展、同业领先做贡献"干部大会。公司领导吴树雄、史美思、韩成敏、邓黄君、徐政军、房迪坤,公司巡视员季海生、顾问马杰麟和公司各部门、各单位有关负责人出席了干部大会。会上,公司纪委书记徐政军宣读了公司党政联合印发《关于开展"我为科学发展、同业领先做贡献"主题活动的通知》,工会副主席高才宣读了公司工会向全系统职工发出的《倡议书》,公司团委书记韩飞宣讲了《关于开展青年立功竞赛活动的通知》。公司党委书记吴树雄代表公司领导班子向公司各级党组织和各级领导人员提出工作要求。 (周培军)

【魏家福总裁到中远集运视察工作】 2月23日上午,中远集团总裁魏家福到中远集运视察工作,并与先期到公司调研的中远集团副总裁、中远集运董事长许立荣,中国远洋总会计师何家乐等集团调研组成员一起,同公司领导班子就如何应对当前金融危机对集装箱运输生产的影响进行了研讨。会上,魏家福作了讲话。许立荣就近一周来的调研情况作了总结,并提出10点建议。公司总经理孙家康、党委书记吴树雄及班子其他成员相继作了发言。 (周培军)

【张富生在上海地区调研】 3月29—31日,中远集团党组书记张富生在集团有关部门负责人的陪同下,在沪地区中远集运系统单位进行调研活动。期间,张富生与集团调研组一行,在上远公司先后召开船员座谈会、上远公司领导班子座谈会和船舶管理部负责人座谈会及各公司船舶船员工作负责人座谈会;在上海远洋大厦与中远集运领导班子及中层管理人员召开"应对金融危机、搞好集装箱生产经营"座谈会。公司总经理孙家康、党委书记吴树雄及领导班子其他成员出席会议并向张富生一行汇报了近期公司生产经营等情况。 (周培军)

【公司获得2007—2008年度"上海市文明单位"称号】 3月27日,上海举行2009年上海市精神文明建设大会,中远集运获得"2007—2008年度上海市文明单位"称号,这是公司第10次获得此项荣誉。

(王民锋)

【公司召开解放思想大讨论交流(电视电话)会】 4月11日下午,公司召开解放思想大讨论视频交流会,公司领导班子全体成员出席会议,公司学习实践活动领导小组办公室成员,公司三岗以上人员,各直属单位中国部及各口岸分部领导班子成员、学习实践活动领导小组办公室成员等参加会议。公司学习实践活动领导小组副组长、党委副书记蔡张德主持会议。会上,公司学习实践活动领导小组副组长、党委副书记、总经理孙家康首先作了学习报告;公司学习实践活动领导小组组长、党委书记吴树雄为与会同志上党课。公司学习实践活动领导小组副组长、党委副书记蔡张德就进一步推进公司学习实践活动的深入开展提出要求。上远公司等单位分别作了交流发言。

(周培军)

【公司举办"上海国际航运中心建设方案"专题讲座】 4月17日下午,公司在远洋大厦23楼举办专题学习讲座,邀请上海市交通港口局调研员、上海市港口协会副秘书长茅伯科作"上海国际航运中心建设方案"讲座。公司领导、总部各部门负责人、上远公司及相关部门、泛亚公司、计算机中心、单证公司、中国部上海分部有关负责人约40人出席。公司党委书记吴树雄主持讲座。

(陆 坚)

【车书剑、张富生到"腾河"轮调研中远船队学习实践活动情况】 5月22日上午,中央企业深入学习实践科学发展观活动第四指导检查组一行5人在组长车书剑、副组长李荣芝的带领下，由中远集团党组书记张富生、党工部部长傅向阳陪同到停靠在天津新港的“腾河”轮调研并指导工作，中远散运总经理许遵武、党委书记魏卿、天津分部党委副书记王贵杰一同参加调研活动。上远公司相关部门领导负责协调接待上级领导的调研活动，“腾河”轮船长、政委分别汇报船舶学习实践活动的开展和生产运营的情况。（周培军）

【公司召开学习实践科学发展观活动分析检查报告职工群众评议会】 5月31日下午，公司学习实践活动领导小组办公室召开职工群众评议会，就《中远集运领导班子深入学习实践科学发展观活动分析检查报告（征求意见稿）》征求意见，并进行职工群众评议。中远集团学习实践活动指导检查组陈雪良出席座谈会。来自总部各部门、上远公司、计算机中心、单证公司、泛亚公司和船舶代表等40多名员工代表参加座谈会。评议会由公司学习实践活动领导小组组长、党委书记吴树雄主持。（周培军）

【公司召开保密工作会议】 6月2日，公司召开保密工作会议，来自总部各部门，各直属单位涉密岗位30多人参加会议。会议学习传达上级的有关保密工作文件精神，布置签订保密承诺书有关要求。公司保密委主任房迪坤主持会议并讲话。（周培军）

【公司召开系统2009年年中工作（视频）会议】 7月15日，公司以视频连线方式，召开系统2009年年中工作会议，主会场设在上海远洋大厦六楼会议室，在上远公司，中国部总部，华南公司及中远货柜，中国部厦门、武汉、青岛、大连、天津分部，美洲贸易区（北美）、欧洲部本部，韩国、日本、东南亚、澳大利亚、西亚、南非、南美分部本部设立18个分会场。中远集团副总裁、中远集运董事长许立荣，中国远洋财务总监何家乐，以及集团运输部总经理袁小宇等一行，亲临上海主会场指导。公司领导、巡视员、顾问，机关各部门一至三岗员工，泛亚公司、中国部上海分部班子及各部门经理，计算机中心领导班子，以及回国述职的驻外员工代表在主会场出席会议。此外，中国部总部及北京分部，华南公司及所属香港中远货柜，中国部厦门、武汉、青岛、大连、天津分部，各海外分部领导在各分会场参会。副总经理史美思主持会议。会上对第二季度欧美主干航线营销业绩突出单位进行了表彰。会议号召全系统各级领导和员工，全力打好下半年减亏增效攻坚战，为完成下半年各项生产经营指标而努力奋斗。（周培军）

【公司党委中心组学习党内“三项文件”和吴大观事迹】 7月30日下午，公司党委中心组进行集体学习。学习中央7月初颁布的《关于国有企业领导人员廉洁从业若干规定》、《关于实行党政领导干部问责的暂行规定》和《巡视工作条例》，重点是对《若干规定》有关条款进行了解读，进一步提高领导人员在实际工作中需要高度认识的注意事项，提高政治意识、责任意识和反腐倡廉意识。公司党委中心组同时学习了中组部等中央部委关于开展向吴大观同志学习活动的通知和吴大观同志的先进事迹。

（陆　坚）

【上海市副市长沈骏到公司视察调研】 8月21日下午，上海市副市长沈骏率领市发改委、市建设交通委等11个市委办局的领导莅临中远集运视察、调研工作。公司领导班子以及相关部门、单位的负责人出席了调研座谈会。（周培军）

【公司党委举行中心组（扩大）学习会议】 8月28日，公司党委在上海远洋大厦6楼会议室举行党委中心组（扩大）学习会议。邀请上海市纪委常委、秘书长赵增辉作“贯彻中央‘三项法规’，深入开展反腐倡廉”辅导讲座。公司领导、机关各部门1—6岗员工，泛亚公司、计算机中心、单证公司、上远公司、中国部上海分部以及中远（香港）集团驻上海办事处、上海中远船务经营部、上海中远船务公司、中远川崎钢结构、中远关西涂料公司等单位党员领导干部约130人

参加。这次学习会议由公司党委书记吴树雄主持。（陆　坚）

【魏家福、张富生到中远集运检查指导工作】 9月4日，中远集团总裁魏家福、党组书记张富生在集团党工部部长傅向阳、总裁办副主任刘祥浩等陪同下，莅临公司看望干部员工，听取汇报，检查指导工作。

（周培军）

【张富生、孙家康看望大连分部锦州分公司干部职工】 9月8日，中远集团党组书记张富生、公司总经理孙家康一行，在参加锦州市“中远路”命名仪式期间，专程到大连分部锦州分公司，看望生产一线的干部职工。（周培军）

【中国远洋监事会到公司进行实地检查工作】 9月18日，中国远洋监事会到公司进行实地检查听取汇报。上午，在公司23楼会议室召开实地检查汇报会。中远集团党组纪检组组长、中国远洋监事会主席李云鹏出席会议并讲话。中国远洋监事会成员骆九连、马建华，公司党委书记吴树雄、副总经理韩成敏、总会计师邓黄君、纪委书记徐政军及有关部门负责人，在沪出席垂直监督体制试点工作汇报会的公司所属单位纪委书记出席了会议。（周培军）

【集团对公司圆满完成承担援台1000套活动板房运输任务提出表扬】 9月21日，中远集团运输部代表集团发信对公司圆满完成承担援台1000套活动板房运输任务提出表扬。信中指出，在承担援台1000套活动板房运输任务过程中，中远集运有关单位尤其是华南公司对于中远集团下达的任务高度重视，统筹协调，夜以继日开展工作，精心安排每个运输环节，克服了时间紧、任务重等困难，圆满完成了国家交办的任务，对此，国务院台办、交通运输部表示非常满意，专门发来感谢信。为此，中远集团特对公司予以表扬。（周培军）

【公司召开党组织负责人会议，传达集团政研会精神】 12月4日下午，公司党委召开党组织负责人会议，传达集团政研会六届四次会员大会精神，并对贯彻集团政研会精神作出部署。公司机关各部门、在沪各直属单位和挂靠单位的党组织负责人出席会议，公司党工部负责人传达了集团政研会上上级领导的讲话精神，公司党委书记吴树雄主持会议并讲话。吴树雄对如何贯彻集团政研会精神，提出了具体要求。（周培军）

【公司召开2009年思想政治工作研究会年会暨2010年党群工作研讨会】 12月15日，在青浦绿舟宾馆召开公司2009年思想政治工作研究会年会暨2010年党群工作研讨会，深入学习领悟党的十七届四中全会精神、中央经济工作会议精神和集团在延安召开的政研会精神，深入研讨如何在打赢2010年效益攻坚战中更好发挥党组织的作用，如何加强和改进新形势下党的建设，为夺取效益攻坚战胜利和公司未来发展提供强有力的思想组织保障和动力支持。公司领导孙家康、吴树雄、韩成敏、房迪坤，公司机关各部门负责人、泛亚公司、计算机中心、单证公司、上远公司党委及所属单位党组织负责人，中国部党委及各口岸党组织负责人和有关方面负责人共70多人出席会议。会上，战略发展部等单位先后作专题发言，特种箱贸易区等9个部门和单位与会代表作了交流发言。总经理孙家康、党委书记吴树雄分别作讲话，副总经理韩成敏代表公司政研会宣布2009年度公司政研会获奖论文。会议由工会主席房迪坤主持。

（周培军）

【公文管理工作】 2009年，公司党委工作部根据《中远集装箱运输有限公司党委公文处理办法》等有关文件规定，继续加强对公司党委公文的管理工作，进一步提升党委公文的规范化和制度化，在提高办文质量的同时减少发文数量，并努力推进公文信息网络化，全年共办理发文60份。

（张红晓）

【信访工作】 2009年，公司党委工作部共受理职工来信、来访62件次，其中来信31件次，来访来电31人次。信访焦点主要是养老待遇、薪酬待遇、机构改革历史遗留等问题。党工部本着“分级负责、归口管理”信访原则,在提高信访工作的预见性和解决问题能力上下功夫,积极主动化解矛盾,对信访中涉及的问题,及时与有关部门和单位进行沟通协调,对每一起来信、来访都及时进行协调解决和反馈。（张红晓）

2. 组织工作

【组织工作部】 隶属组织/人力资源部,是负责公司党委组织工作的职能部门。主要职责:贯彻执行党的组织工作方针、政策、法规、制度;结合公司实际,研究起草组织工作各项规章制度,拟订工作计划,并加以组织实施;负责公司党代会的筹备和组织工作;党员发展、党员教育管理及党组织、党员情况统计;党员党籍管理、组织处理、民主评议党员和党内先进评比。各级党组织的思想政治建设、作风建设和组织建设,建立健全党组织工作责任制和抓好基层党支部建设的责任制。党费的收缴、使用和管理。负责民主党派、无党派人士的联络工作。现有人员1人。

现任组织工作部主任陈正安。

（李振中）

【概况】 2009年,组织工作主要体现在:开展学习实践科学发展观活动,对活动的进展及整改方案落实情况进行指导检查。开展“四好”领导班子创建活动,加强领导班子建设。以提高思想政治素质和驾驭复杂问题能力为目的,不断加强各级领导班子的集体学习;以提高领导班子的整体合力为目的,不断加强民主集中制建设;以确保企业持续性发展为目的,不断优化领导班子结构。加强作风建设,全面提升党员干部的素质。坚持领导干部述廉议廉、报告个人有关事项等制度,切实提高民主生活会的质量,引导党员干部把作风建设作为立身之本。加强基层党的工作制度建设,指导所属党组织进行换届选举,为进一步加强与改进党建工作奠定基础。以加强培训为途径,提升党员干部的整体素质。在全系统开展“向吴大观学习”活动。开展评选“两优一先”活动,树立具有公信力的先进典型。利用网络载体办好组织工作专项栏目。做好党员发展工作,完成各项党内统计。

（李振中）

【公司党委直属党组织概况】 截至12月31日,中远集运党委直属党组织,除实行中远集运党委和地方党组织双重领导的中远集运中国部党组织、华南公司党组织外,在沪有:中远集运机关党委、上远公司党委、上海分部党委、泛亚公司党委、上海中远资讯科技有限公司党委、单证公司党总支部。党组织关系挂靠中远集运党委有:中远（香港）集团有限公司上海代表处党委、中远船务工程集团有限公司经营总部党委、上海中远船务工程有限公司党委、上海中远川崎重工钢结构有限公司党总支部、中远关西涂料化工有限公司党总支部。（李振中）

【党员发展工作】 2009年,公司（上海地区）共发展党员157名,其中:35岁及以下96名,占发展总数61.15%;大专以上文化程度107名,占发展总数68.15%;各类专业技术骨干142名,占发展总数90.45%。

（李振中）

【2009年度党员领导干部民主生活会】 4月30日,公司党委在远洋大厦23楼会议室召开2009年度党员领导干部民主生活会。公司10名领导班子成员出席会议并分别作自我批评和互相批评。上海市城乡建设和交通工作党委组织干部处副处长袁筱英、组织干部处调研员林锋,中远集团党组书记张富生、组织部部长高平、党组工作部部长傅向阳等,中远集运学习实践活动指导检查组、巡视组成员代表列席会议。会议由公司党委书记吴树雄主持。会议主题为:深入学习实践科学发展观,认真落实集团《2009年集装箱运输经营管理指导意见》,促进中远集运科学发展、同业领先。张富生在会上讲话。会议根据员工群众的意见和班子成员

在民主生活会中查找的存在问题，初步形成了六个方面的整改措施。（李振中）

【落实2008年度党员领导干部民主生活会整改措施】 2009年，公司党委落实2008年度党员领导干部民主生活会上形成的整改措施。主要是：加强风险管理。及时倡导成立CKYH Task Force应对小组，通过多种手段使航线运力快速收缩，有效规避经营风险。严控资金风险，强化资金链管理。进一步加大运费催收力度。重点开展海外资金管理内控检查，降低资金管理风险。修改完善《直管干部管理办法》，交流调整中层以上干部67人。强化成本控制。成立成本控制领导小组，建立成本管理负责制。成立各级节能减排领导小组。实施加船减速，压缩在港作业时间、强化油耗实时监控、推广节能新技术应用等措施。在平均运力增幅6.2%的情况下，全年油耗比上年减少12万吨，年度累计节油46.8万吨（扣除船舶停航因素）。出台成本问责制。全年累计港口费支出比上年降幅4.43%；货物费支出降幅12%；中转费支出降幅20%；北美地区集装箱盘存量控制在6万TEU，全年退租集装箱底盘车2165台；全年累计集装箱固定费用（租金、滞期费冲抵合计）降幅38.65%；累计集装箱租金降幅8%；累计集装箱滞期费收入同比增幅66.3%。制定《中远集运2008—2012年人力资源五年发展规划》。重视各级领导班子建设。坚持人才培养与员工职业生涯设计有效结合，2332人次参加各类培训。增加安全投入。坚持安全生产与经营统筹规划、协调发展，保证船舶的运营率在98%以上。针对亚丁湾海盗活动猖獗的情况，督促做好防范应对措施，并投入300万元人民币购置防护设备，确保船舶安全通过亚丁湾水域；全年跟踪指导船舶537艘次；成功防抗台风22个，成功率100%；全年PSC迎检船舶151艘次，无缺陷通过率79%；积极配合奥运会、残奥会安保反恐工作部署。全年未发生重大安全责任事故。（李振中）

【党内统计情况】 截至12月31日，党组织关系在上海的公司中共党员、党组织基本状况（含党组织关系挂靠中远集运的党组织及党员，组织关系在中远集运的各海外公司党员）。

（一）党员基本情况

	项目	党员数	在岗职工
总计		3823	3644
	预备党员	162	162
	女	355	348
	少数民族	17	17
年龄	35岁及以下	1044	1043
	36岁至45岁	1040	1032
	46岁至54岁	1124	1075
	55岁至59岁	526	493
	60岁及以上	89	1
入党时间	1937年7月6日及以前	1	
	1937年7月7日至1945年9月2日	9	

	项目	党员数	在岗职工
入党时间	1945年9月3日至1949年9月	32	
	1949年10月至1966年4月	32	
	1966年5月至1976年10月	372	338
	1976年11月至2002年10月	2221	2153
	2002年11月及以后	1156	1153
学历	研究生	127	127
	大学本科	1131	1113
	大学专科	1156	1127
	中专	656	632
	高中、中技	484	451
	初中及以下	269	194

（二）发展党员情况

项目	发展党员数			年龄		学历						职称		
		女	少数民族	35岁及以下	36岁至59岁	研究生	大学本科	大学专科	中专	高中及中技	初中及以下	高级	中级	初级
总计	157	11	1	96	61	5	41	61	2	47	1	1	63	54

（三）党的基层组织情况

党委数（含中远集运党委）	党总支部数（含挂靠单位）	党支部数
21	7	304

（李振中）

【领导干部报告个人有关事项】 1月6日，党委组织部印发《领导干部报告个人有关事项的通知》，根据有关规定，要求公司管辖（上海地区）中层及以上干部报告2008年度个人事项。申报工作于2月5日结束。公司管辖（上海地区）共117名中层以上干部进行了申报。（李振中）

【开展深入学习实践科学发展观活动】 按照中央统一部署，从3月上旬至6月下旬，公司开展深入学习实践科学发展观活动。3月11日，公司印发《开展深入学习实践科学发展观活动实施意见》，成立活动领导小组及办公室，组建指导检查组，建立专题网站，并召开学习实践活动动员大会。学习实践活动分学习调研、分析检查、整改落实三个阶段。学习调研阶段，公司领导班子10名成员分别与30多家下属单位、部门和船舶一线建立了联系点，先后36次到基层单位，围绕“科学发展、同业领先”主题，带着“破瓶颈、解难题、应对危机、走出困境”课题，现场了解影响和制约联系点科学发展的突出问题，征集党员干部群众的意见建议，并在调研的基础上形成调研报告。活动领导小组在开展解放思想大讨论的基础上，采取网上征求意见、员工建言献策、员工问卷调查、员工座谈会和个别访谈等形式，征得意见建议285条。分析检查阶段，4月30日，公司召开2009年度党员领导干部民主生活会。针对查找出影响制约公司科学发展的突出问题，形成了《中远集运领导班子贯彻落实科学发展观分析检查报告》。整改落实阶段，公司领导班子制定了48条整改措施，形成《中远集运党委深入学习实践科学发展观整改落实方案》。学习实践活动覆盖系统内31个党委、327个基层党支部，142个网点党支部。（李振中）

【对学习实践科学发展观活动进行指导检查】 2009年，公司党委指导检查组采取听取情况介绍，检查学习记录，召开座谈会、进行个别访等方式，对6个直属单位及7个口岸分部开展学习实践科学发展观活动情况进行了指导检查，对如何结合企业实际，深入开展学习实践活动提出了具体要求。指导检查组列席了各单位召开的2009年度党员领导干部民主生活会。（李振中）

【配合主题活动下拨党费】 6月4日，公司党委组织部印发《关于配合主题活动下拨党费的通知》，向各直属党组织下拨总额32万余元党费，用于学习实践科学发展观主题活动。（李振中）

【召开学习实践活动总结暨纪念建党88周年大会】 6月26日，公司在远洋大厦6楼会议室召开学习实践活动总结暨纪念建党88周年（视频）大会。公司领导、学习实践活动领导小组办公室成员、学习实践活动巡视组成员、总部各部门负责人、党员和员工代表，在沪各直属单位，中远在沪挂靠单位的负责人出席会议。中国部及各口岸分部、华南公司、上远公司设分会场。会议由公司纪委书记徐政军主持，上远公司、贸易保障

部、武汉分部作交流发言。公司学习实践活动领导小组组长、党委书记吴树雄作学习实践活动总结报告。（李振中）

【学习实践科学发展观活动员工满意度测评】 8月14日下午，公司召开学习实践活动群众满意度测评会。59名员工及船员代表出席会议。会上，公司学习实践活动领导小组组长、党委书记吴树雄介绍整改措施落实推进情况，对下一步整改工作提出具体要求。与会代表对学习实践活动进行了满意度测评。评议结果：满意89.83%；比较满意10.17%。（李振中）

【落实学习实践科学发展观活动整改后续工作】 7月6日，公司印发《关于印发〈中远集运党委深入学习实践科学发展观整改落实方案〉的通知》（中远集运党〔2009〕30号）。重点整改项目共有8个大项、48条。公司党委对整改后续工作作了周密安排，制定任务分解表和时间推进表分工落实。全力推进BAF（燃油附加费）上涨；完成冷箱运价备案工作；按时完成公布运价和协议运价备案工作；做好运价恢复的宣传，适时安排运力以快速对市场变化情况；拟订太平洋航线淡季CPS计划；继续停航部分运力；安排部分退役船出售及部分船舶出租、退租。拟订相关航线加船减速，控制燃油成本提高航线效益的相关计划；编制船舶淡水管理规定和相关操作流程，进一步规范船舶加水操作，有效控制加水成本；拟定相关制度，有效控制边缘成本；制定并执行船舶拖轮使用指南和通报制度实施办法；严格监控停航期间燃油消耗，对船舶进一步降速可行性进行研究，进一步扩大节能减排成果。按周编制《周现金净流量预计表》和《周现金净流量比较表》，确保公司日常生产经营活动有序开展。积极推进境内资金平台建设。完成对部分内陆网点资金网银操作；配合中远集团资金中心，完成网点资金归集工作。启动IRIS－2系统V12.3版本改造，优化EDI平台性能，完成CORIS系统V9.4版升级上线工作。为保障员工健康，对员工使用的旧电脑进行液晶电脑更换；开通“中远集团基本养老保险查询网站”，所有参保职工可查询本人参保和缴费信息。截至12月底，完成整改项目38条。在整改后续工作中，积极推进体制机制创新和制度建设。组建特种箱贸易区；将亚太贸易区以往按航线分区管理模式，调整为按营销、调度、运营分析等功能管理模式，并获得较好成效。（李振中）

【开展向吴大观学习活动】 8月4日，公司党委印发《关于开展向吴大观同志学习活动的通知》，各单位以领导班子中心组学习、召开党员专题组织生活会、座谈会、演讲会等方式，开展学习吴大观活动。公司党委组织部在中远集运思想政治工作网站开设“向吴大观同志学习征文”专栏，截至9月29日，刊登征文72篇。（李振中）

【举办入党积极分子培训班】 10月20日、28日，公司党委组织部会同公司党校分别举办2期入党积极分子培训班，127名入党积极分子参加培训。培训班采取集中授课方式，分别由公司党委组织部人员授课，对党章及如何以实际行动争取做一名合格的共产党员进行了解读。（李振中）

【中远集运2008年度“两优一先”表彰名单】 6月15日，公司党委印发关于表彰2008年度优秀共产党员、优秀党务工作者、先进基层党组织的决定（中远集运党〔2009〕23号）。

一、优秀共产党员

胡　可	欧洲贸易区运营质量部经理
郭武斌	亚太贸易区特种货运输高级业务代表
康　骏	资讯科技公司网络部项目经理
何莉琪	单证公司综合业务部经理
徐　淏	泛亚公司经营保障部经理
王　菁	中国部资讯发展部业务员
任　斌	大连分部财务部副经理
储祥元	上海分部南通分公司总经理
李　波	上海分部/安徽分公司总经理

王玥琳　北京分部/党群工作部部长
贾国柱　天津分部/青海中货公司总经理
吴利音　青岛分部/甘肃分公司经理
陈天旭　武汉分部/荆州分公司副总经理
于　雷　厦门分部/总经办主任
宋昆鸿　华南公司深圳中远船代盐田分公司外勤
黄　娟　华南公司广西中远国际货运有限公司财务部
李　健　上远公司船舶管理一部船长
肖家驰　上远公司船舶管理二部船长
徐永明　上远公司船舶管理三部船长
陈雷辉　上远公司船舶管理四部船长
吴庆红　上远对外劳务公司船长
曹　伟　上远对外劳务公司轮机长
范雯秀　上远公司财务部会计科科长
何美毅　上远通导公司部门副经理
徐　强　中远太平洋张家港永嘉码头有限公司总经理
蔡毓华　上海中远船务公司安监部经理
刘道新　中远船务集团经营总部/经营代表
杨利华　上海中远川崎重工钢结构公司生产部经理助理
肖东海　中远关西涂料公司事务部管理员

二、优秀党务工作者

陆　坚　党委工作部宣传室副主任
帅洪明　审计监督部/纪委/检查部副主任、机关纪委书记
钱　华　工会/综合部质量监督员
王志良　中国部/组织/人力资源部总经理兼直属机关党委书记
卢兴国　天津分部河北中货党支部委员
王秋姣　武汉分部党群工作部副部长
刘治文　华南公司党群工作部组织干事
戴立军　上远公司船舶管理一部政委
陈龙篪　上远公司船舶管理二部政委
沈水龙　上远公司船舶管理三部政委
杨连海　上远公司船舶管理四部政委
李金国　上远对外劳务公司政委
张　昊　上远公司船舶管理四部政工科科长
王国进　上海远洋船舶供应公司纪委书记
薛　菁　上远海事培训中心党委书记

三、先进基层党组织

战略发展部党支部
安全技术管理部党支部
资讯科技公司第三党支部
泛亚公司第三党支部
武汉分部四川中货公司党委
上海分部宁波分公司党委
上海分部镇江分公司党支部
青岛分部物流公司党支部
华南公司财务中心党支部
上远公司中远亚洲轮党支部
上远公司潮河轮党支部
上远公司中远大洋洲轮党支部
上远劳务公司康盛轮党支部
上远公司组织/人力资源部党支部
上海中远船务公司第三党支部

（李振中）

（二）公司纪委工作

【纪律检查委员会】 中共中远集装箱运输有限公司纪律检查委员会（简称公司纪委）是在公司党委领导下，围绕公司中心工作，协助公司党委抓好党风建设和反腐倡廉工作，维护和执行党的纪律，保证党的路线、方针、政策及公司各项规章制度能够顺利贯彻落实的执行机构。公司纪委委员为徐政军、李平文、周卫东、倪集禾、帅洪明、马家骅。公司纪委与审计监督部实行“一套班子、两块牌子”。审计监督部由纪委书记分管，总经理由纪委副书记兼任。下设综合部、检查部、审计部、审计监督部北京分部、审计监督部深圳分部。现有人员27人，包括硕士研究生学历4人，大学学历14人，大专学历8人；其中高级职称1人，中级职称16人。

纪委书记徐政军2009年12月1日离任，现任审计监督部总经理、纪委副书记李平文，审计监督部副总经理周卫东。

（王春豪）

1. 纪检监督

【纪检监督概况】 2009年，中远集运纪检监察审计工作坚持以党的十七大精神为指导，深入贯彻落实科学发展观和中央纪委十七届三次、四次全会精神，按照中远集团2009年纪检监察审计暨“垂直监督体制”试点工作推进会议的统一部署和安排，在公司党委、行政领导下，切实履行纪检监察审计工作职责，积极稳妥推进“垂直监督体制”，不断强化内控监督，完成纪检监察审计工作各项主要任务，公司党风状况总体良好，经营管理健康有序，但在总部贸易区出现了案情，反腐倡廉工作仍然面临严峻形势。

（王春豪）

【召开中远集运2009年纪检监察审计暨“垂直监督体制”试点工作推进会】 2月27日，公司以视频连线方式召开2009年纪检监察审计暨“垂直监督体制”试点工作推进会议。主会场设在上海远洋大厦六楼会议室，在上远公司、中国部、华南公司及中国部各地区分部设立10个分会场。中远集团党组纪检组副组长、监督部总经理李宗豪，在沪的公司领导、巡视员、顾问，公司总部1至3岗人员，泛亚公司班子成员及各部门正职，计算机中心、单证公司班子成员，以及党组织关系挂靠公司隶属集团在沪各单位负责人等115人在主会场出席会议。上远公司、中国部及各地区分部的领导班子成员及各部门负责人等240人在分会场参加会议。会议由公司总经理孙家康主持。会上，公司纪委书记徐政军作《中远集运纪检监察审计工作报告》；孙家康代表公司党委行政宣读《中远集运关于开展“垂直监督体制”试点工作的通知》；中国部常务副总经理刘刚、公司纪委/审计监督部北京分部主任刘雪松分别就开展“垂直监督体制”试点工作作表态发言；公司党委书记吴树雄和李宗豪分别讲话。（王春豪）

【推进“垂直监督体制”试点工作】 2009年，按照中远集运党委《关于实施“中远集运‘垂直监督体制’试点方案”的请示》以及中远集团党组《关于中远集运“垂直监督体制”试点方案批复》精神，推进“垂直监督体制”试点工作。主要工作为：对公司纪委/审计监督部机构、职能作了调整。在原设综合部、检查部、审计部的基础上，增设纪委/

审计监督部北京分部和深圳分部，以派驻形式代表公司纪委/审计监督部履行对所属各单位的监督职能。监督机构调整后，全系统审计监督业务、立案案件调查与处理、监事业务管理职能全部划归公司纪委/审计监督部及监督分部负责；对各直属单位和中国部各地区分部监督机构、职能作了调整。撤销中国部及各地区分部原有的监督部，设立纪检监察室作为本单位纪委工作机构，履行本单位纪检监察和部分内控监督职能。上述各单位监督机构调整后，除违纪案件的立案查处、审计监督及监事业务管理由公司纪委/审计监督部及各派驻分部负责外，上述各单位纪委的其他职责和工作权限不变；制定下发“垂直监督体制”相关配套制度及考核评价指标。为确保“垂直监督体制”试点工作的有效进行，制定印发《关于实施“垂直监督体制”试点工作的通知》等8个配套制度文件，制定了信访举报、初步核实案件、立案案件、案件质量、监督检查、效能监察、廉洁从业谈话、审计总量、审计成效、审计覆盖、审计创新、列席下属单位“三重一大”决策会议等12个方面共37个考核评价指标，使该项试点工作有量化的考核评价标准；新监督体制正式投入运作，围绕公司“降本增效”中心开展审计监督工作。4月15日，公司审计监督部及两个监督分部正式开始按新监督体制开展工作。根据中远集团魏家福总裁和张富生书记提出的“中远集运‘垂直监督体制’试点工作的效果，要体现在降本增效上”的有关要求，进一步确立“降本增效”在监督工作的重要位置。1—12月通过审计促进增收节支、挽回和避免经济损失金额共计人民币4182.07万元（其中：增收节支2679.18万元，挽回经济损失998.10万元，避免经济损失504.79万元）；通过办信查案收缴各类违规违纪款项合计70余万元。（王春豪）

【组织重要岗位“廉洁诚信、依法经营”承诺重签活动】 8月，结合学习《国有企业领导人员廉洁从业若干规定》，组织开展中远集运重要岗位“廉洁诚信、依法经营”承诺重签活动。公司总部6岗以上员工、下属各单位有关重要岗位人员共998人与公司重新签订了《“廉洁诚信、依法经营”承诺书》。（王春豪）

【组织开展领导干部关联交易信息内部披露工作】 2009年，按照《中远集运领导干部关联交易信息内部披露暂行规定》，组织开展有关人员的关联交易信息内部披露工作，列入信息内部披露范围的1141名各级领导人员及业务骨干按规定填报关联交易信息披露表。（王春豪）

【组织开展“做党的忠诚卫士、当群众的贴心人”主题实践活动】 6月8日，公司纪委向各直属纪检组织下发《中远集运开展“做党的忠诚卫士、当群众的贴心人”主题实践活动实施意见》，从6—12月，在中远集运纪检监察全系统布置开展“做党的忠诚卫士、当群众的贴心人”主题实践活动。活动分为学习教育、对照检查、问题整改和巩固提高四个阶段。通过该活动开展，把“四个对”（对党和国家无限忠诚、对腐败分子和消极腐败现象坚决斗争、对广大干部和群众关心爱护、对自己和亲属严格要求）作为加强自身思想建设、组织建设和作风建设的基本要求，明确到制度中，落实在行动上，进一步形成符合企业实际的纪检监察审计干部教育、管理、监督长效机制，促进队伍科学化、制度化和规范化建设，在围绕企业中心工作、保障服务企业“拼效益、渡难关”中发挥应有作用。（王春豪）

【做好《廉洁之窗》编发工作】 2009年，围绕公司“拼效益、渡难关”中心工作，结合经营管理实际，充分利用公司局域网平台，做好网上《廉洁之窗》编发宣教工作，年内向中远集运全系统包括船舶和海外编发《廉洁之窗》共22期。（王春豪）

【召开“垂直监督体制”试点工作汇报会】 9月18日，公司在上海远洋大厦召开“中远集运‘垂直监督体制’试点工作汇报会”。重点听取中国部、华南公司以及中国部各地区分部纪委书记所作的各有关单位开展"垂直监督体制"试点工作的情况汇报,以全面了解、掌握"垂直监督体制"试点工作进展情况。截至8月底,中国部、华南公司以及中国部各地区分部已按照"垂直监督体制"试点工作要求,撤销了本部和各地区公司监督部,成立纪检监察室,纪检监察人员基本配齐。 (王春豪)

【举办网点经理"廉洁诚信、依法经营"警示教育培训班】 7月10日,公司纪委举办网点经理"廉洁诚信、依法经营"警示教育培训班。本次培训以视频连线方式举办,在公司总部设主会场,中国部、华南公司以及中国部各地区分部设7个分会场,共有267人参加本次培训。出席对象包括具有独立法人资格的网点公司经理及人员规模较大或年箱量较大的网点分公司经理,以及按要求列席本次培训的中国部、华南公司以及中国部各分部部门经理以上人员。培训后,按照公司纪委要求,124名网点经理与公司签订了"中远集运网点经理'廉洁诚信、依法经营'承诺书"。 (王春豪)

【开展领导干部廉洁从业谈话活动】 2009年,公司领导班子成员坚持执行领导干部廉洁从业谈话制度,开展领导干部廉洁从业谈话。在公司组织/人力资源部支持配合下,公司纪委为谈话领导提供被谈人员的考核情况以及信访举报反映情况,使谈话更有针对性。公司领导班子成员共对81名第一层面人员进行谈话。另外,公司纪委书记专门对35名新提拔直管干部进行廉洁从业谈话。 (王春豪)

【做好查信办案工作】 2009年,公司纪委把信访举报和查处违法违纪行为作为一项重要工作来抓,加大初信初访处理和督办力度,并健全督办机制。全年党纪立案2件,结案2件,2名党员受到开除党籍处分。

(王春豪)

【礼品、礼金上交登记】 2009年,共有38人次上交礼金,共计63507元;共有142人次上交礼品,共计279件,估计价值人民币约61559元。两项合计人民币125066元。

(王春豪)

【开展多种形式专项监督检查活动及效能监察活动】 公司纪委开展运价管理检查,协助督促经营部门加强运价审批关。8月起,会同各贸易区和泛亚公司研究完善运价管理规章制度,严格运价审批流程,杜绝越级批复等违规现象,严把运价审批关;开展内贸业务抽查,规范口岸公司经营管理。多次派员赴口岸中货开展以内贸业务为主的经营纪律检查,针对检查出的6项各类问题,分别提出规范内贸业务流程、固定资产管理、成本管理、费用审核流程及报销流程等方面的10项意见和建议;重点围绕公司应对危机各项决策和部署是否落实到位、运价体系运行的内部监控是否跟进、各项成本控制措施是否有效、经营风险是否有效防范等方面,组织和指导所属单位对"三重一大"决策制度执行,备件物料、办公用品等商品采购管理,集装箱成本控制,应收账款管理,内贸业务、延伸业务管理等重要环节,开展经营纪律自查工作,认真查找本单位在依法依规经营管理等方面存在的问题与不足,强化内控监督和风险防范。2009年,主要围绕运价管理、成本监控、应收账款管理、集装箱管理、机务管理、投资管理、重大工程建设等34个项目开展监督检查和效能监察,开展监督检查及效能监察的单位共51个,查出各类问题193个,提出整改建议和意见219项。通过开展监督检查和效能监察活动,推进各单位完善制度、规范操作、加强管理,促进了企业降本增效。

(王春豪)

【加强对重大工程项目全过程监督】 2009年,开展对临港工程、上海远洋宾馆改建等重大工程项目的全过程监督工作。公司纪委监督人员参加重大工程项目各类招标、开标现场监督3项(次),参与重大工程项目相关设备、单位的现场调查、考察8项(次),编发《工程简报》3期。

(王春豪)

2. 审计监督

【审计部】 属公司审计监督部/纪委。主要职责:贯彻执行国家的财经纪律和审计法律、法规和政策,执行中远集团内部审计工作各项规章制度;按照上级要求和公司经营管理的目标,制定公司内部审计工作发展规划、制度和年度审计计划;指导、监督下属单位按照国家有关规定建立健全内部审计制度;内部控制制度执行情况审计评审;下属单位会计报表、账册、会计凭证、财务收支真实性、合理性、合法性审计;直属单位领导任期离任和任期目标经济责任审计;公司资金财产完整、安全进行监督和检查;公司投资决策的贯彻执行,投资项目全过程的合法性、合规性及合理性进行监督;参与项目后评估;重要经济合同的审计;基本建设资金来源、招投标工程标底、工程预算和竣工结算的审计;公司有关单位船舶修理费用的审计;供船备件、物料价格的审计;经营管理风险评估;负责公司系统监事业务管理;负责各类专项审计工作。现有人员 11 人,设审计部主任 1 人,副主任 1 人,高级业务主任 2 人,业务主任 1 人,业务员 6 人。包括本科学历 6 人,专科学历 4 人;其中中级职称 7 人。

现任审计部主任马家骅,副主任李莉。

(陆　倩)

【概况】 按照中远集运党委《关于实行“中远集运‘垂直监督体制’试点方案”的请示》和中远集团党组《关于中远集装箱运输有限公司“垂直监督体制”试点方案的批复》总体部署,建立公司“垂直监督体制”,并于 4 月 15 日正式运转。2009 年,审计部主要工作为积极稳妥推进公司垂直监督体制改革,服务公司中心工作,做到“三个强化”:强化以风险为导向的内控审计;强化信息系统与审计实务、审计日常管理的结合;强化审计报告质量,取得了较好效果。年内,共完成各类审计项目 47 个(已发文),其中财务收支审计 5 项,经济责任审计 11 项,内控管理审计 16 项,基建工程审计 13 项,专项审计 2 项。共提出审计建议 226 条,已被采纳审计建议 189 条,落实反馈的审计建议率 84%。共抽查审核船舶修理费用 23 艘次,报审金额计人民币 4717.6 万元,审计核减金额计人民币 51.36 万元;完成物料、备件、通导费用抽审船舶 849 艘次,抽审金额 3038.37 万元,核减金额 27 万元;基建工程项目核减金额 188.1 万元;审计 IT 合同 47 份,报审金额计人民币 3186.72 万元,提出审计意见和合理化建议 54 项,核减或节省金额 12.63 万元。按时完成中远集团有关对公司租船业务内部控制审计项目审计报告的撰写和上报工作。经统计,全年促进公司节约成本或避免经济损失合计人民币 1533.31 万元。(陆　倩)

【建立审计工作管理系统平台】 2009 年,经过审计部、计算机中心和北京易通公司的共同努力,截至年底,已基本建立公司审计工作管理系统平台,并完成其测试及生产环境试运行工作,对总部和分部部分员工进行了系统软件使用培训。审计工作管理系统平台的建立,为推进公司垂直监督体制的有效运行,提供了坚实保障。(陆　倩)

【内控及管理审计】 2009 年,为进一步强化内控及管理审计,审计部注意以风险为导向,服务公司中心工作,及时调整审计方向和审计类型。年内,主要开展了对上远公司机务费用管理审计,上海中货修箱成本内部控制审计,中远集运“汉中河”、“远河”轮坞修费用全过程审计,上海众愿锦业报关公司财务管理、青岛鑫三利冷箱技术公司竣工决算、沪台货运代理营业部运费管理及资金、青岛中远国际货运公司港口使费以及融资物流业务内部控制审计等。为落实公司领导在 8 月份月度经营效益分析会及党群月度会上对纪委/审计监督部提出加强运价监督管理的要求,及时调整审计工作重点对运价管理专项审计,将对原宁波中货、日照中货的任中经济责任审计项目改为运价管理

专项审计。 （陆 倩）

【经济责任及财务收支审计】 2009年，通过开展经济责任审计，界定主要领导任期内的经济责任，对其任期内的经营业绩、重大经营决策等经济活动进行鉴证，明确离任领导人员应承担的经济责任。年内，共完成经济责任审计11项，其中7家单位资产得到增值，增值金额计人民币26930.55万元，2家单位资产减值，减值金额计人民币1795.68万元。 （陆 倩）

【基建工程审计】 2009年，继续加大对重大工程和投资项目的监管工作力度，同时开展对建设工程项目的审计。中远集运投资的两项重大工程，临港项目已于第三季度竣工，远洋宾馆装修改造项目将于2010年初竣工。针对该两个工程的不同特点，加强审计监督和投资监管工作，定期深入施工现场了解工程各方面进展情况，对具备结算条件的临港项目供配电工程、空调系统和远宾项目结构加固工程、土建工程及时上报集团，申请竣工结算。4月，集团同意并委托公司审计部对上述各项工程办理竣工结算。

（陆 倩）

【船舶修船物料备件审计】 2009年，共抽查审核船舶修理费用23艘次，报审金额计人民币4717.60万元，审计核减金额51.36万元；完成物料、备件、通导费用抽审船舶849艘次，抽审金额3038.37万元，核减金额27万元。 （陆 倩）

【IT合同审计】 2009年，共计审计IT合同42项，审计金额约计人民币2001.34万元，美元63.04万元，澳元6.38万元，日元586.32万元，欧元5.68万元，新加坡元6.98万元，韩元4208.3万元，新台币214.63万元。其中外审显性节约人民币2.8万元，隐形节约人民币9.5万元，外审共提出合同意见或合理化建议45项；内审核减金额人民币3300元，提出审计意见8项。 （陆 倩）

【组织开展优质审计项目评比活动】 为进一步规范内审工作，强化审计项目质量控制，12月，组织开展第二届优秀审计项目评比活动，共收到上报参评审计项目24项。根据《中远集运优秀审计项目评选办法（试行）》、《中远集运优秀审计项目评分标准》，并结合中远集团监督部出具的评审意见进行评审，共评出2009年优质审计项目一等奖1个，二等奖2个，三等奖3个，鼓励奖4个。得奖项目获得公司颁发的荣誉证书和奖励，同时编辑出版了《中远集运2009年优秀审计报告汇编》。该项活动为公司系统内审计人员提供了业务交流平台。

（陆 倩）

【做好审计服务申请的答复和执行工作】 4月15日公司"垂直监督体制"正式实施后，收到所属单位审计服务申请共17项。其中，由于建设工程项目审计职能均归口总部，因此此类项目申请比例较大。年内，共完成对华南中货所属中山分公司和珠海分公司办公室装修工程的竣工结算审计、鑫三利冷箱技术有限公司退租中心工程竣工决算审计等9项审计申请。 （陆 倩）

【监事业务管理工作】 为设立新体制下总部和分部监事业务管理机构和岗位，4月正式出台《中远集运纪委/审计监督部深圳分部、北京分部监事业务管理工作职责》和《中远集运纪委/审计监督部深圳分部、北京分部监事业务管理工作制度》等配套制度，规范监事业务工作流程。向各分部印发并汇总《中远集运及下属公司监事管理情况表》，收集、汇总中远集运及其下属公司监事单位信息情况。推进中远集运审计管理系统监事业务管理模块的开发工作，做好前期需求收集和测试工作。（陆 倩）

3. 北京分部

【公司纪委/审计监督部北京分部】 系公司纪委/审计监督部的派出机构，负责监督中国部（中货公司）、中国部北京分部（北京中货）、中国部天津分部（天津中货）、中国部大连分部（大连中货）及所辖全资、控股、参股及托管单位。主要职责:监督片区内各单位贯彻落实党的路线方针政策,中远集团、中国远洋、中远集运及上级决策和工作部署;落实公司部署年度工作计划及交办工作;编制本片区审计工作计划,采取“上审下”的审计方式,对片区各单位进行审计监督;对片区各单位领导班子特别是主要负责人的廉洁从业情况、“三重一大”决策制度执行情况、党风责任制落实情况进行监督检查;受理和调查反映本片区各单位党政领导班子成员、党员干部和职工的违法违纪案件;组织本片区各单位经营纪律执行情况的检查,并负责组织协调落实整改工作;对片区内各单位监事业务进行管理与指导;根据片区各单位的需求,提供内部控制服务;了解本片区各单位党委会议、党政联席会议、总经理办公会议、董事会及监事会等重要会议召开情况及本片区各单位“三重一大”决策情况,并视情参加这些会议。分部编制为8人,设主任(2岗)1人、副主任(3岗)1人,资深业务主任1人,高级业务主任2人,业务主任1人,业务员2人。2009年到位4人,分别为主任1人,副主任1人,高级业务主任2人,均为大学学历,其中中级职称2人。

现任分部主任刘雪松,副主任杨文哲。

(杨文哲)

【概况】 2009年,北京分部按照中远集运党委、中远集运《关于实施“垂直监督体制”试点工作的通知》精神和经公司审计委员会批准的年度审计工作计划以及区域内相关单位的审计需求,围绕着“提运价、增箱量、降成本、控风险、促效益”中心工作,全年完成管理审计、内控审计、专项审计、经济责任审计和财务收支审计等各项内部审计29项,其中:计划内项目28个,计划外项目1个。共提出审计建议137条,通过审计促进增收节支962.58万元,挽回经济损失24.4万元,避免经济损失75.4万元。

(杨文哲)

【内控及专项审计】 2009年,北京分部主要对中国部(本部)、大连中货、天津中货及部分网点单位开展以运费管理、资金管理、运价管理、成本控制、拖车运输管理、供应链融资物流管理、集装箱成本控制以及船东成本控制等方面审计共14项。通过开展内控及专项管理审计,有效完善健全各单位内部管理程序,堵塞管理漏洞,防范企业风险,提升企业资源配置效率,促进增收节支约计687.11万元。 (杨文哲)

【经济责任及财务收支审计】 2009年,完成计划内经济责任审计11项,分别为对北京中货等10个单位任中经济责任审计和对青海中货原总经理崔凯离任经济责任审计。计划外审计项目为受天津中货委托实施对天津中货北京分公司原总经理陈凯离任经济责任审计。开展对大连中货长春分公司等单位的财务收支审计4项。通过开展经济责任和财务收支审计,促进增收节支275.47万元,挽回经济损失24.4万元,避免经济损失75.4万元。 (杨文哲)

4. 深圳分部

【公司纪委/审计监督部深圳分部】 于4月15日正式成立,系以派驻形式履行对所在片区各单位的纪检、监察、审计、监事业务管理职能机构。负责监督华南公司、中国部厦门分部(厦门中货)、中国部武汉分部(武汉中货)及所辖全资、控股、参股及托管单位。主要职责:在公司纪委/审计监督部直接领导下开展工作,对公司纪委/审计监督部负责;监督片区内各单位贯彻落实党的路线方针政策,中远集团、中国远洋、中远集运及上级决策和工作部署;落实公司部署的年度工作计划及交办的工作;编制本片区审计工作计划,采取“上审下”的审计方式,对片区各单位进行审计监督;对片区各单位领导班子特别是主要负责人的廉洁从业情况、“三重一大”决策制度执行情况、党风责任制落实情况进行监督检查;受理和调查反映本片区各单位党政领导班子成员、党员干部和员工的违法违纪案件;组织本片区各单位经营纪律执行情况检查,并负责组织协调落实整改工作;对片区内各单位监事业务进行管理与指导;根据片区各单位需求,提供内部控制服务;了解本片区各单位党委会议、党政联席会议、总经理办公会议、董事会及监事会等重要会议召开情况及本片区各单位"三重一大"决策情况,并视情参加这些会议;按规定向公司纪委/审计监督部提供真实、及时、准确、客观、规范的审计报告书、纪检监察书面报告和工作情况。现有人员5人,包括大学学历4人,大专学历1人;其中中级职称4人。

现任深圳分部副主任(主持工作)王慎安,副主任卓立才。 (卓立才)

【概况】 2009年,深圳分部按照中远集团2009年纪检监察审计暨"垂直监督体制"试点工作推进会精神,全面落实中远集运《关于实施"垂直监督体制"试点工作的通知》,认真执行公司审计委员会印发的2009年审计工作计划。年内,完成审计项目33项,超计划13.8%,其中财务收支审计7项,经济责任审计16项,内控管理审计7项,专项审计3项。审计中发现问题213个,提出审计意见和建议213条,被采纳审计建议213条,收到反馈审计建议落实率为100%。促进增收节支及避免、挽回经济损失共计人民币1188.38万元。 (卓立才)

【内控及专项审计】 2009年,深圳分部主要对华南公司、厦门中货、武汉中货及部分网点单位开展以管理费用、运费管理、运价管理、供应链融资物流管理、成本管理、清产核资专项审计等方面审计共10项。在管理费用审计中,发现和披露了个别单位领导的重大违规违纪问题,通过监督整改取得了很好的审计效果。通过开展内控及专项管理审计,促进完善健全各单位内部管理程序,堵塞管理漏洞,防范企业风险,提升企业资源配置效率,避免、挽回经济损失,促进增收节支约计1057.48万元。 (卓立才)

【经济责任及财务收支审计】 2009年,完成计划内经济责任审计14项,分别为对重庆中货等10个单位任中经济责任审计和对云南中货等4个单位原总经理离任经济责任审计。计划外审计项目2项,为受中远集运审计监督部委派实施对浙江中货、青岛中远报关公司2个单位原总经理离任经济责任审计。开展对武汉中货九江分公司等单位的财务收支审计7项。通过开展经济责任和财务收支审计,促进增收节支130.9万元。 (卓立才)

（三）公司工会工作

【中国海员工会中远集装箱运输有限公司委员会】 简称公司工会，隶属中国海员工会中国远洋运输集团委员会，辖8个基层工会。公司工会委员17人，经审委员3人。2009年有会员14491人，其中女会员2968人。公司工会设综合宣教部、组织劳保部。现有人员7人，包括硕士研究生学历4人，大学学历1人，大专学历1人；其中高级职称1人，中级职称4人。

现任公司工会主席房迪坤，副主席李显恩（2009年12月21日上任，原副主席高才2009年4月28日离任）。 （钱 华）

1. 宣教工作

【综合宣教部】 主要职能：文秘、督查、协调、信息、信访、调研、财务、职工宣传教育、素质工程建设、文体活动等工作。主要职责：负责定期组织召开工会全委会、年度（年中）工会工作会议、主席办公会和信访工作例会，听取工作总结、工作安排，布置工作；负责汇集整理有关信息，编发工会信息，为领导决策提供参考意见和依据；负责对公文处理，包括上级工会和基层工会公文的接收、流转、管理和归档；负责对上级工会及公司工会重要工作部署、重要决定事项的落实情况进行督查，对上级和本级领导重要批示和交办事项的落实情况进行督查；协调工会内外、上下之间的各种工作关系，确保各项工作顺利进行；负责开展职工宣传教育，推进职工素质工程建设，为培育"四有"职工队伍服务；参与企业文化建设，组织开展文化体育活动，丰富职工文化生活，营造企业积极向上、和谐共进的文化氛围。

现有人员3人。

现任主任袁立。 （钱 华）

【概况】 2009年，工会综合宣教部策划并组织开展"降本增效、同业领先"主题活动，开设职工论坛信箱，征集合理化建议272条，编发"金点子"活动简报46期，评出金点子金、银、铜奖；组织召开不同层面座谈会，广泛听取船岸职工对如何控制燃油消耗、降低成本支出以及船岸沟通协调发挥协同效应等方面的意见和建议。以岗位练兵、技能比武、操作竞赛等活动为载体，培养一批学习型企业、船舶、班组和诚实守信、敬业奉献、高素质的知识型职工队伍，切实把"创争"活动融入到企业生产经营管理的全局中去；继续深入开展"读书，让我改变"职工读书活动，并向海内外职工推荐、赠送好书，倡导终身学习的理念；组队参加2009年中央企业船员技能大赛，取得1银5铜奖牌；积极开展评先树模活动，利用公司政工网和工会信息大力宣传先进集体和先进个人的事迹，营造学先进、树形象、比奉献的争创氛围，发挥各类先进典型示范作用；组织策划调查研究，协助工会主席开展企业劳动关系情况调研和基层工会工作调研，积极解决和反映热点、难点问题；起草2009年公司工会工作要点，制定年度工作细化实施计划。做好工会全委会和年度（年中）工作会议的组织、筹备和会议精神的贯彻、意见的督办工作；做好工会2009年度所有上级来文、工会发文阅批、审核和有关要求的督办工作；审核印发工会发文19件。协助做好公司"三会"秘书、宣传组的各项工作和有关大会筹备工作；做好元旦春节期间中远集团慰问组来沪慰问等上级领导的接待和工作安排;协调并做好职工信访工作,以落实信访工作责任制,化解群体性、突发性矛盾为重点,坚持信访工作例会制度,加强专题调研,努力化解矛盾、维护公司稳定;做好工会经费的收缴、使用和管理,组织工会财务人员开展新《工会会计法》知识培训;加大工会经费审查力度,对5家单位进行工会经费审计,切实发挥工会经费服务基层、服务职工、服务工会工作的作用。

(钱　华)

【"降本增效,同业领先"主题活动】 2009年是中远集运"拼搏效益、风险防控"年。为进一步增强全系统广大职工的危机意识和忧患意识,引导和激励广大职工与公司同舟共济、共克时艰,中远集运工会向全系统职工发出"降本增效,同业领先"的倡议,并组织开展金点子征集活动,鼓励每一位职工积极建言献策,立足岗位挖掘公司成本控制和效益增长的潜力。全年,共收到各单位报送的主题活动信息600余条、合理化建议272份,编发主题活动简报46期。公司工会会同有关专家组成评审小组,对"金点子"的效益性、可操作性和创新性等进行客观、公正的评价,评出"金点子"金奖4个、银奖6个、铜奖12个、鼓励奖30个和优秀组织奖6个,共发放奖金20万元。4个金奖分别是:战略发展部王海民的"船舶互租大胆创新"、安全技术管理部周玉山的"发挥协同效应,采取得力措施,扩大节能减排成果"、上远公司"山河"轮的"'山河'轮封堵一台主机增压器降速节能"以及武汉分部朱翼、潘继芳的"加强拖车业务管理,提升延伸服务质量和效益,降低拖车经营成本"。这些合理化建议,已有部分运用到实际工作中,取得了明显效益。另外,周玉山提交的"负荷节能曲线调整、主机节油"和安全技术管理部张燃提交的"3800TEU船舶主机在低负荷时增压器的优化"两份建议分别被评为"上海市职工节能减排优秀合理化建议一、二等奖"。　(钱　华)

【基层工会工作调研】 为进一步加强对基层工会工作检查指导,2009年,公司工会重点加大对基层工会工作调研力度。由工会主席房迪坤带队,于6—7月,先后赴计算机中心、单证公司和上远公司所属海图公司、国贸公司、远实房产、泛奥公司、联合远洋、国际轮渡、中日轮渡、缩微公司、供应公司、上远物业、通导公司、教育中心和远洋宾馆等15家陆上单位进行工会工作调研,通过听取工作汇报、与部分职工座谈交流等方式,全面了解各陆地基层单位安全稳定和生产经营基本情况,掌握广大职工关注的热点难点问题,确保公司的安全稳定与和谐发展。对远洋宾馆长期处于改造歇业状态导致部分待岗职工情绪不稳,以及部分陆地单位经营萎缩、职工收入低等职工关心的热点问题,形成陆地基层调研报告,向公司领导和有关部门提出了意见和建议。

(钱　华)

【企业劳动关系情况调研】 2009年,公司工会通过召开不同层面职工座谈会、发放调查问卷、深入基层调研等途径,广泛了解公司及各基层单位劳动关系、企业稳定及职工权益维护等方面的现状,对存在问题进行探讨,并就具体问题,尤其是影响职工利益、企业稳定的现实问题提出具体的建议。对调研中发现公司在船船员伤病亡处理办法部分规定与现实情况有些脱节,且操作流程以多年来约定俗成的办法运作,有待规范统一等问题,公司工会会同相关部门及时修订并完善了《中远集运船员在船伤病亡处理办法(试行)》和实施细则,通过保险理赔渠道大幅提高公司在船船员工伤死亡补偿标准,同时对工伤致残、工伤患病的补偿标准作了调整,从而进一步保障弱势群体的权益。

(钱　华)

【三届五次全委(扩大)会暨2010年工会工作研讨会】 12月10—11日,公司工会三届五次全委(扩大)会暨2010年工会工作研讨会在杭州六通宾馆召开。会议由工会主席房迪坤主持,公司工会委员、经审主任、各基层工会负责人共50人参加会议。会上回顾了2009年的主要工作，提出了2010年工会工作思路。5家单位分别交流了明年工会的重点工作打算；与会人员结合各单位实际和特点对工会组织如何团结带领全体职工为公司2010年大幅减亏发挥主力军作用进行讨论，提出意见和建议。会上，公司工会对“降本增效，同业领先”金点子进行了表彰。房迪坤就做好明年和近期工会工作提出具体的意见和要求。（钱　华）

【女职工工作】 2009年，结合公司实际和女职工特点，把提升女职工素质同开展“降本增效，同业领先”、“合理化建议”、“职工技能竞赛”等群众性活动相结合，动员广大女职工积极参与“巾帼建功，成才奉献”双文明立功竞赛，立足岗位，展示风采。认真履行女职工特殊利益专项集体合同，为女职工购买“上海市女职工团体互助医疗特种保险”，鼓励有条件的单位对40岁以上女职工每年再增加一次妇科检查。召开纪念三八妇女节99周年座谈会，并对获得“全国女职工建功立业标兵”、“上海市三八红旗手”、“上海市先进基层工会女职工组织”等各类荣誉称号的女职工集体和个人进行了表彰。通过公司局域网和工会信息等途径广泛宣传和推广先进女职工集体和个人的先进事迹，以先进人物敬业、勤奋、奉献、创新精神，影响和带动广大女职工，营造形成学先进、赶先进的良好氛围。

（钱　华）

【组队参加2009年中央企业船员技能大赛】 由国务院国资委、国家人力资源和社会保障部联合主办、中远集团承办的国家级一类竞赛，“2009年中央企业船员技能大赛船舶水手、船舶机工决赛”9月16日至18日在青岛船员学院举行，来自5大集团54名水手、45名机工参加决赛。公司派出3名水手和3名机工代表中远集运参加技能大赛。大赛设水手、机工英语测试，水手、机工专业理论测试以及撇缆、六股钢丝绳插接琵琶头、八股化纤缆插接琵琶头、三股纤维绳绳结、插接编结等水手实操竞赛和车钳焊机工实操项目竞赛。公司派出的6名选手中，劳务公司机工赵玉林列机工组第11名获得银牌，船舶管理二部机工陈权、江正贵列机工组第20名和24名，船舶管理一部刘彬、船舶管理四部杨鹏飞、劳务公司陶志刚列水手组第17名、21名和24名获得铜牌。同时获得由国资委授予的中央企业技术能手荣誉称号，其中35岁以下的同时获得中央企业团工委授予的中央企业青年岗位能手荣誉称号。（钱　华）

【职工文体活动】 2009年是新中国成立60周年，公司工会及各基层工会按照“喜庆、热烈、文明、和谐”的庆祝原则，认真组织开展广大职工喜闻乐见、形式多样的庆祝活动。红歌会、趣味运动会、征文活动、书画摄影展、升旗仪式等系列主题活动的开展，充分表达广大中远集运人奉献远洋、爱岗敬业、共克时艰的激情，营造积极向上、健康文明、富有活力的文化氛围，激发和引导广大船岸职工以更坚定的信心、更饱满的热情投入到公司改革发展中去，为中远集运“科学发展、同业领先”作出贡献。

（钱　华）

【开展口岸网点走访和慰问】 2009年，公司工会人员利用出差等机会分别赴武汉、大连、上海、北京、青岛、天津分部所属的部分网点进行走访和慰问，对网点员工在“减亏增效”拼搏战中充分体现的奉献精神、拼搏精神和团队精神，进行及时的宣传报道。新疆乌鲁木齐“7·5”打砸抢烧严重暴力犯罪事件发生后，公司工会适时赴乌鲁木齐市慰问新疆中货的全体职工，对他们维护民族团结，立足生产大局，及时调整经营思路，拓展新的经济增长点，取得可喜的经营业绩表示肯定。（钱　华）

【崇明三星镇北桥村结对扶贫工作】 2009年，是公司资助上海市崇明县三星镇北桥村建设的第3年。三年来，公司以高度的社会责任感，认真做好对口扶贫工作，共资助75万余元人民币，帮助改建5座危桥，修建10公里水泥路、10公里沙石路、8公里水渠，新盖"崇明县三星镇北桥村村委会办公楼",并为村委阅览室捐助图书1000余册。公司工会主席房迪坤带队每年3次去北桥村对扶贫工作进行检查落实,并向该村25户特困户和75户贫困户发放帮困金,三年发放帮困金共计15万元。（钱　华）

2. 组织劳保

【组织劳保部】 主要职责:筹备和召开公司工会代表大会和工会委员会的换届选举工作,召集和召开工会全委会,按照规定和要求做好工会干部的协管;帮助和指导基层工会召开会员(代表)大会及工会委员会的换届工作,帮助新建企业组建工会组织;组织工会干部法律法规及业务理论知识的培训;办理新会员的入会手续及会籍管理工作,建立、健全工会组织工作台账;指导基层工会开展创建"职工之(小)家"活动,"模范职工之(小)家"及劳动模范、有关先进评比的推荐和申报。公司职工代表大会的筹备、指导基层工会召开职工(代表)大会的工作;筹备和召开职工代表大会联席会议;职工代表(会员代表)的培训;企业民主管理、企务公开的日常工作和开展调研活动;组织集体协商和指导基层工会开展集体协商,签订集体合同,维护职工合法权益;组织职工代表对职工(代表)大会决议的落实和集体合同履行情况的巡视检查。制订公司工会劳动保护检查员培训计划,检查、指导各基层劳动保护及安全生产等活动的开展,参与职工工伤事故的调查处理;组织开展船舶、班组安全生产等劳动竞赛活动;组织职工开展岗位练兵、技术比武;劳动模范的评选、管理及慰问工作;按国家劳动保险规定,负责因工死亡职工的供养直系亲属定期抚恤费、非因工以及因病死亡职工供养直系亲属生活困难补助费的核发工作,加强对享受抚恤和生活补助费职工遗属的管理;公司帮困基金和助学基金的管理和使用,帮助和慰问特困和困难职工,做好特困职工定期帮困。组织开展"帮困助学"活动,帮助困难职工子女完成国家规定的学业。现有人员2人。

现任主任宋亚为。（郑琪坤）

【概况】 2009年,筹备和组织召开中远集装箱运输有限公司七届二次职工代表大会,形成七届二次职代会决议。会后,职代会提案审理委员会按照提案处理的程序和规定,对21件提案再次进行认真审理,组织和协调公司有关职能部门对职工代表提交的21件提案答复处理工作,完成对代表提案答复情况和职代会民主测评干部情况的反馈。会议期间,由公司工会委员会召集职代会主席团成员、公司工会委员和公司职代会代表,分别于2月18日、5月27日、11月18日和12月30日召开4次职代会联席(扩大)会议,听取和通过了职代会民主测评干部和职代会代表提案答复和处理情况的报告;讨论、审议并通过包括《中远集运劳动合同管理办法》、《中远集运总部机关加班值班管理规定》和《中远集运船员在船伤病亡处理办法》等涉及职工切身利益和职工代表大会职权范围内的有关事项。指导并帮助基层工会召开职工(代表)大会;完成公司2009年度35名优秀员工评选工作;协同上海远洋工会举办2期职业安全健康劳动保护检查员培训班;组织职工代表及有关方面人员对公司年度工作进行巡视检查;拟定并印发2009年企务公开民主管理工作意见并提出工作要求;按照公司总体部署,组织对公司和基层单位(船舶)企务公开民主管理工作情况进行检查和调研并形成报告。（郑琪坤）

【职代会建设】 1月10日,组织召开公司七届二次职代会,民主评议公司领导班子成员及集体,推荐公司领导岗位后备人选,经职代会联席会议审议通过《中远集运劳动合同管理办法》、《总部机关职工加班值班管理规定》和《中远集运船员在船伤病亡处理办法》,组织职工代表巡视检查,充分发挥职工代表的主体作用,落实职工代表的监督权利。做好对基层职代会、工代会的指导，并派员参加部分基层单位的职代会或职工大会。职代会期间，公司工会、上远公司工会、中国部工会共收到职工代表提案41件，内容涉及生产经营、降本增效、节能减排、船舶管理、队伍建设、劳动保护、福利待遇等诸多方面。（钱　华）

【职工代表巡视检查】 根据《中远集运全心全意依靠职工办企业的规定》，11月18日，公司工会组织来自公司总部和有关单位职工代表及有关人员对公司2009年工作进行巡视检查。参加巡视检查的职工代表听取了由公司战略发展部、安全技术管理部、组织/人力资源部、公司纪委和公司工会等有关公司企业管理、生产经营、安全状况、劳动合同履行和管理、党风廉政建设、涉及职工切身利益和职工提案答复处理等情况汇报。代表们对公司2009年取得的各项成绩给以充分肯定，对公司认真执行国家有关法律法规规定，有关职能部门依法操作，切实维护职工的合法权益感到满意。

（郑琪坤）

【安全主题活动】 2009年，公司工会把“安全在我身边、降本增效从我做起”与“安康杯”劳动竞赛活动、“全国水运系统船舶、班组安全竞赛”和“安全生产月”活动结合起来，调动和激发广大职工的安全和责任意识。会同党工部、安全技术管理部运用公司报刊、局域网站、一周要闻等进行安全文化的宣传，突出“关爱生命，安全发展”的主题，营造安全生产氛围；认真落实职业健康安全管理体系，加强工会劳动保护监督检查员队伍的建设和培养，会同上远公司工会举办2期劳动保护监督检查员培训，发挥三级工会劳动保护网络作用；会同安全技术管理部组成联合检查组赴部分船舶、基层单位，重点就危险品运输、船舶航行安全等进行安全、劳动保护专项检查，做到及时治理安全隐患，确保公司安全生产的平稳态势。针对夏季安全生产与劳动保护工作特点，组织人员赴生产一线对广大员工，特别对集装箱堆场、仓储、码头、食堂、车队等检查夏季安全生产与劳动保护工作的落实情况并慰问职工；会同行政部门和公司医院防疫部门人员多次对相关基层单位食堂的饮食卫生情况进行监督检查，对如何做好食堂安全卫生工作，确保食堂的饮食卫生提出具体要求，促进了职工食堂食品安全管理水平的提高。做好甲型H1N1流感的防控工作，提醒职工注意自我防护，保障职工身体健康和生产生活的正常进行。（钱　华）

【帮困送温暖活动】 2009年，公司工会把做好帮困送温暖工作作为深入学习实践科学发展观、建设和谐中远的重要举措。元旦春节期间，精心筹划安排，协调各方力量，深入走访退休老劳模、困难职工、起义北归船员、退休军转干部等家庭，切实帮助解决生活中的实际困难，确保“不遗漏，全覆盖”。慰问总人数为3144人次，其中特困职工65人次，困难职工981人次，离退休职工874人次，劳模先进708人次；慰问困难单位7个，慰问船舶148艘次；慰问救助金额总计443.71万元。在传统的“一日捐”活动中，中远集运在沪5224名员工捐款总额391434元，所筹资金列入各单位帮困基金，为进一步深化帮困工作提供物质保障。

（钱　华）

【帮困助学活动】 2009年，公司工会继续深入开展帮困助学活动，及时调整帮困助学对象，建立完善困难职工子女就学情况档案，实施动态管理。各单位、部门积极组织职工捐款，落实联系人员与困难职工子女结成帮困助学对子，不仅及时帮助助学对象解决一年两次的学费，还定期走访助学对象，指定专人关心助学对象的学习、思想、生活，将帮困助学活动由仅仅经济上的资助向促成学生全面健康成长的转化作了有益的探索，丰富了帮困助学的内涵，确保助学活动正常、持续开展。年内，公司工会及各资助部门共向17名受助学生发放帮困助学金3.2万元、慰问金2.3万元。2009年共有4名学生进入大学继续深造。

（钱　华）

【职工疗休养】 2009年,公司工会从增强公司凝聚力,关爱职工的角度出发,在公司效益不甚理想的情况下,坚持安排职工疗休养。年内,共组织4批74人次分别前往济南、泰安、厦门等地疗休养。(钱 华)

（四）共青团工作

【共青团中远集装箱运输有限公司委员会】 简称公司团委。在公司党委和共青团上海市委、中远集团团委领导下，团结带领公司广大团员青年，围绕企业生产经营中心，组织开展团的各项工作和活动，努力培养适应公司发展需求的青年人才，充分发挥组织青年、引导青年、服务青年和维护青年合法权益的作用。公司团委由韩飞、姚琦雄、徐莉（女）、郭启政、吴迪（女）、陈怀海、徐芳琼（女）、龚昭华（女）、于雪莲（女）9名委员组成。截至2009年底，公司团委下属基层团委25个，团总支5个，团支部145个。

现任团委书记韩飞。（韩　飞）

【概况】 2009年，公司团委坚持“融入中心、进入管理、服务企业、服务青年”的工作思路，突出一个重点：深入推进青年立功竞赛活动；抓住一条主线：加强团基层组织建设。以纪念五四运动90周年、新中国成立60周年等重大活动节点为契机，坚定青年理想信念；深入推进“号、手、岗”争创、青年创新创效和青年立功竞赛活动，团结动员全系统团员青年积极应对国际金融危机挑战，在“拼市场、拼货源、拼精神”过程中充分发挥生力军和突击队作用，努力为公司减亏增效，实现科学发展建功立业；以青年志愿者活动为载体，积极代表企业履行部分社会责任，发挥团组织奉献企业和社会的作用；坚持“支部建在船上、支部建在网点”的工作要求，不断加强基层团组织建设和基层工作；按期完成公司团委换届，选举产生由9名委员组成的公司第九届团委。

（韩　飞）

【上海团市委副书记、市青联主席李跃旗慰问公司青年船员】 1月5日，李跃旗带领上海市第十三次团代会第五代表团的虹口区和航运系统团代表以及来自上海文广新闻传媒集团的青年主持人，登上停泊在外高桥码头的“中远天津”和“锡伯河”轮慰问青年船员，给青年船员们送去新春温暖。上远公司纪委书记、工会主席颜铁观和“中远天津”、“锡伯河”轮船舶领导及10多名青年船员代表接待了慰问团。在“中远天津”轮大台，李跃旗和慰问团一行与两艘船舶的船员一起进行了座谈。（韩　飞）

【开展“实现同业领先青年立功竞赛活动”】 为应对国际金融危机挑战，引导和激励广大青年员工在关键时刻与企业共渡难关、共同奋进、共谋发展，充分发挥广大青年员工生力军和突击队作用，为公司全力拼搏效益建功立业。1月22日，公司团委发出通知，在全系统组织开展“实现同业领先青年立功竞赛活动”。该活动由公司团委与公司党委工作部、组织/人力资源部、战略发展部、财务部、安全技术管理部共同主办，公司纪委书记徐政军担任组委会主任，组委会办公室设在公司团委。通知要求各单位团组织通过组建重点项目青年突击队参加青年立功竞赛活动。活动分为项目申报、活动立项、跟踪推进和评比表彰四个阶段进行，活动贯穿全年，设一、二、三等奖和青年立功竞赛活动优秀组织奖。活动开展情况列入对各单位、部门2009年度精神文明建设目标任务考评内容。（韩　飞）

【成立青年志愿者协会】 为在公司广大青年员工中倡导团结友爱、积极进取、和谐向上、甘于奉献的良好风尚，进一步团结凝聚广大青年员工在“党政关注、企业急需、青年能为”的各项工作中发挥生力军作用，为推动企业精神文明建设和企业文化建设作出贡献，由公司团委指导组建，奉行奉献、友爱、互助、进步准则的公司青年志愿者协会于3月12日正式成立。协会设理事长一名，副理事长二名，暂设典礼会务、青年文艺、社会公益和青春世博四支青年志愿服务队，每支服务队设队长、副队长各一名。协会面向中远集运系统所有35周岁以下团员青年招募志愿者，公司各级团组织负责接收申请人的自愿报名。上海地区招募工作由协会直接负责，其他地区招募工作由中国部分会及所属各分部分会负责。协会主要工作：开展青年志愿者招募工作，并组建各支志愿服务队；组织青年志愿者培训，提高青年员工从事志愿服务的意识和能力；代表公司履行部分社会义务，参加各项社会公益活动；配合总经办、党工部做好公司各项重大活动的会务服务工作；开展服务企业、服务员工的各项公益活动；加强与上海市青年志愿者协会的沟通联系，做好参加上海世博会志愿服务各项工作。

（韩　飞）

公司青年员工在地铁站担任“左行右立”交通文明志愿者

【公司举行纪念五四运动90周年活动】 4月27日下午，公司在远洋大厦6楼多功能会议室举行纪念五四运动90周年活动。公司领导孙家康、吴树雄、蔡张德、徐政军、房迪坤与在沪各直属单位分管共青团工作的领导和80余名团员青年代表一起共庆青年节日，中国部及各分部、华南公司通过视频参加活动。先是召开“中远集团青年员工应对金融危机创新论坛暨第三届青年创新创效竞赛活动表彰会”，后是召开“纪念五四运动90周年大会”。会议由公司纪委书记徐政军主持，总经理孙家康、党委书记吴树雄作了讲话。会上，宣读了本年度获得各类团先进的优秀青年集体和个人名单，举行颁奖仪式和青年立功竞赛活动青年突击队、青年志愿者协会授旗仪式。

（韩　飞）

【公司青年员工在“中远青年学习吴大观同志演讲比赛”中获奖】 9月10日下午，中远集团团委通过视频会议系统举办“中远情·报国心·强企志——中远青年学习吴大观同志演讲比赛”决赛。中远集团党组书记张富生、副总裁兼工会主席许立荣、党组纪检组组长李云鹏等在北京远洋大厦会议中心主赛场观赛，公司党委书记吴树雄、纪委书记徐政军和党工部、组织部的负责人及团员青年代表在上海远洋大厦6楼会议室分赛场观看比赛。经过前期预赛，决赛共有来自集团下属11家单位的15名选手参加，公司3名青年员工参加决赛。最终公司3名青年员工获得良好成绩，上远公司船舶大副李文龙荣获一等奖，天津分部王江荣获二等奖，上海分部宁波分公司董文杰荣获三等奖。（韩　飞）

【公司领导会见上海团市委书记潘敏一行】 9月23日下午，公司总经理孙家康、纪委书记徐政军会见来访的上海团市委书记潘敏、团市委副书记李跃旗和团市委宣传部部长姚强一行，公司团委负责人等参加会见。双方就共同关心的国际航运市场形势、上海国际航运中心建设以及大学生实习等问题进行了探讨。（韩　飞）

【总部机关召开第七次团代会】 9月25日上午，总部机关在远洋大厦23楼会议室召开第七次团员代表大会，并进行换届选举，35名机关团员代表参加会议。会上，刘万军同志代表第六届机关团委作工作报告，公司团委和机关党委负责人到会并讲话。大会差额选举产生了由7名成员组成的总部机关第七届团委员会。当选委员是：姚琦雄、王远（女）、张萌、宋海燕（女）、章静（女）、彭超、陈思宇。在随后召开的机关团委七届一次会议上，姚琦雄当选机关团委书记、王远当选机关团委副书记。

（韩　飞）

【首届“上海航运青年文化节”开幕】 9月28日下午，公司团委以及21家上海航运青年网格化团建成员单位共同主办的首届“上海航运青年文化节”开幕式暨“聚焦北外滩，发展航运业”上海航运青年发展论坛在外滩茂悦大酒店举行。团市委副书记陈凯、公司纪委书记徐政军及虹口区和各航运单位分管领导出席开幕式。在迎世博倒计时215天时刻，开幕式通过215个漂流瓶、215份邀请信形式，向世界各国朋友发出参加2010年上海世博会的邀请。徐政军和有关方面领导分别为航运节宣传车队、航运青年代表授旗、交赠世博漂流瓶。航运青年宣传车队分赴国际邮轮码头、张华浜码头将漂流瓶分别转交给停靠码头的“苏州号”轮和“松子”轮船长，并委托他们投至公海。开幕式后，“聚焦北外滩，发展航运业”上海航运青年发展论坛作为文化节首场活动举行。

（韩　飞）

【召开第九次团代会】 12月1日，共青团中远集装箱运输有限公司第九次代表大会在远洋大厦6楼多功能厅召开。来自全系统80名正式代表和8名列席代表参加会议。大会总结第八次团代会以来三年的工作和经验，对今后三年公司团工作作出规划和部署。公司党委书记吴树雄、副总经理韩成敏、工会主席房迪坤和公司各党群管理部门负责人、各直属党组织负责人、部分公司历任团委负责人出席大会开幕式，上海团市委副书记陈凯，中远集团团委副书记刘海涛和部分兄弟单位团组织负责人到会祝贺。韩飞代表公司团委作题为《科学发展争先锋、拼搏效益建新功，凝聚引领广大团员青年为建设中远集运美好未来奉献青春》工作报告。会议审议通过了公司团委的工作报告、团费审查报告和大会决议。大会以无记名投票方式，差额选举产生由韩飞、吴迪（女）、郭启政、陈怀海、徐莉（女）、姚琦雄、于雪莲（女）、龚昭华（女）、徐芳琼（女）等9名成员组成的共青团中远集装箱运输有限公司第九届委员会。在大会闭幕后召开的九届一次团委会上，韩飞当选为第九届公司团委书记。

（韩　飞）

【一批先进青年集体和优秀青年被授予荣誉称号】 年内，经公司团委推荐，一批先进青年集体和优秀青年脱颖而出，中国部上海分部团委被评为“中央企业五四红旗团委”；美洲贸易区、“中远亚洲”轮、中国部上海分部宁波分公司欧地营销部被命名为“上海市青年文明号”；“中远纽约”轮被评为“上海市新长征突击队标兵”；上远公司技术部船岸一体化项目组被评为“上海市优秀青年突击队”；中国部上海分部青年志愿者服务队被评为“上海市优秀青年志愿服务集体”；公司团委被评为“上海市青工系统先进团组织”；中国部上海分部赫韶华被评为“中央企业优秀共青团员”；计算机中心王新波被评为“第十届上海市杰出青年岗位能手”；总部机关韩飞、上远公司谈轶群、计算机中心王新波、陈怀海被评为“上海市新长征突击手”；美洲贸易区张为当选第十届上海市青联委员；计算机中心团委、中国部厦门分部团委被评为“中远集团五四红旗团委”；泛亚公司团委、华南公司团委、中国部青岛分部团委被评为“中远集团五四红旗团委创建单位”；企业资讯发展部团支部、“潮河”轮团支部、单证公司团总支被评为“中远集团五四红旗团支部”；财务部姚琦雄、上远公司庞海龙、中国部武汉分部杨廷贤被评为“中远集团优秀共青团员”；上远公司杨炯、单证公司李正宁被评为“中远集团优秀共青团干部”；安全技术管理部《中远集运燃油监控系统》等18个项目、中国部上海分部潘益君撰写的《江奎集团呆账危机处理的几点启示》等19篇论文、上远公司周玉山撰写的《节能减排，拼搏效益》等6个建言献策在第三届中远集团青年创新创效竞赛活动中受到表彰；38个青年集体被命名为中远集运“青年文明号”，19个团组织被评为中远集运“五四红旗团组织”，25人被评为中远集运“青年岗位能手”。 （韩 飞）

Shanghai Ocean Shipping Co., Ltd.

七 上海远洋运输有限公司

COSCO Container Lines Almanac 2010

【上海远洋运输有限公司】 上海远洋运输有限公司(以下简称"上远公司")是中远集团下属的集船舶管理、劳务输出、航运服务、综合实业等一体的产业多元化公司,核心业务是船员配备和船舶管理。上远公司拥有一支职业道德良好、业务技术精湛的高素质船员队伍。现有远洋船员9098名,其中高级船员3813名,本科及以上学历占16.3%,大专学历占42.3%,中专、技校学历占32.6%,中专、技校以下学历占8.8%。上远公司受中远集运委托管理的100多艘集装箱船舶,航行于全球20多条主干航线,挂靠世界100多个重要港口。上远公司具有40多年的远洋船舶管理经验和优势,通过建立船舶局域网、船岸数据通信和船舶管理信息系统,为中远集运船舶的安全准班营运提供了有力支持。在船舶日常管理中,上远公司全面推行综合管理体系,贯彻执行《STCW及其修正案》、《ISM规则及其修正案》、《ISPS规则》、《SOLAS公约及其议定书/修正案》和《MARPOL及其修正案》等国际海事公约或相关规定,按照安全、质量、环境和职业健康等国际、国内标准要求,形成全方位管理格局。上远公司下属上海远洋对外劳务有限公司秉承"诚信、合作、互惠、共赢"的企业文化和"与时俱进、开拓创新、规范管理"的发展宗旨,积极开拓国内外海员劳务市场,凭借健全的管理机制、完善的培训体系和丰富的信息资源,不断为全球众多知名的船东和船舶管理公司提供优质的服务,建立了良好的合作伙伴关系。同时,通过建立以顾客需求为导向的海员招聘、培养模式,在为船东、客户提供全方位服务过程中赢得了良好声誉和广泛信赖,劳务输出正在逐步形成产业化。上远公司拥有中国海事局签发的DOC证书,具备管理国内外各种类型船舶的经营资质,凭借多年来积累的船舶管理经验,上远公司与国内外多家船公司建立了合作关系,在船舶管理、管理资源输出、船舶咨询服务等相关行业形成了一定的品牌影响力。近年来,上远公司将其经营范围逐步拓展到船舶航运、船舶租赁等领域,目前拥有自有船舶2艘。上远公司现有机关员工294名,陆地单位员工1749名,公司下设:行政事务部、党委工作部、海务监督部、船舶技术部、安全质量部、财务部、投资发展部、组织/人力资源部、船舶监造中心、工会/职工保障部、船舶管理一至四部等14个部门,拥有5家分支机构,6家全资企业,经营业务涉及海员劳务输出、船舶物资供应、船舶修理、通信导航、航海图书、缩微印刷、国际贸易、客货运输、宾馆旅游、房产开发、物业管理、医疗保健、教育培训等领域。2009年2月11日,公司完成改制,由上海远洋运输公司变更为上海远洋运输有限公司。2009年8月28日,中国远洋第二届董事会第十三次会议决议,同意中远集运向中远集团购买上远公司100%股权。2009年10月28日上远公司完成股权变更,成为中远集运所属子公司。同时,根据中远集团安排,上远公司代为管理上海远洋实业总公司,实行"一套班子、两块牌子"。

现任总经理仇鑫尧,党委书记韩超,副总经理宋振庭(2009年8月离任)、徐允平(2009年4月到任)、曹致俊(2009年8月到任)、陈大龙、侯立平(2009年8月到任)、麦昌年(2009年8月离任),财务总监王世平,纪委书记/工会主席颜铁观。

(张 芸)

【概况】 2009年,上远公司在中远集运的正确领导下,围绕中远集运年初下达的目标任务,积极贯彻落实中远集团党组书记张富生在上远调研时的讲话精神及中远集运相关专题会议精神,克服全球金融危机带来的不利因素,努力创新挖潜,安全生产各项指标都控制在预算范围内。公司管理的主船队船舶安全面大于98%,船舶综合准班率96.2%,船舶防抗台成功率100%,PSC迎检船舶173艘次,无缺陷通过率76%。一年来,公司先后获得"中远集团文明建设先进单位"荣誉称号和中远集运"2009年度四好领导班子"荣誉称号。2009年上远公司完成如下主要工作:一是真抓实干,安全管理工作扎实有效。为进一步增强体系运行效能,不断改进和完善综合管理体系结构与内容,新版体系文件于2009年11月1日生效。重点加强船舶航行安全的全过程监控,全年累计跟踪雾航船舶83艘次、大风浪航行船舶61艘次、防抗台船舶277艘次。同时,重点跟踪指导亚丁湾防海盗特殊海域航行船舶251艘次,全年向船舶发出各类甲流防范提示、疫情通报共42次。在公司经营成本压力较大的情况下,仍拨付77万元和70万元分别作为防海盗和防抗甲流疫情的专项款,为船舶财产和船员生命安全提供了有力保障。通过隐患整治、冬防专项检查等阶段性活动,推进"安全生产年"目标任务的落实,全年共查出船舶安全隐患138项,完成整改127项,整改率92%。注重将船舶设备年度维修保养计划与船舶设备评估工作进行有机结合,有效降低设备的故障率,同时最大限度地发挥SMIS系统的各项功能,以信息化技术手段促进船舶管理水平的提高。按照事故处理"四不放过"原则,严格执行公司《船舶安全问责制管理办法》,对事故责任人加大处罚力度。根据中远集运新造船计划,加大船舶监造力量,有力地保障了新船按计划上线营运,全年共有3艘5100TEU船和1艘10000TEU船交付使用。二是精益管理,成本控制工作卓有成效。通过将成本费用发生数与公司预算进行逐月对标,及时提出预警并进行动态整改,确保公司全年总成本费用在去年的基础上再下降5%。利用年初修船市场不景气的机会,通过签署"修船大合同",大幅减少了船舶修理成本,同时严格控制机务五项费用预算,全年机务费用节支8.73%,共计5242万元。全年备件国产化率从年初的17%上升到20.1%,节约费用78.6万元。通过内部管理核算平台,严格控制非正常公休船员差旅费报销审批程序,降低公司调配成本,全年节约船员体检换证及换班费用共计120万元。紧扣主机降速环节,在确保主机工况不受影响的前提下,有效开展节能减排改造项目,船舶节油共计18.2万吨,为中远集运降低运营成本作出了积极贡献。全年累计坞修审计项目37项,航修审计项目68项,审计金额11359万元,核减金额398万元,在取得明显经济效益的同时,有力促进了机务精益管理。三是着眼长远,人才队伍建设稳步有序。根据中远集团党组书记张富生在上远公司调研船员工作时的有关指示精神,公司全面落实船员管理20项任务目标,确保船员队伍建设再上新台阶。根据中远集运运力规划的调整,结合公司船员资源实际,及时调整船员培养、补充计划,2009年招收水上专业毕业生185名,解除劳动合同105人,终止租用劳务船员326人。制定下发《上海远洋运输有限公司劳务船员管理办法(试行)》,将劳务船员管理统一纳入公司船员管理体系,为中远集运主船队和劳务外派提供了优质的人力资源保障。为充分调动船长、轮机长的工作积极性,提高公司船舶管理核心竞争力,全年共完成68名船长和38名轮机长等级评定工作。重点抓好各级海机务监督人员队伍建设,全年补充海机务监督员5人,通过资格认定9人,提升等级4人。完成直管干部调整69人、115人次。四是全力以赴,改制重组工作圆满完成。根据集团总公司关于上远公司进入资本市场的总体部署,在2008年完成相关前期工作的基础上,公司按照中远集团、中远集运的统一部署,克服时间紧、任务重等各种困难,积极推进产权清晰、企业关停并转、人员梳理等工作,圆满完成改制重组相关工作。在此次改制重组中,共涉及6块土地的房地产转性及资产权属明晰工作,13家单位的股权无偿划转及工商变更登记工作,11家上远公司、实业总公司和工会投资单位的关闭工作。同时,解决了上市后上远公司退养职工的生活费来源问题和离休老同志、退休老职工以及职工遗属的福利待遇问题,确保了上远公司的稳定和谐。五是快速反应,陆上企业困境中求发展。面对全球金融危机对陆上投资企业经营带来的不利影响，上远公司各陆上投资企业按照年初制订的“谨慎决策、力控风险、稳健经营”的工作思路，及时评估经营风险，灵活调整经营策略，严控各项费用支出，确保了各单位现金流的畅通，为顺利开展经营活动创造有利条件。2009年，上远公司投资企业实现净利润1267万元。船员外派在船总人数2477人，外派班子121套，租金回收率98%，全年合同租金增加56万美元。六是十年磨一剑，船岸信息系统建设粗具规模。2009年是公司启动船岸信息系统建设第三个三年规划的最后一年，经过近10年的努力，2009年完成人力资源管理信息系统一期工程并正式投入使用；完成公司所管船队LRIT履约工作；完成卫星通信设备A站的更新工作；升级船舶状况评估信息系统，使得船舶费用预算更趋合理、可控；完善“船舶全球动态监控系统”，使其在公司船舶安全管理中进一步发挥重要作用，该系统还获得国家知识产权局颁发的“实用新型专利证书”。七是围绕中心，凝聚力工程有声有色。全年共开展各类慰问、帮困5435人次，慰问船舶138艘次，发放慰问金、困难补助共计261.63万元，发放帮困助学金59.6万元。同时，公司积极开展“一日捐”献爱心活动，共有3825名船岸职工慷慨解囊，踊跃捐款，捐款金额达30.91万元。2009年，公司通过评模评优工作、组织技能大赛、“金点子”征集、文化体育等一系列活动，努力营造积极向上的文化氛围，激发和引导广大船岸员工以更坚定的信心、更饱满的热情投入到公司的改革发展中去。2009年公司也涌现出许多先进典型：丁经国船长获得“2009年中央企业劳动模范”荣誉称号；供应公司获颁“上海市五一劳动奖状”。此外，公司还选派6名船员参加国资委举办的“中央企业船员技能大赛”活动，1人获得银牌，5人获得铜牌，这6名船员同时还获得由国资委授予的“中央企业技术能手”荣誉称号。

（张　芸）

公司领导干部情况统计表

序号	姓名	性别	出生日期	政治面貌	学历	职　称	现任职务	任命机关	任职时间
1	仇鑫尧	男	1954.12.09	党员	硕士	高级轮机长	总经理	中远集运	2005.11.23
2	韩　超	男	1970.06.09	党员	硕士	高级政工师	党委书记	中远集运	2005.11.23
3	徐允平	男	1957.7.22	党员	硕士	高级工程师	副总经理	中远集运	2009.04.23
4	曹致俊	男	1954.09.01	党员	硕士	工程师	副总经理	中远集运	2009.08.03
5	宋振庭	男	1951.11.01	党员	硕士	高级船长	副总经理	中远集运	2006.03.01
6	陈大龙	男	1962.03.13	党员	硕士	工程师	副总经理	中远集运	2006.05.01
7	侯立平	男	1964.01.11	党员	硕士	工程师	副总经理	中远集运	2009.08.03
8	麦昌年	男	1962.10.31	党员	硕士	高级工程师	副总经理	中远集运	2006.05.01
9	王世平	男	1956.07.18	党员	硕士	助理会计师	财务总监	中远集运	2004.08.23
10	颜铁观	男	1953.05.18	党员	硕士	高级政工师	纪委书记、工会主席	中远集运	2006.03.06

注：宋振庭、麦昌年2009年8月3日离任

（杨云胜）

2009 年末船员人数统计表

截止时间:2009 年 12 月 31 日

职务	人数	职务	人数	职务	人数	职务	人数
船长	348	轮机长	323	事务员	5	机工	134
政委	154	大管轮	374	船医	5	大厨	146
大副	377	二管轮	307	防火员	2	厨工	2
二副	296	三管轮	247	水手长	179	服务员	133
三副	230	轮机见习生	94	木匠	100	社会保障部	624
驾驶见习生	99	电机员	225	一水	174	人力资源管理中心	46
报务员	9	电气见习生	25	二水	37	其他	7
机工长	124	客运主任	3	见习水手	7		

职务和人数	职务分布
劳务船员(高级船员)658 人	驾驶员 331 人,轮机员 327 人
劳务船员(普通船员)3604 人	水手长 129 人,木匠 165 人,水手 1752 人,机工长 89 人,机工 1147 人,大厨 148 人,厨工 38 人,服务员 136 人

说明:2009 年年末总人数:9098 人(其中公司自有船员 4836 人,劳务船员 4262 人)

(曹国春)

船长、政委、轮机长年龄、文化程度统计

职务:船长　　截止时间:2009 年 12 月 31 日

部门	人数	年龄							文化程度			
		35岁以下	35—40	41—45	46—50	51—55	56—60	平均	大专及以上	中专	高中及中技	初中及以下
船管一部	47	1	10	9	7	11	9	48.0	25	0	22	
船管二部	55	2	8	11	8	16	10	48.0	16	2	37	
船管三部	49	2	6	12	13	12	4	47.0	15	2	31	1
船管四部	47	0	8	9	8	13	9	48.0	21		26	
劳务公司	150	2	24	36	42	32	14	47.0	62	7	79	2
社会保障部	12				4	6	2	53.0	2		10	
其他部门	7		2	2	2	1		45.0	4	1	2	
总计	367	7	58	79	84	91	48	48.0	145	12	207	3

(曹国春)

职务:政委　　　　截止时间:2009 年 12 月 31 日

部门	人数	年龄							文化程度			
		35岁以下	35—40	41—45	46—50	51—55	56—60	平均	大专及以上	中专	高中及中技	初中及以下
船管一部	39		5	4	3	15	12	51.0	25	1	12	1
船管二部	39		4	4	6	12	13	51.0	22		14	3
船管三部	35	2	4	4	1	9	15	51.0	25		6	4
船管四部	36		2	5	5	12	12	52.0	22	2	7	5
劳务公司	5			1	1	1	2	52.0	2		1	2
社会保障部	4					2	2	55.0	4			
其他部门	2					2		53.0	2			
总计	160	2	15	18	16	53	56	51.0	102	3	40	15

（曹国春）

职务:轮机长　　　　截止时间:2009 年 12 月 31 日

部门	人数	年龄							文化程度			
		35岁以下	35—40	41—45	46—50	51—55	56—60	平均	大专及以上	中专	高中及中技	初中及以下
船管一部	44	2	11	8	7	10	6	46.0	28	1	15	
船管二部	52	1	6	14	7	17	7	48.0	28	2	18	4
船管三部	47		6	4	18	12	7	49.0	17	4	23	3
船管四部	42	1	7	7	14	8	5	47.0	17	3	21	1
劳务公司	138	1	12	31	43	41	10	48.0	60	5	69	4
社会保障部	17		1	5	3	6	2	49.0	9		7	1
其他部门	8	1	1	4	1	1		43.0	7		1	
总计	348	6	44	73	93	95	37	48	166	15	154	13

（曹国春）

2009 年退休职工名录

冯衍君　周国荣　黄永华　毛月玲　姚宇浩　金　超　邵忠良　金相龙　贺信全　高敬明
周在前　金国民　秦忠林　郑元华　李彭根　沈贵英　刘作良　胡顺娣　韩伟达　朱金全
李惠义　孙国庆　周宝祥　李宗骥　沈培勤　潘国良　纪根深　侯金龙　程相德　李　江
孙金发　陈　龙　梁崇华　石　雯　彭松利　匡春钰　金长升　戴立明　刘生才　王惠英
龚玉庭　芦天元　谭斌刚　乔国祥　李元洪　金福堂　方国民　刘小才　王世明　郭　明
马炳树　王宝根　沈惠高　李泽华　金国平　方国泉　柳廷胜　王兴度　黄洪杰　聂金阳

王财荣	施维有	梁慧讯	居建华	甘金新	吕三喜	王学良	居新友	潘德裕	王世良
唐桂林	林日金	李启华	黄炳仁	孟雪华	王演昌	李湘文	潘惠良	王玉全	陶　建
卢洪明	林守德	贾守良	牟连明	吴礼平	梁登明	屈忠武	王占忠	王鸿祥	倪志洪
刘冬喜	李秋华	钱王根	徐　磊	刘国华	任永根	吴志荣	吴昌富	任树祥	刘根法
马英俊	乔兴文	徐正华	刘　航	沈富春	吴作华	吴根夫	盛炉生	陆根林	马政勇
尚　彬	严永兴	施品恩	沈　喆	肖海协	吴小弟	施庆宁	潘新国	毛钦灏	沈金祥
姚　红	王惠明	孙　超	徐金初	肖乐才	石永明	潘遇春	乔　扣	沈越峰	姚有坤
王金明	孙建平	杨建建	许宪华	汤广忠	沈维军	邱根祥	唐国繁	张国平	王克明
王宝龙	杨亚弟	袁招根	屠瑞林	施成飞	苏　礼	王崇理	张建和	王兆明	王明士
杨振河	曾小平	王国兴	宋志军	汤福海	王广余	赵孟焕	夏稼祥	王水度	殷明奎
张金荣	王建明	孙　华	王金建	邬渭强	赵天龙	向春荣	翁柏年	张建民	张南桥
王荣根	孙书良	吴春生	吴天根	郑士祥	徐金荣	吴金涛	张克厚	张圣康	吴国强
孙文彦	夏奎明	吴伟民	周金弟	薛为荣	徐鸿发	张黎明	张喜忠	吴维生	孙志明
夏正邦	吴一心	周静生	严林官	徐银龙	郑鸿根	张祥弟	夏保炎	同茂德	徐民星
徐道顺	周智林	郁宝童	颜洽钧	周海华	张志奎	徐增勇	汪曙光	颜　平	严永良
蔡方俊	张贵龙	姚建华	周其干	赵大明	许顺庭	王　高	姚龙根	叶江街	郭庚明
张汉弟	张成玉	周仁忠	周佩国	薛惠平	王金根	于新元	于新潘	黄国平	张文琪
支　伟	周　荣	周　宪	姚水潮	王日林	俞建昌	赵永康	黄廷海	张云伦	朱凤存
周晓阳	朱亚先	袁鸽生	王以京	张福官	陈福炉	黄雅程	周进平	朱建都	朱建国
祝文达	张伯全	王忠祥	张新生	陈建初	金利国	朱德根	丁小马	柏玉林	柴福连
张良德	王佐元	张云飞	戴园兴	陆国俊	蔡志钧	胡张发	陈德明	陈国祥	朱根发
翁卫珠	周春生	单有龙	马明强	陈建国	江联苹	陈忠发	陈惠熊	朱留生	吴永发
周恺骥	丁沪生	史水凤	丁福根	蒋忠好	程　俊	陈群发	朱桥清	杨德意	周连奎
丁五弟	田可君	方锡定	金泗潮	丛航泉	陈锡忠	曹恒兵	姚新华	朱云德	黄建国
王守聘	龚建雄	李存秋	崔永华	陈益平	陈东兴	张朝春	陈鸿如	黄锐彬	卫长青
龚林华	林六弟	方国际	丁亚伦	陈建德	张顺明	陈其承	李省章	魏云峰	顾和弟
陆建新	何祥华	方　荣	陈　荣	张中尧	陈伟钧	李世伟	徐福兴	顾伟弟	陆振林
胡瑞林	高中福	陈忠友	赵增裕	陈伟民	卢新礼	徐根龙	华建中	彭吉蒂	黄虎乾
谷文家	范阳春	周从炳	陈云龙	陆嘉礼	徐汉忠	季玉山	钱志康	季方明	顾冠昌
方怀清	周根龙	顾国麟	陆志连	薛宝庆	江志春	任荣霖	金金官	顾　平	高文同
顾玉龙	刘伟新	唐永兴	曾广利	卜美弟	季明华	毛鹏伟	王惠敏	叶瑞琳	关焯成
苗根宝	王　强	张宝军	程林全	金建忠	潘德国	王学田	张东其	胡光达	潘伟曙
王益民	张瑞坤	丁俊华	李仕富	彭金伟	王正明	张家彬	姜茂琪	任　伟	翁志林
张宪君	费友宝	李宣区	全　超	谢万新	赵公元	蒋国新	茹德康	吴长庚	张义忠
龚俊荣	林　翩	沈　东	胥强平	赵江水	金勇刚	沈长荣	夏红祥	张友龙	龚月德
林忠勇	沈坚美	徐桂福	郑瑞书	孔维荣	沈永根	项明荣	张志成	谷月琴	刘海生
施庆中	徐伟光	周国耀	匡洪周	史金龙	徐世伟	郑振旗	韩国生	刘泉元	史福珍
严云定	周菊妹	李安明	宋星石	杨翠玲	周美君	何秀昌	楼洪明	汤胜忠	杨　斌
李建华	孙志朝	杨志明	朱国麟	胡建新	陆进忠	陶忠兴	杨海鹰	凌龙元	唐培荣
殷伟森	朱瑞法	胡菊荪	陆生桃	王怀喜	杨文忠				

（史晓丽）

2009 年度退休职工身故名单（＊为离休干部）

序	姓　名	原职务	出生年月	死亡日期	死亡原因
1	雍国安	政　委	1939. 8. 2	2009. 1. 5	肝　癌
2	李学勤	海务监督员	1947. 5. 8	2009. 1. 7	高血压
3	陈开基	水手长	1941. 11. 24	2009. 1. 18	肠　癌
4	黄天淑	轮机长	1936. 11. 2	2009. 1. 20	猝　死
5	郑学玉	一　水	1950. 5. 14	2008. 12. 20（注）	肝硬化
6	贺　意	水手长	1944. 7. 1	2009. 1. 25	糖尿病
7	张燕铎	船　长	1914. 8. 30	2009. 1. 28	心　衰
8	祝凤涛	轮机长	1938. 11. 29	2009. 1. 28	糖尿病
9	王连福	工　人	1925. 4. 8	2009. 2. 5	心　衰
10	陈仁有	水手长	1931. 1. 9	2009. 2. 10	肺　癌
11	高洪恩	服务员	1943. 11. 28	2009. 1. 22	胰腺癌
12	王世光	主　报	1944. 6. 19	2009. 2. 17	猝　死
13	张庆福	三管轮	1940. 11. 1	2009. 2. 24	脑血栓
14	陈广月	二管轮	1928. 11. 15	2009. 3. 18	心脏病
15	李传喜	一　水	1948. 12. 24	2009. 3. 24	肝　癌
16	赵大连	机　工	1934. 11. 5	2009. 4. 1	心脏衰竭
17	陈新德	轮机长	1938. 5. 25	2009. 4. 9	前列腺癌
18	吴浩生	大管轮	1951. 6. 10	2009. 4. 10	胃　癌
19	王忠林	大管轮	1946. 1. 1	2009. 4. 11	心脏病
20	吕凤朝	水手长	1932. 2. 11	2009. 4. 20	肺　癌
21	高晓明	水手长	1951. 12. 21	2009. 4. 23	脑积水
22	黄永新	一　水	1953. 3. 26	2009. 4. 29	肝　癌
23	薛全生	水手长	1945. 10. 1	2009. 5. 1	糖尿病
24	宋金标	二管轮	1948. 11. 11	2009. 5. 13	尿毒症
25	马金元	大管轮	1946. 3. 1	2009. 5. 13	肝　癌
26	陆秉琪	干　部	1941. 8. 26	2009. 5. 17	心　梗
27	杨高海	水手长	1947. 2. 12	2009. 5. 20	胰腺癌
28	王建龙	通用电机员	1945. 8. 10	2009. 5. 25	淋巴癌
29	李桂民	轮机长	1937. 5. 13	2009. 6. 4	肠　癌
30	林荣富	大管轮	1931. 7. 2	2009. 6. 10	脑溢血

（续表）

序	姓　名	原职务	出生年月	死亡日期	死亡原因
31	查来富	水手长	1940. 12. 22	2009. 6. 20	肺部感染
32	刘伯康	政　委	1935. 9. 6	2009. 7. 5	急性心梗
33	沈小生	报务员	1952. 7. 2	2009. 7. 10	心　梗
34	张连义	大管轮	1951. 2. 1	2009. 7. 14	车　祸
35	于来云	船　长	1936. 9. 9	2009. 7. 15	心　梗
36	杨均汉	轮机长	1931. 11. 5	2009. 8. 3	心　梗
37	卫桂良	船　长	1947. 8. 17	2009. 8. 3	胃　癌
38	陈如铭	水手长	1928. 9. 29	2009. 8. 9	肺　癌
39	张德明	一　水	1949. 1. 1	2009. 8. 22	肝　癌
40	张守林*	处　级	1927. 5. 5	2009. 8. 26	心脏病
41	苏朝国	轮机长	1931. 12. 28	2009. 9. 8	肺部感染
42	薛国香	轮机长	1920. 3. 21	2009. 9. 11	肝硬化
43	徐荣生	机　工	1953. 1. 13	2009. 9. 13	脑　瘤
44	沈　璇	大　副	1950. 2. 27	2009. 10. 8	胰腺癌
45	丁喜枪	管　事	1945. 7. 10	2009. 10. 22	骨髓瘤
46	曹国冲	水手长	1938. 12. 1	2009. 10. 23	肺　癌
47	唐四弟	工　人	1930. 9. 21	2009. 10. 27	糖尿病
48	李彭根	工　人	1949. 7. 3	2009. 10. 29	心　衰
49	沈格伟	一　水	1945. 10. 27	2009. 11. 5	肺　癌
50	宋汝涛	副总裁	1938. 12. 24	2009. 11. 8	心　梗
51	盛传鼎	处　级	1933. 5. 4	2009. 11. 13	胰腺癌
52	陈银大	管　事	1935. 12. 19	2009. 12. 9	脑梗
53	周钧庭	船　长	1934. 7. 19	2009. 12. 19	糖尿病
54	盛克欢	教　师	1936. 12. 10	2009. 12. 24	肝　癌

注：上报时间为 2009 年 2 月 1 日，计入 2009 年度

（许东瀛）

(一)上远公司机关

1. 海务监督

【海务监督部】 上远公司负责船舶海务安全监管与指导的职能部门。主要职责:贯彻国内外航海法规、法令、公约及上级有关安全工作指示;督促检查、指导船舶安全工作;了解船舶海务安全情况,提出指导性意见;审阅航行记录和甲板关键性操作记录;检查船舶救生、消防等设施使之符合法规要求和处于正常技术状况;布置冬防(防风、防冻)、雾航、防抗台风等季节性安全工作;负责中远集运主船队船舶和中远系统在上海地区的船舶防抗台风日常工作;参与船舶海事抢险救助以及一般等级以上的海损事故调查、分析、处理,总结经验教训和制订安全措施;协助海事理赔、处理相关事项;跟踪相关国际公约、国家法规和规则,制订和修改相关综合管理体系文件;搜集研究国内外航海科学技术及国内外港口船舶安全航行资料;使用BRIDGE全球气象和全球船舶监控系统对全球各海区的气象与船舶航行情况予以监视,对受到或可能受到恶劣天气和海况影响的船舶提出预警提示和相应安全指导,指导和协助船舶正确使用气象导航资料;编制、订购、分发船舶中外文版航海图书资料和指导船舶正确修改使用;负责船舶普航仪器的修理和更新;参与受委托管理船舶开辟新航线的设计;对老龄船、特殊情况船舶重点跟踪和指导;对船舶自查和船舶管理部的复查进行抽查;掌握和分析船舶有关部门的安全工作并进行必要的调研和上报。设岸基值班室、海务管理、海事处理、海务监督、消防监督、航保等岗位。现有人员13人,包括本科学历8人;其中高级职称7人,中级职称6人。

现任部长、总船长赵庆爱,副部长王征祥。 (赵庆爱)

【概况】 2009年,全年跟踪大风浪及寒潮大风航行船舶61艘次、雾航船舶83艘次、冰区航行1艘次、特殊航行船舶35艘次,亚丁湾防海盗特殊海域航行船舶251艘次。举行1次船岸应急联合演习,1次船岸反恐(保安)演习。督促船舶及时制订或修改《航次计划》,全年48艘船舶反馈《航次计划》。为船舶防范各种风险,避免和减少各类事故的发生,确保船舶航行、靠离泊位、装卸货物的安全,收集、整理各类航行安全、防污染信息并及时向船舶发布安全管理信息51次。加强船舶危险货物运输的跟踪和监控管理。指导船舶危险货物的积载、运输和监管工作,当船舶发生涉及货物事件,尤其是危险货物的紧急情况时,为船舶提供有力的岸基支持,并为船舶抢险提供决策依据。以《事故案例分析》为平台,督促驾驶人员积极参与《国际避碰规则》的学习与讨论。继续强化推进《船舶航行值班驾驶人员行为指导》。收集中国港口规章制度,及时更新相关资料。研究新靠泊港口资料。派员参加中远集团2009年船舶防避恶劣天气研讨会。对各船舶管理部申报的带教船长进行评估。跟踪、研究有关涉及船舶安全的国际国内法律、法规、通函和指南,为船舶做好提示、释疑和施行工作。收集、撰写、审阅船舶安全管理和航海技术类文章和稿件。以强制性规定和标准、国际海事组织、主管机关、船舶检验机构和行业组织所建议的规则、指南和标准为支撑框架,对体系文件提出10个修改建议。做好船舶航线调整的图书资料配备,以及关航行安全的港口资料、航线设计等相关技术咨询服务,为船舶的安全生产提供技术支持。加强对进出港船舶和航行在特殊海区如亚丁湾等安全形势较差海区船舶的跟踪和指导,确保船舶安全。为船舶提供必要的技术指导等岸基支持。

(秦　臻)

【岸基值班】 2009年,岸基值班室不断完善岸基支持功能。全年处理船舶各类突发应急事件50起,为公司有关部门及时处置和应对船舶突发事件,保障船舶营运安全发挥了重要作用。借助岸基信息优势,值班室根据船舶需要,及时为船舶提供各类信息包括气象资料。2009年在世界范围内爆发H1N1流感,值班室根据中远集团的要求,每天跟踪船舶、各陆地单位和公司机关有关疫情情况,执行零报告制度。利用船舶监控系统,在台风、能见度不良和其他恶劣天气期间,加强对船舶监控,及时向有关船舶发出安全航行提示。自从2008年下半年以来索马里亚丁湾一带海盗活动日趋严重,值班室对该海区给予了重点的关注,随时掌握公司船舶在该海域的动态,并每天向调度会通报公司船舶在该水域的航行情况。自中国政府开始在亚丁湾执行护航任务以后,岸基值班室承担起船舶护航申请的转发,并协调船舶与船东协会有关的护航工作,向船东协会发送了1200余份书面信息,并向所有航经亚丁湾水域的船舶发送了38次的安全信息,保障251艘次船舶安全顺利地通过该海盗活动高风险水域,其中15艘次参加中国海军的编队护航。2009年公司船舶开始为中国海军在亚丁湾护航舰艇捎带生活物资,共协调、跟踪、指导6艘次船舶的装载、航行以及转运工作。另外,为了监控公司船队的运行情况,在原有的系统中建立了24小时船舶动态监控系统功能,确保岸基对船舶的有效监控。

(郭正云)

【船舶驾驶人员业务培训】 2009年,上半年举办"船舶水上交通事故通报与个别事故案例分析会",到会船长、驾驶员108名,会上通报了公司近期发生的几起事故,对个别事故案例进行了分析,并对船舶提出具体要求。2009年9月1日至11月30日,为积极配合和应对巴黎备忘录和东京备忘录对船舶救生艇降落装置进行一次集中大检查(CIC),举办了"船舶救生设备检查维护专项培训班",聘请中国船级社(CCS)指导验船师讲解船舶救生设备的维护和保养、港口国检查、有关最新生效的公约法规、标准和指南。全年举办3期船长、驾驶员公约法规、业务技能培训班。聘请上海海事局的专家为船长讲授船舶PSC检查程序、形势和应对措施;上海港公安局消防处的专家讲授船舶消防安全的管理;海务监督部就船长的应急管理和近期公司水上交通事故与船长们进行互动交流和探讨。全年共参加培训的船长128名、驾驶员120名。完成20名新晋升船长见习授课,完成24名船长的面试工作。

(秦　臻)

【船舶防抗台】 2009年,船舶防抗台风成功率达100%。全年西北太平洋防抗台风22个,其中超强台风5个,台风7个,强热带风暴5个,热带风暴5个,历时3150小时。跟踪指导船舶277艘次,受影响船舶177艘次,其中滞航37艘次,绕航62艘次,锚泊61艘次,靠泊9艘次,抛一点锚抗台8艘次,防抗台值班762小时。防避东北太平洋、墨西哥湾和西北大西洋飓风8艘次。

(秦　臻)

【航海保证】 2009年,海务监督部做好航海保证工作,共为2100艘次船舶审、购、寄、发、送航海图书资料,购发航海参考书6710本,购发航道图、蓝图3512张;为41艘船舶更改航线和新接5艘船舶审核和配备航海图书资料及普航仪器,并尽可能在船舶间调拨海图及航海图书资料,以节约费用;安排船舶更换和配备普航仪器55件;为船舶购发磁罗经自差表36张(船舶自校磁罗经),节约人民币2.52万元;安排罗经师为38艘次船舶校正磁罗经;为船舶调换修理望远镜

42架,节约人民币2.1万元。全年购发中、英、日等各类航海通告15100册。

(徐水祥)

【船舶水上交通整体形势平稳安全】 2009年,公司船舶安全面达到99%,发生1起海损小事故,安全生产总体情况比上年有所改善。船舶安全生产形势基本稳定,但不容乐观,船舶所发生的碰撞、触损事故,虽未造成人员伤亡、发生污染和影响班期,但造成一定的经济损失和不良的影响。

(蒋卫忠)

【使用气象导航】 2009年,公司252艘次船舶使用气象导航,其中48艘次使用纬哲纽咨(WEATHERNEWS)信息咨询(上海)有限公司的气象导航服务,204艘次使用上海海阳气象导航技术有限公司(MAIRN-COM SHANGHAI)的气象导航服务。受导船舶达到缩短航线、节省燃油、增加航行安全保障及提高船舶准班率效果。为54艘船舶安装纬哲纽咨(WEATHERNEWS)信息咨询(上海)有限公司的BRIDGE气象信息系统,为船舶安全提供更充分、直观、方便实用的气象支持。利用气象导航公司及互联网上的气象信息和资料指导船舶预防、规避恶劣天气。 (蒋卫忠)

【应对巴黎备忘录和东京备忘录对船舶救生艇降落装置进行集中大检查(CIC)】 2009年9月1日至11月30日,巴黎备忘录和东京备忘录对船舶救生艇降落装置进行一次集中大检查(CIC)。海务监督部及时与上海海事局和中国船级社CCS联系,了解备忘录各成员国对检查要求的理解和执行程序及检查的时间表,在网上收集有关检查信息和要求,5月11日,向船队发出应对大检查(CIC)的指南,指导船舶做好迎检预检,并跟踪各轮的反馈信息。主船队顺利通过大检查(CIC)。 (蒋卫忠)

2. 船舶技术

【船舶技术部】 上远公司负责船舶技术管理工作的职能部门。主要职责:负责制定年度船舶修理、设备技术改造、能源、备件、物料和油漆消耗计划;制定技术发展、机务安全管理和环境保护规划、方针、目标和措施;制定船舶修费、修期、备件、物料、通导费分解指标,对重大修理工程的选厂审批、对修理厂商的评价和控制;组织有关部门对船舶管理合同的评审;负责船舶改旗、登记、注销和换证,以及方便旗船相关证书、代管费用、吨位税等的管理;负责对备件申购的审核、询价、选厂、订购及组织送船;制定船舶物料、油漆和绑扎件管理原则、定额标准,调控物料费用,平衡和协调船舶物料供应;负责PSC检查的跟踪、统计、分析;审核机务五项费用;汇总分析船舶防污染动态和污染事故原因,制定相应预防和纠正措施,指导船舶开展防污染;负责船舶退役、报废、交接船及改变用途的技术审定,以及对船舶技术状况跟踪;负责落实船岸各部门节能以及上远自有船舶的滑油采购;对各船舶管理部安全技术管理进行检查、指导;对机务监督员的业务水平和管理能力进行考核和评价;负责制定轮机长业务技术考核办法,对轮机长业务技术进行考核,负责拟聘任的轮机长的面试工作,对拟聘任的轮机长的业务能力进行评估和鉴定,参与对轮机人员技术考核;根据港口国检查要求、“华铜海式船舶”标准等有关规定,对船舶抽查;船舶发生紧急情况时,参与制定应急抢险方案,并向遇险船舶提供技术支持和物质援助,并负责机损、污染事故及由此引起的火灾事故调查处理和事故统计上报;负责船舶通信导航业务工作,提出船舶通信导航设备的年度费用预算,指导船舶通信人员做好通信导航设备日常管理工作和为船舶提供技术支持,审核、安排船舶通信导航设备的修理,制定设备更新改造计划,统计、管理公司机关和船舶的通信费用的使用情况;协助公司编制信息系统建设规划,审核确定信息开发项目及组织对完工项目评审与验收,负责信息新技术研究与引进,船舶信息管理系统(SMIS)的安装、维护及升级工作和对使用人员的培训；制定船舶配载仪的年度更新改造计划以及负责船舶配载仪的日常维护、修理安排。现有人员35人。包括硕士研究生学历2人，本科学历14人，专科学历10人；其中高级职称8人、中级职称23人。

现任部长兼总轮机长应功伟，副部长刘维波、于成安。（应功伟）

【概况】 2009年，机务安全管理没有发生上报机损等级事故和发生上报污染等级事故；PSC检查总的无缺陷批注率达76%。受金融危机及航运低谷影响，修船市场逐渐呈现出不景气的态势，船舶技术部紧紧抓住这个机遇，主动出击，与6家修船厂（包括中远船务）签订了“修船大合同”，修船系数大幅度下降，为公司节省了大笔修船成本，坞修船舶计划为50艘，至年底完成了46艘船舶的修船任务。全面运行和不断完善SMIS系统，强化船岸机务管理人员的执行力，推动机务管理的信息化和规范化水平迈上新台阶，依照计划，完善了审核流程和相关的制度，全年机务费用节省8.7%。在保证船舶正常使用和运行的情况下，严格控制做好备件、物料的使用工作，加快备件国产化进程，降低备件成本，做好备件采购常规工作的同时，应对船舶的多起突发情况的备件紧急供应；对新接船舶的物料等供应、后续核对、补充跟踪落实；为保证超高超宽特种箱的装载，安排部分绑扎件的补充供应，以及针对出现甲型H1N1流感疫情地区的实际情况，分别安排对美洲、欧洲、日本航线等相关船舶配备防甲型H1N1流感消毒用品。4月，根据《船舶营运指标和设备运行标准》对船舶状况进行评估，并评出了低标准船舶，同时在预算中对低标准船舶加大投入；9月，按照中远集运要求，通过“船舶状态评估及预算系统”对船舶的评估，制定完成2010年船舶费用预算。全年共组织业务培训17次，319人次参加；召开三次轮机长例会；发布40期机务安全信息和《COSCON安全技术》杂志4期。广泛开展主机降速节能活动，节能减排取得优异成绩，全年在2008年基础上节油10.3万吨，约合2.68亿人民币。不断完善信息化建设，主要对“人力资源管理信息系统”的完善，升级公司上网宽带带宽；完成所有船舶的履约；举办二期船舶SMIS及船舶状态评估系统培训班；定期对公司船舶SMIS运行情况进行评估。船舶技术部“船舶状态评估及机务费用预算信息化”QC小组荣获2009年全国交通行业优秀质量管理小组称号，“提高主机增压器轴承油泵翻新件使用率”QC小组被评为上海市交通行业优秀质量管理小组，“船舶全球动态监控系统”获得上海市科技进步一等奖，“船舶状态评估及预算系统”获中远集团青年创新创效活动二等奖以及获上海市标杆青年突击队荣誉称号。船舶技术部获得公司2009年卓越团队称号。（应功伟）

【中远集运船舶全球动态监控系统获奖】 2009年，由上远公司和中远集运联合开发的中远集运船舶全球动态监控系统获得上海市科技进步一等奖。该系统涉及船舶卫星通信系统、船舶局域网、船舶管理信息系统、电子海图、船舶自动识别系统（AIS）以及陆地通信网络、机关办公网络等诸多方面的技术，曾荣获2008年中国航海科技一等奖，并取得国家知识产权局颁发的“实用新型专利证书”。（徐　进）

【新接4艘集装箱船舶】 2009年，完成3艘5089TEU和1艘10020TEU船舶的新接船舶物料配给，建立该船型的物料配备标准，以及“图书资料清册”，“证书目录”等标准文档。协助人力资源部做好了新船船员接船培训工作。（徐　进）

【船舶修理】 2009年，船舶技术部组织每月修船平衡会，加强与中远集运、上海泛亚航运有限公司和上远公司各有关部门协调和沟通，并根据修船市场向船东有利方向转变的情况，合理选择修理厂家，与有关修理厂重新签订互利的修船协议，有效控制修船费的支出。至12月底，全年共修船46艘，修船天数570天,平均单船修船14.25天。

(陈建强)

【PSC检查】 2009年,船舶PSC检查173艘次,其中无缺陷批注132艘次,占船舶检查总数的76%;有缺陷批注41艘次,占船舶检查总数的24%;滞留1艘次。

(瞿庆华)

【物料管理】 2009年,完成40艘修船船舶油漆配套方案及物料油漆供应,其中对“聪河”、“俊河”两轮坞修实施船体使用新型环保油漆。 (徐 进)

【船舶通信的履约】 2009年,完成了中集集运、泛亚公司、上远公司所有船舶的船舶远距离识别与跟踪(LRIT)的履约以及6艘船舶Simplified Voyage Data Recorder(S-VDR)履约工作。 (徐 进)

【业务培训】 2009年,组织船岸机务人员分别参加上海海事局、英国劳氏船级社、日本海事协会、以及MAN柴油机、WARTSILA柴油机、ALFA-LAVAL分油机、ABB增压器、欧堡锅炉等举办的各类技术讲座和技术研讨会,以及船舶技术部在内主办的各种业务培训17次;主办2期船舶SMIS及船舶状态评估系统培训班。

(黄春进 徐 进)

3. 安全质量

【安全质量部】 公司安全质量综合管理部门,下设体系管理科和安全督察科。主要职责:负责贯彻实施ISM规则、ISPS规则、质量管理体系标准、环境管理体系标准和职业健康安全管理体系标准;建立、实施和保持公司综合管理体系;策划编制、评审、完善、制作、发布体系文件;组织和管理内审员队伍;协助指定人员(管理者代表)做好管理评审会议准备、决议汇总、实施验证和记录归档;组织实施公司综合管理体系内部审核和协调外审认证;指导船舶建立、运行综合管理体系并协调其审核认证;负责公司安全委员会(安委会)办公室日常工作;组织实施公司安委会例会和其他安全会议;参与组织开展各类安全宣传教育和专题活动;督促公司各部门和陆地各单位落实上级机构有关安全工作批示和要求;统计、分析和上报公司安全生产信息;负责公司质量管理(QC)小组活动的管理。现有人员9人,其中高级技术职称5人,中级技术职称3人。

现任副部长陈志强(主持工作)、殷敏力(部长宋国樑2009年4月30日离任)。

(童成志)

【概况】 2009年,安质部工作重点围绕适应企业改制,符合公约规则、规范实际操作、简化文件结构、完善体系文件,监督公司各部门和船舶按体系文件要求,做好安全、质量、环境和职业健康管理工作,确保船舶海上安全、防止污染环境、防止人身伤亡事件。6月1日,为适应公司改制,推出2009版综合管理体系文件并正式生效。5月14日召开体系管理评审会议,对公司体系的适宜性、充分性和有效性进行了评审,形成决议1项。全年开展督查4次,对体系内所有部门和50%船舶开展了督查。对公司机关各部门进行内审,查出9项不符合项并已完成纠正。对体系内88艘船舶进行内审,开具不符合项38项并完成纠正。举办两期公司机关及船舶内审员培训班;举办船舶危险源辩识评价与更新研讨,20人参加;4月9日,组织一次“船/岸联合保安应急演习”。注册登记QC小组43个,上报QC小组成果8个,获得中远集运优秀QC小组称号1个,上海市优秀QC小组称号1个,全国交通行业优秀QC小组称号4个。6月,组织开展为期一个月的“安全生产月”活动;强化对陆地单位的安全管理与指导,组织对陆地单位安全监督检查4次,覆盖了所有14个单位;组织召开4次安委会例会。

(童成志)

【安全情况】 2009年,公司安全生产局面保持比较稳定态势。船舶上报海上交通小事故1起,未发生机损、污染事故。陆地单位远洋宾馆发生一起由外包方违章操作引发的火灾。全年发生统计口径内轻伤事故6起，未超出上级下达的指标。

（童成志）

【安全生产月活动】 6月1—30日，公司开展主题为关爱生命、安全发展的“安全生产月”活动。活动期间，开展了一系列贴近公司安全生产实际、员工喜闻乐见的宣传教育活动，主要有：“两防”专项整治、安全生产影视、事故案例展映展示、事故反思日、员工行为安全自查、安全生产管理工作撰文有奖征集评选等。（童成志）

【公司通过综合管理体系年度审核】 6月15—18日，中国船级社质量认证公司对公司综合管理体系进行年度审核。审核组经过审核认为，公司融ISM规则、GB/T19001、GB/T24001、GB/T28001标准为一体的综合管理体系运行基本有效，符合标准和规则要求，现场审核通过。审核中发现不符合项3项。审核组将报请中国船级社质量认证公司给予认证证书年度签证。（童成志）

【中国籍船舶安全管理体系通过年度审核】 7月8—10日，交通部海事局审核组依据ISM规则，对公司的安全管理体系进行审核。审核组通过文件审核和活动审核，对公司的安全管理体系运行情况进行了比较全面的评审，审核组认为，公司的安全管理体系文件符合ISM规则，安全管理活动符合体系文件，安全管理体系有效，同意报请交通部海事局给予公司安全管理体系DOC证书的年度签证。本次审核共开具8项一般不符合项，其中文件方面的3项、活动方面的5项。（童成志）

【香港籍船舶安全管理体系通过年度审核】 6月15—18日，中国船级社对公司香港籍船舶安全管理体系进行年度审核。此次审核与综合管理体系审核同时进行。审核组由中国船级社3人组成。审核组经过广泛询问和查看相关资料，发现4项一般不符合项。认为公司香港籍船舶安全管理体系运行有效，符合ISM规则要求，现场审核通过，报请中国船级社给予公司DOC证书年度签证。（童成志）

【巴拿马籍船舶安全管理体系通过年度审核】 6月15—18日，中国船级社对公司巴拿马籍船舶安全管理体系进行年度审核。此次审核与综合管理体系审核同时进行。审核组由中国船级社3人组成。审核组经过广泛询问和查看相关资料，发现4项一般不符合项。认为公司巴拿马籍船舶安全管理体系运行有效，符合ISM规则要求，现场审核通过，报请中国船级社给予公司DOC证书的年度签证。（童成志）

【综合管理体系文件改版】 上海远洋运输公司改制为上海远洋运输有限公司，于2009年2月11日依法设立登记。为此对公司综合管理体系文件进行全面改版，由2006版改为2009版，将文件的公司名称改为“上海远洋运输有限公司”。另根据危险源更新和体系运行实际情况，对《船舶工作场所安全须知》等4个文件进行修改。改版后体系文件于2009年6月1日生效。2009年同时又对综合管理体系文件进行二次修改：第一次修改：根据海事局外审提出的不符合报告，对《船上操作方案制定程序》等3个程序文件进行修改，修改后新文件于2009年10月1日生效。第二次修改：由于公司领导人员调动，并根据综合管理体系运行实际情况，对《安全管理手册》等22个文件进行修改，修改后新文件于2009年11月1日生效。（张建文）

【质量管理小组取得成果】 2009年，公司质量管理（QC）小组活动继续开展，共注册登记QC小组43个，上报QC小组成果8个。经上级有关部门评审，共获得中远（集团）总公司优秀QC小组称号1个，上海市交通行业优秀QC小组称号2个，上海市优秀QC小组称号1个，全国交通行业优秀QC小组称号4个。其中“泰河”轮QC小组以“减少集装箱绑扎索具损耗”为课题开展活动，应用PDCA的方法，采用加强自修、回收，及时清理，充分加油活络，改进操作工艺等办法，节约人民币30多万元。参加全国交通行业 QC 成果发布会，荣获“交通行业 2009 年度质量管理小组成果发布优秀奖”。

获奖 QC 小组名单

序号	QC 小组名称	荣誉称号
1	技术部信息开发 QC 小组	全国交通行业优秀质量管理小组
2	“泰河”轮 QC 小组	全国交通行业优秀质量管理小组
3	“中远汉堡”轮 QC 小组	全国交通行业优秀质量管理小组
4	“庄河”轮 QC 小组	全国交通行业优秀质量管理小组
5	“中远大洋洲”轮 QC 小组	中远集团优秀质量管理小组
6	“中远香港”轮 QC 小组	上海市优秀质量管理小组
7	技术部备件管理 QC 小组	上海市交通行业优秀质量管理小组
8	人力资源部 HR-MIS QC 小组	上海市交通行业优秀质量管理小组

（张建文）

【召开管理评审会】 5 月 14 日，公司召开管理评审会。会议由总经理仇鑫尧主持，各主管副总经理、公司指定人员（管理者代表）等公司领导和行政事务部等有关职能部门以及船舶管理部的主要负责人出席了评审会。会议通报了 2008 年管理评审决议的实施情况、2008 年外审不符合项纠正情况和公司内审的有关情况。公司指定人员副总经理宋振庭通报了当年公司内审情况。会议对综合管理体系文件进行了评审，一致认为，现行体系文件符合 ISM 规则、ISPS 规则、GB/T 19001、GB/T 24001、GB/T 28001 标准和国内外法律法规的规定，体系文件和公司管理活动与实际操作基本相符，具有可操作性和实效性。对体系文件存在的问题，在日常运作中不断发现，不断完善。会议还对公司的综合管理方针实施、目标和指标完成、法律法规遵循情况、组织机构（包括人员和资源）设置、顾客满意度测量、险情事故分析等的充分性、合理性、有效性进行了评价。一致认为，自 2008 年 4 月 29 日管理评审以来，公司严格遵守国际公约、国家法规和行业标准，公司的方针得到全体船岸员工的贯彻，公司的各项目标达到预期的要求。综合管理体系运行基本有效。会议对内审和体系日常运行中发现的问题进行了讨论，对公司改制后，体系如何在上海远洋运输有限公司模式下运行，确保体系文件和各类船舶证书的有效性进行重点研究，并做出更新体系文件和船舶有关证书决议。

（童成志）

【船舶综合管理体系内审】 2009 年，船舶综合管理体系内审工作从 2 月 22 日对“中远印度洋”轮的审核开始至 12 月 30 日对“中远波士顿”轮的审核结束，历时 312 天，共审核船舶 88 艘次。审核中，共发现不符合项 38 项，其中涉及 ISMCODE/7 船舶操作方面的为 16 项，占不符合项总数的 42.1%；涉及 ISMCODE/10 船舶和设备维护方面的为 4 项，占不符合项总数的 10.5%；涉及 ISMCODE/6 资源和人员方面的为 7 项，占不符合项总数的 18.4%；涉及 ISMCODE/8 应急准备方面的为 2 项，占不符合项总数的 5.3%；涉及 ISMCODE/9 事故、险情、不符合的报告分析方面的为 2 项，占不符合项总数的 5.3%；涉及 ISMCODE/11 文件方面的为 6 项，占不符合项总数的 15.8%；涉及 ISPS 方面的为 1 项，占不符合项总数的 2.6%。38 项不符合项已全部得到有效纠正。（金惠根）

【推进实施 ISPS 规则】 2009 年，因公司改制及更名，公司对所辖 92 艘船舶进行保安评估，完成 92 艘船舶的《船舶保安计划》和《船舶保安评估报告》的修改和编制、获中国船级社审核、批准。向巴拿马当局提交 48 艘船舶的《船舶保安证书》和《连续概要记录》申请；向中国海事局提交 40 艘中国籍船舶的《连续概要记录》申请；向香港海事处提交 4 艘船舶的《连续概要记录》申请,均获批准和及时签发。根据公司保安员更替情况,对92艘船舶进行了保安评估,完成92艘船舶的《船舶保安计划》和《船舶保安评估报告》的修改和编制、提交指定保安组织审核,获批准,并报各船舶旗国主管机关报备。为满足SOLAS公约和《国际船舶和港口设施保安规则》要求,公司对岸基人员以及新任船舶领导分别进行了《国际船舶和港口设施保安规则》知识的专门培训,对91艘船舶开展了"保安"内部审核,及时完成了所有船舶的《船舶保安评估和船舶保安计划的定期评审》。4月9日,公司与航行于印度洋的"中远非洲"轮举行了"船/岸联合应急演习";因新接船舶和船舶出租更名之需要,编制完成了6艘更名船舶和3艘新接船舶的《船舶保安计划》和《船舶保安评估报告》,及时提交指定保安组织供审核,获批准,向巴拿马当局提交5艘船舶的《船舶保安证书》、《连续概要记录》申请、向香港海事处提交1艘船舶的《连续概要记录》申请、向中国海事局提交3艘船舶的《连续概要记录》申请,均在规定期限内获得批准和签发。公司全年共有173艘船舶接受了PSC检查包括ISPS方面的专项检查、74艘船舶接受了FSC检查,均未发生与ISPS有关的缺陷或滞留,履约工作获得了主管机关的检验。 (周建华)

【开展内审员培训】 2月26日和3月13日,举办两期内审员培训班,公司机关有68人参加。培训内容主要为:GB/T19001、GB/T24001标准、GB/T28001标准、ISM知识更新、综合管理体系文件、船舶保安规则概况基础知识、综合管理体系审核要点、公司机关审核要点、船舶内审注意事项、综合管理体系实施要点、内审外审的有关方法和技巧等,内审情况(缺陷分析)船舶保安计划基础知识专题内容、船舶现场审核的相关问题、对船舶保安计划运行中的热点和难点问题进行研讨等。 (周成英)

【举办船舶危险源、环境因素评价与更新培训】 4月15—16日,公司举办危险源、环境因素评价与更新培训,公司机关20人参加。通过评价,新增船舶危险源6项,同时对已识别出的危险源和环境因素进行更新并提出风险控制措施。 (周成英)

4. 航运管理

【航运部】 主要负责上远公司自有船队的经营管理。航运部由投资发展部代管。下设商务理赔科。 (屈 翔)

【概况】 2009年,航运部继续以上远公司自有船队的经营为工作重点,与泛亚公司协商确定签署租约,根据预算控制民河、普河两轮的船东费用支出并跟踪船舶动态以确保两轮顺利履行租约。3月3日,根据公司安排,航运部由投资发展部代管。

(屈 翔)

【确保"民河"、"普河"轮的顺利营运】 2009年,根据上远公司改制及F5项目进展实际,与泛亚公司协商费用调整,完成租约变更延期签署;并对"民河"、"普河"轮在期租租约执行过程中产生的船东费用进行审核与控制,及时处理租家提出的要求和发现的问题,确保船舶的安全营运。

(屈 翔)

5. 财务会计

【财务部】 上远公司负责财务工作的职能部门,下设会计科、结算科、船舶财务科、陆产财务科。主要职责:贯彻、执行国家的财税方针、政策,根据会计法、会计准则、上市公司规则以及上级有关规定,加强会计基础工作,保证上远公司会计工作依法有序地进行;规范会计行为,如实反映财务状况,确保会计资料真实、完整,防范财务风险;公司本部各项经营业务的会计核算、资金调度、船舶财务管理、费用报销等;公司生产经营活动的财务分析;公司及所属单位年度收入、成本费用、利润预算以及资金计划的编制、汇总、检查、分析、监督和考核;指导和监督所属单位的财务管理；公司和所属单位年度财务决算工作；参与公司及所属单位经营管理、改制、业务重组和相关投资项目的调研和可行性分析论证；参与公司及所属单位目标责任书的年度考核；加强员工专业知识培训，培养财务后备人才。现有人员20名，包括硕士研究生学历2人，本科学历8人，专科学历6人；其中高级职称1人，中级职称6人，初级职称9人。

现任部长鲍佳洪，副部长范宝成。

（范宝成）

【概况】 2009年，财务部按照年初提出的“严控成本、防范风险”的目标，并按上级的总体部署，全力围绕F5项目正式实施开展工作。配合中介公司开展2008年6月30日及2009年2月28日时点的上远公司改制审计和资产评估，以及完成该时点审计报告、评估报告出具的各项工作；完成上远公司等18家公司国有资产产权变更和注销手续；配合中介公司先后完成上远公司、武汉中汽、中远自动化服务中心改制验资、中远集团对上远公司增资验资工作；完成上远公司与中远集团债权债务清算工作；配合完成上远船管、联合远洋等公司划拨到上远实业总公司工作；配合完成截至2008年6月30日人员辞退福利测算计提工作；配合大连远通等9家公司完成清理关闭。采取各项措施加强成本节控，取得显著效果，全年可控成本同比下降了10%；积极开展以加强应收账款跟踪和警示、做好财务拨备、应对相关法律诉讼、落实审计整改建议书为主要内容的财务风险防范工作；千方百计筹措生产经营和新造船项目资金，配合远洋宾馆落实改建项目信贷；克服公司改制资产股权划转因素的影响，圆满完成2008年度财务决算任务；按中远集团要求，完成本部和各陆地单位三年税收自查工作。财务部被中远集团工会授予2009年度“巾帼文明岗”的称号。 （范宝成）

【完成2008年度财务决算工作】 2008年年度财务决算期间恰逢公司推进F5项目的关键时刻，受公司改制、资产划转、股权转让，以及合并报表范围变动等因素影响，报表编制面临诸多不确定因素。为按时保质完成年度决算，财务部充分做好决算前准备工作，对历年存在的问题提出针对性解决办法，编制过程中反复与集团总公司和中介机构进行沟通，报表数据多次调整反复修改。历时4个月全面完成决算编制工作。

（范雯秀）

【推进F5项目运作】 F5项目从启动到完成，历时一年半时间，这其中财务部所涉及的内容占了相当大的比重。财务部在规定的时间节点内，完成了资产盘点、资料收集、账务调整、报表编制等工作，配合中介机构开展公司改制审计和资产评估工作，以及2月28日转让时点资产评估、二年一期报表审计工作，配合公司各项目组的工作，推进F5项目的实施。确保了2009年10月28日上远公司成为中远集运的全资子公司正式进入上市公司板块。 （范雯秀）

【开展税收自查工作】 根据国税总局及中远集团要求，公司自2009年6月15日起，对2005—2007年度的税收申报和缴纳情况进行自查。本次自查工作的重点是营业税、企业所得税、印花税、个人所得税。公司成立了税收自查领导小组和工作小组，编制自查手册和方案，对公司2005—2007年间的税收申报和缴纳情况进行梳理，同时组织各下属单位开展自查工作。经过近两个月的工作，税收自查工作全面完成。在与地方税务局进行沟通后，及时补缴税款，圆满完成了税收自查工作。 （范雯秀）

【做好成本统计和控制工作】 2009年，受国际金融危机影响，航运业仍处于低谷，为应对危机，公司提出在2008年可控成本已下降5%的基础上，再调低预算10%，按照公司的节控目标和要求，财务部对各项成本、费用项目进行严格监控，出现异常，及时与预算控制归口部门联系，了解情况，提出措施，并继续利用船管部核算平台调动船管部降本的积极性，此外按月向劳务公司结算后备船员成本也促使该公司加大船员调配和清理的力度,降低后备成本,确保了年终圆满完成公司下达的预算控制任务。

(马 军)

【加强财务风险的防控】 2009年,财务部将财务风险防控列入重点工作来抓,采取了一系列措施:加强对各陆地单位应收账款跟踪,必要时发出书面警示;针对部分单位先后发生的几起法律纠纷,都牵涉到银行账户被冻结的风险,及时掌握信息,主动向上级公司汇报,采取相关措施予以风险规避;对相关公司应收款、存货在跟踪的基础上,提出财务方面的风险防范指导意见,在财务决算中进行拨备和充分的披露;积极落实审计整改建议书。截至年底,上远公司本部及陆地各单位2007—2008年共39项审计需要整改,落实35项,整改率达到90%。

(范宝成)

【船员差旅费成本控制】 为有效控制船员差旅费成本,财务部提出对人力资源差旅费系统审核程序进行优化的建议,即对未到规定时间公休船员的路费报销增加了船管部调配科长和部长两道审批环节,对因个人原因造成提早公休船员的下船路费由本人自理。经对人力资源差旅费系统审核程序优化,10月正式施行,同时向船舶和管理部发出《关于进一步加强在聘船员下船管理的通知》。公司调配成本有较大幅度的下降,经对10月份路费报销情况统计,不到规定的210天公休船员下船路费报销人数较优化前月份减少一半以上。 (范宝成)

【对部分单位财务负责人进行调整】 为了加强陆地各单位的财务管理,充实财务人员力量,2009年4月上远公司对下属的泛奥、联合远洋、越洋无线电等单位的财务经理进行了调整,在上远公司财务部的悉心指导下,财务经理交接工作顺利完成。

(汤为民)

【完成盛洋船务服务部清理关闭】 2009年,公司决定清理关闭工会下属盛洋船务服务部。财务部先后完成了盛洋船务服务部房屋出售款回收及税金缴纳、公司资产清理、亏损认定审计、税务注销、银行注销等工作,确保了盛洋船务服务部顺利关闭。

(汤为民)

【加强对陆地各单位财务基础工作的管理】 为加强对陆地各单位财务基础工作的管理,2009年财务部编发了《财务基础工作检查提纲》,供各单位对照自查。并分三个阶段进行了会计核算、制度执行、资金管理、账册保管等专项抽查,对发现的问题提出了限期整改的意见,进一步促进各单位财务基础工作质量的提升。 (汤为民)

【完成远洋医院第一托管年度财务清算】 2009年2月,远洋医院托管给瑞金医院的第一托管年度结束,财务部对远洋医院的经营效益状况进行了现场审核,并对数据资料进行了分析、确认,按确认数额与远洋医院完成了资金清算。 (汤为民)

【对船舶备用金年底结账提出新要求】 根据年报审计要求,为保证年底前船舶所发生的各类费用及时入账,从2009年开始,要求船舶将截至本年度12月31日船舶已结账、但原始单据还未向公司报账的各类费用,填写"备用金未报账"表,在年底前,采用电子邮件的方式发送给各财务主管人员入账,使每年12月31日船舶备用金实际数与财务部账面数保持一致,提高了船舶备用金以及与船东往来账的核算质量。(范宝成)

【规范船舶出租车费使用】 针对船舶在港口出租车费出现超标准报销等情况,5月底,向所有船舶下发了《关于重申船舶国内外港口出租车使用的通知》,并要求船舶财务科管船人员严格按通知审核账单,对不符合规定的报账一律退回。该举措实施后成效显著,2009年下半年,船舶出租车费发生额同比下降九成。 (范宝成)

6. 投资发展

【投资发展部】 主管公司的企业发展、企业管理工作以及公司自有船舶的租赁经营管理工作。下设规划发展科、企业管理科、综合管理科，管理原航运部商务理赔科。主要职责：负责编制公司中、长期发展规划，投资企业的经营管理，项目投资与开发，资本运营、产权管理和法律事务等工作；负责国内外市场形势、市场信息和政策的研究；负责公司投资项目考察、调研、分析、论证、洽谈、立项和报批；负责公司所属全资企业、控股企业经营管理奖惩政策的制定与考核；代表公司履行投资控股企业股东方职责，协助合资合营企业、参股企业我方董事长、董事和监事开展工作，维护股东合法权益；负责对公司所属全资、控股、参股及其他有控制权企业的经营管理、业务调研和指导；负责公司投融资的研究和资本运营的实施；负责协调处理公司经营管理事务中引起的法律纠纷及所属企业法律事务的咨询与指导工作；负责公司自有船舶的租赁经营管理、航运业务市场开拓及船舶经纪人相关业务。投资发展部现有人员 10 人，包括硕士研究生学历 6 人，大学和专科学历 4 人；其中中级职称 6 人。

现任部长黄圣兵，副部长尹捷。

（汪有才）

【概况】 2009 年，投资发展部围绕年初公司“两会”工作报告中的各项主要任务，认真贯彻有关方针政策，以“全力以赴完成 F5 项目、规范管理提升效益、加强风险管理控制、完善资产权属”为工作重点，在推进 F5 项目进展、加强经营管理、推进重大项目、加强风险控制等方面着力做好工作，投资企业经营效益有所上升，基本实现投资管理规范有序、重大项目按计划开展、履行船东有关职责。完成的主要经营管理工作包括：圆满完成 F5 项目；加强企业经营管理，协助解决企业困难，努力提高经营效益；牵头或参与重大项目开发，全力推动项目进程；完善房地产权属，发挥资产最大效益；完善固定资产管理、加强投资过程控制；加强合同管理，控制经营风险；管理航运部有关业务，开展自有船舶业务、控制船东成本。

（汪有才）

【投资企业完成年度效益指标】 2009 年，针对波及全球的金融危机对投资企业经营带来的不利影响，公司采取应对措施，与投资企业共同分析经营中存在的困难，及时协调相关部门，尽快寻求解决问题的办法，为各投资企业顺利开展经营活动创造条件。2009 年各投资企业经营状况稳定，投资企业（含参股单位投资收益）全年实现净利润为 7262.19 万元，其中上远公司投资企业实现净利润 3064.99 万元，实业总公司投资企业实现净利润 4197.2 万元，全面超额完成年度经营计划。（汪有才）

【企业清理工作】 根据中远集团 F5 项目总体要求，继续按照原定部署推进企业清理关闭工作。3 月 25 日，完成上海中威船舶管理有限公司的工商注销登记手续；6 月 5 日，完成宁波经济技术开发区远洋供应公司的工商注销登记手续；6 月 15 日，完成上海远洋兰波技术服务公司的工商注销登记手续；6 月 22 日，完成上海远航彩印总社的工商注销登记手续；9 月 25 日，完成上海盛洋船务服务部的工商注销登记手续。

（唐　明）

【企业内部股权结构调整工作】 2009 年，根据集团总公司“F5 项目”总体部署，上远公司积极实施企业内部股权结构调整工作。3 月 25 日，完成实业总公司股东变更登记的工商手续，上远公司持有实业总公司 100% 股权无偿划转至集团总公司；4 月 15 日，完成上海联合远洋发展有限公司股东变更登记的工商手续，上远公司所持 60% 股份以及中国汽车运输国际货运代理公司所持 10% 股份无偿划转至实业总公司；7 月 2 日，完成上海洋宁国际贸易有限公司股东变更登记以及经营期限延长 5 年的工商手续，上远公司所持洋宁公司 20% 股权无偿划转至实业总公司；8 月 13 日，完成中日国际轮渡有限公司股东变更登记的工商手续，中方股东由中国远洋运输（集团）总公司变更为上远公司;12 月 22 日,完成将上远公司所持中远船务工程集团有限公司 8% 股权无偿划转给实业总公司的工商变更登记手续。

(唐　明)

【完成相关企业公司制改制以及增资工作】 按照 F5 项目要求,上远公司、自动化中心和武汉中汽三家企业由于不符合《公司法》要求,必须进行公司制改制后才能纳入上市范围。2009 年投资发展部完成实施相关公司改制工作,同时对上远公司、湖北中储公司完成了增资的相关工作。2 月 11 日,上远公司改制为集团总公司全资的一人有限责任公司,名称变更为上海远洋运输有限公司,注册资本为 192807800 元,取得了工商管理部门签发的营业执照;由于 F5 项目需要,集团总公司对上远公司进行增资,4 月 13 日完成增加注册资本到 32000 万元的增资变更登记。2 月 9 日,上海中远自动化服务中心改制为上远公司全资的一人有限责任公司,名称变更为上海中远自动化服务有限公司,注册资本 62.92 万元,取得了工商管理部门签发的营业执照。2 月 19 日,中国汽车运输武汉公司改制为上远公司全资的一人有限责任公司,名称变更为湖北中远储运有限公司,注册资本为 7920500 元;4 月 7 日,完成上远公司对湖北储运增资手续,注册资本增到 1400 万元。

(唐　明)

【通过产权交易完成股权收购、出让工作】 根据 F5 项目安排,2 月 12 日,完成上远公司通过上海产权交易所公开挂牌收购捷讯公司所持越洋公司 35% 股权工作,取得新的营业执照,越洋公司注册资本不变,股东方变更为上远公司(占股比 75%)和香港远通(占股比 25%);由于存在多起诉讼,为确保 F5 项目按时间节点推进,上远公司将所持上远船管 100% 股权通过上海产权交易所公开挂牌转让给实业总公司,6 月 29 日完成交易变更的全部手续,取得新的营业执照,完成将上远船管股权转让给实业总公司的全部工作。

(唐　明)

【完成上远公司改制后相关后续工作】 2 月 11 日,上海远洋运输公司完成改制为有限公司的工作,投资发展部完成了发布改制公告,办理《水路运输许可证》、《水路运输服务许可证》、《国际船舶运输经营许可证》、《国际海运辅业经营资格登记证》、《国际海上运输船舶备案证明书》等证书的延期、更名事宜;指导协调各分支企业、投资企业完成办理各单位的名称变更及相关证照、投资主体法律文件等更名工作。

(唐　明)

【完成上远公司股权转让工作】 2008 年 7 月,中介机构正式进场,上远公司“F5”项目各项工作全面展开。上远公司在完成了企业改制及增资、投资企业股权结构调整及转让、资产清理及划转等一系列 F5 项目的相关准备工作后,为中远集运协议收购集团总公司所持上远公司 100% 股权创造了条件。2009 年 8 月 27 日,集团总公司与中远集运正式签署股权转让协议。其后,分别获得国资委《关于上海远洋运输有限公司股权注入中国远洋控股股份有限公司重组方案的批复》(国资改革[2009]719 号文)、国资委《关于上海远洋运输有限公司国有股权协议转让有关问题的批复》(国资产权[2009]1006 号文)、交通运输部《关于同意中国远洋运输(集团)总公司与中远集装箱运输有限公司关于上海远洋运输有限公司 100% 股权转让协议的批复》(交水运[2009]660 号文)等上级主管部门批复同意。根据以上文件,投资发展部在极短时间内完成了 F5 项目中远集运收购上远公司工商变更登记手续。2009 年 10 月 28 日取得了新的上远公司营业执照,标志着“F5 项目”圆满成功。

(唐　明)

【上海远洋运输有限公司投资企业状况】 2009 年,经公司制改制、F5 项目实施后,上远公司注册资本 32000 万元,由中国远洋运输(集团)总公司全资企业变更为中远集运全资子公司。上远公司投资结构为:分支机构 5 家(上海远洋运输有限公司船舶供应公司、上海远洋运输有限公司通信导航分公司、上海远洋运输有限公司中远缩微技术服务公司、上海远洋运输有限公司海图公司、上海远洋运输有限公司海事培训中心)、6家全资企业(上海中远自动化服务有限公司、湖北中远储运有限公司、上海中远船舶物资供应有限公司、上海远供汽车运输有限公司、上海上远物业管理有限公司、上海远洋对外劳务有限公司)、3家控股公司(上海远洋宾馆有限公司、上海上远酒店管理有限公司、上海越洋无线电有限公司)、5家联营公司(中日国际轮渡有限公司、上海国际轮渡有限公司、日本上海轮渡株式会社、上海远洋国际贸易有限公司、上海外高桥远洋贸易发展有限公司)、6家参股公司(上海中远船务工程有限公司、上海通联房地产有限公司、厦门中远国际集装箱储运有限公司、上海远虹实业有限公司、上海通达物业有限公司、海通证券股份有限公司)、2家三级子公司(上海环洋劳务有限公司、上海中远劳务合作有限公司)。　　(李佳喜)

【协调下属单位享受上海两个中心建设营业税优惠政策】 4月14日,国务院正式发布了《关于推进上海加快发展现代服务业和先进制造业建设国际金融中心和国际航运中心的意见》(国发〔2009〕19号),明确上海国际航运中心建设的总体目标;上海市政府于5月8日印发了《〈国务院关于推进上海加快发展现代服务业和先进制造业建设国际金融中心和国际航运中心的意见〉的实施意见》(沪府发〔2009〕25号),提出上海将实施洋山保税港区营业税优惠政策。在有关优惠政策正式文件发布后,投资发展部确定了符合优惠政策条件的单位。经协调努力,中日轮渡公司在不搬迁的情况下,切实获得了政策优惠。　　(尹　捷)

【完成2009年度投资计划】 上远公司2009年的投资调整计划数为18712.41万元,考虑到部分项目于2010年一季度付款的因素,2009年完成投资18683.77万元,完成计划的99.85%。　　(孙海洋)

【南汇区惠南镇船舶保障基地项目停滞】 2009年初,上远公司获得集团总公司对南汇区惠南镇船舶保障基地项目的立项批复。在推进项目相关工作进程中,2009年初惠南镇镇政府领导调整,提出要改变原供地方式,2009年年中浦东新区与南汇区两区合并,需对原南汇区的项目规划重新调整,项目推进遇到困难。由于惠南镇船舶保障基地项目用地不在国土部已批准立项的开发区域范围内,两区合并后需要重新定位调整,项目因此停滞。　　(尹　捷)

【稳步推进远洋宾馆改建项目工作】 在远宾改建项目中,投资发展部主要负责项目投资控制工作,2009年初根据项目实际情况,完成投资概算调整报批工作,集团总公司批复同意将远宾改建项目的投资概算调整为31136万元。投资发展部与公司财务部等有关各方共同研究远宾改建项目费用列支,向项目组领导提出加强设计控制、审图控制、签证控制、现场控制、采购控制等多项建议和要求,尽全力做好投资概算控制工作。远洋宾馆9月9日发生火灾事故后,投资发展部研究索赔方案,全面展开保险索赔的相关工作,与责任单位总包方上海二建公司达成定损理赔的初步方案与协议文本,报请中远集运审核批准,并以此为契机,全面推动远宾项目的复工进展。　　(李茹华)

【启动长阳路1557号房产收购工作】 2009年,上远公司启动长阳路1557号房产收购工作,由于长阳路1557号房产权利人与使用人分离,以及医院使用的特殊性,产权人对出售产权缺乏积极性。经杨浦区政府支持,协调有关方面召开专题协调会议,确定了房产出让的基本方案。7月30日,上远公司就收购长阳路1557号房产事宜专题请示中远集运和集团总公司,12月获中远集团批复同意。2010年将推进该项目。

(孙海洋)

【办理水路运输服务企业年检及相关证件延期、变更】 2009年上半年,投资发展部办理了上远公司国内水路运输(服务)企业的年检，国内船舶服务证书的规费交纳，完成《水路运输许可证》等运输经营业务资质证书的延期、变更等事宜，为公司经营业务的正常运作和航运系统的完善奠定了基础。（刘广博）

【开展关联交易管理工作】 F5项目完成之后，上远公司成为中远集运的全资子公司，作为新上市单元，按照上海证券交易所和香港联交所上市规则，必须按要求上报有关关联交易数据。投资发展部作为公司关联交易管理的主管部门，负责关联交易的日常管理工作，根据上级公司的有关要求，组织成立关联交易工作小组以及在各单位建立联络人制度。并组织公司相关人员参加上市公司运营规则及信息披露培训，做到及时、准确地上报关联交易的统计数据，依照上市规则合规地开展关联交易业务，以保证关联交易的规范公平合理和有关信息统计的完整性与及时性。（刘广博）

【办理实业总公司国际船舶运输经营资质以及船舶划转手续】 2009年，根据F5项目安排，确定把上远公司两艘散货船“巨大”、“海皇星”轮划转至实业总公司。根据交通部的有关规定，实业总公司持有并出租两艘散货船需取得船舶运营资质。投资发展部首先领取了国际船舶运输经营许可证筹备证，办理了增加实业公司国际船舶运输经营范围的工商变更手续。在配合技术部完成2艘船舶所有权证、国籍证书、配员证书的变更之后，向上海港口管理局报送了正式申请资料，印刷了提单，获得了实业总公司的国际船舶运输许可证以及船舶备案证书。（尹　捷）

【远洋医院托管工作】 上海远洋医院2007年11月6日开始由上远公司正式委托上海瑞金医院全权经营管理。根据F5项目需要，2009年1月20日，上远公司、上海瑞金医院、实业总公司三方签署委托管理主体变更协议，委托方由上海远洋运输公司变更为实业总公司。变更后实业总公司继续履行原委托管理协议主体的全部权利义务。通过瑞金医院一年多来的管理经营，远洋医院亏损大幅下降，实际减少上远公司医院亏损补贴600余万元；营业收入有了较大幅度上升，尤其是医疗业务收入作为远洋医院的主营业务收入同比增长56%；同时医疗成本控制水平得到极大提高，收入增长56%而医疗总支出仅增长26%；员工人均收入较托管前有了较大幅度提高，提高比例达到32%；医疗业务水平得到提高，医疗质量得到改善。（唐　明）

【完成实业总公司2009年度投资计划】 实业总公司2009年的投资调整计划数为6112.45万元，考虑到部分项目于2010年一季度付款的因素，2009年完成投资5841.1万元，投资完成率为95.56%。（孙海洋）

【完成远实房产退出浦江镇项目】 在获得集团批复同意后，投资发展部协调并督促远实房产与上海锦江国际地产有限公司（锦江公司）、上海红龙房地产开发有限公司（简称红龙公司）于2007年10月签订了协议书，采用先增资后减资的方式与途径退出浦江镇项目。签订协议之后，锦江公司即按约定增资上海盛鹰置业有限公司（简称盛鹰公司）、归还了部分委贷资金，并要求按照协议在盛鹰公司办理获得《土地使用权证》后办理远实房产减资手续。之后投资发展部与远实房产协调努力，于2009年8月19日办妥盛鹰公司的《土地使用权证》。经审计、验资后，各方配合于2009年12月17日获得盛鹰公司新营业执照，完成远实房产从盛鹰公司撤资的工商变更手续。按照协议书约定，远实房产于2009年12月31日收回委贷资金20953122.54元以及投资款4291608.94元，全部完成退出浦江镇项目的相关工作。（尹　捷）

【远洋医院房地产权属完善工作】 2009年，根据“F5”项目要求，远洋医院划拨至实业公司，远洋医院房地产权属完善项目随之转列实业总公司2009年投资计划，投资金额5550万元不变。10月实业总公司与房屋产权人永福物业公司签订了收购总协议、产权交易协议等一系列协议,并与徐汇区规划和土地管理局签订了国有土地使用权出让合同。（孙海洋）

【成功追还常中案截留的国有资产】 2月17日,投资发展部牵头召开追还常中案截留的国有资产工作小组第三次工作会议,形成追还工作方案,随后启动按非诉讼方式追还国有资产的相关工作。6月30日,肇家浜路687弄13号花园住宅完成过户手续,实业总公司获得房地产权证,建筑面积553平方米;10月29日,实业总公司获得张杨路655号1017室房地产权证,建筑面积79.04平方米;11月5日,实业总公司获得张杨路655号1015、1016室的房地产权证,建筑面积共计121.39平方米。成功追还常中案截留的价值几千万元国有资产。

（李茹华）

【对外船管公司与亚海公司的管理费纠纷案】 2009年,上远船管公司与亚海公司的管理费纠纷案于2月18日开庭,经几轮庭审后,于8月25日拿到上海仲裁院裁决书,判决上远船管公司退还亚海公司58050.79美元。亚洲海运请求退还的其他费用,未得到仲裁厅的支持。9月14日上远船管公司向海事法院递交《解除部分扣押金申请书》,最终支付对方40万元人民币,535万元扣押金中的475万元余款退到上远对外船管指定账户。（李茹华）

7. 船舶监造

【船舶监造中心】 上远公司负责新造船舶项目管理的职能部门,主要为中远集运及上远公司新造船项目服务,同时也开展对外新造船技术咨询服务等业务。主要职责包括技术任务书的编制与报批、技术谈判、审图及现场监造、接船船员技术培训和新船保修期内的保修。现有人员17人,包括硕士研究生学历3人,本科学历12人,专科学历1人;其中高级职称4人,中级职称10人。现任船舶监造中心主任范志勤。

（范志勤）

【概况】 2009年,船舶监造中心负责监造的新造船项目共7个,共计交付新船11艘,其中为中远集运交付新船4艘,总载箱量超过25000TEU,为外部船东交付新船7艘。南通中远川崎10000TEU船项目、江苏韩通船厂57000吨散货船项目和江南长兴(造船)177000吨散货船项目已于年内全部交付完毕。南通中远川崎10000TEU船交付1艘;江南长兴(重工)5100TEU船交付3艘;江南长兴(造船)177000吨散货船交付1艘;江苏韩通船厂57000吨散货船交付2艘;江阴扬子江船厂2500TEU/4250TEU船各交付2艘;江南长兴5100TEU船项目、江南长兴76000吨散货船项目、外高桥船厂177000吨散货船项目和南通中远川崎55000吨散货船项目也均在顺利进行中。船舶监造中心负责新船保修期内的保修工作和接船船员的技术培训,并多次参与新造船技术相关文件的修订和协调谈判。另外,根据项目需求和部门发展规划,从船员队伍中先后借调了6名相应专业的优秀船员,充实监造队伍,培养后备力量。2009年,船舶监造中心面对严峻的造船市场环境,经常走访新老船东,根据目标客户的后续项目意向,提出有针对性的合作计划,不断承接系统外船东的新造船项目,为今后两年的造船业务持续发展提供有力保障。

（蔡中东）

【监造江南长兴重工5100TEU船】 5100TEU系列船共12艘,首制船“天宝河”轮2007年10月在上海江南长兴重工有限公司开工建造,2009年10月31日正式交付给中远集装箱运输有限公司;第二艘船“天运河”轮2008年1月开工,2009年11月18日交船;第三艘船“天兴河”轮2008年1月开工,2009年12月8日投入营运;其余9艘船都已完成开工和铺龙骨等大节点,将陆续加入到中远集运主船队中。该系列集装箱船总长294.0米,型宽32.2米,结构吃水

13.5米,总吨位54005,净吨位32333,设计航速25.2海里/小时,最大载重量近63000吨,最大载箱量5089TEU,船籍港为上海,建造船级:"天宝河"和"天运河"轮为GL + CCS,其余船为CCS。（沈泽民）

【监造南通中远川崎10000TEU船】 由南通中远川崎船舶工程有限公司建造的4艘10000TEU集装箱船的最后一艘船"COSCO TAICANG"轮于2008年7月17日铺龙骨,2009年3月3日交船。该批集装箱船总长348.5米,型宽45.6米,结构吃水14.5米,总吨位115933,净吨位54911,设计航速25.8海里/小时,最大载重量111500吨,最大载箱量10020TEU,船籍港为香港,入ABS船级。（施云飞）

【监造江苏韩通船厂57000吨散货船】 香港宝源国际有限公司在江苏韩通船舶重工有限公司订造两艘57000吨散货船。船舶监造中心根据与船东签订的监造协议,负责该姐妹船的技术规格谈判、图纸审核与现场监造工作。首制船于2009年3月31日交船,第二艘船于2009年8月7日交船。该系列船总长189.99米,型宽32.26米,型深18.00米,结构吃水12.80米,设计航速14.20海里/小时,最大载重量约57000吨,入LR船级,并符合CSR要求。

（谈俊峰）

【监造外高桥造船厂177000吨散货船】 该177000吨散货船由希腊Diana Shipping航运公司在上海外高桥造船有限公司订造,原定两艘,后由于金融危机的影响取消一艘。船舶监造中心按照与船东签订的监造协议,于2009年7月初开始陆续派遣船体、轮机、涂装共3名监造人员驻厂参与监造工作。该船于2009年6月3日开工,9月30日铺龙骨,至2009年底已处于下水前状态。该船总长292米,型宽45米,型深24.80米,结构吃水18.30米,设计航速15.0海里/小时,入BV船级。（谈俊峰）

【监造江南长兴造船177000吨散货船】 该艘177000吨散货船由希腊Alpha Sigma航运公司在江南长兴造船有限公司订造。船舶监造中心根据与船东签订的监造协议,于2008年10月开始陆续派遣船体、轮机、涂装共3名监造人员驻厂参与监造工作。该船于2008年10月中旬正式开工,2009年4月下水,2009年10月28日交船。该船总长292米,型宽45米,型深24.80米,结构吃水18.30米,设计航速15.0海里/小时,入BV船级。（汪文武）

【监造南通中远川崎55000吨散货船】 船舶监造中心受香港友航轮船公司委托,于2009年11月开始派员赴南通中远川崎船舶工程有限公司执行一艘55000吨散货船轮的监造任务。该船总长189.90米,型宽32.26米,型深17.80米,结构吃水12.45米,最大载重量55500吨,设计航速14.6海里/小时。该船于2009年11月23日开工,预计2010年2月铺龙骨,2010年7月交船。

（赵贝尔）

【监造江南造船76000吨散货船】 希腊Alpha Sigma航运公司在江南造船有限公司订造2艘76000吨散货船。船舶监造中心根据与船东签订的监造协议,于2009年9月开始陆续派遣船体、轮机、涂装共3名监造人员驻厂参与监造工作。一号船(H056轮)于2009年7月7日开工,11月20日铺龙骨,预计2010年2月下水;二号船(H057轮)于2009年8月28日开工,12月25日铺龙骨,预计2010年4月下水。该船总长225米,型宽32.26米,型深19.60米,结构吃水14.20米,最大载重量约76000吨,设计航速16海里/小时,续航力23000海里,入BV船级。（骆　丹）

【监造扬子江2500TEU和4250TEU船】 船舶监造中心继续派遣轮机和电气监造人员参与加拿大Seaspan船舶管理公司在扬子江船业集团订造的2500TEU和4250TEU船的监造工作。其中在2009年共交付两艘2500TEU船和两艘4250TEU船。两艘2500TEU船为10艘批量订单中的第八和第九艘,分别于2009年4月8日和2009年9

月 18 日交付船东。2500TEU 船总长 208.90 米，型宽 29.80 米，型深 16.40 米，设计吃水 10.10 米，航速 22 海里/小时，E 级冰区加强，最大载箱量 2546TEU，入 GL 船级。两艘 4250TEU 船为新扬子江造船有限公司新开发的船型，为该厂建造的该型船中的第三和第四艘。两艘船于 2007 年 9 月 28 日同时开工建造，2008 年 12 月 26 日同时下水，分别于 2009 年 4 月 24 日和 2009 年 5 月 11 日交付船东。4250TEU 船总长 261.10 米，型宽 32.20 米，型深 19.30 米，结构吃水 12.60 米，设计航速 24.5 海里/小时，最大载重量约 50000 吨，最大载箱量 4256TEU，入 GL 船级。（顾　俊）

【市场开发及风险控制】 2009 年，受国际金融危机的影响，国际航运及造船市场呈现萧条局面。为了有效应对中远集运和上远公司在新造船方面可能出现的暂时收缩以及现有项目推延而带来的不利局面，船舶监造中心加大外部船东项目的开发力度，先后成功签订了外高桥造船 177000 吨、南通中远川崎 55000 吨和厦门重工 57000 吨散货船项目的监造协议，有力保证了今后一段时间内业务的健康持续发展。同时，对于已签订的监造服务协议中可能存在的财务和其他风险，制定了相应对策，保障公司利益不受损害。（范志勤）

8. 人力资源

【组织/人力资源部】 组织/人力资源部直属于上远公司党委、行政领导，下设组织、员工任免、员工管理、劳动工资、劳动关系、保险统筹 6 个科。主要职责：贯彻落实公司党委有关党建的各项工作；制定上远公司对人力资源管理的相关政策和规定；实施对公司员工的考核、任用管理；对员工的劳动用工、劳动工资、劳动安全及社会保险统筹管理；负责员工职称评审的上报；参与船舶领导的适任资格考核、评估；组织员工的教育培训；负责计划生育和爱国卫生；负责对各类船员的宏观管理；对公司的人力资源、冗员分流及劳务基地船员管理等。现有人员 27 人，均为大专及以上学历；其中高级职称 4 人，中级职称 9 人，初级职称 10 人。

现任部长唐益池、副部长赵小淮。

（杨云胜）

【概况】 2009 年，组织/人力资源部按照公司人力资源五年（2008—2012）规划的发展目标，为船员资源配置、劳务船员和劳务基地管理、干部人才管理与交流和公司实施 F5 计划等规划目标提供了人力资源保障。按照公司人力资源五年发展规划，加强船员队伍的建设和管理，加大船员提前退休、退养推进力度，加大对长期不上船人员的清理，平衡船员队伍需求关系，及时调整船员补充计划，提高船员资源使用率。全面落实公司 F5 项目推进中有关人事工作，整个项目涉及国企员工、外聘员工、在职人员、内退人员、离休老同志、退休老员工等六类人员，总人数 17652 人，全部随着项目的实施进入上市单元；涉及退养人员生活费、离休人员规范性补贴、退休人员共享费等人员费用计提项目共 18 项，计提费共数亿元（原值）。全面推进公司“人力资源管理信息系统”二期工程建设，将船岸员工基本信息、船员调配管理、员工考核连续记录、薪酬管理、船员证书管理、船岸数据交流、员工健康档案、假期管理、统计分析、查询汇总、远程登陆等实现集成，完成与集运信息系统数据交换功能开发，初步实现人工成本的控制和劳务基地远程登陆公司“人力资源管理信息系统”资源共享的目标。做好员工业务技能和高技能人才的培养，进一步推进劳务高级船员的改制，提高船员的技能和素质。抓好人身安全和防控甲流工作。不断完善人力资源管理制度的建设，切实做好依法治企工作。坚持深入学习贯彻科学发展观，按照公司党委年度工作安排，按照《活动方案》、《整改措施》等有关要求，规范有序组织协调学习实践活动。加强监督指导，党建总体布局得到深化，以船员党员队伍建设、政委后备干部选拔、外派船舶和外聘船员党建等"三项重点工作"为主要内容,通过定期例会、举办培训、开展课题研究、推动党务公开、跟踪目标任务等途径和方式,推进船舶管理部/对外劳务公司党委和船舶党支部两级组织的党建工作,三项重点工作均取得了预期效果。加快以"九支干部人才队伍"建设为重点的干部人才队伍建设步伐,以加大选拔力度、强化素质提升,注重后备干部人才培养管理为重点,推进干部交流机制,不断完善管理制度。 (杨云胜)

【资格认定及干部聘任】 2009年,调整直管干部计69人、115人次;推荐、调整投资单位董、监事45人次;63名高级船员通过相应任职资格认定(船长22人、政委15人、轮机长26人);补充各类后备人才30人;补充机海务监督员5人、通过资格认定9人、提升等级4人。初次对公司劳动安全监督员实行聘任制,共聘任及考核6名劳动安全监督员。 (杨云胜)

【干部人才队伍培训】 2009年,公司继续加强对干部人才队伍的培训力度,通过轮训、专题培训、选拔培训等方式,提升各级领导干部和专业人才的专业素质。安排各类直管人员和专业人才参加培训班20期,培训人数共计144人次;安排40人次参加中远集团组织的"三个三百"人才培训等各类培训。 (杨云胜)

【职称评定】 2009年,共组织17名陆地管理人员、34名船员申报相应系列各级别专业技术职务任职资格(简称"职称")评审。14名陆地管理人员通过评审,其中1人获得高级职称,5人获得中级职称,8人获得助理级职称;28名船员通过评审,其中11人获得高级船长职称,17人获得高级轮机长职称。 (杨云胜)

【公司直管人员现状】 2009年,公司共有直管人员132人。平均年龄44.9岁,其中第一层面32人,平均年龄50岁;第二层面36人,平均年龄47.1岁;第三层面机关科级64人,平均年龄41.1岁。学历:硕士研究生学历26人,本科学历63人,专科学历38人,其他学历5人。职称:高级职称25人,中级职称67人,初级职称24人,无职称16人。 (杨云胜)

【年度考核】 2009年11月24日至12月11日,对公司所属领导班子、各部门(单位)的相关层面员工进行了年度考核,涉及机关部门14个、陆地单位15家,涉及考核对象133人。本次考核,机关网上测评共计1064人次,共发放陆地单位班子或员工民主测评表1082份,现场访谈256人次。通过考核,初步掌握了公司直属领导班子年度工作和履职情况,直管人员的德能勤绩表现情况等,为公司干部管理、培养和交流奠定了的基础。 (杨云胜)

【劳动合同管理】 2009年,船员劳动合同到期97人,其中续签合同88人,终止合同9人;机关员工劳动合同到期16人,续签16人。员工辞职117人,其中船员115人,机关员工2人。 (沈丹瑜)

【员工退休退养】 2009年,共有443人办理退休手续,其中船员381人。在办理退休的381名船员中,职务为船长的9人,轮机长24人,政委21人。办理船员退养145人,办理陆地员工退养17人。 (沈丹瑜)

【招收应届毕业生】 2009年,上远公司招收水上专业毕业生175人。其中,本科48人,专科127人;驾驶专业79人,轮机专业81人,船舶电气专业15人。分别来自上海海事大学(驾驶13人/轮机13人)、大连海事大学(驾驶4人/轮机2人)、集美大学(驾驶12人/轮机8人)、青岛远洋船员学院(驾驶33人/轮机27人)、广州航海专科学校(驾驶3人/轮机16人)、江苏海事职业技术学院(驾驶8人/轮机6人/电气7人)、南通航运职业技术学院(驾驶6人/轮机9人/电气8人)。招收陆上专业毕业生2人。 (曹国春)

【取消船员人事卡片】 为使船员管理工作更加规范化、科学化和信息化,在2008年4月1日正式运行"人力资源管理信息系统"的

基础上，从2009年8月1日起取消船员管理沿用多年的船员人事卡片。　（曹国春）

【招募地震灾区劳务船员】　为支援四川地震灾区建设，解决灾区就业难的矛盾，根据上海市和中远集运指示精神，2009年5月，在四川都江堰招募5名劳务船员。

（曹国春）

【劳务高级船员转制】　为进一步完善劳务船员用工制度，提高劳务船员的工作积极性，公司对工作表现好并已任职大副、大管轮及以上劳务高级船员进行转制，2009年完成劳务高级船员转制14人。　（曹国春）

【船员培训】　为全面提高员工的整体素质和业务水平，2009年度公司共举办船员培训班112期，培训人数达3125（人次）。

2009年度船员培训情况一览表

分类	序号	培训班名称	培训地点	参加人数	小计
适任证书考证	1	船长考证（2期）	上海海事大学	53	222
	2	轮机长考证（2期）	上海海事大学	53	
	3	大副考证（2期）	海事培训中心/海分院	66	
	4	大管轮考证（2期）	海事培训中心/海分院	50	
专业证书培训	5	大型船舶操纵特殊培训（10期）	海事培训中心	85	304
	6	保安专业证书培训（2期）	海事培训中心	50	
	7	船上医护培训（2期）	海事培训中心	58	
	8	电焊复训（2期）	海事培训中心	38	
	9	电焊初训（3期）	海事培训中心	73	
岗位技能培训	10	新进水上专业毕业生入司教育（1期）	海事培训中心	134	947
	11	水手长业务英语培训（2期）	海事培训中心	43	
	12	船舶技师培训（2期）	青岛远洋船员学院	28	
	13	大型船舶接船培训班（6期）	各船舶管理部	100	
	14	新提船舶政委培训班（2期）	海事培训中心	74	
	15	团干部培训班（1期）	海事培训中心	30	
	16	SMIS管理信息系统（驾驶2期）	技术部/海事培训中心	32	
	17	SMIS管理信息系统（轮机2期）	技术部/海事培训中心	29	
	18	船长业务培训（4期）	海事培训中心	159	
	19	驾驶业务培训（4期）	海事培训中心	127	
	20	厨工业务提高（2期）	海事培训中心	20	
	21	机工适岗培训（5期）	海事培训中心	80	
	22	水手适岗培训（3期）	海事培训中心	91	
继续教育	23	劳动保护培训（2期）	海事培训中心	110	1652
	24	GMDSS通用操作员培训（2期）	海事培训中心	69	
	25	精通艇筏培训（13期）	海事培训中心	348	
	26	精通急救培训（12期）	海事培训中心	457	
	27	滚装客船培训（2期）	海事培训中心	46	
	28	熟悉基本安全培训（15期）	海事培训中心	513	
	29	高级消防培训（3期）	海事培训中心	109	
总计		112（期）			3125（人次）

（曹国春）

9. 工会/职工保障

【上远公司工会】 现有会员6584人，其中女会员290人。下辖公司机关、上海远洋对外劳务有限公司、13个陆地基层工会、200艘船舶基层工会及离退休职工管理中心。工会设职工保障部、民管宣教科、生产劳保科，负责宣传教育、组织和民主管理、文秘信息、船舶文体用品发放、劳动竞赛、先进评比、工会财务、家属劳保、船员家属工作、退养职工和永久下船船员管理、死亡职工善后。离退休管理中心设离休干部管理科、退休职工管理科，负责离退休职工管理。工会专职管理人员13人，其中硕士研究生学历3人、本科学历6人、专科学历3人、高中(中专、中技)学历1人。

2009年6月23日，召开上远公司工会十届十次全委会，选举李海良为上远公司工会第十届委员会副主席，同时免去乐根伟上远公司工会第十届委员会副主席、委员职务。

现任主席颜铁观、副主席李海良，工会经费审查委员会主任李海良(兼)；职工保障部部长李海良(兼)、副部长曾凡遵；离退休管理中心主任钱勇成。 (季小东)

【概况】 2009年，上远公司工会根据集运工会2009年工作要点要求和公司"两会"所提出的各项工作任务，围绕"我为科学发展、同业领先做贡献"的主题活动，进一步深化工会"四项工程"建设，团结和动员广大职工正视困难、坚定信心、凝心聚力、共克时艰，在推动企业科学发展和构建和谐中发挥主力军作用；以发展和谐劳动关系为主线，切实维护职工队伍和企业的稳定；以职工和企业文化活动为载体，推进职工素质工程建设，促进职工队伍全面发展；以改革创新精神加强自身建设，增强工会组织吸引力、凝聚力，认真履行工会"四项"职能，积极发挥工会桥梁纽带作用。组织召开上远公司十四届三次、四次职工代表大会，闭会期间召开两次职代会联席会议；监督、指导所属陆地单位完善职工代表大会制度以及工会组织；分别召开两次上远公司工会全委(扩大)会议暨工作会议，布置2009年工会工作，介绍2010年工会主要工作；开展船舶劳动保护工作调研，举办两期劳动保护培训班；开展"我为科学发展、同业领先做贡献"、"工会重点工作创新奖"主题活动；组织慰问船员职工，做好"送温暖"帮困活动以及"访贤求能"活动；建立多种形式的帮困助学机制，帮助困难船员职工子女；做好离退休、退养船员职工和永久性下船船员的管理和服务；组织开展献爱心"一日捐"等活动。对公司不稳定因素进行排摸，及时采取预防和解决措施，确保公司的改革、发展和安全稳定，发挥工会桥梁纽带作用。

(季小东)

【十四届三次职工代表大会】 1月15日在上远公司北五楼礼堂召开。大会应出席正式代表201人，实际到会的正式代表158人；特邀原公司领导12人、家属代表10人以及劳务派遣船员10人列席会议。会议审议通过《总经理工作报告》、《大会决议》(草案)、《十四届三次职代会筹备工作情况报告》、《十四届三次职代会代表资格审查报告》、《十四届一次、二次职代会闭会期间召开联席会议情况报告》、《十四届一次职代会民主测评干部情况报告》、《十四届一次职代会提案处理情况报告》、《2008年职工代表巡视检查情况报告》、《2008年企务公开民主管理情况报告》及《2008年业务招待费使用情况报告》等。会议表彰2008年度公司各类先进、下达2009年目标任务书。中远集运党委书记吴树雄以及有关部门领导出席会议。大会共收到职工代表提交提案17件，有效提案17件，采纳提案16件。

(季小东)

【十四届四次职工代表大会】 8月20日在长阳北五楼礼堂召开。应到会的职工代表207人，因远洋船舶工作的特殊性，会议采用现场出席与书面相结合的形式召开，111

名在船代表和因故没有参加大会的代表通过书面形式征求意见,实际与会职工代表96人,其中船员代表22人。会议听取了《关于召开上远公司十四届四次职工代表大会的情况说明》;会议听取并审议通过了《中国远洋运输(集团)总公司协议转让上海远洋运输有限公司股权及相关事宜》以及《大会决议》(草案)。同时向在自有船舶(外派船舶因受通信限制例外)工作的职工代表发出63份《关于召开上海远洋运输有限公司十四届四次职工代表大会的情况说明》、《中国远洋运输(集团)总公司协议转让上海远洋运输有限公司股权及相关事宜》、《大会决议》(草案)的书面征求意见,反馈61份,同意的61份,实际同意上远公司股权转让方案和大会决议的共计157票,会议有效。（季小东）

【十四届三次职代会联席会议】 于8月20日召开公司十四届三次职代会联席会议,会议审议通过了《十四届四次职代会代表资格审查情况报告》、《关于召开上远公司十四届四次职代会的情况说明》;会议听取并审议通过了《中国远洋运输(集团)总公司协议转让上海远洋运输有限公司股权及相关事宜》、《大会决议》(草案)以及十四届四次职代会主席团成员名单,秘书长和副秘书长名单。（季小东）

【企务公开民主管理】 2009年,根据上海市《关于在本市开展第七次厂务公开民主管理工作调研检查的通知》要求,上远公司企务公开领导小组结合公司实际,注重学习十七届四中全会精神,践行科学发展观,在新形势下不断深化企务公开民主管理工作;进一步加强制度建设,促进企业和谐发展;大胆开拓创新,推进企务公开持续健康发展;强化制度建设,确保领导干部的廉洁自律四个方面推进公司企务公开民主管理工作。同时,针对不同单位的情况进行分类指导,加强企务公开民主管理建设。截至2009年底,陆地各单位建立企务公开民主管理制度达100%。（季小东）

【公司工会十届十次、十届十一次全委(扩大)会议】 分别于6月23日、12月16—17日在金山和苏州召开。公司工会委员,陆地各单位工会主席参加会议。公司工会十届十次全委(扩大)会议增补了上远公司工会第十届工会委员会委员;听取工会工作经验交流;总结工会上半年工作,并布置工会下半年工作。公司工会十届十一次全委(扩大)会议听取了陆地各单位工会汇报2010年工作思路;2009年度工会重点工作创新奖课题的评比和表彰;总结2009年工会工作和部署2010年工会工作。

（季小东）

【船员业余文化生活】 2009年,上远公司工会为船舶购买图书3563册,发放VCD和DVD碟片33219张,发放船舶文体用品价值51万余元。（万正清）

【做好善后工作】 2009年,公司工会负责处理员工善后8起,协助劳务派遣单位处理2起劳务派遣船员工伤死亡事宜;2009年没有发生海上失踪事件。根据上年度企业平均工资的调整,自4月1日起调整残废职工丧葬费。

2009年员工死亡一览表

序号	工号	姓名	部门	职务	出生日期	死亡日期	处理结果	原因
1	12209	郭全宝	保障部	厨工	1957.09.08	2009.01.09	病故	尿毒症
2	457	徐乃平	劳务公司	科员	1953.04.12	2009.03.21	病故	肝硬化
3	7058	张家荣	保障部	机工	1954.12.17	2009.04.06	病故	胃癌
4	10373	钟荣信	保障部	二副	1956.01.18	2009.07.05	病故	肝硬化
5	12682	李光伟	保障部	木匠	1957.02.15	2009.10.04	病故	鼻咽癌
6	6268	谢立民	劳务公司	二管轮	1954.11.01	2009.10.20	病故	脑溢血
7	137	郑国平	机关	科员	1951.01.16	2009.11.25	病故	肺癌
8	17187	杨冰海	劳务公司	二管轮	1974.06.17	2009.12.22	病故	肝癌

（白之楚）

【病退养船员管理】 2009年,上远公司工会做好病退养人员的管理和服务。至12月底,共管理病退养船员644人;2009年共接收退养船员156人、永久下船人员9人,为127人办理提前退休手续。（白之楚）

【组织职工疗休养】 2009年,上远公司工会组织船员、职工和劳动模范分别到临安、黄山、武夷山、张家界、北京等地疗休养,先后安排27批次1100余人参加,支出费用247万余元。（白之楚）

【船员家属工作】 2009年,船员家属联络站共有22个,比上年减少2个(撤销2个市郊站),其中市郊9个站,市区13个站。各船员家属联络站的工作正常有序开展。

（王　萍）

【离退休管理中心】 挂靠上远公司工会,下设离休干部管理科和退休职工管理科。主要职责:宣传党和各级政府、公司有关离退休人员工作的方针、政策,解决好离退休职工学习、生活、医疗、善后等相关问题,组织对离退休人员的慰问和帮困,组织开展适合离退休职工特点的各类有益活动。现有人员12人,包括大学学历2人,大专学历6人。

现任主任钱勇成。（程容林）

【概况】 截至12月31日,离退休管理中心管理离退休人员总数为5704人,其中离休干部76人。2009年接收退休职工440人。全年定期组织离退休职工活动,组织部分离退休职工参加庆祝新中国成立60周年系列活动,向离退休职工通报公司有关会议精神等;建立健全离退休人员帮困慰问机制,慰问住院、重病及特困离退休人员280人次,帮困补助款约21.2万元(其中含离休干部特殊用药补贴2.496万元);得到中远集团和公司医疗救助94人次,补助金额44.14万元;处理来信来访178人次;组织离休老干部“三看活动”;安排离退休职工体检(含家住外地退休职工);代外地离退休职工办理医疗费报销、公积金邮寄、更换第二代居民身份证及户口迁移手续;办理家属丧葬费、遗属生活费发放通知;组织召开离退休职工迎春团拜会。完成中共上海市城乡建设和交通工作委员会、市老干部局、中远集团、上海市退休职工管理委员会布置的各项任务和统计工作。（程容林）

【组织离退休老同志参加上海解放60周年系列庆祝活动】 2009年离退休管理中心组织离休干部参加系列庆祝活动。5月21日,离休干部梁振兴等17位离退休老同志参加由上海市城乡建设和交通工作委员会在上海市老干部活动中心举办的庆祝上海解放60周年“我与祖国同行”市建设交通系统老干部文艺演出。会上,离退休管理中心舞蹈队在开场表演了《秧歌舞》。5月23日,陆少华等8位离休干部统一红色着装去上海市东方艺术中心参加“上海市老干部纪念上海解放60周年歌会”,同与会的老干部一起高歌《中国,中国,鲜红的太阳永不落》。（黄建忠）

【举办2009年离退休职工迎春团拜会】 1月20日,上远公司在长阳北5楼礼堂举行“2009年离退休职工迎春团拜会”。中远集运党委书记吴树雄,上远公司总经理仇鑫尧、党委书记韩超,纪委书记、工会主席颜铁观等领导和部分陆地基层代表以及300名离退休老同志参加了团拜会。吴树雄代表中远集运和上远公司党政领导班子,向离退休老同志致以新春的问候。团拜会进行了文艺节目和抽奖活动。（黄建忠）

【调整离休干部津补贴】 为贯彻执行6月11日上海市委老干部局调整离休干部补贴费会议精神,公司对2009年1月1日在册的77名离休干部补贴费从2009年1月份起进行调整。行政人员,每月按下列标准增加补贴费:正局级:2504元、副局级:2359元、正处级:2234元、副处级(含享处级):2079元;专业技术人员,每月按下列标准增加补贴费:教授及相当职务:2432元、副教授及相当职务:2157元;其他人员按参加革命工作时间,每月按下列标准增加补贴费:1937年7月6日以前:2432元、1937年7月

7日—1942年12月31日:2297元、1943年1月1日—1945年9月2日:2157元、1945年9月3日—1949年9月30日:2022元。公司2009年1月1日在册的77名离休干部调整后的每月补贴费在2008年基础上增加165907元;2009年1月至6月合计补发995442元;从7月起每月补贴费发放金额351522元。6月底完成调整补发,7月起按新标准执行。 (黄建忠)

【调整离休干部护理费补贴】 根据沪委老(2009)13号《关于调整本市部分离休干部护理费标准的通知》精神,对2009年1月1日在册的77名离休干部护理费(社保发放部分)发放标准进行调整。其中:1937年7月7日至1945年9月2日参加革命工作的离休干部,护理费发放标准提高到每人每月400元;1945年9月3日至1949年9月30日参加革命工作的离休干部,护理费发放标准提高到每人每月200元。

(黄建忠)

【召开退休起义、北归船员座谈会】 2月3日,在离退休管理中心组织召开了"退休起义、北归船员座谈会",有6名起义、北归船员参加了座谈会。公司决定从2009年1月起,给起义船员每月发放500元补助金,北归船员每月发放300元补助金,提高他们的退休待遇。 (龙 松)

【代办退休职工医疗费报销】 2009年,公司有退休职工5628人,其中外地退休职工1645人。为方便外地退休职工,离退休管理中心指定专人负责,对外地退休职工及家属医疗费进行登记,及时送公司统筹部门报销。全年共办理3616人次,其中家属劳保785人次。 (龙 松)

【代办外地退休职工公积金、身份证邮寄和户口迁移手续】 2009年,为方便外地退休职工,离退休管理中心为外地退休职工代办公积金领取、邮寄手续51人次,金额265.1万元;代办第二代身份证和户口迁移91人次。 (龙 松)

10. 综合协调

【行政事务部】 主要工作职责:了解掌握公司的生产经营状况,协调处理各部门(单位)间的横向联系,检查督办公司有关会议布置的各项工作,充分发挥协调、枢纽的职能;组织策划公司各类行政会务及庆典活动的筹备、实施工作;协助安全质量经理维护质量及安全管理体系,确保公司的外来文件和内部文件受控,公司的公文流转符合体系运行要求;做好归档和档案利用工作;负责公司外来文件的控制和管理;做好信访和信件收发工作,畅通信访渠道,及时反映社情民意,确保公司内部的生产稳定;做好文件的保密归档工作;负责机关车队管理工作;做好公司的行政后勤保障工作;负责史志年鉴编辑工作。下设秘书科、行政科、信访收发科、档案管理中心。现有员工52名。

现任部长谢志宏,副部长兼档案管理中心主任周燕萍(原副部长兼档案管理中心主任徐伟良2009年4月离任)。

(张 芸)

【概况】 2009年,行政事务部认真履行工作职责,圆满完成各项工作任务。围绕公司中心工作,强化信息传递、工作督办力度。做好公司重要会议、专题工作会等有关会议的会务工作,准确领会领导决策意见,上传下达,及时贯彻公司的方针政策;加大督办力度,逐项分解公司决策和各项任务指标的有关内容,落实到各相关部门,确保公司决策和领导讲话精神的贯彻落实和政令的畅通,充分发挥综合协调和纽带作用。全年共组织召开月度安全生产会和其他相关会议35次,上报要情报告12期,下发督办通知50余条,汇总相关信息50余条。做好公文管理工作,不断提高办文速度和质量。全年印发各类文件共200多份,一年来起草各类文件、函、报告、总结和领导讲话10余篇;编发简报16期;编发各类纪要23篇;编发月报、周报近60篇;完成全年《公司大事记》

的收集、整理工作。强化信访接待工作,维护公司稳定和谐。妥善解决职工的信访问题,积极协调和化解矛盾,为构建和谐企业发挥积极作用。2009 年共受理信访 203 件,其中来信 25 件,来电 134 件,来访 44 件。盘活存量房源,做好 F5 项目房产转性等相关工作。认真做好公司产权房、使用权房及自管公房的经营管理工作。做好固定资产更新改造统计及盘点工作,确保公司资产不遗失、不遗漏;想方设法收取拖欠的租户租金。全年新签租赁合同 4 份,续签到期租赁合同 18 份,收取租金 301.92 万元,超额完成 2009 年租金收入指标,为公司增收节支作出应有的贡献。不断丰富延伸服务内涵,行政后勤保障工作成绩显著。做好延伸服务,为驾驶证到期职工代办换证、审证,同时还解决了职工停车难的问题;在关心职工健康上,严格把好送餐单位午餐质量关,每月进行午餐卫生抽查,对发现的问题及时追踪检查,在午餐费用上做到每月核定就餐人数,严格控制费用支出,确保费用不超支。规范档案管理,积极为生产经营服务。档案工作严格按照各项档案管理规定,做好档案整理及各项日常工作。2009 年人事档案严把档案材料转入、转出质量关,共接收档案 134 卷,转出档案 146 卷;圆满完成原中集总部会计资料整理、鉴定、编目和搬迁工作;对档案信息化工作也做了初步调研。年鉴编辑部克服人员少、工作量大的困难,按照年初制定的计划有序推进年鉴编纂工作。做好车辆服务,保证行车安全。车队加强对公司车辆的日常维修保养工作,坚持定时检查车况和车容车貌,全年行车安全无事故。

(张　芸)

【档案管理中心】 档案管理中心隶属行政事务部,由人事档案科、文书技术档案科和中远集运史、志、年鉴编辑部组成。主要负责管理中远集运和上远公司的文书档案、船舶技术档案、科技档案和基建档案、财务档案、干部人事档案、公司综合管理体系的外来文件和技术资料,以及中远集运系统的年鉴编纂工作。主要职责:贯彻落实国家和上级机关有关档案管理的法律法规和规定;执行公司有关质量、安全、职业健康、环境保护的方针、目标和档案管理各项规定;建立健全公司档案管理工作制度,确保档案设施的完好;负责中远集运和上远公司机关文书、船舶技术档案、会计档案、基建档案和荣誉档案的集中统一管理和提供利用;负责管理中远集运和上远公司的人事档案,对人事档案材料进行收集、鉴别、整理和提供利用等;负责对上远公司系统内基层单位档案工作进行业务指导、监督与检查;负责公司综合管理体系的外来文件和技术资料的订购、分类、存放和发放管理;整理、装订中远集运财务部产生的会计凭证;编纂中远集运年鉴,为《上海年鉴》、《上海经济年鉴》、《虹口年鉴》等提供中远集运系统概况等稿件;承担中远集运系统档案管理的业务培训和指导工作。

档案管理中心现有员工 19 人,其中正式职工 16 人(兼职 1 人),借调帮助工作人员 3 人。

现任档案管理中心主任周燕萍(兼),原档案管理中心主任徐伟良(兼)于 2009 年 4 月离任。

(徐建民)

【概况】 2009 年,档案管理中心始终围绕“安全第一、预防为主”开展工作,积极稳妥地处理“档案安全、档案利用、规章制度”三者间的关系,做好档案管理工作,确保档案管理安全无事故。全年,对“中远太仓”、“天宝河”轮的船舶技术资料和技术图纸 103 盒,以及“中远太平洋”、“中远印度洋”、“中远大洋洲”和“中远太仓”轮的补充资料 24 盒进行翻译、编制、装订和整理归档,并编制档案目录 130 份;接收、整理 2008 年度公司船舶修理档案 16 盒;对 60 盒“船舶建模应急手册”进行整理、装订并编制目录;检查核对、整理移交退役船舶和出售船舶“汉江河”、“滨城”轮船舶技术档案 58 盒;接收新档案 134 卷,转出档案 146 卷,完成 547 卷退休、退养人员档案箱号调整和档案袋换新工作，完成档案扫描608卷，收集、归档整理人事档案零散材料8866份；接收中远集运和上远公司机关各部门2008年度文件归档材料共计3668件，荣誉档案共28件，声像档案(VCD光盘)19盒，照片287张；接收中远集运2006年度会计档案4794卷，其中：账册8卷，凭证4786卷；装订、整理中远集运财务部会计凭证4786卷，搬运会计凭证4794卷。9月初，档案中心根据《上海市档案局关于开展2009年度行政执法检查的通知》精神，对档案室和涉及档案归档工作的科室及相关人员开展了一次全面的档案安全检查和自查活动，并对查出的问题进行整改；按照公司综合管理体系《外来文件和资料控制程序》的要求，对公司的ISO9002质量体系、ISO1400环境管理体系、OHSAS1800职业健康安全管理体系和ISM安全管理体系中有关外来文件资料进行有效提供，发放外来文件资料15860多册，购买技术资料8600多册；完成编纂《2009中远集装箱运输有限公司年鉴》。(徐建民)

【档案搬迁】 根据"财务凭证和业务单据"存放协调会会议纪要精神，上远档案管理中心和单证中心于11月26日完成对1993年—2001年间的"财务凭证和业务单据"整理、鉴定、目录编制，并于12月22日将整理完成的"财务凭证和业务单据"搬迁至中远集发公司仓库，本次整理、搬迁共计使用18个集装箱3000多纸板箱(10万多卷)。另有14558盒约43674卷船舶舱单经鉴定、整理、编制清单后进入销毁程序。

(徐建民)

【档案利用】 2009年，档案管理中心接待人事档案现场查档1146卷，电话查档800余卷。接待文书、技术、会计等各类档案查阅共计1665人次，查阅档案、资料11215卷，复印11149张。其中，文书档案：接待107人次，查阅档案381卷，复印1762张；技术档案：接待300人次，查阅档案1370卷，复印739张；会计档案：接待59人次，查阅档案629卷，复印2688张；安全技术资料：接待268人次、查阅资料340卷；荣誉档案：接待1人次，查阅档案22卷；基建档案：接待15人次，查阅档案2164卷，复印28张；会计凭证、资料：接待915人次，查阅档案资料6309卷，复印1050张。

(徐建民)

【档案业务知识培训与档案宣传】 档案管理中心于2月20日在长阳北四楼会议室举办中远集运、上远公司机关和陆地单位专兼职文书、内勤、档案管理人员的档案管理业务学习班，57人参加了培训。主要进行档案业务知识培训和档案法制宣传，并对2008年度公司文件材料归档工作提出具体要求。(徐建民)

11. 党委工作

【党委工作部/监督部】 公司党委的职能部门和综合办事机构。公司纪委、党委工作部、监督部实行"三块牌子，一套班子"(党委工作部/监督部部长兼纪委副书记)，下设宣传文化科、保卫科、纪检科、审计科、报刊编辑部。公司团委挂靠党委工作部。党委工作部/监督部负责公司党委日常工作和共青团工作，负责宣传教育、精神文明建设、企业文化建设、纪检监察、审计监督和治安综合治理及船舶保卫工作，负责公司党委文秘、党群工作协调和信息传递、保密工作，对党委部署的工作进行督察，确保上级精神的贯彻落实。现有员工20人。

现任部长肖亮(兼任纪委副书记、监督部部长)，副部长赵添球。(马星野)

【概况】 2009年，党委工作部/监督部围绕公司"两会"提出的目标任务，做好舆论宣传、调查研究、工作督导、文明创建、企业文化、治安保卫、纪检监察、审计监督、保密工作，确保党委决策和工作任务得到贯彻、落实，为上远公司安全、效益和改革、发展、稳定提供保证，使全系统的凝聚力、创造力、战斗力得到明显提升。宣传贯彻党的十七届四中全会精神、贯彻落实科学发展观，按照中远集团、中远集运的总要求，组织好学习实践活动，取得了显著的成果。同时，还通过组织形势任务教育和以改革发展、安全生产、精益管理为内容的主题宣传活动，对广大员工进行素质教育。加强治安保卫工作，保证企业安全、稳定。推进廉政教育和纪检监察工作，构建公司惩防体系。团组织和青年队伍建设也取得新进展。圆满完成公司确定的各项目标和任务。（马星野）

【召开上远公司十四届三次职代会、2009 年政工会】 1 月 15 日，上远公司十四届三次职工代表大会、2009 年思想政治工作会议在公司北楼礼堂召开。大会的主题是：适应变化，凝心聚力，开创安全和谐新局面；直面挑战，攻坚克难，夺取改革发展新胜利。中远集运领导吴树雄、韩成敏、房迪坤以及相关部门负责人出席会议。上远公司职代会、政工会代表，公司历任老领导、部分劳务基地船员和船员家属代表出席会议。会议由公司党委书记韩超、总经理仇鑫尧分别主持。与会代表听取并审议通过仇鑫尧所作的题为《强化责任意识，提升管理质量，携手共渡难关，为上远顺利进入资本市场、确保安全稳定而努力奋斗》的总经理工作报告；听取公司纪委书记、工会主席颜铁观代表公司党委所作的题为《坚定信心，凝心聚力，共克时艰，为上远安全稳定、改革发展提供坚强保证》的思想政治工作报告；听取和审查公司财务总监王世平所作的《财务工作报告》。会上，向机关各部门、陆地各单位下达 2009 年目标任务书；表彰了 2008 年度各类先进；职代会代表还对公司干部进行了民主测评。（马星野）

【深入开展学习实践科学发展观活动】 2 月 24 日，上远公司在长阳南十楼会议室召开 2009 年第二次党委（扩大）会，专题研究开展深入学习实践科学发展观活动事宜。与会人员集体学习中远集运《关于认真做好开展深入学习实践科学发展观活动准备工作的通知》（中远集运党[2009]3 号）等文件精神，并就上远公司如何搞好学习实践活动进行了研究。2 月 25 日，公司党委向各直属党组织印发《关于认真做好开展深入学习实践科学发展观活动准备工作的通知》，就做好有关准备工作提出要求，并明确成立深入学习实践科学发展观活动领导小组以及领导小组办公室。6 月 26 日公司党委印发《关于印发〈上海远洋运输有限公司学习实践科学发展观整改落实方案〉的通知》。（马星野）

【召开 2009 年政研会年会暨 2010 年党群工作研讨会】 12 月 9 日，上远公司 2009 年政研会年会暨 2010 年党群工作研讨会在浦东临港新城召开。公司党委书记韩超、副总经理徐允平，纪委书记、工会主席颜铁观，公司政研会理事会成员，党群各部门、各直属党组织负责人，陆地单位专职纪委书记、工会主席，各船舶管理部政工科科长、对外劳务公司党群部经理，船舶政委及外派船舶兼职党支部书记代表，优秀政研论文作者等，共 48 人参加会议。会上，7 个部门和单位作了交流发言。根据政研会章程，各位理事审议了《2009 年政研会工作报告》；听取了政研会秘书处《关于政研会十四届理事会组成人员调整及相关情况的报告》。

（马星野）

【张富生率调研组来上远公司调研】 3 月 29 日，中远集团党组书记张富生率调研组来到上远公司，围绕"船员管理和船员队伍建设"课题进行调研，先后召开公休船员座谈会、船员管理和船员队伍建设座谈会。中远集运党委书记吴树雄、党委工作部部长时国权出席上午的公休船员座谈会。中远集运副总经理韩成敏出席下午的船员管理和船员队伍建设座谈会。（马星野）

【2009 年新员工入司典礼】 3 月 10 日，上远公司在海事培训中心举行 2009 年新员工入司典礼，欢迎 132 名水上专业院校毕业生加盟公司。公司副总经理宋振庭，纪委书记、工会主席颜铁观，公司有关职能部门、各船舶管理部、对外劳务部等部门负责人出席

典礼。典礼由海事培训中心主任薛菁主持。

（马星野）

上远公司新进员工入司典礼

【船东满意最佳船舶】 根据“船东满意最佳船舶”考核标准，“苏州号”、“新鉴真”、“康盛”、“鹏稳”、“SEALINK MAJESTY”、“集美隆”、“静安城”、“金健”、“骑士”、“梅明”、“中远07号”轮等11艘外派船舶被评为2009年度“船东满意最佳船舶”。

（马星野）

【卓越团队】 经各单位、各部门推荐和公司文明办考核，船舶技术部、安全质量部、船舶监造中心、中日轮渡、国际轮渡被评为上远公司2009年度“卓越团队”。

（马星野）

【在线辅导】 2009年，党委工作部利用船岸数据通信系统编发《在线辅导》，为船舶提供国内外形势、企业文化、航运形势、公司发展、安全形势、安全管理、生产经营等情况解读。全年共编发18期。（马星野）

【在线学习】 2009年，党委工作部运用内部局域网络，编发公司党委理论学习中心组《在线学习》专刊，分送公司党委成员及二级党委成员。专刊围绕中央政策理论导向，对国内、国际热点动态分析，紧扣公司中心工作，全年共编发12期。（马星野）

【《上海远洋》杂志】 党委工作部报刊编辑部负责编辑出版，经上海市新闻出版局注册的公司内部刊物，双月刊，逢单月出版，免费发行至公司船舶、机关和陆地单位，供职工阅览，并在中远系统内交流。2009年，杂志以公司深入开展学习实践科学发展观活动为契机，学习贯彻党的十七届四中全会精神，围绕企业应对全球金融危机影响所采取的各项举措，加强形势任务宣传，及时宣传公司重要会议和领导指示精神，突出安全生产、节能减排、防海盗、防甲型H1N1流感、基层党建创新、迎国庆60周年、迎世博、和谐企业建设等宣传报道重点，认真做好舆论引导、政策宣传、理论研讨和经验交流等宣传工作。2009年共编辑出版6期，发表各类文章180余篇。（李　劼）

【《上远快讯》电子周刊】 公司内部信息类电子周刊，每周一编发，供公司陆地员工阅读交流。《上远快讯》由党委工作部报刊编辑部负责，2009年共编发57期。《上远快讯》有“公司要闻”、船岸信息”、“学习与交流”、“航运信息”等栏目，围绕公司中心工作，及时宣传报道一周内的公司领导要求、会议精神、基层工作动态和好人好事、国内外航运动态等。（李　劼）

【《新闻之窗》电子期刊】 专供船舶一线船员阅读的新闻类电子期刊，党委工作部报刊编辑部负责编发，每周一、三、五通过船岸信息数据交换系统向公司管理的中远集运船舶发送。《新闻之窗》每期约1.8万字，其内容包括热点新闻、上海新闻、国内新闻、国际新闻和文体新闻等，所有新闻信息全部摘自国内知名主流网站或报刊；每周一的内容还包括公司一周要闻。2009年共编发155期。（李　劼）

【上远公司网站】 上远公司网站（www.coscoshanghai.com）是基于互联网上的公司门户网站，经国家信息产业部备案，属非经营性质。网站共设6个板块40多个栏目，外加员工工资查询、船员信箱、总经理信箱、书记信箱、网上测试以及论坛等功能。随着网站使用信息和功能的增多，网站注册用户也逐日增加，至2009年底已达3700多人。（李　劼）

【《安全宣传》电子期刊】 以安全工作为内容的电子期刊，党工部报刊编辑部负责每季度编发一期，2009年共编发4期。《安全宣传》主要内容包括：安全生产重要言论和会议精神，重大安全活动、工作动态，新出台的安全法规制度，事故通报和案例分析，安全理念和文化建设研讨等。（李　劼）

【综合治理工作】 2009年，综治工作围绕"安全稳定保持良好局面，不发生重大综治事件，努力创建'上海市平安单位'"的工作目标，以治安综合治理和船舶"四防"工作为重点，以推进不稳定因素排摸与化解、强化防海盗袭击措施、确保国庆60周年安全稳定、启动世博安保等方面工作为抓手，着力消除治安、消防安全隐患，积极化解各类矛盾纠纷，扎实地推进综治维稳基础工作，保持了公司正常的生产经营秩序，维护了企业和队伍的和谐稳定，保障了船队的安全营运。公司主船队未发生恐怖袭击、海盗登轮、船员境外出走和船员海上失踪等事件；化解11起矛盾纠纷和不稳定因素；未发生严重干扰机关办公秩序和社会性群访事件，未发生严重的治安刑事案件。公司综治维稳工作呈现"两下降一上升"趋势，即：信访总量明显下降，不稳定因素和矛盾纠纷总量大幅下降，安全稳定局面得到巩固提升。进一步夯实船舶"四防"工作基础，从2009年9月1日起，建立试行"聘用政委上船前综治保卫工作谈话制度"，至12月底共对近60位政委进行谈话。为进一步做好防索马里海盗工作，11月19日公司召开"上海远洋防海盗工作专题会议"，要求公司全体船岸职工必须认清当前索马里海盗频繁袭击、劫持商船的严峻形势，坚决克服麻痹和侥幸心理，加强防范措施，避免冒险航行，立足"早"字，突出"防"字，坚决拒海盗于船舷之外。为航经亚丁湾、索马里以东海域的船舶增配防弹衣和钢盔、逐步安装电网，并从11月26日起，实施了"对航经亚丁湾、索马里海域船舶预警提示制度"等措施。10家陆地单位通过上海市水上公安局"创治安安全合格单位"复验；党委工作部保卫科被上海市水上公安局评为2009年度"治安保卫先进集体"；泛奥公司保卫干部潘国平被上海市公安局治安总队评为2009年度"治安保卫先进个人"；公司被上海市公安局治安总队授予2009年度"治安安全合格单位"荣誉称号。（薛　定）

【纪律检查委员会】 中共上海远洋运输有限公司纪律检查委员会（简称上远纪委）是在上远公司党委和中远集运纪律检查委员会的领导下，围绕公司中心工作，协助党委开展党风建设和反腐倡廉工作，维护和执行党的纪律，履行纪检监察职能，确保党的路线、方针、政策及公司各项规章制度顺利贯彻落实，维护企业改革、发展、稳定的执行机构。公司纪委由颜铁观、肖亮、唐益池、黄志涵、常慕春、王国进（2009年12月20日调离上远公司）、杨炯组成。现任纪委书记颜铁观，纪委副书记肖亮（兼）。

（钱大成）

【纪检监察工作】 2009年，上远纪委、监督部在公司党委和中远集运纪委的领导下，根据党风建设与反腐败工作的总体部署和要求，认真贯彻中纪委十七届三次、四次全会精神，集团纪检监察审计工作会议和中远集运纪检监察审计工作会议精神，以科学发展观为指导，围绕企业中心工作，以贯彻党风责任制为目标，推进惩防体系建设为主线，通过加强反腐倡廉教育，加大制度建设力度，强化监督制约机制，积极开展党风建设和反腐倡廉工作，为公司的改革、发展、稳定和党员干部廉洁从业起到了促进作用。2009年，公司没有发生科以上干部违法违纪案件。（钱大成）

【经营纪律检查】 根据公司"两会"要求，从2009年5月下旬开始，对下属19个单位和部门，从"三重一大"执行情况、机务管理、财务管理、投资管理、合同管理、风险管理等6个方面，开展了重点检查督导。在检查督导过程中，共发现各类大小问题66项，针对这些问题，联合检查小组提出了91项整改建议。（钱大成）

【领导人员关联交易信息披露】 7月，公司纪委/监督部根据关联交易信息内部披露暂行规定，对公司科以上干部、陆地单位中层以上干部，就11类关联交易业务开展关联交易信息内部披露工作。开展信息披露的部门和单位共计31个，其中：机关部门18个，陆地单位13个。公司机关和陆地基层做出申报的270名领导人员均声明，没有需要披露的关联交易信息。（钱大成）

【签订"廉洁诚信、依法经营"承诺书】 在2004年开展中远集运领导干部签订"廉洁从业、奉献远洋"承诺书的基础上，按照上级的部署和安排，2009年8月20日，上远纪委组织258名党员领导干部、重点岗位人员重新签订了"廉洁诚信、依法经营"承诺书，起到了警钟常鸣、自警自励、自我约束的作用。签约对象为：领导班子成员，机关科以上人员，下属陆地各单位班子成员、各部门负责人。（钱大成）

【远洋宾馆重大工程改建项目现场会】 10月15日，上远纪委结合远宾重大工程改建项目的工程进度和时间节点，在远宾改建工地现场召开了远宾改建项目现场会暨重点岗位人员廉洁从业承诺签约仪式。上远副总经理陈大龙、纪委书记颜铁观出席会议，会议由纪委副书记、党委工作部/监督部部长肖亮主持，远宾重大工程改建项目组二十余人参加了会议。出席会议的远宾重大工程改建项目组成员，在《上海远洋重大工程（项目）重要岗位人员廉洁从业承诺书》上签字。会后，由上远纪委/监督部牵头，投发部、财务部及远宾现场监督小组相关人员组成的检查小组，对项目工程进行了对口检查。（钱大成）

【领导人员廉洁从业谈话】 10月28日，公司印发《关于开展2009年度领导人员廉洁从业谈话的通知》，公司领导分别对机关各部门正副职干部，各直属单位领导班子成员，共计69人进行了廉洁从业谈话。

（钱大成）

【"践行科学发展观，廉洁自律比奉献"演讲比赛】 8月13日，由上远纪委主办的"践行科学发展观，廉洁自律比奉献"演讲比赛（初赛）在长阳北四楼会议室举行，来自各单位（部门）的16名员工，参加了比赛，6名选手进入决赛。8月20日，决赛在长阳北五楼礼堂举行。经评委现场评分，国际轮渡葛玲《大海上的奉献》获一等奖；船舶管理一部傅奇《践行科学发展观，谈船舶党员的修养与自律》、船舶管理三部李文龙《平凡的我同样能高昂起头》获二等奖；财务部李爽《廉洁之镜，伴我前行》、供应公司苑慧集《一片冰心在玉壶》、远洋宾馆徐玉琴《心中的明镜永远照耀我们前行》获三等奖。

（钱大成）

【汇编、发放党员领导干部廉洁从业手册】 上远纪委汇编的法规制度类工具书《永葆清廉本色——上远党员领导干部廉洁从业手册》于2009年11月发放，发放范围为：公司机关科以上干部、陆地单位中层以上干部、重要岗位人员，以及船舶党支部。手册分重要论述、基本知识、廉洁规定和党纪处分等4个部分，共印制650本。

（钱大成）

【重点岗位人员廉洁从业座谈会】 分别在4月2日、4月17日和4月23日举行，公司涉及"人、财、物"等关键领域、重要环节的员工，共计175人次参加了集中培训、教育和交流。（钱大成）

【反腐倡廉教育培训】 2009年，上远纪委反腐倡廉教育和培训工作中，下发廉政教育材料4461份；中层干部学习科学发展观340人次，学习三项法规380人次，学习垂直监督体制和相关纪检文件220人次，其他各类廉洁从业学习1070人次。11月，上远纪委安排陆地及机关11位中层干部参加上海市预防职务犯罪协会举办的"预防经济犯罪法律培训班"的学习；安排1人次参加中纪委举办的企业纪检业务培训班。

（钱大成）

【贯彻"三项法规"、促进廉洁从业大会】 8月20日，上远纪委在长阳北五楼礼堂召开上海远洋贯彻"三项法规"、促进廉洁从业大会。中远集运纪委副书记、监督部总经理李平文出席会议，并就贯彻落实“三项法规”作辅导讲座和动员讲话。上远纪委书记颜铁观主持会议，并结合上远实际，就公司学习贯彻落实“三项法规”工作提出意见。上远领导班子成员、机关各部门科级以上干部、陆地各单位中层以上干部、部分船员代表共200多人参加会议。会议期间还举行了“践行科学发展观，廉洁自律比奉献”主题签名活动。（钱大成）

【信访和案件查处】 2009年，上远纪委共受理信访件5件，违法违纪案件2件。5件信访件中反映船舶有关问题的2件，反映机关和陆地单位有关问题的3件，其中1件由上级转办。5件信访件中1件作留存处理，信访了结率为100%，办结率为80%。国家司法、执法机关转办的违法违纪案件2件，按照党纪条规对2名涉案人员作出了党政纪处分。（钱大成）

【礼品礼金登记上报】 2009年，公司共登记上报礼金、礼品133人次，折合人民币66847元，同比增长28%。其中，处级以上领导干部52人次，折合人民币35400元，同比增长19%。（钱大成）

【共青团上海远洋运输有限公司委员会】 简称公司团委。2009年，公司团委团结带领船岸广大团员青年，以“增强团的活力，丰富团的内涵，加强团的建设，促进团的发展”为主线，以“服务企业中心工作、服务青年成长成才”为宗旨，发挥了共青团的突击队和生力军作用。公司共有35周岁以下青年1732人，其中党员707人，团员843人。公司团委由郭启政、杨炯、杨云胜、谈轶群、黄卓君、金佳慧（女）、叶耀辉7名委员组成。

现任团委书记郭启政（原团委书记曾凡遵2009年4月23日离任）。

（郭启政）

【团的组织建设】 2009年，经公司团委研究，并报经公司党委和上级团委同意，对公司团委委员进行了调整，团委委员由原先的6人增至7人；成立船舶管理一部、二部团工委，并调整船舶管理一部、二部、三部团工委书记；调整对外劳务团委书记和通导公司团总支书记；成立对外船管部团支部，并选举产生新的团支部书记。（郭启政）

【开展“五个一”主题活动】 2月28日，公司团委下发通知要求各级团组织结合本单位（部门）、本船舶的实际情况，开展“建立一支青年突击队，确立一个工作项目，组织一次大讨论，读一本书，写一篇心得体会”五个一活动。截至年底，公司团委共计收到上报青年突击队109个，合理化建议156条，体会文章81篇。（郭启政）

【建立团委青年人才信息库】 为加大公司团委对培养青年人才的工作力度，搭建上远青年人才培养、凝聚、举荐、配置四位一体的平台，并为上远人才梯队建设做有效准备，公司团委于2009年7月建立了青年人才信息库。截至年底，青年人才信息库共计吸纳优秀青年105人（其中船员青年65人），并甄选出28名相对优秀的青年。

（郭启政）

【放漂世博会漂流瓶】 在首届上海航运青年文化节2010年上海世博会邀请函漂流瓶放漂活动中，公司团委承接了所有漂流瓶的放漂任务。2009年9月28日，在迎世博倒计时215天，公司团委分别在“苏州号”轮和“松子”轮上举行了漂流瓶放漂交接仪式，215个漂流瓶，215份邀请信，向世界各国朋友发出参加2010年上海世博会的邀请，为2010年上海世博会献上了“上远人”的心意。（郭启政）

【组建公司男子篮球队】 由公司工会与公司团委组建的公司男子篮球队于12月9日成立，由来自机关、船舶和陆地单位的35名队员组成。篮球队的日常管理工作由公司团委负责。（郭启政）

（二）各船舶管理部

1. 船舶管理一部

【船舶管理一部】 简称船管一部。主要职责:负责船舶的委托管理和所属船员的管理。截至2009年底,管理集装箱船26艘:“中远亚洲”、“中远欧洲”、“中远美洲”、“中远非洲”、“中远青岛”、“鲁河”、“川河”、“粤河”、“皖河”、“晋河”、“中河”、“远河”、“腾河”、“飞河”、“珍河”、“大河”、“山河”、“松云河”、“峰云河”、“锦云河”、“彩云河”、“奇云河”、“密云河”、“盛河”、“汉中河”、“天宝河”轮。经营航线:远东—美东、华南—美西南、亚洲—地中海、华北—地中海、香港—东南亚、远东—美西、远东(北)—欧洲、华北—台湾、中国海峡—印度、华北—韩国、海峡—红海、中国—澳大利亚、内贸线。所属船员1066人(其中公司自有船员737人,劳务派遣船员329人)。机关设船员管理科、安全技术科、政治工作科,现有人员16人,包括本科学历6人,专科学历8人;其中中级及以上职称11人。

现任部长常华明,副部长蔡祖华。

（李永生）

【概况】 2009年,船管一部以“加强管理、降本节支、维护稳定、确保安全准班”为工作重点,全面完成了公司下达的年度目标任务。船舶安全面、设备完好率、船舶营运率均为98.15%;船舶综合准班率98.25%;船舶港口国(PSC)检查无缺陷批注通过率82.26%;防抗台成功率100%;在中远集团安全大检查中无重大、大缺陷;综合管理体系运行良好,内审覆盖率100%;完成“大河”、“山河”、“密云河”、“远河”等4艘船舶的修船任务;安排船员换班1867人次;完成船员各类培训260人次;发展党员21名,预备党员转正28名,船员96人提升职务;被公司《上远快讯》、《上远工会信息》录用宣传报道稿件237篇;编发《一部月报》12期;慰问病、困船员75人次,补助困难船员117人次,补助金额5.93万元。船长丁经国获“中央企业劳动模范”称号;“中远亚洲”轮获“上海市共青团号”称号;“中远亚洲”轮团支部获“上海市‘五四’特色团支部”称号;“山河”轮获“上海市安康杯优胜奖”称号;船舶管理一部综治小组获“上海市水上公安局治安保卫先进集体”称号;“鲁河”、“山河”轮获“中远集团2007—2008年度华铜海式船舶”称号;并获得多项中远集运和上远公司先进集体和先进个人称号。

（李永生）

“中远亚洲”轮在亚丁湾索马里海域航行途中举行青年护船队演习

【“天宝河”轮加入COSCO船队】 11月18日,“天宝河”轮正式驶离江南长兴船厂,加入到COSCO中远集运船队。该轮是中国自己设计建造的第一艘5100TEU类型集装箱船。该轮从宁波港出发开始首航,投入到美东航线运营。

（李永生）

【"晋河"轮编入中国海军第一批亚丁湾索马里海域护航编队】 1月6—7日,"晋河"轮作为第一批被中国海军护航的船舶,在中国海军"武汉"舰的护航下,顺利驶过防海盗高风险区域——亚丁湾索马里海域。

（李永生）

【"皖河"轮为我国海军护航舰队第一次补充给养】 1月25日,2008年农历大年三十清晨,"皖河"轮在亚丁湾海域约定位置,将交通运输部委托中远集团运送的2000多公斤绿叶蔬菜,连同中远集团致子弟兵的春节慰问信,顺利转交给在亚丁湾海域执行护航任务的中国海军护航舰队。（李永生）

【中国驻荷兰大使张军慰问"中远亚洲"轮】 1月27日,中国驻荷兰大使张军偕夫人等一行8人在中远集运荷兰公司总经理吴金平的陪同下,看望慰问停靠在荷兰鹿特丹港的"中远亚洲"轮全体船员。（李永生）

【春节期间中远集团驻外机构人员慰问船员】 1月26日(农历正月初一),中远巴拿马公司副总经理刘国治、船务部经理李耕书等领导登上刚抵达巴拿马运河锚地的"飞河"轮,慰问全体船员。1月27日,中远西腊代理公司领导李克强、孙湛波,来到停靠在比雷埃夫斯港中远专用码头的"晋河"轮,代表中远西腊代理公司全体员工,向"晋河"轮全体船员表示新年祝贺和亲切问候。1月29日,中远香港货柜代理有限公司领导张富元、王明锋、倪高明带领慰问组,登上刚停靠在香港货柜码头的"珍河"轮,看望慰问了全体船员,向大家拜年、祝福。1月30日,中远(香港)集团总裁/常务副董事长王富田、财务总监王晓明、中远货柜总经理张富元等一行16人,登上停靠在香港集装箱码头的"中远非洲"轮,向全体船员致以节日的问候和祝福。（李永生）

【"中远青岛"轮首航福州港】 4月9日,在福州新港码头,当地港务局、中货等单位联合举行"中远集运'中远青岛'轮美西线首航福州港仪式"。福建省交通集团陈乐副总裁、新港码头总经理曾炳祥、中远集运美洲贸易区经理李刚、厦门中货总经理隋力、厦门分部总经理高旭辉等出席了首航仪式。港方向船方送了鲜花和纪念品。

（李永生）

【中央企业深入学习实践科学发展观活动指导检查组到"腾河"轮调研】 5月22日,中央企业深入学习实践科学发展观活动第四指导检查组组长车书剑、副组长李荣芝等一行5人,在中远集团党组书记张富生、党工部部长傅向阳的陪同下,到"腾河"轮进行调研、检查并指导工作。（李永生）

【中远集团安监部上"腾河"轮检查指导工作】 为贯彻中远集团总裁魏家福关于"安全就是生命"、全系统开展"查隐患、促整改、保安全、迎国庆"活动的指示精神,9月6日,中远集团安监部总经理陈正杰、总轮机长王新全等一行五人,登上正在盐田港进行装卸作业的"腾河"轮,对"腾河"轮的各项安全管理工作进行全面的检查,并向"腾河"轮船舶领导班子成员通报了集团系统安全生产的形势。（李永生）

2. 船舶管理二部

【船舶管理二部】 简称船管二部。主要负责船舶委托管理和所属船员管理。委托管理船舶25艘:"中远波士顿"、"中远纽约"、"中远上海"、"中远香港"、"中远新加坡"、"中远鹿特丹"、"中远汉堡"、"中远费利克斯托"、"中远安特卫普"、"天运河"、"布依河"、"裕固河"、"珞巴河"、"景颇河"、"哈尼河"、"锡伯河"、"纳西河"、"青云河"、"腾云河"、"飞云河"、"凌云河"、"大清河"、"子牙河"、"滹沱河"、"永定河"轮。主要经营航线:华南—美西南、华北—美西南、华南—美西北、远东—美东、远东—地中海、远东—红海、远东—南美东、华北—台湾、上海—台湾、电器快航、霓裳美西快航、上海/大连/连云港。所属船员1035人。机关设政治工作科、安全技术科、船员管理科。现有人员16人,包括专科及以上学历12

人；其中中级以上职称9人。

现任部长许庆成，副部长虞忠（原副部长吴长干2009年4月30日离任）。

（胡小红）

【概况】 2009年，船管二部围绕"安全、准班、效益"这个中心，坚持以科学发展观统领船舶管理的各项工作，更新思想观念、改进工作作风、提升管理能力，安全管理、成本控制、队伍建设工作有序推进、成效明显。船舶综合准班率98.22%，接受PSC检查无缺陷批注通过率77.4%，防抗台风成功率100%，完成"子牙河"、"滹沱河"、"飞云河"、"中远安特卫普"、"中远上海"轮等15艘船舶的坞检修和水下检验任务。机务五项总费用节约2.58%，全年节约燃油21117.2吨，滑油355649.7公斤。安排各类考证、技能培训、电焊培训等385人次；按照岗位需求及时做好船员任职职务评估。全年共评聘各类职称职务（不包括水手、机工）116人。进行船舶劳动安全检查28艘次。积极开展安全生产月活动、事故反思日活动、安全生产年、百日安全隐患专项治理、学习实践科学发展观等活动。面对索马里海域日益猖獗的海盗活动，船管二部重点做好经过亚丁湾航行的7艘船舶和3艘南非南美航线船舶的防海盗跟踪、指导、预警提示工作，加强船舶离港检查，切实做好防偷渡工作。"永定河"轮抓获3名偷渡分子。2009年，船管二部继续做好对患病职工和困难职工的慰问，全年共慰问职工72人次，发放职工困难补助6.2万元。"中远汉堡"轮、"裕固河"轮成功为亚丁湾护航舰队运送物资3次，得到了上级的表扬和奖励。"中远汉堡"轮QC小组获得"全国交通行业优秀质量管理小组"称号，"中远香港"轮QC小组获得"上海市优秀质量管理小组"称号。 （胡小红）

【"劳动报"记者到"锡伯河"轮采访】 1月6日凌晨3时，"锡伯河"轮靠泊上海港外高桥码头，边检部门开启"绿色通道"为历险货轮及船员提供便捷通关，《劳动报》记者登轮进行采访。此前，"锡伯河"轮在经过亚丁湾时，用高压水枪等防备器具3次成功摆脱武装海盗的追逐。 （胡小红）

【鲁成钢慰问"中远汉堡"轮】 1月26日（大年初一），中远控股新加坡公司副总裁鲁成钢在远星船务有限公司中远集团总公司总代理傅其文、中远新港码头有限公司总经理梅都米和副总经理吴庆明的陪同下，登上挂靠在新加坡新港码头的"中远汉堡"轮，为船员送来了新鲜的水果，向该轮全体船员致以节日慰问。 （胡小红）

【"永定河"轮抓获3个偷渡客】 4月25日清晨5时35分，"永定河"轮配合张华浜港区边防人员在4舱集装箱夹缝里成功抓获身着米色工作服、头戴红色安全帽的3个偷渡客（2男1女，福建籍），此举得到了吴淞边检站的赞扬。 （胡小红）

【成功为亚丁湾护航军舰运送物资】 4月13日下午2时10分，"中远汉堡"轮全体船员历时4个多小时，成功将832箱蔬菜交给在亚丁湾执行护航任务的中国军舰。6月10日上午，"中远汉堡"轮船员再次安全无损地把17箱物资交给执行护航任务的中国军舰。9月26日下午3时25分，"裕固河"轮22名船员成功将142箱月饼交给执行护航任务的中国军舰。船管二部圆满完成了物资运送任务，得到了护航舰队的赞扬。

（胡小红）

【"天运河"轮加入COSCO船队】 11月18日上午，"天运河"轮在长兴江南船厂举行命名仪式后驶离船厂，成功加入到COSCO中远集运船队。该轮是江南造船厂为公司建造的12艘5100TEU船舶中的第2艘。该轮从宁波港出发，投入到华南—美西航线的运营。 （胡小红）

【国资委监事会领导参观"珞巴河"轮】 12月11日下午，国务院国资委驻中远集团监事会一行6人在中远集运总会计师邓黄君、上远公司副总经理曹志俊、船管二部部长许庆成等的陪同下，到靠泊在外高桥五期码头的“珞巴河”轮参观、检查、指导工作。

（胡小红）

3. 船舶管理三部

【船舶管理三部】 简称船管三部。主要负责船舶的委托管理和所属船员的管理。所属船舶 22 艘："中远樱花"、"中远菊花"、"中远兰花"、"松子"、"竹子"、"梅子"、"磐河"、"隆河"、"艳河"、"秋河"、"香河"、"玉河"、"洛河"、"辽河"、"沙河"、"庄河"、"松河"、"潮河"、"银河"、"星河"、"冰河"、"春河"轮。另有"松城"(8 月下旬)、"滨城"(10 月上旬)、"汉江河"(9 月上旬)、"汉水河"(12 月上旬)、"汉涛河"轮(12 月上旬)等 5 艘船分别出售交船。主要经营航线：内贸、中国—日本航线。所属船员 1098 人，其中船长 50 人，政委 36 人，轮机长 47 人。机关设船员管理、安全技术、政治工作 3 个科。现有机关人员 17 人，包括本科学历 6 人，大专学历 8 人；其中高级职称 4 人，中级职称 5 人。

现任部长沙镇毅(原部长丁振华 2009 年 4 月离任)，副部长黄志涵。

（吴锦祥）

【概况】 2009 年，船管三部围绕公司下达的目标任务，加强与泛亚公司的沟通和联系，突出服务船东、安全准班，针对三部船舶、航线的特点，抓住"体系运行、修船监督、PSC 迎检、综合管理、党建思想政治工作"五个重点，攻坚克难，解决关键问题，不断增强船舶管理的科学性、针对性和有效性，不断提高船舶综合管理体系的执行力度。一是完善老旧船管理办法，建立定期排查机制，畅通老龄船隐患排查解决渠道；二是建立"紧急管理提示"指导制度，对船舶安全管理、设备管理、综合治理、船员管理中存在的隐患进行分析，全年向船队发送 13 份紧急管理提示；第三是对船舶航行安全的指导，着重在安全督查、行为自查和船员培训三个方面下功夫；四是通过"机务管理科学管理年"活动，强化机务管理，加强设备评估，细化管理链条；五是在精益管理中力争降本增效，开展"降本增效，同业领先"活动，采取切实有效的措施降低成本开支，重点是节能降耗，节油率位居各管理部之首；六是着力跟踪指导，努力提高 PSC 无缺陷批注率。在所属船舶提出了"杜绝滞留，降低缺陷率"的要求和目标；七是下力抓好船舶综治工作，以防偷渡、防走私倒卖以及内贸船舶船员国内下地管理为重点，先后推出并完善"船舶领导承诺"等六项制度，不法行为得到了有效的控制；八是抓好船员队伍的稳定工作，以党建思想政治工作为优势，推行党务公开，建立船员思想状况分析制度，在船舶逐步退役，船少人多的矛盾情况下，妥善安排富余船员。全年船舶营运率 100%，设备完好率 100%，综合准班率 96.7%，顺利接受 PSC/FSC 检查 74 艘次，无缺陷通过率 76.8%，取得了船舶安全准班、船队和谐稳定、船东满意的优异成绩，部机关被评为中远集运"卓越团队"，"梅子"轮荣获全国水运系统船舶、班组安全竞赛"安全优秀船舶"称号，"中远菊花"、"中远樱花"轮获上海边防 2009—2010 年度"诚信船舶"称号。（吴锦祥）

【张富生、许立荣慰问"松子"、"竹子"轮】 1 月 19 日，中远集团党组书记张富生，副总裁、工会主席许立荣率中远集团慰问组，在中远集运领导吴树雄、房迪坤和上远公司领导仇鑫尧、韩超、颜铁观等陪同下，慰问靠泊在上海张华浜码头的"松子"、"竹子"轮船员，向大家拜早年、送祝福。（吴锦祥）

【"艳河"轮改线并参加湛江—新加坡首航仪式】 4 月 23 日，中远集运湛江—新加坡集装箱定期班轮首航仪式在湛江港举行。湛江市政府、海关、边防、外经贸和中远集运贸易保障部等各方领导出席。"艳河"轮为该航线首航船舶，该轮接受从内贸线转为外贸线任务准备时间不到两天，船舶克服困难，及时做好了准备工作。

（吴锦祥）

【“艳河”轮与湛江卫检、边防联合举行处置甲型 H1N1 流感演习】 为有效防控甲型H1N1 流感，“艳河”轮接到湛江有关部门通知，卫生检疫、边防部门将在该轮联合举行处置甲型 H1N1 流感演习。6 月 5 日 15 点 30 分，演习正式开始。发现“疑似病例”后，船舶将“病人”在病房中隔离，并及时上报。边防人员第一时间在船边拉好警戒线，检疫人员登轮在采取防护设施情况下，护送“病人”进入岸上的救护车。随后，检疫人员对船舶进行了全面消毒，同时对餐厅、厨房、伙食仓库进行了细致的检查。16 点 45 分演习圆满结束。湛江卫检、边检人员对该轮的大力支持表示感谢，并对船上宣传预防甲型H1N1 流感工作给予了充分肯定。

（吴锦祥）

【“松子”轮与吴淞边检开展同创共建活动】 为深入学习实践科学发展观，促进船舶与边检基层党建学习交流，“松子”轮与吴淞边检开展同创共建活动。4 月 27 日，“松子”轮党支部与吴淞边检监护一队党支部签订同创共建协议——《党支部同创共建协议书》。双方约定，以党支部共建的形式，发挥双方各自优势，通过开展一系列活动增强党员的责任意识、使命意识和纪律意识，促进管理工作、服务能力的提高，进而增强基层党支部的战斗力和凝聚力，努力打造模范服务团队，共筑和谐口岸环境。7 月 20 日，“松子”轮和吴淞边检监护一队党员、团员、青年共 30 余人，瞻仰了“一大会址”。当晚，双方举行了文明共建座谈会。

（吴锦祥）

【“松子”轮完成世博漂流瓶漂流任务】 9 月 28 日，首届上海航运青年文化节 2010 年上海世博会邀请函漂流瓶交接仪式在“松子”轮船旁举行。上海市虹口区团委、统战部、青年联合会等有关方面领导，上远公司团委、船管三部有关方面负责同志出席。“松子”轮团员青年和上海吴淞边检监护一队的团员青年，共同接收了两百余只漂流瓶。9 月 29 日凌晨“松子”轮启航。第一次抛瓶：9 月 29 日 16 时 35 分，抛瓶位置为北纬 30.9 度，东经 125.9 度，中国东海中部，流向东北——韩国南部，日本西岸。第二次抛瓶：9 月 30 日 8 时 30 分，抛瓶位置为北纬 30.9 度，东经 129.5 度，日本大隅海峡，流向正东及东北——日本沿岸，西太平洋。第三次抛瓶：10 月 4 日 8 时 10 分，抛瓶位置为北纬 30.9 度，东经 127.3 度，中国东海东部，流向正北及东北——日本西岸及朝鲜、对马海峡韩国南端。经过了三次投抛，两百余只漂流瓶将带着中国人民的深情厚谊，把 2010 年上海世博会信息传向世界。

（吴锦祥）

【“松子”轮与边检联合举行防偷渡演习】 11 月 27 日，“松子”轮与吴淞边检监护一队联合举行了“防偷渡”演习。下午 2 时许，防偷渡演习开始。一名“不明身份”者试图登轮，被值班船员发现后强行“闯”船。船舶及时与边检联系，边检派员上船将其抓获。边检对机舱、甲板和生活区进行检查，未发现可疑物品。从船舶报警到边检到船，仅用了 4 分钟，边检负责人对演习给予了高度评价。（吴锦祥）

【《三部月报》改版】 为了使三部的电子刊物《三部月报》更贴近船舶，贴近船员，成为学习的园地，交流的平台，沟通的桥梁，充分发挥电子刊物的教育引导作用，从 6 月起对《三部月报》进行改版。改版后的《三部月报》围绕船员关心的热点内容和话题，设“重要信息”、“航运视点”、“通报”、“船员管理”、“船舶管理”、“党群工作”等六个栏目，信息量大，针对性强，涵盖船舶和船员工作、学习、生活中需要的方方面面，不仅有大家关心的公司内外大事，行业相关信息，船员个人利益等内容和提示，还有船员工作学习中的心得体会习作交流，对船员学习起到了鼓励和促进的作用。改版后的《三部月报》出刊 7 期，受到船舶领导和广大船员的欢迎和好评。

（吴锦祥）

4. 船舶管理四部

【船舶管理四部】 简称船管四部。主要负责托管船舶和所属船员的管理。托管船舶25艘："中远大洋洲"、"中远太平洋"、"中远印度洋"、"中远太仓"、"中远大连"、"中远天津"、"中远厦门"、"天后"、"海后"、"龙后"、"凤后"、"俊河"、"聪河"、"民河"、"高河"、"东河"、"泰河"、"普河"、"潮汕河"、"肇庆河"、"阳江河"、"新会河"、"雅河"、"秀河"、"天兴河"轮。经营航线：华南—美西南航线/1，远东—美西北线/3，远东—美东线/1，中国—南非、南美线/2，中国—澳洲线/2，中韩线/2，东南亚区域线/1，中国—红海线/1，大陆—台湾直航线/1，中国—欧洲/4，内贸线/7。所属船员1026人。机关设政治工作、安全技术和船员管理3个科。现有机关员工16人，均为专科及以上学历；其中高级职称5人，中级职称4人。

现任部长殷焕宇，副部长杨兵（原副部长沙镇毅于4月30日离任）。

（陆世忠）

【概况】 2009年，船管四部在进一步保持和巩固整个船队安全生产、船员管理、体系审核、成本节控、班期管理等良好稳定局面的前提下，完成了"中远大连"轮等10艘船舶的坞修、特检等监修工作，船舶综合管理效能得到显著的提高，实现安全形势趋于稳定、船舶管理趋于规范、船员管理趋于科学的良好发展势头，各项生产任务指标完成情况较为理想，未发生任何异常现象。无重大责任性事故和一般性事故，污染事故0起；综合准班率（月平均）97.79%，滞留0起；PSC检查38艘次，无缺陷批注率76%；设备完好率100%，船舶接受外审5艘，无不符合项；船舶火灾0起；船舶发生机械故障影响营运0起。无因机关服务不良而被投诉的事件。船舶五项费用、燃油消耗、机关差旅费、船员差旅费均有效地控制在指标之内。无重大刑事案件；无中层干部发生重大违法违纪事件；无主管级、船舶部门长及以上干部违纪案件；无潜船偷引渡和海盗袭船事件。 （陆世忠）

"中远大洋洲"轮在德国汉堡港码头接待将赴亚丁湾索马里海域执行护航任务的德国海军官兵

【"中远太仓"轮命名仪式】 2月26日，"中远太仓"轮在南通中远川崎船舶工程有限公司码头举行命名庆典仪式。江苏省委书记梁保华，省政协主席张连珍，省委常委、苏州市委书记王荣，副省长史和平，南通市委书记罗一民、市长丁大卫，中远集团总裁魏家福、副总裁李建红，川崎重工副社长寺崎正俊，中远集运总经理孙家康等出席。命名仪式由南通中远川崎船舶工程公司总经理徐凯主持，魏家福发表讲话，史和平、罗一民、寺崎正俊在仪式上致词。梁保华为新船命名，并为新船揭幕。 （陆世忠）

【"泰河"轮参加"鲁荣渔1615"轮搜救行动】 4月6日9时15分，"泰河"轮根据交通部海上搜救中心指示，前往北纬34度25分、东经123度26分黄海海域，搜救"鲁荣渔1615"轮8名失踪船员。当时该轮正从南沙开往锦州途中，接到命令后，船舶第一时间成立了紧急搜救小组进行搜救。13时45分，"泰河"轮接总调通知解除救助，14时恢复正常航行。 （陆世忠）

【"中远大连"轮首航韩国釜山新港】 4月7日12时，"中远大连"轮顺利靠妥码头，成功首航位于釜山老港区以西35公里的新港区，成为中远首艘停靠该港口的船舶。在船舶大台，港方举行了简短的欢迎仪式。港区

经理对“中远大连”轮的到来表示欢迎,并赠送了纪念品。（陆世忠）

【“民河”轮参加5·11海上搜救行动】 5月11日7时38分,船长接到中远集运总调度指令,要求“民河”轮配合搜救海上落水失踪人员行动。该船立即前往北纬31度49.8分,东经123度17.8分的东海海域,投入海上搜救工作。至下午1时10分,“民河”轮接到公司通知续航。在搜寻中,附近的渔船纷纷与“民河”轮联系表示感谢,高度赞扬了COSCO船员的人道主义精神。

（陆世忠）

【“中远太仓”轮为中国海军亚丁湾护航舰队补充生活物资】 5月20日,“中远太仓”轮靠泊南沙集装箱码头,装载为中国海军亚丁湾护航舰队运送生活物资。5月31日5时45分,该轮抵达预设地点。从7时至12时20分止,在海军官兵和“中远太仓”轮全体船员的配合下,圆满完成了特殊物资运送任务。护航舰队领导对该轮船员表示感谢!

（陆世忠）

【海军167护航编队向中远集团发来感谢电】 6月17日,“中远太仓”轮收到中远集团转发的中国海军167护航编队给集团的感谢电,电文如下:中远集团公司:为给护航编队运载21吨副食品及部分预防甲型H1N1流感药材,贵公司在航运业务繁忙、船期紧张的情况下,领导高度重视,上下“一路绿灯”,科学设计物资积载,积极协调抵达时间,表现出了很强的政治意识、大局意识。特别是“中远太仓”轮按时抵达亚丁湾海域后,面对会合海域风浪大,小艇转运安全风险高的实际,对物资开箱、拆箱等各个转运环节进行充分准备、周密部署、科学安排,及时调整船位,主动提供网兜、吊篮、吊车等设施,安排专业素质好的船员积极协助转运。船长王海清、政委杨连海同志亲临一线指挥搬运、吊放、转载,为官兵准备冰镇绿豆粥、矿泉水,带领船员顶烈日、冒酷暑配合转运,连续奋战7个多小时,安全顺利完成了物资卸载,体现了优良的素质和顽强的作风,在亚丁湾上展现了民拥军、军爱民的生动场面。护航编队全体官兵向你们表示衷心的感谢!致以崇高的敬意!我们坚信,“中远人”的这种精神,一定会把公司继续做强做大、飞黄腾达!有你们的大力支持,我们一定会战胜任何艰难险阻,圆满完成后继护航任务,以优异成绩回报祖国人民的关心厚爱!（陆世忠）

【“中远印度洋”轮圆满完成为中国海军护航舰队运送慰问品任务】 9月26日12时零5分(当地时间),“中远印度洋”轮装运由青岛港务集团赠送我海军亚丁湾护航舰队的慰问品,安全顺利地抵达指定交接海域。在简短的交接仪式后,于14时30分将货物全部安全地驳运到海军舰船上。海军护航舰队代表全体官兵向“中远印度洋”轮全体船员表示感谢,并祝全体船员国庆、中秋节快乐。（陆世忠）

【“天兴河”轮命名交船仪式在江南长兴重工船厂码头举行】 12月8日,由江南长兴重工船厂为中远建造的第三艘5100TEU集装箱船“天兴河”轮命名交付仪式在长兴重工船厂码头举行。中远集运副总经理韩成敏、安全技术管理部总经理蔡德清,上远公司副总侯立平、江南长兴重工船厂党委书记徐平等出席新船命名交付仪式。韩成敏为新船命名并为新船剪彩。（陆世忠）

5. 上海远洋对外劳务有限公司

【上海远洋对外劳务有限公司】 简称劳务公司,由原船舶管理公司劳务合作处改制而成。2001年1月9日,公司完成工商注册。1月12日,正式揭牌成立。劳务公司是上海远洋运输有限公司的全资子公司,其主要职能是开拓国内外劳务市场,承揽海上船员和陆上人员派出业务;招收各航海学校的大中专生,培训外派船员;为外派船员办理护照、签证等手续,对派出船员合同期内跟踪管理;为适任世界各种类型船舶,组织外派船员专业技能训练和特种专业培训；举办英语强化班，不断提高外派船员英语水平与会话能力。公司具有船舶管理功能和全球船舶供应网络，可为客户提供船舶备件、物料，造船设计、船舶监造、科研开发、技术、业务及咨询方面的优质服务。公司还建立了陆上劳务信息和人才资源网络。公司下设行政人事部、业务部、船员管理部、计财部、海事服务中心、党群部和人力资源开发部。机关现有人员 83 人，包括硕士研究生学历 5 人，大学学历 28 人，大专学历 36 人；其中高级职称 8 人，中级职称 18 人；外派在船船员 2477 人。

现任常务副总经理杜一珉（主持工作，原总经理麦昌年 2009 年 8 月离任），副总经理常慕春（兼纪委书记与工会主席）、陈炜，财务总监沈耀，总经理助理马大为。

（王　琳）

【概况】 2009 年劳务公司在船外派船员 2477 人，外派班子 121 套，其中全套外派班子 89 套，半套与大半套外派班子 32 套；利润 253.9 万元；应收账款回收率 98.1%。全年无重大人员伤亡事故和群死群伤事故，无重大海损事故、机损事故和污染事故，船舶防抗台成功率 100%。2009 年，公司调整船员资源结构，确保船员队伍可持续发展。招募高级基地船员，在河南、河北、安徽、湖北、山东、江苏等地招收了 260 名高级基地船员；加强船员清理力度，清理长期不上船船员 126 人；清退不合格基地船员 222 人；通过把富余岗位的高级船员搭配普通基地船员一起零星外派，消化了 85 名富余船员，一定程度上缓解了普通船员上船难的问题。推行两项改革，提高公司核心竞争力以精简高效为目标，对机关的部门设置以及人员安排进行改革；撤并了两个业务单一、部门职责重叠的部门，简化了公司组织机构，优化了公司的业务流程，从而有效提高了部门之间的协调、协作，促进了工作效率的提高；对各部门的岗位和人员进行定岗、定编，同时，参照上远公司的岗位设置缩减员工的岗位层级，取消了副经理岗位，并按上远公司工资系列对岗位进行核定，有效控制了人力成本；推行船员工资显性化改革，提高对外派船员的凝聚力，在香远、深远、新远、厦远等四个系统内板块根据《船员条例》、《劳动合同法》的要求，明确船员的工资结构，确保船员薪酬制度的合法性，提高了高级船员的整体待遇，尤其是基地高级船员的待遇有大幅度的提高。拓展船舶管理业务，实现公司经营多元化，根据上远公司的整体部署和主管职能部门的要求，大力拓展船舶管理业务，顺利取得了相应的资质，扎实地推进船舶管理业务的经营。5 月，取得国际海运辅助业务经营许可证；9 月 16 日，正式接管泛亚公司 9 条 200 箱长江集装箱船舶；11 月 9 日，接管泛亚公司第一条 300 箱江海直航集装箱船“泛亚太仓”轮；11 月 17 日，通过海事局审核，取得了临时 DOC；11 月 17 日，取得“泛亚太仓”轮的临时 SMC 证书；11 月 23 日，取得国内水路运输服务业务经营许可证。加强市场开发，稳固市场份额，通过加强与船东的沟通、每月定期致电各家船东征求意见等加强客户服务的途径，维持了比较稳定的市场份额，2009 年新接 16 艘船舶。加强风险控制，加大应收款回收力度。强化合同管理，参照上远公司合同管理和风险控制办法，起草制定了《劳务公司合同管理办法》，使得合同签订的流程和管理更加规范严谨；强化应收账款催收，对租金支付不及时的船东进行重点跟踪，尽可能缩短船员租金的回收期。强化船员培训，提高船员整体素质。加强对长期不上船船员的培训，经过培训并且考试成绩良好的普通船员被优先安排上船，调动了船员参加培训的积极性，效果显著。健全安全管理制度，切实提高安全管理水平。加强现场办公和安全检查力度，特别注重船员劳动方面的检查，督促船舶整改，协助船东管好船舶。定期向船舶通告近期事故案例、国际公约实施情况及迎检准备、PSC 检查最新动态、季节性安全生产工作重点等，以协助船舶做好安全工作。为外派船舶提供岸基技术支持，及时向船上提供港口资料和海图。做好季节性的船舶安全管理工作。成功地对台风、寒潮、浓雾进行跟踪，确保派员船舶的安全。加强基地船员管理，推广基地改革。选择了河南、河北两家基地进行改革试点，把基地船员的日常管理职能包括工资管理最大限度地下放给基地。加强成本控制，显著降低管理费。根据上远公司的要求，下调了预算，尤其是通过降低机关人工成本，较好地完成了管理费节支目标。（陈志平）

【劳务公司团委被授予2008年“上海市五四特色团委”】 1月9日，劳务公司团委被上海市团市委授予2008年度“上海市五四特色团委”。（金佳慧）

【开展“我为科学发展、同业领先做贡献”活动】 3月，劳务公司开展“我为科学发展、同业领先做贡献”主题活动，公司明确要求船岸职工必须认清形势，坚定信心，统一思想，确保稳定，规范制度，防范风险，把“增收节支”当作2009年的一项重点工作来抓，并明确提出2009年各项财务成本支出要在去年减少5%的基础上再减少10%的目标，要求将成本控制细化、分解，落实到位。

（曹广麟）

【开展深入学习实践科学发展观活动】 3月16日，劳务公司召开开展深入学习实践科学发展观活动会议。党委书记黄楠平在会上传达了中远集团、中远集运、上远公司关于展开“学习实践科学发展观活动”的相关要求，并对公司学习实践活动的开展作了全面部署。会议决定进一步加强机关作风建设，做好船员管理和船舶服务工作，把开展深入学习实践科学发展观活动作为进一步提升劳务公司核心竞争力的强大推进力，促进劳务公司各项工作再上一个新的台阶。

（曹广麟）

【要求外派船做好船舶卫生工作】 2009年3月，劳务公司发出通知，要求各外派船在国外港口履行PSC检查时，必须认真做好船舶卫生工作。通知指出外派船在接受PSC检查前，既要充分做好各类设备安全检查的准备，同时也要做好环境、卫生等方面的工作；重视对生活设施的维修保养，定期检查，发现有问题的要及时修复，无法修复的报船东更换或提供备件；保持餐厅、厨房环境、餐具的整洁，各项设备符合PSC检查的要求；保持生活区环境的整洁，养成良好的个人卫生习惯；保持公共厕所、浴房的整洁，设备完好；船舶领导对卫生工作要重视，定期进行自查自纠，避免因船舶生活环境、厨房、卫生环境不符要求，工作不到位，造成船舶滞留，致使船东受到损失，影响公司的声誉。（徐　佩）

【规范外派船PSC迎检工作】 5月3日，劳务公司就部分船舶领导对日常演习训练不够重视，不按程序要求，不从实战出发，造成在PSC检查演习中出现不逼真的问题向各外派船发出通知，要求外派船各轮接到通知后要召开船员大会，学习相关体系文件和训练手册，认真查找总结本轮在各种演习中存在的问题，规范演习训练。在开展规范演习训练的同时，要加强对应急设备、消防设备、救生设备和防污染设备的维护管理，随时保持良好状态。通知还要求各外派船加强船风、船貌的管理。

（徐　佩　卢兴福）

【“鹏业”轮完成“沪通铁路过江通道”实船试验任务】 5月21日，外派船“鹏业”轮在南通港被交通部海事局调用，参加由铁道部、交通部海事局、江苏海事局、南通市人民政府、上海海事大学等十几个单位组织的“沪通铁路过江通道”实船试验。上午8时，交通部副部长徐祖远和安全总监刘功臣，铁道部副部长胡亚东、陆东福，江苏省副省长史和平，南通市委书记罗一民、市长丁大卫及南通市委、海事局、引航中心、航道局和海事大学实验专家组有关人员，乘海事船登轮，11时零5分，船舶起锚开航。12时48分通过苏通大桥1000米后，实船实验正式开始。按照实船实验计划，“鹏业”轮在2艘6000马力拖轮和10艘海事巡逻艇的护航下,分别成功完成遇船横穿主航道紧急大角度避让、绕过预设桥墩恢复主航道航行、停车后冲程、回旋调头、舵机失控漂移5项实验。13时40分实船实验结束。

(陈志平)

【"新鉴真"轮防抗甲型H1N1流感】 6月6日,"新鉴真"轮1549航次,一名正常值范围内体温偏高女性旅客在上海港经卫检后登轮。船舶对该旅客重点关注,观察到旅客体温有所升高后,启动船舶应急预案,该旅客在航行中体温恢复正常,6月8日抵达日本神户港卫生联检安全通关,船上没有旅客因体温异常被滞留。6月9日,"新鉴真"轮1550航次在大阪港上旅客前,按以往做法,将预防甲型H1N1流感关口前移,拒绝一名体温偏高日本旅客登轮,阻止了可能的传染源对船舶客运安全的影响。(李汉培)

【"苏州号"轮开展"安全生产月"活动】 6月"苏州号"轮以"全国安全生产月"活动为契机,进一步强化船员对安全生产重要性的认识,用"三铁"(铁的制度、铁的面孔、铁的处理)反"三违"(违章指挥、违章作业、违反劳动纪律),杜绝"三高"(领导干部高高在上、普通船员高枕无忧、规章制度束之高阁),用热情的宣传教育激励教育船员;用深情的关怀保护和温暖船员;用柔情的举措规范船员安全行为;用绝情的管理严爱船员;用无情的事故启发船员;培育船员"关爱生命、安全为天"的安全价值观,在船员心中筑起一道安全防线,激发船员做好安全工作的自觉性。(李金国)

【开展"四个一"活动迎接建党88周年】 6月下旬,劳务公司党委于"七一"前夕,在全公司范围内开展"四个一"活动迎接党的生日:上一次党课;召开一次党员大会;过一次专题组织生活;重温一次入党宣誓。6月22日,党委召开全体党员大会,党委书记黄楠平为全体党员上党课。6月19日,机关的新入党党员及部分青年党员代表,在公司9楼会议室举行"践行科学发展观,我为党旗添光彩"座谈会,随后举行了入党宣誓仪式。(金佳慧)

（三）陆地产业单位

1. 上海远洋船舶供应公司

【上海远洋船舶供应公司】 简称上海远供，成立于1973年，是一家综合性船舶生产和船员生活资料供应、船用救生筏销售检修、消防设施检测的专业公司，中国及亚太地区最大的船用物资供应商之一，国际供应商协会（ISSA）会员单位，也是海外多家著名油漆、化学品、船舶备件制造企业在中国最大的代理商，供应网络遍布中国主要港口。上海远供占地4万平方米，拥有库场、冷库、办公楼等3.2万平方米，设有海关综合性保税仓库，备有多种车船运输工具，上海远供30多年来已经形成了完整的服务体系和计算机管理系统，通过ISO9001：2000标准质量管理体系的认证，获得海关综合性保税仓库“信得过企业”称号。公司下属的救生设备销售维修中心连续十多次通过中国船级社、国家海事局的认可，并且获得美国ABS、英国LR、日本NK、挪威DNV等船级社的认可证书。公司下属的船队，拥有多艘各类用途港作船舶，为靠泊上海各港区及锚地的船舶提供淡水补给、食品、物料及备件运输等相关服务，服务范围覆盖崇明、长兴、横沙及吴淞锚地。上海远供已与国内外200多家航运企业建立了业务关系，不仅向国内各大远洋公司的不同船舶供应各种船用物资，而且也为中国南极考察船“雪龙”号以及一些国内石油钻井平台、来沪的美国公主邮轮公司的“皇家公主”号和东南亚邮轮公司的船舶提供服务。新加坡泰昌祥公司、希腊高世迈公司、意大利邮航公司、中国台湾长荣和万海公司等十几家境外知名度较高的船东大公司也与公司建立了长期的合作关系。上海远供奉行“远洋供应，至诚至信”的服务宗旨。坚持全天候、全方位、全过程为船舶（客户）提供稳定的、连续的、质量和服务同行领先的、客户可感知的“上海远供”品牌服务。

上海远供内部机构设办公室、人保部、财务部、管理部、开发办和储运部。经营部门（基层单位）有食品供应部、物料供应部、发展部、代理部、综合销售部、采购部、数据管理中心、客户服务管理中心、外高桥现场办事处、百舸船队、万事达经营公司、江海内河销售部、救生设备销售维修中心、远供汽运公司等。上海远供现有人员407人，包括大学及以上学历40人，大专学历63人；其中高级职称4人，中级职称12人，初级职称68人。

现任总经理孙定山、党委书记沈威新。

地址：上海市政民路415号

电话：65110082（总机）

网址：http://www.coscosup.com

（方　茵）

【概况】 2009年，面对持续低迷的国际经济形势，和仍然严峻的航运形势及无序竞争的船供市场状况，上海远供密切跟踪关注国际、国内经济和航运时局及相关政策的变化，及时贯彻落实上远公司的工作部署，直面船供市场诸多挑战，凝心聚力，以“四个确保”为着力点，保持了上海远供2009年工作的正确方向；全体“上海远供”人发扬COSCO人“艰苦奋斗、拼搏奋进”的优良传统，秉持公司一以贯之的“依法经营、规范经营、诚信经营、苦心经营、创新经营”的经营理念，坚持公司一以贯之的"始终为船舶（客户）提供稳定的、连续的、质量和服务同行领先的、客户可感知的上海远供品牌服务"的经营方针，在经济危机加剧行业竞争更加激烈的种种负面因素冲击的情况下，牢牢确立了上远公司"一盘棋"的大局观念，有力提升了各项工作高效规范的执行能力，增强了危机管理意识，不断谋求风险管理制度创新和风险经营创新，勇于总结探索，确保了一步一个脚印地取得经营与管理成果，全力维护和保持了公司可持续发展的新方向。安全综治稳定局面持续正常。公司圆满完成上远公司下达的各项双文明建设任务指标。2009 年公司被上海市总工会授予"五一"劳动奖状；获得上海市"诚信企业"称号；获得中远集运"卓越团队"称号；领导班子被上远公司评为"四好班子"。

（方　茵）

【开展"一日捐"活动】 1 月 15 日，上海远供组织职工开展"一日捐"活动，共有 427 人踊跃参加了本次活动，共计捐款 10950 元。（方　茵）

【开展《劳动争议调解工作实施办法》专题培训】 3 月 26 日，上海远供工会组织开展《劳动争议调解工作实施办法》专题培训，着重就《中华人民共和国劳动争议仲裁法》和公司制定印发的《上海远供劳动争议调解工作实施办法》、《〈实施办法〉宣传提纲》等三个文件，组织员工学习、讨论。专题培训共分四个议题。公司工会主席王国进主讲，劳动争议调解委员会的 9 名成员、各党支部书记、团委书记、办公室副主任、工会委员等相关人员参加了培训。（方　茵）

【举行中层干部廉洁从业承诺书签字仪式】 5 月 14 日，上海远供举行中层领导干部廉洁从业承诺书签字仪式，公司 5 名领导班子成员及 29 名中层干部参加了本次活动，公司总经理孙定山、党委书记沈威新带头在《廉洁从业承诺书》上签字。在仪式上，中层干部代表宣读了《廉洁从业承诺书》。

（方　茵）

【召开两会】 2 月 18 日，上海远供十一届三次职工代表大会、2009 年思想政治工作会议在公司多功能餐厅召开，70 名职工代表、政工会代表和列席代表出席会议。上远公司纪委书记、工会主席颜铁观莅临大会指导。公司总经理孙定山作了题为《提升工作执行能力，增强危机管理水平，克难奋进全力维护和保持公司可持续发展的新方向》的总经理工作报告。党委书记沈威新作了题为《统一思想、凝聚力量，为生产、安全、稳定、发展提供思想保障》的思想政治工作报告。会议认为，2008 年面对内外部环境的急剧变化，公司的各项经营管理工作平稳推进、安全综治稳定态势保持正常，全面完成了十一届二次职工代表大会提出的各项工作目标，实现了历史单年度最好的经营业绩，实现了历史单年度员工总体人均收益福利的最高水平。（方　茵）

【开展学习实践科学发展观活动】 2009 年，根据中远集运和上远公司党委的总体部署，从 3 月份至 8 月份，上海远供党委在全体党员中开展深入学习实践科学发展观活动，活动期间，公司党委按照上远党委活动实施方案，根据公司《活动实施方案》的时间节点和整体部署，围绕"持续发展、持久和谐"的主题，深入开展了学习实践科学发展观活动。在学习实践活动中，形成《学习实践科学发展观对照分析检查报告》、《调研报告》和《整改落实情况报告》各 1 份；采取学习座谈、个别访谈、网上征求意见、职工问卷调查等形式征求意见 250 多人次，征得意见建议 8 条；编发简报 12 期。活动覆盖到各个党支部，在全公司 147 名党员和全体员工中产生了积极的影响，基本达到了提高思想认识、解决突出问题、创新体制机制、促进生产经营的目标，推动了以"四个确保"为目标的各项工作，取得了较好的成效，实现了"两手抓、两不误、两促进"的目标要求。（方　茵）

【召开年中工作会议】 8 月 7 日，上海远供在六楼会议室召开 2009 年度年中工作会议。公司党政领导班子成员及中层干部参加会议。会上,公司总经理孙定山、党委书记沈威新分别对2009年上半年公司在经营、安全、管理、综治和稳定中存在的主要问题进行了系统分析,并就如何应对危机,直面挑战,抱团取暖,共渡难关,对下一步工作具有针对性、前瞻性、系统性地提出了具体要求。 (方 茵)

【与上海海关现场业务三处召开“欢庆建国60周年关企和谐廉政共建”座谈会】 9月25日,上海远供班子成员和部分中层干部在总经理孙定山的带领下,来到上海海关现场业务三处,与海关关员一起召开“欢庆建国60周年关企和谐廉政共建”座谈会。会上,双方就下一步“作为监管方,如何一如既往地履行好监管职能,为企业提供政策指导,替企业的生产经营保驾护航,与企业一起共克时艰;作为企业方,如何在始终保持依法经营、规范经营的前提下,进一步适应新的监管要求,在困难面前,承担起国有企业基层单位的责任方面”达成了共识。

(方 茵)

【出台2008—2012年惩治和预防腐败体系实施方案的工作推进计划】 2009年,为贯彻落实上远纪委《关于印发〈落实《中远集团建立健全惩治和预防腐败体系2008—2012年实施方案》的工作推进计划的通知〉》(沪远纪[2009]12号)精神,上海远供党政领导认真学习,对照检查。同时,上海远供纪委根据惩防体系的具体规范和上级的工作推进要求,结合公司采购、销售、储运船舶物料的具体工作实际,研究制定了上海远供的工作推进计划和任务分解表。公司以党的十七大四中全会精神为指导,深入贯彻落实科学发展观,紧密联系公司经营管理实际,坚持“标本兼治、综合治理、惩防并举、注重预防”的方针,按照“围绕中心,服务大局。改革创新,开拓进取,惩防并举,重在建设,统筹推进,突出重点,分类指导”的基本要求,积极构筑教育、制度、监督、惩处在内的反腐倡廉制度体系和工作运行机制,以不断促进广大职工尤其是党员干部确实落实惩治和预防腐败体系,把惩治和预防腐败体系建设寓于公司的实际经营管理工作中,促进公司持续、健康、有序发展,为公司的经营生产保驾护航。 (方 茵)

【接受中国船级社2009年度质量管理体系监督审核】 11月18—20日,上海远供接受中国船级社2009年度质量管理体系监督审核,在各个涉标部门的共同努力下,顺利通过现场审核。 (方 茵)

2. 上海远洋通信导航分公司

【上海远洋通信导航分公司】 简称通导公司,是隶属于上海远洋运输有限公司,集科、工、贸一体化的综合性专业化公司。主要从事船舶通信导航设备和机舱自动化设备部件的研制、生产、销售和安装、维修、调试以及陆上的通信、计算机网络等工程的设计和施工。通导公司前身是上海远洋运输公司通信站,属下有上海捷讯科贸发展公司、中远自动化服务有限公司。通导公司设立办公室、财务部、保障部、生产经营部、通信服务部、信息服务部。1998年通过了中国船级社ISO9001质量管理体系认证。通导公司现有通信实验室、导航实验室、电航实验室和一个保税仓库并承担自理报关企业的职责。目前,通导公司还是JRC、RAYTHEON—ANSCHUTZ、SAM—ATLAS、YOKOGAWA、TOKIMEC等世界著名厂商在中国口岸的专业维修代理,是经CCS、NK、ABS、DNV、LR、KR船级社认可担当船舶无线电安全设备检验和VDR的公司。公司现有员工110人,包括大学学历16人,大专学历20人;其中中级职称20人,占员工总数的18%。

现任总经理陈其安,党总支书记苌建军。

地址:上海市眉州路752号

电话:65701888(总机)

网址：http//www. coscomeec. net

(刘伟鸿)

【概况】 2009年,面对严峻的航运市场和税赋调整的双重考验,通导公司以“强化责任、拼搏效益”为目标,坚定沉着应对困境,灵活调整经营策略,积极落实增收节支措施,全年共实现销售收入8461万元,其中越洋无线电公司收入6000万元,生产经营部收入1823万元,信息服务部收入188万元,通信服务部收入270万元,整机服务收入14万元;实现利润1254万元。2009年通导公司一是直面困难,拼搏效益,诚信服务,争夺市场。及时调整经营策略,开展“我为通导争先创优励行节约从我做起”活动;在非常时期控成本、压费用,从内部管理挖潜力,厉行节约;注重加强对员工的职业道德教育和诚信服务自律意识和能力的培养,努力营造客户满意的氛围;参加上海市交通运输行业协会和上海市“知荣辱、讲文明、迎世博、建诚信”组委会发起的“诚信企业”创建活动。二是建章立制,规范管理,完善体系,持续改进。制定和修订《上远通导公司工资分配办法》等规章制度,通过建章立制工作,推动公司管理制度化、规范化、标准化;完成了质量管理体系的复评换证。三是“以人为本”,推行激励,优化资源,严格考核。进一步深化公司内部分配制度改革,正确处理好效率与公平的关系,逐渐衔接市场标准,按照岗位能力和责任,调整了员工岗位工资标准,制定《通导公司专业技术人员考核暂行办法》并对25位员工进行评审聘任。四是全程监控,防范风险,规范经营,健康发展。制定了风险防范控制框架体系,严格控制大额资金和预付款支出;利用金蝶K3软件理顺接单、评审、派单、领料、开票业务流程;结合F5项目的实施,对公司固定资产清查盘点,保证公司资产的安全;规范公司财务管理,坚持效益分析制度,加大应收账款的清欠催收力度,确保资金安全运行。五是狠抓安全,追求稳定,公司和谐,共谋发展。根据行业特点和季节变化以及作业战线长、点多面广、人员流动性大的特点,修订完善安全生产管理规章制度,加强对生产全过程的检查考核,并和相关部门和外协单位签订安全生产责任书,明确各自职责并加大安全生产投入;继续保持了上海市“平安单位”的称号。六是凝心聚力,确保稳定,持久和谐,职工得益。把科学发展观落到实处,让公司的全体员工分享经营发展的成果,为员工谋福利、办实事、做好事,提高全体员工的凝聚力;按岗位承担的责任和能力为每位员工提高岗位工资;组织职工旅游,丰富职工的业余文化生活;安排全体职工参加健康体检。 (刘伟鸿)

【开展学习实践科学发展观活动】 按照上远公司党委统一部署,通导公司从2009年3月12日开始实施深入学习实践科学发展观活动历时近4个月。在活动的开展过程中,紧密结合通导公司生产经营实际,通过学习调研、分析检查、整改落实三个阶段六个环节,较好地实现了“党员干部受教育、科学管理上水平、职工群众得实惠”的总体要求。员工测评满意度为96%。

(刘伟鸿)

【“一日捐”活动】 1月15日,通导公司举办一年一度的“捐一日工资,献一份爱心”的“一日捐”活动。通导公司113名职工参加了“一日捐”活动,共募得人民币2920元,所募资金全部加入通导公司帮困基金,用于帮助通导公司职工的困难救助。

(刘伟鸿)

【召开职工大会】 1月16日,通导公司召开2009年度职工大会。上远公司副总经理陈大龙、工会副主席乐根伟参加会议。会议听取并审议了总经理陈其安《齐心协力 共克时艰 夯实基础 扎实工作》的总经理工作报告、党总支书记袁建军《凝聚人心,迎接挑战,攻艰克难 为公司科学发展提供思想和组织保障》的思想政治工作报告和财务部的《财务工作报告》,会议通过了《通导公司工资分配办法》。 (刘伟鸿)

【质量管理体系复评】 9月15—16日,中国船级社质量认证公司对通导公司质量管理体系进行三年一次的体系复评审核,10月28日获得中国船级社质量管理体系认证证书。 (刘伟鸿)

【上海中远自动化服务有限公司改制注册】 根据中国远洋运输(集团)总公司中远战略发展[2008]445号《关于上海中远自动化服务中心改制方案的批复》,经上海市工商行政管理局注册登记,自2009年2月9日起,上海中远自动化服务中心改制为上海中远自动化服务有限公司。 (刘伟鸿)

3. 上海远洋航海图书公司

【上海远洋航海图书公司】 简称海图公司,是英国皇家海军海道测量局设在中国大陆的代理机构,成立于1984年1月,专门经销英国皇家海军海道测量局出版的英版海图及航海资料。1997年5月18日由外滩中国银行大楼迁至东大名路1062号临江大厦2号楼新址办公。为了提供远洋船舶在全球开辟各条新航线所需用图,公司不断扩充和更新资料。目前公司可为航海界提供英版海图、航海图书、英版航海通告三大类航海资料。公司拥有全世界各条航线所需的5000多个英版、澳版、新西兰版海图图号,备有航行于全球各大洋、各海区、各港口所必需的航海图书资料,以及对所有英版海图及其他航海图书的改正资料。现有人员11人,包括大学学历5名,大专学历3名;其中高级职称1名,中级职称7名。

现任总经理吴文虎。

地址:上海市东大名路1062弄临江大厦2号103室

电话:65126868(总机) (张鹤鸣)

【概况】 2009年,受国际金融危机影响,公司面临市场竞争日趋激烈、市场开拓异常艰难的严峻形势,按照年初提出的"服务客户树品牌,狠抓管理提质量,整合资源添活力,降本增效求发展"方针,优化业务工作流程,加强成本控制。开展"打造服务品牌,公司持续发展"的活动,贯彻落实科学发展观,为开发开展电子产品业务作各项前期准备。公司在资源配置上吸纳IT管理人才,在优化结构方面迈出了一大步,为适应开发新产业奠定基础。公司创新管理方式,规范业务流程,日趋成熟的计算机管理系统进一步提升了生产经营、库存管理的能力,对规避生产经营管理环节上的差错、正确核计成本起到了积极作用。2009年,公司在业务赢利能力、规范建设、基础管理方面取得了一定成效,完成公司利润指标的334%。治安综合治理工作无违纪,安全生产无事故。公司被上海市水上公安局列为2008—2009年治安安全复验合格单位。(张鹤鸣)

【通过国家新闻出版总署2009年年检】 公司通过中华人民共和国新闻出版总署2009年年检,《出版物进口经营许可证》继续保持有效,为开展出版物进口经营业务取得合法经营权。 (张鹤鸣)

【取得英国海道测量局(UKHO)电子海图经销商资格】 2009年,公司通过英国海道测量局(UKHO)认证,取得电子海图经销商资格,这是公司首次取得电子海图经营资格。UKHO是世界主要电子海图供应商之一。 (张鹤鸣)

4. 上海远洋运输有限公司中远缩微技术服务公司

【上海远洋运输有限公司中远缩微技术服务公司】 简称缩微公司,成立于1985年5月,隶属上海远洋运输有限公司,性质全民所有制,是上海远洋运输有限公司内部独立核算单位。经营范围:缩微制作、技术服务、图片摄影、光学仪器、零件排版、名片印刷、电脑打字、彩扩精放、声像复制、轻印刷、摄像,兼营代购代销、服务、零售、批发等业务。机构设有办公室、财务部、经营部。下属单位(部门):远洋印刷厂、缩微中心、彩印部。

现有人员50人(含管理人员10人),包括大专及以上学历14人;其中中级职称3人,初级职称4人。

现任副总经理(主持)、党总支副书记(主持)黄新忠(原总经理兼党总支书记徐明生2009年4月离任)。

地址:上海市政民路415号

电话:65111924 (叶 进)

【概况】 2009年,缩微公司按照"加强管理,降低成本,细化工作,维护安全、稳定、和谐局面"的工作要求,从整体利益最大化目标出发,本着"以提升收益为主线,以业务开拓为动力"的原则,围绕降本增效两大主题,抓好经营、增加收入、严控成本三大任务,全年完成总收入421万元,将亏损降至最低限度,各项工作都按上级要求的时间节点顺利完成,企业安全稳定,实现了全年安全生产无事故。 (叶 进)

【召开职代会、政工会】 3月20日,公司召开七届一次职工代表大会、2009年思想政治工作会议,上远公司工会副主席乐根伟到会并讲话。会议听取了总经理徐明生所作的《努力工作、挖潜节支、确保企业安全稳定而努力奋斗》的工作报告、《财务工作报告》;审议了《2008年思想政治工作报告》,明确了2009年主要任务和工作要求,确定了奋斗目标。 (叶 进)

【注销远航彩印总社注册登记】 2009年,根据公司F5项目推进需要,落实中远集团对第四代企业关闭清理的要求,按照上远公司关于注销上海远航彩印总社工商注册登记的决定,及时地做好了注销过程中的各项相关工作。4月7日,完成该社的注销登记。 (叶 进)

【帮困送温暖献爱心活动】 2009年,公司在开展帮困送温暖献爱心活动中,共慰问补助困难职工21人次,金额共计10500元;元旦、春节期间家访慰问职工5人次,春节前对在职在岗员工发放慰问金合计15500元,总金额26000元。 (叶 进)

5. 上海远洋国际贸易有限公司

【上海远洋国际贸易有限公司】 简称远贸公司,成立于1995年11月8日。为上远公司和中远国际贸易有限公司(简称中远国贸)合资成立的有限责任公司,注册资本人民币1000.万元。2000年4月更名为上海远洋国际贸易有限公司。经上海市对外经济贸易委员会批准,享有中华人民共和国进出口企业资格及进出口贸易经营权。公司现注册地址:浦东新区航津路658号8楼,办公地址:东大名路1062弄2号5楼。经营范围:经营和代理按市外经贸委核准的进出口业务,承办中外合资、合作生产业务;开展"三来一补"(来样加工、来料加工、来件加工和补偿贸易)业务,经营转口贸易和外销贸易,船舶、化工原料及产品(除危险品)、百货、五金交电、建筑装潢材料、机电设备、仪器仪表及配件、针纺织品、金属材料、工艺品、珠宝、金银首饰、钻石的销售,室内装潢。公司具有上海海关AA类企业管理资质。

上海外高桥远洋贸易发展有限公司(简称外高桥公司),成立于1997年3月18日,为上远公司和中远国贸合资成立的有限责任公司,注册资本人民币100万元,注册地址:上海市浦东新区世纪大道88号金茂大厦六层627室。经营范围:主要从事货物及技术进出口业务,在上海钻石交易所内开展钻石(不含金、银)的批发业务。外高桥公司系上海钻石交易所会员单位,专业从事钻石进口贸易和钻石批发业务。现任董事长(法定代表人)李敏,董事、总经理王征宇。远贸公司和外高桥公司实行"两块牌子,一套班子"的经营管理模式。公司下设六个部门,即党政合一的行政事务部,财务部、贸易一部、贸易三部、钻饰部、品牌营销部。公司现员工36人,包括研究生学历1人,本科学历12人,大专学历17人;其中高级职称 1 人,中级职称 9 人,初级职称 7 人。

远贸公司现任董事长(法定代表人)陈大龙,副董事长李敏;董事总经理王征宇(兼党支部书记),副总经理陈烈敏。

办公地址：上海市东大名路 1062 弄 2 号 5 楼

电话：65841188(总机)

网址：www. oceantrading. com. cn

(欧阳苏)

【概况】 2009 年,国际金融危机持续影响全球经济走势,远贸公司的传统出口业务受到了自成立以来的最大挑战,贸易总额同比下降 30%,主营业务下滑 40%—45%。公司年初及时调整了品牌经营业务,为有效控制经营成本的支出,制定了《2009—2011 年 3 年经营发展规划》,明确公司发展的目标及经营重点。在 2009 年的经营中着力与客户抱团取暖,继续拓展船舶备件业务,贴近中远集团的主营业务,强化公司各部门的可控成本。全年共计完成贸易额 5.3 亿元人民币,其中实际出口货物总值约 4600 万美元。2009 年,公司获得上海市“平安单位”称号;公司党支部获上远公司“2008—2009 年度先进基层党组织”称号。

(包　翔)

【公司召开第七届一次董事会】 3 月 5 日,远贸公司第七届一次董事会在上海举行。公司双方股东上远公司和中远国贸的领导及远贸公司董事会全体成员出席会议。会议由董事长陈大龙主持,总经理王征宇作 2008 年工作报告。董事会认为公司在 2008 年下半年爆发的国际金融危机中,顶住经营环境的巨大压力,超额完成全年经营目标。面对 2009 年复杂多变的国际经济形势,董事会表示将一如既往地支持远贸公司的各项经营管理工作。(包　翔)

【制定 2009—2011 年 3 年经营发展规划】 2009 年,面对全球金融危机,公司以科学发展观理论为指导,制定 2009—2011 年 3 年经营发展规划,提出以“贸易服务为主、品牌经营为辅”未来 3 年经营战略目标。规划涉及一般贸易、大物贸(指国际进出口贸易、国际海、空路运输、物流配送一门式贸易服务模式业务),来料、进料加工贸易,电子商务、自有品牌钻饰、钻石批发、钻石直通车销售和人事管理、财务管理等项目。逐步实施 3 年规划,旨在从业务质量、人才队伍、品牌资质等方面,努力把公司的综合实力提升一个台阶。(欧阳苏)

【开展深入学习实践科学发展观活动】 2009 年,公司自 3 月起在全体党员中开展了深入学习实践科学发展观活动。通过“学习调研、分析检查、整改落实”三个阶段的学习实践,对公司的经营发展达成了三点共识:金融危机下的经营管理如何做到降本增效;队伍建设在抗击危机中的重要作用;将科学发展观落实到公司 3 年规划中,谋求企业平稳发展。围绕共识,列出了三项整改落实项目。截至年底,公司共计新建规章制度文件 6 项,修订规章制度文件 6 项。群众调查活动满意度为 100%。(包　翔)

【公司获上海海关进出口企业 AA 类管理资质】 11 月 16 日,公司通过国家海关总署的审核,获上海海关进出口企业 AA 类管理资质,成为上海海关关区百家(截止到 2009 年 11 月底)适用海关 AA 类管理资质企业之一。获得 AA 管理资质后,公司除享受原有的 A 类管理优惠外,又增加了 4 条便利,这标志了公司已成为规模性、专业性、示范性的外贸公司之一,并享有海关通关便利的最高待遇。(包　翔)

【钻石直通车业务取得实质性发展】 2009 年,公司尝试采用 B2B 网络销售平台的形式,正式面向社会市场进行调整,“钻石直通车网”(www. dl4490. com)以“专业的钻石、心动的价格”为服务宗旨,以第一手的钻石批发价格直销给社会不同层面的需求者。并成功在年底携手招商银行信用卡公司、东方文化卡公司、斯马特卡公司、地铁 DM 广告公司等企业进行品牌联动,扩大网络宣传,增强网络钻石销售力度,努力争取在国内成品钻销售市场上,打响“钻石直通车"的品牌。2009年,在外贸业务全面下挫的不利局面下,钻石直销营业额达人民币770万元,同比上升48%。标志着公司钻石直销业务已经逐步成熟,具备了一定的市场竞争力。 (欧阳苏)

6. 上海远洋宾馆

【上海远洋宾馆】 简称远洋宾馆,是一家涉外四星级宾馆,1988年11月开张营业。2003年1月宾馆经营期到期,经董事会讨论决定,延长2年经营期。2003年12月宾馆股东香港海通有限公司将持有的25.6%的股份转让给上海远洋实业总公司。2006年6月23日,成立新的远洋宾馆,其中,投资方上海城投置地(集团)有限公司和上海地产(集团)有限公司各投资1亿元,用于宾馆的升星改建。1991年6月,被国家旅游局评定为"三星级"酒店,1996年7月经国家旅游局批准晋升为"四星级"酒店。宾馆注册资金为人民币3.1372亿元,其中上远公司占58.07%股份,上海地产(集团)有限公司和上海城投置地(集团)有限公司各占20.965%股份。宾馆位于上海市北外滩虹口区提篮桥商业中心。总建筑面积5.1万余平方米,主楼高105米,共30层。开业以来,远洋宾馆以"远洋服务、精益求精"为宗旨,坚持顾客至上,服务第一,高标准,严要求,取得了良好的经济效益和社会效益。曾多次被国家旅游局评为优质服务优胜单位,1994年被国家旅游局评为"全国最佳星级饭店",1995年被评为"百优五十佳星级饭店",1996年被评为"全国百家优秀星级饭店"。2004年被评为上海市诚信价格单位。2005年被虹口区政府评为区诚信免检单位。现有人员446人,包括本科学历9人,专科学历39人。

现任总经理陈大龙,党委书记蒋韬。

地址:上海市东大名路1171号

电话:65458888(总机)

(黄家玮)

【概况】 2009年,远洋宾馆的改建工作持续进行,一系列基础工程建设相继完成,其中包括幕墙工程、结构加固工程、样板房、电蓄热锅炉安装、厨房土建、雨篷搭建、6至20层和25层客房的木饰面基层、水电布管、墙面、石膏线等。由于宾馆是属于旧建筑改建,其不确定因素多,在改建过程中,新增较多未列入施工计划内容,其中有电力系统的重建,厨房布局的重新调整,结构加固,客房墙体变更等。为有效控制投资规模,在施工过程中,通过优化设计方案,在满足高星级宾馆基本需求的前提下,在办公和后勤部位尽量寻找替代品或利用原有的设施和物品,以最大限度地节约投资。在改建过程中,强化反腐倡廉教育,将预防工作放在重要位置,以制度约束人,在招投标,在工程材料采购,谈判等各个环节严格按照既定的工作流程操作,确保资金流向规范可控,改建以来,未发生一件违纪违规违法事件。

(黄家玮)

【开展实践科学发展观活动】 2009年上半年,远洋宾馆党委开展深入学习实践科学发展观活动,在岗党员33人,待岗党员11人,退养党员8人,共计52人全部参加了学习教育活动。 (徐玉琴)

【开展"安全月"活动】 7月中旬到8月中旬,远洋宾馆开展以"关爱生命,安全稳定"为主题的"安全月"活动。成立了安全月活动领导小组,对坚守施工现场员工开展安全学习、消防大练兵。在醒目处张贴宣传画和宣传标语,每周一期安全宣传栏。

(徐玉琴)

【一届七次职工代表大会召开】 11月12日,远洋宾馆召开一届七次职工代表大会。大会通过了部分员工保险统筹关系转入北京等相关事宜,并形成大会决议。

(徐玉琴)

7. 中日国际轮渡有限公司

【中日国际轮渡有限公司】 简称中日轮渡

公司,系中远集团与日本日中国际轮渡株式会社创办的合资企业,成立于 1985 年 5 月 30 日。最初投资总额 500 万美元,注册资本 240 万美元,中日双方各占 50% 股份,在中日航线投入客货轮渡“鉴真”轮,从事国际客货运输及相关业务。该轮为周班轮,轮流挂靠上海—神户/大阪,是中日两国恢复建交后的第一艘中日航线客货班轮。1992 年,中日轮渡公司为购买 950TEU 干货箱,增资 210 万美元,投资总额为 800 万美元。随着改革开放的深入发展和中日两国之间人员交往及贸易的迅速增长,经交通部、外经贸委、中远集团批准,1993 年底再次增资 1436 万美元,建造“新鉴真”轮。至此,中日轮渡公司注册资本增加为 1886 万美元,投资总额 5100 万美元。在日本建造的“新鉴真”轮,于 1994 年 4 月取代“鉴真”轮,投入中日航线营运。该轮拥有集装箱箱位 250TEU(其中冷藏箱 100TEU),客位 345 个,每航次挂靠上海—神户、大阪。中日轮渡公司自成立起,坚持安全第一,准班准点,旅客至上,优质服务的宗旨,在中外旅客中树立了良好的信誉。“新鉴真”轮不仅是首家获得并连续三次蝉联交通部“五星级”文明客船殊荣的先进船舶,而且还多次荣获上海市交通邮电系统服务最佳窗口、一级服务明星,中远系统“华铜海”式船舶、上海市卫生标兵单位等多项荣誉称号,并于 2003 年 5 月 1 日获得全国总工会颁发的“全国五一劳动奖状”的涉外优质服务窗口。

中日轮渡公司下设经理办公室、货运部、客运部、安技部、财务部 5 个部室。现员 20 人,包括本科学历 12 人,大专学历 6 人;其中高级职称 2 人,中级职称 6 人,初级职称 6 人。中日轮渡公司总部设于上海东大名路 908 号金岸大厦 18 楼 C－G 座,日本总代理为日中国际轮渡株式会社,设于日本大阪市西区新町 1－8－6 三爱ビル2F。

现任董事长徐政军,副董事长兼副总经理奥山岩夫(日籍),总经理康传亚(原总经理曹致俊 2009 年 8 月离任)。

地址:上海市东大名路 908 号金岸大厦 18 楼 C－G 座

电话:65956888(总机)

网址:http://www.chinjif.com

(沈行正)

【概况】 2009 年,中日轮渡公司经历了全球金融危机导致的全球贸易量大幅度下滑,航运业受灾严重,以及 H1N1 流感引起的旅客减少等困难。全年“新鉴真”轮累计完成 103 个航次,其中进口 51 航次,出口 52 个航次。公司累计完成集装箱重箱运量 11567TEU,为上年的 96.9%,其中完成快箱 6977TEU,为上年的 96%。全年完成旅客运量 9113 人次,为上年的 74.1%。完成散货 1152.2 立方吨,车辆 37.8 计费吨。2009 年全年未发生任何机损、海损、火灾及旅客和船员伤亡事故,“新鉴真”轮安全营运无事故,达到了安全面 100%,防抗台 100%,设备完好率 100%,准班准点率 100%。公司被评为诚信创建企业。（沈行正）

【第 29 届董事会议】 5 月 7 日,中日轮渡公司第 29 届董事会议在扬州首芳园举行。公司董事长徐政军、副董事长兼副总经理奥山岩夫、董事总经理曹致俊、董事王世平、董事高桥叶盛、董事久常家和、董事雨宫真也、监事黄圣兵、监事秋山滋出席会议,董事厉传民因公缺席,委托曹致俊代为行使其权利。董事会听取、审阅并通过了曹致俊所作的 2008 年度工作报告以及财务部长白莉玲所作的 2008 年财务收支报告和 2009 年财务预算报告。董事会一致通过了 2008 年分红方案的提议、新造铲车的提议、增加船员租金的提议、建造“新鉴真”轮尾轴立项调研的建议等提案。（沈行正）

【“新鉴真”轮连续六年获 PSC 无缺陷通过】 11 月初,“新鉴真”轮在日本神户港又一次无缺陷批注通过 PSC 检查,这是自 2004 年 7 月 5 日“新鉴真”轮在神户港接受 PSC 检查实现无缺陷批注通过零的突破后,连续六年在日本接受 PSC 检查获得无缺陷批注通过。（沈行正）

【中日轮渡公司投资方变更】 经上海市商务委员会批准,8月13日,中日国际轮渡有限公司原投资者之一中国远洋运输(集团)总公司将其持有的公司50%股权连同相应的权利和义务全部无偿划转给上海远洋运输有限公司。 (沈行正)

【中日轮渡公司投资方更名】 2月,经上海市商务委员会批准,中日国际轮渡有限公司投资者之一上海远洋运输公司更名为上海远洋运输有限公司。 (沈行正)

8. 上海国际轮渡有限公司

【上海国际轮渡有限公司】 简称国际轮渡公司。由上海远洋运输有限公司与日本11家世界知名船公司(日本邮船、第一中央汽船、川崎汽船、大阪商船三井船舶、M. O. SEAWAYS LTD.、商船三井客船株式会社、NAVIX LINE LTD.、新河海运、东京船舶、昭和海运、饭野海运)联合组成的上海货客船株式会社,按各50%的比例合资组建,成立于1992年10月29日[当时的中方股东为中国远洋运输(集团)总公司]。投资总额4500万美元,注册资金1800万美元。同年,国际轮渡公司从日本购入一艘新造的现代化客货轮"苏州号"轮,该轮总吨位14410吨,全长154.73米,营运航速22海里/小时,可载运集装箱229TEU,其中冷藏箱可载100TEU,40尺箱可载30FEU,并可承运挂衣箱、10英尺集装箱及特种车辆和杂货等。旅客定员316位,设有从贵宾室到自由散席等多种等级标准客舱。船上各类设备齐全,还配有高级厨师,可为广大旅客提供舒适、温馨、安全的服务。

根据股东之间的协议,"苏州号"轮采用了船东/经营公司双重体制经营。国际轮渡公司作为船东公司,将"苏州号"轮租赁给相同股东在日本组建的另一家合资公司——上海轮渡株式会社经营,同时代理该轮在上海港的业务。

上海国际轮渡有限公司以"高速、准确、客户至上"作为企业经营宗旨,坚持"创新经营,服务致胜"的经营理念,信守"精确到小时"的承诺,并推出了多项航运首创:10英尺迷你集装箱、3S服务(HDS快速交货服务/船抵港两小时整箱货交货,FDS拼箱快运服务/船抵港两小时拼箱货交货,SHDS特快交货服务/船抵港一小时整箱货交货)等,使"苏州号"轮上海/大阪航线成为名副其实的中日精品航线,在货运、客运、旅游服务上创出了品牌——"海上之家苏州号"。"苏州号"轮每周二11:00从上海开往大阪,周四09:00抵大阪,上午10点起就可提货;周五12:00从大阪返回,周日抵上海,抵离港时间准确到小时,并做到了100%客户满意率、100%安全率、100%准班准点率、100%货物完好率、100%人员无案率,先后获得上海交通邮电系统十大窗口竞赛"最佳优质服务窗口"三连冠、"全国优质服务窗口"两连冠、中远系统和上远公司的"华铜海式船舶"、上海市"安全生产先进单位"、上海市"消防安全规范船舶"、"全国模范职工之家"、上海出入境边防检查总站"'绿'牌诚信船舶"、交通部"五星级文明客船"、中华全国总工会"全国五一劳动奖状"、中华人民共和国海事局"安全诚信船舶",中华全国总工会、国家安全生产监督管理局"安康杯优胜企业",中华全国总工会、共青团中央、中国质量协会"客户满意服务明星班组"等荣誉称号。公司设总经理办公室、业务部、安技部、财务部。"苏州号"轮船员由上海远洋对外劳务有限公司派遣。国际轮渡公司机关现有员工19人,包括硕士及以上学历3人,本科学历8人,大专学历5人;其中高级职称3人,中级职称4人。

现任董事长仇鑫尧,总经理林宗清。

地址:上海市东大名路908号金岸大厦15楼D-G座

电话:65958666(总机)

网址:http://www.suzhouhao.com

(徐丽霞)

【概况】 2009年,面对国际金融海啸的巨大冲击以及H1N1甲型流感等不利因素的影响,国际轮渡公司把年度工作主题定为"备战效益(努力完成年度效益1200万人民币/税后的目标),开展四讲(讲形势、讲责任、讲优势、讲前景活动)",保持住了公司发展的良好势头,全年完成税后利润1483万元人民币。国际轮渡独创的货运"3S"服务已得到广大客户的认可。2009年初,国际轮渡公司将历经10年创新实践的"3S服务系列"向国家商标局申请注册,"3S服务"系列成为国内航运界第一个获得国家商标局受理的商标,进一步扩大和提升了品质运输服务的市场影响力。"3S服务"的附加收入全年约计1000多万元人民币(其中全年出口HDS箱量占出口总箱量76.1%,进口HDS箱量占进口总箱量的32.5%)。公司按照SOLAS公约以及中国和日本主管部门的要求,对设备进行必要的配备和维护,加强船员管理,不断完善ISM和ISPS两大安全和保安体系并保证其处于正常运转状态,全年未发生安全事故,9月顺利通过ISM外审。公司全年未发生任何治安、偷渡引渡、刑事方面的事件,确保了一方平安,公司顺利通过了上海市水上公安局两年一度的"水上治安安全合格单位"复验。 (徐丽霞)

【召开2009年董事会】 4月14日,国际轮渡公司(SFCO)和上海轮渡株式会社(SAFE)第17届联合董事会在日本长崎召开。出席会议的中方人员有:公司董事长仇鑫尧、监事鲍佳洪、董事总经理林宗清,鲍方、徐丽霞;日方人员有:上海货客船株式会社社长平山钦一,原源太郎,上海轮渡株式会社社长安枝真司、副社长陈维平、财务部经理反町聪。董事会分别听取并通过了两家公司总经理所作的2008年度工作报告、财务决算报告及2009年度预算案。董事会对与中国税务当局沟通协调"苏州号"降低残值率,追加折旧问题以及船员租金分三年增加45万美元等议题进行了充分讨论并达成一致;董事会对两公司下达了2009年度奋斗目标和必保指标。 (徐丽霞)

【业务部获创新创效竞赛一等奖】 4月,公司业务部获得中远集团颁发的"2008年中远集团青年创新创效竞赛一等奖"。

(徐丽霞)

【"苏州号"轮获"安康杯"优秀班组称号】 4月,"苏州号"轮获得上海市总工会颁发的"2008年度全国安康杯竞赛(上海赛区)优秀班组"称号。 (徐丽霞)

【"苏州号"轮客房组获"中远集运青年文明号"称号】 5月,"苏州号"轮客房组获得中远集运授予的"中远集运青年文明号"称号。 (徐丽霞)

【"苏州号"轮获安全诚信船舶称号】 7月,"苏州号"轮获中华人民共和国海事局授予的"2009年度安全诚信船舶"称号,这是"苏州号"轮连续第四次获此殊荣。

(徐丽霞)

【公司获上海市诚信企业称号】 11月,公司获得上海市诚信企业评审委员会授予的"2009年度上海市诚信企业称号"。

(徐丽霞)

9. 上海上远物业管理有限公司

【上海上远物业管理有限公司】 简称物业公司,成立于2001年11月。现为上远公司下属独资公司,注册资金300万元。公司注册地址虹口区东大名路378号210室,办公地址杨浦区长阳路1555号5楼。公司为ISO9001:2000、OHS18001职业健康管理体系认证企业,拥有上海市住房保障和房屋管理局颁发的物业管理二级资质证书。公司经营范围主要涉及物业管理及停车场管理,销售日用百货、建筑装潢材料、金属材料等业务。公司设四部一室:办公室、财务部、人力资源部、综合管理部、市场信息部;下属9个管理处:远洋大厦管理处、长阳大楼管理处、扬子江大厦管理处、宇泰公寓管理处、四季沙龙管理处、水丰嘉园管理处、正文花园管理处、扬子江家园管理处、世博水门管理处。受委托管理的物业建筑面积达272344平方米。现有人员320人。其中远洋系统内员工53人、外聘合同工50人、外聘劳务工217人,公司员工平均年龄46.9岁。包括硕士研究生学历2人、本科学历6人、大专学历22人;其中中级职称12人。

现任总经理兼党总支书记季秀荣(原总经理马智君2009年4月离任)。

地址:上海市长阳路1555号5楼

电话:65701888×5535 (张晓和)

【概况】 2009年,物业公司围绕“又好、又快”的经营方针,加强企业管理,提高管理水平;加强队伍建设,提升服务质量;重视安全生产,落实安全措施;节能减排,做好降本增效工作;积极参与市场竞争,拓展外部市场。全年营业总收入1508万元,比上年增长了3.9%,实现净盈利5.3万元。完成了董事会下达的利润指标,全面落实了公司四届二次职工代表大会提出的各项目标。2009年,公司逐步完善财务预算制,提升财务管理水平。根据各管理处的实际情况,详细分解经济目标,一个季度反馈一次执行情况;根据F5项目要求,改革小区物业管理费的收缴模式,由原来的收付实现制改为全责发生制,加大小区物业管理费的收缴力度,管理员尽心尽职,保安、保洁、保绿、维修服务到位,2009年度物业管理费的收缴率达到预期目标。贯彻落实“对内提高管理水平,对外提高服务质量;一手抓成本控制,一手抓提高效益”的具体措施,进一步增强了各部门、各管理处的成本控制和创收增效的经营意识,使公司上下呈现出良好的经营氛围。严格按计划抓好内外培训,实施持证上岗人员的上岗证换证、复证培训等工作,保证在岗人员的证书持续有效,全年培训率达到100%,不断提高员工的业务素质和工作技能。坚持以安全工作为重点,做到组织网络健全,规章制度完善,三级安全责任体系落实,安全组织工作到位;结合综合治理工作,有效维护团结稳定局面。12月上旬,公司被上海市社会治安综合治理委员会评为“平安单位”。以“创品牌”为抓手,开展管理处自查、管理处之间互查、公司督查的“三查”活动,促进了管理水平和服务质量的提高。公司定期进行业主满意度调查,业主对公司服务质量的总体评价较好。2009年公司未发生任何违纪违规现象。12月,公司获得由上海市住房保障和房屋管理局核准颁发的“中华人民共和国物业服务企业二级资质证书”。 (张晓和)

【召开三届五次董事会】 2月26日,物业公司三届五次董事会在长阳大楼10楼会议室召开。公司董事会成员王世平、黄圣兵、陈晓峰、季秀荣,监事范宝成出席会议,董事会由董事长王世平主持。与会董事听取、审议并通过了《总经理工作报告》、《财务工作报告》。董事会充分肯定了物业公司2008年在降本增效、员工培训、安全稳定、争先创优等方面所取得的成效;新接了世博水门69022平方米的楼盘;在服务质量上有明显提高,得到了业主的充分肯定。董事会对公司领导班子和公司2009年的经营管理服务工作以及文明建设、创建和谐、降本增效、培训教育、市场开拓、沟通协调等方面提出了具体要求,同时下达了2009年的利润指标。

(张晓和)

【召开四届二次职代会】 3月17日,公司在长阳北5楼礼堂召开四届二次职工代表大会,出席大会的正式代表41名,列席代表7名,上远公司纪委书记、工会主席颜铁观参加会议。大会听取和审议公司总经理所作的《总经理工作报告》;听取和审议公司工会主席所作的《工会工作报告》;听取和审查公司财务部经理所作的《财务工作报告》;听取《关于民主评议干部情况报告》;听取四届一次职代会提案受理情况;表彰了先进;表决通过了《大会决议》。

(张晓和)

【新接世博水门楼盘】 2月,物业公司新接“世博水门秦皇岛路站”楼盘,该楼盘坐落在杨浦区秦皇岛路32号，总建筑面积69022平方米，系集办公、服务区、场地一体的综合性物业。物业公司设立了世博水门物业管理处，全面负责保安、保洁、绿化、工程维修等日常物业管理工作。

（张晓和）

【获得二级服务企业资质证书】 物业公司经过几年市场拓展，从单一办公大楼服务发展到办公楼、酒店式公寓、综合性物业、商品房小区、顾问别墅与委托服务集装箱堆场等多类型服务。2009年，公司根据管理物业情况，在原有三级资质证书的基础上向上海市住房保障和房屋管理局申报了二级资质证书。12月，物业公司获得由上海市住房保障和房屋管理局核准颁发的"中华人民共和国物业服务企业二级资质证书"。

（张晓和）

10. 上海远洋运输有限公司海事培训中心

【上海远洋运输有限公司海事培训中心】 简称海事培训中心。1995年1月1日，上海远洋培训中心、上海远洋职业技术学校、中共上海远洋运输公司委员会党校三校合并成立上海远洋教育中心，直属上远公司，党校直属上远公司党委。1998年1月28日，中远集运成立，党校直属中远集运党委。2000年3月18日，中远集运船舶管理公司成立，上海远洋教育中心划归中远集运船舶管理公司。2004年9月26日，上远公司重新组建，上海远洋教育中心划归上远公司。2005年5月，由上海远洋对外劳务公司托管。2006年3月17日，通过工商注册，成为上远公司分支机构，并正式更名为上海远洋运输公司海事培训中心。随着公司F5项目的实施，经浦东新区工商局注册，"上海远洋运输公司海事培训中心"营业执照自2009年4月1日起更名为"上海远洋运输有限公司海事培训中心"。海事培训中心位于上海浦东新区，占地面积33973平方米，建筑面积16450平方米，内设教学楼、图书馆、阶梯教室、学生公寓、餐厅、浴室、多功能活动室、田径场、篮球场等基础设施；拥有船舶操纵模拟器实验室、轮机模拟器实验室、GMDSS实验室、模拟自动化电站、模拟电力拖动实验室、轮机工艺实验室、轮机动力实验室、水手工艺实验室、高级消防训练舱、救生艇筏操作架以及计算机教室、语音室、智能化教室、多媒体教室等教学设施。海事培训中心是中远集团船员教育和培训基地之一，是中国政府认定并首批提交国际海事组织（IMO）备案的培训单位之一。1998年8月以来，海事培训中心先后取得国家海事局核准的熟悉和基本安全、大副/大管轮、三副/三管轮考证，乙类值班水手/机工考证，客船及滚装客船船员培训，GMDSS无线电电子员培训等17项培训资质。1999年3月，海事培训中心在全国企业培训单位中率先通过国家海事局的"船员教育和培训质量体系"认证。2003年11月，通过国家海事局的"船员教育和培训质量体系"再有效审核。2006年10月，获批航海职业教育培训资质。海事培训中心还具有上海市安全监督管理局认定的特种作业人员安全技术（金属切割、焊接）培训机构资质，以及国家职业技能鉴定所资质。海事培训中心拥有较为雄厚的师资力量，中青年教师是教学培训的骨干力量，70%的专职教师具备国家认定的高中级专业技术职称和计算机应用水平证书。海事培训中心依托中远集运的人才优势，建立了一支相对稳定的专家型兼职教师队伍。海事培训中心开拓对外培训和交流渠道，近年来，先后有挪威、英国、日本、新加坡、美国、韩国、德国等国船东及其代表莅临考察。挪威和日本船东还委托中心举办专业及英语强化培训。海事培训中心开办的各类培训项目有：大副/大管轮考证培训，三副/三管轮考证培训，乙类值班水手/值班机工考证培训，GMDSS通用操作员培训，滚装客船船员特殊培训，大型船舶操纵培训，驾驶台资源管理培训(BRM),轮机资源管理培训(ERM),熟悉和基本安全培训,高级消防培训,精通艇筏培训,精通急救培训,船上医护培训,轮机长(员)精通船电业务培训,船舶保安员培训,知识更新(法规部分)培训,驾驶员、轮机员英语强化培训,水手长、机工长业务/英语培训,计算机应用初级、中级培训,办公自动化培训,驾通合一培训,机电合一培训,轮机模拟器初级培训,厨工服务/业务培训,船员适岗(六级)英语考前培训,焊工初证、复证培训,企业领导干部工商管理培训及船岸干部、党员和职工各类政治理论培训及岗位培训。现有人员135人,包括研究生学历7人,大学学历33人,大专学历30人;其中高级职称6人,中级职称47人。

现任主任/党委书记薛菁,副主任范济秋、吴瑞华,纪委书记/工会主席江滨俊。

地址：上海市浦东新区友林路149号(栖山路1805号)

电话：58460012(总机)

网址：http://www.coscoshmtc.com

(于　波)

【概况】 2009年,海事培训中心努力克服全球金融危机给航运业和船员培训市场带来的不利影响,圆满完成公司下达的各项目标任务和经营指标,实现了和谐稳定、科学发展的双赢局面。培训收入再创新高。受金融危机的影响,2009年对外培训人数有所下降。但由于海事培训中心注重拓展市场和办学效益,全年开办各类培训321个班次、10153人次,总收入比上年增加8.7%,全面超额完成上远公司下达的各项经营指标。举办上远公司急需的高层次培训项目。全年开办驾驶台资源管理(BRM)、驾驶台团队管理(BTM)、海事资源管理(MRM)、电子海图、海上搜救、UK. LAP等培训班共51期。同时还为上远公司成功举办了水手、机工技能培训和选拔竞赛,经海事培训中心培训的6名选手,在"央企大比武"中全部获得奖牌。不断提升船员培训资质。年内成功开办了内河适任证书知识更新培训和海船船员内河航线资格证再有效培训。2009年完成招收09级航海职业教育培训班新学员356人,其中三副/三管轮班294人,中专班62人。同时06、07级航海职业教育培训班有329名学员结业离校。年内3名职工按法定年龄退休,4名职工分别办理了提前退休、退养手续;同时还录用3名应届本科大学生充实到人员紧缺的航海、英语教师队伍。2009年海事培训中心被评为上远公司"四好领导班子";另有4人分别被评为中远集运优秀党务工作者,上远公司优秀员工、优秀党务工作者和优秀党员。

(徐　刚)

【"学习实践科学发展观"活动十大整改措施】 2009年,为巩固"学习实践科学发展观"活动成果,海事培训中心结合"带好队伍、确保安全、严控成本"三大任务,制订了"以创新发展思路、改变发展模式为核心,加强队伍建设为基础,转变思想观念为动力"的整改方案,提出了"加强师资队伍建设"、"加强员工队伍建设"、"建立和完善内部激励机制"等十大整改措施。

(徐　刚)

【创建工会协调机制】 在广泛征求全体教职工意见的基层上,海事培训中心工会制订了《上海远洋海事培训中心工会协调机制》,并经11月6日工会委员扩大会议审议通过,于12月8日颁布实施。

(吴功银)

【质量体系外审】 5月12—13日,挪威(DNV)质量体系审核专家组到海事培训中心进行质量体系(2008版)换证审核。审核组查阅了体系文件,进行了现场审核。海事培训中心根据审核报告,对不合格项和建议项作了原因分析,并进行了整改。据此,DNV核发了证书。6月9—10日,国家海事局对海事培训中心"船员教育和培训质量体系"进行中间审核,审核报告认为,海事培训中心质量体系是持续有效的。中心对审核报告中开具的不合格项、建议项进行了整改,并将结果报海事局。 (吴功银)

【协办 RICKMERS 公司年会及培训】 6月，德国 RICKMERS 公司在世界多个国家地区同时召开年会，中国区的年会（The 7th Rickmers Manning Conference，China 2009）选址在海事培训中心举行。6月23日召开了一天的年会后，24日到26日对40名 RICKMERS 公司在职船员进行培训。海事培训中心副主任范济秋（船长）及数位教师登台讲课。（吴功银）

【新招员工】 为充实师资力量，年内招收3名新员工：1名航海教师，本科学历，毕业于上海海事大学商船学院航海系；2名英语教师，均为本科学历，毕业于上海海事大学航海技术/国际航运管理专业和成都理工大学英语专业（经贸方向）。3名新员工于8月1日正式上岗工作。（吴功银）

【承办"央企大比武"公司选手集训班】 为备战国务院国资委和人力资源社会保障部于9月16日至18日在青岛远洋船员学院联合举办的"2009年中央企业职工技能大赛"，海事培训中心积极配合公司开办参赛选手选拔、集训班。自7月6日第一个集训班开班起，由海事培训中心承担集训的公司30名"央企大比武"选手，经过从16人到8人，再到6人的层层筛选、再培训，6名参赛选手在与来自全国5大央企集团的54名水手、45名机工进行了角逐，获得1银5铜的成绩。（吴功银）

【党支部委员换届改选】 根据《中国共产党章程》和《中国共产党基层组织选举工作暂行条例》精神，2006年11月选举产生的现任教学党支部委员会和行政党支部委员会，至2009年12月年底皆任期届满。2009年12月中旬，海事培训中心党委按选举条例，通过规范程序，选举产生了新一届教学党支部委员会和行政党支部委员会。

（吴功银）

【教学论文获奖】 2009年，在中国交通教育研究会组织开展的"2007年至2009年度交通教育科学优秀成果评选活动"中，范济秋的《船舶碰撞发生前、后船长行为》、《模拟器在航海教育和培训中的应用》论文分别获得一等奖、三等奖。吕东伟的《劳务船员青年队伍的现状分析与发展对策》论文获上海远洋政研会2009年优秀论文三等奖。（吴功银）

（四）上海远洋实业总公司

【上海远洋实业总公司】 简称实业总公司。成立于1992年11月，注册资本1500万元，是上海远洋运输公司下属独立核算、自负盈亏的法人单位。2001年11月，中远集运公司决定对实业总公司、上海远洋泛奥发展有限公司、上海远洋劳动服务公司3家公司进行资产重组，成为新的上海远洋泛奥发展有限公司，实施经营业务、人员重组。实业总公司作为上海远洋运输公司下属的资产经营投资管理公司，保持原经营范围，无管理人员、机构，管理和投资业务分别由上远公司相关部门代行管理。2009年，根据F5项目总体安排，实业总公司作为存续企业无偿划转至中远集团总公司，用来接受上远公司F5项目中剥离下来的资产。3月25日，实业总公司完成工商变更，出资人（主管部门）由上海远洋运输公司变更为中国远洋运输（集团）总公司。根据集运文件精神，委托上远公司管理实业总公司，管理上实行“一套班子、两块牌子”。实业总公司主要经营业务包括将“海皇星”、“巨大”两艘船舶光租给中远投资（新加坡）有限公司，另有部分房产租赁业务和投资企业的长期股权投资收益等。实业总公司投资单位包括1家分支单位（上海远洋医院）、3家全资企业（上海远洋船舶管理有限公司、上海远实房地产开发有限公司、上海远洋远通供销公司）、1家控股公司（上海联合远洋发展有限公司）、5家参股公司（上海远洋泛奥发展有限公司、上海远申经济技术合作有限公司、中远船务工程集团有限公司、上海洋宁国际贸易有限公司、上海亿隆国际贸易有限公司）、7家三级子公司（上海扬子江家园房地产开发有限公司、上海联发综合经营有限公司、上海金丰达装饰工程有限公司、上海丽晶石材有限公司、上海远洋泛奥报关服务公司、上海远洋泛奥商贸公司、上海泛奥船务公司）。实业总公司作为存续公司，工作重点是争取尽快完成清理下属存续公司和处置存续资产。 （李佳喜）

1. 上海远洋船舶管理有限公司

【上海远洋船舶管理有限公司】 COSCO SHANGHAI SHIP MANAGEMENT CO., LTD. 简称上远船管公司，是由中远集运和上远公司投资成立的独立法人公司，行政上隶属于上远公司。2002年2月在上海完成工商注册登记，3月8日挂牌试营业，2003年1月7日正式成立。2004年11月根据中远集团要求，对公司进行改制，股权变更为上远公司和上海远洋对外劳务有限公司。2008年12月股东变更，由上远公司全额出资成为法人独资公司。2009年6月股东再次变更，由上远实业总公司全额出资为有限责任公司（法人独资）。主要职责：为船东客户提供船舶管理，技术咨询，船员配备，计算机应用，船舶监造、修理、备件物料供应，通导设备管理，船舶买卖和租赁等相关船舶服务。下设船舶管理部、业务部、财务部、综合部、人力资源部。全体机、海务人员都具有大学文化程度，担任过多年的船长、轮机长。机关现有人员43人，包括硕士研究生学历4人，大专以上学历39人，其中中级以上职称28人。现任总经理李德水，党支部书记宋国樑（2009年4月到任，原党支部书记由总经理李德水兼任），副总经理吴爱

民、毛庆东。（李德水）

【概况】 2009年,上远船管公司在国内船舶管理行业中继续处于领先地位,取得了较好业绩,管理的船舶主要是散货船、集装箱船,其中冷藏船1艘。全年投资回报率达到90%以上,全年营业额在2000万元以上。上远船管公司重视企业形象,提出"诚信、优质、共赢"的经营理念,客户满意率在85%以上,利用COSCO品牌,做好市场调研,为船东客户提供船舶管理及相关服务。与日本、澳大利亚、丹麦等公司合作,聘请多名国外专家作驻外业务代表。至2009年底丹麦及国内船东交由上远船管公司全面管理的船舶34艘,总载重吨为320万吨,长江集装箱船舶9艘于10月移交上远劳务公司,在船船员数达830人,安排船员上下船1600人次,公司管理船舶仍保持大型化的状况,干部船员大部分来自上远公司,并与新老国内外船东达成了2010年新接船管理意向。上远船管公司不断扩大业务范围,向船舶买卖、船舶租赁等船舶管理业务延伸,创造较好效益。在航运形势严重不景气的情况下,公司依然保持了船舶管理规模。船舶及人员的安全面比以往有所提升。

（戴　卓）

【管理船队规模稳步发展】 2009年,上远船管公司在市场下滑的情况下,围绕"安全、经营、服务"三大主题,通过提供优质服务扩大了管理船队的规模,保持了公司主营业务的增长,共管理用于全球航行的干散货船34艘。（董关法）

【船舶管理和技术咨询】 至2009年底,上远船管公司所管船舶的保有量为34艘,均为国际航行船舶。本年度新接管国际航行船舶10艘,受航运市场影响,船东卖船后退出管理国际航行船舶11艘和长江内河自航驳9艘。管理的船舶包括在中国大陆和香港注册的船舶,以及在巴拿马、圣文森特及格林那丁那斯、马绍尔群岛、圣基茨尼维斯注册的方便旗船舶。上远船管公司安排船舶如期进行坞、检修工程,扩大自修工程,尽力减少修理费用和缩短修理船期。全面负责所管船舶航海图书资料的更新和发放工作。为方便船东注册,协助船东办理中国香港、巴拿马、圣文森特及格林那丁那斯、马绍尔群岛、圣基茨尼维斯的船舶注册和电台开通,协调安排船旗国主管机构对船舶的年度安全检查。并协助船东申请安排RIGHTSHIP专项检查与对缺陷纠正的跟踪指导。

（万家忠）

【船舶安全管理】 2009年,上远船管公司在船舶安全管理方面取得了长足的进步,在PSC检查、船舶防污染、防止重大机损和海损、防止人员工伤等方面都满足公司董事会提出的年度指标。8艘船顺利地通过散装船的RIGHTSHIP检查,完成交接船15艘次。在确保安全、满足国际公约和检验规范的前提下严格控制各项管理费用、修理费用和修理时间,所管理船舶的各项费用都控制在各项预算以内。（毛庆东）

2. 上海远洋泛奥发展有限公司

【上海远洋泛奥发展有限公司】 简称泛奥公司,1993年5月成立。注册资金为660万元。经营范围:揽货、拆船的技术咨询,劳务输出,船舶物料,建筑材料,木材,汽车配件,五金交电,文具用品,日用百货,服装鞋帽,劳防用品,工艺美术品,润滑油,船舶残油、油污水水上接收,船舶油舱作业,国际船舶代理。泛奥公司股东由上海远洋实业总公司、上远公司机关职工持股会、泛奥公司职工持股会组成,所占股比分别是16.7%,78.8%,4.5%。泛奥公司下设一部一室:办公室(党政合署办公)、财务部。泛奥公司所属业务单位有:上海远洋泛奥商贸公司(简称商贸公司)、上海泛奥船务公司、上海远申经济技术合作有限公司(简称远申公司)、上海远洋泛奥报关服务公司(简称报关公司)、泛奥公司废油部、泛奥公司经营部、泛奥公司国际船舶代理部。公司现有人员110人,包括硕士学历1人、大学学历17人、大专学历28人;其中高级职称1人,中级职称16人。

现任董事长陈大龙(法人代表),总经理马智君、党委书记徐伟良(原总经理范俊良、党委书记吴槟于2009年4月离任)。

地址:上海市岳州路58号7楼

电话:51291588(总机)(贾新强)

【概况】 2009年,泛奥公司积极应对金融危机带来的影响和困难,内抓管理、正风气,外拓业务、树形象,圆满实现了年度目标和任务。泛奥公司实现营业收入3115万元,实现利润44.23万元,实现净利润63.37万元(含认定利润45.58万元),超额完成董事会下达的年度利润目标任务。截至12月31日,泛奥公司净资产为4190.27万元,资产增值保值率为101.82%。一年来,泛奥公司积极挖潜,降本增效,取得较好成效。采取缩减办公场所、出售处置车辆、辞退外聘员工等措施,使2009年管理费用较上年度下降了7.9%;积极调整废残油销售和物料供应模式,稳固和发展现有业务,实现扭亏为盈的目标;强化安全基础管理,重视现场安全管理和检查,确保了全年安全无事故;深入开展凝聚力工程,帮困慰问职工34人次共计16100元,开展"一日捐"活动,73人捐款共计4850元,为在岗职工购买意外险、安排年度体检和疗休养,帮困慰问困难党员12人共计3600元,组织开展80分扑克和卡拉OK比赛等活动,企业凝聚力进一步增强。(贾新强)

【报关公司获得中船集团进口报关业务】 1月13日,泛奥公司所属报关公司成功与中船集团签订2009年度进口报关委托协议。此次签约的3家报关企业是中船集团通过严格考察和筛选的。多年来,报关公司出色地完成了中船集团所有的报关任务,其快捷的报关速度和认真负责的工作得到了中船集团的认可。(贾新强)

【召开三届三次职代会】 1月16日,泛奥公司召开三届三次职代会和2009年政工会,36名正式代表、2名特邀代表参加了会议。会议听取并审议《总经理工作报告》、《工会工作报告》,听取并讨论《思想政治工作报告》,听取并审查《财务工作报告》、《工会经费审查报告》;听取《三届二次职代会提案处理情况报告》、《三届二次职代会民主评议干部情况报告》,对公司领导班子和中层干部进行了民主测评;选举产生了第三届工会委员会。会议一致通过了《总经理工作报告》、《工会工作报告》、《财务工作报告》、《工会经费审查报告》。(贾新强)

【召开外港退废油协作单位年会】 2月24—25日,泛奥公司在天津举行2008年外港退残油协作单位工作总结会暨2009年签约仪式。有17家外港退废残油协作单位参加了会议,并作工作交流。会议对各外港退废残油单位在规范管理、合法经营、诚信服务等方面提出了要求。泛奥公司与17家外港协作单位签订了2009年废残油接收协议书。

(贾新强)

【召开第二十四次董事会】 3月20日,泛奥公司召开第二十四次董事会,董事长陈大龙,董事麦昌年、应功伟、范俊良,监事长王世平、监事范宝成出席会议。全体董事、监事讨论并表决,一致通过了泛奥公司总经理工作报告、2008年度财务决算报告和2009年度财务预算说明;对泛奥公司有关请示、报告进行了讨论研究,形成了会议纪要。

(贾新强)

【深入开展学习实践科学发展观活动】 从3月起,泛奥公司党委根据上级党委的统一部署,按照学习调研、分析检查、整改落实三阶段的工作要求,开展了为期3个月的深入开展学习实践科学发展观活动,取得了较好的效果。期间,成立了学习实践科学发展观领导小组,制定了活动实施方案和时间进度表;组织学习了3本书籍,编辑7期30多篇相关学习材料,组织开展了解放思想大讨论活动,开展了"做实做强现有业务,提高企业经营效益"、"强化激励机制,进一步做好职工薪酬管理"等10个重点课题的调研工作，完成了6个调研报告，召开了党委专题民主生活会，形成并上报了分析检查报告，深入群众广泛征求职工意见，梳理并归纳经营管理、班子建设、分配制度、人力资源配置等7个方面的问题，形成共识，拟定了整改落实方案，大部分整改问题得到了解决。在8月份的员工满意度测评中，29名党员职工参加测评，满意占93.1%，较满意占6.9%。

（贯新强）

【ExxonMobil项目竞标中标】 5月份，泛奥公司所属商贸公司正式参与ExxonMobil“上海港保税润滑油供应业务”项目公开招标。商贸公司凭借自身优势和服务特色，在8月份的项目竞标中一举中标，并与ExxonMobil签订了为期2年的保税润滑油供船服务合同，从而使该项业务得到了延续。

（贯新强）

【油污水接收和销售模式的转变】 7月9日，在认真开展调查研究的基础上，泛奥公司转变了油污水接收和销售模式，由间接销售改为直接销售，达到了既能减少环节降低成本，又能控制风险提高效率的目的，使原来一直处于亏损状态的上海港退废油业务实现了盈利。（贯新强）

【新接船员劳务外派业务】 9月4日，泛奥公司所属远申公司在上海外高桥船厂新接一艘17万吨级散装货船“玉山”轮，这是远申公司凭借自身努力、优质服务和船东的信任，与台湾新兴船务有限公司在船员劳务外派业务上的又一次合作，也为远申公司巩固劳务外派业务打下了良好基础。

（贯新强）

3. 上海远实房地产开发有限公司

【上海远实房地产开发有限公司】 简称远实房产，前身为上海远实房地产开发公司，成立于1994年5月，2002年经改革重组为上远公司所属二级公司，并使用现名。主营业务为房地产开发经营，同时兼营物业管理、建筑材料销售以及商务信息咨询等业务。成立时注册资本金2800万元，其中上远公司出资1960万元（占70%），上海夏海实业公司出资840万元（占30%），经营地点为虹口区。2006年12月，公司经股权变更，上海夏海实业公司退出股东会，由上远公司和上海远洋实业总公司合资经营，注册资本金由2800万元减至2500万元。2008年12月因上远公司上市的需要，通过变更投资人的形式将其在远实房产的全部投资划拨给上海远洋实业总公司，成为上海远洋实业总公司所属全资子公司。

远实房产自成立以来积极参与市场竞争，通过有效的资金运作和滚动开发，先后自行开发建设了榆林路840弄、国权路322弄、浦东潼港八村、扬子江大厦和扬子江家园住宅小区以及浦东金桥金苑综合办公楼等项目，并代理开发建设了远洋大厦综合办公楼，已逐步形成自己的品牌特色，取得了良好的经济效益和社会效益。扬子江大厦、远洋大厦、扬子江家园等项目先后荣获上海市最高建筑奖——“白玉兰奖”，远洋大厦夺得全国最高建筑奖——“鲁班奖”，“扬子江家园”被命名为上海市“四高”优秀小区。在开发房地产项目的同时，远实房产还积极致力于建筑装潢、物业管理、房地产中介咨询和技术劳务输出等相关业务，先后承接上海电子通讯导航公司、上海远洋教育中心（现名为上海远洋海事培训中心）、上海远洋国际集装箱储运有限公司以及远洋大厦等项目装修装饰业务，还先后参与上海远洋宾馆装修改建、中远集运集装箱临港堆场和富国集团“锦江之星”宛平南路连锁酒店装修项目的工程管理工作，受到了客户的普遍好评。

远实房产下设办公室（含人力资源部）、经营开发部（含信息部）、工程部、财务部等四个部室及上海扬子江家园房地产开发有限公司（全资）项目公司。公司现有人员20人，包括硕士研究生学历1人，大学学历8人，大专学历4人；其中高级职称2人，中级职称8人。

现任董事长王世平，董事总经理兼党支部书记王友龙

地址：上海市东大名路1062弄临江大厦2号4楼

电话：65418888(总机)

网址：http://www.coscoys.com

（张玉楼）

【概况】 2009年，因中远集团战略政策的调整使公司的主营业务全面停顿，企业发展已陷入极度困难之中，公司坚持以科学发展观为指导，在完成生产经营任务的同时也实现了员工队伍的稳定，实现了由房产开发向房产经营和项目管理的转变。公司所参与的远洋宾馆改建、中远集运临港堆场和远洋大厦27楼餐厅改建等技术服务项目，不仅取得了较好经济效益，同时也取得了较好的社会效益。公司在一年的工作中，继续把加强员工的思想教育和员工队伍的建设作为班子的主要工作，确保了员工队伍的相对稳定。公司在做好经营管理工作的同时，通过组织多种形式的精神文明创建活动，营造了积极向上的企业氛围，进一步激发了全体员工无私奉献、敬业进取的工作热情。公司始终把为员工办实事、组织开展健康有益的群众性文体活动作为推进企业精神文明建设的抓手，受到员工的欢迎。2009年，公司全面完成了上级下达的利润指标，未发生安全责任事故、治安案件和违法违纪案件，企业经营管理和精神文明建设同步迈上新台阶。

（张玉楼）

【组织开展“送温暖、献爱心”系列活动】 2月9日和8月10日，公司团支部两次派代表到帮困助学对象家中进行慰问，分别送上2009年上、下半学年的学费和若干文具用品。春节及五一节期间，总经理兼党支部书记王友龙率公司班子成员上门慰问了公司全体员工，并送上慰问金和礼品。

（张玉楼）

【召开2009员工大会】 2月26日，公司召开员工大会。会议听取和审议了总经理王友龙所作的《创新开拓　克时艰　求生存；抱团应变　拼逆境　创佳绩》的总经理工作报告，听取《财务工作和工会经费审查报告》，听取工会主席张政纲代表党支部作的《融入中心　降本增效　服从大局　确保稳定》工作总结。会议完成了对公司班子、中层以上干部的民主测评，表彰了2008年度公司各类先进，通过了大会决议，并向各部门下达了2009年精神文明建设目标责任书。

（张玉楼）

【召开2009年董事会议】 2月20日，公司召开第一次董事会议。会议在听取了总经理王友龙《2008年工作汇报及2009年工作打算》、《公司人员情况的汇报》和《公司浦江镇项目转让情况的汇报》及公司财务部经理高伟方的《2008年预算执行情况的汇报和2009年预算》后，全体董事和监事原则同意公司经营班子2009年的工作思路，对公司提出了“继续抓好员工管理、完善经营管理措施、推进浦江镇项目退出工作、公司存量房销售方案”等项工作要求，并原则同意公司2009年预算利润目标。8月19日，召开第二次董事会议，会议听取王友龙《2009年上半年工作情况及下半年工作计划》、高伟方《2009年财务情况汇报》和王友龙与经营开发部经理何琪琪《扬子江家园存量房产销售计划》后，经与会全体董事、监事讨论，会议形成了关于《加快推进浦江镇项目退出工作事宜》、《关于扬子江家园存量房产销售》和《公司当前生产经营主要工作》三项纪要，为公司健康发展、有序经营确定了总体目标。

（张玉楼）

【开展群众活动】 根据公司2009年度大众体育健身活动计划，公司大众体育比赛活动于11月6—7日在崇明根宝基地举行，此次比赛设扑克、中国象棋、趣味体育比赛等项目。

（张玉楼）

【继续做好项目建设的代管代建工作】 2009年，公司在陷入没有主业经营的困境下继续运用技术输出、管理输出的方式来开拓经营增加收入。公司所参与管理的中远

集运临港堆场项目、远洋大厦27楼餐厅改建已竣工，上海远洋宾馆装修改建工程进入最后的冲刺阶段，上海泛亚航运有限公司办公楼的装饰工程即将开始。通过项目的代建代管有效实现了公司经营业务从建设开发向项目管理的转变。 (张玉楼)

【组织“我为科学发展 同业领先做贡献”中心组学习】 2月16日，党支部举行中心组学习会，会议结合中远集运党委提出的“我为科学发展 同业领先做贡献”、中远集运工会提出的“降本增效 同业领先”和中远集运党委书记吴树雄创建“队伍一流、管理一流、服务一流、效率一流、效益一流”团队的号召，提出了具体工作对策，即紧紧抓住机遇，努力转变公司经营模式和管理思路，寻求新的经济增长点，广寻合作对象，争取在项目管理、技术输出和代理销售方面赢得效益。 (张玉楼)

【党支部召开党员干部民主生活会】 5月5日，公司党支部以“深入学习科学发展观，带好队伍、确保安全、严控成本、促进公司的持续发展，持久和谐”为主题召开党员领导干部民主生活会。上远公司财务总监王世平等参加会议。党支部全体成员根据学习实践科学发展观活动的要求，联系自身学习、工作和生活实际，开展批评和自我批评，并就公司的经营发展、降本增效、项目管理等进行讨论。 (张玉楼)

4. 上海联合远洋发展有限公司

【上海联合远洋发展有限公司】 简称联合远洋，成立于1993年1月14日(前身是中远集团浦东开发办)。最初是由中远集团、上远公司、上海外轮代理公司、中波轮船股份公司(中方)四家内地企业，与香港远洋轮船有限公司合资的企业。现股东为上海远洋实业总公司、中波轮船股份公司(中方)和香港远洋轮船有限公司。注册资本1660万美元。经营范围：仓储，提供船舶港口服务，航运信息咨询。联合远洋最初注册、经营地址：浦东大道691弄27号；现注册地址：浦东新区友林路149号8幢办公楼410室，办公地址：岳州路58号12楼。联合远洋设总经理办公室、党群工作部、财务部、船务部。下属公司有：合资公司上海联发综合经营有限公司、上海洋宁国际贸易有限公司；还有工会和自然人注册经营的上海联远安捷贸易有限责任公司。1997年6月，中远集团房地产会议后，上海国际航运大厦划归中远置业集团有限公司经营管理。联合远洋行政隶属关系由中远集团下属一级公司划归上远公司管理。2002年，中远集团将持有的联合远洋股权，划给中远置业集团有限公司(后为上海中远三林置业集团有限公司)，由中远置业集团有限公司履行经营管理职责。2003年，上海外轮代理公司将持有的联合远洋股权，划给中国汽车运输国际货运代理公司。2005年6月，中远集团受让上海中远三林置业集团有限公司持有的联合远洋40%的股权。2005年7月，中远集团将持有的联合远洋40%的股权，划给上远公司。联合远洋的股东由5家变更为4家，上远公司占股比60%，联合远洋纳入上远公司管理体系。2009年4月，上远公司将持有的联合远洋40%的股权、中国汽车运输国际货运代理公司将持有的联合远洋10%的股权划给上海远洋实业总公司。

现有人员13人，包括硕士研究生学历1人，本科学历2人，专科学历6人；党员10人；中级职称7人。

现任法定代表人、董事长陈大龙，总经理、党委书记范俊良(原总经理、党委书记许惠根于2009年5月离任)。

地址：上海市岳州路58号12楼

电话：65019835 (王吉清)

【概况】 2009年，公司主营业务船舶备件和物料供应，通过努力，该业务未受金融危机影响，利润保持3年持平。公司有4起诉讼案在审理过程中，其中3起仓储合同纠

纷，公司为被告；1起侵权纠纷，公司为原告。公司坚持群防群治，确保一方平安，全年未发生治安安全案件。（王吉清）

【公司股权变更】 4月，公司股权变更，上远公司将持有的联合远洋40%的股权、中国汽车运输国际货运代理公司将持有的联合远洋10%的股权划给上海远洋实业总公司。股权变更后，联合远洋股东变为3家，其中上海远洋实业总公司占70%，中波轮船股份公司（中方）占5%，香港远洋轮船有限公司占25%。（王吉清）

【撤销货运部】 2008年根据上远公司调研意见，为防止经营风险，联合远洋调整货代销售分配模式，劳资双方协议未果，25名员工选择终止劳动合同，3名员工劳动合同到期后解聘，货代业务停止经营。2009年年初，货运部撤销。（王吉清）

八 Overseas 境外地区

COSCO Container Lines Almanac 2010

（一）美洲分部

【中远集运美洲公司】 前身是中远子公司（COSCO Inc.），于1982年8月6日在美国加利福尼亚州注册成立。1985年6月13日，中远子公司在美国新泽西州取得经营许可证，主要经营半月班远东—美西航线，挂靠洛杉矶、西雅图、旧金山港和温哥华港。是年8月6日，由中远集团出资（占70%股份），中远美洲公司与Norton Lilly International, Inc. 合资组建中远北美公司（COSCO North Americas, Inc.）。1992年12月31日，中远美国注册公司斥资收购Norton Lilly International, Inc. 在中远北美公司30%股份，中远北美公司（现称中远集运美洲公司）成为中远在美国的独资船舶代理公司。主要从事以美国地区为主的集装箱船舶和货运代理业务，代理网络辐射北美、南美、欧洲各个主要港口和码头并覆盖全球。按照LUCKY项目重组实施计划，2005年2月16日购买CNA债权债务，成立中远集运美洲公司。中远集运美洲公司主要负责中远集装箱船舶在美国及加拿大港口的代理，对船舶进港、开航、靠泊、装卸货、船期等进行现场调度，保证定期班轮在这两个地区按时、安全运作，代表船公司现场处理船舶的货运业务及运使费审核结算，集装箱调运监督管理信息跟踪、集装箱维修等。公司设行政财务管理部、市场营销部、船务箱管操作部（OMD）、企业资讯发展部（BPS）以及下属亨德森美国内陆铁路单证处理中心、休斯顿服务中心、旧金山分公司、西雅图分公司、芝加哥服务中心、纽约分公司、波士顿分公司、查尔斯顿分公司、诺福克分公司、中远加拿大公司、中远加拿大加东公司、中远洛杉矶代理公司（含安大略分公司和洛杉矶分公司）和中远巴拿马海运公司。现有17条航线停靠美国、加拿大东西两岸14个口岸，2009年有884次航班。中远集运美洲公司办公地址是100 Lighting Way, Secaucus, NJ 07094（美国新泽西洲）。截至2009年底，中远集运美洲公司现有雇员461人，其中美国当地员工435人，内派人员26人。

现任公司总裁万敏，执行副总裁朱建东，张峰、伋凤鸣，Howard Finkel，Frank Grossi。 （郭胜利）

【概况】 2009年，中远集运美洲公司面对美国进出口需求下滑，货源大幅减少的严峻挑战，不断改善内部管理，完善各项规章制度，提升自身抗风险能力，以提升营销能力和系统应用能力为抓手，拓展市场，控制成本，提升公司服务质量。全年完成销售箱量640157 TEU，完成指标的97%，比上年下降11%；Local重箱量410475 TEU，完成指标的102%，比上年下降7%；完成销售收入563680029美元，完成指标的77%，比上年下降38%。 （郭胜利）

美洲分部获得的部分奖牌

【中远集运美洲公司机构设置】

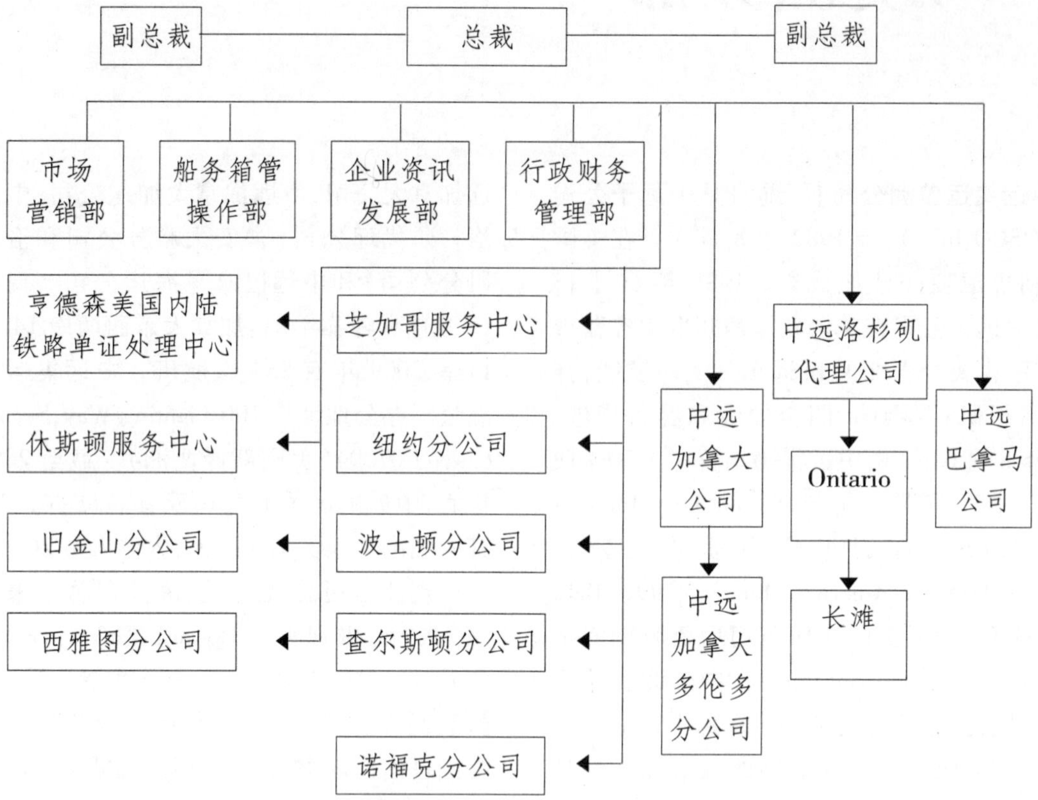

【中远集运美洲公司召开 2009 年工作会议】 1 月 30 日在新泽西总部召开。北美各地区分公司、子公司及新泽西总部高管等共 40 余人参加会议。会上，公司总裁万敏做了题为“苦练内功、逆境生存、坚定信心、持续发展”的主题发言，总结公司 2008 年工作、明确 2009 年工作目标和采取的八项主要措施。执行副总裁 Howard Finkel 主持了会议。（郭胜利）

【中远集运美洲公司 2009 年董事会召开】 11 月 20 日在中远集运总部 25 楼会议室召开。董事周珑、万敏、张为，监事邓黄君参加。中远集运吴金平、沈学超、郑琦、夏永健，中远集运美洲公司伋凤鸣列席了会议。董事会肯定了公司 2009 年在业务拓展、创新思维、成本节支、财务管理、风险防范和基础工作等方面取得的成绩，认为 2009 年所做的改革、完善和节支等工作不仅受益于当年，也有利于将来。会议研究并部署了 2010 年的工作。董事长孙家康主持了会议。（郭胜利）

【中远加拿大公司第三届董事会召开】 10 月 6 日在中远加拿大公司温哥华会议室召开。董事张峰、刘其民、许超（代替张为），监事伋凤鸣参加，董事长万敏主持会议。会议审议和通过了公司总裁刘其民作的 2009 年工作报告，财务部经理张炜做的财务工作报告；会议肯定了中远加拿大公司在揽货箱量、客户履约率、市场开拓和成本控制方面的各项工作，尤其对在大幅下滑的货运市场形势下，进、出口货量依然保持 3% 的增长表示满意。会议安排和部署了下一步的主要工作。（郭胜利）

【“中远波士顿”轮首靠美国波士顿港】 7 月 22 日，“中远波士顿”轮挂靠美国波士顿港口。该轮自 2007 年投入航行使用以来，

第一次挂靠与其同名的港口。靠泊期间，麻省港务局安排了“中远波士顿”轮迎接仪式。（郭胜利）

【开展“提升货量活动”（Lifting Campaign）】 公司为调动销售人员揽货积极性，增加FOB货源揽取量，提高公司主干航线舱位利用率，5—12月开展了“提升货量活动”。获奖指标是：首先在4月FOB货实际完成货量基础上，逐月环比提升货量，指标额超过中远集运总部要求的1%；11月、12月的当月货量不低于4月实际货量的108%。通过这一活动，6月的货量比5月上升了20%，9月的货量比5月翻一番，达到22382TEU。（郭胜利）

【获得长滩港务局绿色环保锦旗】 9月4日，长滩港务局贸易关系部部长唐纳德·斯奈德（Donald B. Snyder）在该港务局组织召开的表彰会上，就中远集运2008年199艘次驶入长滩码头的船舶达到减少码头空气污染的环保要求进行了表彰并颁发环保锦旗。这是自长滩港务局2005年推行绿色环保项目以来，中远集运连续第四年获得绿色环保锦旗。该奖为2009年中远驶入长滩码头的船舶取得长滩环保激励优惠价格，节约开支约25万美元。（郭胜利）

【获得西雅图港务局绿色通道锦旗】 1月1日，中远集运美洲公司代表中远集运参加了西雅图港2009年开展的船舶靠泊期间“泊位净油”（At—Berth Clean fuel Program）激励活动。活动期间，凡按要求使用“干净燃油”（0.5%硫含量的柴油）停靠西雅图港的船舶，每停靠一次获得1500美元奖励。2009年，中远集运PNW航线的“COSCO ANTWERP”、“COSCO XIAMEN”、“COSCO TIANJIN”和“COSCO DALIAN”轮达到西雅图港“美西北空气净化战略”排放标准，获得西雅图港务局副局长菲尔·鲁兹（Mr. Phil Lutes）于9月1日为4艘船舶颁发的“净油证书”，授予“绿色通道锦旗”。9月28日中远集运获得奖励31500美元。

（郭胜利）

【“柳林海”轮挂靠西雅图港30周年庆典】 2月18日，中远集运美洲公司总裁万敏代表中远参加由西雅图港务局为欢迎中国驻美大使周文重暨庆祝“柳林海”轮挂靠西雅图30周年而举行的早餐会，周文重、万敏分别在会上发表了讲话。（郭胜利）

【魏家福参加国际海运协会新闻发布会】 3月25日，中远集团总裁魏家福一行6人，在美国康州斯坦福德（Stamford）市希尔顿饭店Linden厅参加了由美国康州国际海运协会召开的新闻发布会。魏家福在新闻发布会场接受了中国中央电视台纽约记者站、新华社联合国分社、中国新闻社美国分社、香港凤凰卫视纽约记者站等中文媒体以及海外主要航运业媒体American Shipper、Lloyd's List、The Journal of Commerce、Trade Winds、Seatrade、Marine Money、Fair Play的现场采访，就世界经济形势及中国经济形势、贸易保护主义对海运业的影响，世界航运形势及中国因素以及中远的发展现状、散杂货市场、集装箱市场、上海国际航运中心、船舶修造与买卖等作了回答。中远美洲公司总裁万敏、中远集团研发中心主任杨世成参加了新闻发布会。（郭胜利）

【魏家福获得美国康州国际海运协会“海运统帅奖”奖】 3月25日，中远集团总裁魏家福在美国康州斯坦福德市接受康州国际海运协会授予的“海运统帅奖”，这是自上世纪80年代设立该奖20余年来第一次授予中国人。上届该奖获得者查理德·杜·牟林（Richard Du Moulin）、国际散装（Seabulk International）前主席兼执行副总裁格哈德·库智（Gerhard Kurz）和康州国际海运协会总裁贝丝（Beth）为魏家福颁奖并戴上“海运统帅”帽。中远美洲公司总裁万敏参加了颁奖仪式。（郭胜利）

【交通部长李盛霖等参观“中远长滩”轮】 3月27日，中国交通部长李盛霖等中美两国政府官员约30余人，在中远集团总裁魏家福和中远美洲公司总裁万敏陪同下参观停泊在长滩港的“中远长滩”轮。李盛霖盛赞中远近年来取得的成就,并感谢该轮为发展中美两国海运事业所作出的贡献。魏家福代表中远集团向船长和全体船员表示慰问,并赠送了纪念盘。（郭胜利）

【魏家福出席中美海运论坛】 3月27日,中远集团总裁魏家福出席由中国交通运输部和美国运输部共同举办、中远和长滩港务局共同承办的“中美海运合作与发展30年”中美海运论坛,中远美洲公司总裁万敏陪同。中国交通运输部部长李盛霖、美国运输部部长代表詹姆斯·卡波尼基等出席论坛并讲话,魏家福发表题为《合作发展 共克时艰 开创未来》的演讲;当晚,庆祝中美海运贸易恢复30周年招待会在长滩港举行,中国驻美国大使周文重,李盛霖、詹姆斯·卡波尼基等各界代表参加了招待会。

（郭胜利）

【公司获得新泽西州最佳工作场所金奖】 5月7日,中远美洲公司获得新泽西州政府颁发的2009年新泽西州最佳工作场所金奖（New Jersey Smart Workplaces Gold Award）。这是公司连续三年获得此项金奖。该奖由新泽西州长科尔金和新泽西州交通委员会委员柯卢里共同签发,旨在奖励为倡导环保付出努力、为员工结伴驾车上下班和使用公共交通提供方便的雇主。（郭胜利）

【获得“远东航线最佳海运承运人”奖】 5月13日,加拿大货代协会（CIFFA）在蒙特利尔举行一年一度货运大奖颁奖典礼。中远加拿大蒙特利尔分公司以其优良服务获得客户的认可和支持,再次获得“远东航线最佳海运承运人”奖。这是该分公司连续第八年获得此项殊荣。（郭胜利）

【接待中国交通运输部海运代表团】 12月9日,以中国交通运输部副部长翁孟勇为团长的交通运输部海运代表团一行25人（中远集团副总裁许立荣为成员之一）访问美国,12月10—11日参加在华盛顿举行的中美交通论坛。中远美洲公司组成专门接待小组,负责代表团访问期间的接待工作,公司总裁万敏率接待小组前往华盛顿迎接代表团成员,并向翁孟勇和许立荣汇报了公司情况。（郭胜利）

（二）欧洲分部

【中远集运欧洲有限公司】 2005年1月1日成立，注册资本150万欧元，是中远集运在欧洲地区的总部。全资拥有中远集运英国公司、中远比利时公司、中远集运法国公司，拥有中远伊比利亚公司70%股份、中远集运荷兰公司50%股份、中远集运意大利公司50%股份。现有人员148人（中方人员14人，外籍人员134人），其中硕士研究生学历1人，大学学历20人，大专学历64人。

现任公司总裁傅海潮（原总裁杨斌2009年11月2日离任，原副总裁傅海潮2009年11月2日离任）、副总裁袁小宇（2009年11月2日到任）、副总裁翁林（2009年6月5日到任）。 （陈　东）

【中远集运欧洲有限公司机构设置】

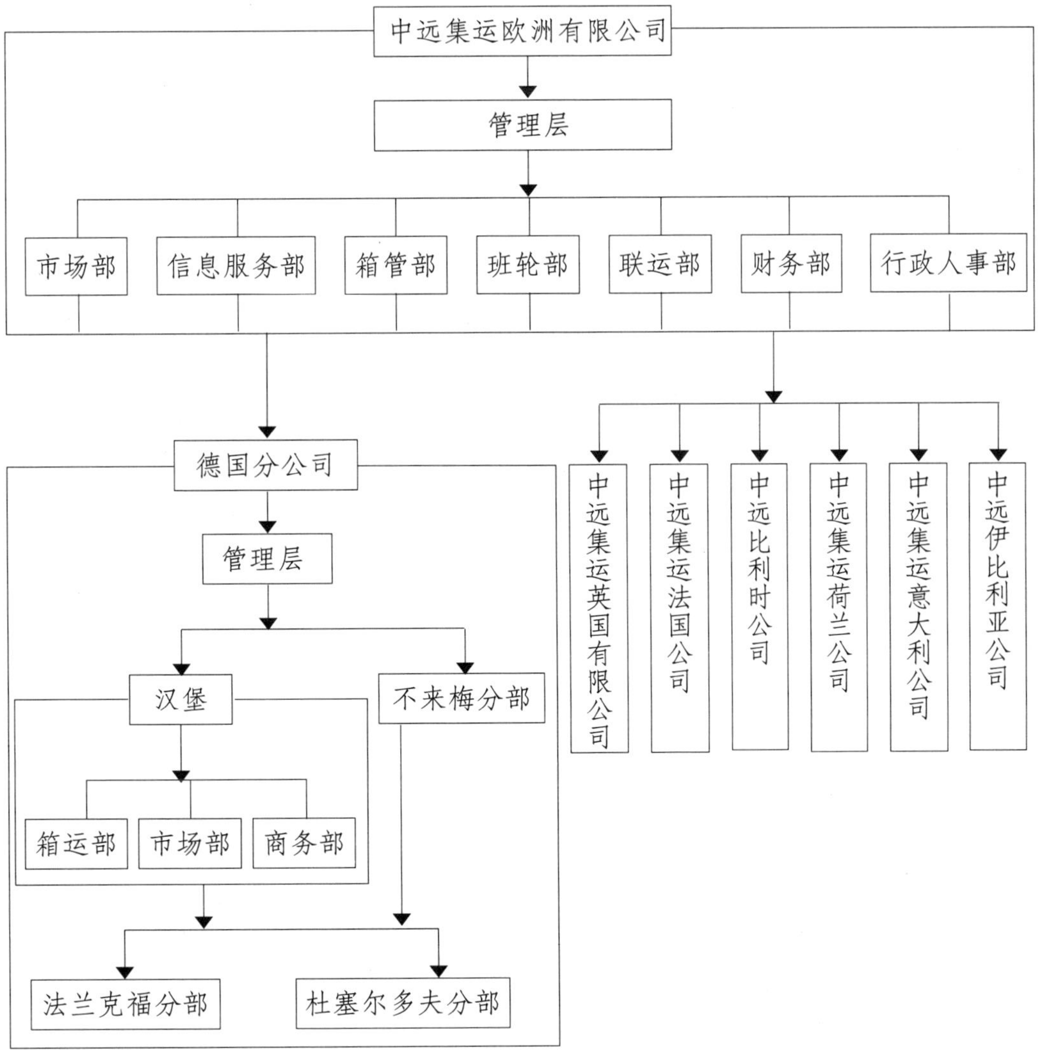

（陈　东）

【概况】 2009年,中远集运欧洲有限公司面对激烈的竞争环境,着重加强市场开拓、船舶管理、成本控制等方面工作。全年共完成销售箱量493318TEU,其中Local重箱量455161TEU,销售收入31327万美元。在市场营销方面,根据运力安排,调整营销计划,加强回程货和西行FOB货揽取;积极实施运价恢复,调整附加费,努力提高运费收入;深化大客户战略;强化网络意识和团队精神;从单独营销向区域化、全球化协同营销转变,特别是加强了与中国部的合作。针对年内中国贸易投资促进团在欧洲开展的一系列贸易投资研讨、洽谈和采购活动,通过多方渠道搜集信息,确定重点跟踪企业,协调区域各相关国家公司,揽货工作取得较好效果。以中远集运效益最大化为目标,集中精力做好船舶安全,正常的生产营运和降本增效工作,确保安全生产,强化班期管理,灵活分配舱位,严控成本,积极做好码头谈判工作。加强集装箱管理,进一步降低欧洲地区集装箱总盘存量,提高服务保障能力,控制集装箱管理费用。全面梳理内陆供应商合同,优化中转路径,降低联运成本。加强财务管理,积极开展税务调研、加强现金流的控制管理、运费和成本开支管理。加强信息系统建设,以提高数据质量,理顺业务操作。引进新系统,实现了远程支持和信息共享。2名公司员工获得中远集运2009年度优秀员工称号。 (陈 东)

【召开公司市场营销会议】 3月25日在汉堡召开。欧洲地区各公司主要销售人员等50人参加,市场部总经理万晓武主持会议。会议落实中远集运各项工作目标,要求各公司市场销售部门发挥团队精神和网络效应。会议确立了“挑战危机、抓住机遇”的工作方针。 (陈 东)

【中远集运欧洲有限公司2008—2009年度董事会召开】 9月17日在汉堡召开。董事长孙家康、董事杨斌、傅海潮、翁林出席会议。会议听取杨斌作的2008—2009年度总裁工作报告和财务部总经理朱竹安作的财务年度报告;董事会接受翁林自2009年9月17日起成为该会董事;会议要求公司及其下属各公司在下一步工作中重点做好增收和节支两项工作。 (陈 东)

【中远集运英国有限公司】 中远集运英国有限公司是中远集运欧洲公司全资子公司,公司总部位于伦敦Barking镇,并在Felixstowe港、Birmingham设有销售代表,在Dublin设有分代理。公司注册资金20万英镑。公司下设进口部、出口部、财务部、商务部、市场营销部、箱管部、人事管理部、计算机部、陆路运输部、港口办公室、车队等。现有人员92人,其中,中方员工2人,外籍员工90人。

现任总经理方亮。 (方 亮)

【概况】 2009年,公司经营、管理远东至英国4条集装箱航线,分别是欧洲一线(NE1)、欧洲二线(NE2)、欧洲三线(NE3)、欧洲四线(NE4)。其中,NE1、NE2和NE3为中远与川崎、阳明、韩进合作航线,主要挂靠FELIXSTOWE港。年内公司进行重组和部分职能部门架构调整,全年控制管理成本80万英镑,比上年节省管理成本费18%;全年完成进口重箱92054 TEU,出口重箱35091 TEU,销售收入799万英镑。

(方 亮)

【中远集运法国公司】 2005年1月1日成立,注册资金33.8万欧元,是中远集运欧洲有限公司的全资子公司。公司总部位于CLICHY市,并在LE HAVRE港、MARSEILLE港设有办公室。公司下设财务综合部、市场部、进出口单证部、箱管部和航运操作等部门。现有人员42人,其中中方人员3人,当地人员39人。

现任总经理鞠维平。 (鞠维平)

【概况】 2009年,公司完成销售箱量36984 TEU,完成销售目标的116%,销售收入1310万美元;自揽货箱量29743TEU,完成销售目标的119%,比上年增长11%;全年滞期费实收额90万美元,年度运费回收率98.72%,超额完成中远集运下达的指标;全年代理集装箱船舶 208 艘次。

(哈建强)

【中远比利时公司】 中远比利时公司的前身是由中远集团和比利时合作代理(Shipping Agency Furness Shipping & Agency Co. N. V.)在 1980 年设立的合资公司。1998 年,中远集团收购合作方所持有的全部股份,全资控股中远比利时公司;从 2005 年 1 月 1 日开始,中远比利时公司的所有股份转由中远集运欧洲有限公司持有。机构设置上,中远比利时公司和中远纽曼航运代理公司进行交叉设置,实行资源共享。公司下设集装箱部、物流/货代部、财务/行政部以及商务管理部,其中集装箱部又分设市场营销及客户管理部、出口操作及单证部、进口部和箱管部等四个单元。现有人员 42 人(其中 10 人与中远纽曼航运代理公司实行共享),其中中方人员 2 人,外籍员工 40 人。

现任总经理谢鑫。 (谢 鑫)

【概况】 2009 年公司管理 3 条航线,分别是 NE1、NE2 和 TAS 航线。全年公司完成 Local 出口重箱 57102 TEU,完成率 192.8%(Cross Booking 2955 TEU);进口重箱 39625 TEU;销售箱量 30835 TEU,完成率 111.15%;运费总收入 1397 万美元,完成率 81.86%;全年滞期费实收额 163.1 万美元;年度运费回收率 95.64 %;全年靠港船舶 195 艘次,其中 AEN/NE1 :53 艘次;AES/NE2 :51 艘次;AES3 :36 艘次;TAS:55 艘。 (谢 鑫)

【中远集运荷兰公司】 2005 年 3 月 1 日成立,注册资本 9 万欧元,专门从事中远集装箱船队在荷兰地区的船舶代理、市场营销、中转、联运等业务。公司由中远集运欧洲有限公司与荷兰 Vopak 合资,双方各占 50% 股份;公司董事会有 4 人组成,中荷双方各 2 名董事,轮值董事长。现有人员 76 人,其中中方人员 3 人,外籍人员 73 人。

现任公司中方总经理朱涛(原总经理吴金平 2009 年 8 月离任),荷方总经理Peter den Breejen。 (朱 涛)

【概况】 2009 年,公司共代理集装箱船舶 141 艘次,比上年增加 27%;完成代理进出口集装箱箱量 34.5 万 TEU,比上年下降 0.8%,集装箱滞期费收入 358 万美元,比上年下降 67%;运费收入 6567 万美元,比上年下降 51%。 (朱 涛)

【中远集运意大利公司】 2005 年成立,注册资本 10 万欧元,中远集运欧洲有限公司拥有公司 50% 的股份。公司总部设在 GENOA,下设 NAPLES 和 MILANO 分公司。现有人员 93 人,其中中方人员 4 人,外籍人员 89 人。

现任董事总经理傅承求、Augusto Cosulich。 (杨承军)

【概况】 2009 年,公司以 NAPLES 为中心,进一步发展中远集运在地中海地区支线网络,为干线运力扩张和开发新兴市场打下了基础。截至 12 月,管理的支线有:那波里—亚德里亚海 AFS 支线,地中海—西非 MAF 支线,地中海—以色列 MFS 支线以及地中海—北非支线。全年共计完成出口重箱(Local)69895TEU,完成全年指标(Local 55000TEU)的 127%;进、出口重箱分别为 101559TEU 和 91742TEU,合计 193301TEU。

(杨承军)

【中远伊比利亚公司】 原名中远西班牙葡萄牙代理总公司,于 1997 年 4 月 11 日成立,由中远欧洲有限公司和当地 WITTY S. A. 公司共同出资设立,2008 年经上级单位批准改为现名。公司原注册资本为 1000 万西班牙比塞塔,2002 年以后转换为 60200 欧元,中远欧洲有限公司和 WITTY S. A. 公司分别持有 70% 和 30% 的股权。2005 年 1 月 1 日,中远欧洲有限公司将所持股权全部转让给中远集运欧洲有限公司。2008—2009 年,WITTY S. A. 将所持的 30% 公司股份转让给 Vasco Shipping S. A.。公司以中远总代理名义管理中远在西班牙和葡萄牙地区的集装箱业务和散杂货业务。从 1999 年 1 月 1 日起,公司将西班牙巴塞罗那和瓦伦西亚两个基本港的集装箱业务,从原分代理

WITTY S. A. 公司收回直接经营。从 2000 年 2 月 1 日起将西班牙散杂货船的代理业务由原分代理 Transhispania 公司收回直接经营。现有人员 59 人,其中中方人员 2 人,外籍人员 57 人。

现任总经理杨磊。　　(杨　磊)

【概况】 2009 年,公司完成销售箱量 41319TEU。其中 Local 重箱量 36278TEU,比上年增长 9%,销售收入 2100 万美元,比上年下降 28%。　　(杨　磊)

【股权转让】 5 月,公司原股东 WITTY S. A. 将所持 10% 的公司股份转让给 Vasco Shipping S. A。公司股东及持股数为:中远集运欧洲有限公司持 70% 股份,Vasco Shipping S. A 持 30% 股份。　　(杨　磊)

【分部调整】 4 月 1 日,中远伊比利亚公司在西班牙南部设立 CADIZ 分部,统一经营管理西班牙南部地区中远业务。由于业务萎缩,于 4 月 5 日关闭维戈分部。

(雷志敏)

（三）韩国分部

【中远集运韩国分部】 中远集运韩国分部成立于2003年7月，设总经理1名，副总经理1名，2008年12月经中远集运总部批准，增设副总经理1名。韩国分部以远城海运有限公司（COSHAN CO.，LTD.）为管理平台，管辖远城海运有限公司（COSHAN CO.，LTD.）、京汉航运有限公司韩国分公司（COHEUNG MARINE SHIPPING CO.，LTD. KOREA BRANCH）及远明海运有限公司（COSKOR SHIPPING CO.，LTD.）三家公司的生产经营活动，负责韩国区域内集装箱运输业务的销售、操作、成本控制和服务质量，对集装箱航线或舱位效益负责，与中远集运成为了真正的利益共同体。

韩国分部现有中、韩员工93人（中方员工5人，韩方员工88人），包括大学学历68人，大专学历5人；其中具有高级职称2人，中级职称5人。

现任公司总经理龚上理，副总经理黄存迅、陈跃国。（黄存迅）

【中远集运韩国分部机构设置】

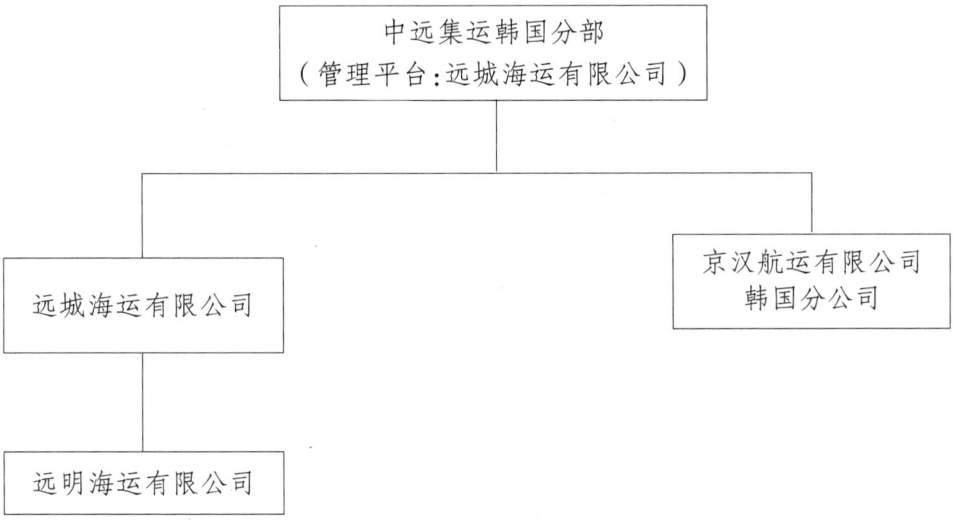

（黄存迅）

【概况】 2009年，公司积极应对金融危机下的韩国航运市场，通过一系列的工作和措施，努力降控经营成本，全年各公司经营业绩情况良好。远城海运有限公司作为中远集运船舶的韩国总代理，以“控制成本、优质服务”为经营方针，围绕船东代理业务，重视经营成本控制，遵循ISO管理规则，做好服务质量与经营管理质量的提高工作，经营活动规范，无诉讼及仲裁等业务纠纷事件发生。全年公司完成操作箱量102234 TEU（出口50257TEU + 进口37795TEU + 中转14182TEU），与上年相比销售箱量（开航口径）减少16%，销售收入（开航口径）下降41%，销售贡献（开航口径）增加16%，Local重箱量增加15%，进口箱量减少41%，中转箱量减少27%，全年完成操作箱量减少20%，货物费下降39%，港口费下降6%。远明海运有限公司作为远城海运有限公司属下全资货运代理公司、韩国集装箱营销中心的主体公司，主营业务为公共货运代理公

公司租入的"COSCO FUKUYAMA"轮在韩国三星重工船厂交船

司,主要为中远集运、京汉航运有限公司及其他第三方公司提供货运及揽货服务,全年整体经营情况从揽货数量、经营业绩、以及规范经营上取得较好成绩。全年公司共完成揽货箱量73590 TEU,比上年增加5%。京汉航运有限公司韩国分公司全年共完成箱运量33.7万TEU,比上年减少20%,收入比上年减少36%,全年利润总额完成董事会下达的减亏指标。

(黄存迅)

【销售与客户服务工作】 2009年,公司充分利用资源,在揽货工作管理上,通过季度例会制,及时总结工作,明确下阶段的营销方向,提高揽货效果,促进揽货人员为中远集运多揽有效益有贡献的货源。公司实现三星、LG/PANTOS、锦湖石化等韩国大客户货源的中标,中标货量超过上年的水平;积极开发新客户、新货源,主要有澳洲线(AUS)的KPIC Corp.客户以及Samsung、LG的货源,美西线(TPW)的Samsung货源以及JinRo Hite、Dongbu Express新客户,地中海线(AEM)的货源开发;克服合同运价调整、舱位紧缺等困难,赢得客户理解和支持,在公司统一部署下协助完成公司高层与投标客户高层的峰会,通过积极沟通和提高服务质量,使韩国地区在合同运价和舱位调整后,货量得以继续保持;为客户提供细致服务,通过服务创造"二次开发"效应;取得通用大宇汽车内陆物流合同,为公司多元化业务拓展取得了经验和效益。

(黄存迅)

【各家公司董事会召开】 3月3日,远城海运有限公司第一届七次董事会在韩国首尔召开,中远集运副总经理、远城海运有限公司董事长史美思主持会议。董事会审议并通过了《2008年总经理工作报告》及《2008年公司财务工作报告》;3月25日,京汉航运有限公司第一届董事会第五次会议在厦门召开,史美思主持会议。董事会审议、通过《2008年公司总经理工作报告》、《2008年公司财务决算报告》和《2009年公司财务预算报告》,并确定了公司2009年工作思路及经营目标;10月23日,史美思主持召开远城海运有限公司第一届八次董事会。董事会审议并一致通过了公司关于《2009年1—9月份经营管理工作情况汇报》、《2010

年利润预算及编制说明》和《2010年投资建议计划及编制说明》。　　（黄存迅）

【与韩国PANTOS/LG公司签订2009年合作协议】 3月11日，中远集运与韩国PANTOS/LG公司2009年合作协议签字仪式在远城海运有限公司举行。韩国分部总经理龚上理代表中远集运与PANTOS副总经理MR. KOO JUNG MO在协议上签字，中远集运韩国分部副总经理黄存迅，PANTOS理事MR. CHOI JONG GEUN等出席签字仪式。　　（黄存迅）

【京汉航运有限公司召开华南—东南亚航线代理工作会议】 3月26日，京汉航运有限公司在厦门召开华南—东南亚航线代理工作会议，中远集运副总经理史美思、中远集运战略发展部、贸易保障部及亚太贸易区负责人、京汉航运有限公司常务副总经理龚上理、副总经理陈跃国和相关口岸代理公司相关负责人参加了会议。会议期间，京汉航运公司为解决当前操作模式下存在的问题，与中远集运贸易保障部签署了租箱操作协议。　　（黄存迅）

【"COSCO FUKUYAMA"轮命名仪式在韩国三星重工船厂举行】 4月24日，中远集运通过伊藤忠商事株式会社租入5艘4500TEU系列集装箱船的第四艘船舶"COSCO FUKUYAMA"轮命名及交船仪式在韩国三星重工船厂举行，韩国分部副总经理黄存迅代表中远集运出席命名交船仪式。"COSCO FUKUYAMA"轮设计箱位共4578TEU，船东为日本洞云汽船株式会社（DOUN KISEN Co.，Ltd）。　（黄存迅）

【韩国分部获得韩国港口2008年度货运量激励奖金】 4月21日，经韩国当局有关机构审核，根据2008年度中远集运在韩国釜山、光阳港的货运量业绩，获得货运量激励奖金共计1.559亿韩元（约合人民币79万元）。其中：经釜山港务局（BPA）确认核算，获得在韩国釜山港的中转货物量激励奖金4081.9万韩元（约合人民币20.7万元）；经韩国集装箱码头公团（KCTA）确认核算，获得在韩国光阳港的中转货物增量激励奖金和本地出口箱增量激励奖金9275万韩元（约合人民币47.1万元）；经韩国光阳港水联银行（KOREA GWANGYANG PORT SHUYUP BANK）确认为促进光阳港的开创，获得在光阳港的重箱出口增量激励奖金2237万韩元（约合人民币11.4万元）。

（黄存迅）

【中远集运中标2009年三星电子北美部分航线货运项目】 4月30日，韩国分部配合中远集运总部成功中标2009年三星电子北美部分航线货运项目，并签署2009年北美航线服务协议。这是继三星电子2009年在韩国第一次与中远集运达成欧洲及其他次干航线服务协议后，又一个在韩国第一次与中远集运达成北美航线服务协议。

（黄存迅）

【"COSCO SINGAPORE"轮首航韩国釜山港】 10月16日，"COSCO SINGAPORE"轮挂靠韩国釜山港韩进海运新港湾株式会社码头。该轮是CKYH联盟施行Vessel Pool后在MD1服务航线上第一艘挂靠釜山港的中远船舶，也是该轮首航该港。韩进海运新港湾株式会社监查郑寅豪以及营业运行部的主管等代表株式会社向"COSCO SINGAPORE"轮颁发首航纪念牌；韩国分部总经理龚上理、副总经理黄存迅登轮祝贺首航成功。　　（黄存迅）

【龚上理接受韩国《亚洲经济》报专访】 12月22日，韩国《亚洲经济》报记者在韩国首尔中远韩国有限公司就中远集团获得"中国品牌百强榜共和国60年最具影响力品牌60强"以及有关中远在韩国的发展情况，韩国中国商会的近况等采访了中远韩国有限公司总经理兼韩国中国商会会长龚上理。记者采访全文以《中远努力打造百年品牌企业——中远韩国有限公司总经理龚上理专访》为题，刊在12月30日《亚洲经济》上。《亚洲经济》报是韩国唯一同时以韩文、中文、英文、日文四种文字发行的报纸，在韩国政界和工商界拥有广泛的影响。

（黄存迅）

【参加驻韩中资企业代表座谈会】 中国商务部副部长陈健在率团访问韩国期间，于12月27日举行驻韩中资企业代表座谈会，韩国分部总经理龚上理作为中国商会会长参加了座谈会，并汇报韩国中国商会开展活动的有关情况。（黄存迅）

【远城海运有限公司】 成立于1995年年底，由中远韩国有限公司与韩国私人企业EAGLE SHIPPING分别以60%和40%的股份合资经营的船舶代理公司。1998年6月，由中远韩国有限公司收购韩方40%股份，成为中远韩国有限公司的全资公司，全权代理所有中远集运在韩国的船货业务。根据中远集团LUCKY项目的部署和要求，完成公司股权由中远韩国有限公司100%转让给中远集运的转股工作，并根据中远集运总部部署，全资收购并100%控股远明海运有限公司（原中远韩国物流有限公司），从2005年1月1日起，开始正式运作。公司的业务板块也随之进行重组与归并，远城海运有限公司的全部销售人员并入远明海运有限公司，形成了远城海运有限公司作为中远集运在韩国的船代业务公司，远明海运有限公司作为在远城海运有限公司控股下的在韩国的公共货代公司。远城海运有限公司实行董事会制度下的总经理负责制，并对远明海运有限公司行使投资管理权。公司总部设在首尔，下设出口业务部、进口业务部、财务/管理部和远城海运釜山事务所。出口业务部负责出口货物的业务处理；进口业务部负责进口货物的业务处理和集装箱设备管理；BPS TEAM由各业务部门的相关人员组成，负责IRIS－2系统的实施和协调维护工作；企划管理部负责公司的财务管理和行政、人事管理；釜山事务所设有航运管理部和业务管理部，分别负责港口现场的中远集运船舶代理业务和现场业务单证处理。公司以“控制成本、优质服务”为经营方针，围绕船东代理业务，遵循ISO管理规则，做好服务质量与经营管理质量的提高工作，重点是提高服务意识与单证质量。公司现有中、韩员工36人（中方员工2人，韩方员工34人），其中大学学历23人，大专学历3人。

现任总经理黄存迅，釜山事务所所长朴东殖。（黄存迅）

【概况】 2009年，公司共完成操作箱量102234 TEU（出口50257 TEU、进口37795 TEU、中转14182 TEU），销售箱量（开航口径）比上年减少16%，销售收入（开航口径）比上年下降41%，销售贡献（开航口径）比上年增加16%，Local重箱量比上年增加15%，进口箱量比上年减少41%，中转箱量比上年减少27%，全年完成操作箱量比上年减少20%，货物费比上年下降39%，港口费比上年下降6%。全年完成代理中远集运船舶75艘次，其中，釜山港51艘次，光阳港24艘次。班轮现场服务和保班服务优良，达到安全准班离港，抵港船舶的PSC和ISPS检查均一次通过，无滞留船舶事件发生；船舶备件发送及时，现场服务深得广大船员好评，单证质量优秀，EDI发送及时，全年没有收到客户投诉；年度货物费、中转费以及港口费控制在指标以内，在箱体滞期费的收取和管理工作上，全年滞期费实际收取率达到89.4%；严格控制各项管理费用支出，实现经营管理成本费比上年下降10%；经韩国当局有关机构审核，根据上年度中远集运在韩国釜山、光阳港的货运量业绩，获得货运量激励奖金共1.559亿韩元（约合人民币79万元）；不断强化财务管理，健全各项内控手段，确保公司资金安全，及时回收运费，平均回收率98.35%；严格按照批复的投资计划及相关要求进行固定资产购置及股权投资，按照计划编制、上报、批复及实施的原则进行；通过建立绩效考评的激励机制，为职工创建一个公平竞争的良好环境，调动员工的工作积极性和敬业精神，营造一种健康勤谨、诚信卓越、和谐奋进、爱社奉献的企业氛围。（黄存迅）

【远城海运有限公司机构图】

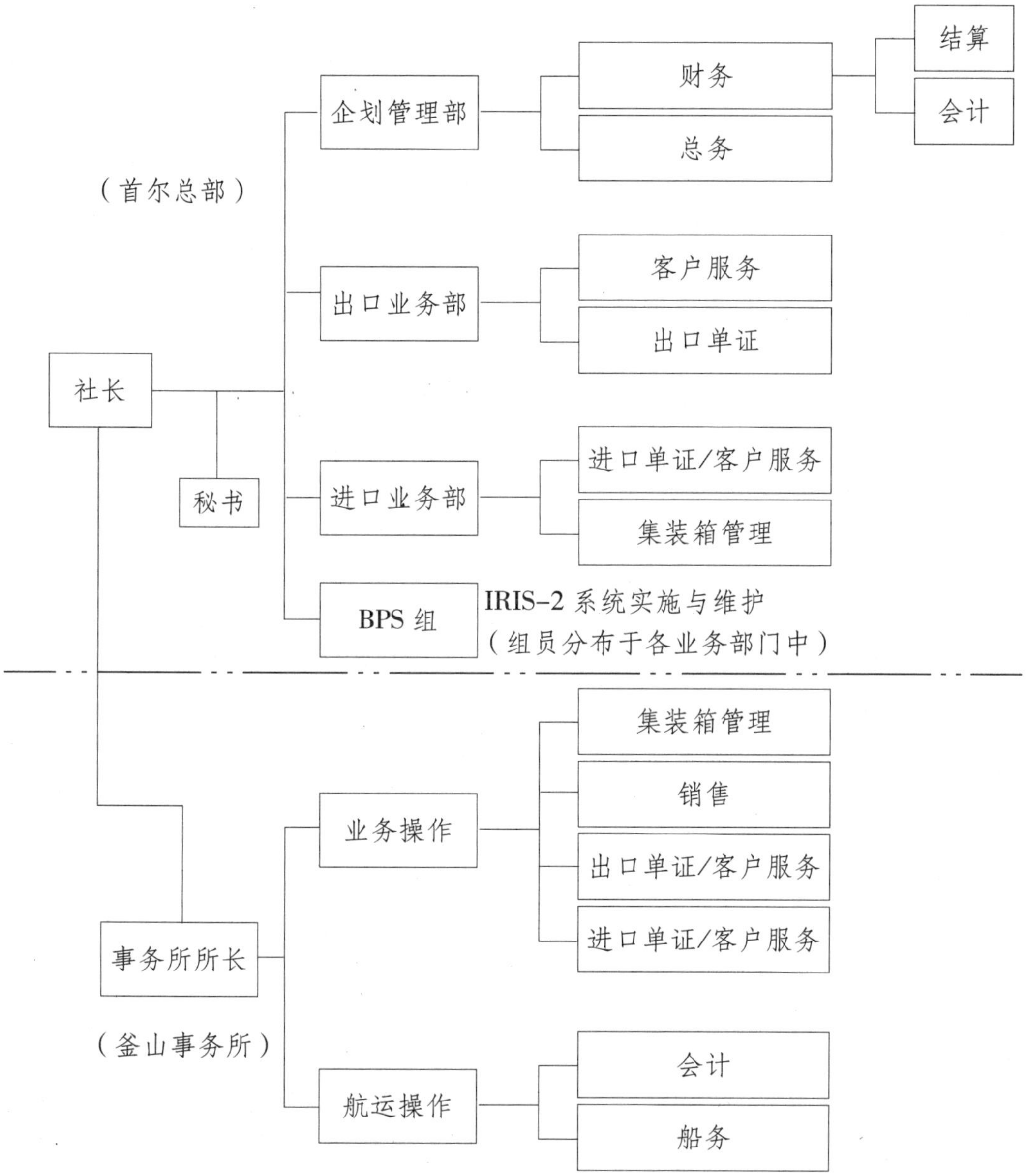

（黄存迅）

【远明海运有限公司】 根据中远集运总部的部署，原中远韩国物流有限公司于 2004 年 12 月 15 日顺利签约完成了公司股权由中远韩国有限公司 100% 转让给远城海运有限公司的转股工作，由远城海运有限公司全资收购并 100% 控股，从 2005 年 1 月 1 日起正式更名为远明海运有限公司（COSKOR SHIPPING CO.，LTD.）并开始运作。远明海运有限公司作为在远城海运有限公司控股下在韩国的公共货代公司，设有北美欧地澳新货运部、韩中货运及项目物流部、财务部。现有韩籍员工 32 人，其中大学学历 29 人，大专学历 3 人。公司总经理由远城海运有限公司总经理黄存迅兼任。

现任总经理黄存迅。　（黄存迅）

【概况】 2009 年，远明海运有限公司成功实现三星、LG/PANTOS、锦湖石化等韩国大客户等货源的中标，中标货量超过上年水平，中远集运在韩国全球投标中标货量稳步提升。积极开发新客户、新货源，主要表现在澳洲线（AUS）的 KPIC Corp. 客户以及 Samsung、LG 货源；美西线（TPW）Samsung

货源以及 JinRo Hite、Dongbu Express 新客户;地中海线(AEM)货源开发。在揽货工作管理上,通过季度例会制,及时总结揽货工作,明确下阶段营销方向,提高揽货效果,促进揽货人员为中远集运多揽有效益有贡献货源。克服合同运价调整、舱位紧缺等困难,赢得客户理解和支持。同时,在公司统一部署下协助完成公司高层与投标客户的高层高峰会;通过服务创造"二次开发"效应,成功从通用大宇汽车取得内陆物流合同,为公司多元化业务拓展取得经验和效益。公司经营运作良好,经营活动规范,业务上无诉讼及仲裁等事项发生。全年公司共揽货 73590 TEU,比上年增加 5%(中远集运箱量为 50257 TEU,比上年增加 15%;京汉航运有限公司箱量为 23173 TEU,比上年减少 11%;非中远集运非京汉航运有限公司箱量 160 TEU,比上年减少 41%)。

(黄存迅)

【京汉航运有限公司】 公司于 2005 年 3 月在香港注册成立,中远集运投资 298 万美元,实行董事会制度下的总经理负责制。为配合中远集运开拓中美洲市场的经营战略需要,协助中远集运避免在远东/古巴运输业务中的经营风险,公司于 2006 年 9 月投资 10 万美元,在巴拿马成立全资子公司。2007 年 3 月开辟加勒比海支线运输航线,为中远集运建立中美洲支线网络奠定基础。为加强现场管理和提供良好的服务,公司于 2005 年 3 月在韩国首尔市设立分公司,负责公司经营业务的管理和操作。公司总部设在香港,下设运输部、财务部、总经理办公室。

现任公司总经理史美思,常务副总经理龚上理,副总经理陈跃国。 (黄存迅)

【京汉航运有限公司韩国分公司】 京汉航运有限公司于 2005 年 3 月在韩国首尔市设立韩国分公司,下设市场部、航运部、箱管部、商务部和财务部。公司经营中韩支线航线(覆盖韩国的釜山、丽水、仁川、平泽以及中国的大连、营口、天津、烟台、青岛、天津、上海和宁波等港口)和东南亚航线(覆盖香港、马尼拉、海防等港口)。韩国分公司在中国的上海、天津、大连、青岛和烟台以及在韩国的釜山和仁川设有办事处,以协调口岸出口货物的安排和码头的现场服务。遵照所在国法律和企业质量管理的要求,韩国分公司对业务流程、操作程序、管理规章等进行规范和更新,拥有 ISO9002/2000 的认证合格证书。韩国分公司现有中、韩职工 23 人(中方员工 3 人,韩方员工 20 人),其中大学学历 22 人,大专学历 1 人。

现任总经理龚上理,副总经理陈跃国。

(黄存迅)

【概况】 2009 年,京汉航运韩国分公司全力配合中远集运总部各贸易区在主干线地区的中转及项目服务,坚持运用现代物流的经营理念和模式,通过全力开发和科学整合 COC、SOC 货源以及支线公司、码头、代理、堆场等支线运输的相关资源,运用期租、航租(船舶)经营、互换舱位、购买舱位等灵活多样的经营方式,建立了中韩地区、东南亚区域高效率低成本的支线运输服务网络;年内在金融危机下的困难局面中,采取退租市场租船,增加租用中远集运船舶,为中远集运总部消化富余运力,退租外部租入的集装箱,转租中远集运箱子,以消化中远集运的空箱盘存,调低向中远集运收取的舱位费标准。全年共完成箱运量 33.7 万 TEU,比上年减少 20%,收入比上年减少 36%,全年利润总额完成董事会下达的减亏指标。

(黄存迅)

（四）日本分部

【中远集运日本株式会社】 成立于2005年1月1日，主要负责日本地区中远集装箱船舶的代理、揽货等业务，下属一家全资公司，参股两家公司。全资子公司北星公司作为船东公司，主要利用日本市场的有利条件，融资造船并光船出租给中远集运/泛亚公司。中远物流日本公司前身为中远集运日本捷运株式会社，是中日两国政府会谈同意各自向对方企业开放NVOCC（无船公共承运人）业务后，成立的中资在日本的第一家NVOCC公司，负责在日本的拼箱揽货、日本沿海、内陆、铁路、航空利用运输等业务。公司于2008年11月20日更名为中远物流日本公司，股权架构变更为中远物流公司持有55%股份，中远集运日本公司持有45%股份。海虹国际货运代理有限公司原为中货公司与中远日本公司所属樱花物流有限公司的合资公司。2007年为理顺中远日本地区集装箱业务管理流程，中远集运日本公司向樱花物流有限公司收购海虹国际货运公司30%股权。该公司的主营业务为内贸航线、中日航线的货运代理和货运延伸服务。现有员工109人（中方6人，雇佣日本当地人员103人），其中大学及以上学历67人。

现任社长张际庆。（黄　超）

【中远集运日本公司机构设置】

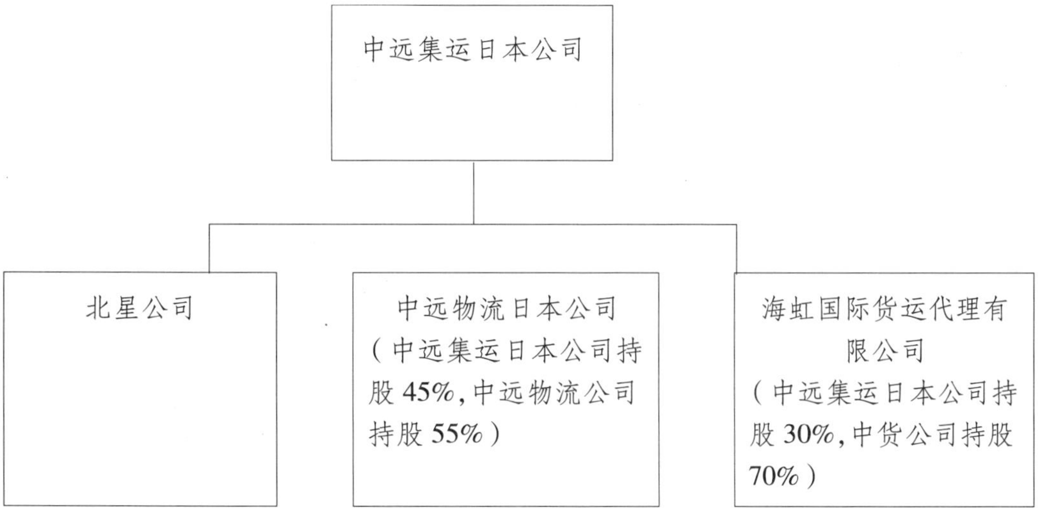

（黄　超）

【概况】 2009年，公司按照中远集运总部的战略部署，共完成销售箱量139664 TEU，比上年下降25%。同时通过有效成本控制和加强运费回收，全年实现了盈利。

（黄　超）

【参加部分在日央企负责人座谈会】 1月8日，中国国资委主任李荣融在日本东京召开部分在日央企负责人座谈会并作讲话。公司社长张际庆参加了座谈会，汇报了中远日本地区的工作以及对当前世界经济形势的看法。（黄　超）

【书面形式召开2009年度公司董事会】 2009年公司董事会于3月以书面形式召开，书面审议了社长张际庆2008年工作报告和财务部部长王庆康2008年财务情况报告。同时审议通过了由村野幸助和西本高之接替五十岚公和高木丰担任公司董事的提案。（黄　超）

【协助处理海损事件】 7月28日，中远集运"松城"轮在日本关门海峡外搁浅。中远集运日本公司积极配合中远集运总部联系当地有关单位施救，使船舶于当晚成功脱浅并顺利移至锚地。次日凌晨公司安排2名公司人员赶赴现场协助处理有关事宜。（黄　超）

【派遣销售代表常驻上海】 为适应国内日资企业营销变化，中远集运日本公司于9月7日派公司顾问五十岚公赴上海常驻，在中远集运总部/泛亚公司的直接领导下，与东京总部人员一起积极走访在华的日资企业，不断了解并开发适应它们需求的中国国内货运服务，并以此来促进中日航线、第三国航线的揽货。（黄　超）

【接受大阪港振兴协会《大阪港》杂志社专访】 11月5日，公司社长张际庆接受大阪港振兴协会《大阪港》杂志社的专访。张际庆重点介绍了中远集运在中日航线上的运输服务情况，对中日航线的货运结构以及存在的问题作了分析，对包括大阪港在内的日本关西地区集装箱码头的发展与合作提出了建议。（黄　超）

【公司通过ISO质量管理年度评审】 2009年，公司按照ISO质量管理的要求不断查找内部管理流程和管理制度上存在的不足，还就公司的服务质量向100多家日本货主发出问卷调查，据此进行分析，并及时提出改进措施。12月2日公司接受了日本海事检定质量株式会社的ISO质量管理年度评审，并顺利通过。（黄　超）

（五）东南亚分部

【中远集运东南亚分部】 2003 年 7 月，东南亚分部成立，下设综合部、业务发展部、箱管部和财务部。2007 年 2 月，在中远集团调整区域工作中，中远菲律宾公司经营管理关系划归东南亚分部。至此，东南亚分部所属公司共 13 家。作为东南亚分部管理的平台为富华货运有限公司（简称富华公司）。

2009 年，东南亚分部总经理由中远控股（新加坡）有限公司副总裁鲁成钢兼任，副总经理由富华公司总经理郁正辉、远星公司总经理刘洪海及远泰公司总经理黄自奋兼任。 （鲁成钢）

【东南亚分部机构设置】

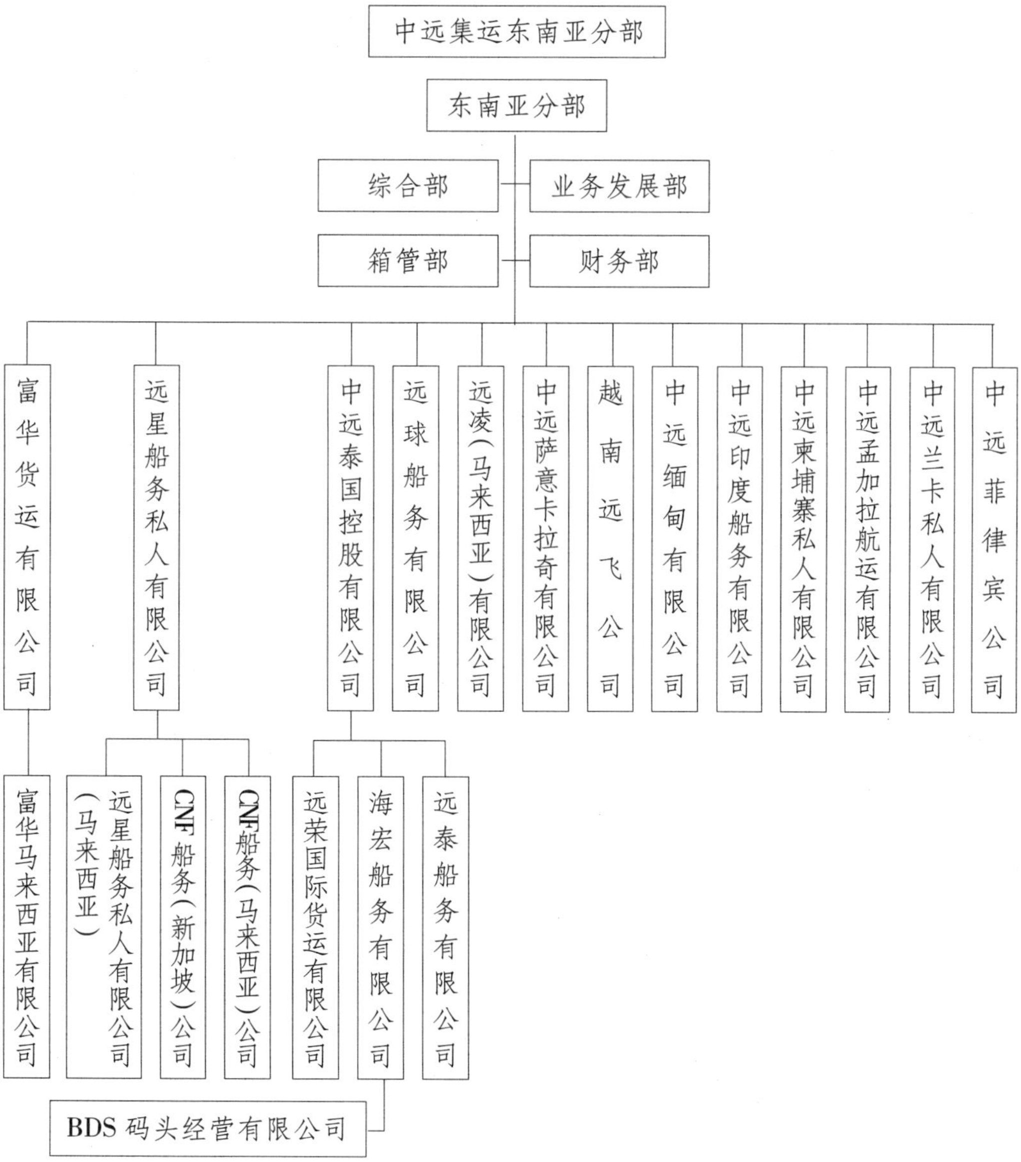

【概况】 2009年，东南亚区域内各国家公司积极运用精益管理的理论和方法，完善各项规章制度，全面提升服务质量，为船东、船舶、客户提供优质服务，尽最大可能保障船东利益。在“客户满意”这一基点上，立足于为“客户创造价值”的目标观，超越传统的以利润或资产等价值量为唯一准绳的目标观，确立公司竞争优势，既稳定与老客户的合作，又吸引新客户的加入，形成了长期有效的经营能力。现场抓好船期工作，做好保班速遣工作，压缩船舶在港时间，严把货物质量关，杜绝危险品瞒报漏报。优化业务流程、细化管理工作、深化成本控制、提升服务质量。全年东南亚分部完成销售箱量72470TEU、销售收入5436万美元和销售贡献1820万美元，完成Local重箱量137416TEU。成本完成情况：货物费完成4150万美元，占目标指标的92.55%；中转费完成1295万美元，占目标指标的117.18%；港口费完成886万美元，占目标指标的91.48%；箱管费总支出1311万美元，占目标指标的28.58%，滞期费收入400万美元。 （鲁成钢）

【富华货运有限公司】 富华货运有限公司（简称富华公司）是于1995年4月成立的一家国际货运公司，业务种类包括货运代理、拼箱业务、船舶代理和集装箱运输等。业务内容有货物保管、报验、订轮、配载、装拆箱、拼箱等。2003年7月，中远集运东南亚分部成立，分部管理平台设在富华公司。2005年1月1日，富华公司成为中远集运的全资子公司。公司承运的服务网络从印度洋地区已延伸至东南亚和南亚。作为东南亚分部管理平台的富华公司，现有人员16人，包括中远外派员工3人，聘用当地人员13人。其中硕士研究生及以上学历2人，大学学历4人。

现任富华公司董事长孙家康（兼），总经理郁正辉。 （郁正辉）

【富华马来西亚有限公司】 富华公司子公司，主要负责东马整个地区9个港口全部进出口操作、客户服务、系统维护、市场开发和财务管理工作。作为中远集运在东马的代理，公司负责中远集运在东马的集装箱业务，利用有限的资源在当地树立中远品牌，拓展市场份额。公司现有员工7人。

现任公司经理Peter Wong。

（郁正辉）

【概况】 2009年，富华公司面对市场，不畏艰难，大力改革公司管理模式，开发新业务，调整公司员工薪酬分配制度，把开发好新业务作为头等大事来抓。公司完成董事会确定的全年任务指标。 （郁正辉）

【公司办公室搬迁】 2009年，公司为进一步降低公司各项成本和管理费用，借办公室租赁合同到期之机，改租了既符合公司要求、租赁费又低的新办公室地址，并于5月15日顺利完成搬迁工作。新办公室地址的选用，每年节约租赁费14万元新币。

（郁正辉）

【富华公司2009年董事会召开】 10月22日在上海中远集运会议室召开。董事周琥、鲁成钢、郁正辉参加。会议由董事长孙家康主持。会议通过富华公司总经理郁正辉所作的2008年工作汇报和2009年工作计划，肯定了公司在2008年开拓市场、开发第三方业务、协助中远集运总部开展区域管理等方面所取得的成绩。董事会对公司2008年经营业绩表示满意，并对参与东南亚分部平台管理的全局化观念、协同理念给予高度评价。 （郁正辉）

【姜立军解职富华公司董事】 根据2009年12月30日《中远集运任免〔2009〕218号》文件，原富华公司董事姜立军不再担任董事职务。 （郁正辉）

【远星船务有限公司】 远星船务有限公司（简称远星公司）成立于1989年4月，是中远集团在新加坡的航运总代理，为客户提供各种集装箱班轮运输、散杂货运输、油轮运输等代理服务。公司的业务包括船舶管理、船舶经营、装载编制、办理货运单证、揽货订舱、船只设备管理及维修、散杂代理、货物索赔财务结算等。现有员工 87 人，其中中方管理人员 3 人。下属公司：COSTAR AGENCIES (M)SDN BHD(远星马来西亚船务有限公司)成立于 1994 年 8 月，全资持有，投资额 50 万马币，现有员工 18 人；CNF SHIPPING (M)SDN BHD(CNF 马来西亚船务公司)成立于 1995 年 1 月，持有 60% 股份，投资额 6 万马币，现有员工 2 人；CNF SHIPPING AGENCIES PTE LTD(CNF 新加坡船务公司)成立于 2000 年 7 月，全资持有，投资额 10 万新元，现有员工 4 人；中远柬埔寨私人有限公司于 2007 年 9 月交远星公司代管。

现任中方总经理刘洪海。

（刘洪海）

【概况】 2009 年，公司共代理集装箱 395998 TEU，其中进口箱量比出口箱量多 27%；代理船舶 874 艘次，其中集装箱船舶 506 艘次，非集装箱船舶 368 艘次。公司始终以让客户满意为宗旨，鼓励支持各部门稳定中远集运的基础货源及环球性大客户，吸引争取大客户，维护提高中远品牌声誉，积极开发新客源与维护长期客户并重，保证服务的高品质，保持大客户续约率为 100%，客户投诉率为零的好业绩。公司继续加强推行精益管理，建立公司内部财务审计监督制度，规范重大财务项目费用支出政策，实行资金统一管理，统一报销结算的标准，制定并不断完善财务管理规章，进一步提高资金的使用效率。面对严峻的经济形势，降低用工成本，提高工作效率，增强了市场竞争力。

（刘洪海）

【远泰船务有限公司(简称远泰公司)】 成立于 1993 年 4 月 1 日，是中远集团和泰国泰南荣船务有限公司共同投资设立的公司，也是中远集团在泰国的集装箱进出口运输业务总代理。主要经营进出口集装箱订舱、装拆箱、冷藏箱和特种箱的国际联运等业务。1998 年 2 月公司与泰国米业集团公司合资经营 BDS 私人码头，并购置两台港口移动式吊机设备，取得较好的经济效益，也为中远船舶提供方便快捷、节省开支的中远专用码头。1999 年 10 月取得了 ISO9002 质量管理体系认证合格证书。2004 年 6 月

远泰公司泰方总经理黄喜源(左)成为青岛市人民对外友好理事会的荣誉理事

30 日公司拓宽经营范围,成立代理部,代理其他船舶和货物的进出口业务。现有人员 91 人。

现任中方总经理黄自奋,泰方总经理黄喜源。 (黄自奋)

【概况】 年初,由于 PAT 码头原因,自营支线回靠 BDS 码头;4 月泛亚开辟日中泰钟摆线,10 月停线;第三季度西行方向主要航线货量上升,运价恢复。年内公司在中远船舶直接代理和保护代理业务方面比上年下降 52%,但非中远船舶及货运量上升和陆上运输及堆场业务总体操作量增加,使主营业务收入上升,基本完成了董事会下达的利润指标。 (黄自奋)

【远泰公司 2009 年董事会召开】 该会议于 4 月 6 日在泰国曼谷召开。董事鲁成钢、叶彬林、黄自奋、杨祖泽、刘毅、黄喜源、黄喜临、黄喜福、黄贵君参加,总经理助理金辉列席。会议要求远泰公司继续稳步推进泰国控股及下属远泰、海宏和远荣公司的重组工作,以及确保远泰、海宏和远荣公司重组期间的安全生产。董事会还要求远荣公司管理层采取有效措施,扭转公司经营亏损的不利局面。会议由董事长、中远控股(新加坡)有限公司总裁姜立军主持。

(黄自奋)

【远球船务有限公司(PT. OCEAN GLOBAL SHIPPING 简称远球公司)】 成立于 1994 年 3 月 3 日,由中远集团与印尼环球集团(PT. GLOBAL PUTRA INTERNATIONAL GROUP)合资成立,是中国和印尼恢复邦交后第一家有中国股份的中印合资企业,是中国远洋在印尼的总代理。公司注册资金 1200 万美元。总部设在雅加达市中区,在泗水及雅加达港口设有分公司,在棉兰和坤甸设有合资公司,并在印尼 25 个主要城市及港口设有集装箱、散杂货揽货网点及货运系统。船舶代理业务覆盖印尼 100 多个大、中、小港口。公司除代理中远船舶外,和 10 多家船公司建立代理业务关系。公司业务包括集装箱揽货、船舶代理业务、第三方物流服务、散杂货租船、集装箱卡车运输和集装箱堆场等服务。现有人员 211 名,其中雅加达本部员工 91 名,雅加达堆场员工 87 名,泗水分公司员工 33 名。

现任中方总经理诸汉良。

(诸汉良)

【概况】 2009 年,公司完成销售箱量 12886TEU,为上年的 76%,其中完成出口重箱量 25802TEU,为上年的 70%。销售收入 754 万美元,为上年的 52%,实际完成利润 205 万美元,分别高出必保指标的 58%、奋斗指标的 37%。代理船舶累计完成 273 艘次,其中非中远船代理艘数占总艘数的三分之二。成本控制情况(截至 11 月底):货物费及箱管费完成指标的 102%,中转费完成指标的 161%,港口费完成指标的 108%。在岸集装箱周转天数指标为≤43 天,实际到达了 37 天。超期 200 天以上重箱量由年初的 62units,达到了 26 units。

(诸汉良)

【中远集团领导到访公司】 2 月 18 日,中远集团党组书记张富生一行 8 人在参加中远散运印尼有限公司开张仪式期间,到访远球公司并慰问公司全体员工。公司总经理诸汉良汇报了工作。张富生提出"中方人员要加强团结,带好公司全体员工,加强管理,提高管理水平"等 5 个方面的要求。远球公司董事长许锦祥(印方)、董事总经理诸汉良、董事副总经理许锦兴(印方)等参加汇报。 (诸汉良)

【降低港口船舶使费】 年初,公司针对各船公司运量不足,联系在印尼的船东和雅加达国际集装箱码头(简称 JICT)谈判,为船东争取到装卸费 5% 的优惠,优惠时间从 2 月 15 日—8 月 14 日,节约费用 5.2 万美元,争取到雅加达港口船舶靠泊费、拖轮费等港口使费 5% 的优惠,优惠时间 6 个月,节约港口使费 4.9 万美元。

(诸汉良)

【降低人工成本 3.5 万美元】 年内,公司为控制成本支出,采取减员增效措施,共裁减员工 10 人，占全体员工的 4.5%，全年节省人工成本费用 3.5 万美元。

（诸汉良）

【远凌（马来西亚）有限公司】 成立于 1995 年 1 月 1 日，是中远集团在马来西亚的总代理，公司设在马来西亚首都吉隆坡，并在巴生、槟城、怡保和关丹等港口设有分公司或揽货点，主要业务为船舶代理和货运代理。公司注册资本为 50 万美元，其中中远（新加坡）投资有限公司股份为 70%，新加坡远星船务有限公司股份为 18%，槟城黄国成控股公司股份为 12%。现有人员 52 人，其中中方员工 2 人，当地员工 50 人。

现任中方总经理张子艺。

（赵 峰）

【概况】 2009 年，公司加强集装箱相关成本控制，严格费用开支，其中港口费、货物及中转费和箱管费均控制在计划内；本地集装箱出口货、进口 FOB 货共 10200TEU；运费收入完成 1250 万美元。 （赵 峰）

【中远（缅甸）有限公司】 成立于 1996 年 10 月，为中远控股（新加坡）有限公司全资子公司。作为中远集团在缅甸的总代理，公司主要从事集装箱代理业务，杂货租船业务和船舶保护代理业务，同时拓展其他相关业务；配合中远航运（广远）开辟中国至仰光定期杂货班轮航线。公司设财务部和业务部。现有人员 15 名。其中中方员工 2 人，雇佣当地员工 13 人。

现任总经理吕德兴。 （吕德兴）

【概况】 2009 年，公司完成进出口箱量共 3723TEU，比上年增长 200.09%；散杂货船舶代理 23 航次，代理货物量 26.08 万运费吨；公司自揽货 2.4 万吨；完成税后利润 15.06 万美元，达到了董事会下达利润指标的 125%。 （吕德兴）

【越南远飞公司】 成立于 1998 年 10 月。合营方是越南海空国际货运有限公司（SAFI），中方占 49% 股份，越方占 51% 股份，公司注册资金 200 万美元。公司总部设在胡志明市，在海防设有分公司、河内设有代表处，主要业务为货运代理，除作为中远集运在越南的总代理外，还开展海空公共货代业务及理货和船员上下船服务。现有人员 54 名，其中中远外派人员 2 人，当地聘用人员 52 人。包括大学学历 37 人，大专学历 10 人。

现任总经理陈宗举。 （陈宗举）

【概况】 2009 年，公司拓展业务，较好地完成了上级和董事会下达的生产经营任务和效益指标。全年完成出口箱量 24000TEU，进口箱量 30000TEU；货运代理集装箱船舶，协调船代，保班率达到 100%；通过多种措施，尽力避免中远集运在金融危机时期的经济损失，保证运费资金的安全。

（陈宗举）

【中远集团领导到公司慰问并指导工作】 8 月 8 日，中远集团党组书记张富生，副总裁李建红，中远控股（新加坡）公司总裁姜立军及中远集团人事部副总经理王威等到越南远飞公司慰问员工并检查指导工作。公司总经理陈宗举做了工作汇报。

（陈宗举）

【中远（孟加拉）航运有限公司】 2005 年 1 月 1 日在孟加拉国吉大港正式成立。公司是合资代理公司，实投资本 500 万塔卡，其中中远（新加坡）控股有限公司占 49% 的股份，孟加拉方（原中远当地代理 BDSHIP）占 51% 股份。主要经营船舶代理、货运代理和船舶相关业务代理等。公司总部设在孟加拉国吉大港，在达卡设有分公司，主要负责集装箱市场业务。现有员工 27 人，其中中方员工 1 人作为总经理负责公司日常营运和管理，当地员工 26 人。

现任中方总经理林少敏。

（林少敏）

【概况】 2009 年，公司在全球经济萧条、航运低谷的情况下，仍完成了上级公司和董事会下达的经营任务（出口箱量指标为 3500TEU），税前利润达到 40.9 万美元（利润指标为税前 40 万美元）；集装箱业务和非集装箱业务都取得了较好的业绩。

（林少敏）

【中远萨意卡拉奇有限公司】 成立于1994年，是中远集团在巴基斯坦的合营船舶代理公司，公司授权负责在巴境内的所有中远船舶代理业务及相关事宜。业务范围涉及进出口清关、货物装卸、内陆运输（包括阿富汗）、展品运输及其他物流服务，同时也为其他船公司提供船舶代理服务。公司由董事会和多个业务部门构成。董事会由合作双方董事及执行董事组成，下设进口部、出口部、操作部、市场部、财务部、IT部，此外还有审计、保赔、集装箱管理等专职人员。现有人员50人，其中中方员工2人，当地员工48人。

现任中方总经理栾小艺。

（栾小艺）

【概况】 2009年，公司承受着进出口货量下降和中远集运航线调整的双重压力，经营形势面临前所未有的困境。公司全体员工秉承"快速应变 全面协调 精益管理 风险防控"的管理理念，采取一系列非常措施，稳住了经营业绩下滑的局面，逐步恢复了中远在当地的市场份额。6月中远集运在CPX航线为印巴换得舱位，恢复了远东直航的服务。全年运费收入131.12万美元，较去年下降365%，主要原因为CPG1撤线及欧地航线舱位缩减，致使出口货量大幅下降；货物费支出100.91万美元，较上年下降13.9%；港口费支出109600美元。全年销售箱量4539TEU（包括FOB订舱38TEU，冷藏货110TEU），较上年下降22.4%，主要原因为CPG1撤线，6月前无远东直航舱位；全年Local出口重箱4561TEU（远东1527TEU、中国2241TEU、欧地158TEU、其他635TEU）；全年各类集装箱平均周转35.2天，较上年平均减少4.5天，低于全球平均数；港内超期进口重箱（200天以上超期重箱）清理178TEU，结存84TEU；收缴滞期费2703766人民币，较上年下降31.7%。

（栾小艺）

【为参加联合军演的中国海军舰只提供服务】 中国海军"广州"号导弹驱逐舰于3月5—14日参加在阿拉伯海举行的"和平—09"十二国联合军演。该舰停靠卡拉奇港期间，公司先后两次为该舰艇安排加油、提供后勤补给，同时安排公司中方人员每天为300多名官兵提供多项服务。

（栾小艺）

【中远菲律宾公司】 1996年11月18日在菲律宾注册，注册资本6000万PHP，投资总额1500万PHP，是中菲合资公司，中远香港集团持有55%股份，BANTAYOG OCEAN SHIPPING INC. 占45%股份。2006年6月，中远香港集团持有的55%股份转移到中远集运（香港）有限公司。中远菲律宾公司董事会由中菲双方各派3人组成，菲方现任董事是罗吉那多·奥本（Mr. Reginaldo. A. Oben）、德莉莎·奥本（Ms. Ana Maria Teresa. A. Oben-Reyes）和考斯可·奥本（Mr. Don Juan Miguel A. Oben）；中方现任董事为周琥、鲁成钢和蓝春海。公司中方总经理为蓝春海，菲方总经理为威格龙·安吉列司（Mr. Virgilio. F. Angeles）。公司主要业务为集装箱和散货货物代理、集装箱船舶和散货船舶的船舶代理，船员培训和船员外派代理，以及拼箱、物流等业务，全面负责中远集团在菲律宾的各项业务。公司1998年2月通过ISO9002认证，是具有专业服务能力的代理公司。公司注册地址为：9th Floor T. M. Kalaw Center 667-A T. M. Kalaw St. Ermita, Manila Philippines。公司现有人员45人，其中中方员工2人，外方员工43人。

（蓝春海）

【概况】 2009年，公司出口箱量6368TEU，比上年下降15%，进口箱量37171TEU，比上年增加86%；全年主营业务收入601万元人民币，实现利润总额142万元人民币，净利润104万元人民币。（蓝春海）

【董事长人选变动】 中远菲律宾公司董事会2009年8月19日在马尼拉召开。中远集运副总经理周琥（中远菲律宾公司董事长），东南亚分部总经理鲁成钢（中远菲律宾公司副董事长），中远菲律宾公司总经理蓝春海（董事）出席会议。鲁成钢主持会议。原董事长万敏因工作变动，不再担任董事会董事长职务，由周琥接任中远菲律宾公司董事长职务。（蓝春海）

（六）澳洲分部

【中远集运澳洲分部】 成立于2003年7月。分部以五星航运代理有限公司（Five Star Shipping & Agency Company Pty Ltd）为管理平台，管辖中远（新西兰）有限公司（COSCO［New Zealand］Ltd）和宾氏菲利国际运输有限公司（BPSC International Shipping & Cargo Services Pty Ltd）生产经营活动；负责大洋洲区域内集装箱运输业务的销售、操作、成本控制和服务质量。2004年中远集团启动LUCKY项目，实行中远集运（COSCO CONTAINER LINES CO.，LTD）的海内海外机构业务重组与股权转让，2005年3月1日完成五星航运代理有限公司股权由中远（澳洲）有限公司（COSCO Oceania Pty Ltd）转让给中远集运所属中远集运（香港）有限公司（COSCO Container Lines（HONGKONG）Co.，LTD）的股份转让工作；同时从中远（澳洲）有限公司全资收购中远（新西兰）有限公司（COSCO（New Zealand）Ltd）。2007年5月五星航运代理有限公司股权从中远集运（香港）有限公司100%转让给中远集运，12月中远（新西兰）有限公司关闭所属绿叶有限公司（Green Leaf Promotions Limited）。2009年关闭宾氏菲利国际运输有限公司天津办事处和昆士兰冷箱服务有限公司。澳洲分部设管理部、财务部、箱管部和保障部。管理部负责企划、人事、行政、固定资产管理、科技信息、文秘、宣传、接待、保密工作及内外联络等职能；负责下属单位经营管理指标考核和分部中方人员年度考核工作。财务部负责所属各单位财务预算、核算、统计、决算，以及财务人员培训管理。箱管部履行箱管分中心职责，负责与总部箱管部门的联络并监督、指导、协助口岸箱管部门落实总部要求和任务，确保各项指标的完成；负责对使用堆场的合约签署和会同口岸对堆场服务的评估。保障部负责澳新地区船舶总调度、中远船舶装卸作业安全、运使费审核管理、商务成本控制等工作。澳洲分部现有人员110人，其中外籍员工85人，国内办事处17人，中方外派人员8人。

现任总经理刘昌龙，副总经理刘枫、符鹏。（王　策）

【中远集运澳洲分部机构设置】

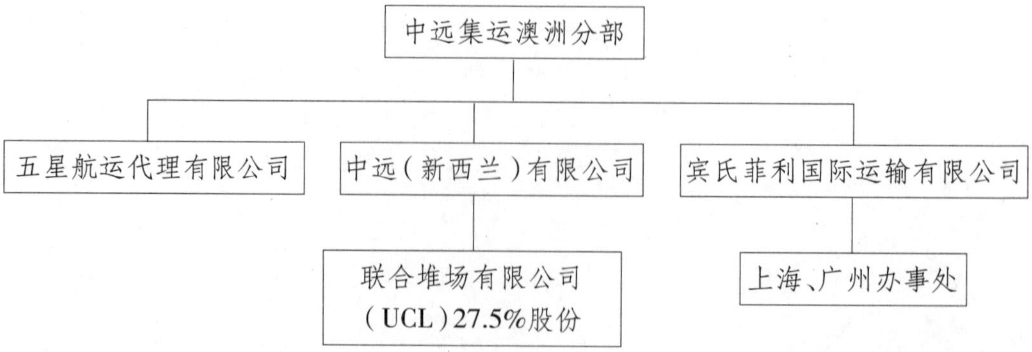

（王　策）

【概况】 2009年,澳洲分部积极开拓发展业务,开展“精益管理”活动,结合新形势下区域管理要求,深化内部管理,优化业务流程,实现“管理、经营、效益”同步发展,完成上级下达的各项任务指标,集装箱和非集装箱业务总体上完成年初预定的进度指标,各项工作顺利完成。全年澳大利亚完成北行出口箱量共43000TEU,比上年增长35%以上,出口运费收入比上年增加10%以上。根据有关行业协会(TFA)统计数据,1—10月份中远占澳洲全部干货箱出口份额的8%,比去年同期的4.7%大幅度提高,占出口至中国的市场份额13.6%,高于去年的6.6%,并在TFA成员单位中名列第一;南行进口货量共105000 TEU,与上年基本持平,其中FOB指定货量占整个进口货量的41%。新西兰航线出口箱量共31786TEU,比上年增长15.2%,创历史新高;全年进口运量27721 TEU,比上年减少2010 TEU,其中FOB占67.2%,FOB下降幅度大于C&F,进口收入减幅达37%。全年澳洲分部实现收入14758万元人民币(澳洲公司合并报表口径),利润总额2350万元人民币,资产总额24802万元人民币,比上年增加9574万元人民币,实现了国有资产的保值增值。 (王　策)

【继续开展“精益管理年”活动】 2009年,澳洲分部继续深入开展“精益管理、降本增效”的活动,狠抓内部管理,着重在管理成本费用方面进行大力削减和压缩,年内,关闭新西兰OCS公司,减少管理层级,节约管理成本并减少了内部交易;强化成本意识,转变经营 观念,落实好成本问责制,全员重视成本控制,在经营上做到“有所为,有所不为”;控制单位成本,降低费率,协商港口对新增货量给予装箱费率的优惠,协调联系供应商,集装箱堆存和修理费方面不再加价;针对压低费率空间有限,有时甚至会带来服务质量下降,虚增费用等副作用,澳洲分部注重把各项成本放在系统的层面上加以分析,依赖数据分析作为手段,广泛地在日常经营和管理中加以运用,收到了良好的成本控制效果。 (王　策)

【中远(新西兰)有限公司召开2010年度董事会】 3月26日在悉尼召开,董事长刘昌龙及董事刘枫、符鹏、林红华、Stuart Ferguson等参加会议。中远(新西兰)有限公司总裁刘枫向董事会汇报2008年公司的主要生产经营、财务和各项指标完成情况,董事会就有关问题进行了研究。会议对中远(新西兰)有限公司2008年的工作给予肯定,并对2009年工作进行了总体部署和任务下达。会议决定中远(新西兰)有限公司总经理Stuart Ferguson退休离任,Scott Mark接任。会议由刘枫主持。 (王　策)

【人事变动】 5月27日,中远(新西兰)有限公司总经理Stuart Ferguson退休离任,Scott Mark接任。8月12日,按照中远集团总公司组织/人力资源部安排,中远集团总裁办公室王策接替徐荣,任中远澳洲公司管理部总经理,兼任中远集运澳洲分部管理部总经理,徐荣调至中远集运组织/人力资源部工作。 (王　策)

【获得澳大利亚亚洲航线组亚军称号】 11月26日,Lloyd' List DCN根据年度澳大利亚各船公司航线船舶准班率情况评选服务优胜奖,评选分为亚洲航线和非亚洲航线两组进行,最终中远集运与PIL合作的SAS/ACX航线(中远集运投入4条船,PIL投入1条船)获得亚洲航线组亚军,是唯一入围三甲提名的国内船公司。 (王　策)

（七）西亚分部

【中远集运西亚分部】 简称西亚分部，位于阿拉伯联合酋长国迪拜，负责管理西亚和东北非14国（阿联酋、沙特、卡塔尔、阿曼、巴林、科威特、也门、约旦、黎巴嫩、叙利亚、伊拉克、伊朗、苏丹和吉布提）与集装箱运输相关的各项业务。所辖范围内的中远阿联酋瑞斯代理公司和中远沙特布哈里代理公司是中远西亚公司分别与阿联酋萨迪集团、沙特布哈里集团合资经营的企业，其主要业务是船舶代理、货运代理、报关清关、支线运输等。截至2009年底，西亚分部现有人员46人，包括中远外派员工4人，阿联酋当地聘用员工29人，沙特当地聘用员工13人。其中硕士研究生学历8人，大学学历28人，大专学历6人。

现任总经理赵伟。 （王莉莉）

【中远集运西亚分部机构设置】

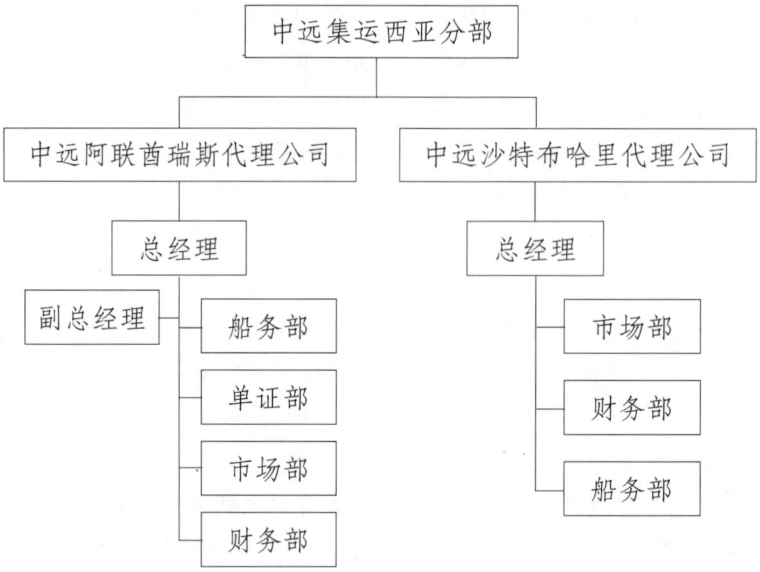

（王莉莉）

【概况】 2009年，西亚分部全年完成总揽箱量54752TEU，其中Local重箱15545 TEU，完成销售收入2276万美元，完成货物费1616万美元，中转费388万美元，港口费228万美元。在岸集装箱周转天25天，是中远集运下达指标的35.5天的70.42%；运费回收率98%。 （王莉莉）

【中国驻迪拜总领事慰问"海后"轮船员】 1月26日，中国驻迪拜总领事高有祯、商务参赞谢秦生等一行12人，在西亚分部公司总经理赵伟陪同下，登上靠泊迪拜杰布拉里集装箱码头的中远集运"海后"轮，慰问全体船员并致新年问候。 （王莉莉）

【参加迪拜港口世界集团多哈雷港集装箱码头开业仪式】 2月7日，西亚分部总经理赵伟应迪拜港口世界集团（DP World）主席Mr. Mohammed邀请，在吉布提参加了多哈雷港集装箱码头的开业仪式。借此机会，赵伟与该集团高层领导就双方在码头使用及2009年费率的谈判等合作议题、开辟红海地区包括吉布提辐射埃塞俄比亚的集装箱支线运输航线进行了商谈。

（王莉莉）

【亚丁港集装箱码头港口费率达成协议】 3月19日，亚丁港集装箱码头公司总经理Mr. Arifm和迪拜港口（世界）集团商务总监Mr. Dirk一行4人来公司，就亚丁港集装箱码头有关中远船舶港口费率普遍上调进行磋商，最终达成增加中远亚丁港中转箱量、费率不作大幅上调的协议。公司总经理赵伟参加了会谈。（王莉莉）

【中东快航（MEX）线“中远深圳”轮首航迪拜港】 7月17日，中远集运“中远深圳”轮在杰布拉里港顺利靠泊，这是中东快航（MEX）上线以来中远船舶首航迪拜港。标志着中远集运开拓中东市场、向客户提供更快更优服务能力的进一步提升。中东快航（MEX）是中远集运联合日本邮船和东方海外合作经营的中国至波斯湾航线，每周一班，是目前从中国到中东地区最快、最大的集装箱班轮。（王莉莉）

【公司领导登“中远深圳”轮慰问高温作业船员并安全检查】 8月27日，西亚分部总经理赵伟率有关人员登上靠泊杰布拉里港的“中远深圳”轮，检查集装箱装卸及安全操作情况并慰问高温作业的船员，重点了解靠港和装卸时的船舶操作和港口配合情况，向船长转达了公司对安全作业的关注和要求，确保船舶在港期间的作业安全。

（王莉莉）

【码头签订优惠费率和空重箱堆存费谈判取得成效】 4月，在面临集装箱经营重大压力情况下，西亚分部重视落实中远集团、中远集运总部关于成本控制的有关要求，与迪拜杰布拉里港口方就码头签订优惠费率和空、重箱堆存费方面谈判并达成了协议：港口免堆存费期限由10天延长为20天；1—4月空箱堆存费按最新协议费率征收，返还空箱堆存费23万美元。

（王莉莉）

【协调中国军舰靠港补给】 2009年，西亚分部共派出42人次赴也门亚丁和阿曼萨拉拉港现场组织和协调中国军舰靠港和补给工作。其中保障南海舰队和东海舰队军舰14艘次，补给油料共2.5万吨，淡水6819吨，副食品42.3万公斤。（王莉莉）

（八）南非分部

【中远集运南非分部】 中远非洲有限公司（COSCO AFRICA［PTY］LTD）（中远集运南非分部）是中远集团在非洲区域的全资海外地区公司。成立于1994年，总部设在约翰内斯堡。业务遍及南部、西部、东部非洲。在南部非洲德班和开普顿等港口设有航运代理公司，海事技术服务中心、物流公司。经营范围包括租船；各类海运货物的揽货，订舱；南部、西部、东部非洲各港口的船代；船舶技术服务；船舶燃油和物品供应；内陆运输与物流服务等。分支机构包括：COSREN航运代理公司，经营航运代理业务，总部设在南非德班，另在南非约翰内斯堡和开普敦设有分公司；远南海事技术服务中心，提供除北非地区以外整个非洲地区的海事服务；中远物流（非洲）有限公司，主要经营非洲地区内陆物流业务。

现有人员59人。包括中远外派7人，当地聘用52人；其中硕士研究生学历3人，大学学历11人。

现任总经理冷平（原总经理林戟2009年7月17日离任）。 （曾湘青）

【中远集运南非分部机构设置】

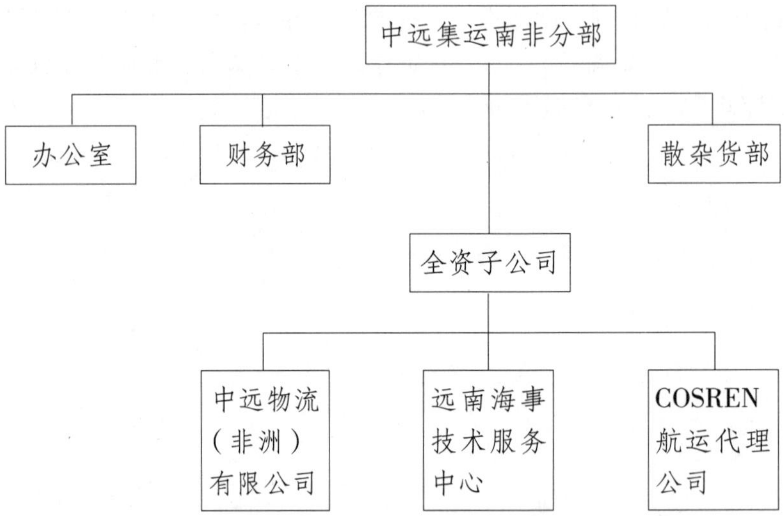

（曾湘青）

【概况】 2009年，中远非洲有限公司合并口径实现主营业务收入7737万兰特，比上年减少2475万兰特；主营业务成本6484万兰特，比上年增加87万兰特，基本持平；财务费用-560万兰特，比上年减少969万兰特；营业外收入为7.5万兰特，比上年减少4万兰特；利润总额1819万兰特，比上年减少3536万兰特。6月中远非洲有限公司向中远集团现金分利3000万兰特。（曾湘青）

【COSREN航运代理公司】 COSREN航运代理公司是中远非洲有限公司（中远集运南非分部）投资成立的全资子公司。公司成立于1995年3月，原为合资公司，中远非洲有限公司占股55%、Rennies占股45%。2003年10月，中远非洲有限公司以80万兰特收购Rennies股权，COSREN航运代理公司成为中远非洲有限公司全资子公司，股权转让生效日为2002年12月31日。COS-

REN 航运代理公司总部设在德班，在约翰内斯堡和开普敦设立分公司。公司法人代表林戟。公司经营船舶在南非港口的代理业务，主要服务于中远集运的集装箱航线经营。COSREN 航运代理公司现有人员 48 人，其中具有 MBA 学历 1 人，大学学历 4 人。

现任公司总经理冷平（原总经理林戟 2009 年 7 月 17 日离任），副总经理王坤辉。

（曾湘青）

【概况】 2009 年 7 月，中远集运决定减少航线运力投入，合并南非航线和南美航线，COSREN 航运代理公司业务量受到较大影响。全年服务南非航线进口箱量共 33201TEU，比上年的 47775TEU 减少 14574TEU，减少 30.5%，其中 FOB 货货量达到 19921TEU，占到整体货量的 60%；出口箱量共 6657TEU。安排集装箱从南非调出 21951TEU，比上年的 37856TEU 减少 42%。全年公司代理中远集运集装箱船舶 104 艘次，代理散杂货船舶 144 艘次。

（曾湘青）

【中远物流（非洲）有限公司】 中远物流（非洲）有限公司是中远非洲有限公司（中远集运南非分部）投资成立的全资子公司，前身是南非洲际货运公司，成立于 1997 年。公司设在德班，法人代表王坤辉。公司主要围绕货物海洋运输，开展海运及内陆延伸段运输。现有人员 1 人，大学学历。

现任公司总经理王坤辉。

（曾湘青）

【概况】 2009 年，中远物流（非洲）有限公司主要开发中小型直接客户，立足为 FOB 中小型客户提供清关以及货运服务，努力做好客户的开拓和维护，VIP 客户倾斜服务；加强与中钢南非铬业有限公司的合作，实现散货集装箱化（原用散货船承运的散矿转为集装箱船承运），从而拓宽了中远集运集装箱船的业务范围。全年实现营业总收入 2387 万兰特，利润总额 56 万兰特，净利润 40 万兰特。（曾湘青）

【远南海事技术服务中心】 远南海事技术服务中心是中远非洲有限公司（中远集运南非分部）投资成立的全资子公司，成立于 1999 年 5 月。公司设在德班，法人代表常国强。主要从事机务管理、物料备件供应工作，保障中远船舶在南部非洲航行的机务服务和安全保证。参与当地市场竞争，实现企业盈利和发展。现有人员 2 人，其中大学学历 1 人。

现任公司总经理常国强。

（曾湘青）

【概况】 2009 年，远南海事技术服务中心继续坚持兼顾服务和经营职能，保证中远船舶的技术保障，同时积极揽取中远外船舶业务，全年共为 62 艘次船舶提供现场服务，服务艘次比上年大幅降低；在安全管理方面，立足于为船东确保安全，保证中远船舶 PSC 港口国安全检查的顺利通过，全年无滞留事件发生。（曾湘青）

【中远非洲有限公司第十二次董事会召开】 3 月 13 日在上海召开。会议由董事长许立荣主持，董事王增华、王威、史美思、林戟参加，马洪翰代表董事蔡昀参加，中远集团王然、张宁和中远非洲有限公司赵丰年列席。会议听取并审议通过中远非洲有限公司董事总经理林戟所作的《中远非洲有限公司第十二次董事会总经理工作报告》和中远非洲有限公司财务总监赵丰年所作的《中远非洲有限公司第十二次董事会财务工作报告》。（曾湘青）

【中远非洲有限公司 2009 年董事会专题会议召开】 11 月 5 日在武夷山召开。会议由董事长许立荣主持，董事王增华、蔡昀、王威、史美思、冷平、林戟等出席，中远集团运输部总经理袁小宇，战略发展部王然、郑钟宇，中远非洲有限公司赵丰年列席。会议听取并审议通过中远非洲有限公司董事总经理冷平所作的《中远非洲有限公司 2009 年 1—3 季度总经理工作报告》和中远非洲有限公司财务总监赵丰年所作的《中远非洲有限公司 2009 年 1—3 季度财务情况说明》。董事会审定了公司人员的变动;同意中远非洲有限公司2010年工作计划;要求在现有业务基础上,作好业务规划,开拓市场,加强成本控制。（曾湘青）

【中远集运南非南美航线合并】 2009年,受全球金融危机影响,远东到南非的西行货量严重减少,各家船东降价揽货,使航线效益急剧下滑。7月中远集运合并远东/南非航FAX线和远东/南美航ESA线,两线合一成为新ESA线。（曾湘青）

【外事接待】 8月21日,根据中远集团安排,协助办理上海中远物流有限公司下属重大件运输有限公司副总经理王生朝一行5人南非、博茨瓦纳项目勘察任务的接待工作。9月4日,根据中远集团安排,协助办理中远物流有限公司总经理叶伟龙一行2人前往南非开普敦,参加国家船舶经纪人和船舶代理人协会联合会(FONASBA)2009年年会的接待工作。（曾湘青）

（九）南美分部

【中远集运南美分部】 为完善南美地区中远集装箱运输管理体制，进一步明确职责、理清组织结构，中远集运于2004年10月在南美地区成立中远集运南美分部，并将中远巴西航运有限公司、中远阿根廷公司和中远乌拉圭有限公司纳入分部管理。分部以中远巴西航运有限公司为管理平台，对所辖区域纳入集装箱运输管理体系的公司行使区域协调和监督职能，对区域内集装箱业务的销售、成本控制和服务质量负责，对集装箱航线或舱位效益负责，并做好与中远集运总部有关部门的协调和沟通。负责南美地区纳入中远集装箱运输管理体系的非集装箱运输业务的经营管理工作。负责将中远集运总部下达的年度绩效考核分解下达到所辖各机构、并按中远集运有关规定对其完成情况进行统计汇总监督上报，负责做好所辖机构各项生产经营数据的统计上报、公文信息的上传下达。现有人员72人，包括中方外派员工8人，其中大学及以上学历40人。

现任总经理吴宪权。 （田 海）

【中远集运南美分部机构设置】

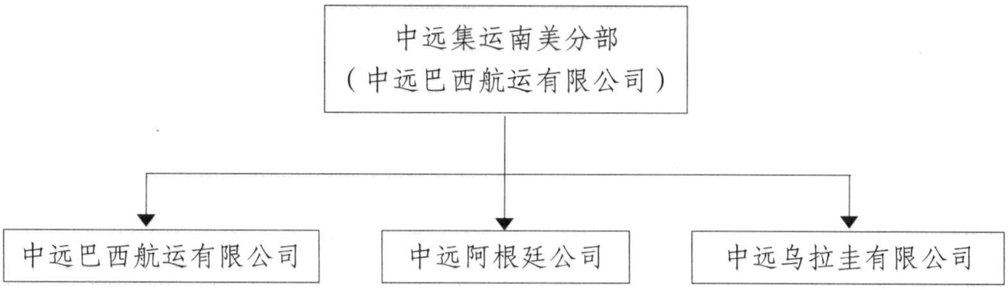

（田 海）

【概况】 2009年，南美分部按照中远集运下达的各项经营管理指标，根据下属各国家公司市场情况，以及金融危机对航线市场货量及运价水平的影响因素进行分解、分配。全年南美分部完成各项指标任务，实现出口重箱量共21530TEU，销售箱量23747TEU。

（田 海）

【中远巴西航运有限公司】 公司是以合营方式于1994年6月成立，注册资本25万美元，合资双方（中远北美公司和CORY公司）各占股份50%。1998年10月，CORY公司股份全部转给中远集团和中远北美公司，实际为中远独资公司。2007年11月，中远集运和中远集运美洲公司共同出资50万美元收购中远美洲公司和中远北美公司所持有的中远巴西航运有限公司100%股权，其中中远集运占99.99%股份、中远集运美洲公司占0.01%股份。公司总部设在圣保罗，下设业务部、财务部和管理部，并在桑托斯港口设有分公司，主要负责船舶现场业务、调度、单证、箱管及电脑网络管理维护。现有人员30人，其中中方外派员工3人。

现任总经理吴宪权。 （田 海）

【概况】 8月份，中远集运合并了南非和南美线，在舱位减少一半的情况下，公司通过对各项成本控制，内部结构的优化调整以及加强和南美其他中远代理的协作，保证了中远集运经营该航线效益的最大化。全年共完成进口箱量5800TEU，出口箱量

7500TEU,分别为上年的36%和93%。

（田　海）

【争取降低堆场、拖轮费率协议谈判】　年初,公司联合合作方与码头、堆场、拖轮公司等就费率问题进行谈判,9月达成协议。堆场的相关费率(内陆空拖费,进、出堆场费)降低20%;在确保安全前提下减少使用拖轮数量,并实行拖轮费包干,全年拖轮费降低了60%。　（田　海）

【降低成本管理费用】　2009年,公司严格控制和减少差旅费用、招待费用等;在保证经营活动正常运作前提下,分2批裁减7名当地员工,全年降低管理费用共9万美元。

（田　海）

【中远阿根廷公司】　1995年10月,中远阿根廷公司以10万美元在布宜诺斯艾利斯注册成立,成为中远美洲公司投资的全资下属公司。公司主营中远集运代理业务,兼营其他中远所属船东的保护代理业务和部分货运代理业务。公司现有人员26人,其中聘有当地员工23人,中方管理人员3人,包括硕士研究生学历1人,大专学历11人。

现任总经理张浩。　（张　浩）

【概况】　2009年,在中国和阿根廷双边贸易额下降,中远集运减少挂靠布宜诺斯艾利斯舱位50%的情况下,公司坚持贯彻中远集运总部“拼货源,拼精神,拼效益”方针,动员中外员工,抓住当地市场出口货源相对好转的机遇,加大出口销售力度,取得全年出口箱量比上年增长22%的成绩,创造了公司成立以来出口箱量的最高纪录。

（张　浩）

【中远乌拉圭有限公司】　成立于1996年10月1日,由中远南美公司与当地AGENCIA MARITIMA REPREMAR S. A(有限公司)合资经营。双方投资和注册资本为25万美元,其中中远南美公司投资137500美元,占55%股份;REPREMAR投资112500美元,占45%股份,合营合同期限为3年。1999年9月解除合营,成为中远独资企业,中远南美公司对中远乌拉圭有限公司拥有100%股份。2003年7月1日,中远南美公司撤销,中远乌拉圭有限公司100%股份转让给中远美洲公司,2004年12月结束股权转让工作,中远乌拉圭有限公司成为中远美洲公司的全资子公司。中远乌拉圭有限公司是中远集团在乌拉圭和巴拉圭的总代理,主要业务范围是中远集运船舶的揽货、定舱、箱管和船舶代理,也包括中远散货运输有限公司及其他中远船舶的代理和保护代理。中远集运与长荣合作派船提供远东—南美东航线,周班服务,挂靠乌拉圭蒙得维的亚港。公司现有人员16人,其中中方人员2名,当地员工14名,包括大学学历6人,大专学历6人。

现任总经理杜燕标。　（杜燕标）

【概况】　2009年,中远乌拉圭有限公司共代理船舶50艘次(其中中远船舶18艘次),揽取出口重箱共5494TEU,市场占有率为9%,当地排名第三;揽取进口重箱共6750TEU,市场占有率为7%,当地排名第四;揽取出口冷箱共442TEU。

（杜燕标）

【开辟驳船支线】　3月1日,成功开辟乌拉圭MONTEVIDEO至巴拉圭ASUNCION的驳船支线。截至年底,共承运中转货520TEU。　（杜燕标）

【签署业务协议】　4月1日,中远乌拉圭有限公司与中国交通建设股份有限公司签署协议,取得其航道疏浚船“航浚4011”轮在乌拉圭的船舶代理业务;12月1日,与乌拉圭MONTEVIDEO港码头公司MONTECON集团签署为期2年的码头装卸协议,新协议装卸汇率在原来汇率上下降了12%。

（杜燕标）

（十）香港分部

【中远集运(香港)有限公司】 于2004年12月1日在香港注册成立，是中远集运的全资子公司，除持有中远(香港)货运服务有限公司100%股份外，还持有中远菲律宾公司51%股份。公司目前主要从事集装箱船舶的转租业务。属下的公司有：中远(香港)货运服务有限公司、中远菲律宾公司。公司现任董事：孙家康、周琥、张富元、冯波鸣。公司董事会尚未任命管理人员，日常管理工作由冯波鸣负责。 （张 轶）

【COSCO (Cayman) Mercury Co., LTD】 1997年11月17日由中远集团出资在开曼群岛注册成立，LUCKY项目期间进行海外重组时由中远集运收购全部股份而成为中远集运的全资子公司。截至2009年底，公司共投资73家单船公司和COSCO (Cayman) Golden Co., LTD。拥有运营船舶43艘，总舱位数184036TEU，全部期租给中远集运和泛亚公司；另有在建船舶28艘，舱位数191800TEU。公司是集装箱船队的融资造船平台，除负责船舶融资贷款操作和还本付息的任务，还履行对73家单船公司的船东管理职能，并以船东身份将船舶期租给中远集运及泛亚公司。全年公司合并总资产达26.64亿美元。现有人员9人，其中硕士研究生学历1人，大学学历2人，大专学历5人。

公司现任董事总经理冯波鸣。

（张 轶）

【概况】 2009年，在中远集团、中国远洋和中远集运的支持下，公司克服金融海啸和航运市场不景气的影响，在完成各项日常工作的同时，完成“中远太仓”轮的交船及船舶融资工作；成功应对融资银行追加抵押物和提前偿还贷款的要求。 （张 轶）

【完成“中远太仓”轮的交船及船舶融资工作】 3月，公司在南通建造的10000TEU“中远太仓”轮完工下水，并交付租家中远集运营运。在做好新船交接工作的同时，公司投入船舶融资合同的谈判工作。面对金融海啸和航运市场不景气给船舶融资市场带来的不利影响，公司及时将“中远太仓”轮的融资安排进行调整，变更融资银行，成功完成了融资工作，为中远集运及时补充了现金流，并使利息支出降低6‰。

（张 轶）

【应对融资贷款银行追加抵押物和提前偿还贷款要求】 2009年，受金融危机影响，航运市场持续低迷，导致船舶的市场价格不断下跌，难以满足贷款合约中关于船舶最低价值的规定。自2月起，多家融资银行就已有船舶贷款提出了追加抵押物或提前部分还款的要求，涉及金额较大。公司采取各项应对措施，取得各家银行对相关条款执行的年度豁免，避免了追加抵押物和提前还贷给中远集运整体生产经营带来的资金压力。

（张 轶）

【强化成本控制】 年初开始，在确保船舶正常运营、不影响公司信誉的前提下，对主要供应商的付款期限从以往的60天延长到90天，同时要求符合条件的国内供应商，从4月1日起应根据业务发生日后商定日期的外汇牌价，折算并开具美元发票。该措施的实施在付款期限逐步延后，在人民币逐步升值的情况下，公司在最大限度享受供应商合理信用期的同时，也有效降低了人民币不断升值对公司成本可能产生的不利影响。

（张 轶）

【73 家单船公司】

1. Golden Cascade Corp.
2. Golden Shore Corp.
3. Buyihe Shipping Inc.
4. Chaoshanhe Maritime Inc.
5. Chuanhe Shipping Inc.
6. Caiyunhe Maritime Inc.
7. COSCO Line New Jersey Inc.
8. COSCO Line New York Inc.
9. Daqinghe Shipping Inc.
10. Hanihe Shipping Inc.
11. Hutuohe Shipping Inc.
12. Jingpohe Shipping Inc.
13. Jinyunhe Maritime Inc.
14. Luhe Shipping Inc.
15. Lubahe Shipping Inc.
16. Miyunhe Maritime Inc.
17. Naxihe Shipping Inc.
18. Ninghe Shipping Inc.
19. Qiyunhe Maritime Inc.
20. Wanhe Shipping Inc.
21. Xibohe Shipping Inc.
22. Xinhuihe Maritime Inc.
23. Yangjianghe Maritime Inc.
24. Yongdinghe Shipping Inc.
25. Yuehe Shipping Inc.
26. Yuguhe Shipping Inc.
27. Yunhe Shipping Inc.
28. Zhaoqinghe Maritime Inc.
29. Ziyahe Shipping Inc.
30. Fenghou Maritime Inc.
31. Haihou Maritime Inc.
32. Longhou Maritime Inc.
33. Tianhou Maritime Inc.
34. COSCO Boston Maritime Inc.
35. COSCO New York Maritime Inc.
36. Pretty River Shipping Inc.
37. Dainty River Shipping Inc.
38. COSCO Asia Maritime Inc.
39. COSCO America Maritime Inc.
40. COSCO Africa Maritime Inc.
41. COSCO Europe Maritime Inc.
42. COSCO Oceania Shipping Limited
43. COSCO Pacific Shipping Limited
44. COSCO Indian Ocean Shipping Limited
45. COSCO Atlantic Shipping Limited
46. COSCO Aden Maritime Limited
47. COSCO Auckland Maritime Limited
48. COSCO Cape Town Maritime Limited
49. COSCO Colombo Maritime Limited
50. COSCO Durban Maritime Limited
51. COSCO Fos Maritime Limited
52. COSCO Genoa Maritime Limited
53. COSCO Haifa Maritime Limited
54. COSCO Istanbul Maritime Limited
55. COSCO Jeddah Maritime Limited
56. COSCO Piraeus Maritime Limited
57. COSCO Santos Maritime Limited
58. COSCO Sao Paulo Maritime Limited
59. COSCO Valencia Maritime Limited
60. COSCO Venice Maritime Limited
61. COSCO Wellington Maritime Limited
62. COSCO Aqaba Shipping Limited
63. COSCO Ashdod Shipping Limited
64. COSCO Izmir Shipping Limited
65. COSCO Surabaya Shipping Limited
66. COSCO Belgium Shipping Limited
67. COSCO Denmark Shipping Limited
68. COSCO England Shipping Limited
69. COSCO France Shipping Limited
70. COSCO Italy Shipping Limited
71. COSCO Netherlands Shipping Limited
72. COSCO Portugal Shipping Limited
73. COSCO Spain Shipping Limited

（张　轶）

Advanced Collectives & Individuals

九 先进集体、先进个人

COSCO Container Lines Almanac 2010

(一)2009年度上级表彰的先进集体、先进个人名单

全国文明单位
中远集运

中央企业思想政治工作先进单位
中远集运

第八届全国设备管理优秀单位
中远集运

全国海上搜救先进单位
中远集运

全国“五一劳动奖状”、“中央企业先进集体”
泛亚公司

全国“工人先锋号”
中国部上海分部苏州分公司

2009年全国水运系统“安全优秀船舶”
“洛巴河”轮、“中远亚洲”轮

2009年全国水运系统“安全优秀班组”
中国部天津分部滨海物流站

中央企业劳动模范
丁经国

2007—2009年度上海市劳动模范
亚太贸易区杨志坚、中国部上海分部朱德章、上海远洋船舶供应公司孙定山，上远公司船长叶吉明、轮机长陈立春

2007—2009年度上海市模范集体
计算机中心、上海分部宁波分公司

上海市建设健康城市2009年度健康单位先进
中远集运

2009年度上海市“五一劳动奖状”
上海远洋船舶供应公司

2009年度上海市“工人先锋号”
中国部上海分部苏州分公司、“中远大洋洲”轮

上海市文明班组
企业资讯发展部、泛亚公司企业发展部、“鲁河”轮、“中远汉堡”轮、上海中远资讯科技有限公司数据库管理项目组、中国部上海分部泛亚营销部、中国部上海分部无锡分公司

2009年度全国“安康杯”竞赛(上海赛区)优胜单位
上海远洋船舶供应公司

2009年度全国“安康杯”竞赛(上海赛区)优秀班组
“中远鹿特丹”轮、“松子”轮、“东河”轮

2007—2009年度全国交通运输系统优秀思想政治工作者
竺瑞跃

第二届上海市学习型企事业单位

中国部上海分部无锡分公司

2008—2009 年度全国交通运输行业精神文明建设先进个人

劳连元

2008—2009 年度上海市推动劳动关系和谐企业创建活动先进单位

中远集运

上海市“2009 年度行业(系统)安全生产履职考核成绩突出单位”

中远集运

中央企业五四红旗团委

中国部上海分部

2009 年度中央企业“青年文明号”

“中远大洋洲”轮

2009 年度中央企业“优秀共青团干部”

中国部团委书记吴迪

2009 年度上海市“共青团号”

中远集运总经办公关管理部、“中远纽约”轮、单证公司综合业务部美线合同组

2008—2009 年度中远集团“青年文明号”

计算机中心运维部运行支持项目组、中国部上海分部镇江分公司报关报检部、中国部青岛分部东营分公司、中国部厦门分部资讯发展部

2008—2009 年度中远集团“青年岗位能手”

亚太贸易区张驰,中远集运财务部朱乐明、泛亚公司于泳,上远公司杨云胜、傅奇、蔡耀辉,计算机中心王强,单证公司周鑫,中国部上海分部邵永明,中国部厦门分部罗胜斌,华南公司莫坤宏

2008—2009 年度中远集团“青年安全生产示范岗”

“峰云河”轮轮机部、“中远纽约”轮、“中远太平洋”轮、“松子”轮团支部

（二）2009年度公司先进集体、先进个人名单

1．四好领导班子（6个）

上远公司、泛亚公司、计算机中心、中国部、中国部上海分部、中国部武汉分部

2．"华铜海"式船舶（16艘）

"中远亚洲"轮、"川河"轮、"山河"轮、"锦云河"轮、"中远鹿特丹"轮、"中远纽约"轮、"布依河"轮、"裕固河"轮、"秋河"轮、"艳河"轮、"中远樱花"轮、"松子"轮、"中远大洋洲"轮、"聪河"轮、"民河"轮、"阳江河"轮

3．卓越团队（10个）

欧洲贸易区、战略发展部、中国部市场部、华南公司广西中货、中国部上海分部宁波分公司、上海远洋船舶供应公司、上远公司船舶管理三部、上远公司投资发展部、澳洲分部五星航运代理有限公司、中远集运美洲有限公司内陆运输部

4．优秀员工（35名）

于雪莲、陈湘君、陈　瑶、朱乐明、郑旭红、唐淑敏、乔　毅、万晓武、杨承军、俞沄湘、KAREN、栾小艺、黄德纪、许允祯、Abdul Rehman、李　凯、许永杰、储祥元、赵　爽、丁少鹏、陈琴琴、陈新桥、王　梅、张兴建、肖　益、梁致岩、陈立春、徐　峰、叶吉明、李潮安、王金元、王海清、劳连元、赵玉林、范雯秀

十

附录 Appendix

COSCO Container Lines Almanac 2010

(一)2009 年 1—12 月公司班轮准班率统计表

年度合计

航线代码	抵港数	准抵港数	脱抵港数	抵港准班率(%)	准离港数	脱离港数	离港准班率(%)	综合准班率(%)
AWE2	582	549	33	94.33	552	30	94.85	94.59
CUE	10	7	3	70.00	9	1	90.00	80.00
CEN	453	450	3	99.34	444	9	98.01	98.68
PNW	321	312	9	97.20	306	15	95.33	96.26
SEA	401	401	0	100.00	401	0	100.00	100.00
NE1	41	40	1	97.56	40	1	97.56	97.56
NE3	65	61	4	93.85	61	4	93.85	93.85
NE4	9	9	0	100.00	8	1	88.89	94.44
AMX	642	637	5	99.22	634	8	98.75	98.99
MD1	57	53	4	92.98	52	5	91.23	92.11
MD2	15	15	0	100.00	15	0	100.00	100.00
EMX	1	1	0	100.00	1	0	100.00	100.00
AEN	414	410	4	99.03	410	4	99.03	99.03
AES	242	241	1	99.59	240	2	99.17	99.38
CEU	220	220	0	100.00	220	0	100.00	100.00
MSX	99	67	32	67.68	50	49	50.51	59.09
MAF	2	2	0	100.00	1	1	50.00	75.00
TAS1	93	80	13	86.02	79	14	84.95	85.48
CPG1	26	26	0	100.00	26	0	100.00	100.00
CPG2	73	73	0	100.00	72	1	98.63	99.32
CSE	161	153	8	95.03	154	7	95.65	95.34
CSI	1	1	0	100.00	1	0	100.00	100.00
CTW1	213	208	5	97.65	205	8	96.24	96.95
CTW2	232	228	4	98.28	229	3	98.71	98.49
ESA	219	210	9	95.89	212	7	96.80	96.35
FAX	104	102	2	98.08	104	0	100.00	99.04
FRX	445	435	10	97.75	435	10	97.75	97.75

（续表）

航线代码	抵港数	准抵港数	脱抵港数	抵港准班率(%)	准离港数	脱离港数	离港准班率(%)	综合准班率(%)
FRS	14	7	7	50.00	8	6	57.14	53.57
HSS	31	31	0	100.00	31	0	100.00	100.00
HSH	95	89	6	93.68	87	8	91.58	92.63
JKN	267	265	2	99.25	265	2	99.25	99.25
MEX	98	95	3	96.94	95	3	96.94	96.94
RSF	77	77	0	100.00	75	2	97.40	98.70
SAS	345	345	0	100.00	345	0	100.00	100.00
SRS	13	13	0	100.00	11	2	84.62	92.31
CJ1	269	269	0	100.00	268	1	99.63	99.81
CJ3	243	243	0	100.00	242	1	99.59	99.79
CJ6	149	149	0	100.00	149	0	100.00	100.00
CJ7	175	170	5	97.14	173	2	98.86	98.00
CJ9	150	145	5	96.67	145	5	96.67	96.67
CJ12	376	373	3	99.20	375	1	99.73	99.47
CJ18	171	164	7	95.91	169	2	98.83	97.37
CJ21	235	231	4	98.30	233	2	99.15	98.72
CJ22	143	138	5	96.50	142	1	99.30	97.90
CJ29	137	133	4	97.08	132	5	96.35	96.72
CJ33	243	243	0	100.00	243	0	100.00	100.00
CF3	185	182	3	98.38	182	3	98.38	98.38
CF4	187	183	4	97.86	181	6	96.79	97.33
CF20	172	158	14	91.86	165	7	95.93	93.90
IC2	530	513	17	96.79	517	13	97.55	97.17
IC3	66	63	3	95.45	63	3	95.45	95.45
IC6	323	314	9	97.21	312	11	96.59	96.90
IC8	218	211	7	96.79	211	7	96.79	96.79
IC9	469	462	7	98.51	451	18	96.16	97.33
IC10	385	378	7	98.18	382	3	99.22	98.70
IC11	307	302	5	98.37	300	7	97.72	98.05
IC18	302	285	17	94.37	286	16	94.70	94.54
IC19	139	139	0	100.00	138	1	99.28	99.64
年度合计	11655	11361	294	97.48	11337	318	97.27	97.37

1 月

航线代码	抵港数	准抵港数	脱抵港数	抵港准班率(%)	准离港数	脱离港数	离港准班率(%)	综合准班率(%)
AWE2	40	35	5	87.50	36	4	90.00	88.75
CUE	2	2	0	100.00	2	0	100.00	100.00
CEN	46	46	0	100.00	45	1	97.83	98.91
PNW	26	26	0	100.00	26	0	100.00	100.00
SEA	27	27	0	100.00	27	0	100.00	100.00
AMX	69	68	1	98.55	69	0	100.00	99.28
EMX	1	1	0	100.00	1	0	100.00	100.00
AEN	21	21	0	100.00	21	0	100.00	100.00
AES	38	38	0	100.00	38	0	100.00	100.00
CEU	28	28	0	100.00	28	0	100.00	100.00
MSX	11	4	7	36.36	4	7	36.36	36.36
TAS1	7	4	3	57.14	4	3	57.14	57.14
ESA	14	14	0	100.00	14	0	100.00	100.00
FAX	9	9	0	100.00	9	0	100.00	100.00
SAS	26	26	0	100.00	26	0	100.00	100.00
JKN	25	25	0	100.00	25	0	100.00	100.00
HSS	14	14	0	100.00	14	0	100.00	100.00
CTW1	18	18	0	100.00	18	0	100.00	100.00
CTW2	13	13	0	100.00	13	0	100.00	100.00
FRX	25	18	7	72.00	20	5	80.00	76.00
FRS	12	5	7	41.67	6	6	50.00	45.83
CSI	1	1	0	100.00	1	0	100.00	100.00
CPG1	19	19	0	100.00	19	0	100.00	100.00
CPG2	10	10	0	100.00	10	0	100.00	100.00
SRS	8	8	0	100.00	6	2	75.00	87.50
CJ9	17	17	0	100.00	17	0	100.00	100.00
CJ12	31	31	0	100.00	31	0	100.00	100.00
CJ18	12	12	0	100.00	12	0	100.00	100.00
CJ21	20	20	0	100.00	20	0	100.00	100.00
CJ1	22	22	0	100.00	22	0	100.00	100.00
CJ22	10	10	0	100.00	10	0	100.00	100.00
CJ3	19	19	0	100.00	19	0	100.00	100.00
CJ33	22	22	0	100.00	22	0	100.00	100.00
CJ6	9	9	0	100.00	9	0	100.00	100.00
CJ29	9	9	0	100.00	9	0	100.00	100.00
CJ7	16	16	0	100.00	16	0	100.00	100.00
CF3	13	13	0	100.00	13	0	100.00	100.00
IC6	17	16	1	94.12	17	0	100.00	97.06
IC3	3	3	0	100.00	3	0	100.00	100.00
IC2	36	36	0	100.00	36	0	100.00	100.00
IC19	16	16	0	100.00	16	0	100.00	100.00
IC18	15	15	0	100.00	14	1	93.33	96.67
IC11	24	24	0	100.00	24	0	100.00	100.00
IC10	26	26	0	100.00	26	0	100.00	100.00
CF4	13	13	0	100.00	13	0	100.00	100.00
IC8	16	14	2	87.50	15	1	93.75	90.63
IC9	33	33	0	100.00	33	0	100.00	100.00
月度合计	909	876	33	96.37	879	30	96.70	96.53

2　月

航线代码	抵港数	准抵港数	脱抵港数	抵港准班率(%)	准离港数	脱离港数	离港准班率(%)	综合准班率(%)
AWE2	45	45	0	100.00	44	1	97.78	98.89
CUE	1	1	0	100.00	1	0	100.00	100.00
CEN	37	37	0	100.00	36	1	97.30	98.65
PNW	29	29	0	100.00	29	0	100.00	100.00
SEA	30	30	0	100.00	30	0	100.00	100.00
AMX	52	52	0	100.00	52	0	100.00	100.00
AEN	9	9	0	100.00	9	0	100.00	100.00
AES	16	16	0	100.00	16	0	100.00	100.00
CEU	51	51	0	100.00	51	0	100.00	100.00
MAF	2	2	0	100.00	1	1	50.00	75.00
MSX	10	8	2	80.00	5	5	50.00	65.00
TAS1	7	0	7	0.00	0	7	0.00	0.00
ESA	11	11	0	100.00	11	0	100.00	100.00
FAX	13	13	0	100.00	13	0	100.00	100.00
SAS	17	17	0	100.00	17	0	100.00	100.00
JKN	25	25	0	100.00	25	0	100.00	100.00
HSS	7	7	0	100.00	7	0	100.00	100.00
CTW1	19	19	0	100.00	18	1	94.74	97.37
CTW2	11	11	0	100.00	11	0	100.00	100.00
CPG2	18	18	0	100.00	18	0	100.00	100.00
FRS	2	2	0	100.00	2	0	100.00	100.00
FRX	34	34	0	100.00	34	0	100.00	100.00
CPG1	5	5	0	100.00	5	0	100.00	100.00
RSF	6	6	0	100.00	6	0	100.00	100.00
SRS	5	5	0	100.00	5	0	100.00	100.00
CJ9	8	8	0	100.00	8	0	100.00	100.00
CJ12	20	19	1	95.00	20	0	100.00	97.50
CJ18	20	15	5	75.00	18	2	90.00	82.50
CJ21	23	22	1	95.65	23	0	100.00	97.83
CJ1	17	17	0	100.00	17	0	100.00	100.00
CJ22	5	4	1	80.00	5	0	100.00	90.00
CJ3	12	12	0	100.00	12	0	100.00	100.00
CJ33	19	19	0	100.00	19	0	100.00	100.00
CJ6	8	8	0	100.00	8	0	100.00	100.00
CJ29	3	3	0	100.00	3	0	100.00	100.00
CJ7	14	12	2	85.71	14	0	100.00	92.86
CF3	12	12	0	100.00	12	0	100.00	100.00
IC6	16	16	0	100.00	16	0	100.00	100.00
IC3	7	7	0	100.00	7	0	100.00	100.00
IC2	32	31	1	96.88	32	0	100.00	98.44
IC19	16	16	0	100.00	16	0	100.00	100.00
IC18	23	23	0	100.00	23	0	100.00	100.00
IC11	30	30	0	100.00	30	0	100.00	100.00
IC10	14	14	0	100.00	14	0	100.00	100.00
CF4	16	16	0	100.00	16	0	100.00	100.00
IC8	15	15	0	100.00	15	0	100.00	100.00
IC9	27	27	0	100.00	27	0	100.00	100.00
月度合计	819	799	20	97.56	801	18	97.80	97.68

3 月

航线代码	抵港数	准抵港数	脱抵港数	抵港准班率(%)	准离港数	脱离港数	离港准班率(%)	综合准班率(%)
AWE2	48	48	0	100.00	48	0	100.00	100.00
CEN	48	48	0	100.00	47	1	97.92	98.96
PNW	35	35	0	100.00	35	0	100.00	100.00
SEA	21	21	0	100.00	21	0	100.00	100.00
AMX	63	63	0	100.00	63	0	100.00	100.00
AEN	14	14	0	100.00	14	0	100.00	100.00
AES	5	5	0	100.00	5	0	100.00	100.00
CEU	49	49	0	100.00	49	0	100.00	100.00
MSX	10	8	2	80.00	7	3	70.00	75.00
TAS1	8	8	0	100.00	8	0	100.00	100.00
ESA	14	14	0	100.00	14	0	100.00	100.00
FAX	18	17	1	94.44	18	0	100.00	97.22
SAS	25	25	0	100.00	25	0	100.00	100.00
JKN	29	29	0	100.00	29	0	100.00	100.00
HSS	7	7	0	100.00	7	0	100.00	100.00
CTW1	18	18	0	100.00	18	0	100.00	100.00
CTW2	22	22	0	100.00	22	0	100.00	100.00
FRX	46	46	0	100.00	46	0	100.00	100.00
CPG2	13	13	0	100.00	13	0	100.00	100.00
CPG1	2	2	0	100.00	2	0	100.00	100.00
RSF	6	6	0	100.00	6	0	100.00	100.00
CJ9	13	13	0	100.00	13	0	100.00	100.00
CJ12	16	16	0	100.00	16	0	100.00	100.00
CJ18	13	13	0	100.00	13	0	100.00	100.00
CJ21	21	21	0	100.00	21	0	100.00	100.00
CJ1	21	21	0	100.00	21	0	100.00	100.00
CJ22	14	14	0	100.00	14	0	100.00	100.00
CJ3	22	22	0	100.00	22	0	100.00	100.00
CJ33	22	22	0	100.00	22	0	100.00	100.00
CJ6	14	14	0	100.00	14	0	100.00	100.00
CJ29	13	13	0	100.00	13	0	100.00	100.00
CJ7	15	15	0	100.00	15	0	100.00	100.00
CF20	13	13	0	100.00	13	0	100.00	100.00
IC6	36	35	1	97.22	35	1	97.22	97.22
CF3	16	16	0	100.00	16	0	100.00	100.00
CF4	18	18	0	100.00	18	0	100.00	100.00
IC10	26	26	0	100.00	26	0	100.00	100.00
IC8	17	16	1	94.12	17	0	100.00	97.06
IC11	32	32	0	100.00	32	0	100.00	100.00
IC19	18	18	0	100.00	18	0	100.00	100.00
IC2	40	39	1	97.50	39	1	97.50	97.50
IC3	9	8	1	88.89	7	2	77.78	83.33
IC18	28	28	0	100.00	27	1	96.43	98.21
IC9	34	33	1	97.06	33	1	97.06	97.06
月度合计	972	964	8	99.18	962	10	98.97	99.07

4　月

航线代码	抵港数	准抵港数	脱抵港数	抵港准班率(%)	准离港数	脱离港数	离港准班率(%)	综合准班率(%)
AWE2	52	52	0	100.00	52	0	100.00	100.00
CEN	36	36	0	100.00	36	0	100.00	100.00
PNW	26	26	0	100.00	26	0	100.00	100.00
SEA	40	40	0	100.00	40	0	100.00	100.00
AMX	65	65	0	100.00	65	0	100.00	100.00
AEN	15	15	0	100.00	15	0	100.00	100.00
AES	12	12	0	100.00	12	0	100.00	100.00
CEU	53	53	0	100.00	53	0	100.00	100.00
MSX	10	7	3	70.00	4	6	40.00	55.00
TAS1	8	8	0	100.00	8	0	100.00	100.00
ESA	16	12	4	75.00	12	4	75.00	75.00
FAX	15	15	0	100.00	15	0	100.00	100.00
SAS	30	30	0	100.00	30	0	100.00	100.00
JKN	24	24	0	100.00	24	0	100.00	100.00
CTW1	17	17	0	100.00	17	0	100.00	100.00
CTW2	22	22	0	100.00	22	0	100.00	100.00
HSS	3	3	0	100.00	3	0	100.00	100.00
CPG2	15	15	0	100.00	15	0	100.00	100.00
FRX	48	48	0	100.00	48	0	100.00	100.00
RSF	11	11	0	100.00	11	0	100.00	100.00
CJ9	13	13	0	100.00	13	0	100.00	100.00
CJ12	22	22	0	100.00	22	0	100.00	100.00
CJ18	13	13	0	100.00	13	0	100.00	100.00
CJ21	16	16	0	100.00	16	0	100.00	100.00
CJ1	22	22	0	100.00	22	0	100.00	100.00
CJ22	12	12	0	100.00	12	0	100.00	100.00
CJ3	21	21	0	100.00	21	0	100.00	100.00
CJ33	21	21	0	100.00	21	0	100.00	100.00
CJ6	12	12	0	100.00	12	0	100.00	100.00
CJ29	12	12	0	100.00	10	2	83.33	91.67
CJ7	13	13	0	100.00	13	0	100.00	100.00
CF20	13	13	0	100.00	13	0	100.00	100.00
IC6	35	34	1	97.14	34	1	97.14	97.14
IC2	47	46	1	97.87	45	2	95.74	96.81
IC19	21	21	0	100.00	21	0	100.00	100.00
IC18	28	27	1	96.43	26	2	92.86	94.64
IC11	35	34	1	97.14	32	3	91.43	94.29
IC10	32	32	0	100.00	32	0	100.00	100.00
CF4	19	19	0	100.00	19	0	100.00	100.00
CF3	17	17	0	100.00	17	0	100.00	100.00
IC8	16	16	0	100.00	15	1	93.75	96.88
IC9	35	34	1	97.14	35	0	100.00	98.57
月度合计	993	981	12	98.79	972	21	97.89	98.34

5　月

航线代码	抵港数	准抵港数	脱抵港数	抵港准班率(%)	准离港数	脱离港数	离港准班率(%)	综合准班率(%)
AWE2	50	50	0	100.00	50	0	100.00	100.00
CEN	43	43	0	100.00	42	1	97.67	98.84
PNW	28	28	0	100.00	28	0	100.00	100.00
SEA	36	36	0	100.00	36	0	100.00	100.00
AMX	68	68	0	100.00	68	0	100.00	100.00
AEN	38	38	0	100.00	38	0	100.00	100.00
AES	26	26	0	100.00	26	0	100.00	100.00
CEU	29	29	0	100.00	29	0	100.00	100.00
MSX	8	5	3	62.50	6	2	75.00	68.75
TAS1	8	8	0	100.00	8	0	100.00	100.00
ESA	14	14	0	100.00	14	0	100.00	100.00
FAX	19	19	0	100.00	19	0	100.00	100.00
SAS	30	30	0	100.00	30	0	100.00	100.00
JKN	24	24	0	100.00	24	0	100.00	100.00
CTW1	18	18	0	100.00	18	0	100.00	100.00
CTW2	21	21	0	100.00	21	0	100.00	100.00
HSH	22	22	0	100.00	22	0	100.00	100.00
CPG2	11	11	0	100.00	11	0	100.00	100.00
FRX	53	53	0	100.00	53	0	100.00	100.00
RSF	10	10	0	100.00	10	0	100.00	100.00
CJ9	11	11	0	100.00	11	0	100.00	100.00
CJ12	27	27	0	100.00	27	0	100.00	100.00
CJ18	15	15	0	100.00	15	0	100.00	100.00
CJ21	20	20	0	100.00	20	0	100.00	100.00
CJ1	19	19	0	100.00	19	0	100.00	100.00
CJ22	8	8	0	100.00	8	0	100.00	100.00
CJ3	22	22	0	100.00	22	0	100.00	100.00
CJ33	17	17	0	100.00	17	0	100.00	100.00
CJ6	14	14	0	100.00	14	0	100.00	100.00
CJ29	12	10	2	83.33	11	1	91.67	87.50
CJ7	17	17	0	100.00	17	0	100.00	100.00
CF20	15	14	1	93.33	15	0	100.00	96.67
IC6	37	37	0	100.00	37	0	100.00	100.00
CF3	17	17	0	100.00	17	0	100.00	100.00
CF4	20	20	0	100.00	20	0	100.00	100.00
IC10	34	34	0	100.00	34	0	100.00	100.00
IC8	18	17	1	94.44	17	1	94.44	94.44
IC11	23	23	0	100.00	23	0	100.00	100.00
IC19	18	18	0	100.00	18	0	100.00	100.00
IC2	49	48	1	97.96	48	1	97.96	97.96
IC3	1	1	0	100.00	1	0	100.00	100.00
IC18	27	24	3	88.89	25	2	92.59	90.74
IC9	47	47	0	100.00	47	0	100.00	100.00
月度合计	1044	1033	11	98.95	1036	8	99.23	99.09

6　月

航线代码	抵港数	准抵港数	脱抵港数	抵港准班率(%)	准离港数	脱离港数	离港准班率(%)	综合准班率(%)
AWE2	52	52	0	100.00	51	1	98.08	99.04
CEN	31	31	0	100.00	31	0	100.00	100.00
PNW	25	25	0	100.00	25	0	100.00	100.00
SEA	33	33	0	100.00	33	0	100.00	100.00
AMX	62	62	0	100.00	59	3	95.16	97.58
AEN	56	55	1	98.21	56	0	100.00	99.11
AES	28	28	0	100.00	28	0	100.00	100.00
CEU	10	10	0	100.00	10	0	100.00	100.00
MSX	7	7	0	100.00	5	2	71.43	85.71
TAS1	7	7	0	100.00	7	0	100.00	100.00
ESA	18	18	0	100.00	18	0	100.00	100.00
FAX	15	15	0	100.00	15	0	100.00	100.00
SAS	25	25	0	100.00	25	0	100.00	100.00
JKN	24	24	0	100.00	24	0	100.00	100.00
CTW1	16	16	0	100.00	16	0	100.00	100.00
CTW2	23	23	0	100.00	23	0	100.00	100.00
HSH	22	22	0	100.00	22	0	100.00	100.00
CPG2	5	5	0	100.00	4	1	80.00	90.00
FRX	35	35	0	100.00	34	1	97.14	98.57
RSF	8	8	0	100.00	8	0	100.00	100.00
CJ9	13	13	0	100.00	13	0	100.00	100.00
CJ12	41	41	0	100.00	41	0	100.00	100.00
CJ18	13	13	0	100.00	13	0	100.00	100.00
CJ21	18	18	0	100.00	18	0	100.00	100.00
CJ1	20	20	0	100.00	20	0	100.00	100.00
CJ22	14	14	0	100.00	14	0	100.00	100.00
CJ3	22	22	0	100.00	22	0	100.00	100.00
CJ33	22	22	0	100.00	22	0	100.00	100.00
CJ6	14	14	0	100.00	14	0	100.00	100.00
CJ29	13	13	0	100.00	13	0	100.00	100.00
CJ7	14	14	0	100.00	14	0	100.00	100.00
CF20	13	13	0	100.00	13	0	100.00	100.00
IC6	28	28	0	100.00	28	0	100.00	100.00
CF3	16	16	0	100.00	16	0	100.00	100.00
CF4	16	15	1	93.75	16	0	100.00	96.88
IC10	34	33	1	97.06	34	0	100.00	98.53
IC8	18	17	1	94.44	17	1	94.44	94.44
IC11	23	21	2	91.30	22	1	95.65	93.48
IC19	15	15	0	100.00	15	0	100.00	100.00
IC2	50	48	2	96.00	50	0	100.00	98.00
IC3	8	8	0	100.00	8	0	100.00	100.00
IC18	23	19	4	82.61	20	3	86.96	84.78
IC9	52	52	0	100.00	51	1	98.08	99.04
月度合计	1002	990	12	98.80	988	14	98.60	98.70

7　月

航线代码	抵港数	准抵港数	脱抵港数	抵港准班率(%)	准离港数	脱离港数	离港准班率(%)	综合准班率(%)
AWE2	51	51	0	100.00	51	0	100.00	100.00
CEN	34	34	0	100.00	34	0	100.00	100.00
PNW	26	26	0	100.00	26	0	100.00	100.00
SEA	38	38	0	100.00	38	0	100.00	100.00
AMX	65	63	2	96.92	63	2	96.92	96.92
AEN	67	67	0	100.00	67	0	100.00	100.00
AES	31	31	0	100.00	31	0	100.00	100.00
MSX	6	2	4	33.33	0	6	0.00	16.67
TAS1	7	7	0	100.00	7	0	100.00	100.00
ESA	21	21	0	100.00	21	0	100.00	100.00
FAX	11	11	0	100.00	11	0	100.00	100.00
SAS	27	27	0	100.00	27	0	100.00	100.00
JKN	23	21	2	91.30	21	2	91.30	91.30
HSH	24	24	0	100.00	24	0	100.00	100.00
CTW1	23	23	0	100.00	23	0	100.00	100.00
CTW2	17	17	0	100.00	17	0	100.00	100.00
FRX	35	35	0	100.00	35	0	100.00	100.00
CPG2	1	1	0	100.00	1	0	100.00	100.00
MEX	13	13	0	100.00	13	0	100.00	100.00
RSF	8	8	0	100.00	8	0	100.00	100.00
CJ9	14	14	0	100.00	14	0	100.00	100.00
CJ12	29	29	0	100.00	29	0	100.00	100.00
CJ18	14	14	0	100.00	14	0	100.00	100.00
CJ21	18	18	0	100.00	18	0	100.00	100.00
CJ1	24	24	0	100.00	24	0	100.00	100.00
CJ22	13	13	0	100.00	13	0	100.00	100.00
CJ3	22	22	0	100.00	22	0	100.00	100.00
CJ33	23	23	0	100.00	23	0	100.00	100.00
CJ6	12	12	0	100.00	12	0	100.00	100.00
CJ29	13	12	1	92.31	13	0	100.00	96.15
CJ7	13	13	0	100.00	13	0	100.00	100.00
CF20	17	16	1	94.12	16	1	94.12	94.12
IC6	32	31	1	96.88	32	0	100.00	98.44
CF3	18	18	0	100.00	18	0	100.00	100.00
CF4	19	19	0	100.00	18	1	94.74	97.37
IC10	38	37	1	97.37	38	0	100.00	98.68
IC8	17	17	0	100.00	17	0	100.00	100.00
IC11	25	25	0	100.00	24	1	96.00	98.00
IC19	19	19	0	100.00	19	0	100.00	100.00
IC2	52	52	0	100.00	52	0	100.00	100.00
IC3	4	4	0	100.00	4	0	100.00	100.00
IC18	27	26	1	96.30	26	1	96.30	96.30
IC9	49	49	0	100.00	49	0	100.00	100.00
月度合计	1040	1027	13	92.72	1026	14	91.40	92.06

8　月

航线代码	抵港数	准抵港数	脱抵港数	抵港准班率(%)	准离港数	脱离港数	离港准班率(%)	综合准班率(%)
AWE2	50	49	1	98.00	49	1	98.00	98.00
CEN	36	35	1	97.22	35	1	97.22	97.22
PNW	26	24	2	92.31	22	4	84.62	88.46
SEA	36	36	0	100.00	36	0	100.00	100.00
AMX	66	65	1	98.48	65	1	98.48	98.48
AEN	64	64	0	100.00	64	0	100.00	100.00
AES	28	28	0	100.00	28	0	100.00	100.00
MSX	7	5	2	71.43	4	3	57.14	64.29
TAS1	7	7	0	100.00	7	0	100.00	100.00
ESA	21	19	2	90.48	20	1	95.24	92.86
FAX	4	3	1	75.00	4	0	100.00	87.50
SAS	29	29	0	100.00	29	0	100.00	100.00
JKN	23	23	0	100.00	23	0	100.00	100.00
HSH	15	15	0	100.00	14	1	93.33	96.67
CTW2	21	21	0	100.00	21	0	100.00	100.00
CTW1	18	18	0	100.00	18	0	100.00	100.00
CSE	28	26	2	92.86	27	1	96.43	94.64
FRX	37	37	0	100.00	37	0	100.00	100.00
MEX	15	14	1	93.33	14	1	93.33	93.33
RSF	5	5	0	100.00	5	0	100.00	100.00
CJ9	14	14	0	100.00	14	0	100.00	100.00
CJ12	40	38	2	95.00	39	1	97.50	96.25
CJ18	12	12	0	100.00	12	0	100.00	100.00
CJ21	22	21	1	95.45	22	0	100.00	97.73
CJ1	26	26	0	100.00	25	1	96.15	98.08
CJ22	11	10	1	90.91	10	1	90.91	90.91
CJ3	22	22	0	100.00	22	0	100.00	100.00
CJ33	20	20	0	100.00	20	0	100.00	100.00
CJ6	12	12	0	100.00	12	0	100.00	100.00
CJ29	10	10	0	100.00	10	0	100.00	100.00
CJ7	15	15	0	100.00	15	0	100.00	100.00
CF20	15	15	0	100.00	15	0	100.00	100.00
IC6	34	32	2	94.12	33	1	97.06	95.59
CF3	15	15	0	100.00	15	0	100.00	100.00
CF4	17	17	0	100.00	17	0	100.00	100.00
IC10	29	28	1	96.55	29	0	100.00	98.28
IC8	19	19	0	100.00	19	0	100.00	100.00
IC11	23	22	1	95.65	23	0	100.00	97.83
IC19	15	15	0	100.00	14	1	93.33	96.67
IC2	43	43	0	100.00	43	0	100.00	100.00
IC3	4	4	0	100.00	4	0	100.00	100.00
IC18	27	25	2	92.59	27	0	100.00	96.30
IC9	41	41	0	100.00	39	2	95.12	97.56
月度合计	1022	999	23	97.75	1001	21	97.95	97.85

9 月

航线代码	抵港数	准抵港数	脱抵港数	抵港准班率(%)	准离港数	脱离港数	离港准班率(%)	综合准班率(%)
AWE2	50	43	7	86.00	45	5	90.00	88.00
CUE	3	2	1	66.67	3	0	100.00	83.33
CEN	37	37	0	100.00	36	1	97.30	98.65
PNW	26	25	1	96.15	23	3	88.46	92.31
SEA	33	33	0	100.00	33	0	100.00	100.00
AMX	66	66	0	100.00	65	1	98.48	99.24
AEN	62	62	0	100.00	61	1	98.39	99.19
AES	23	22	1	95.65	21	2	91.30	93.48
MSX	8	7	1	87.50	6	2	75.00	81.25
TAS1	11	11	0	100.00	11	0	100.00	100.00
ESA	20	18	2	90.00	20	0	100.00	95.00
SAS	29	29	0	100.00	29	0	100.00	100.00
JKN	16	16	0	100.00	16	0	100.00	100.00
CSE	32	32	0	100.00	32	0	100.00	100.00
CTW1	18	18	0	100.00	18	0	100.00	100.00
CTW2	22	20	2	90.91	21	1	95.45	93.18
HSH	12	6	6	50.00	5	7	41.67	45.83
FRX	35	35	0	100.00	34	1	97.14	98.57
MEX	16	16	0	100.00	16	0	100.00	100.00
RSF	3	3	0	100.00	2	1	66.67	83.33
CJ9	13	13	0	100.00	13	0	100.00	100.00
CJ12	41	41	0	100.00	41	0	100.00	100.00
CJ18	13	13	0	100.00	13	0	100.00	100.00
CJ21	21	21	0	100.00	21	0	100.00	100.00
CJ1	24	24	0	100.00	24	0	100.00	100.00
CJ22	16	16	0	100.00	16	0	100.00	100.00
CJ3	20	20	0	100.00	20	0	100.00	100.00
CJ33	22	22	0	100.00	22	0	100.00	100.00
CJ6	14	14	0	100.00	14	0	100.00	100.00
CJ29	14	14	0	100.00	14	0	100.00	100.00
CJ7	16	16	0	100.00	16	0	100.00	100.00
CF20	18	16	2	88.89	17	1	94.44	91.67
IC6	27	26	1	96.30	25	2	92.59	94.44
CF3	17	17	0	100.00	17	0	100.00	100.00
CF4	13	12	1	92.31	13	0	100.00	96.15
IC10	38	38	0	100.00	38	0	100.00	100.00
IC8	22	22	0	100.00	22	0	100.00	100.00
IC11	24	24	0	100.00	24	0	100.00	100.00
IC19	1	1	0	100.00	1	0	100.00	100.00
IC2	46	42	4	91.30	46	0	100.00	95.65
IC3	8	8	0	100.00	8	0	100.00	100.00
IC18	26	24	2	92.31	25	1	96.15	94.23
IC9	44	44	0	100.00	42	2	95.45	97.73
月度合计	1020	989	31	96.96	989	31	96.96	96.96

10 月

航线代码	抵港数	准抵港数	脱抵港数	抵港准班率(%)	准离港数	脱离港数	离港准班率(%)	综合准班率(%)
AWE2	47	46	1	97.87	46	1	97.87	97.87
CUE	4	2	2	50.00	3	1	75.00	62.50
CEN	33	32	1	96.97	31	2	93.94	95.45
PNW	26	26	0	100.00	25	1	96.15	98.08
SEA	35	35	0	100.00	35	0	100.00	100.00
AMX	51	51	0	100.00	51	0	100.00	100.00
AEN	44	43	1	97.73	43	1	97.73	97.73
AES	24	24	0	100.00	24	0	100.00	100.00
MSX	7	5	2	71.43	2	5	28.57	50.00
TAS1	7	7	0	100.00	7	0	100.00	100.00
ESA	22	22	0	100.00	22	0	100.00	100.00
SAS	32	32	0	100.00	32	0	100.00	100.00
JKN	19	19	0	100.00	19	0	100.00	100.00
CSE	32	28	4	87.50	28	4	87.50	87.50
CTW1	12	12	0	100.00	12	0	100.00	100.00
CTW2	17	17	0	100.00	17	0	100.00	100.00
FRX	40	40	0	100.00	40	0	100.00	100.00
MEX	19	18	1	94.74	18	1	94.74	94.74
RSF	7	7	0	100.00	7	0	100.00	100.00
CJ9	10	10	0	100.00	10	0	100.00	100.00
CJ12	41	41	0	100.00	41	0	100.00	100.00
CJ18	20	18	2	90.00	20	0	100.00	95.00
CJ21	22	21	1	95.45	22	0	100.00	97.73
CJ1	24	24	0	100.00	24	0	100.00	100.00
CJ22	11	10	1	90.91	11	0	100.00	95.45
CJ3	18	18	0	100.00	17	1	94.44	97.22
CJ33	13	13	0	100.00	13	0	100.00	100.00
CJ6	13	13	0	100.00	13	0	100.00	100.00
CJ29	`13	13	0	100.00	13	0	100.00	100.00
CJ7	16	13	3	81.25	14	2	87.50	84.38
CF20	23	22	1	95.65	22	1	95.65	95.65
IC6	19	18	1	94.74	17	2	89.47	92.11
IC3	12	11	1	91.67	12	0	100.00	95.83
IC2	48	46	2	95.83	47	1	97.92	96.88
IC18	28	28	0	100.00	27	1	96.43	98.21
IC11	23	23	0	100.00	23	0	100.00	100.00
IC10	34	34	0	100.00	33	1	97.06	98.53
CF4	8	7	1	87.50	7	1	87.50	87.50
CF3	16	14	2	87.50	15	1	93.75	90.63
IC8	20	20	0	100.00	20	0	100.00	100.00
IC9	39	38	1	97.44	37	2	94.87	96.15
月度合计	949	921	28	97.05	920	29	96.94	97.00

11 月

航线代码	抵港数	准抵港数	脱抵港数	抵港准班率(%)	准离港数	脱离港数	离港准班率(%)	综合准班率(%)
AWE2	51	44	7	86.27	47	4	92.16	89.22
CEN	32	32	0	100.00	32	0	100.00	100.00
PNW	23	21	2	91.30	21	2	91.30	91.30
SEA	34	34	0	100.00	34	0	100.00	100.00
AMX	15	14	1	93.33	14	1	93.33	93.33
MD1	31	31	0	100.00	30	1	96.77	98.39
MD2	8	8	0	100.00	8	0	100.00	100.00
AEN	22	20	2	90.91	20	2	90.91	90.91
AES	11	11	0	100.00	11	0	100.00	100.00
NE1	19	18	1	94.74	18	1	94.74	94.74
NE3	27	25	2	92.59	25	2	92.59	92.59
NE4	4	4	0	100.00	4	0	100.00	100.00
MSX	6	3	3	50.00	2	4	33.33	41.67
TAS1	7	7	0	100.00	7	0	100.00	100.00
ESA	20	19	1	95.00	18	2	90.00	92.50
SAS	34	34	0	100.00	34	0	100.00	100.00
JKN	16	16	0	100.00	16	0	100.00	100.00
CSE	34	32	2	94.12	32	2	94.12	94.12
CTW1	16	12	4	75.00	10	6	62.50	68.75
CTW2	21	21	0	100.00	21	0	100.00	100.00
FRX	27	24	3	88.89	24	3	88.89	88.89
MEX	16	16	0	100.00	16	0	100.00	100.00
RSF	7	7	0	100.00	6	1	85.71	92.86
CJ9	12	7	5	58.33	7	5	58.33	58.33
CJ12	32	32	0	100.00	32	0	100.00	100.00
CJ18	12	12	0	100.00	12	0	100.00	100.00
CJ21	16	15	1	93.75	14	2	87.50	90.63
CJ1	24	24	0	100.00	24	0	100.00	100.00
CJ22	14	13	1	92.86	14	0	100.00	96.43
CJ3	21	21	0	100.00	21	0	100.00	100.00
CJ33	20	20	0	100.00	20	0	100.00	100.00
CJ6	13	13	0	100.00	13	0	100.00	100.00
CJ29	11	10	1	90.91	9	2	81.82	86.36
CJ7	14	14	0	100.00	14	0	100.00	100.00
CF20	24	18	6	75.00	22	2	91.67	83.33
IC6	21	20	1	95.24	18	3	85.71	90.48
IC3	8	7	1	87.50	7	1	87.50	87.50
IC2	36	33	3	91.67	30	6	83.33	87.50
IC18	24	22	2	91.67	22	2	91.67	91.67
IC11	20	20	0	100.00	18	2	90.00	95.00
IC10	38	35	3	92.11	36	2	94.74	93.42
CF4	12	12	0	100.00	11	1	91.67	95.83
CF3	13	12	1	92.31	11	2	84.62	88.46
IC8	19	17	2	89.47	16	3	84.21	86.84
IC9	39	35	4	89.74	30	9	76.92	83.33
月度合计	924	865	59	93.61	851	73	92.10	92.86

12　月

航线代码	抵港数	准抵港数	脱抵港数	抵港准班率(%)	准离港数	脱离港数	离港准班率(%)	综合准班率(%)
AWE2	46	34	12	73.91	33	13	71.74	72.83
CEN	40	39	1	97.50	39	1	97.50	97.50
PNW	25	21	4	84.00	20	5	80.00	82.00
SEA	38	38	0	100.00	38	0	100.00	100.00
MD1	26	22	4	84.62	22	4	84.62	84.62
MD2	7	7	0	100.00	7	0	100.00	100.00
AEN	2	2	0	100.00	2	0	100.00	100.00
NE1	22	22	0	100.00	22	0	100.00	100.00
NE3	38	36	2	94.74	36	2	94.74	94.74
NE4	5	5	0	100.00	4	1	80.00	90.00
MSX	9	6	3	66.67	5	4	55.56	61.11
TAS1	9	6	3	66.67	5	4	55.56	61.11
ESA	28	28	0	100.00	28	0	100.00	100.00
SAS	41	41	0	100.00	41	0	100.00	100.00
JKN	19	19	0	100.00	19	0	100.00	100.00
CSE	35	35	0	100.00	35	0	100.00	100.00
CTW1	20	19	1	95.00	19	1	95.00	95.00
CTW2	22	20	2	90.91	20	2	90.91	90.91
FRX	30	30	0	100.00	30	0	100.00	100.00
MEX	19	18	1	94.74	18	1	94.74	94.74
RSF	6	6	0	100.00	6	0	100.00	100.00
CJ9	12	12	0	100.00	12	0	100.00	100.00
CJ12	36	36	0	100.00	36	0	100.00	100.00
CJ18	14	14	0	100.00	14	0	100.00	100.00
CJ21	18	18	0	100.00	18	0	100.00	100.00
CJ1	26	26	0	100.00	26	0	100.00	100.00
CJ22	15	14	1	93.33	15	0	100.00	96.67
CJ3	22	22	0	100.00	22	0	100.00	100.00
CJ33	22	22	0	100.00	22	0	100.00	100.00
CJ6	14	14	0	100.00	14	0	100.00	100.00
CJ29	14	14	0	100.00	14	0	100.00	100.00
CJ7	12	12	0	100.00	12	0	100.00	100.00
CF20	21	18	3	85.71	19	2	90.48	88.10
IC6	21	21	0	100.00	20	1	95.24	97.62
IC3	2	2	0	100.00	2	0	100.00	100.00
IC2	51	49	2	96.08	49	2	96.08	96.08
IC18	26	24	2	92.31	24	2	92.31	92.31
IC11	25	24	1	96.00	25	0	100.00	98.00
IC10	42	41	1	97.62	42	0	100.00	98.81
CF4	16	15	1	93.75	13	3	81.25	87.50
CF3	15	15	0	100.00	15	0	100.00	100.00
IC8	21	21	0	100.00	21	0	100.00	100.00
IC9	29	29	0	100.00	28	1	96.55	98.28
月度合计	961	917	44	95.42	912	49	94.90	95.16

(二)2009年1—12月公司各贸易区准班运行统计表

年度合计

贸易区	总挂港数	综合准班率(%)	准抵港数	脱抵港数	准抵港率(%)	准离港数	脱离港数	准离港率(%)
美洲贸易区	1767	97.09	1719	48	97.28	1712	55	96.89
欧洲贸易区	1900	95.97	1836	64	96.63	1811	89	95.32
亚太贸易区	2414	97.62	2358	56	97.68	2355	59	97.56
泛亚公司	5574	97.84	5448	126	97.74	5459	115	97.94
合计	11655	97.37	11361	294	97.48	11337	318	97.27

1 月

贸易区	总挂港数	综合准班率(%)	准抵港数	脱抵港数	准抵港率(%)	准离港数	脱离港数	准离港率(%)
美洲贸易区	141	96.45	136	5	96.45	136	5	96.45
欧洲贸易区	175	94.00	164	11	93.71	165	10	94.29
亚太贸易区	194	93.04	180	14	92.78	181	13	93.30
泛亚公司	399	99.37	396	3	99.25	397	2	99.50

2 月

贸易区	总挂港数	综合准班率(%)	准抵港数	脱抵港数	准抵港率(%)	准离港数	脱离港数	准离港率(%)
美洲贸易区	142	99.30	142	0	100.00	140	2	98.59
欧洲贸易区	147	92.52	138	9	93.88	134	13	91.16
亚太贸易区	173	99.71	173	0	100.00	172	1	99.42
泛亚公司	357	98.18	346	11	96.92	355	2	99.44

3 月

贸易区	总挂港数	综合准班率(%)	准抵港数	脱抵港数	准抵港率(%)	准离港数	脱离港数	准离港率(%)
美洲贸易区	152	99.67	152	0	100.00	151	1	99.34
欧洲贸易区	149	98.32	147	2	98.66	146	3	97.99
亚太贸易区	200	99.75	199	1	99.50	200	0	100.00
泛亚公司	471	98.83	466	5	98.94	465	6	98.73

4 月

贸易区	总挂港数	综合准班率(%)	准抵港数	脱抵港数	准抵港率(%)	准离港数	脱离港数	准离港率(%)
美洲贸易区	154	100.00	154	0	100.00	154	0	100.00
欧洲贸易区	163	97.24	160	3	98.16	157	6	96.32
亚太贸易区	201	98.01	197	4	98.01	197	4	98.01
泛亚公司	475	98.32	470	5	98.95	464	11	97.68

5 月

贸易区	总挂港数	综合准班率(%)	准抵港数	脱抵港数	准抵港率(%)	准离港数	脱离港数	准离港率(%)
美洲贸易区	157	99.68	157	0	100.00	156	1	99.36
欧洲贸易区	177	98.59	174	3	98.31	175	2	98.87
亚太贸易区	222	100.00	222	0	100.00	222	0	100.00
泛亚公司	488	98.67	480	8	98.36	483	5	98.98

6 月

贸易区	总挂港数	综合准班率(%)	准抵港数	脱抵港数	准抵港率(%)	准离港数	脱离港数	准离港率(%)
美洲贸易区	141	99.65	141	0	100.00	140	1	99.29
欧洲贸易区	170	98.24	169	1	99.41	165	5	97.06
亚太贸易区	191	99.48	191	0	100.00	189	2	98.95
泛亚公司	500	98.30	489	11	97.80	494	6	98.80

7 月

贸易区	总挂港数	综合准班率(%)	准抵港数	脱抵港数	准抵港率(%)	准离港数	脱离港数	准离港率(%)
美洲贸易区	149	100.00	149	0	100.00	149	0	100.00
欧洲贸易区	176	96.02	170	6	96.59	168	8	95.45
亚太贸易区	203	99.01	201	2	99.01	201	2	99.01
泛亚公司	512	99.12	507	5	99.02	508	4	99.22

8 月

贸易区	总挂港数	综合准班率(%)	准抵港数	脱抵港数	准抵港率(%)	准离港数	脱离港数	准离港率(%)
美洲贸易区	148	96.62	144	4	97.30	142	6	95.95
欧洲贸易区	172	97.97	169	3	98.26	168	4	97.67
亚太贸易区	216	97.69	210	6	97.22	212	4	98.15
泛亚公司	486	98.25	476	10	97.94	479	7	98.56

9　月

贸易区	总挂港数	综合准班率(%)	准抵港数	脱抵港数	准抵港率(%)	准离港数	脱离港数	准离港率(%)
美洲贸易区	149	93.96	140	9	93.96	140	9	93.96
欧洲贸易区	170	97.65	168	2	98.82	164	6	96.47
亚太贸易区	203	95.07	193	10	95.07	193	10	95.07
泛亚公司	498	98.39	488	10	97.99	492	6	98.80

10　月

贸易区	总挂港数	综合准班率(%)	准抵港数	脱抵港数	准抵港率(%)	准离港数	脱离港数	准离港率(%)
美洲贸易区	145	96.90	141	4	97.24	140	5	96.55
欧洲贸易区	133	96.62	130	3	97.74	127	6	95.49
亚太贸易区	200	97.50	195	5	97.50	195	5	97.50
泛亚航运	471	96.92	455	16	96.60	458	13	97.2

11　月

贸易区	总挂港数	综合准班率(%)	准抵港数	脱抵港数	准抵港率(%)	准离港数	脱离港数	准离港率(%)
美洲贸易区	140	94.64	131	9	93.57	134	6	95.71
欧洲贸易区	150	93.33	141	9	94.00	139	11	92.67
亚太贸易区	191	93.72	181	10	94.76	177	14	92.67
泛亚公司	443	91.76	412	31	93.00	401	42	90.52

12　月

贸易区	总挂港数	综合准班率(%)	准抵港数	脱抵港数	准抵港率(%)	准离港数	脱离港数	准离港率(%)
美洲贸易区	149	87.92	132	17	88.59	130	19	87.25
欧洲贸易区	118	88.56	106	12	89.83	103	15	87.29
亚太贸易区	220	98.18	216	4	98.18	216	4	98.18
泛亚公司	474	97.68	463	11	97.68	463	11	97.68

（三）2009 年公司所属企业

①中远集运所属企业股权架构简图

中远集运所属境内公司股权架构图

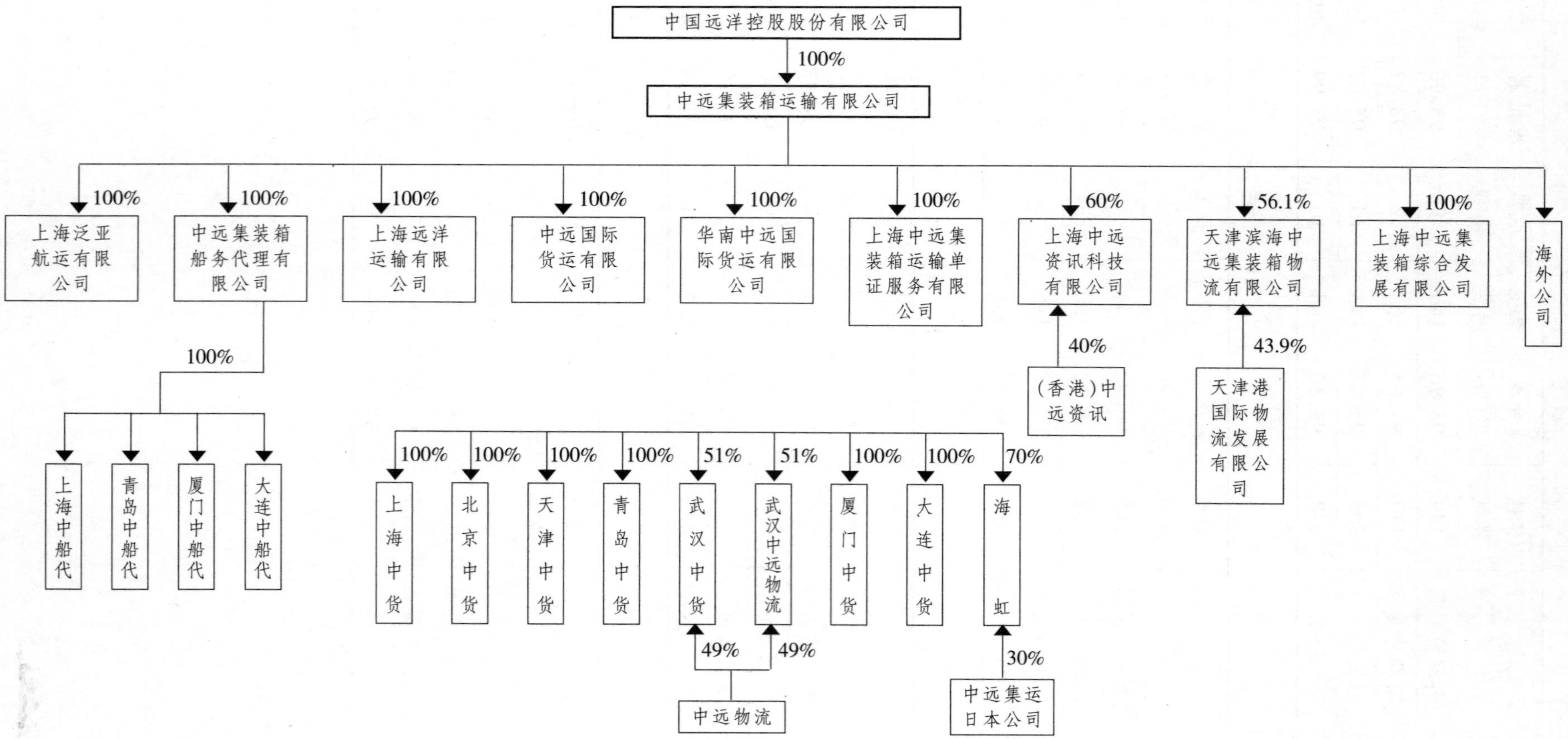

中远集运所属境外公司股权架构图

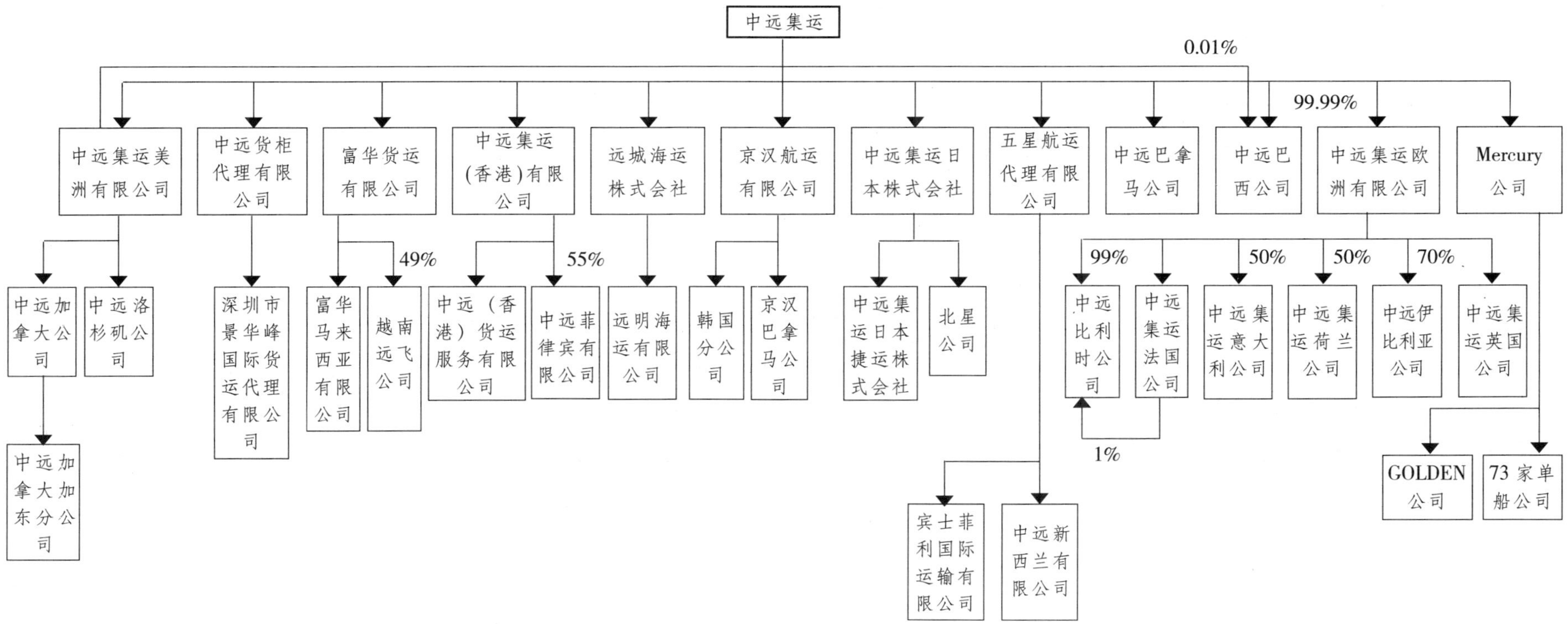

华南中远国际货运有限公司下属单位股权架构图

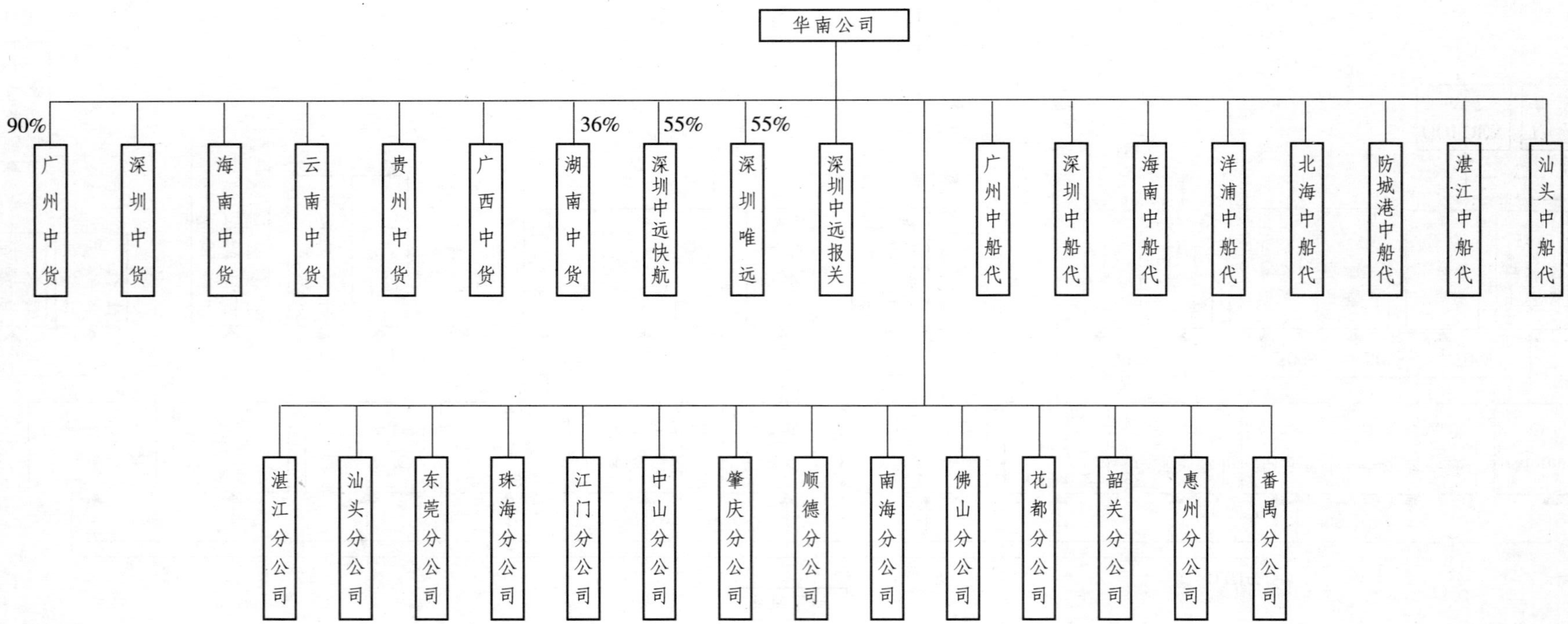

上海远洋运输有限公司下属单位股权架构图

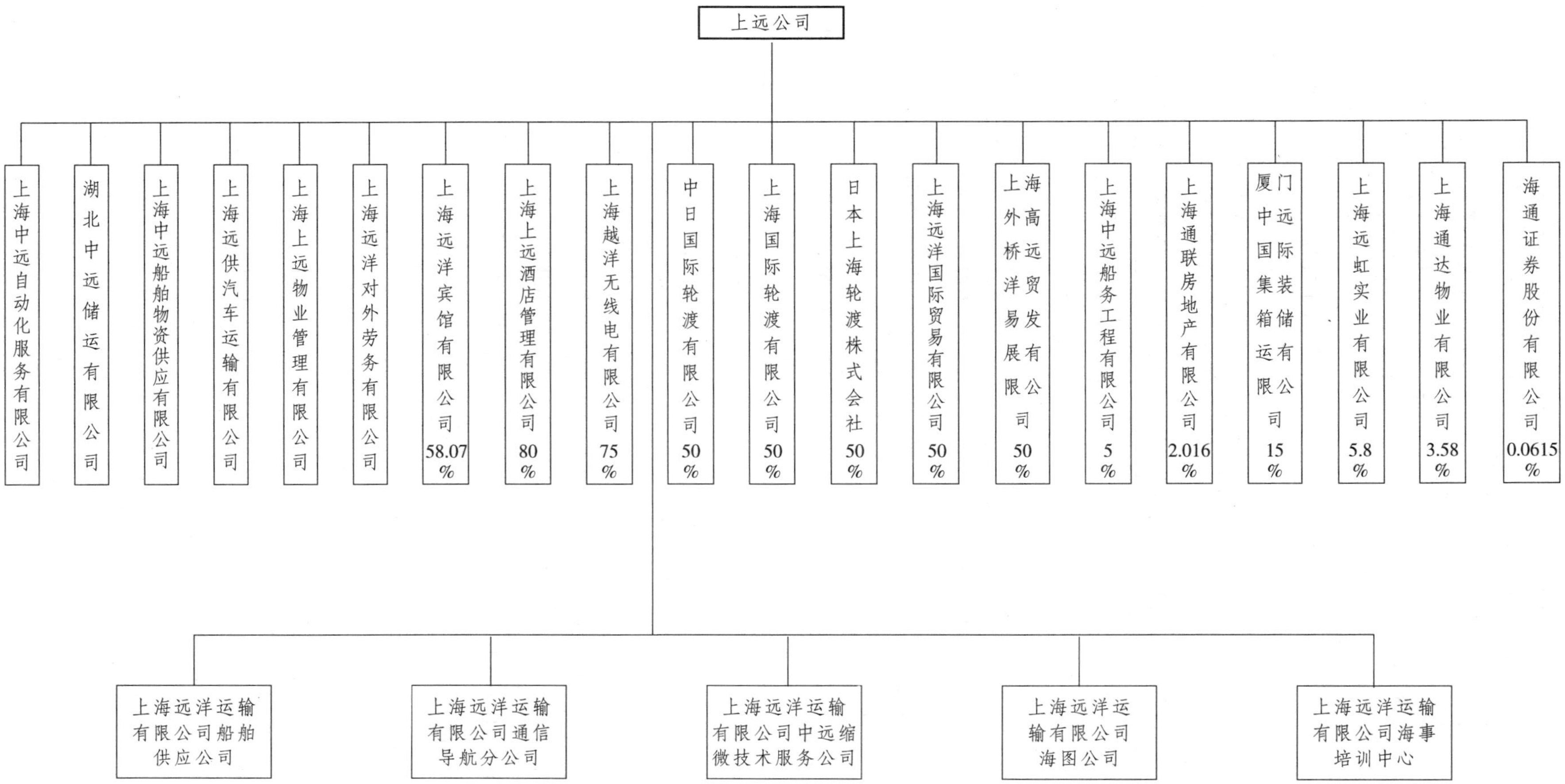

②中远集运所属企业表

序号	公司名称	股东股比
1	上海泛亚航运有限公司	中远集装箱运输有限公司100%
2	上海中远资讯科技有限公司	中远集装箱运输有限公司60%、香港中远资讯科技有限公司40%
3	上海中远集装箱运输单证服务有限公司	中远集装箱运输有限公司100%
4	天津滨海中远集装箱物流有限公司	中远集装箱运输有限公司56.1%、天津港国际物流发展有限公司43.9%
5	上海中远集装箱综合发展有限公司	中远集装箱运输有限公司100%
6	华南中远国际货运有限公司	中远集装箱运输有限公司100%
7	广州中远国际货运有限公司	华南公司90%、广州中船代10%
8	广州中远集装箱船务代理有限公司	华南公司100%
9	深圳市中远国际货运有限公司	华南公司100%
10	深圳中远快航国际货运有限公司	华南公司55%、香港协调国际空运有限公司45%
11	深圳市唯远国际货运有限公司	华南公司55%、唯冠科技（深圳）有限公司45%
12	深圳市中远报关有限公司	华南公司100%
13	深圳中远集装箱船务代理有限公司	华南公司100%
14	海南中远国际货运有限公司	华南公司100%
15	海南中远集装箱船务代理有限公司	华南公司100%
16	洋浦中远船务代理有限公司	华南公司100%
17	云南中远国际货运有限公司	华南公司100%
18	贵州中远国际货运有限公司	华南公司100%
19	广西中远国际货运有限公司	华南公司100%
20	北海中远集装箱船务代理有限公司	华南公司100%
21	防城港中远集装箱船务代理有限公司	华南公司100%
22	湛江中远集装箱船务代理有限公司	华南公司100%
23	汕头市中远集装箱船务代理有限公司	华南公司100%
24	湖南中远国际货运有限公司	华南公司36%、上海中货34%、湖南远洋30%
25	广州远太鑫三利集装箱工程有限公司	广州中货75%、青岛鑫三利冷箱技术有限公司25%
26	中远国际货运有限公司	中远集装箱运输有限公司100%

（续表）

序号	公司名称	股东股比
27	中远集装箱船务代理有限公司	中远集装箱运输有限公司 100%
28	厦门中远国际货运有限公司	中远国际货运有限公司 100%
29	厦门中远集装箱船务代理有限公司	中远集装箱船务代理有限公司 100%
30	厦门远达货运有限公司	厦门中货 51%、厦门国贸泰达物流有限公司 49%
31	厦门中远报关有限公司	厦门中货 100%
32	厦门鑫三利集装箱技术有限公司	厦门中货 55%，青岛鑫三利 45%
33	福州中远集装箱船务代理有限公司	厦门中远集装箱船务代理有限公司 100%
34	泉州中远集装箱船务代理有限公司	厦门中远集装箱船务代理有限公司 100%
35	漳州中远集装箱船务代理有限公司	厦门中远集装箱船务代理有限公司 100%
36	莆田中远集装箱船务代理有限公司	厦门中远集装箱船务代理有限公司 100%
37	大连中远国际货运有限公司	中远国际货运有限公司 100%
38	大连中远集装箱船务代理有限公司	中远集装箱船务代理有限公司 100%
39	营口中远集装箱维修工程有限公司	大连中远国际货运有限公司 100%
40	大连鑫三利集装箱有限公司	大连中远国际货运有限公司 70%、青岛鑫三利冷箱技术有限公司 30%
41	营口集装箱船务代理有限公司	大连中远集装箱船务代理有限公司 100%
42	天津中远国际货运有限公司	中远国际货运有限公司 100%
43	山西中远国际货运有限公司	天津中远国际货运有限公司 100%
44	内蒙古中远国际货运有限公司	天津中远国际货运有限公司 100%
45	宁夏中远国际货运有限公司	天津中远国际货运有限公司 100%
46	西安中远国际货运有限公司	天津中远国际货运有限公司 100%
47	青海中远国际货运有限公司	天津中远国际货运有限公司 100%
48	河北中远国际货运有限公司	天津中远国际货运有限公司 100%
49	天津富景国际货运有限公司	香港中远货柜 49%、天津中远国际货运有限公司 51%
50	天津天远报关行	天津中远国际货运有限公司 100%
51	天津中远集装箱船务代理有限公司	天津中远国际货运有限公司 51%、天津港对外经济技术合作公司 49%
52	唐山中远集装箱船务代理有限公司	天津中远国际货运有限公司 100%
53	秦皇岛中远集装箱船务代理有限公司	天津中远国际货运有限公司 100%

（续表）

序号	公司名称	股东股比
54	武汉中远国际货运有限公司	中远国际货运有限公司51%、中远物流有限公司49%
55	武汉中远物流有限公司	中远国际货运有限公司51%、中远物流有限公司49%
56	四川中远国际货运有限公司	武汉中远国际货运有限公司85%、中国武汉外轮代理有限公司15%
57	重庆中远国际货运有限公司	武汉中远国际货运有限公司90%、中国武汉外轮代理有限公司10%
58	江西中远国际货运有限公司	中远国际货运有限公司55%、江西远洋公司45%
59	武汉中远报关服务有限公司	武汉中远国际货运有限公司90%、中国武汉外轮代理有限公司10%
60	武汉中远集联集装箱修理有限公司	武汉中远国际货运有限公司60%、武汉港集装箱有限公司40%
61	中国武汉外轮代理有限公司	武汉中远国际货运有限公司90%、武汉中远物流有限公司10%
62	南昌外轮代理有限公司	中远国际货运有限公司55%、江西远洋公司股比45%
63	中国九江外轮代理有限公司	武汉中远国际货运有限公司60%、中国武汉外轮代理有限公司40%
64	中国岳阳外轮代理有限公司	武汉中远国际货运有限公司90%、中国武汉外轮代理有限公司10%
65	宜昌外轮代理有限公司	武汉中远国际货运有限公司90%、中国武汉外轮代理有限公司10%
66	中国荆州外轮代理有限公司	武汉中远国际货运有限公司90%、中国武汉外轮代理有限公司10%
67	中国黄石外轮代理有限公司	武汉中远国际货运有限公司90%、中国武汉外轮代理有限公司10%
68	四川国际联合船舶代理有限公司	武汉中远国际货运有限公司90%、中国武汉外轮代理有限公司10%
69	中国重庆外轮代理有限责任公司	武汉中远国际货运有限公司50%、重庆港口集团公司50%
70	重庆中远物流有限公司	武汉中货100%
71	武汉远洋大型汽车运输有限公司	武汉中远物流有限公司53%、武汉中远国际货运有限公司47%

（续表）

序号	公 司 名 称	股 东 股 比
72	江西思必得海铁联运有限公司	江西中货34%、江西京九物流有限公司37%、江西联达国际货运有限公司29%
73	上海中远国际货运有限公司	中远国际货运有限公司100%
74	上海中远集装箱船务代理有限公司	中远集装箱船务代理有限公司100%
75	上海众愿锦业报关有限公司	上海中货100%
76	上海捷洋国际货运有限公司	上海中货65%、星海船务有限公司35%
77	上海奥吉实业有限公司	上海中货70%、上海加利荣企业发展有限公司30%
78	上海航联报关有限责任公司	上海中货20%、上海航运交易所40%中外运上海(集团)有限公司20%中国汽车运输国际货运代理公司20%
79	江苏中远国际货运有限公司	上海中货100%
80	苏州中远国际货运有限公司	上海中货100%
81	浙江中远国际货运有限公司	上海中货100%
82	湖州中远国际货运有限公司	上海中货100%
83	嘉兴中远国际货运有限公司	上海中货55%、嘉兴市陆捷物流有限公司45%
84	宁波中远国际货运有限公司	上海中货100%
85	绍兴中远国际货运有限公司	上海中货100%
86	安徽中远国际货运有限公司	上海中货100%
87	宁波中远集装箱船务代理有限公司	上海中远集装箱船务代理有限公司100%
88	南京中远集装箱船务代理有限公司	上海中远集装箱船务代理有限公司100%
89	嘉兴中远船务代理有限公司	上海中远集装箱船务代理有限公司60%、嘉兴中货40%
90	南通中远集装箱船务代理有限公司	上海中远集装箱船务代理有限公司100%
91	太仓中远集装箱船务代理有限公司	上海中远集装箱船务代理有限公司100%
92	张家港中远集装箱船务代理有限公司	上海中远集装箱船务代理有限公司100%
93	镇江中远集装箱船务代理有限公司	上海中远集装箱船务代理有限公司100%
94	芜湖中远集装箱船务代理有限公司	上海中远集装箱船务代理有限公司100%
95	扬州中远集装箱船务代理有限公司	上海中远集装箱船务代理有限公司100%
96	江阴中远集装箱船务代理有限公司	上海中远集装箱船务代理有限公司100%
97	常熟中远集装箱船务代理有限公司	上海中远集装箱船务代理有限公司100%
98	安庆中远集装箱船务代理有限公司	上海中远集装箱船务代理有限公司100%

（续表）

序号	公 司 名 称	股 东 股 比
99	温州中远集装箱船务代理有限公司	上海中远集装箱船务代理有限公司100%
100	无锡中远集装箱船务代理有限公司	上海中远集装箱船务代理有限公司100%
101	常州中远集装箱船务代理有限公司	上海中远集装箱船务代理有限公司100%
102	长沙中远集装箱船务代理有限公司	上海中远集装箱船务代理有限公司36%、华南中货34%、湖南远洋运输公司30%
103	上海奥吉国际货运有限公司	奥吉实业75%、美国全通船舶货运有限公司25%
104	青岛中远国际货运有限公司	中远国际货运有限公司100%
105	青岛中远集装箱船务代理有限公司	中船代100%
106	新疆中远国际货运有限公司	青岛中货100%
107	连云港中远国际货运有限公司	青岛中货100%
108	河南中远国际货运有限公司	青岛中货100%
109	河南海铁国际货运有限公司	青岛中货45%、郑州铁路东站口岸大厦40%；郑州铁路分局工程工业公司15%
110	青岛市国际货运代理有限公司	青岛中货66.7%、青岛交运联运有限公司33.3%
111	青岛海铁物流有限公司	青岛中货40%、济南铁路局青岛分局40%；青岛丰通物流有限公司20%
112	青岛中远报关有限公司	青岛中货90%；青岛船代10%
113	青岛交运陆海国际货运股份有限公司	青岛中货15.13%、青岛交运集团公司23.57%；山东省青岛海运总公司3.7%；青岛交运陆海国际货运公司工会委员会12.13%；山东省国际海运公司3.7%；厦门中联恒东环保科技有限公司20%；厦门顺风物流有限公司11.77%；杨杰7%；浦东东盛房地产开发（厦门）有限公司3%
114	青岛鑫三利冷箱技术有限公司	青岛中货51%、青岛远洋大亚国际货运有限公司40%；青岛远洋船员学院9%
115	青岛中货国际物流有限公司	青岛中货100%
116	青岛神州行国际货运代理有限公司	青岛中货50%、青岛港（集团）有限公司50%
117	北京中油物装国际货运代理有限公司	青岛中货49%、中国石油物资装备（集团）总公司51%
118	青岛港前湾港区保税物流中心有限公司	青岛中货40%、大亚国际货运有限公司37%；青岛港（集团）有限公司23%

（续表）

序号	公司名称	股东股比
119	连云港中远集装箱船务代理有限公司	青岛船代100%
120	烟台中远集装箱船务代理有限公司	青岛船代100%
121	日照中远集装箱船务代理有限公司	青岛船代100%
122	龙口中远集装箱船务代理有限公司	青岛船代100%
123	宁波鑫三利冷箱技术有限公司	青岛鑫三利60%、青岛宏达货柜储运有限公司40%
124	连云港鑫三利冷箱服务有限公司	青岛鑫三利30%、新东方集装箱码头有限公司40%，鹏达国际货运代理有限公司30%
125	北京中远国际货运有限公司	中货总100%
126	北京中货报关有限公司	北京中货100%
127	天津天管远洋国际货代有限公司	北京中货30%、天津钢管国际经济贸易有限公司70%
128	北京中远集装箱船务代理有限公司	北京中货100%
129	海虹国际货运代理有限公司	中货总70%、中集日本株式会社30%
130	上海远洋运输有限公司	中远集装箱运输有限公司100%
131	上海中远自动化服务有限公司	上远公司100%
132	湖北中远储运有限公司	上远公司100%
133	上海中远船舶物资供应有限公司	上远公司100%
134	上海远供汽车运输有限公司	上远公司100%
135	上海上远物业管理有限公司	上远公司100%
136	上海远洋对外劳务有限公司	上远公司100%
137	上海远洋宾馆有限公司	上远公司58.07%；上海地产（集团）有限公司20.965%；上海城投置地（集团）有限公司20.965%
138	上海上远酒店管理有限公司	上远公司80%、物业20%
139	上海越洋无线电有限公司	上远公司75%、香港远通海运设备服务有限公司25%
140	中日国际轮渡有限公司	上远公司50%、日中国际轮渡株式会社50%
141	上海国际轮渡有限公司	上远公司50%、日本上海客货船株式会社50%
142	日本上海轮渡株式会社	上远公司50%、日本上海客货船株式会社50%
143	上海远洋国际贸易有限公司	上远公司50%、中远国际贸易公司50%
144	上海外高桥远洋贸易发展有限公司	上远公司50%、中远国际贸易公司50%

（续表）

序号	公 司 名 称	股 东 股 比
145	上海中远船务工程有限公司	上远公司5%、中远船务95%
146	上海通联房地产有限公司	上远公司2.016%、中港第三港务工程局8.98%、上海港房地产经营开发公司7.559%、上海交通投资(集团)有限公司7.418%、上海长江轮船公司3.275%、上海港口机械制造局4.106%、上海航道局3.023%、上海市邮政局2.772%、上海铁路多经投资中心2.519%、上海东方航空物业有限公司1.008%、上海海事局1.008%、上海中波企业管理发展中心1.008%、交通部第三航务工程勘查设计院0.882%、上海通联房地产有限公司职工持股会23.27%、李东6.571%、沈宝兴5.569%、殷魁镇5.252%、宋孝光3.281%、王富荣3.908%、李绍仪3.289%、杨崃3.286%
147	厦门中远国际集装箱储运有限公司	上远公司15%、厦门特运集团有限公司40%、厦门远洋运输公司28.18%、厦门中远物流有限公司16.82%
148	上海远虹实业有限公司	上远公司5.8%、公路建设公司19.2%、三航房地产公司38.3%、天昊房地产公司6.9%、海勤服务公司5.8%、市供电局7.7%、粮油进出口公司7.7%、烟草房地产公司3.8%、自来水公司2.9%、石油研究所1.9%
149	上海通达物业有限公司	上远公司3.58%、上海港房地产经营开发投资公司27.09%、上海联合毛纺织有限公司1.24%、上海通联房地产有限公司3.88%、上海海运基建住宅发展有限公司8.23%、上海交运(集团)公司5.19%、上海华商房产发展公司12.44%、上海航道局5.73%、上海牛奶(集团)有限公司3.27%、上海长江航运实业总公司9.3%、交通部上海船舶运输科学研究所4.3%、上海邮政房地产开发经营有限公司3.58%、上海铁路房地产开发有限公司3.58%、交通部上海打捞局1.43%、上海三航企业发展有限公司7.16%
150	海通证券股份有限公司	上远公司持股0.0615%
151	上海环洋劳务有限公司	上海远洋对外劳务有限公司70%；上海瀛安劳务有限公司15%；南京海利达劳务有限责任公司15%
152	上海中远劳务合作有限公司	中远对外劳务合作公司50%；上海远洋对外劳务有限公司30%；中波企业管理发展中心20%
153	中远集运美洲公司	中远集装箱运输有限公司100%

（续表）

序号	公 司 名 称	股 东 股 比
154	中远洛杉矶代理公司	中远集运美洲公司100%
155	中远加拿大公司	中远集运美洲公司100%
156	中远集运欧洲有限公司	中远集装箱运输有限公司100%
157	中远比利时有限公司	中远集运欧洲有限公司99%、中远集运法国有限公司1%
158	中远集运意大利公司	中远集运欧洲公司50%，fratelli cosulich spa 50%
159	中远伊比利亚公司	中远集运欧洲公司70%，VASCO集团30%
160	中远集运荷兰公司	中远集运欧洲公司50%，VOPAK TRANSPORTATION B. V. 50%
161	中远集运英国公司	中远集运欧洲公司100%
162	中远集运法国简单股份有限公司	中远集运欧洲公司100%
163	中远货柜代理有限公司	中远集装箱运输有限公司100%
164	深圳市景华峰国际货运代理有限公司	中远货柜代理有限公司75%、深圳市深远国际船舶代理有限公司25%
165	富华货运有限公司	中远集装箱运输有限公司100%
166	富华代理（马）有限公司	富华货运有限公司100%
167	越南远飞公司	富华货运有限公司49%
168	中远集运（香港）有限公司	中远集装箱运输有限公司100%
169	中远（香港）货运服务有限公司	中远集运香港有限公司100%
170	中远菲律宾代理有限公司	中远集运香港有限公司55%，Banayog Ocean Shipping Inc. 45%
171	远城海运有限公司	中远集装箱运输有限公司100%
172	远明海运有限公司	远城海运有限公司100%
173	京汉航运有限公司	中远集装箱运输有限公司100%
174	京汉巴拿马公司	京汉航运有限公司100%
175	中远集运日本株式会社	中远集装箱运输有限公司100%
176	北星公司	中远集运日本株式会社100%
177	中远集运日本捷运株式会社	中远集运日本株式会社100%
178	五星航运代理有限公司	中远集装箱运输有限公司100%
179	中远（新西兰）有限公司	五星航运代理有限公司100%
180	宾氏菲利国际运输有限公司	五星航运代理有限公司100%

（续表）

序号	公司名称	股东股比
181	联合集装箱有限公司	中远新西兰公司 27.5%，Port of Auckland 27.5%；Duffy，Willian Family Trust 27.5%；Forest Russel 10%；Stuart Ferguson；5%；Brian Mc. carthy 2.5%
182	苏瓦集装箱堆场有限公司	联合集装箱堆场有限公司 51%，Shipping Services Fiji Ltd. 49%
183	惠灵顿21世纪运输系统有限公司	联合集装箱堆场有限公司 50%，Centreport Ltd. 50%
184	陶兰加堆场	联合集装箱堆场有限公司 100%
185	中远巴拿马公司	中远集装箱运输有限公司 100%
186	中远巴西公司	中远集装箱运输有限公司 99.99%、中远集运美洲公司 0.01%
187	Cosco（Cayman）Mercury Co. Ltd	中远集装箱运输有限公司 100%
188	Cosco（Cayman）Golden Co. Ltd	Mercury100%
189	Buyihe Shipping Inc.	Mercury100%
190	Chaoshanhe Maritime Inc.	Mercury100%
191	Chuanhe Shipping Inc.	Mercury100%
192	Caiyunhe Maritime Inc.	Mercury100%
193	Cosco Line New Jersey Inc.	Mercury100%
194	Cosco Line New York Inc.	Mercury100%
195	Daqinghe Shipping Inc.	Mercury100%
196	Hanihe Shipping Inc.	Mercury100%
197	Hutuohe Shipping Inc.	Mercury100%
198	Jingpohe Shipping Inc.	Mercury100%
199	Jinyunhe Maritime Inc.	Mercury100%
200	Luhe Shipping Inc.	Mercury100%
201	Lubahe Shipping Inc.	Mercury100%
202	Miyunhe Maritime Inc.	Mercury100%
203	Naxihe Shipping Inc.	Mercury100%
204	Ninghe Shipping Inc.	Mercury100%
205	Qiyunhe Maritime Inc.	Mercury100%
206	Wanhe Shipping Inc.	Mercury100%
207	Xibohe Shipping Inc.	Mercury100%

（续表）

序号	公司名称	股东股比
208	Xinhuihe Maritime Inc.	Mercury100%
209	Yangjianghe Maritime Inc.	Mercury100%
210	Yongdinghe Shipping Inc.	Mercury100%
211	Yuehe Shipping Inc.	Mercury100%
212	Yuguhe Shipping Inc.	Mercury100%
213	Yunhe Shipping Inc.	Mercury100%
214	Zhaoqinghe Maritime Inc.	Mercury100%
215	Ziyahe Shipping Inc.	Mercury100%
216	Fenghou Maritime Inc.	Mercury100%
217	Haihou Maritime Inc.	Mercury100%
218	Longhou Maritime Inc.	Mercury100%
219	Longhou Maritime Inc.	Mercury100%
220	Cosco Boston Maritime Inc.	Mercury100%
221	Cosco New York Maritime Inc.	Mercury100%
222	Cosco Asia Maritime Inc.	Mercury100%
223	Cosco America Maritime Inc.	Mercury100%
224	Cosco Africa Maritime Inc.	Mercury100%
225	Cosco Europe Maritime Inc.	Mercury100%
226	Pretty River Shipping Inc.	Mercury100%
227	Dainty River Shipping Inc.	Mercury100%
228	Golden Cascade Corporation	Mercury100%
229	Golden Shore Corporation	Mercury100%
230	Cosco Oceania Shipping Limited	Mercury100%
231	Cosco Pacific Shipping Limited	Mercury100%
232	Cosco Indian Ocean Shipping Limited	Mercury100%
233	Cosco Atlantic Shipping Limited	Mercury100%
234	COSCO ADEN MARITIME LIMITED	Mercury100%
235	COSCO AUCKLAND MARITIME LIMITED	Mercury100%
236	COSCO CAPE TOWN MARITIME LIMITED	Mercury100%

（续表）

序号	公司名称	股东股比
237	COSCO COLOMBO MARITIME LIMITED	Mercury100%
238	COSCO DURBAN MARITIME LIMITED	Mercury100%
239	COSCO FOS MARITIME LIMITED	Mercury100%
240	COSCO GENOA MARITIME LIMITED	Mercury100%
241	COSCO HAIFA MARITIME LIMITED	Mercury100%
242	COSCO ISTANBUL MARITIME LIMITED	Mercury100%
243	COSCO JEDDAH MARITIME LIMITED	Mercury100%
244	COSCO PIRAEUS MARITIME LIMITED	Mercury100%
245	COSCO SANTOS MARITIME LIMITED	Mercury100%
246	COSCO SAO PAULO MARITIME LIMITED	Mercury100%
247	COSCO VALENCIA MARITIME LIMITED	Mercury100%
248	COSCO VENICE MARITIME LIMITED	Mercury100%
249	COSCO WELLINGTON MARITIME LIMITED	Mercury100%
250	Cosco Aqaba MARITIME LIMITED	Mercury100%
251	Cosco Ashdod MARITIME LIMITED	Mercury100%
252	Cosco Izmir MARITIME LIMITED	Mercury100%
253	Cosco Surabaya MARITIME LIMITED	Mercury100%
254	Cosco Belgium MARITIME LIMITED	Mercury100%
255	Cosco Denmark MARITIME LIMITED	Mercury100%
256	Cosco England MARITIME LIMITED	Mercury100%
257	Cosco France MARITIME LIMITED	Mercury100%
258	Cosco Italy MARITIME LIMITED	Mercury100%
259	Cosco Netherlands MARITIME LIMITED	Mercury100%
260	Cosco Portugal MARITIME LIMITED	Mercury100%
261	Cosco Spain MARITIME LIMITED	Mercury100%

（项怡雯）

图书在版编目（CIP）数据

中远集装箱运输有限公司年鉴. 2010/《中远集装箱运输有限公司年鉴》编纂委员会编. —上海：上海人民出版社,2010
ISBN 978 - 7 - 208 - 09610 - 3

Ⅰ. ①中... Ⅱ. ①中... Ⅲ. ①集装箱运输—运输企业—上海市—2010—年鉴 Ⅳ. ①F552.61 - 54

中国版本图书馆 CIP 数据核字(2010)第 206972 号

责任编辑　张　珏

2010 中远集装箱运输有限公司年鉴
《中远集装箱运输有限公司年鉴》编纂委员会 编

出　版	世纪出版集团　上海人民出版社 (200001　上海福建中路 193 号　www.ewen.cc)
发　行	世纪出版集团发行中心
印　刷	上海江杨印刷厂
开　本	889 × 1194 毫米　1/16
印　张	27.25
插　页	22
字　数	665,000
版　次	2011 年 3 月第 1 版
印　次	2011 年 3 月第 1 次印刷

ISBN 978 - 7 - 208 - 09610 - 3/Z · 182
定　价　200.00 元